변혁의 시대 1971~2021
— 한국사회 50년과 더불어

71동지회 50년 기념문집(심포지엄, 회원 회고록)

변혁의 시대 1971~2021
― 한국사회 50년과 더불어

(사)71동지회 50년위원회 엮음
(사)71동지회

후원: 민주화운동기념사업회 · 민주화운동공제회

동연

기념사

그날 이후 50년의 회고

71동지회 회장
배기운

동지 여러분, 그간 안녕하셨습니까? 반갑습니다. 인사 올립니다. 세월의 빠름에 대해서 여러 표현이 있지만, '세월의 속도가 나이에 비례한다'는 세간의 비유에 가장 공감합니다. 어느덧 우리 모두 종심從心의 나이를 넘기고 말았지만, 성취감보다는 아쉬움이 더 많이 남는 세월입니다.

우리 71동지회가 30년 기념행사를 치른 것이 엊그제 같은데 벌써 50년이 되었습니다. 인생의 황금기라 할 수 있는 50대 이후 20년의 세월이 회한만 남긴 채 한꺼번에 훌쩍 지나가버린 것 같습니다. 그보다 더 거슬러 올라가 50년 전의 격동의 시간들이 새삼 추억처럼 떠오릅니다. 당시 우리는 대학생 신분으로 겁 없이 군사정권에 저항하다가 고초를 겪었습니다. 그때 그 시절 동지 여러분의 열정과 건강이 마지막 순간까지 유지되기를 소망합니다.

50년 전 우리는 무한한 젊음과 순수한 정의감으로 박정희 군부독재에 저항했습니다. 10. 15 위수령으로 전국의 각 대학에서 제적 또는 강제 징집되었고 그 후 각 분야에서 나름대로 치열한 삶을 살아왔습니다. 그리고 어느 정도 민주화가 이루어진 지금, 50년 전 그때의 시대상황을 되돌아보면서, 당시의 투혼이 민주주의를 위한 한 알의 작은 씨앗이 되었다는 자부심을 갖기도 합니다. 오늘 함께하지 못하고 먼저 가신 김근태, 김성택, 김수호, 김준년, 문상우, 선경식, 여정남, 유상덕, 제정구, 조영래, 채광석, 최명의, 최재현, 허신석, 황주석 등 여러 동지의 빈자리를 보면서 영령들 앞에서 옷깃을 여미게 됩니다.

사실, 우리 71동지회는 다른 많은 민주화운동 단체처럼 특정 시국사건을 통해 체제에 저항한 것이 아니므로 구성원 상호 간의 동질성이나 동료 의식이 상대적으로 약할 수도 있습니다. 그러나 당시 박정희 군사정권이 유신독재, 즉 '선거 없는 장기집권'으로 가는 길목에서 순수한 대학생들의 공통된 저항이었고, 비록 조직적이고 체계화된 투쟁은 아니었더라도 선도적이고 정의로운 반독재 민주화 투쟁이었습니다. 당시 우리가 '교련 반대'를 외쳤던 것은 대학의 병영화 반대뿐만 아니라 '유신 독재 반대'의 또 다른 표현이었다는 분석에 공감합니다. 1970년대 초 학생운동에 대한 역사적 재평가와 분석이 정확히 이루어지기를 기대해봅니다.

이번 기념행사는 우리의 향후 인생 여정을 감안할 때 사실상 마지막 행사가 될 수도 있습니다. 이 뜻깊은 행사에 공동으로 참여해주신 한국언론진흥재단 표완수 이사장과 관계자 여러분께 감사의 말씀을 드립니다. 또한 이 행사의 기획과 재정 등 여러 문제를 잘 해결해주신 김재홍 준비위원장과 준비위원님들, 분야별로 심포지엄 주제발표를 맡아주신 동지들과 산처럼 묵묵히 실무 처리를 해주신 김국진 사무총장 그리고 약식 인생록을 집필해주신 여러 동지께도 감사를 드립니다. 코로나와 폭염 속에서도 50년 행사가 가능하도록 준비를 잘해주신 그들의 공로는 오래 기억될 것입니다. 특히 우리의 삶이 담긴 기념문집이 우리 후배들과 손주들에게 부끄러움 없는 당당하고 떳떳한 기록으로 남기를 기대합니다. 감사합니다.

2021년 10월

일관된 헌신의지와 공공정신으로

71동지회
50년위원장
김재홍

　　문집을 발간하면서 생각하는 것은 한국사회에서 찾아야 할 71동지회의 정체성과 한 세대로서 성격이다. 엄마의 등에 업히거나 손잡고 아장아장 걸을 때 6.25전쟁이 터졌고, 10대 중반에 4.19혁명과 5.16군사쿠데타를 기억에 넣을 수 있었으며, 대일 굴욕외교와 그에 저항하는 6.3시위도 보았다. 대학이나 노동현장에서 대통령 박정희의 정치공학적인 3선 개헌과 대학 병영화 저지 운동을 탄압하는 위수령을 직접 겪으면서 71세대는 정치적 세대로 성격 지워지기 시작했다. 71동지회는 정권이 유신 1인 종신체제로 가기 위한 사전정지 공작을 벌이던 1971년 10.15 위수령의 철퇴를 맞아야 했다. 이렇게 사회적 의식 형성의 감수성이 가장 예민한 나이에 독재정권의 권력욕에 노출됐기 때문에 우리 71세대는 민주주의 가치를 가장 중요하게 체화한 세대라 할 수 있을 것이다.

　　71동지회는 20주년, 30주년, 40주년마다 각각 심포지엄을 개최하고 문집을 발간해왔다. 1990년대 초입 한국은 개발독재의 경제적 과실을 따먹기만 하는 정치권이나 기업의 포식자들로 경제성장과 소득분배가 불균형 위기를 겪었다. 71동지회 20주년 문집『자유, 너 영원한 활화산이여: 데탕트 · 개발독재 · 민중운동』은 그 같은 민주주의 발전이 수반되지 않는 개발독재에 대해 문제 제기를 했다. 또 2000년대 초엔 민주정부로 정권교체가 이루어진 이후 각 사회영역의 실질적 민주화가 의문시되기도 했다. 71동지회가 30주년 심포지엄과 함께 문집『나의 청춘, 나의 조국』을 통해 각 영역에 민주적 발전을 촉구한 이유다. 이런 활동을 일관되게 전개할 수 있었던 것은 젊은 날 국가공동체를 위해 헌신했다는 자부심과 공공정신이 내재해 있기 때문이었다.

　　이번 71동지회 50년 문집은 지난 50년 동안 한국의 각 영역별 변화에 대한 시차적時差的 비교 고찰과 그것을 바탕으로 한 미래 조망을 담았다. 한국의 미래는 그 성숙한 민주정치가

2022년 3월로 다가온 대통령 선거 과정에서 새로운 국가 리더십을 조형할 수 있을지 여부에 따라 좌우될 것이다. 71동지회의 50년 심포지엄과 문집은 국민 유권자와 정치지도자들이 상호 원활히 소통하여 국가 발전의 패러다임 전환에 적극 나서기를 염원하는 마음을 모았음을 밝혀둔다. 심포지엄의 주제발표를 맡은 7명의 동지와 개인의 삶에 바탕해 시대사적인 회고록을 집필한 37명 동지 모두가 한마음이었다. 71동지회 배기운 회장과 김국진 사무총장의 우의어린 집행부 역할에 박수를 보낸다. 이원섭 동지는 회고록 원고들을 읽고 조언하며 수고를 아끼지 않았다. 우리의 자랑스러운 71동지 김근태, 선경식, 여정남, 유상덕, 제정구, 조영래, 채광석, 최명의, 최재현, 황주석 등 작고 회원들의 약식 연보를 정리해준 박부권, 배기운, 이광택, 임춘식 동지에게 감사드린다. 71동지회원 일동의 이름으로 발표하는 선언문은 50년위원장인 필자가 대표집필하여 내부 동의절차를 거쳤음을 밝혀둔다. 이같은 동지애를 동력 삼아 우리의 발걸음은 계속될 것이다

71동지회 50년 기념행사에 공동주최를 흔쾌히 수락하고 예산 지원을 아끼지 않은 한국언론진흥재단 임직원 여러분과 표완수 이사장께 깊이 감사드린다. 김성재 미디어본부장과 오수정 미디어진흥실장의 섬세한 배려가 없었던들 문집 발간은 쉽지 않았을 것이다. 또한 민주화운동기념사업회와 민주화운동공제회가 71동지회 50년에 뜻을 함께하는 후원으로 동참해준 것을 고맙게 생각한다. 출판 경기가 어려운 가운데도 의미 있는 책이라며 기꺼이 맡아준 도서출판 동연 김영호 대표에게 감사한다. 50여 명이 집필한 방대한 원고들을 잘 디자인해 예쁜 책으로 만들어준 도서출판 동연 편집팀에게도 고마움을 표한다.

2021년 10월 14일

71동지회 50년 기념문집 발간에 부쳐

한국언론진흥재단
이사장 표완수

1971년 10월 15일, 박정희 정권은 서울 전역에 위수령衛戍令을 선포했습니다. 위수령 발동으로 대학에는 휴교령이 내려지고 무장군인이 진주했습니다. 당시 대학에는 군사독재 타도, 교련 반대, 부정선거 규탄 등의 외침이 울려 퍼지고 있었습니다. 대학 캠퍼스로 진입한 장갑차와 군홧발은 학생들의 민주화운동을 짓밟았습니다.

대학의 학생 간부들은 경찰, 중앙정보부, 군 보안사 등으로 끌려가 불법 구금됐고 이들 170여 명이 대학에서 제적됐습니다. 엄혹했던 그 시절, 정의롭고 뜨거웠던 학생들은 제적과 강제 징집, 고문과 구속을 무릅쓰고 군사독재 정권에 맞서 민주화운동에 몸을 던졌습니다. 그때 그 학생들이 모여 '71동지회'를 만들었습니다.

20대의 열혈청년이었던 71동지회 여러분은 그 이후에도 우리나라의 민주주의와 통일을 위해 치열한 삶을 살아오셨습니다. 중·장년을 거치면서도 변함없이, 한국사회의 민주화는 물론 정치·경제·사회·언론·문화·예술 등 각 분야의 진보와 발전에 중요하고도 크나큰 역할을 해주셨습니다.

이제 그 푸르렀던 71동지회 여러분이 은빛의 70대가 되었습니다. 세월이 흐르고 시대가 변했지만, 여러분의 피와 땀 그리고 올바른 시대정신은 여전히 살아 있습니다. 한국사회는 50년 반세기 동안 여러분의 열정과 깊은 통찰력이 튼튼한 뿌리와 굵은 나이테가 되어 큰 나무로 자라고 있습니다.

71동지회가 50년을 맞은 지금, 여러분은 70대의 혜안으로 세상을 봅니다. 혜안으로 본 한국 50년의 역사와 오늘의 우리 사회 그리고 이를 바탕으로 그려보는 미래는 다음 세대에게 현 시대를 직시하고 앞으로 나아가게 하는 동력과 교훈을 줄 것입니다. 한국사회의 50년을 되짚어보고 현재를 진단하며 미래를 전망하는 의미 있는 발걸음에 한국언론진흥재단이 함께할 수 있어 더 없이 영광스럽습니다. 또한 기념문집에 소박한 글로나마 만날 수 있는 기회를 주신 동지회 여러분께 감사의 인사를 전합니다.

　민주화와 진보 그리고 각 분야의 발전을 이끌어온 71동지회 여러분의 헌신에 존경과 박수를 보냅니다. 50년을 함께 맞지 못하고 고인이 되신 조영래 변호사, 김근태 의원, 제정구 의원 등 먼저 가신 분들도 하늘에서 바라보며 늘 응원하고 계시리라 믿습니다.

　잊히는 역사가 아닌, 선명하게 닦음으로써 새롭게 만들어내는 역사의 길에서 71동지회가 앞으로도 계속 전진, 또 전진하시길 희망합니다. 감사합니다.

2021년 10월
광화문 프레스센터에서

축사

반세기 지킨 민주 신념 나라를 바꿨다

자유언론실천재단
이사장 이부영

71동지회가 박정희 정권의 반민주적 탄압으로 병영으로 끌려가거나 대학에서 추방된지 50년이 되는 해인 2021년을 맞아 기념문집의 축사를 요청해왔다.

1971년 전국 대학들에서 수많은 학생운동 주동자들을 경찰, 중앙정보부, 보안사에 연행하여 온갖 고문과 구타를 자행하여 173명을 강제 징집자로 분류, 군대로 끌고 간 사건을 계기로 결성된 모임이 71동지회다. 67~71년 대학입학생들이 주축인 71동지회 회원들은 삼선개헌, 유신체제, 5.18광주민주항쟁, 6월민주항쟁, 촛불시민혁명, 탈냉전 시대, 신자유주의 시대 등 우리 사회의 대격변을 청·장년 시기에 겪으면서 살아야 했다. 동지회 회원 여러분들은 별 탈 없이 살아도 경쟁과 배제가 일상화된 한국사회에서 이력서에 빨간 줄이 쳐진 신분으로 열심히 살아냈고, 이제 실버세대라는 70대를 맞고 있다.

기념문집에 축사를 보태는 것으로 모자랄 것 같아 옥살이 고문 구타를 견디면서도 우리나라를 어엿한 민주공화국으로 자리 잡도록 애써주신 동지회 여러분들의 생애에도 축하를 보낸다.

동지회 여러분들은 대학문을 나서기도 전에 이미 '금 밖에 선 사람'으로 낙인찍혀야 했다. 박정희 전두환 시대는 여러분들을 배제하거나 감시하려고 했다. 군복무를 마치고 회원 여러분들이 걸었을 가시밭길이 어떠했을는지… 직장 지원에, 대학원 진학에, 언론사 입사에, 외국 유학에 얼마나 애를 먹었을까 알만한 일이었다. 어디에 가서 무슨 일을 해도 젊었을 때 온갖 고통을 겪으면서 다져진 민주주의를 향한 헌신, 맹세를 잊은 적이 없었을 것이다.

요즘 코로나19 대란 속에서 한국을 눈 크게 뜨고 바라본다는 얘기가 해외에서 자주 들려온다. 민주화와 산업화를 동시에 달성한 나라로서 선진국으로 대접받아서 G7 정상회의에 초청받았다. 남북이 분단되고 철조망으로 갇혀 작은 섬 같은 나라에서 무슨 일이 벌어졌기에 세계를 움직이는 메시지가 끊임없이 발신되고 있는가.

4월혁명으로 이승만을 쫓아내고, 박정희의 철권통치 유신체제를 부숴내고, 전두환 학살집단에 5월광주항쟁으로 맞서 6월민주항쟁으로 굴복시키는가 하면, 파도 같은 촛불시민혁명으로 대통령 두 명을 감옥에 넣는 정치혁명도 거뜬히 해낸다. 우리는 목숨을 건 민주혁명을 통해 대한민국을 민주공화국으로 우뚝 세웠다. 이 나라의 집권자들뿐 아니라 이 나라를 분단하고 핍박했던 나라들도 21세기에는 더 이상 한반도 주민들을 함부로 대해서는 안 된다는 교훈을 얻게 되었을 것이다. 이런 교훈이 요즘 한반도에 대한 세계의 특히 강대국들의 시선에서 지난 세월과는 다른 무엇을 느끼게 한다.

71동지회 회원 여러분들이 지난 50년 동안 가꿔온 민주주의를 향한 열정이 값진 열매를 맺었다는 것을 그들의 바뀐 시선들이 말해준다.

71동지회 여러분, 애 많이 쓰셨습니다.

축사

유신의 서막에 맞선 71동지회 선배들께

유신청산민주연대
운영위원장
이대수

반세기 동안 이 땅에서 자유와 민주주의, 인권과 평화를 위해 살아오신 선배님들의 노고에 경의를 표합니다. 격동의 현대사 한가운데서 군부독재에 맞서 싸우며 학생운동의 전통을 이어 오신 선배들께 박수를 보냅니다. 특히 2018년 유신청산민주연대 운동에 적극 참여해 주셔서 함께 활동해 갈 수 있게 된 것이 더없이 반갑고 감사할 따름입니다.

선배님들이 잊을 수 없는 위수령은 2018년 9월 문재인 대통령이 주재한 국무회의에서 폐지되었습니다. 제정 68년 만이지요. 박근혜 정부에서 기무사령부가 탄핵 무효화 판결시 위수령, 계엄령 발동 계획을 세웠던 사실이 드러나면서 정치적 쟁점이 되었고, 군사독재의 잔재였던 위수령을 문재인 국무회의에서 폐지한 것이었습니다.

국가 긴급권인 계엄령과 위수령은 메이지 유신 이후 제정된 일본 제국 헌법을 모방해 도입된 것이었음을 알게 되었습니다. 일제 잔재가 청산되지 않은 채 대한민국으로 이전된 것이라고 할 수 있습니다. 친일 청산을 못 한 것이 우리의 발목을 잡은 것이지요.

1950년 3월 국무회의에서 제정된 위수령은 1965년 한일회담반대운동을 탄압하기 위해 그리고 71년 대학 내 교련 반대 시위와 학생운동을 탄압하기 위해 발동된 것이었습니다.

긴급조치 9호는 박정희 사망 직후 해제되었지만 긴급조치가 (유신헌법에 비추어 봐도) 위헌 판결로 심판을 받기까지는 40년 이상 시간이 걸렸습니다.

끝나도 끝나지 않은 박정희 유신독재의 망령이 한반도를 떠돌고 있습니다. 전두환으로 이어지고 박근혜로 부활했던 유신의 망령이 아직도 사회 곳곳에서 떠돌고 있습니다. 다가오는 2022년 대선 대통령 후보들의 캠프에도 보입니다. 유신 사법부의 핵심 법원과 검찰이 권력에 도취된 모습으로 보입니다.

최근 미얀마 민주화운동을 지원하면서 식민지로 전쟁으로 분단으로 고통받아 온 코리아의 경험을 넘어서 민주주의 선진국으로까지 갈 수 있게 된 것은 정말 자랑스러운 일이면서 세계시민으로서의 책임을 느끼게 됩니다.

위수령은 2018년 폐지되었습니다. 긴급조치도 2013년 위헌 판결을 받았습니다. 1980년 5월 계엄령도 위헌이라고 판결 났습니다. 민주화운동의 성과이자 촛불정부의 성과라고 할 수 있습니다. 그런데 정작 그 몸통 격인 유신헌법과 유신체제는 단죄를 받지 않은 상태입니다. 문재인 대통령이 2019년 창원의 부마항쟁 40주년 기념 행사에서 유신독재하에서 고통받은 피해자들에게 사과한 것인 전부입니다. 반갑기도 하지만 구두선에 그친 상태라고 할 수 있습니다. 10월 유신 선포와 더불어 강제 해산당한 국회의원들은 유체이탈 화법으로 자신들의 과거를 망각한 채 지나쳐 버리고 있습니다. 우리는 기억합니다. 1970년대의 박정희 유신독재는 전두환의 독재로 이어졌고, 6월항쟁으로 87년 11월 직선제를 비롯한 헌법개정이 이루어지면서 일단락되었습니다. 박근혜를 통해 유신은 부활했으나 촛불혁명으로 심판받았습니다.

50년을 맞이한 71동지회 선배들께 뜨거운 연대감과 더불어 유신 청산을 위한 길을 함께 갈 수 있기를 기대합니다.

71동지회 50년 선언문

한국 현대정치사에 중요한 분기점인 1971년 군사정권의 대학 병영화와 정보공작통치 철폐를 요구하며 반독재 투쟁을 전개했던 우리는 그 50년을 맞은 오늘 역사와 국민 앞에 일단의 소회를 밝히고자 한다. 1972년 1인 종신 독재체제인 유신헌법을 선포한 것만 보아도 71년의 민주화운동은 한국 정치사에서 분기점에 서 있었음이 입증된다. 나라 안팎의 정세 흐름을 통찰하고 고뇌하며 군사독재에 맞서 민주화운동에 나선 청년 대학생들에게 당시 정권은 반역사적인 탄압의 철퇴를 가했다.

박정희 정권은 10월 15일 서울 일원에 위수령을 선포하고 대학 캠퍼스에서 1,600여 명의 대학생을 강제 연행한 뒤 이중 학생 간부 200여 명을 경찰서와 중앙정보부와 군 보안사령부에 불법 구금해 구타 폭행하고 고문조사를 자행했다. 정권은 전국 각 대학의 학생대표기구와 학생 자유신문, 자치 서클 등의 간부들을 대학에서 제적한 뒤 일괄적으로 군에 강제 입영시켰다. 반독재 학생운동을 벌였던 우리는 당시의 체제폭력과 군 입영 후 차별대우에 대해 질타하는 데 그치지 않고 민주화운동의 경험을 살려 국가공동체에 기여하고자 일관되게 노력해왔다. 71동지회를 결성하여 각자의 전문성과 철학에 따라 시민사회의 다양한 영역에서 일하며 묵묵히 민주화운동 정신을 이어왔다. 우리는 결코 과거에 얽매이지 않지만 그 경험

이 헛되게 하지도 않을 것이며 국가가 인증한 민주화운동자들로서 국가공동체에 헌신해나
갈 것임을 다짐하는 입장에서 현재와 미래를 조망하고자 한다.

오늘 국가공동체 구성원들이 함께 성찰해야 할 현안 문제는 무엇보다도 한반도 평화정착
을 위한 깊은 대화와 협상을 북한은 물론이려니와 주변 이해 관련 국가들과 공유해가는 일이
다. 한반도 정세는 50년 전 1970년대나 지금이나 본질적 차이 없이 여전히 불안정하다. 70
년대는 오히려 미국과 중국이 오랜 냉전적 대립에서 관계 개선과 해빙 데탕트로 전환한 시기
였다. 그러나 현재는 미·중 양국이 패권경쟁으로 돌입해 신냉전구도가 펼쳐지고 있어 이에
지혜롭게 대처하는 외교 역량이 절실히 요구되는 상황이다. 한반도 평화와 경제 발전을 함
께 고려할 때 미·중 어느 편도 소홀히 할 수 없는 현실에서 특정 개인이나 정파가 아전인수
식으로 주장하는 것을 우리는 규탄하지 않을 수 없다. 식자층이나 정치인 모두가 이념적으
로 진보와 보수를 떠나고 정치적으로 여야 정파를 초월해서 국익 극대화와 국민 우선의 자세
를 견지해야 한다.

2022년 3월 치러질 대통령 선거를 앞두고 우리 눈앞에 전개되는 후보와 정당들의 선거
경쟁이 갈수록 정책과 비전은 사라지고 인신공격성 논쟁의 이전투구로 타락하는 것을 우려
하지 않을 수 없다. 국민 유권자의 정치문화는 업그레이드됐는데도 정치인과 정당이 그 눈
높이에 턱도 없이 못 미친다는 비판을 무게 있게 경청해야 할 것이다. 대통령 선거는 국가
리더십을 결정하는 최고 차원의 정치과정이다. 리더십은 정치지도자만 잘해서 이상적으로
만들어지는 것도 아니며 국민 유권자와의 상호관계 속에서 형성되는 민주정치 운용의 힘이
다. 우리는 과거 가난한 민주정치보다도 경제성장 약속을 선전하는 독재정치나 부패정치
인이 선택됐던 경험적 교훈을 뼈아프게 새겨야 할 것이다.

경제성장과 사회복지는 일하는 국민에게 시너지 효과를 가져다주는 두 개의 바퀴로 균형
을 이루어야 한다. 오랜 개발독재 시기 성장 일변도의 불균형에서 벗어나 오늘날 한국은 선
진 복지국가 대열에 당당히 들어섰다. 여기엔 민주화 세력의 정치 참여와 민주 정권 창출이
그게 기어했다고 평가하며, 우리 71동지회 또한 그 일원임을 자랑스럽게 생각하고 큰 보람
으로 여긴다. 1970년대 한국의 고속 경제성장은 결코 개발독재 정권의 공로라고 할 수 없다.
더구나 일제강점기 식민지 약탈용 인프라가 한국의 산업화에 바탕이 됐다는 이른바 친일적

식민지근대화론의 허구성을 우리는 강력히 규탄한다.

한국의 경제성장은 당시 세계 최장 노동시간, 최저의 임금, 최다 산업재해율 그리고 미성년 노동과 밤낮없이 일한 여성 노동자 및 화이트칼라 샐러리맨 등 국민의 피땀으로 이루어진 인간 승리의 집적이었다. 우리는 1970년 11월 분신한 청계피복노조 전태일 지도자와 1979년 YH무역 노조의 신민당사 점거 농성 때 희생당한 김경숙 노조원을 잊어선 안 된다.

오늘날 한국의 사회복지는 수천 년 이어온 가난의 굴레를 벗고 모든 국민이 인간다운 삶을 영위할 수 있는 복지국가 모델로 제시되고 있다. 이는 경제성장 과정에서 분투한 국민에 대한 정당한 보상이라 할 것이다.

국민의 피땀 위에 경제성장을 이룩한 한국은 민주화 이후 인터넷 인프라를 선도적으로 건설해 세계적인 디지털 첨단산업의 강국 반열에 올라섰다. 또한 드라마, 영화, 팝 가요 등 세계인들이 열광하는 한류문화야말로 자유롭고 역동적이며 창의적인 사회 기풍 덕택으로 일구어낸 민주화의 성과라고 우리는 굳게 믿는다.

궁극적으로 한국의 미래는 한반도 평화가 정착되고 남북한의 의료나 농수산 등 분야별 행정부처들부터 실질적 협력을 활성화해간다면 희망찬 통일 이정표가 기다리고 있다. 인구 5천만 이상으로 국민소득 3만 달러 이상인 지금의 5030 그룹 7대 국가에서 더 나아가 세계 선진 선도 국가 대열에 진입할 것이다. 50년 전 학생운동으로 민주화운동 관련자 인증회원들의 모임인 우리 71동지회는 이같은 민주화의 성과들을 공유하며 이를 더욱 확대 발전시켜가기 위하여 진력할 것임을 다짐하고 다음과 같이 선언한다.

우리의 선언

— 1970년대 한국의 고속 경제성장은 결코 개발독재 정권의 공로라 할 수 없으며 세계 최악의 노동 여건 속에서 국민이 피땀으로 일구어낸 인간 승리의 집적이었다.

— 정부는 남북대화 기운을 복원하고 새로운 동력을 최대한 살려 한반도 평화 정착과 민족통일에 적극 나서야 한다.

— 미국과 중국의 신냉전적 패권경쟁 상황에서 식자층이나 정치인 모두가 이념과 정파를

초월해 국익 극대화와 국민 우선의 자세를 견지해야 한다.

— 2022년 3월 치러질 대통령 선거에서 선택될 국가 리더십은 정치지도자만 잘해서 이상적으로 만들어지는 것이 아니며 과거 가난한 민주정치보다도 경제성장 약속을 선전하는 독재정치가나 부패정치인이 집권했던 경험적 교훈을 국민과 함께 우리 모두 뼈아프게 새겨야 한다.

— 세계인들이 열광하는 한국의 드라마, 영화, 팝 가요 등 한류 문화는 자유롭고 창의적인 사회 기풍 덕택으로 발양된 민주화의 성과라고 우리는 굳게 믿는다.

— 50년 전 군사독재에 맞서 싸운 학생운동으로 민주화운동 관련자 인증회원들인 우리 71동지회는 민주주의 가치를 더욱 확대 발전시키는 과업에 앞장설 것이다.

2021년 10월 14일

71동지회 회원 일동

차 례

1부 | 71동지회 50년 기념 심포지엄
1971~2021 한국사회 50년의 변화
― 언론을 통해 본 時差的 비교 고찰과 미래 조망

2부 | 회원 회고록

3부 ┃ 작고 회원 약식 연보

4부 | 민주화운동 기록물

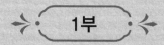

1부

71동지회 50년 기념 심포지엄

1971~2021 한국사회 50년의 변화
― 언론을 통해 본 時差的 비교 고찰과 미래 조망

후원 민주화운동기념사업회 · 민주화운동공제회

71동지회 50년 심포지엄 프로그램

일시:　2021년 10월 14일(목) 14:00~15:10, 16:10~18:10

　　　　(15:15~15:45 임진택 창작판소리 '소리내력' 공연)

장소:　정동아트센터

○ 대주제: 1971~2021 한국사회 50년의 변화

　　─ 언론을 통해 본 時差的 비교 고찰과 미래 조망

　○ 분야별 주제 및 발표자

〈세션 I〉

사회:　　　김남국 교수(한국정치학회 회장 · 고려대 정외과)

주제발표 1. 한국정치: 김재홍(서울미디어대학원대 석좌교수 · 전 서울디지털대 총장)

주제발표 2. 한반도 평화 · 통일: 이원섭(전 가천대 교수 · 전 한겨레 논설위원실장)

주제발표 3. 경제: 장상환(경상대 명예교수 · 전 농어촌사회연구소장)

지정토론:　김세균(서울대 명예교수) 손호철(서강대 명예교수) 조문환(전 제일은행 본부장)

〈세션 II〉

사회:　　　이동수 교수(한국정치평론학회 회장 · 경희대 공공대학원)

주제발표 4. 사회 · 복지: 임춘식(한남대 명예교수 · 전국노인복지단체연합회 회장)

주제발표 5. 고용 · 노동: 이광택(국민대 명예교수 · 한국ILO협회 회장)

주제발표 6. 환경 · 기후: 최　열(환경재단 이사장 · 전 기후변화센터 공동대표)

주제발표 7. 문화 · 예술 · 언론: 임진택(창작판소리연구원장 · 경기아트센터 이사장)

지정토론:　이석현(민주평통 수석부의장)　　　　배진한(충남대 명예교수)

　　　　　　조상호(도서출판 나남 회장)　　　　이윤선(전 한국방송PD연합회 회장)

한국 정치 리더십의 세대별 변화와 정치문화

김재홍*

I. 총론

1. 한국 정치의 구성요소
　— 지도자 · 정당 · 좌우익 이념… 언론 · 노조 · 시민운동

해방 이후 지금까지 한국 정치는 정당보다도 지도자 우위 현상을 보였다. 정당이 정치 엘리트를 키우고 정권을 창출하는 배양기 역할을 하는 것이 아니라 정치지도자가 필요에 따라 정당을 창당하거나 당명 개칭을 하는 주객전도 현상이었다. 이같은 지도자 우위의 정치체계에서는 정치 리더십의 중요성이 그만큼 더 커질 수밖에 없다. 국민 유권자는 선거 때마다 후보들의 득표 캠페인이든 또는 정치권력 측의 공작 대상이든 상수의 위치에 있었다.

정치 패러다임에 해당하는 '정치적 세대'의 변화가 주로 지도자의 리더십과 유권자의 정치문화라는 두 차원에서 전개돼왔다. 그러나 해방 후 지금까지 정권 교체는 여러 차례 이루어졌지만 정치 영역과 별개로 존재하는 사회권력의 교체가 없었다는 점에서 한국의 사회적 패러다임 변화는 말하기 어려운 실정이다. 정치권력과 다른 영역에 존재하는 사회권력이라

---

* 서울대 문리대 정치학과 졸, 서울대학교 정치학 박사, 동아일보 정치부 차장-논설위원(1980년 해직), 경기대 교수, 정치전문대학원장, 제17대 국회의원, 방송통신위원회 상임위원, 부위원장, 서울디지털대학교 총장, 서울미디어대학원대학교 석좌교수(현).

면 족벌 언론과 재벌 기업과 지역 할거 세력 등을 들 수 있을 것이다. 이들이 바로 국가공동체 구성원 누구에 의해서도 선출되지 않았고, 교체되지도 않는 세습 사회권력으로서 국민의 삶을 변화시킬 수 있어야 할 민주적 정권교체의 의미를 희석시켜온 셈이다. 이들 사회권력도 정치권력처럼 교체는 아니더라도 최소한 자기 혁신과 민주화를 통해 국가공동체 구성원의 심리적 인준을 받지 않을 경우 '촛불시민'에 의해 지속적인 도전을 면치 못할 것으로 전망된다.

한국 근대 정당의 기원을 보면 우리 선인들은 적어도 주권 회복이나 나라를 다스리기 위한 명분으로 정당을 결성했다. 독립운동 과정에서 조직한 정당이기 때문이지만 명분과 목표뿐 아니라 지향하는 정강정책도 분명했다. 정당 조직의 명분이 "당으로써 나라를 다스린다"는 뜻의 '이당치국以黨治國'이었다.[1] 한국의 항일 독립운동가들이 중국과 만주 지역에서 활동하면서 중국 국민당이나 중국 공산당의 유일당唯一黨 이론에 영향을 받은 결과로 분석된다.

그러나 이같은 정당의 기원과 명분에도 불구하고 그 생명력과 영향력은 정치지도자보다 항상 뒤졌다고 보아야 할 것이다. 아무리 정당정치가 제도화돼야 하고 정당을 중심으로 정치 발전이 이루어져야 한다고 역설해도 그것은 당위론일 뿐 한국정치 현상과 부합하지 않는 것으로 평가된다. 정당보다도 재야 민주화 대중운동이 더 의미 있는 정치적 변화를 일으켜왔다. 정당정치를 그 뿌리와 역사 그리고 정치 과정에서의 영향력이 확립된 영국이나 미국 같은 서구 국가들에서 이식해 오려 해도 한국의 국민의식과 정치문화와는 거리가 있다. 이는 박정희 정권이 내세웠던 한국적 민주주의론과는 전혀 다른 차원으로 정치문화 부합이론으로 따져봐야 할 것이다.

한국정치를 분석 평가하는 방법은 다양하다. 한국정치의 주요 구성요소에 대해 어떤 관점을 가지느냐에 따라서 연구의 대상과 범위가 정해진다. 해방 후 한국정치의 구성요소를 지도자, 정당, 좌우익 이념으로 본 초기 연구에[2] 바탕하고, 그 후 구성요소의 다양화에 따라 언론과 노조와 시민운동까지 영향력 변수로 추가하여 연구 방법을 전개할 수 있을 것이다.

---

[1] 김재홍, 『한국정당과 정치지도자론』(서울: 나남, 1992), 37쪽.

[2] 한국정치의 구성요소에 관해서는 다음 논문과 저서를 참조. 김재홍, "한국의 좌우익이념과 해방 후 정당활동에 관한 연구," 1987년 서울대 대학원 박사학위논문; 김재홍, 위의 책.

그러나 본고는 제한된 분량으로 인해 정치지도자의 리더십과 국민 유권자의 정치문화를 중심으로 고찰하고자 한다. 주어진 연구 주제가 1971년 박정희 정권의 10월 15일 위수령이 발동된 전후부터 2021년 오늘까지 50여 년에 걸친 한국사회의 시차적^{時差的} 변화상을 고찰하는 것이기 때문에 미시적 분석보다는 거시적인 방법이 될 것이다. 특히 언론을 통해 본 정치 리더십의 세대별 유형 변화에 초점을 맞추고자 한다.

2. 한국 정치 리더십의 세대별 전개

1) 제1세대 독립운동 - 제2세대 군사쿠데타 - 제3세대 민주화 투쟁

해방정국에서 신생 독립국가를 세우기 위한 민주정부 수립 방안을 둘러싸고 정당정치가 전개됐으며, 정부가 수립된 후 4.19혁명 이전까지 그 정당체계가 존속했다. 이 기간에 한국의 정치 과정은 정당, 정치지도자, 좌우익 이념이 그 중심 변수였다. 김구, 이승만, 여운형, 신익희, 조병옥 등이 주요 지도자로 한독당, 한민당, 인민당과 민주당, 자유당 등을 조직했고, 이 정당들이 제헌의원 총선거 등의 정치 과정에서 경쟁했다. 이들이 정당정치 제1세대로 '독립운동 세대'였다.

제2세대 정당은 1961년 5.16 군사쿠데타 주모자들인 박정희와 김종필에 의한 민주공화당과 1980년 정권 찬탈 내란 집단의 전두환, 노태우에 의한 민정당 및 민자당으로 '군사쿠데타 세대'였다. 이 시기에 한국 정당은 정당이 정권을 창출하는 것이 아니라 거꾸로 정권을 장악한 집단이 정치공학적인 방법으로 정당을 조직했다.

2세대 정당인 공화당과 민정당 및 민자당이 김영삼의 신한국당과 이회창의 한나라당으로, 그리고 다시 한나라당이 박근혜 비상대책위원장의 주도 아래 새누리당으로 간판을 바꾸어 달았다.

제3세대 정당정치는 김영삼의 통일민주당 및 신한국당과 김대중의 평민당 및 국민회의 그리고 민주당에 의해 조형됐다. 그 주역 정치인들은 '민주화 투쟁 세대'라 부를 수 있다. 이 시기 정당정치는 외형상 군사 권위주의로부터 문민화와 민주화가 이루어졌다지만 실제 정당 내부에서는 1인 중심 또는 당권파에 의한 과두지배가 체질화했다. 김종필의 신민주공화당과 자민련도 물론 마찬가지였다. 이 때문에 '3김정치' 타파가 새로운 민주화의 목표로 대두했다. 일반 국민들에겐 몇 차례의 시민항쟁을 거쳐 민주헌정이 주어졌지만 정당 내부에서는 실질적 민주화가 새로운 개혁과제로 남았다.

2) 제4세대 정치의 구획: 광장 토론과 SNS 소통의 정치문화

2002년 6월 월드컵대회 당시의 붉은 악마, 대통령 선거 과정에서 등장한 '노사모'(노무현 후보 지지모임)와 '창사랑'(이회창 후보 지지모임)을 비롯한 정치인 팬클럽 그리고 촛불시위 등에서 보듯이 인터넷을 통한 자발적 참여문화와 광장운동은 성숙한 시민의식을 보여주었다. 특히 월드컵 당시 전국에서 연인원 수백만 시민이 지역별로 대형 TV 스크린을 통해 경기를 관람하고 응원을 벌였는데도 외국에서 흔히 볼 수 있는 훌리건 난동이나 불미스런 사건이 한 건도 보고되지 않았다. 국제사회 언론들이 놀라움과 함께 찬사를 보냈다. 그것은 수준 높은 자발성과 자율 의지가 발양된 시민문화였다.[3] 제4세대 정당정치는 이런 시민문화와 정보화 신진세대가 그 지지기반 노릇을 했다.

정당 리더십과 별개로 유권자의 세대 개념도 연령이 아니라 정치적으로 의미 있는 세대 구획이 중요하다. 정치의식과 철학이 기준이 되는 개념이다. 정치사회화와 사회심리학 이론에서 외부세계의 변화와 충격에 감수성이 가장 예민하며 그것이 의식과 사고방식에 깊은 영향을 주는 나이인 10대 후반부터 20대 초반의 이른바 '형성의 시기formative period'에 어떤 정치사회적 사건에 노출됐는지가 기준이 된다.[4]

한국의 정치적 세대 구분은 '의식 형성의 시기'에 경험한 정치적·사회적 사건을 기준으로 다음과 같이 구획지을 수 있다.

첫째, 의식 형성 시기에 8·15해방과 6.25전쟁을 경험한 '원로세대'로 이들은 국가주의와 안보의식이 강하며 한국사회에서 보수성을 가장 강하게 드러낸다.

---

[3] 2002년 6월 월드컵 당시 붉은 악마 응원단의 사회문화적 의미에 관해서는 다음 좌담 내용을 참조. 이종오·박상미·김재홍, "월드컵 열기의 승화와 공동체 발전," 「씨알의 소리」 2002년 7·8월호, 28-71쪽.

[4] 정치의식의 형성과 사회화 과정에 관해서는 다음 연구를 참조. Erik H. Erikson, *Childhood and Society* (2nd ed.: New York: Norton, 1963), 247-274쪽을 최명, 『비교정치학서설』(서울: 법문사, 1983), 94-105쪽에서 재인용; 정치세대에 관한 연구논문으로 다음을 참조. 정진민, "1980년대 이후 미국 정당정치의 변화: 세대요인을 중심으로," 「한국정치학회보」 2000년 봄호(34집 1호).

둘째, 4.19혁명과 5·16쿠데타, 군사 통치와 유신체제를 경험한 '민주운동세대'로 이들은 민주주의 가치를 신봉한다. 4.19세대와 6.3세대 그리고 71세대와 긴급조치세대가 그들이다.[5]

셋째, 1980년 광주시민항쟁과 정치군인 집단의 내란을 겪은 '민중운동세대'로 군사권위주의에 대해 가장 극단적인 저항의식을 보이며 노동자와 농민 층에 눈을 돌려 경제적 분배와 복지정책을 중시한다. 이른바 86세대로 제3, 4세대의 정당에 수혈되어 활동해왔다.[6] 이들은 1987년 6월 선배 세대인 이른바 '넥타이부대'와 함께 시민항쟁을 성공으로 이끈 경험도 갖고 있다.

넷째, 인터넷 언론의 주역이고 2002년 월드컵에서 '붉은 악마' 응원을 경험한 '신세대'로 이들은 정치적 관심보다도 지식정보, 문화, 스포츠, 일상생활에 비중을 두며 개인주의가 강한 것이 특성이다.

---

[5] 4.19세대와 6.3세대가 많이 알려진 데 비해 박정희의 1971년 10.15위수령 당시 대학생이던 71세대는 그룹으로서 활동이 눈에 띄지 않는 편이었다. 71세대는 정치 또는 사회 활동에 치우치지 않고 각기 시민사회의 다양한 영역에 들어가 전문직 종사자로 두각을 나타냈다는 것이 언론의 평가였다. 이들은 10.15위수령 20주년과 30주년마다 기념 심포지엄 개최, 선언문 발표, 문집 발간을 해왔다. 이에 대해서는 다음을 참조. 71동지회 편,『나의 청춘, 나의 조국: 71동지회 30년 기념 문집』(서울: 나남, 2001);『자유, 너 영원한 활화산이여!: 데탕트·개발독재·민중운동』(서울: 71동지회, 1991). 또 71동지회에 대한 언론의 평가는 다음을 참조. 김재홍, "71동지회와 한국정치,"「한겨레」, 2001년 10월 18일자;「동아일보」, 1991년 10월 16일자 특집기사,『『위수령세대』당시활동 재조명";「한겨레」, 1991년 10월 19일자 특집기사, "유신 뚫고 민주 '맹장'으로 성장: 71년위수령동지회 한자리에."

[6] 1960년대 출생하여 1980년대 대학생으로 광주시민항쟁을 목격한 이들은 386 또는 486세대로 지칭되는데 본고에서는 '86세대'로 통칭한다. 1990년대 초 김대중 평민당 총재에 의해 "젊은 피 수혈"이라는 이름으로 재야 민주화운동가들과 함께 평민당에 충원된 이후 노무현 정부 시기 열린우리당에서 다수의 국회의원을 배출했다. 비교적 급속도로 정치적 비중이 높아진 만큼 그 역할과 책임에 대해 일부 학계 원로급 인사가 문제를 제기했다. 다른 한편 이런 견해에 대해 "젊었을 때 진보, 원로가 되면 보수"라는 반박도 있다. 86세대에 대한 비판은 다음을 참조. 한상진, "계파갈등과 민주당의 이미지 하락," 민주당 대선평가위원회,『새로운 출발을 위한 성찰』(서울: 민주당, 2013), 제3장, 66-79쪽; 한영익 기자, "최장집의 한국진보 작심비판 '그들 민주주의는 전체주의'," 「중앙일보」2019년 12월 10일자.

3. 정치 리더십과 정치이념
— 현실 정치와 이념의 상호 영향

서구 자유주의 사회에서 정치이념의 역할이 퇴색하기 시작한 것은 제2차 세계대전 후 산업화와 그에 따른 물질적 풍요가 배경이었다. 정치적 자유와 함께 경제 문제까지도 개선되면서 현실적 불만이 사라지니 개혁의 목소리가 주목받기 어려웠다. 역사 진보에 대한 지식인과 중산층의 배반이라 할 만했다. 구시대의 권위들을 청산하고 현실의 모순을 타파하는 기준이 돼온 정치 이데올로기는 냉전적 대결의 주범으로만 여겨졌다. 여기서 새로운 정치 리더십의 과제를 찾을 수 있을 것이다.

한편 사회주의 국가로서 이념을 중시해온 중국에서도 1970년대 말부터 정치 이데올로기보다는 실용주의와 경제개발이 우위에 서게 된다. 덩샤오핑鄧小平 주석의 개혁개방에 의한 성장정책은 탈이데올로기로 가능했다. 덩 주석은 '고양이가 검든 희든 쥐를 잘 잡아야 한다'(흑묘백묘론黑猫白猫論)고 갈파해 탈이데올로기 노선을 분명히 했다. 그런데도 2002년 한국의 대통령 선거 과정에서 후보에게 자신의 정치노선과 철학에 대하여 좌익인지 우익인지 밝힌 뒤 지지를 호소해야 한다고 한 것은 시대착오적 요구였다. 더구나 사회주의나 좌익 성향에 대해 공정한 평가와 지지가 자유롭지 못한 한국정치 상황을 고려하면 그것은 불공정 행위일 수밖에 없을 것이다.[7]

권위 있는 현대 정치학자 거의 모두가 정치 행위의 배경에 정치이념이 깔려 있다는 점을 강조한다.[8] 그러나 이념이 일방적으로 정치 행위를 규정한다고 보기는 어렵다. 정치인은 이념보다는 현실을 더 중시한다. 이에 비해 지식인은 거꾸로 이념이 현실을 끌고 가야 한다고 여긴다.[9] 결국 정치를 둘러싸고 현실과 이념의 세계가 상호 영향을 주고받으면서 변증법적

---

[7] 2002년 대통령 선거 과정에서 일부 학계 인사와 언론계의 미디어 토론자가 후보에게 좌익인지 우익인지 이념적 노선을 밝힌 후 지지를 호소해야 한다고 요구한 데 대하여, 탈이데올로기 실용주의적 입장에서 덩샤오핑의 흑묘백묘론을 인용한 신문 칼럼으로 다음을 참조. 김재홍, "고양이가 하얗든 까맣든," 「한겨레」 2002년 4월 17일자.

[8] 정치 행위와 정치이념의 상관관계에 대한 주요 연구고는 다음을 들 수 있다. David Apter, *Ideology and Discontent* (New York: Free Press & Glenco, 1964); David Minar, "Ideology and Political Behavior," *Midwest Journal of Political Science*, vol.5, no.4(1961).

[9] 정치인의 행위 규범에 대해 김대중 전 대통령이 "상인의 현실감각과 선비의 문제의식을 함께 가져야 한다"고 언급한

으로 발전해간다고 보아야 할 것이다.

II. 박정희-전두환-노태우의 제2세대 군사권위주의 통치
— 군사쿠데타 세대의 총구 카리스마

1. 박정희 군사통치에 대한 정치사적 평가
— 절차적 민주주의, 시민 정치 문화, 국가 균형발전 파괴

1961년 5.16 군사쿠데타는 한국의 역사와 정치, 경제, 사회, 문화, 전반에 걸쳐 심대한 악영향을 끼쳤다. 쿠데타의 주도자 박정희 소장 자신은 18년 동안 통치한 뒤 1979년 10.26 사건으로 비운에 사라졌다. 그러나 그가 사거한 이후 14년 동안의 또 다른 군부 통치 역시 '박정희 없는 박정희 체제'라 부를 만큼 5.16 쿠데타가 만들어놓은 그 후계 체제였다. 전두환 -노태우 정권이란 그 정치적 선대先代인 박정희 정권 없이는 태어날 수 없었으리라는 것을 누구도 부인하지 못할 것이다. 따라서 박정희 정권과 전두환-노태우 정권은 역사상의 시기 구분 외에는 사회과학적으로 따로 떼어 볼 수 없는 연속성을 지녔다고 해야 할 것이다.[10] 박정희-전두환-노태우 정권을 동일한 범주인 제2세대 정치 리더십으로 분류하는 근거도 여기에 있다. 이렇게 5.16 군사쿠데타는 정치군인 집단이 직접 정치를 장악하는 불행한 선로를 깔아놓았다는 점에서 역사적 책임이 크다.

것도 같은 맥락이라 할 수 있을 것이다.

[10] 외국의 학자들 사이에 박정희와 전두환·노태우의 차별성을 주장하는 경향이 많다. 필자가 1995년 11월 미국 허비드대 니만펠로 언론연구과정 기간에 이 대학의 아시아 학자들과 가진 '한국 현안문제 세미나'(Korea Colloquium)에서 토론한 내용으로 다음을 참조. 김재홍, 『박정희의 유산』(서울: 푸른숲, 1998), 194-210쪽; 김재홍, "박정희-전두환의 유신군부독재(1971-1987) 해부," 2021년 6월 4일, 유신청산민주연대·광주5.18기념재단 공동주최 심포지엄 기조발표 논문.

사실상의 병영국가 체제…
권력 유지 위해 필요 때마다 열 번의 군부대 동원

1961년 5.16 쿠데타 이후 1993년 2월까지 32년 동안 군인 출신이 직접 정치를 지배하고 군부가 어느 사회집단보다도 실질적으로 우위에 서는 '사실상의 병영국가(garrison state) 체제'가 지속됐다. 정치군인 출신인 박정희-전두환-노태우 씨가 정권을 장악한 이후 중앙정보부와 안기부는 물론, 집권당을 관리하는 실력자인 사무총장도 거의 군 출신 인사가 맡았다. 한국전력이나 광업진흥공사와 같은 국가 기간산업을 관장하는 주요 공기업의 사장 자리가 군 장성 출신의 퇴역 후 보장받는 몫으로 정해져 있었다. 군 장성은 의전서열도 문민 관료직보다 우대 받았다. 대장은 장관급, 중장은 차관급, 소장은 1급 차관보급 예우를 받았다. 육사 출신 예비역 대위 다수가 사무관 공무원(이른바 유신 사무관)으로 특채돼 행정고시 출신자와 똑같은 직급으로 정부 각 부처의 핵심 요직인 총무과나 기획관리직에 널리 배치됐다.

중·고교뿐 아니라 대학에까지 군사 교련이 필수과목으로 부과됐고, 사회 각 부문의 모든 직장 단위에 향토예비군이 설치돼 군 출신 지휘관이 정기적으로 훈련을 시행했다. 또 이들 예비군 지휘관은 직장의 비상기획관으로서 고위 간부회의에 참석했다.

군부통치 시대가 사실상 병영국가였다는 것은 박정희-전두환 씨가 정권 찬탈 이후에도 자신의 권력 찬탈과 그 유지 강화에 필요할 때마다 수시로 군대를 동원했다는 사실을 보아도 명백하게 입증된다. 박정희와 그 친위 집단은 18년 동안 무려 열 번 이상에 걸쳐 군대를 동원했다.

첫 번째는 더 이상 설명이 필요 없는 5.16 군사쿠데타다.

두 번째, 1964년 6월 3일 대일 굴욕외교 반대운동을 진압하기 위해 계엄령을 선포하고 군대를 동원했다.

세 번째, 1965년 8월 26일 위수령을 선포하고 고려대와 연세대에 군 병력을 투입, 학생들을 강제 연행해갔다.

네 번째, 1971년 10월 5일 군사정권 권력자들인 이후락 중앙정보부장, 윤필용 수경사령관, 박종규 청와대 경호실장을 '부패 3원흉'이라며 교내에 규탄 대자보가 나붙은 고려대에 수경사 헌병대 병력이 난입해 학생 5명을 불법 연행해갔다.

다섯 번째, 정권 집단의 부정부패와 중앙정보부의 횡포, 대학 병영화를 기도한 교련과목 강제의 철폐를 요구하며 반독재 시위를 벌이는 대학생들을 체포하고 학원가를 진압하기 위해 1971년 10월 15일 위수령을 선포하고 전국의 주요 대학에 군부대를 투입했다.

여섯 번째, 1972년 10월 17일 계엄령을 선포하고 국회의사당 앞에 탱크를 진주시킨 채 헌법을 새로이 제정한 유신 쿠데타를 감행했다.

일곱 번째, 1975년 4월 8일 긴급조치 7호 발동과 함께 고려대에 휴교령을 내리고 군대를 상주시켰다.

여덟 번째, 1979년 10월 부산·마산 시민항쟁 당시 비상계엄령을 선포하고 현지에 공수 특전부대를 투입했다.

아홉 번째, 1979년 12월 12일 전두환·노태우 중심의 정치 군벌 하나회 집단이 보안사 요직에 포진한 상태에서 계엄령 당시 육군참모총장이며 계엄사령관인 정승화 대장을 국방부장관과 대통령의 재가도 받지 않은 채 무력으로 불법 납치하는 등 군사 반란을 감행했다.

열 번째, 1980년 5월 17일 민주헌정 회복과 전두환의 휘하인 합수부가 구금한 김대중 등 주요 정치지도자의 석방을 요구한 광주시민항쟁에 대해 비상계엄령 확대 조치를 취하고, 특전사 소속 공수부대들을 투입해 잔혹한 살상 진압을 자행했다. 5.18광주시민항쟁에 대해 이같은 군 특수부대 동원으로 잔인한 구타 폭행과 발포 등의 반인륜적 행위를 자행한 것은 전두환-노태우 집단의 정권 찬탈을 위한 내란으로 최종 대법원 판결이 내려졌다.

2. 전두환의 '박정희 없는 박정희 체제' 답습

제2세대 정치 리더십 유형으로 박정희 체제를 답습한 전두환 씨는 두 차례의 군사쿠데타를 일으켜 국가권력을 찬탈했다. 1979년 12.12 군사 반란과 1980년 5.18 살상 진압은 그가 보스 노릇을 한 하나회가 중심이 돼 감행한 정권 찬탈을 위한 내란으로 대법원 확정판결을 받았다. 이들은 5.16 쿠데타를 일으킨 선배 세대 군부와 구분지어 '신군부'로 명명됐다.

박정희-전두환-노태우 정권 아래서는 군 출신 쿠데타 주도 세력이 독과점하는 1인 또는 과두지배 체제가 계속됐다. '박정희 없는 박정희 체제'였다. 국가권력이 대통령을 정점으로 국회의장·국무총리·집권당 대표·청와대 비서실장·중앙정보부장(안기부장)이라는 5대 기둥에 의해 지배되는 과두체제였다. 이 중에서도 한둘의 예외를 제외하고는 항상 군 출신이던 중앙정보부장이 조정자의 위치에 섰다. 주요 정치·사회적인 문제가 터지면 정부 차원의 관계기관 대책회의를 구성해 대처했으며 여기서도 주도자는 중앙정보부장이었다. 군정을 군정답게 만드는 총괄 조정자가 중정부장이었다.

정당, 선거, 의회, 언론, 대학, 노조 등 무력화
언론사, 대학, 주요 사회단체 등에 정보기관원 상주… 절차적 민주주의 말살

박정희-전두환 정권은 정당, 선거, 의회, 언론을 무력화시켰다. 사회 중간 집단인 대학과 노조, 시민단체들이 제 역할을 할 수 없는 억압 구조였다. 다시 말하면 민주주의의 실제 내용인 중간 집단들(intermediate groups)에 의한 절차적 정당성을 무시한 전제정권이었고 모든 권력이 대통령 1인에 집중된 독재체제였다. 1987년 6월 시민항쟁 이후 등장한 노태우 정권은 군사정권과 차기 민간정부 사이의 완충시기(appeasement period)로 평가된다.

언론과 국민 여론의 형성 과정에 대해 박정희-전두환-노태우 정권은 철저한 사전 통제를 가했다. 중앙정보부가 각 언론사에 담당 정보원을 두어 상시적으로 출입하면서 보도 내용을 사전에 점검하고 조정했다. 언론의 비판 기능과 국민의 자유로운 정치적 의사 표현은 사실상 불가능한 상황이었다.

대학은 박정희에게 지식인층의 지지를 동원할 수 있는 집단이었으나 강경한 반독재 운동을 전개하는 대학생과 비판적 교수들을 겨냥해 줄곧 탄압과 감시를 강화했다. 박정희 체제 내내 가장 강경한 반독재 저항은 대학의 학생운동권에서 벌어졌다. 박정희 체제 아래서 대학은 교육정책이 아니라 정치적 통제의 대상이었다. 실제 청와대 비서실의 업무 분장도 대학을 교육문화 수석비서관실이 아니라 정무 수석비서관실이 관장했다.

박정희 정권의 개발독재로 인하여 노조 운동은 철저히 탄압을 받았고 노동자들의 생활은 피폐했다 특히 미국이나 일본 제조업계를 상대로 보세가공 무역이 성행하면서 미성년 기능공과 여성 노동자들이 기준 노동시간 넘기기나 심야 노동을 일상화했으며 피땀 어린 삶을 살아야 했다. 1960~70년대 한국 경제의 경이적 성장을 이끌었던 자영업자와 젊은 화이트칼

라층의 샐러리맨, 전문기능인들 역시 비슷했다. 이른바 '한강의 기적'이란 이들 노동자와 샐러리맨들의 '잘살아보자'는 열망과 투지로 쌓아 올려졌다는 것이 실증적인 분석이다.[11]

개발 연대에 20세 이상 산업화의 중심 계층은 1945년 해방 이후 교육받은 세대로 이들에게는 민주주의와 자본주의 제도 아래 번영을 누리는 미국과 영국, 프랑스, 독일이 동경의 대상이었다. 이들의 산업화에 대한 열망과 투지가 여기서 비롯된 것이며 한국의 경이로운 경제 성장은 그 국민적 피땀으로 이룩된 것이다. 그런데도 한국의 경제 성장이 박정희의 개발독재 통치력에 의한 성과라고 본다면 지나친 영웅사관과 피상적인 시각에 불과하다.

분신과 투신 등 극단적인 저항의 정치문화 유산 남겨
타협과 협상의 민주주의 문화 아닌 강권 통치 대결의식

5.16 군사쿠데타로 시작된 32년간의 군사통치는 매우 부정적인 정치문화 유산을 남겼다. 조선조 이후 현대까지 한국의 정치문화는 주로 신민형(subject)과 참여형(participant)이라는 두 개 기둥으로 형성돼왔다. 밑바탕에 약간의 지방형(parochial) 요소가 깔려 있긴 하다. 그러나 조선 왕조 아래서도 일반 백성은 임금이나 중앙정부의 존재를 인식하고 피치자로서 복종의 의무로 순치됐기 때문에 신민형에 해당한다.

오랜 군사통치 아래서 재야 민주화운동권뿐 아니라 정치권에서도 여야 사이에 타협과 협상보다는 극단적 대립과 갈등이 일상화하는 정치문화가 내재화했다. 이는 군사독재에 대해 오랫동안 저항하면서 대학생과 노동자들의 투신과 분신 그리고 야당 정치인들의 단식투쟁과 장외시위가 일상적으로 벌어진 데서 연유한다. 민주주의 체제를 운영하는 데 장애가 되는 극단적인 저항과 비타협의 부정적인 정치문화가 유산으로 남겨진 것이다.

---

[11] 한국의 산업화와 경제 성장 기석에 대해 박정희식 개발독재의 공이 아니라 국민들이 세계적으로 최장 노동시간과 최저임금, 최다 산업재해율과 고물가지수라는 악조건 속에서도 피땀 흘려 분투한 덕이라는 것이 실증적 연구 결과다. 권위 있는 세계자료은행(World Data Bank)의 자료들을 활용한 연구와 논쟁에 대해 다음을 참고. 김재홍, 『박정희 유전자』(서울: 개마고원, 2012); 김재홍, 『박정희의 유산』(서울: 푸른숲, 1998).

III. 김영삼‐김대중의 제3세대 정당정치
― 민주화 투쟁의 카리스마

1. 전두환 5공정권 몰락과 제3세대 정당정치의 개막

제3세대 정당정치는 김영삼 전 대통령의 통일민주당, 신한국당과 김대중 전 대통령의 평민당, 국민회의, 민주당에 의해 조형됐다. 그 주역 정치인들은 '민주화투쟁세대'라 부를 수 있다.

전두환 5공정권의 말기인 1985~87년 매년 한두 건씩 민심에 악영향을 끼치는 여러 불미스런 사건이 터져 나왔다. 1985년 12월 19일 민청련 사건의 첫 재판에서 김근태 의장이 모두진술로 밝힌 서울 남영동 대공분실의 고문 악행은 5.16 군사쿠데타 이후 군사정권이 자행한 공안 시국사건들에 대한 국민적 관심을 불러일으켰다. 김근태 민청련 의장은 법정 모두진술에서 고문 악행을 적나라하게 폭로했다.[12]

법정과 국민 여론 속에 물의를 빚은 공안사건 고문 조사의 소굴이던 남영동 대공분실은 그로부터 불과 1년여 후 또다시 서울대생 박종철 군 고문치사 범죄를 저지르고 만다. 당시 박종철 군은 욕조에 얼굴을 담그는 물고문 끝에 숨진 것으로 밝혀졌다. 1986년 5.3인천사태에 이어 86년 6월 부천경찰서의 서울대생 권인숙 양 성고문 사건에 이르기까지 공안정보기관의 고문 조사 철폐와 재발 방지 교훈이란 없었다.

여기에 또 1986년 3월 21일 밤, 전두환 정권의 군부 실세들인 고위 장성들이 국회 국방위원회 의원들을 폭행하는 국방위 회식 사건이 세간에 알려졌다. 현역 육군참모총장과 차장과 육군본보 인사참모부장 등 1979년 12.12 군사반란 때 행동대장 노릇을 한 하나회 군벌의 핵심들이 회식 술자리에서 국회 다선 의원들을 먹살잡이와 발길질로 폭행한 것이다. 국방위 회식 사건이 국민여론층에 던진 정치적 의미는 컸다.[13] 5공 전두환 정권이 정국 장악력을

---

12 네이버 검색 www.kdemo.or.kr, 민주화운동기념사업회 주사진술서(2001), "김근태 고문사건".

13 국방위 회식사건에 대한 전말과 정치적 의미에 대해서는 이 사건과 함께 국민여론층에 널리 알려진 정치군벌 하나회를 기획취재한 「동아일보」의 1년여에 걸친 특집 시리즈의 하나인 다음 기사와 책을 참조. 「동아일보」는 정치군벌에 대한 기획특집을 1993년 4월 1일부터 94년 3월 말까지 주 2회 1개면씩 할애하여 집중적으로 보도했다. 김영삼 정부의

상실해가는 한 원인이 된 정치적 사건으로 평가된다.

1987년 6월 시민항쟁에 대해 전두환 정권은 강경 진압과 유화책을 놓고 심각한 내부 고민에 봉착했다. 당시 전두환 정권 내부에서 정국 상황이나 시국사건에 대처하는 발언권은 보안사령부가 상대적으로 높았다. 안기부장 장세동이 박종철 군 고문치사 파문으로 사퇴한 뒤였고 청와대 경호실장 안현태는 정치문제에 관여하지 않았으며 12.12 군사반란에 가담한 하나회 출신 실세들 중 유일하게 고명승 보안사령관이 대통령 전두환과 독대하면서 조언한 것으로 알려졌다.[14] 이들은 시민항쟁에 군 병력 투입을 해서는 안 된다는 인식을 오래전부터 공유해왔다고 고명승은 증언했다. 5.18 광주시민항쟁에 대한 살상 진압이 그들의 최후 인간성에 트라우마로 작용한 것으로 평가할 수 있을 것이다.

2. 제3세대 김영삼-김대중의 정치적 업적과 미결 과제

전두환 5공정권에 이어 노태우 6공정권의 정치적 한계는 크게 두 가지 사건에서 비롯된다. 첫째가 6월 시민항쟁에 굴복한 6.29 선언 이후 군사권위주의 정권의 강압적 수단을 더이상 사용할 수 없게 됐다는 점이다. 두 번째는 6공정권이 출범한 직후 치러진 1988년 4월 국회의원 총선거 결과였다. 집권 여당인 민정당보다 김대중의 평민당, 김영삼의 통일민주당 그리고 김종필의 신민주공화당 등 3 야당이 훨씬 많은 의석을 차지한 것으로 나타났다. 이른바 '여소야대與小野大' 정국이 펼쳐진 것이다. 정국 운영이 난관에 봉착하자 노태우 정권은 1990년 1월 김영삼의 통일민주당, 김종필의 신민주공화당과 3당 통합을 단행해 새로운 통합 여당으로 민자당을 창당했다. 김영삼은 1992년 대통령 선거에서 이 민자당을 기반으로 당선하며 김대중은 그 후 1997년 대통령에 당선한다.

이같은 세칭 '3김정치'라 불렸던 김영삼, 김대중, 김종필의 정당정치는 외형상 군사권위주의로부터 문민화와 민주화를 이루었다지만 실제 정당 내부에서는 1인 중심 또는 당권파에

하나회를 중심 대상으로 한 군부 숙정에 중요한 자료제공 역할을 했다. 김재홍, "군, 어제와 오늘," 「동아일보」, 1993년 4월 1일자; 김재홍, 『군 1: 정치장교와 폭탄주』 (서울: 동아일보사, 1994), 24-63쪽.

14 이는 고명승 당시 보안사령관의 인터뷰 증언에 바탕한 것이다. 다음 자료들을 참조. 김재홍, "6.19 당시 보안사령관 고명승 씨에게 듣는다." 「동아일보」 1991년 6월 29일자; 김재홍, 『군부와 권력』 (서울: 나남, 1992), 181-184쪽.

의한 과두지배 체제가 체질화했다. 김종필의 신민주공화당과 자민련도 물론 마찬가지였다. 이 때문에 '3김정치' 타파가 새로운 민주화의 목표로 대두했다. 일반 국민들에겐 몇 차례의 시민항쟁을 거쳐 민주헌정이 주어졌지만 정당 내부에서는 실질적 민주화가 새로운 개혁과제로 남았다. 제3세대 정치 리더십이 남겨놓은 미결 과제였으며 이것은 2002년 이후 제4세대 정치 리더십에 맡겨졌다.

제3세대 정치 리더십은 중요한 정치적 업적을 남겼다. 김영삼 정부는 정치군벌 하나회 숙청으로 군사권위주의 지배에 종지부를 찍었다. 또 금융실명제 도입으로 정치자금을 비롯하여 관료 영역과 기업 간 부패 부조리를 방지할 수 있는 금융의 투명성 기반을 마련했다.

김대중 정부의 업적은 과거 정권들 아래서 누적돼온 기업들의 해외 부채로 인한 국제통화기금IMF 관리 사태를 조기에 극복한 점이다. 또한 대북 포용정책을 일관되게 실행하여 역사적인 6.15 남북정상회담과 남북공동선언을 이끌어냈다. 김대중 정부 아래서 진행된 남북 국방장관 회담이나 고위장성급 회담을 비롯하여 산림 공동방제를 위한 행정 책임당국자들의 교류협력 회담 등은 낮은 단계의 체제연합에 해당한다. 그 후 노무현 정부도 2007년 10.4 남북정상회담과 남북공동선언 등을 끌어내 한반도 평화 정착에 시금석이 됐다.[15]

IV. 제4세대 노무현-문재인의 탈(脫)카리스마

2002년 12월 대통령 선거를 통해 3김 정치와는 질적으로 차별화되는 정치의식을 가진 신진 세대가 후보로 등장했다. 국민경선에 의한 상향식 후보공천도 이루어졌다. 그 정당 리더십은 '민주화 정착' 세대로서 미해결의 시대적 과제들을 해결해나가는 것을 정치 목표로 내걸었다. 이런 새로운 정치과정을 지지하고 주도한 유권자층 또한 신진 세대였다. 신진 세대란 사회적 주류와 길항관계에 서면서 기득권을 혁파해나가는 성향을 갖는다. 이 대선에서 당선한 노무현 후보는 정치권 안팎에서 항상 비주류에 속했다. 국제 사회와 외국 언론들도

---

15 노무현 정부의 남북 평화번영정책의 기조에 관해서는 다음의 신문 칼럼을 참조. 김재홍, "노무현플랜의 장래," 「한겨레」 2003년 1월 29일자.

노무현 정부가 출범한 후에야 그 정책 지향을 파악하느라 분주했다.[16]

새로운 제4세대의 정당정치는 실질적 당내 민주화를 바탕으로 하고 있었다. 제3세대의 김영삼-김대중 대통령이 여당 총재를 겸하던 관행에서 탈피해 노무현 대통령은 일절 당직을 겸직하지 않은 채 일반 당원으로 남았다. 이는 제4세대 정당의 분권형 당내 민주화에 상징적인 의미가 컸다.[17]

제4세대 정당의 대통령 후보들은 1, 2, 3세대 리더들이 구사했던 카리스마적 권위를 갖지 못했다. 오로지 국민 유권자들의 지지를 얻는 것으로 선거 당락과 정치적 입지가 결정됐다. 카리스마적 권위가 아니라 일상적 삶의 정치에 맞닿을 수 있는 합리적인 품성과 민주적 지도력만이 통용될 뿐이었다. 그것이 제4세대 정치 리더십의 요건이었으며 탈카리스마와 탈권위가 중심 개념이었다.[18]

제4세대 정치 리더십을 뒷받침한 신진 세대 유권자와 새로운 정치문화는 지식정보, 문화, 스포츠, 일상생활, 광장 토론을 중시하며 개인주의 성향이 강한 것이 특징이다. 그러면서도 이들은 2002년 6월 주한미군이 훈련 중 여중생 2명을 장갑차로 압사시킨 사건에 항의하여 한국 현대 정치사상 처음으로 촛불시위를 창발創發한 정치적 세대이기도 하다.[19]

---

[16] 노무현 대통령의 정책 철학에 대해서는 이웃 중국 정부도 사전 지식이 없어 곤란을 느낀 나머지 급작스럽게 베이징에서 한중 세미나를 개최했다. 당시 한중 정책세미나에 관해 다음 주제발표문을 참조. 김재홍, "노무현 대통령의 정치철학과 참여정부의 주요정책," 2003년 7월 1일, 한국 국정홍보처·중국사회과학원 공동주최 베이징 세미나의 주제발표 논문. 또한 노 대통령이 2003년 10월 보수 언론과 야당 측의 발목잡기 때문에 국정수행을 하기 어렵다며 국민신임투표를 제기하자 영국의 정론 신문 *Financial Times*가 이를 비판하는 한국학 연구자의 칼럼을 게재했다. Aidan Foster-Carter, "If Roh is to go, now is the Time," *Financial Times* 2003 October 14. 이에 대한 반박문은 다음 기고문을 참조. Kim Jae-hong, "Today's generation of South Korean leaders makes stable administration its priority," *Financial Times* 2003 October 29; 김재홍 칼럼, "한국정치, 구시대적 이해는 곤란,"「오마이뉴스」, 2003년 10월 29일자.

[17] 2002년 12월 노무현 대통령 후보가 당선한 후 신당 창당운동이 벌어졌다. 이에 뿌리 깊은 민주당의 기간당원들은 정권 창출에 성공한 당을 탈당해 신당을 추진하는 이유에 대해 항변하는 논쟁을 벌였다. 당시 신당 창당의 이론적 기반과 대의명분으로 '제4세대 정당론'이 제시된 것이다. 이 논문은 열린우리당 창당백서에 수록됐다. 이에 관해 다음을 참조. 김재홍, "신당 창당의 한국정치사적 의미: 제4세대 정당의 대의명분과 정치노선," 2003년 5월 9일 민주당 신당창당 의원모임 주제발표 논문; 열린우리당,『창당백서』(서울: 열린우리당, 2004).

[18] 2002년 대통령 선거 과정에서 요구되는 제4세대 정치 리더십의 요건과 그 후 정치패러다임의 변화에 관해서는 다음의 연작 신문칼럼과 특집을 참조. 김재홍, "새 시대의 지도력,"「한겨레」2002년 1월 16일자; "새 시대의 지도력 (2),"「한겨레」2002년 2월 6일자; "새 시대의 지도력 (3),"「한겨레」2002년 3월 6일자; "제4세대 정치 등장 한국정치사의 패러다임 변화: 정당 공천개혁의 허와 실,"「시민의신문」2004년 1월 19일자.

[19] 오늘날 일상화된 서울광장이나 청계광장 등 광장의 토론 문화와 촛불 시위의 기원은 여중생 압사사건에 항의한 인터넷 세대로부터 시작됐다. 당시 제도권 신문들은 이 사건을 제대로 보도하지 않았지만 입소문을 타고 네티즌들에 확산

제4세대 정당정치와 정치문화는 그 후 2007년과 2012년 대통령 선거에서 각기 제2세대 군사권위주의 정당의 후예인 보수정당이 승리함으로써 더 이상 발전하지 못한 채 답보상태에 머물렀다. 보수정당과 그 지지자들은 국민 유권자 다수의 정치의식 변화와 새로운 정치문화를 제대로 소화하지 못하고 5.16 군사쿠데타와 유신체제를 정당화하는 등 오히려 과거로 퇴행하는 모습으로 평가된다.[20] 더욱이 2012년 대선은 국정원과 군 심리전사령부까지 동원돼 공작적 인터넷 댓글 달기로 선거 민의를 왜곡시켰다는 심각한 문제 제기가 일었으며 이에 대한 검찰 수사로 관련자들이 유죄 판결을 받았다. 또 박근혜 후보는 고령자들에게 월 20만 원씩 생활지원금을 지급하겠다고 공약했으나 정부 출범 후 이를 지키지 않는 등 정치적 정통성에 대한 논란이 일기도 했다.[21]

V. 맺음말
― 한국정치의 미래 제5세대 정치 리더십

정치나 역사 발전은 연속적으로 이어지는 것처럼 보이지만 단계마다 질적으로 구분되면서 단속적으로 고도화해가는 경우가 적지 않다. 2022년 3월 대선에서 국가 리더십의 새로운 단계로 제5세대 정치 리더십이 펼쳐질지 조망하면서 정치권과 국민이 함께 성찰해야 할 것이다. 리더십은 정치지도자 혼자서 발휘하는 것이 아니라 국민 유권자가 제대로 조응해야 바람직한 모습으로 정립될 수 있다. 국민의 '선택력'과 팔로워십followership이 중요하다.[22]

해방 후 정치 리더십은 항일 독립운동, 군사쿠데타, 민주화 투쟁 그리고 제4세대 탈권위

됐으며 이들이 항의의 촛불 시위를 벌였다. 그 후 촛불집회는 미국산 광우병 쇠고기 수입 반대, 18대 대선 과정의 국정원과 군 심리전 사령부의 불법개입 규탄 그리고 대통령 박근혜의 국정농단 탄핵운동으로 전개됐다.

[20] 2012년 대통령 선거 과정에서 5.16 군사쿠데타와 유신체제에 대한 정당화 논리를 시도한 뉴라이트 계열의 '교과서포럼'을 비판한 신문칼럼은 다음을 참조. 김재홍, "'유신왕조' 부활 조짐," 「경향신문」, 2012년 7월 13일자.

[21] 2012년 대통령 선거에서 당선한 박근혜 대통령의 정치적 정통성 논란에 관해서는 다음의 신문 칼럼을 참조. 김재홍, "박근혜정부, 정치적 정통성을 묻는다," 「경향신문」, 2013년 10월 1일자; "박근혜정부, 다시 정통성을 묻는다," 「경향신문」, 2013년 10월 29일자.

[22] 제5세대 정치 리더십에 대해서는 다음 신문 칼럼을 참조. 김재홍 칼럼, "2022 대선과 제5세대 정치 리더십," 「매일경제」 2021년 3월 19일자; 김재홍 칼럼, "2022 대선과 제5세대 정치 리더십 (2)," 「매일경제」 2021년 4월 30일자.

민주화 정착의 리더십으로 변화, 발전해왔다. 그 후 어느 정치인이나 대통령도 제4세대와 구분되는 정치 리더십을 발전시키지 못했다.

정치 리더십과 다른 차원에서 국민 유권자의 정치적 세대는 역시 4.19세대, 6.3세대, 71세대인데, 이와 더불어 86세대도 흔히 정치적 세대로 인용돼왔다. 그 후 인터넷 세대가 신진 세대로 떠올랐다. 이렇게 새로운 정치문화가 국민 유권자층에서 전개되는 가운데 정치적 리더십이 이에 조응하면서 종합적인 정치 패러다임의 전환이 일어나는 것이다. 유권자의 정치문화와 정치 리더십이 함께 변화하고 업그레이드할 때 한국의 정치체계가 '패러다임 체인지'를 이룬 것이다.

중국 정치의 경우 현재의 시진핑 주석이 마오쩌둥-덩샤오핑-장쩌민-후진타오에 이어 제5세대 지도자라고 칭하지만 그것은 여기서 논하는 정치 리더십의 세대 변화와 다르다. 중국 공산당이 70세 이상이 되면 당직에서 물러나도록 한 연경화^{年輕化} 방침, 즉 연령에 따른 것으로 정치철학과 무관한 단순한 인물 교체에 해당하기 때문이다.

한국정치에서 제5세대 정치 리더십의 탄생 여부는 여야 정치권이 2022년 집권 경쟁에 본격적으로 나선 대통령 선거 과정에서 가려질 것이다. 그것은 모든 정책이 바탕을 두게 될 기본이념과 정치철학 그리고 정치문화의 변화로 여야 간 정권교체보다도 더 근본적인 전환을 의미한다. 그러나 선거 과정에서 후보가 유권자 요구에 영합하는 것만으로는 그런 정치 리더십 전환을 가져올 수 없다. 정치지도자가 유권자와 의견을 주고받는 상호관계 속에서 일종의 변증법적 정합에 의한 발전을 견인하고 새로운 시대사조를 짚어내야 한다. 그것이 제5세대 정치 리더십의 조건이다.

참고문헌

〔단행본과 연구논문〕

71동지회 편.『나의 청춘, 나의 조국: 71동지회 30년 기념 문집』. 서울: 나남, 2001.

71동지회 편.『자유, 너 영원한 활화산이여!: 데탕트 · 개발독재 · 민중운동』. 서울: 71동지회, 1991.

김재홍.『박정희 유전자』. 서울: 개마고원, 2012.

_____.『박정희의 후예들』. 서울: 책보세, 2012.

_____.『박정희의 유산』. 서울: 푸른숲, 1998.

_____.『군 1: 정치장교와 폭탄주』. 서울: 동아일보사, 1994.

_____.『운명의 술 시바스: 박정희살해사건 비공개진술 전녹음 상』. 서울: 동아일보사, 1994.

_____.『군부와 권력』. 서울: 나남, 1992.

_____.『한국정당과 정치지도자론』. 서울: 나남, 1992.

_____. "박정희의 정치적 유산과 그 청산: 5.16과 유신쿠데타, 부마항쟁과 10.26의거의 현재적 함의." 유신청산민주연대 편.『박정희유신독재체제 청산』. 서울: 도서출판 동연, 2020.

_____. "박정희-전두환의 유신군부독재(1971-1987) 해부." 6월4일, 유신청산 민주연대 · 광주5.18기념재단 공동주최 심포지엄 기조발표 논문. 2021.

_____. "유신선포의 내란성격에 관한 고찰." 유신청산민주연대 편.『박정희유신독재체제 청산』. 서울: 도서출판 동연, 2020.

_____. "부마민주항쟁의 역사적 배경과 의미." 부산민주항쟁기념사업회 편.『부마에서 촛불로』. 부산: 도서출판 소요, 2018.

_____. "노무현 대통령의 정치철학과 참여정부의 주요정책." 7월1일. 한국 국정홍보처 · 중국사회과학원 공동주최 베이징 세미나 주제발표 논문, 2003.

_____. "1970년대의 한국정치와 민주화운동." 71동지회 편. 2001.『나의 청춘, 나의 조국: 71동지회 30년 기념 문집』. 서울: 나남, 2001.

_____. "한국의 좌우익이념과 해방 후 정당활동에 관한 연구." 서울대 대학원 박사학위 논문, 1987.

민주당 대선평가위원회.『새로운 출발을 위한 성찰』. 서울: 민주당, 2013.

안자산.『조선문명사』. 경성: 광동서관, 1923.

이건창. 이민수 역.『黨議通略』. 서울: 을유문화사, 1980.

이기하.『한국 정당 발달사』. 서울: 사회정치사, 1961.

정진민. "1980년대 이후 미국 정당정치의 변화: 세대요인을 중심으로."『한국정치학회보』. 봄호(34집 1호), 2000.

최능.『미고깽지획시벌』. 서울: 범문사, 1983.

Apter, David. *Ideology and Discontent*. New York: Free Press & Glenco, 1964.

Erikson, Erik H. *Childhood and Society*. 2nd ed. New York: Norton, 1963.

Minar, David. "Ideology and Political Behavior." *Midwest Journal of Political Science*. vol.5. no.4. 1961.

네이버 검색 www.kdemo.or.kr, 민주화운동기념사업회 조사진술서(2001), "김근태 고문사건"

〔언론 자료〕

「경향신문」:〈김재홍 시론〉

"정책이 살아야 정당이 산다." 2004년 2월12일.

"'공천혁명' 이젠 실천이다." 2004년 1월 13일.

"국정혼란은 안된다." 2003년 10월 11일.

"'제4세대 정당'의 갈길." 2003년 9월 22일.

"참여정부 '脫권위의 함정'." 2003년 8월 4일.

"노 대통령의 리더십 위기." 2003년 5월 27일.

"제4세대 정당의 필요조건." 2003년 5월 2일.

「동아일보」:

김재홍. "군, 어제와 오늘 (1) 국방위 회식사건." 1993년 4월 1일.

_____. "6.29 당시 보안사령관 고명승 씨에게 듣는다." 1991년 6월 29일.

홍은택 기자. "「위수령세대」 당시활동 재조명." 1991년 10월 16일.

「매일경제」:〈김재홍 칼럼〉

"2022 대선과 제5세대 정치 리더십 (2)." 2021년 4월 30일.

"2022 대선과 제5세대 정치 리더십." 2021년 3월 19일.

"2022 대통령 선거 단상." 2021년 1월 29일.

"5.18 광주, 정치군벌 하나회를 생각한다." 2020년 5월 15일.

"'남산의 부장들'과 정치군벌 하나회." 2020년 2월 21일.

「시민의신문」:〈김재홍의 개혁정치 콘텐츠〉특집 5회 시리즈

"북핵 타결 후엔 남북 동반정책으로." 2004년 2월 13일.

"개혁정책의 콘텐츠." 2004년 2월 9일.

"정책정당의 길." 2004년 1월 30일.

"유권자 투표혁명." 2004년 1월 26일.

"제4세대 정치 등장 한국정치사의 패러다임 변화: 정당 공천개혁의 허와 실." 2004년 1월 19일.

「오마이뉴스」:

김재홍. "박근혜 시대 1년… 국민저항권을 생각한다." 2013년 12월 19일.

김재홍의 박정희권력 평가 (6). "박정희 뒤통수 '확인사살' 김재규의 최후진술." 2011년 10월 31일.

김재홍의 박정희권력 평가 (4). "박정희의 '더러운 전쟁'." 2011년 10월 25일.

김재홍. "박정희 '5.16 쿠데타' 우리에게 무엇인가." 2011년 3월 11일.

김재홍 칼럼. 2003. "열린우리당 대오각성하라." 2003년 12월 3일.

김재홍 칼럼. 2003. "한국정치, 구시대적 이해는 곤란." 2003년 10월 29일.

김재홍 칼럼. 2003. "국회 권력도 견제받아야." 2003년 10월 1일.

김재홍 칼럼. 2003. "대통령을 잘못 뽑았다?." 2003년 8월 27일.

김재홍 칼럼. "386세대 시련은 권력에 비례한다." 2003년 7월 30일.

김재홍 칼럼. "노무현 대통령이 흔들리지 않으려면." 2003년 6월 4일.

「씨올의 소리」:

김재홍. "참여민주정치와 포퓰리즘." 3. 4월 합병호. 2004.

이종오 · 박상미 · 김재홍. "월드컵 열기의 승화와 공동체 발전." 7·8월 합병호. 2002.

「중앙일보」:

송호근 칼럼. "백년 후 '오등(吾等)'은 누구인가?" 2019년 3월 18일.

한영익 기자. "최장집의 한국진보 작심비판 '그들 민주주의는 전체주의'." 2019년 12월 10일.

「한겨레」: 〈김재홍 시론〉

"정당개혁, 민의를 직시해야." 2003년 2월 19일.

"노무현 플랜의 장래." 2003년 1월 29일.

김재홍-김동춘-권혁범 좌담. "노무현시대 개막." 2002년 12월 21일.

"릴레이 대선칼럼 이렇게 본다/ 이젠 신세대 정치혁명을." 2002년 11월 26일.

"정책 차별화로 승부 걸라." 2002년 10월 25일.

"정치와 기업경영의 차이." 2002년 8월 14일.

"복고적 패권정당의 적신호." 2002년 7월 3일.

"김근태의 촛불 짓밟지 말라." 2002년 5월 16일.

"고양이가 하얗든 까맣든." 2002년 4월 17일.

"새 시대의 지도력 (3)." 2002년 3월 6일.

"새 시대의 지도력 (2)." 2002년 2월 6일.

"새 시내의 시토력." 2002년 1월 16일.

"상향식 공천과 지역주의." 2001년 12월 12일.

"선거보도와 한국정치." 2001년 12월 6일.

"71동지회와 한국정치." 2001년 10월 18일.

"정치적 자유의 걸림돌." 2001년 5월 21일.

정의길 기자. "유신 뚫고 민주 '맹장'으로 성장: 71년위수령동지회 한자리에." 1991년 10월 19일.

Financial Times

Foster-Carter, Aidan. "If Roh is to go, now is the Time." 2003 October 14.

Kim Jae-hong. "Today's generation of South Korean leaders makes stable administration its priority." 2003 October 29.

험난한 한반도 평화의 길, 그러나 멈출 수 없다

이원섭*

I. 들어가며

한반도 정세는 여전히 안개 속이다. 해방 직후 타의에 의해 분단되고 한국전쟁을 치르며 정전협정체제로 굳어진 분단 고착화 현상은 갈수록 견고해지고 있다. 한반도 정세는 단순히 남과 북 사이의 관계만으로 앞날을 전망할 수 없다. 미국, 중국, 일본, 러시아 등 주변 강대국들의 이해관계와 영향이 직접적으로 한반도에 투영된다. 최근 동북아에서 미·중 패권경쟁이 격화되고 미국의 대중국 포위 전략이 펼쳐지면서 국제사회의 대북제재로 고립돼온 북한과 중국이 밀착해 동북아에서 과거 냉전구도를 연상케 하는 신 냉전구도가 펼쳐질 것이라는 우려가 제기된다.

1971년은 박정희 대통령이 영구집권을 꿈꾸며 유신체제 토대를 다진 중요한 길목이다. 10월 15일 위수령 발동을 통해 박정희 정권은 반정부 시위에 앞장서 온 대학가를 평정하고 유신체제 선포를 위한 기반을 닦았다. 1971년부터 2021년까지 50년은 해방 이후 지속돼온 분단과 대결의 역사를 계속 유지하느냐, 불안정한 정전체제를 평화체제로 전환해 대화·협력의 시대로 나아가느냐를 놓고 기득권 세력과 평화 세력 간 치열한 쟁투가 펼쳐진 과정으로 요약할 수 있다.

---

* 전 가천대학교 신문방송학과 교수, 서울대학교 문리대 외교학과 졸, 서강대학교 언론대학원 졸, 전 조선일보 기자 (1980년 광주민중항쟁 관련 해직), 한겨레신문 창간대변인, 정치부장, 논설위원실장 역임. 내일신문 칼럼니스트(현).

II. 한반도의 지정학적 구조와 남북, 북미, 한미관계

1. 남한 변수, 북한 변수, 미국 변수

한반도는 해양세력과 대륙세력이 맞서온 교차지점에 위치해 있다. 청일전쟁, 러일전쟁 등 역사적으로 한반도는 이들 세력의 각축장이 되어 왔다. 지정학적 구조상 한반도 평화문제는 남북한 민족 내부 문제와 미국, 중국, 일본, 러시아 등 주변 강대국의 이해관계가 얽힌 국제적 문제가 혼재돼 있다.

향후 한반도 정세를 가를 핵심 요소로 남한, 북한, 미국, 중국 등 4대 변수를 꼽을 수 있다. 네 변수가 어떻게 맞물리며 상관관계를 형성하느냐에 따라서 우리 민족은 직접적인 영향을 받는다. 그중에서도 가장 결정적인 요소는 남북한과 미국이다.

'남한 변수'는 한반도 평화와 북한 정권에 대해 어떤 시각을 갖는 정부가 집권하느냐가 관건이다. 북한붕괴론에 기대 흡수통일을 지향하느냐, 평화공존을 모색하는 정권이 들어서느냐가 핵심이다. 북한을 군사적으로 대치하는 대결적 존재로만 인식하느냐, 적대관계인 동시에 한반도 평화 유지와 통일을 위해 협력을 모색해야 할 동반자 관계로도 인식하느냐에 따라 대북정책의 근본방향이 달라진다.

비근한 예로 노태우 정부 때 첫걸음을 뗀 남북대화가 김영삼 정부 때 중단 상태에 이르렀다가 김대중·노무현 정부 때 정상회담을 하는 단계로 급속히 발전하고, 이명박·박근혜 정부 때 단절됐다가 문재인 정부 들어 세 차례 정상회담을 개최하기에 이른다.

'북한 변수'로는 김일성 주석 이후 역대 권력자가 대미정책과 대남정책 방향을 어떻게 잡느냐가 핵심 요소다. 김정일 국방위원장 사후 3대 권력세습이 이뤄지고 젊은 나이에 권력을 잡은 김정은 국무위원장 체제가 내부적으로 얼마나 견고한가, 자력갱생 경제 발전 전략이 성공을 거둘 것인가, 핵·미사일 개발 등 군사력 강화주의를 계속할 것인가, 남한과의 관계 설정 방향은 어떠한가 등이 북한 변수의 주요 고려 요소가 될 것이다.

'미국 변수'로는 집권 행정부의 대북정책 기본방향이 어떠한지가 핵심이다. 특히 핵무기를 보유한 북한에 대해 지속적으로 제재를 가해 사실상 굴복을 강요하느냐, 대화와 협상을 통해 비핵화를 이끌어내려 하느냐, 아니면 현상 유지를 해가면서 고가의 첨단무기를 판매하고 동아시아에서의 전략적 이익을 확보하려 하느냐 등을 지켜봐야 할 것이다. 세계전략 차원에서 대중국 포위망 구축을 최우선 순위에 놓는 미국의 전략적 목표와 연결해 북한과의 관계 설정 여부 그리고 북한 문제 해결을 정책 우선순위에서 어디쯤 놓을 것이냐 등이 주요 고려 요소가 된다.

2. 북미관계, 남북관계, 한미관계의 연관성

남북한과 미국, 세 변수가 서로 맞물리며 형성하는 북미관계, 남북관계, 한미관계는 격변의 소용돌이에 놓여 있다.

1) 북미관계: 한반도 갈등의 기본 축

북미 갈등은 한국전쟁 이래 한반도에서 군사적 긴장과 대결의 기본 축이었다. 냉전체제에서 역대 미국 정부는 이승만·박정희·전두환 군사정권과 보조를 같이하며 대북 대결정책으로 일관해왔다. 그러나 고르바초프 소련 공산당 서기장의 페레스트로이카 정책으로 냉전체제가 해체되고 부시 미국 대통령의 변화한 세계전략에 편승해 한반도에서도 노태우 대통령 시절 남북 고위급회담이 진행되기에 이른다.

클린턴 대통령 시기 북한의 NPT(핵확산금지조약) 탈퇴로 갈등이 증폭되면서 북한 군사시설 폭격 검토 등 전쟁 직전 상황에 이르렀으나 카터 전 대통령의 평양 방문과 중재로 간신히 위기를 넘긴다. 클린턴 대통령과 김대중 대통령의 '화합적 조합'으로 사상 첫 남북 정상회담이 열리는 등 기대감이 부풀었으나 북한을 '악의 축'으로 규정한 부시(아들) 대통령의 등장으로 한반도 평화는 다시 침체 국면에 빠진다.

북한은 2006년 10월 1차 핵실험을 강행하고 오바마 행정부의 '전략적 인내정책'(의도적 방관정책)이 계속되면서 2차 북핵 실험(2009. 5.)에 이어 2013년 2월 3차 핵실험을 거치며 핵무기의 소형화·경량화·다종화에 성공했다고 주장하기에 이른다. 북한은 4차(2016. 1.), 5차(2016. 9.), 6차 핵실험(2017. 9.)을 거친 후 2017년 11월 29일 '국가핵무력 완성'을 선언했다. 북한이 핵무기를 탑재해 미국 본토를 타격할 수 있는 대륙간탄도미사일 발사에 성공한 것으로 평가되면서 북한 핵은 미국의 직접적 위협으로 떠오른다.

사업가 출신으로 '미국우선주의'를 내세운 트럼프 대통령은 임기 초반 김정은 국무위원장과 '말 폭탄'을 거칠게 주고받으며 위기 상황을 연출했으나 평창 동계올림픽을 계기로 관계 개선에 나서 역사적인 싱가포르 북미정상회담(2018. 6. 12.)을 개최하기에 이른다. 두 정상은 새로운 북미관계 수립, 한반도 평화체제 구축, 한반도 비핵화에 합의하는 등 기대감이 증폭됐으나 하노이 2차 정상회담이 결렬되면서 장기 교착상태에 빠졌다.

뒤를 이은 바이든 대통령은 새로운 대북정책을 수립하고 북한에 협상에 나설 것을 요구하고 있으나 북한은 아직 분명한 태도를 보이지 않고 있다.

2) 남북관계: 대결과 대화 · 협력의 교차 반복

남북 간에는 역대 남쪽 정부의 성향에 따라 대결과 대화 · 협력이 반복된다. 남북관계보다 미국과의 관계 설정을 우선시하는 북한의 태도로 남북관계는 북미관계에 연계되거나 종속된 채 진전과 교착을 되풀이하는 한계를 보이고 있다. 비핵화 방법론, 북한체제 보장, 국제사회의 대북제재 해제 및 완화 등 구체적인 의제에서 북미 사이의 거리가 좁혀지지 않는다면 문재인 대통령의 한반도 평화프로세스는 추동력을 얻기 힘들다.

남북관계 흐름은 뒤에 나오는 '역대 정부의 대북정책과 남북관계 변화' 장에서 상세히 다룰 것이다.

3) 한미관계: 불평등 구조와 대북 강온 엇갈린 양국 행정부

한국과 미국은 한국전쟁 직후 한미상호방위조약을 맺은 이후 수십 년간 강력한 군사동맹 관계를 유지하고 있다. 양국은 한미연합 군사훈련을 해마다 실시하는 등 군사적 협력을 강화해왔으나 구조적인 불평등이 문제점으로 지적돼왔다. 전시작전통제권 환수 문제와 갈수록 부담이 커지는 방위비 분담금 문제가 대표적이다. 경제력 세계 10위권, 군사력 6위 국가로서 군사주권을 미국에 온전히 떠맡기고 있는 것은 국가 자존심 차원을 넘어 스스로의 운명을 남의 손에 쥐어준 꼴이다. 주한미군 문제도 북미관계가 어떻게 전개되느냐에 따라 그리고 미국과 중국의 갈등 양상에 따라 성격 변화를 포함한 근본적인 문제가 제기될 가능성이 커졌다.

전시작전통제권 환수(전환)는 노무현 대통령 시절 미국과 전환 날짜(2012. 4. 17.)까지 합의했으나 이명박 정부 때 2015년 12월로 1차 연기됐고, 박근혜 정부 때 '조건에 기초한 전작권 전환'에 합의함으로써 사실상 무기 연기됐다. 문재인 정부는 전작권 환수에 힘을 쏟았으나 중국의 부상을 견제하려는 미국의 '변심'에 따라 소극적 태도를 보여 의도적으로 지연하려 한다는 비판을 받고 있다.

우리로선 비극적이게도 한국과 미국은 대북정책에 관해 상대적으로 강경한 정권과 온건한 정권이 줄곧 엇갈리며 집권하는 통에 한반도 평화 진전에 부정적인 요소로 작용해왔다. 그나마 김대중-클린턴 대통령 시기, 문재인-트럼프 대통령 시기 양자 조합이 긍정적으로 작동하면서 남북정상회담과 북미정상회담이 이루어졌다.

3. 중국의 G2 부상과 복잡해지는 한반도 정세

중국의 G2 부상과 공세적인 일대일로一帶一路 정책으로 한반도 정세는 더욱 복잡해졌다. 미국 정부의 미국-일본-한국의 동맹 강화 추진에 맞서 중국과 북한의 관계가 한결 긴밀해지고 러시아까지 동조하면서 신 냉전구조가 우려되기에 이르렀다. 시진핑 중국 국가주석이 주창하는 중국몽中國夢·China dream은 막강한 경제력을 바탕으로 강력한 군사력 보유를 추구하며 중국 부흥을 꿈꾼다. 중국은 덩샤오핑 시대 개혁·개방정책을 추진하면서 도광양회韜光養晦 정책을 폈다. '일부러 몸을 낮추어 상대방의 경계심을 늦춘 뒤 몰래 힘을 기른다'는 뜻이다. 그러나 급속한 경제 발전으로 힘이 축적되자, 장쩌민·후진타오 시대를 거치며 '세계 평화를 지지하면서 대국으로 발전하겠다'는 화평굴기和平崛起 정책을 드러내고, 시진핑 시대에 중국 공산당 100주년을 맞으며 공세적 태도를 더욱 강화하기에 이른다.

1) 북중관계: '순망치한' 속 협력과 경계
북한과 중국은 서로가 서로를 필요로 하는 '순망치한'의 관계다. 북한으로서는 중국에 대해 내심 경계심을 품으면서도 유엔 안보리의 대북제재를 막아주는 중국의 울타리 역할이 중요했고, 중국은 북한의 지정학적 존재가 미국의 직접적 압박을 막아주는 방파제 구실을 하기에 전략적 자산의 가치가 커지고 있다.

　　그런 중국으로서도 북한의 핵개발은 부담이 될 수밖에 없다. 중국은 후진타오 이래 '부전不戰 · 불란不亂 · 무핵無核'이라는 '2不1無원칙'을 유지해왔다. 비핵화를 의미하는 '무핵'이 포함되기는 했지만 '불란'이 이에 앞서 동북아 정세 안정에 무게를 더 둔 정책이었다. 중국은 최근 '쌍궤병진雙軌並進'(한반도 비핵화프로세스와 평화협정 동시 진행)과 '쌍중단雙中斷'(북핵 · 미사일 도발 중단과 한미연합 군사훈련 중단)을 주장하고 있다.

2) 한중관계: 경제적 의존 심화와 '균형외교'

　　한국과 중국은 1992년 수교 이후 경제적 교류가 갈수록 확대되면서 중국은 우리나라의 최대 교역국으로 부상했다. 군사적으로는 미국에 의지하면서 경제적으로는 중국에 대한 의존도가 갈수록 심화되는 양상이다. 미중 갈등이 심각해지면서 정부의 고민은 깊어지고 있다. 미국의 사드THAAD(고고도미사일방어체계) 배치에 반발한 중국의 보복조치로 문재인 대통령은 '3불정책'(사드 추가배치 · 미국의 MD체제 참여 · 한미일 3각군사동맹 등 3가지는 없을 것)을 약속하고 갈등을 완화했다. 미중 갈등으로 국내에선 기존 한미동맹을 더욱 강화해야 한다(사실상 미국 쪽에 줄을 서야 한다)는 주장과 미국과의 동맹을 견고히 하되 중국과 '전략적 협력동반자관계'를 병행하며 실리를 취해야 한다는 '균형외교론'이 대립하고 있다.

3) 미중관계: 경쟁적 협력에서 갈등구조로

　　경쟁적 협력관계를 유지하던 미중관계는 중국의 급속한 부상에 위협을 느낀 미국이 오바마 대통령 시기를 거쳐 트럼프 대통령 때 거칠게 견제하면서 갈등 구조가 심화됐다. 바이든 대통령은 동맹국과의 결속 강화로 대중국 포위 전략을 펼치면서 일본, 호주, 인도를 거점으로 하는 인도 · 태평양 정책 강화를 시도하고 있다. 군사전략 외에도 '반도체 전쟁'으로 일컬어지는 경제압박에도 나섰다. 미국은 미일 군사동맹의 하위구조로 한국을 포함시키려 하고 있으나 대중국 경제의존도가 큰 한국으로서는 강대국 간 세력 다툼의 희생양이 돼선 안 된다는 데 중점을 두고 균형외교를 펴고 있다.

한반도 주변 강대국 중 일본과 러시아의 영향은 과거 6자회담 당시에 비해 상대적으로 비중이 낮아진 상황이다. 러시아는 유럽에 비해 상대적으로 한반도에 대한 관심도가 엷어졌고, 일본 역시 한일 과거사 문제로 인한 갈등으로 한반도에 대한 발언권이 현저히 낮아졌다.

III. 역대 정권의 대북정책과 남북관계 변화

1. 박정희 유신체제와 남북 체제경쟁

박정희 대통령은 '선 건설 후 통일'을 구호로 내세워 북한의 '평화 공세'에 대응하는 한편 북한의 남침 위협을 독재체제 강화에 노골적으로 이용했다. 쿠데타로 집권한 박정희는 과거 남로당 전력 때문에 미국으로부터 사상적 의심을 받았고 이를 불식하기 위해 반공을 내세워 북한에 완강한 태도를 보였다. 혁신계 세력을 기반으로 탄생한 「민족일보」를 폐간하고 사장 조용수를 전격 사형한 것도 이런 이유 때문이었다. 박 대통령은 형의 친구로 자신과 접촉하려고 남파된 황태성을 사형에 처한 것을 비롯해 고비마다 남북문제를 정치적으로 이용해 독재 기반을 강화했다.

1972년 '7·4 남북공동성명' 직후의 유신체제 선포는 그가 권력을 유지하기 위해 남북관계를 얼마나 교묘하게 이용했는가를 보여주는 대표적인 사례다. '북괴의 남침 위협'을 강조하던 정부의 느닷없는 7·4 남북공동성명 발표에 많은 국민은 경악하면서도 기대감을 드러냈다. 중앙정보부장이 아무도 모르게 평양을 다녀왔다는 사실도 놀라웠지만, 통일의 3대 원칙으로 천명된 '자주·평화·민족대단결' 원칙은 당시로서는 획기적이었다. 남북조절위원회 공동위원장회의가 서울과 평양을 오가며 세 차례 열렸으나 구체적 결실은 없었다. 박정희는 1972년 10월 유신헌법을 공포하면서 '남북대화를 뒷받침하기 위한 체제 정비'라고 주장했다.

공교롭게도 북한 역시 같은 시기에 헌법을 개정해 종래의 내각제에서 수석세토 마긔'었디. 김일성 수상은 1972년 12월 28일 국가주석으로 선출되어 명실상부하게 북한의 1인 지배자가 됐다. 남북의 권력자들이 남북대화를 하면서 동시에 집권세력의 권력을 대폭 강화하는 방향으로 헌법을 개정하는 과정에서 어떤 '교감'이 있었는지 여부는 확언할 수 없다. 그러나 남북의 권력자가 '통일'을 내세워 내부 체제를 강화하는 쪽으로 동시에 헌법을 개정한 것은 분명한 역사적 사실이다. '적대적 공존'관계가 한층 심화됐다.

박정희 정권은 정치적 필요에 따라 북한의 군사적 위협을 강조함으로써 비민주적 통치행태에 대한 국민 불만과 반발을 무마하려 했다. 정권 반대세력과 간첩단 사건을 교묘하게 연결시켜 공포 분위기를 조성하며 국민 저항을 억누르곤 했다. 고문으로 조작한 인민혁명당(인혁당) 재건위 간첩단 사건이 대표적 사례다. 도예종 등 8명의 사형이 집행된 뒤 27년이 흐른 2002년 이 사건을 재조사한 의문사진상규명위원회는 '고문에 의한 조작'으로 결론내고 사법부에 재심을 권고했으며, 2007년 서울중앙지법이 이들에 대한 재심에서 무죄를 판결했고, 이후 대법원에서 확정됐다.

권력 강화를 위해 북한 위협을 강조한 것은 이승만 정부 때부터의 단골메뉴였다. 남북 분단체제의 근원은 해방 직후 미국과 소련의 한반도 분할 점령이다. 분단고착과 동족상쟁을 막기 위한 여운형-김규식의 좌우합작, 김구의 남북협상 노력은 이승만 중심의 단독정부 수립 세력에 밀렸다. 단독정부 수립 후 남북의 대립과 갈등, 체제 대결은 필연적 귀결이었다. 이승만 대통령은 평화통일론을 주장한 강력한 정적 조봉암을 간첩 혐의로 몰아 사형에 처했다. 1950년 한국전쟁을 겪으며 남북 간 이념대결과 증오심은 더욱 깊어졌다.

2. 전두환·노태우·김영삼 정부 시기

1979년 10월 26일, 궁정동의 총성으로 박정희 유신체제가 무너졌으나 전두환 신군부세력의 쿠데타로 정권은 다시 군부에 넘어갔다. 광주민중항쟁에 부닥친 전두환 세력은 계엄과 검열을 통해 보도를 일체 금지하는 한편 광주항쟁을 북한의 사주에 의한 폭도들의 난동으로 몰아가려 했다.

전두환 정권은 1983년 북한의 버마(미얀마) 아웅산 테러에 대한 직접적인 군사 보복은 자제했으나 남북 대치를 이용해 정략적인 목적을 달성하려 한 속성은 여전했다. 이른바 '평화의 댐' 사건이 대표적이다. 1986년 전두환 대통령은 북한이 휴전선 북쪽 지역에 저수용량 200만 톤의 금강산댐을 건설할 계획이라며 북한이 이 댐을 터뜨릴 경우 서울은 완전히 폐허가 될 것이라고 주장했다. 어용학자들이 동원되고 언론의 과대포장에 '평화의 댐' 건설 국민 모금이 벌어졌으나 훗날 터무니없는 거짓임이 드러났다.

국민들의 민주화 요구가 1987년 6.10항쟁을 통해 봇물처럼 터져 나오자 집권세력의 전술적 후퇴로 '6.29선언'이 발표됐고, 이에 따라 실시된 직선제 선거에서 노태우 후보가 대통령에 당선됐다. 김영삼·김대중 양 김의 분열에 따른 반사이익이었지만, 선거 직전에 터진 KAL기 폭파사건은 노태우 후보의 승리에 결정적인 도움이 됐다. 폭파범으로 지목된 김현희를 선거 하루 전날 국내로 압송해 '안보불안심리'를 극대화했다.

노태우 대통령은 이른바 '북방정책'으로 북한에 대한 포위 전략을 펼쳤다. 고르바초프 소련 공산당 서기장의 페레스트로이카 정책으로 냉전 해체 기운이 감돌았고, 이에 편승한 정부의 적극적인 북방정책이 맞물리면서 가시적인 성과들이 나타났다. 헝가리를 비롯한 동구권 국가들과의 수교가 잇따라 이루어졌으며 1990년 소련과 수교하고 중국과도 1992년 국교를 맺는 개가를 올렸다. 북한이 반대하던 남북한 동시 유엔 가입도 성공적으로 밀어붙였다.

가장 큰 결실은 8차례나 이어진 남북고위급회담이었다. 남북의 총리가 서울과 평양을 오가며 2년 동안 진행된 고위급회담은 '남북기본합의서'와 '비핵화공동선언'이라는 획기적인 결과물을 내놓았다. 노태우 정부가 이처럼 남북관계 진전에 주력한 것은 정통성에 대한 논란을 잠재우고 정치적으로 효과가 큰 남북정상회담을 실현하고자 한 측면이 크다. 하지만 대화를 통해 남북문제를 풀려고 했다는 점에서 이제까지의 정권과 달리 전향적인 접근을 했다는 평가를 받을 만하다.

김영삼 정부는 문민정부를 선언하며 하나회 숙청, 금융실명제 실시 등 개혁정책을 펼쳤으나 그의 통일정책은 전임 노태우 정권 때보다 훨씬 후퇴했다는 평가를 받는다. 출발은 기대를 모으기에 충분했다. 통일부 총리에 진보적 인사인 한완상을 기용하고 취임사에서 "어느 동맹국도 민족보다 더 나을 수는 없다"라고 전향적인 자세를 보여 기대감을 한껏 부풀렸다. 그러나 취임 초기 반짝했던 민족화해 흐름을 계속 유지하지 못하고 강경론이 득세하며 냉·온탕을 오가다 끝내 남북관계 파탄이라는 최악의 결과를 낳았다. 카터 전 미국 대통령의 평양 방문과 중재로 김영삼 대통령과 김일성 주석이 정상회담을 하기로 날짜까지 잡았으나 김 주석의 갑작스런 사망으로 무산됐다.

3. 김대중·노무현 정부 시기의 화해·협력 흐름

천신만고 끝에 수평적 정권교체를 이룬 김대중 대통령은 한반도 평화를 겨냥한 '햇볕정책'(대북화해협력정책)을 추진해 최초로 남북정상회담을 성사시키기에 이른다. 햇볕정책은 평화의 토대를 확고히 유지하는 가운데 교류와 협력을 꾸준히 활성화해 나감으로써 남북 주민들이 자유롭게 오가며 상호 이해의 폭을 넓히고 민족동질성을 회복하는 '사실상의 통일' 상황을 실현하자는 것이었다.

임동원 청와대 외교안보특보·통일부장관은 중국의 16자 표현을 원용해 햇볕정책의 타당성을 전파했다. '선이후난先易後難, 선경후정先經後政, 선민후관先民後官, 선공후득先供後得'으로 간명하고 일목요연한 설명이 아닐 수 없다.

정주영 현대그룹 명예회장의 소떼 방북을 통해 남북 간 협력의 물꼬를 튼 김대중 정부는 금강산관광사업을 성사시켜 남쪽 주민들이 금강산을 직접 방문할 수 있는 길을 텄다. 남북 해군이 서해상에서 무력 충돌하는 연평해전이란 암초를 만나기도 했으나 남북 지도자의 결단으로 돌파했다. 남북은 2000년 6월 13일부터 15일까지 평양에서 최초의 남북정상회담을 열었고 역사적인 '6.15 남북공동선언'을 발표하기에 이른다. 정상회담 이후 남북은 이산가족 상봉행사를 갖고 장관급회담을 여는 등 교류·협력에 속도를 냈으나 미국 대통령 선거에서 공화당의 부시(아들) 후보가 당선되면서 먹구름이 끼기 시작했다. 부시 대통령은 북한을 '악의 축'으로 규정하고 대북제재에 앞장서는 등 남북관계 진전에 사사건건 제동을 걸었다.

김 대통령의 뒤를 이어 집권한 노무현 대통령은 정권 초기 김대중 정부의 햇볕정책 추진과 관련해 제기된 '대북송금 특검'을 받아들여 전 정부 핵심 인사들이 사법적 심판을 받았다. 남북관계가 싸늘하게 식고 다시 복원되기까지 상당한 시간을 헛되이 보내는 빌미가 됐다. 개성공단이 가동되며 남북협력이 원활해졌으나 노 대통령과 김정일 국방위원장의 2차 남북정상회담은 임기 말인 2007년 10월 4일에나 개최돼 실질적인 성과를 이어가지 못했다.

4. 이명박·박근혜 정부 시기 '단절과 대결' 회귀

이명박 대통령은 '비핵·개방·3000' 구상을 밝히는 등 북한이 받아들이기 힘든 조건을 내세워 압박했다. 북한이 핵을 완전히 포기하고 개방하면 10년 안에 국민소득 3000달러가 되도록 경제적 지원을 하겠다는 것이었으나 알맹이는 없었다. 김대중·노무현 정부의 남북 화해·협력 흐름 지우기에 나선 이명박 정부는 금강산 관광객 피살사건을 이용해 관광사업을 중단했으며, 천안함 피격사건을 계기로 '5.24조치'를 발표해 남북의 교류와 협력에 제동을 걸었다. 북핵 문제가 해결되지 않으면 대화를 하지 않겠다는 완강한 태도는 북한의 반발을 사 대화가 단절됐다.

박근혜 정부는 2016년 2월 10일 북한의 4차 핵실험과 장거리미사일 발사에 대응해 개성공단 전면 중단 조치를 취했다. 개성공단 임금이 북한의 핵과 미사일 개발에 이용되는 것을 막겠다는 것이었다. 전면 중단 방침은 9일 청와대 주도로 결정됐고 10일 오전 긴급 국가안전보장회의NSC 상임위원회에서 통과됐다. 이 문제 논의 과정에서 주무부처인 통일부는 '전면 중단'이 아닌 '잠정 중단' 주장을 폈으나 묵살됐다. 박근혜 정부가 갑자기 개성공단 전면 중단을 결정한 데는 박 대통령의 적대적인 대북 인식이 근저에 깔려 있다. 박 대통령은 2014년 뜬금없이 '통일대박론'을 내놓았는데 '북한붕괴, 흡수통일' 그림은 이미 그때부터 '실현 가능한 구상'으로 그의 머릿속에 깊이 각인됐던 것으로 보인다.

5. 문재인 정부와 '기로에 선 한반도 평화'

1) 평창동계올림픽, 남북정상회담, 북미정상회담

북한은 핵개발을 가속화해 6차 핵실험(2017. 9.)을 거치고 대륙간탄도미사일 발사 시험을 한 뒤 '국가핵무력 완성'을 선포했다. 새로 출범한 트럼프 미국 대통령은 북한에 대한 선제공격을 암시하는 등 거친 압박에 나섰고 김정은 국무위원장이 완강히 맞서면서 '말 폭탄'이 오가는 등 한반도는 전쟁 발발 직전과 같은 위기감이 감돌았다. 촛불 시위를 통해 박근혜 대통령이 탄핵되고, 2017년 5월 10일 취임한 문재인 대통령은 한반도에서의 군사적 행동을 단연코 반대한다며 평화적 해결방안 모색에 나섰다.

문 대통령은 평창동계올림픽을 평화의 올림픽으로 만들어야 한다며 한미연합 군사훈련을 연기할 의사를 밝혔고, 김정은 위원장은 북한 선수단 참가 결정으로 화답했다. 워싱턴을 방문한 정의용 청와대 안보실장으로부터 김정은 위원장의 정상회담 제안을 전달받은 트럼프 대통령은 참모진의 '신중 검토' 조언을 물리치고 즉각 수락하는 결정을 내렸다.

북미 정상회담에 앞서 문재인 대통령과 김정은 위원장은 2018년 4월 27일 판문점에서 남북정상회담을 갖고 '완전한 비핵화를 통해 핵 없는 한반도를 실현한다'는 공동의 목표를 확인했다. 양 정상은 "한반도에 더 이상 전쟁은 없을 것이며 새로운 평화의 시대가 열리었음을 8천만 우리 겨레와 전 세계에 엄숙히 천명"한다고 강조했다.

북한과 미국 사이에도 대화가 무르익어 2018년 6월 12일 싱가포르에서 김정은 위원장과 트럼프 대통령 사이에 역사적인 1차 북미정상회담이 열렸다. 두 정상은 새로운 북미관계 수립, 한반도에서 항구적이며 공고한 평화체제 구축, 한반도에서의 완전한 비핵화, 미군유해 송환 등 주요 합의사항을 발표했다. 합의문에는 들어 있지 않지만 트럼프 대통령은 기자회견에서 한미연합 군사훈련을 중단하겠다고 약속했다.

평화 분위기가 한껏 고조되는 가운데 2018년 9월 18~20일 평양에서 열린 남북정상회담에서는 "남과 북은 비무장지대를 비롯한 대치지역에서의 군사적 적대관계 종식을 한반도 전 지역에서의 실질적인 전쟁위험 제거와 근본적인 적대관계 해소로 이어나가기로 하였다"라고 선언하고 '판문점선언 군사분야이행합의서'를 평양공동선언의 부속합의서로 채택했다.

2) 하노이 북미정상회담 결렬과 장기 교착

한반도에 불던 훈풍은 2019년 2월 28일 하노이 2차 북미정상회담이 결렬되면서 잦아들었다. 오랜 협상 끝에 실무진의 '잠정협상안' 초안까지 마련된 상태에서 회담이 결렬로 끝난 데는 미국의 이른바 '빅딜' 주장과 북한의 '단계적 협상' 주장이 접점을 찾지 못한 것 외에 트럼프 대통령의 개인 비리 의혹이 집중 부각된 '코언 청문회'가 같은 날 열린 사정도 크게 작용한 것으로 평가됐다.

북미 교착 국면이 길게 이어지는 가운데 북한은 탈북자 단체의 대북전단 살포를 빌미삼아

남측을 거세게 비난하면서 2020년 6월 16일 개성 남북공동연락사무소를 폭파하는 등 초강경 태도를 보여 충격을 안겼다. 북한의 충격적인 조치는 대북전단 살포로 인해 격발되었지만 '한미공조'에 묶여 남북 정상이 합의한 내용들을 실행하지 못하는 남한에 대한 누적된 불만이 폭발한 것이라는 평가가 나왔다. 국회는 2020년 12월 '대북전단 살포금지법'(남북관계 발전에 관한 법률 개정안)을 통과시켰다.

3) 바이든의 '새 대북정책', 임기 말의 '문재인 평화프로세스'

바이든 대통령의 등장은 '정상 간 담판'에 의존하던 북미관계가 향후 전혀 다른 양상으로 전개될 것임을 예고했다. 김정은 위원장은 2021년 1월 열린 8차 노동당대회 사업총화 보고에서 "누가 집권하든 미국이라는 실체와 대조선정책의 본심은 절대로 변하지 않는다"면서 "새로운 조미관계 수립의 열쇠는 미국이 대조선 적대시정책을 철회하는 데 있다"고 주장했다. 다만 그는 '강 대 강, 선 대 선' 원칙에 따라 상대하겠다며 대화의 여지를 남겨놓았다.

'새로운 대북정책' 수립을 예고했던 바이든 대통령은 취임 100일이 되는 4월 30일 대북정책 검토를 완료했다며 큰 틀의 기조를 선보였다. 한반도의 완전한 비핵화를 목표로 실용적인 접근을 통해 북한과의 외교를 모색하겠다면서 트럼프식 '일괄타결'도 오바마식 '전략적 인내'도 아닌 '외교를 모색하는 실용적이고 조정된calibrated 접근'이라고 밝혔다.

바이든 행정부는 새 대북정책 검토 결과를 직접 설명하겠다며 북한에 접촉을 제안했으나 북한은 '잘 접수했다'는 반응만 보인 채 구체적 대응을 하지 않았다. 트럼프 대통령과의 '하노이 노딜' 사태로 권위에 심각한 내상을 입고 트라우마가 생겼을 법한 김정은으로서는 최종 판단 전 미국의 의중을 좀 더 상세히 파악하려는 것으로 분석됐다.

새 대북 정책의 윤곽은 5월 21일 워싱턴에서 열린 한미정상회담을 통해 다소 진전된 형태로 일부 모습을 드러냈다. 문재인 대통령과 바이든 대통령은 공동성명에서 "2018년 판문점 선언과 싱가포르 공동성명 등 기존의 남북 간, 북미 간 약속에 기초한 외교와 대화가 한반도의 완전한 비핵화와 항구적 평화정착을 이루는 데 필수적이라는 공동의 믿음을 재확인하였다"라고 밝혔다. 특히 주목된 것은 "바이든 대통령은 또한 남북 대화와 관여, 협력에 대한 지지를 표명하였다"라는 문구가 공동성명에 명시된 점이다.

김정은은 6월 노동당 중앙위원회 전원회의에서 "조선반도 정세를 안정적으로 관리해 나가는 데 주력해 나가야 한다"며 "우리 국가의 존엄과 자주적인 발전 이익을 수호하고 평화적 환경과 국가의 안전을 믿음직하게 담보하자면 대화에도 대결에도 다 준비돼 있어야 한다. 특히 대결에는 더욱 빈틈없이 준비돼 있어야 한다"라고 강조했다. 대화를 앞세운 바이든 행정부의 유화 정책에 대한 긍정 반응이라는 분석이 나왔다. 김여정 노동당 부부장과 리선권 외무상의 부정적 담화가 뒤따랐으나, 김 위원장 발언에서 미국에 대한 비난이 없고 '안정적 정세 관리'를 강조한 것을 볼 때 당장 대화에 나서지는 않더라도 최소한 먼저 판을 깨지는 않겠다는 뜻으로 해석됐다.

남북은 2021년 7월 27일 오전 10시를 기해 끊겼던 통신연락선을 복원했다고 밝혔다. 2020년 6월 통신선이 두절된 지 13개월 만이다. 박수현 청와대 국민소통수석은 "남북 양 정상은 지난 4월부터 여러 차례 친서를 교환하면서 남북 간 관계 회복 문제로 소통해왔다"며 "남북 간에 하루속히 상호 신뢰를 회복하고 관계를 다시 진전시켜 나가자는 데 대해서도 뜻을 같이 하였다"라고 밝혔다. 북한도 이날 통신연락선 복원을 동시에 발표했다.

남북 동시 발표와 친서 교환 사실 공개는 남북관계 진전에 밝은 전망을 하게 했다. 문재인 대통령의 한반도 평화프로세스 구상은 2019년 하노이 북미정상회담 '노딜' 이후 사실상 물 건너갔다는 평가가 주를 이뤘으나 반전의 기회를 얻게 됐다. 북한이 남북관계 복원을 통해 '명분도 있고 실속도 있는 북미대화' 추진을 겨냥하고 있다는 분석도 나왔다. 북미 간에 과연 진지한 협상이 시작될지, 남북관계 개선이 선순환 구도를 이끌지 관심을 갖고 지켜볼 일이다.

IV. 한반도 평화의 걸림돌, 언론의 냉전적 보도 태도[1]

1. 남북문제와 한국 언론의 보도 행태

오랜 기간 분단 상태가 지속된 한국사회에서 남북문제와 관련된 사안들, 북한 사회의 실체 파악이나 정부의 통일정책 방향은 물론이고 한반도 정세 등 모든 분야의 정보 획득은 언론매체를 통해서만 가능하다. 우리 언론은 남북문제 보도에서 우리 사회의 가장 보수적이고 극우적인 세력, 기득권을 독점해온 세력의 목소리를 대변해왔다는 비판을 받아왔다. 남북문제에 대한 한국 언론의 보도 태도를 분석한 많은 연구들은 가장 큰 문제점으로 이데올로기적 편향성, 선정주의·안보상업주의에서 비롯한 왜곡 보도, 획일적인 '떼거리식 보도', 언론인의 전문성 부족 등을 든다.

1) 이데올로기적 편향성

첫째, 냉전적 시각에서 벗어나지 못한 이데올로기적 편향성을 언론 보도의 가장 큰 문제점으로 꼽는다.

세계적인 변화 흐름과 미국, 중국, 일본, 러시아 등 한반도 주변 열강의 정책 변화, 대결 일변도에서 대결과 화해·협력을 병행 모색하는 남북관계의 변화 양상에도 불구하고 우리 언론, 특히 주류를 이루고 있는 보수언론은 냉전 시기 지녔던 반북 이데올로기와 대결적 시각에서 벗어나지 못하고 있다. 통일 지향적 보도보다는 분단을 부추기고 고착시키는 방향으로 보도해왔다는 비판에서 자유롭지 못하다. 북한에 대한 일반 국민들의 불안감을 자극하고, 적대감을 불러일으켜 은연중 반북정서를 유포하거나, 심한 경우 노골적으로 국민감정을 부추겨 대결 쪽으로 몰아간다는 비판을 받고 있다. 남북 사이에 무슨 문제가 터지면 일이 발생하게 된 배경이나 역사적 흐름 같은 심층적 분석보다는 충격적 상황을 자극적으로 부각하는 데 익숙해 있다.

---

[1] 이 장은 필자가 전에 발표한 논문 "남북관계 발전을 위한 언론의 역할," 이재석 외, 『다시 만나는 남과 북 – 동아시아 평화외교 전략』(노스보스, 2012)을 보완해 축약한 것이다.

노태우 정부 시기 남북의 총리가 서울과 평양을 오가며 회담을 할 때 취재차 평양을 다녀온 기자들이 쓴 '북한 방문기'들을 보면 얼마나 사실을 왜곡하고 악의에 가득 찬 보도를 했는지 여실히 볼 수 있다. 대화를 격려하고 촉진하는 역할은커녕 북한 사회의 어둡고 부정적인 측면을 끄집어내며 위화감을 조성하고 대화 상대가 되지 못한다는 점을 지속적으로 부각했다.

한국 언론의 냉전적이고 보수적인 보도 행태는 신문 지면과 TV 화면에 그대로 투영돼 국민들에게 부정적인 영향을 끼친다. 그 결과 북한 사회에 대한 편견과 선입견이 알게 모르게 자리 잡는다. 북한이 호전적이고 억지 떼쓰기나 하는 집단으로 국민 사이에 뿌리 깊게 인상 박힌 것은 상당 부분 언론의 부정적 인식이 그대로 전달된 결과이다.

2) 선정주의·안보상업주의 왜곡 보도

둘째, 선정주의·안보상업주의에서 비롯된 왜곡 보도의 문제도 심각하다.

북한에 대한 우리 언론의 보도 행태는 지극히 선정적이며 민족의 운명과 관련된 안보문제를 상업적 이익에 이용하려 한다는 비판을 받는다. 확인되지 않은 내용도 우선 쓰고 본다거나, 북한에 부정적인 기사일수록 크게 키워놓고 보는 뻥튀기식 무책임한 보도가 판을 친다. 미확인 보도와 과장 보도, 왜곡 보도, 심지어 근거 없는 오보가 춤을 추지만 국민들은 이를 판단할 길이 없다.

부끄러운 대형 오보로 판명된 북한 김일성 주석 사망설과 김정은 국무위원장 사망설이 대표적이다.

1986년 11월 16일자 「조선일보」 1면에 '김일성 피격설'이 실렸다. "북괴 김일성이 암살됐다는 소문이 15일 나돌아 동경 외교가를 긴장시켰다"는 내용이었다. 「조선일보」는 이틀 뒤인 11월 18일자엔 "주말의 동경 급전… 본지 '세계적인 특종'"이라고 자랑하며 총 지면 12개 면 중 7개 면을 '김일성 사망' 기사로 도배질했다. 그런데 그날 오전 10시 23분 UPI통신이 김일성 주석이 평양 순안공항에서 몽고 국가원수 잠빈 바트문흐 총서기를 맞이했다고 보도했다. 그리고 이는 사실이었다. 북한 관련 '오보 흑역사'에서 첫손가락에 꼽히는 사례다.

2020년 4월 불거진 김정은 국무위원장 사망설도 같은 맥락이다. 김 위원장이 4월 15일 태양절에 금수산태양궁전 참배에 불참한 것이 억측의 시발점이었다. 건강이상설이 나오더니 4월 20일 인터넷 매체 〈데일리NK〉가 북한 내부소식통을 인용해 "김정은, 최근 심혈관 시술 받았다… 여전히 특각서 치료 중"이라는 기사를 쓴 것을 필두로 4월 21일 CNN이 중태설을 보도하자 국내 언론은 일제히 이를 받아 크게 보도했다. 청와대 대변인과 국가안보회의 상임위원회가 "북한 내부에 특이동향이 식별되지 않고 있다"고 진화에 나섰으나 윤상현 국회 외교통일위원장("평양 완전봉쇄, 신변 이상"), 탈북자 출신 지성호 미래한국당(현 국민의힘) 당선자("섭정 체제"), 태영호 미래한국당 당선자("김정은 유고 때 김평일 옹립 가능성") 등이 나서 계속 불을 지폈고, 언론에 크게 보도됐다.

4월 23일 트럼프 대통령이 "나는 (CNN의) 그 보도가 부정확하다고 본다. 그들은 오래된 문서를 썼다고 듣고 있다"라고 밝혔으나 태영호 당선자는 CNN 인터뷰에서 "김 위원장, 스스로 일어서거나 제대로 걷지 못하는 상태"(4월 27일), 지성호 당선자는 〈연합뉴스〉 통화에서 "김 위원장 지난 주말에 사망한 것으로 확인. 99%라고 말씀드릴 정도"(5월 1일)라고 주장했다. 모두 북한 소식통을 인용한 것이었고 언론에 대서특필됐다. 5월 2일 북한 「노동신문」이 김정은 위원장이 1일 순천인비료공장 준공식에 참석했다고 밝히면서 모든 보도는 터무니없는 낭설임이 밝혀졌다.

필자의 언론인 경험에 비추어보면 북한 관련 기사 중 "…한 것으로 알려졌다"라든지 "정통한 북한 소식통에 따르면 …한 것으로 전해졌다"라는 기사는 상당수가 부정확하거나 확인하기 어려운 추측성 보도일 경우가 많다. 취재원을 명확히 댈 수 없을 정도로 확인이 어렵거나 풍문에 가까운 소식을 기사화할 때 흔히 쓰는 구태의연한 수법이기 때문이다. 익명의 소식통을 인용한 부정확하고 선정적인 기사나 '작문성 기사'가 반복적으로 나오는 것은 북한 관련 보도는 설사 나중에 진실이 아님이 밝혀지더라도 이에 따른 직접적 불이익이 거의 없다는 점이 큰 몫을 한다.

선정적 보도가 문제되는 것은 상업주의적인 발상으로 우선 눈길을 끌면서 자극적인 뉴스를 만들어내 많은 독자를 확보하려 한다는 점이다. 첩보 수준의 신빙성이 약한 정보가 사실인양 부풀려져 보도된다. 후에 사실로 확인되면 커다란 특종을 하는 것이고 사실이 아니더라도 북한의 부정적 측면을 드러낸 것이기 때문에 직접적 불이익은 없다.

김영삼 정부 시절인 1996년 김정일 북한국방위원장의 전 동거녀인 성혜림 씨의 언니 성혜랑 씨 가족 '망명사건' 보도 과정에서 우리 언론이 보인 냉전적 시각과 안보상업주의에 찌든 선정적 보도 행태는 전형적인 황색저널리즘 사례로 꼽힌다. 1996년 2월 13일자 「조선일보」는 1면 머리기사로 '김정일 본처 서방 탈출'이라는 제목 아래 "북한 최고권력자 김정일의 본처 성혜림씨와 언니 성혜랑씨, 혜랑씨의 딸 이남옥씨, 성혜림씨의 수행원 1명 등 4명이 모스크바를 떠나 스위스로 나온 후 잠적했으며 제3국으로의 망명을 타진하고 있을 가능성이 높다"라고 '특종'으로 보도했다. 이들의 행방을 놓고 언론의 '작문 경쟁'이 벌어졌다. 어떤 신문은 미국에 갔다고 하는가 하면 다른 신문은 유럽의 어느 나라에 있다고 보도했으며, 곧 한국에 망명할 것이라는 추측기사까지 나왔다. '우선 써놓고 보자'는 식의 무책임한 보도가 압도했다.

몇 달 뒤 성혜랑 씨와 딸 이남옥 씨는 실제로 망명했으나, 뉴스 가치를 키운 성혜림 씨는 제네바 별장에 잠시 머물다가 모스크바로 곧바로 돌아간 것으로 확인됐다. 뒤늦게 밝혀진 일이지만, 이 사건은 성혜랑 씨의 아들로 1982년 한국 정보기관의 '공작'으로 스위스에서 한국으로 '오게' 돼 성형수술을 하고 숨어 지내던 이한영 씨가 잇따른 사업 실패로 돈이 궁해지자 모스크바의 어머니에게 전화를 해 도움을 요청하는 과정에서 언론에 불거진 것이었다. 「조선일보」와 「동아일보」는 이한영 씨 증언이나 수기라며 '내가 본 김일성 부자'(「조선일보」 4회 연재), '평양 주석궁 사람들'(동아일보 4회 연재) 시리즈를 통해 김일성·김정일 부자의 무절제한 사생활과 어두운 면을 선정적으로 부각했다. 이한영 씨는 훗날 자신의 이름으로 나간 수기들은 자신이 직접 쓴 적이 없다고 말했다. 이 사건으로 신분이 노출된 이씨는 1년쯤 뒤인 1997년 누군가에 의해 권총으로 피격당해 숨졌다. 북한 소행이라는 정부 발표가 있었으나 납득할 만한 결정적 증거는 제시되지 않았다.

김정일·성혜림의 아들로 김정일의 눈 밖에 나 중국 등 해외를 떠돌며 자유분방하게 살던 장남 김정남(김정은의 이복형)은 2017년 2월 말레이시아 공항에서 많은 사람이 보는 가운데 독극물 피습을 받아 살해됐다.

3) 획일적인 '떼거리식 보도'

셋째, 남북문제에 대한 언론의 획일적인 보도, 이른바 '떼거리식 보도'도 큰 문제다.

우리 언론 현실을 보면 어느 날 갑자기 북한 내부사정에 관한 기사가 각 신문과 방송에 일제히 보도되는 경우가 많다. 대부분 부정적인 내용들이다. 앞에서 언급한 김일성·김정은 사망설, 성혜림 망명 오보와 북한 최고위층 사생활 보도에서 드러나듯 북한 관련 보도는 어느 분야보다 정보의 폐쇄성이 강한 영역이다. 보도의 상당 부분이 정보기관에서 제공하는 자료에 의존할 때가 많다. 최근에는 탈북자들이 북한 내부소식통을 인용해 전파하는 기사도 많아졌다. 김정은 고모 김경희 독살설, 김영철 숙청설, 현송월 처형설 등 북한 고위층 신변에 관한 각종 스캔들 보도는 나중에 거의 오보로 밝혀졌다. 매체에 따라서는 때로 기사의 신빙성을 확신할 수 없지만, 다른 매체들이 일제히 보도하는 데 혼자만 외면할 수 없어 엉거주춤 따라가는 경우가 있다. 한 언론이 보도하면 너도나도 달려들어 쓰는 우리 언론의 '떼거리식 보도' 행태는 북한을 자극해 남북대화나 교류에 부정적 영향을 끼치게 된다.

4) 기자의 전문성 부족에서 비롯되는 문제들

넷째, 언론인의 전문성 부족에서 비롯되는 문제들도 크다. 북한 관련 보도는 직접 취재할 수도 없고 공식적인 자료가 절대적으로 부족한 데다 북한 특유의 비밀주의 때문에 정보기관이나 탈북자 등 익명의 북한소식통에 의존하다보니 오보 가능성이 매우 크다.

언론사 내부 사정도 작용한다. 일반적으로 북한문제, 남북문제는 기자들 사이에 그리 인기가 있는 분야가 아니다. 취재원도 많지 않고 기사로 반영할 수 있는 뉴스거리가 적다보니 기자로서 안면을 넓히거나 필명을 날릴 수 있는 기회가 한정된다.

남북문제와 통일문제의 중요성에 비춰 볼 때 오랜 기간 깊이 있게 공부하고 꾸준히 연구해 전문성을 지닌 기자들이 많지 않다는 것은 심각한 문제다. 언론사의 순환배치 근무 관행에 따라 이부서 저부서로 옮겨다니다보면 기자들이 전문적인 지식을 쌓을 기회가 주어지지 않는다. 기자의 전문성 부족은 특정 목적을 갖고 뉴스거리를 흘려주는 취재원의 언론플레이에 쉽게 놀아날 여지가 커진다.

2. 냉전적 보도 행태의 역사적 배경

남북문제에 대한 우리 언론 보도가 냉전적 시각과 선정적 보도에서 벗어나지 못하고 분단을 고착시키는 보도 행태를 보이는 원인은 분단과 동족상잔이라는 극한적 대결 상황을 겪은 역사적 배경과 관계가 깊다. 남북 간 체제경쟁에서의 승리를 최우선 목표로 삼은 이승만·박정희·전두환 대통령 등 역대 권위주의 정권하에서 언론의 남북문제 보도는 역대 정권의 대북정책 테두리 안에서 결정될 수밖에 없었고, 반공 이데올로기를 일방적으로 유포·확산하는 역할을 해왔다.

우리 언론의 냉전적 시각이 뿌리 깊게 자리 잡은 배경에는 유력 주류언론사 사주(社主)들의 북한에 대한 적대의식도 크게 작용하는 것으로 보인다. 우리 언론은 미군정 시기 좌파신문들이 탄압을 받아 궤멸 상태에 이른 반면 우파신문들은 각종 지원을 받아가며 활동 폭을 크게 넓혔다. 해방 직후 우파 보수세력의 총본산이었던 한국민주당(한민당)의 대표는 당시「동아일보」사장이었던 송진우였고, 중요한 당무는 동아일보 사장실에서 주로 이루어졌다고 한다. 송진우가 암살된 후 동아일보 사주인 김성수가 한민당을 이끌며 보수 우파세력의 중추 역할을 담당했다.

해방정국 흐름에 큰 영향을 끼쳐 역사의 변곡점이 된 '신탁통치 오보사건'은「동아일보」가 1945년 12월 27일 '모스크바 3상회의에서 미국이 조선의 즉시독립을 주장한 반면 소련은 신탁통치를 주장했다'고 외신기사를 인용해 1면 머리기사로 보도한 내용이다. 정치적 책략이 가세하면서 '반탁은 애국, 찬탁은 매국'이란 이미지가 생겨났다. 그러나 진실은 미국이 신탁통치를 주장했고 소련이 즉시독립을 주장한 것을 거꾸로 쓴 것이었다. '오보'라기보다는 '왜곡 보도' 쪽에 더 가깝다.

일제강점기「동아일보」와 쌍벽을 이뤘던「조선일보」의 사주였던 방응모는 1950년 한국전쟁 와중에 납북돼 사망했는데, 이런 점도 이 신문이 가장 보수적인 논조를 보이는 것과 무관치 않아 보인다.

김대중 정부 시기 기득권세력을 앞장서 이끌던 보수언론과의 갈등이 첨예화하면서 언론사에 대한 세무조사가 단행돼「동아일보」의 김병관 사주,「조선일보」의 방상훈 사주가 탈세 등의 혐의로 구속 수감되고, 「중앙일보」의 홍석현 사주도 그 전에 탈세 혐의로 수감된 악연이 있어 이들 신문의 논조에 큰 영향을 미쳤을 것으로 보인다.

V. 나가며

우리 민족은 해방과 동시에 미국과 소련의 분할 점령으로 남북으로 분단된 채 숱한 고통을 받아왔다. 동서 냉전체제에서 한반도는 양 진영의 최선봉 기지로 한국전쟁이라는 동족상쟁의 비극을 겪었다.

그런 가운데도 강인한 생명력으로 남한은 외국의 원조를 받던 국가에서 원조를 하는 국가로, 세계 경제 10위권의 중견국가로 발돋움했다. 이제 한반도에서 살아가는 우리 민족의 운명을 스스로의 힘으로 개척할 수 있는 기반을 닦기에 이르렀다. 주변 강대국들의 이해관계에 휘둘리지 않고 남북이 주체적·독립적 자세로 바로 설 때에 한반도 평화를 유지할 수 있으며 통일을 향해 한 걸음씩 나아갈 수 있을 것이다.

미·중 패권 경쟁이 격화하면서 동북아에서 냉전이 재현될 조짐을 보이고 있는 상황이기에 스스로 중심을 잡고 강대국들의 권력 재편 소용돌이에 함몰되지 않도록 온갖 지혜를 모아야 한다. 높아진 국제적 위상을 적극 활용해 강대국들의 갈등격화 위기를 국익을 확대할 기회로 삼도록 해야 한다.

한반도 평화를 주도적으로 이끌어갈 민주정부를 세우고, 언론을 포함한 시민사회 단체가 냉전적 시각에서 벗어나 평화를 지향하는 폭넓은 시야를 갖춰 주변 정세를 냉철하게 분석할 수 있을 때 비로소 민족이 공존 공영할 길을 모색하고, 세계의 주변부에서 중심부로 도약할 수 있는 길을 찾을 수 있을 것이다.

참고문헌

김대중.『김대중 자서전』1, 2. 서울: 삼인, 2010.

이원섭.『새로운 모색 – 남북관계의 이상과 현실.』1997. 3. 31. 한겨레신문사

_____.『햇볕정책을 위한 변론』. 2003. 7. 30. 필맥

_____.『차라리 소가 되고 싶다』. 2003. 7. 30. 필맥

_____."남북관계 발전을 위한 언론의 역할." 이재석 외.『다시 만나는 남과 북 – 동아시아 평화외교 전략』. 노스보스, 2012.

이제훈. "한반도 흔드는 북한 가짜뉴스, 생산과 확산 그리고 가려보기." 한반도평화포럼. 2020. 5. 14.

이종석.『칼날 위의 평화 – 노무현시대 통일외교안보 비망록』. 개마고원, 2014.

임동원.『피스메이커 – 남북관계와 북핵문제 20년』. 중앙북스, 2008.

정세현.『판문점의 협상가 정세현 회고록』. 창작과 비평사, 2020.

「4.27 판문점 공동선언 ― 한반도의 평화와 번영, 통일을 위한 판문점 선언」(문재인-김정은). 2018. 4. 27.

「6.15 남북공동선언」(김대중-김정일). 2000. 6. 15.

「7.4 남북공동성명」(서로 상부의 뜻을 받들어 이후락-김영주). 1972. 7. 4.

「9.19 평양 공동선언」(문재인-김정은). 2018. 9. 19.

「10.4 남북정상선언」(노무현-김정일). 2007. 10. 4.

「남북기본합의서」(남북 사이의 화해와 불가침 및 교류-협력에 관한 합의서). 1991. 12. 13.

「비핵화공동선언」(한반도의 비핵화에 관한 공동선언). 1991. 12. 31.

「싱가포르 북미 정상회담 합의문」(김정은-트럼프). 2018. 6. 12.

「조선로동당 제8차대회 당 중앙위원회 사업총화보고」. 2021. 1. 5-12.

「한미 정상회담 공동성명」(문재인-바이든). 2021. 5. 21

"김일성 피격 사망 / 북괴 권력투쟁 진행 중."「조선일보」. 1986. 11. 18.

"김정일 본처 서방 탈출 / 성혜림, 언니 모녀 수행원 함께."「조선일보」. 1996. 2. 13.

"소련은 신탁통치 주장, 미국은 즉시 독립 주장."「동아일보」. 1945. 12. 27.

〈경제〉

한국 자본주의 50년 변화의 궤적(1971~2021)

장상환*

I. 머리말

한국 자본주의는 1960~70년대 고도 경제성장을 통해 개도국 경제 기적의 대표적 사례로 꼽히다가 1980년대부터 들어와 신자유주의 경제정책으로 전환되었고, 1997년에 IMF 구제금융을 받는 경제위기에 처하게 되었다. 외환위기에 대응해 김대중 정부가 신자유주의적 구조조정을 강행한 결과 한국 자본주의는 저성장, 불평등 심화 등 모순이 심화되었다.

한국의 국내총생산은 2020년 1조 5,868억 달러로 세계 10위로 올라섰고, 1인당 국내총생산도 1961년 94달러에서 2020년 31,497달러로 증가했다. 유엔무역개발회의UNCTAD는 2021년 7월 한국을 선진국 그룹으로 분류하는 결정을 내렸다. 명실공히 선진국으로 발돋움한 것이다. 그러나 다수 국민들은 선진국에 살고 있음을 실감하지 못한다. 물질적 풍요에 상응하는 행복감을 느끼지 못하고 있다.

이 글은 1971년부터 2021년 오늘에 이르기까지 한국 자본주의의 변화 궤적을 살펴봄으로써 다음의 질문에 답하려 한다.

한국이 단기간에 고도 성장을 한 것은 무슨 요인 때문인가? 1997년에 외환위기와 같은 심각한 경제위기를 맞이한 것은 무엇 때문인가? 외환위기를 극복한 후 저성장과 함께 불평

* 서울대 상대 경제학과 졸, 서울대 대학원 경제학 박사, 크리스찬아카데미 간사, 경상대학교 경제학과 교수, 사회과학연구원장, 민주노동당 정책위원장 역임, 근정포장.

등이 심화된 원인은 무엇인가? 불평등 심화가 경제성장과 경제변동, 국민생활에 미치는 영향은 무엇인가?

　한국의 불평등이 급격히 심화된 것은 선진 자본주의 국가가 자유주의 단계-케인즈주의 복지국가 단계-신자유주의 단계를 거친 것과 달리 한국 자본주의가 개발독재 국가(자유주의 단계)에서 케인즈주의 복지국가 단계를 생략한 채 종속적 신자유주의 단계로 전환했기 때문이다. 또한 자본과 노동 간의 세력관계가 자본의 일방적 우위이고, 대통령 중심제와 지역구 중심의 국회의원 선거제도가 불평등을 해소하는 사회복지 확충에는 불리하기 때문이다.

II. 1960, 70년대 국가 주도 압축 성장

1. 압축 경제성장의 조건

　한국이 1960, 70년대에 압축적 고도 성장을 한 요인을 박정희 정부의 정부 주도 수출공업화정책에서 찾는 것은 정확하지 않다. 개도국들은 시기의 차이는 있으나 대부분 정부 주도로 외자 도입에 의한 수출공업화정책을 추구했기 때문이다. 개도국들이 유사한 정책을 추구했는데도 대만과 한국 정도만 신흥공업국이 된 것은 이들 국가에 특유한 조건이 있었기 때문이다.

　첫째, 1960, 70년대 당시의 대외적 조건이 개도국의 수출 지향적 공업화정책 수행에 특별히 유리했다. 선진국은 개도국에 일반특혜관세라는 유리한 조건을 제공했고, 개도국은 외자 도입과 수출 시장 확보가 가능하게 되었다. 그러나 그 기회를 포착할 수 있었던 나라는 소수에 그쳤다. 수출 지향적 공업화는 몇몇 개발도상국에 대해서만 실행 가능한 발전 전략으로서 집단적인 상향 이동은 불가능했고, 개별적인 상향 이동만 가능했다(이제민, 1995).

　둘째, 농지개혁에 의한 지주 계급의 몰락과 자본가 계급의 육성 촉진, 다수 농민의 자작농화, 한국전쟁에 따른 노동자, 농민의 권리 억압과 희생이 고도 성장에 유리한 조건을 조성했다. 상인들과 자본가 계급은 지주 계급이 받은 지가증권을 사들여 귀속 재산을 불하받는 등 자본을 본원적으로 축적했다. 또 지주 계급의 정치적 영향력 상실로 국가가 자본가 계급에 유리한 공업화정책을 원활하게 추진할 수 있게 되었다. 농지개혁으로 자작농이 된 농가의 자녀교육 확대로 우수하면서도 저렴한 임금 노동력을 공급한 것이 자본주의 발전을 촉진하였다(장상환, 2000a). 한국전쟁은 전근대적인 신분관계를 일소하고 자유로운 노동력을 창출하여 사회의 유동성을 높였다(정진상, 1995; 커밍스, 2001). 한편 전쟁은 사회운동 공간을 없앰으로써 자본가 계급이 노동자 계급을 일방적으로 지배할 수 있게 되었다(장상환, 2000b).

2. 국가 주도 경제개발

1960, 70년대에 박정희 정부는 기업 활동의 자유를 보장하는 정책과 자본을 육성하는 정책 그리고 노동을 억압하는 정책을 구사했다. 따라서 개발독재라고 불리지만 본질적으로는 자유주의 국가라고 할 수 있다. 국가 주도 경제 발전은 선진 자본주의 국가를 쫓아간 독일, 러시아, 일본 등 후발 선진국에 나타나는 현상(Gerschenkron, 1965)이었다. 한국의 압축적 고도 성장은 '국가 주도에 의한 개도국형 산업혁명'이라 할 수 있다. 국가의 활동은 고도로 발달한 자본주의 경제의 실패를 극복하기 위한 것이 아니라, 시장 형성market fostering 과정이었다.

급속한 경제 발전 과정에서 국가에 의한 '경제개발계획'이 필연적이었다. 사회간접자본, 기간산업 등 투자 우선 부문은 자본 소요액, 투자 회임기간 등의 문제로 민간자본이 감당하기 어렵다. 따라서 개도국에서는 정부에 의한 강제적 자본 동원 등 직접적 수단에 의존한다. 박정희 정부는 거시적 경제 운영뿐만 아니라 미시적 산업구조 개편도 주도했다. 오원철은 이것을 "경제 건설의 공학적 접근Engineering Approach to Economic Construction", "국가적 계획경제 체제" 또는 "한국경제 주식회사 체제"로 불렀다. 국가는 목표와 목표 달성의 방법을 제시하고 세부계획을 세우고 기업이 실천하도록 했다(오원철, 1996, 제3권 12장).

개발국가는 자본, 특히 재벌을 집중적으로 육성했다. 재벌을 관치금융으로 지원하고 진입장벽을 만들어 재벌을 육성했다. "과당경쟁은 당시의 제한된 국내 자본과 외환 사정에 비추어 볼 때 현명하지 않다고 판단해 정부로서는 독과점 이윤을 가격 규제 등을 통해 배제시키면서 기존 업자로 하여금 국제적 최소 규모 및 국제경쟁력을 갖출 수 있도록 육성한 후 신규 참가를 허용하는 방침을 세웠다"(김정렴, 1990). 정부는 기업의 퇴출까지 통제했다. 경영 부실로 도산하는 기업을 정부가 인수하여 처리하는 부실기업 정리는 인위적인 퇴출 장벽이었다.

개발국가는 산업정책을 수립하고 집행하여 경제구조와 공업구조를 고도화해나갔다. 박정희 정부는 제1차 5개년계획 기간(1962~66)에는 시멘트, 비료, 정유, 화학공업과 섬유공업 등 주요 수입대체산업을 육성하는 데 주력하였다. 제2차 5개년계획 기간(1967~71)에 정부는 선별적 산업정책을 법제화하여 중화학공업 육성을 위한 제도적 기반을 마련했다. 기계공업진흥법(1967), 전자공업진흥법(1969), 석유화학공업육성법(1970), 철강공업육성법(1970) 등등. 정부는 1973년 초 중화학공업화를 선언하고 철강, 비철금속, 기계, 조선, 전자와 화학 등 6개 중화학공업의 건설육성을 위해 1973~81년에 총 96억 달러 상당의 투자계획을 발표했다. 창원기계공업단지, 여천석유화학단지, 구미전자공업단지 등이 건설되었다. 민간기업의 중화학공업 투자를 유인하기 위해 장기정책자금 공급의 증대, 조세 감면, 전문 및 직업교육기관을 통한 인력 공급 확대, 중화학 분야 연구소 설립 등을 추진했다.

개발국가는 국가가 지배하는 금융기관을 통해 재벌기업에 특혜금융을 제공했다. 외자도입에 채무 지불보증을 서주었고, 대기업에 저리의 정책금융을 지원했다. 1972년 '8.3 조치'는 고리 사채를 저리로 상환할 수 있게 해줌으로써 대기업에 큰 특혜가 되었다. 국내 총금융자산의 대 GNP 비율로 표현되는 금융 관련 비율은 1962~65년 사이에 0.9~1.0의 낮은 수준이었지만 1972년에는 2.1을 기록했다(김광석·김준경, 1995).

개발국가는 수출촉진정책을 극한적으로 추진했다. 1964~65년의 환율제도 개혁을 통해 원화를 평가절하하고 단일변동환율제도를 채택했다. 1965년부터 수출우대금융, 수출용 중간재 수입에 대한 관세 감면(관세환급제) 등 종합적 수출지원제도를 1980년대 초까지 실시했다. 매년 주요 상품별, 수출시장별로 수출 목표를 설정하여 할당했다. 대한무역진흥공사 해외지점망을 확대해 기업의 해외시장 활동을 지원했다. 그러나 수출 증가에 따르는 원자재 수입 증가와 주요 원자재의 국제가격 상승 등으로 국제수지는 만성적 적자였고, 이것이 1980년대 초의 외채 누적과 상환위기의 원인이 되었다.

개발국가는 노동력을 개발함과 동시에 노동기본권을 부정하는 노동정책을 전개했다. 14세 이상 인구 중 중학교 이상 교육을 받은 인구 비중은 1960년 약 20%에서 1980년 80%로 높아졌다. 1963~79년 전체 취업자 수는 연평균 3.7%, 제조업 부문은 11% 증가했다. 실업률은 1963년 7.9%에서 1979년 3.8%로 낮아졌다. 1960, 70년대에는 노동기본권이 보장되지 못했다. 한국노총은 자주성이 결여되었고 실제로는 진정한 노동조합이 아니었다(김삼수, 2002). '국가보위에 관한 특별조치법'(1971)을 제정했고, 1974년에는 긴급조치 3호와 더불어 근로기준법, 노동조합법, 노동쟁의조정법을 개악했다. 노동관계법 개악은 '유신의 계급통제적 표현'이라 할 수 있다.

3. 요소 투입에 의한 성장과 저임금, 저농산물가격

고도 성장을 지탱한 원천은 생산성 향상보다는 노동과 자본 등 요소 투입의 양적 확대에 있었다(Krugman, 1994). 단위투입당 산출로 정의되는 총요소생산성total factor productivity, TFP의 증가는 높지 않았다. 1963~90년에 연평균 성장률 8.74%에 대한 기여도를 보면 요소 투입이 6.36%로 약 3/4를 차지하고 TFP는 약 1/4에 해당하는 평균 2.4%였을 뿐이다(표 1 참조). 노동 투입이 3.04%로 기여도의 절반을 차지했다. 농촌으로부터 연간 50만 명씩 이농한 것이 고도 경제성장에 결정적으로 기여했다.

〈표 1〉 GDP 성장의 원천

	1963-1973	1973-1979	1979-1990	1963-1990
성장률(연평균)	9.00	9.26	8.21	8.74
〈성장 기여도〉				
요소 투입	5.64	7.01	6.66	6.36
기업 노동 투입	3.18	3.49	2.66	3.04
고용자수	2.28	2.13	1.64	1.99
근로시간	0.50	0.52	-0.07	0.27
연령 및 성별구성	-0.06	0.30	0.14	0.10
교육	0.47	0.55	0.94	0.68

비주거용 자본 투입	1.19	1.79	2.66	1.92
주거용 자본 투입	1.24	1.67	1.26	1.35
토지	0.03	0.06	0.08	0.06
요소 투입당 생산	3.37	2.25	1.55	2.38
자원 배분 개선	1.23	1.76	0.96	1.24
농업부문	1.17	1.55	0.84	1.12
비농업 자영업	0.06	0.21	0.12	0.12
농업에 대한 기후의 효과	0.23	0.18	-0.11	0.08
규모의 경제	0.26	0.34	0.21	0.26
지식 진보와 기타	1.64	-0.02	0.50	0.80

*자료: OECD, 『한국경제보고서』, 한국개발연구원, 1994.

정부는 중화학공업화를 위해 저임금과 저농산물가격정책을 강행했다. 1970~80년간 임금은 이론생계비의 40~50%, 실태생계비의 50~60%에 불과했다. 제조업 노동자의 노동시간은 60시간 이상이었고, 저임금이 잔업을 강요하는 구조였다. 1960~1992년간 쌀 수매가는 한계생산비는 물론이고 일반 물가상승률에도 못 미칠 때가 많았다. 저농산물가격으로 농가 소득은 도시근로자 가구 소득의 70~80%선에 머물렀고, 젊은 농민들은 농촌을 떠났다.

4. 초과착취적 압축 성장의 성과와 한계

박정희식의 '초과착취적 압축 성장 모델'은 한국 경제의 생산력을 발전시키고 생활수준을 향상시키는 성과를 거두었다. 1961~80년간 연평균 8.5%의 경제성장을 기록하여 국민총생산은 약 네 배로 커졌으며, 1인당 국민소득은 1962년 87달러에서 1981년에는 791달러로 거의 열 배로 늘어났다. 수출은 4천만 달러에서 210억 달러로 늘어났다. 20여 년간의 고도 경제성장으로 대다수 국민은 빈곤으로부터 탈출할 수 있었다. 공업화로 연간 50만 명의 농촌 과잉 인구를 흡수함으로써 농촌의 잠재 실업을 크게 줄일 수 있었다.

급속한 공업화로 국민총생산 중 농업 비중은 1955년 43.9%에서 1983년 14.0%로 저하한 반면, 제조업 비중은 같은 기간 11.4%에서 28%로 상승하였다. 공업 구조도 1970년대 초까지 경공업 중심에서 70년대 후반 이후 중화학공업 중심으로 고도화되었다. 이러한 20~30년간에 이룩된 급속한 공업화는 선진국에서는 1백 년 이상에 걸쳐서 달성된 것이었다(표 2, 표 3 참조).

그러나 이 초과착취적 압축 성장은 근본적 한계를 안고 있었다. 정치적 독재와 재벌체제는 부실기업, 정경유착과 부정부패, 인플레이션과 부동산투기, 농업의 침체, 지역 불균형 등을 야기했다. 유신독재체제는 자본주의적 모순에 대한 국민들의 대항력을 봉쇄하고 경제제일주의, 사유재산 절대주의를 관철시켰다.

〈표 2〉 산업별 생산구조의 변화

연도 산업부문	1955	1965	1970	1975	1980	1983
1. 1차산업	43.9	37.6	26.4	24.7	14.4	14.0
1) 농림어업	43.9	37.6	26.4	24.7	14.4	14.0
2. 2차산업	15.5	23.3	27.5	32.3	38.7	37.9
2) 광업	1.1	2.0	1.4	1.5	1.4	1.4
3) 건설업	3.0	3.4	5.3	4.8	8.5	8.5
4) 제조업	11.4	17.9	20.8	26.0	28.8	28.0
3. 3차산업	40.6	39.1	46.1	43.0	46.9	48.1
5) 전기, 가스, 수도업	0.5	1.3	1.6	1.3	2.0	2.3
6) 도소매, 음식 숙박업	15.5	16.9	18.0	19.5	17.0	17.0
7) 운수, 창고, 통신업	2.5	4.0	6.6	6.0	7.7	8.7
8) 금융, 보험, 부동산업	1.0	1.9	3.6	3.9	6.5	5.4
9) 주택 소유	7.8	3.5	3.0	2.4	2.8	2.9
10) 공공행정 및 국방	5.6	4.9	4.8	3.8	4.4	4.6
11) 사회 및 개인서비스	6.5	5.7	8.1	7.5	8.2	9.2
해외부문	1.2	0.9	0.4	-1.4	-1.7	-2.0
합계(=GNP)	100.0	100.0	100.0	100.0	100.0	100.0
금액(10억원)	114.5	805.7	2,735.9	10,092.2	37,205.0	58,279.7

*자료: 한국은행, 『국민소득 계정』, 1984.　　　　　　　　　　　　　　　　　　(단위: %)

〈표 3〉 한국의 중화학공업화율

	1961	1965	1970	1975	1980
1. 중화학공업	21.3	33.0	41.8	46.4	55.6
기초금속	2.2	2.9	2.4	4.2	5.5
기　계	9.2	10.0	9.8	15.6	23.4
화　학	9.9	20.1	29.6	26.6	26.7
2. 경공업	78.7	67.0	58.2	53.6	44.4
섬　유	19.9	16.9	15.6	19.5	15.7
기　타	50.0	50.1	42.6	34.1	28.7
3. 합　계	100.0	100.0	100.0	100.0	100.0

*자료: 경제기획원, 『주요경제지표』, 1981.　　　　　　　　　　　　　　　　　　(단위: %)

III. 1980년대 신자유주의 축적으로의 전환

1. 신자유주의적 축적으로의 전환 배경

한국 자본주의는 1970년대 후반 중화학공업화의 과잉투자로 생산력은 크게 성장한 반면 국내 수요는 위축되었고, 국외적으로도 제2차 석유 위기로 수출이 둔화되는 등 내·외적 요인이 겹쳐 경기침체를 겪는다. 이에 외채 누적, 부실기업 등 경제위기가 닥친다. 1979년 YH 무역 노동자들의 신민당사 농성과 김영삼 의원 제명으로 부산마산항쟁이 발생했다. 10월 26일 박정희 대통령의 암살로 유신체제는 붕괴했다. 유신체제 붕괴 원인은 직접적으로는 지배 세력 내의 분열이지만 구조적으로는 종속적 자본 축적의 내재적 모순과 민중의 저항에 있었다.

한국에서 신자유주의적 축적으로의 전환은 1980년대부터 시작하여 90년대에 본격화된다. 선진국 독점자본은 1970년대 수익성 악화에 따른 대응으로 자본운동의 세계화와 금융자본화를 추구하면서 개도국에도 개방과 자유화를 강요했다. 1980년대에 신군부는 인플레이션과 외채 누적 등의 경제위기 극복을 최대의 과제로 삼았는데 정책기조는 대외 경제개방 확대와 경제안정화, 자유화였다. 재벌은 국가의 직접적 보호육성이 없어도 된다고 판단하여 시장기능 중시, 정부규제 완화, 민간주도 경제를 주장하기 시작했다.

1990년대에 김영삼 정부의 세계화정책은 신자유주의로 전환을 촉진하였다(장상환, 1993). 신자유주의적 축적 모델은 케인즈주의적인 축적 모델을 거치지 않은 채 추진되었다. 전환에는 외압이 크게 작용했고, 종속적 신자유주의라고 할 수 있다(김석준·장상환, 2003).

2. 신자유주의적 축적으로 전환

1980년대에 국가는 금융자율화 정책을 시행했다. 1981~83년에 시중은행 민영화를 추진하고 은행경영에 대한 감독당국의 규제를 축소했다. 1982년에 정책금융 일부를 일반금융으로 통합하고 정책금융 이자 보조를 축소했다. 예금은행 대출 중 무역금융의 비중은 1973~81년 13.3%에서 1994년 2%로 내려갔다. 본격적인 금리자유화는 1991년에 단기여신상품과 장기예금 및 CD 등 거액 시장성 수신 상품을 중심으로 추진되기 시작했다. 물가안정에 힘입어 금융관련 비율(금융자산총액/경상GDP)은 1980년 2.4%에서 1990년 4.0, 94년 4.7로 상승했다.

국가는 재벌규제 완화정책을 시행했다. 노태우 정부하에서 재벌은 주력업종을 망라적으로 선택하였고, 대출금 증가로 중복과잉투자가 심화되었다. 1996년에 정부는 재벌기업의 계열 분리를 촉진하려 했다. 계열사 간 채무보증 금지는 재벌들에게 위협이었다. 그러나 재계의 반발로 기업집단 분리를 촉진하되, 부당내부거래를 규제하는 것으로 후퇴했다.

국가는 1980년대 후반부터 노동시장 유연화정책을 개시했다. 1987년 7~9월 노동자대투쟁을 통해 민주적 노동운동은 노동조합 결성과 교섭, 단체행동의 권리를 확보했다. 1987년 11월의 노동관계법 개정은 노조설립 제한을 완화했지만 복수노조 금지, 제3자 개입 금지 등 노동 통제 수단은 강화했다. 1996년 4월 국회의원 총선 직후 김영삼 정부는 노동법 개정을 시작했다. 집단적 노사관계법률에서는 노동계가 요구한 복수노조 금지, 제3자 개입 금지의 철폐가 핵심이었고, 개별적 노사관계법률에서는 기업들이 요구한 정리해고제, 파견근로제, 변형근로제 등의 도입이 관건이었다. 1996년 12월 날치기 통과된 노동법은 노동자들의 총파업이라는 저항에 직면했다. 김영삼 대통령은 사과하고 노동법 재개정을 약속했다. 1997년 3월 재개정된 노동법은 정부 원안과 유사한 수준이었다. 집단적 노사관계법률에서는 복수노조 금지, 제3자 개입 금지 및 노동조합의 정치활동 금지는 폐지되었지만 무노동 무임금, 노조전임자 임금 지급 금지 등 새로운 통제조항이 도입되었다. 개별적 노사관계 조항은 정리해고제, 파견근로제, 변형근로시간제 도입 등 대부분 자본의 의도대로 관철되었다. 노동자 계급은 통제체제 존속에 따른 억압, 자본주의적 시장경제의 모순에 대한 보호의 결여에 의한 억압, 신자유주의적 공세에 의한 억압 등 삼중의 억압에 시달리게 되었다.

1980년대부터 무역자유화와 자본자유화가 급진전되었다. 수입 자유화율은 1988년 95.4%에서 1997년에 99.9%로 높아졌다. 1995년 세계무역기구WTO 설립으로 농산물과 서비스도 자유무역의 대상이 되었다. 외국인 직접투자가 증가하여 1962~1989년간 50억 달러의 직접투자 가운데 36억 달러가 1980~1989년에 이루어졌다. 1990년대에 자본자유화 조치가 본격적으로 추진되었다. 1992~1993년 1, 2, 3단계 금융자율화 및 개방계획, 1994년 외환제도 개혁계획이 추진되었고, 1996년 OECD 가입 과정에서 2000년까지 자본자유화 및 금융·시장 개방계획이 제시되었다.

이 시기 한국 자본주의는 3저 호황을 맞이했다. 저금리·저유가·저달러라는 좋은 조건으로 1986~1988년까지 연평균 12.1% 성장하고 1960년대 이후 처음으로 국제수지 흑자를 기록했다. 실업률도 4.0%에서 2.5%로 떨어졌다. 세계경제의 퇴조, 원화절상과 통상압력, 과잉투자로 인한 국제수지 악화로 1989년에 성장률 7%로 낮아졌지만 1990~1991년 10% 대를 회복되었고, 1993~1996년에 연평균 8.3%의 호황을 이어갔다.

<그림 1> 경제성장률(%), 1981-1997

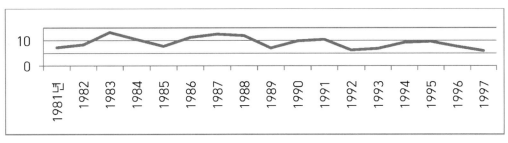

*자료: 통계청, KOSIS. 국가통계포털.

1990년대 중반에는 한국 자본의 해외투자가 외국인 직접투자를 능가했다. 해외투자는 허가기준으로 1993년 19억 달러, 94년 36억 달러, 95년 49억 달러, 96년 62억 달러였는데 외국인 직접투자는 각 연도에 10억, 13억, 19억, 32억 달러에 그쳤다.

IV. 외환위기와 종속적 신자유주의 구조조정

1. 외환위기

재벌 대기업들은 무분별한 차입으로 과잉투자를 하여 수익성이 악화되었다. 1981년부터 1995년까지 15년간 한국의 20대 재벌은 평균 연리 13%에 자본을 조달해 11.9%의 수익을 올림으로써 줄곧 밑지는 장사를 해왔다. 1997년에 한보, 삼미, 진로, 대농, 한신공영, 기아,

쌍방울, 해태, 뉴코아, 청구 그룹 등이 연쇄 도산했다. 경제위기와 종금사의 단기외채 만료, 아시아 금융위기에 외국자본이 급격히 유출하면서 외환보유고가 39억 달러로 바닥났다. 경제위기로 단기외채의 연장은 거부되고, 상환을 독촉받았다. 한국은 1997년 11월 21일 IMF에 구제금융을 공식 요청했다. 12월 3일 밤, 정부와 IMF는 '대기성 차관 협약을 위한 양해각서'에 최종 합의했다. IMF 등 3개 국제금융기구 지원금 350억 달러와 미국·일본 등 7개국의 협조융자 200억 달러 등 총 550억 달러가 우리나라에 들어오게 되었다.

외환위기를 초래한 원인은 재벌의 과잉투자/과잉생산, 금융기관의 신용조절 능력 약화, 정부의 신자유주의적 경제정책 추진, 자본운동의 세계화와 투기적 금융자본의 팽창, 과도한 자본자유화 등이다.

외환위기에 대해 국제 금융자본은 IMF 구제금융 제공의 조건으로 신자유주의적 구조조정을 강요했다. 독점자본은 구조조정을 회생의 계기로 삼으려 했다. 노동자 계급은 조직력도 취약했고, 외환위기와 구조조정 프로그램을 이해하고 대처할 능력이 부족했다.

경제위기에 처해 정부는 당연히 금융 완화와 확장 재정 등 경기회복 정책을 시행하고, 실업자 보호, 복지 확대 정책을 추진해야 했다. 그러나 IMF는 수입 억제와 외환보유고 증가로 외채 상환 능력을 키운다는 명목으로 콜금리 25%로 인상, 부실 금융기관 퇴출, 국제결제은행 자기자본 비율 8% 이상 달성, 재정 긴축 등을 강요했다. 이것은 불황에 빠진 한국 경제를 더욱 나락으로 이끌었다. 1997년 12월부터 1998년 4월까지 월평균 3천 건 이상의 도산이 발생했다. 실업률도 1997년 2.1%에서 1998년 2월 말 6.1%로 급증했다.

2. 종속적 신자유주의 구조조정

1997년 외환위기 후 김대중 정부의 기업구조조정과 재벌개혁은 재벌체제의 합리적 재편을 추구하는 것이었다. 김대중 정부는 출범 직후 경영 투명성 제고, 재무구조 개선, 핵심사업으로의 집중, 지배주주의 책임 강화(비서실 폐지, 사외이사 의무화 등), 상호채무보증 해소 등 5대 원칙을 수립하였다. 1998년 4월부터 신규 채무보증을 금지하고, 2000년 3월 말까지 기존 채무보증을 해소토록 했다. 1999년 3원칙을 추가하여 재벌의 순환출자와 부당내부거래 억제, 변칙상속 차단, 계열금융사의 금융지배를 억제하겠다고 했다. 그러나 2001년 공정거래위원회가 출자총액제한제 예외사항을 발표하면서 재벌 개혁은 후퇴했다.

외환위기 과정에서 많은 재벌이 무너졌다. 1997년 30대 그룹 중 2018년에 같은 이름으로 남아 있는 곳은 총 9개 그룹에 불과하다. 남은 재벌 대기업은 채무보증 제한 등으로 재무구조가 개선되었다. 1997년 IMF 구제금융 당시 1천대 상장기업 부채비율은 589%, 구제금융 신청 후 1998년에도 496%로 높았으나 1999년 305%로 낮아진 뒤 2004년(264%)부터는 200%대로 떨어졌고 2010년 이후에는 100%대로 내려갔다.

외환위기를 수습하면서 정부는 168.7조 원의 막대한 공적자금 투입으로 금융기관 도산을 막으면서 동시에 많은 금융기관을 퇴출하고 노동자를 해고했다.

〈표 4〉 공적자금 지원 현황('97. 11월 ~ '21. 6월 말)

금융권		출자	출연	예금대지급	자산매입 등	부실채권매입	계
은 행		34.0	13.9	-	14.4	24.6	86.9
제2금융권	종 금	2.7	0.7	18.3	-	1.0	22.8
	증권 · 투신	10.9	0.4	0.01	2.1	8.5	21.9
	보 험	15.9	3.1	-	0.3	1.8	21.2
	신 협	-	-	4.7	0.3	-	5.0
	저축은행	-	0.4	7.3	0.6	0.2	8.5
	소 계	29.5	4.7	30.3	3.3	11.5	79.4
해외금융기관 등		-	-	-	-	2.4	2.4
계		63.5	18.6	30.3	17.8	38.5	168.7

*자료: 금융위원회, "2021년 2/4분기 현재 공적자금 운용현황," 2021. 7.　　　　　　　　　(단위: 조 원)

정부는 노동시장 유연화를 강행하고 노동기본권을 침식했다. 정부는 기업회생을 위해 임금삭감과 정리해고를 통한 대량 실업을 강요했다. 실업률은 1997년 2.4%에서 1998년 8.1%, 1999년 6%로 급상승했다. 정부는 정리해고제 도입, 파견근로제 활성화, 변형근로제 활성화 등을 강행했다. 그 결과 비정규직 노동자가 급증하고 노동자 간 차별이 확대되었다. 정부는 노사정위원회로 노동계를 포섭하려 했지만 신자유주의 노동정책과 노사정위원회의 위상 약화로 허구화되었다. 단체행동권은 직권중재의 남용, 파업에 대한 손해배상 청구와 가압류

등으로 후퇴했다.

국가는 '생산적 복지'라는 개념으로 제한적인 범위에서 복지를 확충해나갔다. 1997년 외환위기 후 4대 보험의 적용대상 확대 등 복지의 확대가 이루어졌고, 정부는 이를 복지국가 전환으로 평가한다. 그러나 최기춘(2003)은 김대중 정부하에서 복지제도가 확충되고 복지지출이 증가했으나 이는 낙후된 복지체제로 복지 지출과 복지제도를 축소할 여지가 없었기 때문이라고 평가한다. 한국 복지체제는 소득분배구조의 불평등과 빈곤의 재생산을 해소하지 못함으로써 잔여성과 낙후성을 탈피하지 못했다는 것이다.

1997년 외환위기 후 정부는 대외개방을 급진전시키고 외국자본에 대한 규제를 철폐했다. 외환관리에서 자유변동환율제로 이행했다. 수입선다변화 제도와 수입승인제를 폐지했고, 무역 관련 보조금도 폐지되었다. 1997년 12월 주식시장에서 외국자본 지분 비율을 50%로 확대한 후 1998년 5월 지분제한 상한선을 폐지했다. 제1차 외환자유화(1999)는 재무 건전 기업에 대한 1년 단기 외화 차입 허용, 기업·금융기관의 해외 직접투자 및 해외부동산 취득 자유화 등이었다. 2000년 말의 2단계 외환자유화로 외환 거래를 완전 자유화했다. 해외여행 경비 제한 완화, 유학비 등 증여성 송금의 규제 철폐, 해외 이주비 규제 철폐 등이다. 헐값 세일로 국내 은행과 주식시장을 장악하고 부동산을 취득한 외국인 투자자는 주식배당, 자산 가격 상승, 환율 하락에 따른 환차익 등으로 막대한 이익을 얻었다. 이제민(2015)에 따르면, 1997년 4분기부터 2007년까지 연평균 국내총생산(GDP)의 3.6%, 약 2,550억달러(원화로 280조 원)의 국제투자 순차손(net capital losses), 즉 '국부 유출'이 일어났다. 금융소득 종합과세 도입, 예금 부분 보장제 시행으로 어려움에 놓였던 국내 거액재산가들은 재산 해외 도피 기회를 얻었다.

V. 저성장과 불평등 심화

외환위기 후 종속적 신자유주의적 구조조정의 결과 자본주의적 모순이 심화되었다. 경제 위기를 수습하는 방향이 신자유주의였던 탓으로 2000년 3/4분기 이후 경제침체가 장기간 지속되는 등 경제불안정을 심화했다. 재벌 개혁에도 불구하고 재벌 총수의 지배체제는 유지된 채 상위 재벌로 경제력이 더욱 집중되는 등 재벌의 지배력이 강화되었다. 비정규직 비율이 절반에 달하고, 비정규직 임금이 정규직의 50%에 불과하게 되었다. 금융자산가 보호 등으로 불평등이 심화되고, 계층 간 소득 격차도 확대되었다. 외국자본의 영향력이 강화되었다. 외국인 직접투자는 90년대 초반의 연간 30억 달러 수준에서 외환위기 후 연간 150억 달러 수준으로 증가했다. 외국인 증권투자도 외환위기 후 급증하여 주가총액의 36%에 이른다. 외국 금융자본의 움직임에 국민경제의 불안정은 더욱 심화되고 있다.

1. 저성장과 경기침체

외환위기에서 회복 후 한국 자본주의는 저성장 국면에 들어갔다. 외환위기 이전 10%에 가까웠던 실질 경제성장률은 2000년대는 5% 전후, 2010년대는 2~3%로 내려갔다. 경기순환은 2011년 8월 정점에서 하강한 후 다시 뚜렷한 정점을 찍지 못하고 있다.

〈그림 2〉 경제성장율 추이

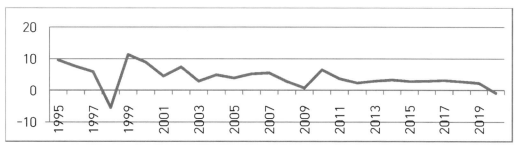

*자료: 통계청, KOSIS 국가통계포털.   (단위: %)

저성장과 경기침체의 원인은 소비 위축과 투자 부진이다. GDP 대비 가계소비 비율은 2002년 54.2%에서 2016년 46.4%로 하락했다. 국민소득이 상승하는 과정에서 민간소비 증가율이 GDP 증가율을 하회했고, GDP 대비 민간소비 비중도 1인당 소득 2만 달러 도약기에 55.7%에서, 3만 달러 도약기에는 48.1%로 하락했다(현대경제연구원, 2015).

소비 위축의 배경에는 국민총소득 대비 가계소득 비중 감소가 있다. 국민총소득 대비 가계소득 비중은 1996년 70.8%였는데 2016년 62.1%로 8.7%p 하락했다. 가계소득 증가율이 둔화한 주요 이유는 근로소득 증가 둔화보다도 자영업자의 사업소득 증가율이 낮았기 때문이다. 국내총생산 대비 민간 소비 비율은 2002년 54.2%에서 2016년 46.4%로 내려갔는데 외환위기 때인 1998년 48.6%보다도 낮은 상태다(조영철, 2018). 2011년 이후 총저축과 총투자의 격차가 점점 확대되고 있다. 투자율이 낮은 것이 문제가 아니라 높은 투자율에도 불구하고 투자의 효율성이 낮은 것이 문제다.

2. 재벌 경제지배력 강화

1990년대에 재벌은 차입금으로 과잉투자를 감행했다. 30대 재벌이 창출한 부가가치는 1985년 GNP의 12.5%에서 1995년 16.2%로 높아졌다. 외환위기 후 재벌 대기업들은 높은 부채비율에 따른 위험을 피하기 위해 순이익 중시 경영을 강화했다. 재벌의 납품 및 하도급 불공정거래가 심해졌고, 삼성, LG 등 상위 재벌들의 지배력은 높아졌다.

위평량이 제출한 보고서 "재벌로의 경제력 집중"(2018)에 따르면 30대 재벌 자산의 GDP 대비 비중은 1998년 91.8%였다가 외환위기 후 2002년 59.3%로 하락했다가 상승해 2016년 100.3%에 이른다. 국가자산 대비 일반 재벌과 총수 있는 30대 재벌의 경제력 집중은 2008년 각각 5.09%와 4.41%에서 2017년 7.31%와 5.52%로 증가했고, 국내 기업부문 총자산 기준으로는 같은 기간 일반 재벌은 8.41%에서 12.03%로, 총수 있는 30대 재벌은 7.29%에서 9.09%로 각각 심화되었다. 총수 일가 지분율은 작아지는 반면 계열사 등으로 확보한 내부지분율은 상승하여 황제 경영의 행태는 더욱 강화되고 있다. 총수 있는 상위 10대 재벌에 대한 내부지분율은 1994년 43.6%에서 2012년 55.7%로 증가한 이후 2017년 58.3%다. 재벌의 계열사 증가는 전 산업분야에 걸쳐 광범위하게 이루어졌다. 일반 재벌과 총수 있는 30대 재벌의 경우 2002년 그룹 당 평균 계열사가 19.7개와 20.2개에서 2017년 42.0개와 41.8개로 각각 2배 증가하였다.

3. 비정규직 증가와 임금 차별

외환위기와 경제위기를 거치면서 불평등 심화에 대한 반응으로 청년층의 확장(체감) 실업률이 높아졌다. 국회 예산정책처(2021)에 따르면 올해 1~2월 청년층 고용보조지표3(확장실업률)[1]은 27.0%를 기록했다.

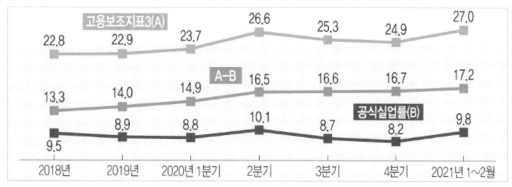

〈그림 3〉 청년층 고용보조지표3 및 공식실업률의 추이와 격차

*자료: 국민일보, 2021. 5. 3. "숨어있는 청년 실업자 찾아라"… '공식-체감 실업률 차이' 확대. (단위: %, %포인트)

외환위기 후 정리해고와 비정규직 사용 허용으로 취업자 중 비정규직의 비율이 높아졌다.[2] 2007년 비정규직 보호법('기간제 및 단시간근로자 보호 등에 관한 법률', '파견근로자 보호 등에 관한 법률', '노동위원회법') 제정 이후 비정규직 비중은 2017년 8월 42.4%로 감소했다. 아르바이트를 많이 하는 30세 미만의 젊은 층과 임시 일용직이나 기간제로 일하는 60세 이상의 노년층에서 비정규직 비율이 높다. 남성보다 여성 노동자의 비정규직 비율이 훨씬 높다.

임금 격차가 확대되었다. 1999년~2019년간 대기업 대비 중소기업 임금은 71.7%에서 59.4%로 하락했다. 비정규직은 정규직에 비해 절반 정도의 월급을 받는다. 성별 고용형태별 임금 격차도 매우 크다. 2017년 8월의 월 임금총액이 여자(183만 원)는 남자(289만 원)의

---

[1] 확장 실업률은 실업자뿐 아니라 취업자 중 36시간 미만 단시간 근로자이면서 추가 취업을 원하는 '시간 관련 추가취업 가능자', 구직활동을 하지 않아 비경제활동인구로 분류되지만 잠재적으로 취업이 가능한 '잠재경제활동인구'를 포함한다.

[2] 정부가 추계한 비정규직 노동자 비율이 노동사회연구소보다 낮은 것은 임시 일용 중 기간을 정하지 않은 노동자(2017년 8월 기준 189만 명(9.5%))를 정규직으로 분류했기 때문이다(김유선, 2017).

〈그림 4〉 비정규직 비율 추이

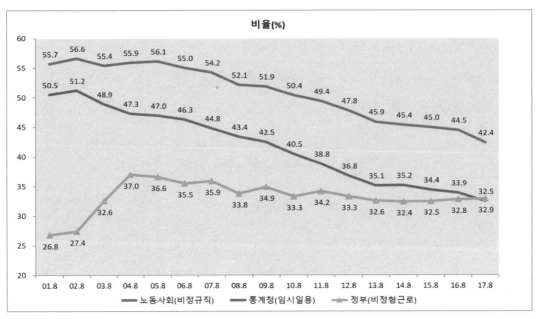

*자료: 김유선, "비정규직 규모와 실태(2017년 8월)," [이슈페이퍼 2017-14], 한국노동사회연구소.　　　(단위: %)

63.2%이고, 비정규직(156만 원)은 정규직(306만 원)의 51.0%다. 남자 정규직 임금(342만 원)을 100이라 할 때 남자 비정규직(188만 원)은 55.0%, 여자 정규직(242만 원)은 70.6%, 여자 비정규직(129만 원)은 37.7%다. 남녀 고용형태에 따른 차별이 비정규직 여성에 집중되고 있는 것이다(김유선, 2017). 비정규직 보호법에서 노동위원회에 임금 차별 시정을 요구할 수 있도록 하였으나 실제 차별 시정요구 건수가 적은 등 실효성이 없다.

　비정규직은 노동조합에 가입한 비율이 극히 낮다. 2020년 8월 현재 정규직 노조조직률은 19.2%인데 비해 비정규직의 노조조직률은 2.5%에 불과하다. 전체 노동자 노조조직률은 12.3%로 1980년 20%에 비해 크게 하락했다. 이러한 노조조직률 하락은 실질임금이 생산성 증가에 미치지 못하는 결과를 초래했다. 1997년 외환위기 이후 대량의 정리해고와 비정규직 증가로 전체적으로 "생산성에 못 미치는 임금인상"이 이루어지고, 2008년 글로벌 위기 이후 생산성은 증가해도 임금은 상승하지 않는 "임금 없는 성장"이 이루어졌다(김유선, 2019).

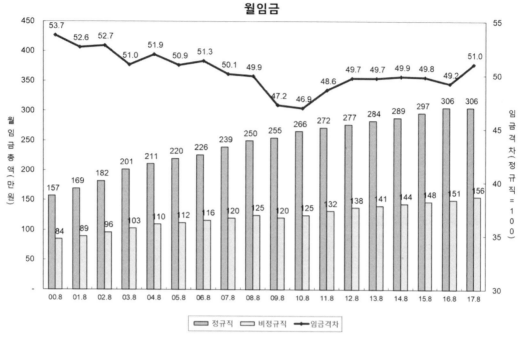

〈그림 5〉 고용형태별 월 평균임금 추이

*자료: 김유선, "비정규직 규모와 실태(2017년 8월)," [이슈페이퍼 2017-14]한국노동사회연구소.

4. 불평등 심화

외환위기 이후 신자유주의적 구조조정을 거치면서 불평등은 심화되었다. 통계청 가계동향조사에 따른 처분가능소득 지니계수(도시거주 2인 이상 가구 기준)는 외환위기가 발생한 1997년 0.264에서 1998년 0.293으로 급등했다. 2006년부터 전국 거주 1인 이상 가구로 대상을 넓혔고 이에 따른 처분가능소득 지니계수는 2006~2012년 0.320 내외였다가 2015년 0.295까지 개선되었다. 그러나 가계동향조사 자료는 표본에서 고소득층과 극빈층이 과소대표되고, 고소득층의 금융소득이 누락되는 등으로 실제 소득불평등을 제대로 반영하지 못하는 한계가 있었다. 이에 통계청은 2017년에 소득분배 지표 산정의 기초자료를 가계금융복지조사로 변경했다. 이에 따른 지니계수는 시장소득 기준으로 0.4 내외, 가처분소득 기준으로 2011년 0.39에서 2019년 0.34로 내려갔지만 OECD 평균보다 높다. 시장소득 지니계수는 여전히 높지만 정부의 조세징수와 사회보장지출 확대로 처분가능소득 지니계수는 최근에 내려간 셈이다.

그러나 전체 가구의 소득자료를 포괄하는 국세통계로 추계한 통합소득 지니계수는 2009 0.538, 2019년 0.506으로 개선되었으나(박원익·민병길, 2021), 표본조사인 가계금융복지조사 자료에 따른 시장소득 지니계수(2019년 0.404)보다 훨씬 높게 나왔다. 앞으로 공식적인 소득분배 지표는 국세과세자료를 기반으로 작성되어야 할 것이다.

자산 소유 불평등은 소득불평등보다 높다. 통계청 '가계금융복지조사'에 따른 순자산 지니계수는 2012년 0.617에서 계속 하락하다가 2017년(0.584)부터 2018년 0.588, 2019년 0.597, 2020년 0.602로 상승하고 있다. 부유층이 더 많이 소유한 부동산가격 상승과 주식시장 호황의 영향일 것이다.

〈그림 6〉 지니계수 추이

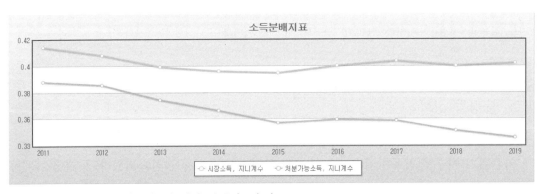

*자료: 통계청, KOSIS, 국가통계포털. 가계금융복지조사 자료.

세계화 속에서 외국자본과 재벌의 협력관계가 강화되고 대자본의 중소자본 지배가 심화된 것이 양극화를 초래한 주된 요인이다. 노동자의 사회적 역량은 노동조합 조직률의 하락 등으로 약화되었다. 진보정당은 미약한 가운데 주요 여야당 모두 보수정당이라는 정치적 구도 때문에 시장에서 발휘되는 자본의 힘을 억제하고 노동자 계급과 서민의 생활을 보호할 수 없게 되었다.

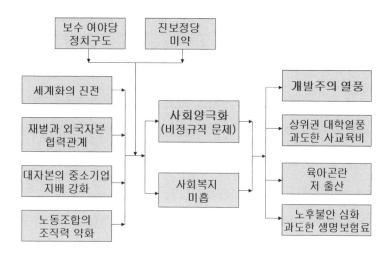

〈그림 7〉 한국의 정치, 경제, 사회의 상호관계

　　심화되는 양극화를 겪으면서 국민들은 노동조합의 힘이나 정부의 노력으로 정규직과 비정규직 간 임금격차를 축소하거나 재분배를 통해 개선할 수 있다는 희망과 기대를 포기했다. 대신 각자도생, 좋은 대학을 나와 사회적 사다리를 타고 올라갈 수밖에 없다고 생각한다. 이것은 대학진학률의 급격한 상승과 사교육비의 과중한 지출로 나타난다. 자녀가 취학연령일 때는 가구소득의 20% 이상의 과도한 사교육비에 짓눌린다.

　　국민들은 실업, 질병, 노령 등 종전의 사회적 위험에 대한 대비도 제대로 되지 않은 채 새로운 사회적 위험에 시달리고 있다. 맞벌이가 보편적인데 여성들은 육아 등 가사와 직장의 병행에 어려움을 겪는다. 이 때문에 결혼 연령 상승 및 결혼 기피와 출산 기피 등으로 합계 출산율이 2006년 1.12명으로 OECD 국가 가운데 최저 수준이었고, 2019년 현재 0.92명으로까지 내려갔다. 국민들은 불안 탓에 소득의 12%를 보험료로 내고 있다. 2020년 1인당 생명보험료 2,050달러, 손해보험료 1,691달러를 썼다. 총 3,741달러로, 세계 평균 809달러의 약 4.6배에 달한다. 또 대부분의 국민은 주식투자나 부동산투자 등 재테크와 이를 부추기는 개발주의에 매달린다. 부동산 거품이 꺼지고 있는 상황이지만 전세와 월세 상승으로 주거문제는 더욱 어려워지고 있다. 한국사회 기본문제는 이제 경제 불안과 양극화 등 자본주의적 모순으로 전화되었다.

5. 금융자산 축적과 자산 거품

부동산 소득과 금융소득에 대한 낮은 과세로 부동산투자와 증권투자의 수익성이 높은데다가 통화당국이 경기침체에 대응하여 금리를 큰 폭으로 인하한 결과 부동산자산과 금융자산 가격이 폭등하여 거품이 발생했다. 불평등 심화 속에서 부유층은 금융자산을 축적하고 저소득층은 부채를 늘릴 수밖에 없다. 자산가격이 폭등하자 부유층과 젊은 층 모두 빚내서 주식투자, 부동산투자에 나서는 행태가 만연하게 되었다.

통계청 '2019년 국민대차대조표'(2020. 7월)에 따르면, 가계 및 비영리단체뿐 아니라 금융·비금융법인, 일반 정부의 순자산을 모두 더한 '국민순자산'은 2020년 말 현재 1경 7천 722조 원에 이르렀다. 1년 전(2019년 말)보다 6.6%(1,094조 원) 늘었다. 국민순자산은 명목 국내총생산(1,933조 원)의 9.2배로, 전년(8.6배)보다 높아졌다. 토지 비중은 2013년 53.2%로 저점을 기록한 후 지가상승 등의 영향으로 2019년 54.7%까지 확대되었다. 2019년 말 토지자산의 명목 GDP 대비 배율은 4.6배를 기록하여 전년(4.3배)보다 0.3배 올랐다.

한국은행의 '2020년 중 자금순환'에 따르면 2020년 금융법인, 비금융법인, 정부, 공기업, 가계, 비영리단체 등이 보유한 국내 총금융자산 잔액은 2경 765조 원에 달한다. 작년 국민총소득 1,948조 원으로 총금융자산을 나눈 금융연관비율은 10.7을 기록했다. 2000년대 초반 5배 수준에서 꾸준히 상승하여 금융위기 이후인 2009년 8배를 넘었고, 코로나19 위기를 겪은 지난해 10배를 넘어선 것이다.

불평등은 부채 증가를 초래한다. 한국조세재정연구원(2021)에 따르면 2008년 금융위기 이후 한국은 선진국에 비해 가계부채의 증가폭이 상대적으로 높다. GDP 대비 가계부채 비율은 2008년 71.0%에서 2020년 2분기 98.6%로 높아진 반면, 선진국은 2008년 76.2%에서 2020년 2분기 75.3%로 소폭 감소했다. 가계부문의 '금융자산 대비 금융부채비율'은 2019년 47.2%로 해외 주요국(프랑스 30%, 영국 28.7%, 일본 18.4%, 미국 17.3%)보다 높아 가계의 부채 상환능력이 낮은 편이다.

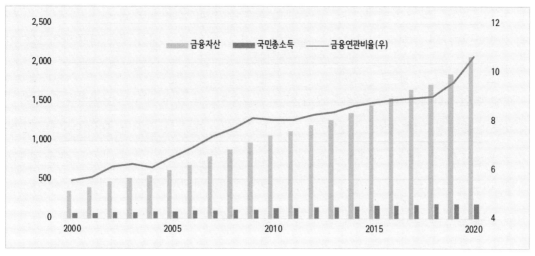

〈그림 8〉 금융연관비율 추이

*자료: "금융연관비율 10.7배 첫 돌파…'금융비만' 걸린 한국 자산구조," 헤럴드경제, 2021. 6. 14. (단위: 십조원, 배)

한국경제연구원(2021)에 따르면 2021년 1분기 말 가계부채 규모는 1936조 원으로 전년 대비 9.5%나 증가했다. GDP 대비 가계부채 비중이 104.7%로 36개국 중 유일하게 100%를 상회하고 있다. 가계부채는 글로벌 금융위기 이후 최대 GDP의 세 배, 민간소비의 다섯 배에 가까운 속도로 증가했다. 가계소득으로 부채를 감당할 능력을 평가하는 지표인 '가처분소득 대비 가계부채비중'은 170%를 초과했다.

VI. 맺음말

한국에서 1960, 70년대 경제 발전 과정에서 국가의 역할이 컸던 것은 후발 공업국이었기 때문이다. 그러나 고도경제성장에는 농지개혁, 한국전쟁 등 한국에 특유한 계급구조적인 변화가 중요하게 작용했다. 1960, 70년대의 국가 개입, 즉 개발국가(내지 개발독재)의 본질은 자유주의적 성격이지 케인즈주의적인 것이 아니었다. 1980년대에 들어와 한국은 케인즈주의적인 복지국가를 거치지 않고 신자유주의적인 슘페터주의적인 근로국가로 이행하기 시작했다. 그 결과 과잉생산 공황이 격화되어 1997년 외환위기 사태가 발발했다. 외환위기 극복과정에서 국제금융자본의 요구와 국내 재벌의 요구가 결합되어 규제 완화, 기업 및 금융 구조조정, 노동시장의 유연화, 자본시장 자유화 등 신자유주의적 구조조정이 극단적인 형태로 전개되었다. 현재 한국 자본주의는 불황의 장기화, 양극화의 심화 등 자본주의적 모순이 격화되고 있다.

한국은 단기간에 산업화, 정치적 민주화를 달성했다. 현 단계 과제는 신자유주의에 따른 불평등과 불안정, 기후 위기를 해결하는 것이다. 무엇보다도 그동안 건너뛴 케인즈주의 복지국가 정책을 이제라도 시행해야 한다. 시장소득 불평등 축소를 위해 대기업 불공정거래 시정, 이해관계자(노동자, 협력업체, 소비자 등) 기업 경영 참가, 임금체계 개편, 노조 조직률 제고, 비정규직의 정규직화 등을 통한 임금 격차 축소가 필요하다. 처분 가능 소득과 현물 이전을 포함한 최종 소득 불평등을 개선하는 데는 증세와 복지 지출 확대가 필수적이다. 복지 확대에 유리한 정치제도를 도입해야 한다. 여러 연구에 따르면 의원내각제가 대통령제보다 낫고, 의원 선출방식도 비례대표제가 지역구 선출보다 국민의 의사가 더 잘 반영된다. 나아가서 불평등과 경제 불안정 등 자본주의의 근본적 모순을 극복하기 위해서는 케인즈주의를 넘어서는 생산수단의 사회화 정책을 도입해야 할 것이다.

참고문헌

국회예산정책처. "고용보조지표를 통해 살펴본 코로나19 이후 청년층의 고용상황." 「경제 · 산업동향&이슈」. 2021년 4월.

김광석 · 김준경. "경제 발전의 종합평가." 차동세 · 김광석 편. 『한국경제 반세기 - 역사적 평가와 21세기 비전』. 한국개발연구원, 1995.

김삼수. "박정희 정권 시대의 노동정책과 노사관계: 단결금지의 노동정책과 기업내 노사협의제." 한국사회경제학회. 「사회경제평론」 18호(2002), 풀빛.

김석준 · 장상환. "신자유주의적 구조조정과 자본주의 모순의 심화." 경상대 사회과학연구원 엮음. 『신자유주의적 구조조정과 노동문제: 1997-2001』. 한울, 2003.

김유선. "비정규직 규모와 실태(2017년 8월)." 한국노동사회연구소, 2017.

_____. "한국의 노동생산성과 실질임금 추이." 「이슈페이퍼」 2019-07, 한국노동사회연구소.

김정렴. 『한국경제정책 30년사』. 중앙일보사, 1990.

박원익 · 민병길. "국세통계로 본 글로벌 금융위기 이후 근로소득 및 통합소득 불평등." 「경제 발전연구」 27(2): 39-62.

오원철. 『한국형 경제건설 1-6』. 기아경제연구소, 1995-1997.

이제민. "전후 세계체제와 한국의 수출지향적 산업화." 『한국경제 : 쟁점과 전망』. 지식산업사, 1995.

_____. "외환위기 전후 국제투자에 있어서의 순차손: 그 규모와 의미." 「경제학연구」 63(2), 2015.

장상환. "한국경제의 근본문제와 경제개혁의 방향에 대하여." 「이론」 제6호 가을(1993).

_____. "농지개혁과 한국자본주의 발전." 「경제 발전연구」 제6권 1호(2000).

_____. "한국전쟁과 한국자본주의-국가보안법체제의 성립과 몰락." 경상대학교 사회과학연구원 엮음. 『한국전쟁과 한국자본주의』. 한울, 2000.

_____. "1990년대 자본축적과 국가의 역할." 『한국 자본주의의 축적체제 변화: 1987-2003』. 한울, 2006.

장하준. 『개혁의 덫』. 부키, 2004.

정진상. "해방직후 사회신분제 유제의 해체 -경남 진양군 두 마을 사례연구." 「사회과학연구」 제13집 1호(1995), 경상대학교 사회과학연구소.

최기춘. "세계화와 복지국가 변화의 다양성-미국, 유럽과 한국의 경우." 「사회경제평론」 21호(2003), 한국사회경제학회.

위평량. "재벌로의 경제력 집중: 그 동태적 변화와 정책적 시사점." 「경제개혁리포트」 2018-02호, 경제개혁연구소, 2018.

조영철. "소득주도성장 정책의 현황과 과제 토론문." 대통령 직속 정책기획위원회 소득주도성장특별위원회. "한국경제의 현주소와 소득주도성장." 「소득주도성장특별위원회 출범토론회 자료」, 2018.

한국조세재정연구원. "국가별 총부채 및 부문별 부채의 변화추이와 비교." 「재정포럼」 2021년 3월호.

한국경제연구원. "가계부채 현황분석 및 시사점." 2021.

현대경제연구원. "'1인당 국민소득 4만 달러 도약과 민간소비의 역할' – 선진국에선 도약의 디딤돌, 한국에선 걸림돌." 2015.

Cummings, B. "Korea's Place in the Sun, A Morden History, Norton." 김동노·이교선·이진준·한기욱 옮김. 『한국현대사』. 창작과비평사, 2001.

Gerschenkron, A. *Economic Backwardness in Historical Perspective*. Frederic A. Praeger, 1965.

Krugman, P. "The Myth of Asia's Miracle." *Foreign Affairs*, 1994 Nov/Dec.

한국사회복지의 변화
— 1960~2021년 시차적 비교 고찰

임춘식*

I. 서론

한국사회복지의 역사는 가난과 질병을 딛고 일어선 위대한 여정이었다. 1945년 광복 당시 우리나라는 세계에서 가장 가난한 나라 중 하나였다. 남북이 분단되고 6.25전쟁으로 국토가 초토화되었으며 1960년대 초까지 정치적인 혼란이 이어지는 가운데 국민은 빈곤과 질병의 고통 속에서 어렵게 살았다.

그러나 다행스럽게도 1960년대 이후 경제개발계획을 성공적으로 추진하여 가난의 멍에에서 벗어나 지금은 세계 10위권의 경제 대국으로 발전하고 있다. 한국의 사회복지는 이제 선진 복지국가의 문턱에 들어서는 단계까지 발전했다. 평균 수명, 영아 사망률 등의 국민건강지표는 경제협력개발기구OECD 국가 중 상위권에 속해 있고 사회보험제도, 공공부조제도 등 기본적인 사회안전망social safety net도 구축하였다. 특히 건강보험제도는 세계적으로 성공적 모델로 평가받고 있으며 개발도상국들에는 선망의 대상이 되고 있다.

어쨌든 황무지에서 출발한 한국의 사회복지는 수천 년 이어온 가난의 굴레를 벗고 모든 국민이 인간다운 생활을 할 수 있는 복지 한국으로 들어서는 위대한 여정이었다. 1960년대

---

* 경희대 국문학과 졸, 대만 중국문화대학교 대학원 사회복지학 박사, 한남대학교 명예교수, 한국노인복지학회 초대회장, 전국노인복지단체연합회장(현), 근정 포장.

이후 경제성장에 따라 1970년 후반부터 사회복지정책을 적극적으로 추진한 결과 이제 우리나라는 선진 복지국가의 문턱에 들어서는 단계까지 발전했다.

특히 사회복지정책은 '한강의 기적'으로 불리는 경제 발전 과정에서 나타난 산업화·도시화로 인해 대량으로 발생하는 빈곤, 질병, 실업 등 사회문제를 해결하기 위한 국가정책으로서 의미가 있다. 국가경제력에 기반을 두고 사회안전망을 구축하였고 지속해서 보완·확충해나감으로써 많은 국민을 보호해왔다. 한 마디로 광복 후 70년간의 사회복지는 '가난의 시대'에서 '희망과 풍요의 시대'로 변모한 위대한 여정이었다.

관점에 따라 차이가 있겠지만 한국사회복지의 발전과정은 크게 다섯 단계로 구분하는 것이 적절하다. ▲ 제1단계는 '사회복지 태동기'로서 광복 이후 1960년까지의 기간 ▲ 제2단계는 '사회복지 기반 조성기'로서 1961~1976년까지의 기간 ▲ 제3단계는 '사회복지 제도 도입기'로서 1977~1987년까지의 기간 ▲ 제4단계는 '사회복지 도약기'로서 1988~1997년까지의 기간 ▲ 제5단계는 '사회복지 발전기'로서 1998년 이후 현재까지의 기간이다. 이 다섯 단계에 따라 한국사회복지의 제도적 발전과정을 제시한다.

II. 한국사회복지의 발전과정

1. 사회복지 태동기(광복~1960년)

한국사회복지의 역사는 가난과 질병의 고통을 딛고 일어선 위대한 여정이었다. 불과 70여 년 전만 하더라도 우리나라의 근대화된 사회복지제도는 거의 없다시피 하였다. 그 당시의 사회복지는 일제강점기의 유산인 조선구호령에 의한 긴급구호와 극히 제한적인 시설보호가 전부였으며, 1960년대 이전까지는 우리의 경제 사정으로는 근대적인 복지제도를 도입하고 확장한다는 것은 현실적으로 불가능했다. 1960년대 이후 경제개발은 국정의 최우선 목표가 되었으며 사회복지는 급속한 경제성장으로 인한 수많은 일자리 창출과 국민 개개인의 근면·성실에 맡겨졌다.

그러나 경제가 어느 정도 성장하고 분배 정의의 실현에 대한 요구가 많아지면서 사회복지의 확대는 더 미룰 수 없는 국가의 주요 과제가 될 수밖에 없었다. 이러한 모든 것이 가능할 수 있었던 것은 경제성장이 뒷받침되었고 성장의 결실을 국민이 모두 누릴 수 있도록 견인하는 국민의식의 성숙과 정치의 선진화 그리고 언론의 사회화가 이루어졌기 때문이다.

사회복지는 미군정에 의하여 추진되는 매우 소극적인 수준에 그쳤다. 1944년에 공포·시행된「조선구호령」은 1961년「생활보호법」이 제정될 때까지 한국사회 공공부조의 근거가 되었다. 국민에 대한 국가의 의무를 법률적으로 명시하였다는 긍정적 측면이 없는 것은 아니었지만, 조선구호령은 형식적인 규정에 지나지 않았다.

더군다나 일제 강점에 대한 한국인의 감정과 분노 표출을 억제하고 회유하기 위한 정치적 목적으로 이용됨으로써 사회복지제도 운영목적의 순수성 측면에서 취약성이 많았다. 즉, 미군정은 1945년 군정법령에 근거하여 '보건후생국'을 설립하였고, 1946년에는 공공구호 대상자를 명시하였는데 그 대상자는 65세 이상인 자, 6세 미만의 부양할 아동을 가진 여자, 13세 미만의 아동, 불치병자, 원조를 필요로 하는 분만 여성, 정신적 결함자 등이었다. 따라서 국가 차원의 공공부조라기보다는 외국 원조 및 민간 구호에 의존하는 성격을 가졌다.

2. 사회복지 기반 조성기(1961~1976년)

1962년부터 착수된 제1차 경제개발 5개년 계획을 시작으로 강력하게 추진된 경제성장 정책으로 우리 경제는 건국 이후 60여 년간 남북 분단과 전쟁의 폐허를 딛고 수출주도의 공업화 전략으로 놀라운 성장과 변모를 이루어냈다. 제1, 2차 경제개발5개년계획 기간의 한국 경제는 계획치를 초과하는 고도 성장과 수출 신장을 이루었다.

그러나 1970년대에 접어들면서 한국은 여러 가지 불확실성에 직면하게 된다. 경제와 관련해서는 수출주도형 성장 전략이 빠른 경제 발전을 이루긴 했지만, 한편으로는 1960년대 후반부터 1970년대에 이르기까지 한국사회에 수많은 사회적·정치적 긴장을 초래했다.

그런데도 박정희 국가재건최고회의 의장은 1962년 시정연설에서 '복지국가 건설'을 기본 정책으로 공표하였으며, 특히 1962년 내각 수반에게 '사회보장제도 확립'이라는 지시각서

(사회보장 지시각서)를 보냈다.

　이러한 의장의 지시각서에 따라 1963년 국가재건최고회의에서「의료보험법」을 제정하기에 이르렀다. 하지만 의료보험의 형태가 강제적용이 아니라 임의적용이라는 한계로 인해 1965년 전남 나주의 '호남비료 의료보험조합'과 1966년 경북의 '봉명광업 의료보험조합'에서 시범사업을 시행했으나, 가입자가 필요할 때 가입하고 필요 없을 때 탈퇴하는 이른바 '역선택' 및 재정 악화의 문제로 보험의 기능을 올바르게 수행하지 못했다.

　1976년에 이르자 의료보험에 대한 사회적 관심이 증대되고 의료보험 도입의 필요성에 대한 여론이 팽배해졌고, 이에 따라「의료보험법」을 전면 개정하여 1977년부터 500인 이상의 사업장과 공단사업장에 대해 당연 가입 형태의 의료보험 도입의 법적 근거를 마련하였다.

　정부는 국가 경영의 가장 큰 과제인 절대빈곤 탈출을 위한 경제개발과 동시에 사회개발을 본격적으로 추진해야 할 필요성을 인식하였고, 1961~1976년 기간에 사회복지 관련 법을 대량으로 입법하였다. 이 시기에 사회복지 기반 조성을 위해 정부가 수행한 가장 의미 있는 정책은 저소득층에 대한 공공부조제도의 확립이다.

　수십 년 동안 일제강점기의「조선구호령」에 의해 추진되던 저소득층을 위한 사회복지정책이 1961년「생활보호법」의 제정으로 기틀을 마련한 것이다. 그렇지만 생활보호제도는 가구원 중 한 사람이라도 근로 능력이 있으면 자활보호 대상자로 분류하여 생계급여(현금 지원)를 제공하지 않았다.

　동 법의 근거에는 근로 능력이 있음에도 불구하고 가난한 것은 게으르기 때문이고, 경제가 성장하면 분배는 자연스럽게 이루어진다는 낙수효과 논리가 밑바탕에 있었다. 정부는 아동복지에 관한 기본법인「아동복리법」을 1961년 12월에 제정·공포하였다. 특히 이 법에 따라 아동의 복리를 증진하기 위해 어린이집을 설치·운영하기 위한 보육사업의 제도적 발판이 마련되었다. 따라서 탁아사업은 법적 근거를 가지게 되었으며 종래의 구빈사업적 성격을 벗어나 아동의 복리를 증진시키기 위한 사업으로 그 성격이 변화·발전되기 시작하였다.

　또한 국민의 인간다운 생활을 도모하기 위한 사회보장제도의 확립과 효율적 발전을 도모하기 위해 사회복지의 가장 기본법적 성격을 갖는「사회보장에 관한 법률」을 1963년에 제정하였다. 그리고 1962년 7월 국가재건최고회의 의장의「사회보장제도 확립」지시각서에 이어 입법의 결실을 본 것이다. 그렇지만 동 법은 유명무실하였으며, 1995년 「사회보장기본법」이 제정되어 폐기될 때까지 형식적으로 존재하였다.

당시에 많은 외국 민간·종교단체들은 빈곤과 요보호 상태에 있는 우리 국민을 대상으로 각종 원조·복지사업을 추진하고 있었다. 이들은 해외에서 들여온 식량과 의료기기, 의약품, 연필, 공책 등 많은 물품을 제공하였다. 이에 국내에서 각종 원조·복지사업을 하는 외국 민간·종교단체를 효과적으로 지원하여 국민의 복지를 증진시키기 위한 목적으로 1963년 「외국 민간원조단체에 관한 법률」을 제정하였다. 정부 지원의 주요 내용은 원조 물품에 대한 관세 면제, 국내 운송비 일부 혹은 전부에 대한 국가의 지원 등이었다.

노인복지 부문에서는 「생활보호법」 제3조와 제25조에 기초하여 생활 능력이 없는 65세 이상 무의탁 노인을 대상으로 한 노인보호사업이 전개되었을 뿐이다. 하지만 1960년대 말부터 인구구조의 변화에 따라 노인에 대한 사회보장제도의 필요성이 인식되기 시작하여, 1968년 사회보장심의위원회가 '사회개발의 기본구상'을 제출한 것을 시작으로 「노인복지법」 제정, 연금제도 마련, 진료시설 확충, 노인복지센터 설립, 노인 취업기회 제공, 퇴직 연한 연장, 경로일 제정 등에 관한 제안들이 도출되었다.

이에 제1, 2차 경제개발5개년계획의 추진과정에서 소득 격차의 심화와 빈곤층 대량 발생, 인플레이션, 지역 간 불평등의 가속화 등 사회문제가 확산하면서 사회복지정책에 더 많은 관심을 두지 않으면 안 될 시대적 상황이 전개되어 기존의 경제개발계획을 수정하여 사회개발정책을 병행하는 패러다임 전환을 꾀하였다. 그러나 박정희 정부의 특징은 집권자에 충성하는 집단에 대한 보수주의적 당근정책과 매우 낮은 수준의 선별주의적 복지였다.

3. 사회복지 제도 도입기(1977~1987년)

사회복지 제도 도입기는 권위주의적 정부에서 민주적인 정부로 넘어가는 과도기로, 그동안의 경제 중심 성장 전략에 대한 방향전환이 이루어지면서 건강보험이나 국민연금과 같은 사회보험제도의 기틀이 마련되었으며, 노인과 장애인과 아동 등에 대한 사회복지 관련 법률들을 대폭 수정·보완함으로써 사회복지서비스 분야에서도 괄목할 만한 발전을 이룩했던 시기다.

정치·사회적으로는 1982년 제5공화국의 등장과 함께 제기된 정통성의 문제로 사회적 갈등이 심화되었던 시기이다. 또한, 산업화, 도시화, 핵가족화의 영향으로 아동·청소년·노인·장애인 문제 등 새로운 사회복지 욕구가 급증하였다.

1979년 4월에 긴축재정을 주된 내용으로 하는 광범위한 경제 안정화 조치를 발표하였다. 동시에 점증하는 분배 정의 실현에 대한 요구에 부응하여 정부는 사회복지제도를 강화할 것을 약속하였다. 이에 따라 이루어진 대표적인 조치가 지금까지의 '경제개발 5개년 계획'의 이름을 사회복지증진 목표를 계획에 포함하여 제5차계획(1982~1986년)부터는 '경제사회발전5개년계획'으로 변경하였다.

1986년 이후 1988년까지는 이러한 긴축재정의 효과와 아울러 소위 '3저 현상'으로 일컬어지는 대외 여건의 호전(일본 엔화 강세 등에 따른 우리 원화의 저평가, 국제금리 및 국제유가의 하락)에 따라 수출의 채산성이 향상되면서 성장이 가속화하고 경상수지가 큰 폭의 흑자를 실현함과 동시에 물가까지 안정되었다.

역설적으로 이러한 호황은 또다시 국민의 민주화에 관한 관심을 되살릴 수 있는 여유를 가져다주었고, 이는 1985년 총선 때 야당에 대한 높은 지지로 표출되었다. 이후 정치권은 국민의 지지를 둘러싸고 범국민적인 반독재 타도, 민주 쟁취의 민주화를 요구하는 야권과 정치적 안정을 확보하고자 하는 여권 간의 대결구도로 전개되었다.

이러한 시대적 상황에서 전두환 정부(1980~1988년)는 1986년 최저임금제의 시행, 국민연금의 시행 그리고 의료보험의 전 국민 확대 등 소위 '사회복지 증진을 위한 3대 조치'를 발표하기에 이르렀다. 이 시기에 전개된 주요 보건복지정책은 다음과 같다.

무엇보다 1977년은 의료보험이 실시되면서 우리나라 의료보장 역사에서 매우 중요한 해로 기록된다. 당시 사회경제적인 측면에서는 국민연금제도 시행의 적기라 판단하고 정부 관료와 국책 연구기관의 전문가들은 지속해서 국민연금 시행에 의욕을 가지고 준비 작업을 지속하였으며, 1986년 8월 11일 전두환이 하계 기자회견을 통해 국민연금 시행 등 '사회복지 증진을 위한 3대 조치'를 약속함에 따라 국민연금 시행은 급물살을 타게 되었다.

사회복지서비스 관련 법령의 제정 및 정비에 따라 이 시기에 사회복지서비스가 진일보하는 전기가 마련되었다. 1960년대의 사회복지가 아동의 시설보호, 입양, 위탁보호, 결연사업 등 아동복지 중심으로 이루어졌다면, 1980년대에는 노인과 장애인에 대한 복지서비스가 별도의 독립된 체계로 갖추어져 아동복지서비스, 노인복지서비스, 장애인복지서비스로 기틀이 잡힌 것이다.

어쨌든 제5공화국은 국정지표 중의 하나를 '복지사회의 구현'에 두었기 때문에 한국 역사상 사회복지에 대한 논의가 가장 활발했던 시기였다. 이는 산업화로 인해 경제가 발전함에 따라 국민의 생활수준이 본격적으로 향상되었지만, 다른 한편으로 빈부격차, 상대적 빈곤감, 정치적 혼란이 출현하면서 사회복지의 중요성이 증대하였기 때문이다.

1981년 전두환 정부는 3대 고통(빈곤, 전쟁, 탄압)으로부터의 광복을 주창하고, 제5공화국의 4대 국정지표 중의 하나로 복지사회 건설을 포함시켰다. 이러한 측면에서 경제 발전 과정에서 파생된 빈곤층을 보호하기 위한 목적으로 1981년 생활보호 대상자에 대한 「직업훈련사업」과 1982년 「영세민 종합대책」을 추진하였다.

그리고 노인보호 사업은 1981년 6월 「노인복지법」이 제정됨에 따라 법적 기반이 마련되었다. 이는 노인의 심신상 건강 유지와 생활 안정을 위하여 필요한 조치를 마련함으로써 노인의 복지 증진에 이바지하기 위함이다. 실제로 1980년부터 철도, 지하철, 고궁, 목욕, 이발 등 8개 업종에 대하여 65세 이상의 노인을 대상으로 경로 우대제가 시행되었고, 1983년부터는 무료 노인건강진단 제도가 시행되어 노인복지가 지속해서 확충되었다.

1986년 전두환 정부의 3대 복지정책 발표 이후 기존의 「국민복지연금법」을 전면 개정한 것이다. 이에 근거하여 1987년 9월에 국민연금관리공단이 설립되었고, 1988년 1월에 상시 근로자 10인 이상 사업장을 대상으로 국민연금제도가 도입되었다.

「여성긴급전화 1366」(이하 '1366')은 1988년 1월에 처음 개통되었다. 위기에 처한 여성에게 1년 365일에 하루를 더하여 충분하고 즉각적인 서비스를 제공한다는 의미로 여성 인권 향상을 위해 연중 24시간 운영되는 여성 핫라인으로서 3대 여성폭력(가정폭력, 성폭력, 성매매)으로 위기 상황에 처한 여성들에게 긴급전화상담, 전화통화에 의한 초기 상담, 긴급 보호를 하며 다양한 네트워크를 구축하여 원스톱 서비스를 제공하였다. 그렇지만 전두환·노태우 정부는 공히 목표를 복지국가 구현에 두었으므로 복지제도의 개발 시기였지만, 국가 재정 부담을 최소화하는 방식의 제도화에 국한했다. 노태우 정부는 전 정부의 사회복지시책을 답습하는 수준이었다.

4. 사회복지 도약기(1988~1997년)

1993년부터 1997년 외환위기 직전까지의 시기는 우리나라 사회보장의 역사에서 중요한 전환기라 할 수 있다. 오랜 군사정부 시절을 종식하고 문민정부가 탄생하였다. 1993년에 취임한 김영삼 정부는 취임사에서 '신한국 창조'를 선포하고 '부정부패 척결', '경제 활성화', '사회복지 증진'이라는 3가지 국정운영 방향을 밝혔다.

또한, 김영삼 정부는 선진국 진입을 목표로 하는 세계화를 추진하였다. UN안전보장이사회와 OECD 가입(1996년)을 계기로 우리나라 복지 수준과 정책에 대한 국제비교 등을 통해 복지국가 논의가 본격적으로 시작되었고, 특히 언론의 사회적 기능이 확대되었기 때문이다.

1995년부터 세계화와 국가경쟁력 강화를 국정지표로 삼은 이후, 「삶의 질 세계화를 위한 국민복지의 기본구상」을 발표하였다. 이 기본구상은 부민안국富民安國을 이념으로 하여 최저 수준의 보장, 4대 사회보험의 전체 근로자까지 적용 확대, 사회적 취약계층에 대한 지원 확대, 민간부문의 복지참여 확대 그리고 복지재정의 확충을 목표로 한 것이었다.

이러한 시대적 상황에서 전개된 주요 사회복지정책은 다음과 같다. 우선, 이 시기 보건의료 분야의 가장 큰 성과는 전 국민 건강보험 시대를 열었다는 것이다. 건강보험제도는 1977년 500인 이상 사업장을 대상으로 시작한 데 이어 1981년에 100인 이상 사업장, 1983년에 16인 이상 사업장을 대상으로 적용·확대가 이루어졌으며, 1988년 1월에 농어촌지역, 1989년 7월에 도시지역 주민에게까지 적용되어 12년 만에 전 국민 건강보험 시대를 여는 성과를 거두었다.

또 한 가지 의미 있는 변화는 국민연금에서 이루어졌다. 1973년 제정하였으나 석유파동 등으로 시행이 연기되었던 「국민복지연금법」을 1986년에 「국민연금법」으로 개정해 1988년 1월 1일부터 10인 이상 사업장 근로자를 대상으로 시행하였다. 1992년에는 5인 이상 사업장으로까지 확대하였으며, 1995년에는 「국민연금법」 개정을 통해 농어촌연금을 시행하였다. 사회보험 분야뿐만 아니라 기타 사회복지 분야에서도 본격적인 발전이 이루어졌다.

이 시기에는 그동안 시행되어왔던 다양한 사회복지제도들이 보완·확충되고, 새로운 정책이 개발·추진되면서 사회복지가 한 단계 도약하였다. 먼저 모자가정이 자립·자활할 수 있도록 생계 보호·교육 보호·생업자금 융자·주택 제공 등을 통하여 모자가정의 건강하고 문화적인 생활을 보장하기 위해 1989년「모자복지법」을 제정하였다. 이는 날로 도시화·공업화·핵가족화되고 있는 한국사회에서 배우자와의 사별, 이혼, 유기, 별거 등의 사유로 배우자가 없거나 배우자가 있어도 폐질·불구 등으로 장기간 근로 능력을 상실하여 여성이 생계의 책임을 지는 모자가정이 날로 증가하고 있는 데 대한 적극적 대책이었다.

1990년에는 장애인들의 직업 안정을 원활히 하고 사회적 참여를 신장할 목적으로「장애인 고용촉진 등에 관한 법률」을 제정하여 1991년부터 시행하였다. 또한, 이에 근거하여 장애인의 경제적 지원의 시작이라 할 수 있는「의무고용제도」를 최초로 도입하였는데, 국영기업체와 300인 이상 민간기업체에서는 고용인의 2%를 장애인으로 고용할 것을 의무화한 것이다.

1991년부터 노인을 경제적으로 보호하기 위해 노령수당 지급제도가 실시(70세 이상 거택보호자 중 가구주 및 시설 보호자 7만 6천 명, 월 1만 원 지급)되었고, 경로당등록관리규정 제정 및 운영비 지원(1989. 3.), 노인승차권 지급제도 시행(1990년) 등 새로운 사업들이 시행되었다.

그동안 영유아 보육에 관련된 사업이 여러 부처에서 제각기 독자적으로 관리·운영됨에 따라 정부 재정의 비효율적 투자는 물론 체계적이고 효율적인 영유아 보육을 실시하는 데 어려움이 노출되었다. 그러나 1998년에는 보육시설에 대한 인가제를 신고제로 전환함으로써 보육사업의 진입 장벽이 제거됨에 따라 보육시설 설치를 원하는 자는 누구나 일정 자격만 갖추면 보육시장에 진입할 수 있는 통로가 전면적으로 개방되기에 이르렀다.

몇 년간에 걸쳐 시행된 이러한 일련의 법 개정 조치들은 급격하게 증가한 보육수요에 대한 정부의 적극적인 반응의 결과라고 할 수 있다. 국민연금제도의 안정적 정착과 행정관리 능력의 향상에 따라서 단계적으로 적용대상을 확대할 필요성이 제기되면서 1992년 1월 1일부터 5인 이상 사업장까지 당연적용 범위를 확대하도록 계획하였다.

특히 여성과 미성년자를 성폭력 범죄의 위협으로부터 보호하고 건전한 사회질서를 확립하기 위해 1961년에 제정된 윤락행위등방지법을 전면 개정하였다. 1995년 3월 23일 김영삼 대통령은 '삶의 질'의 세계화를 선언하였고, 이를 구체화하기 위한 국민복지기획단을 설립하였다. 동 기획단의 주요 임무는 21세기 복지 선진화를 위한 비전을 제시하는 것이다.

1995년 12월「사회보장기본법」을 제정하여, 1996년 7월부터 시행하였다. 즉, 그 시행에 있어 형평과 효율의 조화를 기함으로써 복지사회를 실현하는 것이다. 결과적으로 김영삼 정부는 문민정부라고 했지만 군사문화 청산 그리고 자유시장 경제에 대한 과도한 신념으로 복지국가제도의 개혁은 제대로 된 정책의제로 부상하기 힘든 상황이었다.

5. 사회복지 발전기(1998~현재)

김대중 국민의 정부의 사회복지 발전기는 보건복지정책 전 분야에 걸쳐 양적으로나 질적으로 급격하게 성숙하고 내실화되는 시기로 특징지을 수 있다. 특히 외환위기 이후 어려워진 서민의 삶을 지원하기 위한 제도를 획기적으로 보강하였고, 장애인이나 노인과 같은 특수대상을 위한 복지서비스를 대폭 확대하였으며, 사회보험제도의 내실화를 도모하였던 시기였다.

아울러 보건산업 육성, 저출산·고령사회 대책 등 새로운 정책영역이 강화되었던 시기였다. 1990년대 후반 이후의 시대 상황은 과거와는 여러 측면에서 차별화된다. 우선 이 시기에 우리나라는 1997년 말에 이어 2008년 두 차례에 걸쳐 외환위기를 겪었다. 특히 제1차 외환위기는 사회·경제 전반의 총체적 위기를 초래하였으며, 이러한 상황에서 우리의 사회안전망의 취약성도 여실히 드러났다.

▲ 우리나라의 사회복지제도는 공공부조제도인 생활보호제도(1961)와 사회보험제도인 산업재해보상보험(1964), 의료보험(1977), 국민연금(1988), 고용보험(1995)을 중심으로 기본적인 틀은 갖추고 있었으나, 이러한 제도들은 아직 법적으로나 실질적으로 필요한 대상에게 충분한 복지혜택을 제공하지 못하고 있어 광범위한 사각지대가 존재하고 있었다. 이런 가운데 발생한 제1차 외환위기로 사회복지제도 확충의 필요성이 크게 제기되었다.

▲ 외환위기로 인하여 우리 경제의 광범위한 구조조정으로 노동시장 유연화 등이 초래되었고, 이로 인한 소득 양극화와 노동시장의 양극화가 큰 사회문제로 주목받기 시작하였다.

▲ 저출산·고령화의 문제점도 본격적으로 부각하기 시작하였다. 1990년대 중반까지만 해도 우리나라는 인구억제 정책을 고수하였으나, 2000년대 들어 세계 최저 수준의 출산율과 가장 빠른 고령화로 복지수요의 증가와 경제성장의 지속가능성에 대한 심각한 우려를 초래하였다.

이러한 시대적 상황에 따라 이 시기에 집권한 모든 정부는 복지 향상을 국정의 주요 아젠다로 제시하였으며, 실제로 과거 정부와는 확연히 차별화될 만큼 많은 국가재정을 사회복지 분야에 투입하였고, 다양한 보건복지정책을 신규로 개발하거나 기존의 정책을 대폭 보완·발전시켰으며 열린 정부 내부의 정치적 이질성, IMF와의 협정에 따른 자립성 제약 등이 있었음에도 사회적 통합력을 증진시키기 위해 사회복지의 개혁을 적극적으로 추진하여 상당한 성과를 거두었다.

노무현 참여정부는 '참여복지'를 복지정책의 이념으로 제시하였으며, 이같은 노무현 정부의 복지정책 비전은 다양한 영역에서 정책으로 구체화였다. 이들은 크게 사회안전망 내실화, 사회복지서비스 확충, 저출산·고령화에 대응하기 위한 각종 제도개혁, 건강투자 확대, 보건의료산업 육성 등으로 나누어 볼 수 있다.

사회안전망 내실화와 관련해서는 국민기초생활보장제도의 기본 틀이 유지되는 가운데 자활사업 확대, 근로소득장려세제(EITC)의 시행과 부양의무자 기준 완화 등을 추진하였다. 특히 2005년 12월에는 「긴급복지지원법」을 제정하여 2006년 3월부터 일시적인 위기상황으로 긴급한 지원이 필요한 저소득층에게 생계지원, 의료지원, 주거지원, 사회복지시설 이용지원 및 민간기관이나 단체와의 연계 등을 실시하는 기반을 마련하였다.

이 시기는 한국의 사회복지가 성숙 단계에 본격 진입한 시기이다. 먼저 '국민의 정부' 시작인 1998년부터는 그동안의 경제위기로 인해 사회복지에 대한 공감대가 폭넓게 형성되면서 이에 대응하는 복지안전망의 필요성이 증대되었다. 이에 따라 복지제도의 양적 발전과 함께 복지제도 운영의 효율화를 높이는 개혁적 요구를 적극적으로 수용하였다. 특히 시혜적 복지

수준에서 벗어나 스스로 능력을 개발하여 자립할 수 있도록 지원하는 생산적 복지정책을 내걸고 사회복지 분야에 대한 대대적인 개혁을 시행하였다.

1998년에는 「생활보호법」을 개정하여 최저생계비 개념 및 계측을 법정화하였고, 「사회복지사업법 시행규칙」을 개정하였으며, 경로연금제도를 도입하였다. 이 시기의 사회복지정책으로 가장 의미 있는 것은 1999년 9월 「국민기초생활보장법」이 제정되고, 2000년 10월부터 시행되었다는 점이다. 국민기초생활보장 정책의 결정 과정을 보면, 국가 주도성·폐쇄성·비민주성을 특징으로 하였던 기존의 복지정책 결정 과정과는 달리, 시민사회단체가 입법의 청원에서부터 제정에 이르기까지 주체적으로 참여하였다는 점이 큰 특징이다.

이 법은 내용적인 면에서도 기초생활에 대한 시민의 권리와 국가의 의무를 최초로 명시하였다는 점에서 공공부조 정책의 획기적인 진전이라고 할 수 있다. 2003년 참여정부가 출범하면서 국민의 정부가 태동시킨 '생산적 복지'의 이념과 철학을 계승·발전시킨 '참여복지'의 이념을 주창하였다. 참여복지의 핵심은 '선先 성장 후後 분배'의 기조를 유지해왔던 역대 정부들과는 달리 경제성장과 분배정의 간 균형발전을 추구하는 것이었다.

참여정부의 기초보장 기조는 '참여복지' 이념하에 기초보장의 사각지대를 축소하고 탈빈곤을 조장하는 것이었다. 부양의무자 기준 완화 및 재산의 소득환산제 도입(2003년)을 통한 수급 빈곤층의 확대 및 제도의 내실화, 비수급 빈곤층에 대한 욕구별·범주별 부분급여의 확대, 근로장려세제 도입 등이 그 주요 내용이었다.

2003년 10월 급격한 고령화에 따른 종합대책을 추진하기 위해 대통령 정책실의 '고령사회 대책 및 사회통합기획단'에 '인구·고령사회대책팀'을 두었고, 이를 2004년 2월 9일 대통령 자문 '고령화 및 미래사회위원회'로 개편하였으며, 2005년 6월 「저출산·고령사회기본법」을 제정함에 따라 같은 해 9월 대통령 직속 '저출산·고령사회위원회'를 발족하였다.

정부는 2008년 「다문화가족지원법」을 제정하여 다문화가족의 구성원이 우리 사회의 구성원으로 순조롭게 통합되어 안정적인 가족생활이 가능하도록 가족 상담·부부 교육·부모교육 및 가족 생활교육 등을 추진하고, 언어 통역, 법률 상담 및 행정 지원 등의 전문적인 서비스를 제공하는 등 다문화가족 지원을 위한 제도적 틀을 마련하였다.

이후에도 보육시설 운영의 책임성과 투명성을 강화하고, 영유아가 조화로운 사회구성원으로 성장할 수 있도록 보육환경의 질을 높였다. 특히, 대통령 자문 고령화 및 미래사회위원회 작업으로 제1차 육아지원정책(2004년)과 제2차 육아지원방안(2005년)을 마련하였고, 각각 국정과제 보고회를 열어서 참여정부의 보육정책의 방향을 분명히 하였다.

이명박 정부는 5대 국정지표의 하나로 '능동적 복지'를 표방하며, 사회적 돌봄 기능 강화로 여성 경제활동 참여 확대, 자녀 양육의 국가책임 강화와 함께 부모의 자녀 양육 부담 경감, 아동·청소년 지역사회 보호 강화, 의료지원을 통한 저출산 극복 등을 정책목표로 설정하였다.

2007년에 「노인장기요양보험법」 제정 및 「기초노령연금법」 제정 등으로 고령화에 대한 각 영역에서의 대응이 이루어질 수 있는 법적 기반의 공고화가 이루어졌다. 즉, 노인이 후손의 양육과 국가 및 사회의 발전에 이바지하여 온 점을 고려하여 생활이 어려운 노인에게 기초노령연금을 지급함으로써 노인의 생활 안정을 지원하고 복지를 증진함을 목적으로 하는 기초노령연금제도가 2007년 1월부터 도입되었고, 이어서 2008년 7월부터 제5의 사회보험인 노인장기요양보험제도가 도입되었다.

2012년 1월 「사회보장기본법」을 전면 개정하여 생애주기별 맞춤형 복지의 기틀을 마련하여 복지의 패러다임을 전환하였다. 만 5세 이하 영유아에 대한 무상보육을 2013년 3월부터 확대·실시함으로써 영유아의 성장과 발달에 대한 국가책임을 강화하였다. 아울러 그간 국제 사회로부터 많은 지적을 받아온 '헤이그협약'에 2013년 5월 24일에 서명함으로써 명실상부 복지선진국 대열에 합류하였다. 정부는 가난한 시절인 1963년 12월에 제정되었던 「외국 민간원조단체에 관한 법률」을 52년 만인 2015년 4월에 공식 폐지하였다.

박근혜 정부의 복지정책은 2010년 박근혜 의원 대표 발의로 개정된 「사회보장기본법」에서 밝힌 '평생사회안전망'에 근거하고 있다고 할 수 있다. 2013년 5월 28일 공개된 박근혜 정부의 복지정책은 '생애주기별 맞춤형 복지'를 지향했으며 '증세 없는 복지'를 내세워 다분히 정치공학적인 포퓰리즘을 반영했다.

구체적으로는 기초연금도입, 고용·복지 연계, 저소득층 맞춤형 급여체계 구축, 보육에 대한 국가책임 확충, 4대 중증질환 보장성 강화 등을 위시한 23개 국정과제를 추진하는 데

역점을 두고 있다. 이는 주로 대선공약으로 제시되었던 정책을 구체화한 것으로, 이를 뒷받침하기 위한 재정계획은 '공약가계부'로 제시되었다.

이러한 국정과제에 따라 2014년 말까지 추진된 주요 실적을 보면, 박근혜 정부의 국정과제의 하나인 맞춤형 급여체계 개편을 내용으로 하는「국민기초생활보장법」개정안이 2014년 12월 30일 국회를 통과하여 2015년 7월부터 시행되었다.

그동안 기초생활보장제도와 관련하여 가장 많이 지적된 '전부 아니면 전무All or Nothing'의 문제점이 해소되었다. 건강보험의 보장성 강화는 '의료비 부담 경감'이 주요 국정과제로 채택됨으로써 더욱 심도 있게 추진되고 있다.

기초연금제 개편도 이루어졌다. 과거 기초노령연금의 지급 대상은 65세 이상 노인의 70%로 광범위하게 규정하고 있고 급여액이 월 최대 96,800원(2013년 기준)으로 정액 지급되는 방식이다. 반면에 2014년 7월부터 시행된 기초연금제도는 지급 대상은 65세 이상 노인의 70%로 현행 기초노령연금 제도와 같다. 하지만 상대적으로 여유가 있는 상위 30%를 제외한 노인 대부분(90%)에게 지급되는 연금액을 월 20만 원(2014월 7월 기준)으로 인상하면서 국민연금을 일정 수준(30만 원) 이상으로 받는 일부 노인에게는 국민연금과 연계하여 차등 지급(10~20만 원)함으로써 공적 노후소득 보장을 내실화하고자 하였다.

문재인 정부의 복지정책은 포용복지를 표방했다. 복지정책을 통합적인 사회정책으로 위상을 높여 경제정책과 대등한 지위를 부여하고 동반성장을 추구하는 국가발전전략의 핵심임무를 수행한다. 이른바 '포용적 혁신국가'이다. 이를 위해 노동시민사회가 요구해온 핵심 과제를 수용하며 촛불정부를 자임했다. 그러나 4년이 지난 지금, 일부 긍정적인 성과에도 불구하고 문재인 정부가 약속한 대부분 과제는 아직 달성되지 못했다. 현재 정부가 발표한 계획대로 하더라도 남은 임기 동안에도 달성될 가능성은 매우 낮다.

먼저 ▲ 기초연금과 국민연금 가입 기간 연계 ▲ 국민연금 공공투자와 연계한 국공립 사회서비스 확충 ▲ 두루누리 지원사업에 건강보험 추가 지원 ▲ 아동 돌봄 종사자 처우 개선 ▲ 민간에 대한 재정인력 지원을 국공립시설 수준으로 상향 등은 이미 국정계획 5개년 계획이나 부처별 국정과제에 담기지 못한 채 폐기됐다.

포용복지를 구성했던 핵심 과제들 역시 약속대로 지켜질 가능성은 매우 희박한 상황이다.

▲ 빈곤 사각지대의 해결을 위해 가장 중요한 과제였던 '부양의무자 기준 폐지'는 2022년에야 생계급여 부양의무자 기준이 폐지되지만, 의료급여는 제외되고 3차 종합계획(2024~2026년) 수립시까지 기준 개선방안을 마련하는 것으로 후퇴했다.

▲ 국민연금 소득대체율 인상은 가입자 단체가 급여삭감 중단을 전제로(45% 보장), 최초로 단계적 보험료 인상안을 제시하며 정부안을 지지했음에도 개혁은 이뤄지지 못했다. 대통령까지 나서 강조했던 '국민연금 지급보장 명문화'는 추상적 책임을 명시하는 규정조차 이뤄지지 않았다. 다른 사각지대 해소 역시 마찬가지이며 두루누리 지원사업은 최대 3년으로 축소됐다.

▲ 건강보험 보장성 강화 70%는 2019년 64.2%로 오히려 2007년이나 2009년(65%)보다도 낮다. 기존 정부계획('2009~2013 중기보장성 계획')에서 제시한 80% 목표에서 후퇴한 공약이지만, 이조차 달성될 가능성은 매우 낮다. 비급여 통제가 핵심인데 제2차 건강보험 종합계획(2024~2028년) 수립할 때 포함해 논의하겠다는 계획이기 때문이다.

▲ 코로나19 위기 상황임에도 공공의료를 강화하겠다는 약속 역시 지켜지지 않았다. 오히려 기존보다 공공의료기관이 차지하는 비중은 2016년 5.4%에서 2019년 5.1%로 줄어들었다. 전체 병상 수를 기준으로 하더라도 9.2%에서 8.9%로 낮아졌다. 반면 의료산업을 활성화한다는 명목으로 다양한 형태의 의료시장화 정책들이 시도되고 있다. 노무현 정부부터 이명박·박근혜 정부 때 추진되던 그대로 추진되고 있으며, 최근 보험회사를 포함해 민간회사의 건강증진서비스 제공을 허용했다.

▲ 국공립어린이집 확충(이용 아동 기준 40%)을 포함해 사회서비스 공공성 강화도 요원하다. 2019년 아동수 기준 국공립 비중은 17%로 2022년 40% 달성은 요원하다. 그나마 국공립 어린이집은 확충이라도 되고 있지만, 공공 장기요양기관(시설·재가)은 이런 계획과 예산조차 배정되지 않고 있다. 지자체의 장기요양기관 비중은 2016년 1.1%에 불과했는데, 2019년 1.0%까지 줄어들었다. 인력이 차지하는 비중 역시 2010년 6.2%(8,619명)였으나 점차 낮아져 2019년에는 3.4%(10,845명)까지 떨어졌다.

국가의 전략적 차원에서 강조됐던 포용복지는 노동정책이 후퇴하고 소득주도성장이라는 전략적 구상이 흔들리면서 방향을 상실했다. 촛불정부를 자임하며 출범했지만, 임기 초 개혁은 속도를 내지 못하면서 탄력을 잃었다.

문재인 정부의 복지정책은 이전 노무현 정부나 이명박·박근혜 정부보다 긍정적으로 평가할 수 있는 점이 많으며, 성과 또한 적지 않다. 하지만 급속한 저출산·고령화, 불안정 노동의 확산, 불평등과 빈곤의 심화 등 한국사회가 직면한 다양하고 새로운 위기들에 대해 적절하게 대응했는지를 놓고 본다면, 지나치게 느리고 소극적인 편이다.

특히 시장의 반발, 관료의 소극성, 보수진영의 재정 안정 프레임을 넘어서지 못했고, 결국 정부가 표방했던 포용복지는 제대로 안착하지 못했다. 불분명한 개혁 목표와 의지는 시장주의와 관료주의에 맞선 사회적 대응 구도를 형성하는 데 실패했다. 선별·보편적 조화가 사회복지 민심이다. 문재인 정부의 사회복지정책의 한계는 곧 복지정치politics matters의 실패다.

III. 결론: 과제와 전망

우리나라의 사회복지 태동기는 불모지에서 시작되었다. 광복 후 아무런 인프라가 구축되지 않은 가운데 미군정기를 거쳐 6.25전쟁의 참화를 겪으면서 전쟁고아, 미망인, 장애인, 부랑인이 급증하였으나 정부는 전염병 관리와 구호 위주의 보건복지정책을 펼 수밖에 없었다.

아동, 노인, 장애인 등 취약계층에 대한 사회복지서비스는 외국 원조 등 민간부문에 주로 의존하였다. 또한, 사회복지 발전기는 정부가 국민의 삶의 질 개선을 위한 정책을 본격적으로 시작한 결과 보건의료제도와 사회복지제도들이 선진화된 시기이다.

사회복지 분야에선 1, 2, 3차 사회안전망을 구축했다. 건강보험, 국민연금, 노인요양보험과 같은 사회보험제도를 완성하고, 기초생활보장, 긴급복지, 의료급여, 기초연금과 같은 공공부조제도를 확충했다. 무상보육, 경로우대제도, 장애인연금 등 아동, 노인, 장애인 등 취약계층을 위한 지원책들을 시행했다.

보건의료 분야에선 국민건강권을 보장하기 위해 보건의료서비스 인프라를 구축하고 건강증진을 위한 여러 가지 정책들을 시행하여 복지 한국을 향한 위대한 여정에서 우리는 이제 새로운 도약의 과제를 맞이하고 있다.

그동안 발전시켜온 사회복지제도를 성숙화하고 사업의 내실을 다져나가는 한편 21세기 사회 변화에 따른 새로운 수요에 대응해야 한다. 저출산·고령화 사회의 새로운 문제에 효과적으로 대응해야 한다. 1차 보건의료서비스를 제대로 구축하고 건강보험의 보장성을 확대해야 한다.

치매, 뇌졸중 등과 같은 노인성 만성질환이 크게 확대되는 또 다른 도전에 대응해야 한다. 사회 양극화에 따른 빈부격차를 해소하고 모든 국민이 더불어 잘사는 복지사회를 만들어야 한다. 전통적인 가족구조와 기능의 변화로 야기되고 있는 이혼, 별거, 가정폭력, 독거노인 증가, 고독사, 자살 등 다양한 형태의 사회문제에 대응하고 아울러 아동, 노인, 장애인 등 대상자의 특성을 고려한 맞춤형 사회서비스 프로그램을 강화해야 한다.

건강보험, 국민연금, 국민기초생활보장 등 사회안전망의 확대에 따른 재정수요에 대응하여 비용을 효과적으로 운영해야 한다. 「헌법」이 보장한 행복추구권을 실현하고 국민의 실질적인 삶의 질을 향상시키기 위한 사회복지정책의 더욱 적극적인 역할이 요구되고 있다.

1987년 6월 민주항쟁의 민주화 선언은 복지 발전에도 새로운 지평을 열었다. 민주화 이후 김영삼 정부는 '삶의 질 세계화를 위한 복지 비전'을 선포하였고, 김대중 정부 이후에는 당시 정부가 추진하는 복지정책의 성격을 포괄적으로 담아내는 '생산적 복지', '참여 복지', '능동적 복지', '맞춤형 복지', '포용 복지'와 같은 슬로건을 내걸고 복지정책을 국가의 핵심정책으로 추진하였다.

전 국민 건강보험과 연금시대가 열렸고, 노인·장애인·아동 등에 대한 복지서비스도 획기적으로 확대되었다. 또한, 건강증진정책의 강화, 보건산업 육성, 식품·의약품안전정책의 강화도 이 시기 이후 이루어졌다. 특히 1990년대 후반 외환위기는 우리에게 많은 고통을 안겨 주었지만, 한편으로는 우리나라 복지제도 발전에 긍정적인 영향을 미치기도 하였다.

이 시기 이후 복지정책은 과거 시대와는 비교할 수 없을 만큼 크게 확장되고 개혁되었다. 과거의 복지정책이 주로 사회보험 확대를 중심으로 공공부조는 시혜적 차원에서 제공되었고 사회복지서비스는 잔여주의적 접근에 머물렀다면, 이 시기 이후에는 복지와 경제의 선순환을 강조하며 사회적 연대에 근거하여 국민의 최저 생활을 권리로 보장하고 사회보험의 사각지대 해소에 더 적극적이었다.

또한, 다양한 사회복지서비스를 도입하고 확대함에서도 보편주의적 접근을 강조하고 있다는 점에서 많은 차이를 보였다. 이 과정에서 다양한 계층의 생애주기별 핵심복지서비스가 강화되었고, 저소득층에서 중산층까지 지원 대상이 점진적으로 확대됨으로써 선진 복지국가로 한 걸음 더 다가가게 되었다.

이러한 복지정책의 발달로 오늘날 우리나라는 현대 복지국가의 근간인 5대 사회보험제도를 모두 갖추게 되었으며 모든 국민이 하나의 권리로서 최저생활보장을 국가에 요구할 수 있는 국민기초생활보장제도를 실시하고 있다.

앞으로 다가올 미래는 도전의 양상이나 이의 접근 방법이 지난 70년과는 매우 다를 것이다. 저출산·고령화가 심화하면서 인구구조의 급격한 변화가 예상되고 사회 여러 분야에서 격차에 따른 사회갈등도 예견된다. 그리고 기후 변화와 지구촌의 빠른 교류 속에 코로나19 신종 감염병에 대한 위험도 상존한다. 그렇지만 지난 20세기 모든 국민이 가난과 질병의 고통 속에 어렵게 살아온 시대를 생각해보면 한국의 사회복지는 참으로 자랑스러운 역사이다.

그렇지만 첫째, 사회복지 전달체계가 제대로 정비되어 있지 못하다는 것이다. 둘째, 괄목할 만한 경제성장에도 불구하고 빈부격차와 같은 사회복지의 불평등이 심각하다는 것이다. 셋째, 사회복지의 재원인 국가재정과 민간의 자원을 제대로 활용하지 못하고 있다는 것이다. 넷째, 사회복지의 지역별 수준에 상당한 차이가 존재한다는 것이다. 결과적으로 포스트 코로나 시대의 한국사회복지 전망은 그다지 밝지만은 않다.

▲ 노인 인구의 급속한 증가로 노인복지가 사회복지의 주요 이슈가 될 것이며, 노인 빈곤, 노인 치매, 노인 자살, 고독사, 노인 의료비의 증가 등은 우리 사회가 해결해야 할 중심 과제가 될 것이다.

▲ 사회복지 전달체계가 체계적으로 정비될 것이다. 사회복지 전달체계는 호주의 Centrelink와 같이 모든 사회복지서비스가 중앙의 통제시스템을 통하여 언제든지 접속이나 Centrelink의 방문을 통하여 자신이 원하는 서비스를 받도록 할 수 있게 할 것이다. 그렇지 않으면 영국의 케어매니지먼트 체계처럼 최일선의 사회복지직 공무원에게 사회복지 관련

비용을 활용할 수 있는 권한을 주고 필요한 대상자에게 서비스를 구매하여 제공하는 제도를 활용할 것이다.

▲ 빈부격차와 같은 사회복지의 불평등을 해결하기 위해 보편주의 서비스를 더욱 확대할 것이며, 사회복지 대상자마다 맞춤형 서비스를 통하여 필요한 서비스를 제공하게 될 것이다. 특히 5대 사회보험과 공공부조의 통합 운영으로 노인과 장애인의 빈곤을 해결하거나, 고용보험의 내실화로 실직자가 취업할 때까지 적절한 수입이 보장되도록 할 것이다.

▲ 국가의 사회복지 재정에서 출산장려 등과 관련된 부분에 대한 투자가 감소할 것이며, 아동기부터 노년기까지 전 생애의 복지와 관련된 체계적이고 균형적인 복지제도가 마련되어 모든 계층에게 적절히 제공될 것이다. 그와 동시에 민간 자원을 활용하기 위한 다양한 노력이 이루어질 것이며, 자원봉사자를 비롯한 활용 가능한 지역사회 자원에 대한 개발·확보·동원·활용이 이루어질 것이다.

▲ 사회복지의 지역별 격차를 해소하기 위한 다양한 방안이 제시될 것이다. 그동안 지방자치의 하나로 실시되었던 사회복지의 지방 이양 사업이 지역별 불평등을 초래하여 상대적으로 경제적 열악성을 가진 지방자치단체의 사회복지 수준이 낮게 나타나고 있었다. 따라서 지방 이양 사업 중 상당 부분이 중앙에서 사회복지비용을 제공하는 형태로 전환될 것이다.

▲ 앞으로 코로나 팬데믹Corona Pandemic으로 전 세계는 환경복지의 새로운 변화가 발생할 것이다. 이에 대응한 계획을 수립해야 한다. 즉, 코로나19 사태를 통해 전통적인 국가경쟁력은 다시 평가받아야 한다. 과거에는 선진국과 개발도상국으로 분류되었다면 이제는 기존의 틀로 설명할 수 없는 국가의 능력에 주목하여 선도국leading country이라는 새로운 개념으로 한국의 사회복지를 평가해야 한다. 포스트 코로나 시대 대비책에 우리는 공존과 미래가 달려 있다.

참고문헌

『2016 세계 사회복지대회 백서』. 세계사회복지대회 조직위원회, 2016

국민복지기획단.『삶의 질 세계화를 위한 국민복지의 기본구상』. 1996.

국정홍보처.『참여정부 국정운영백서』사회편. 국정홍보처, 2008.

대통령비서실 삶의 질 향상 기획단.『생산적 복지, 복지 패러다임의 대전환』. 2002.

대한민국정부.『제2차 저출산고령사회 기본계획』. 2010.

박재간.『한국노인복지 70년의 변천사』. 전주: 신아출판사, 2020.

법제처 국가법령정보센터 홈페이지(www.law.go.kr), 2021년 5월 10일 추출.

『보건복지 70년사』. 보건복지 70년사 편찬위원회, 2016.

보건복지부.『보건복지백서』2015, 2017, 2018, 2019, 2020.

이방현 외.『한국사회복지 역사』. 서울: 신정, 2018.

임춘식 외.『사회복지개론』. 경기: 공동체, 2015.

『한국사회복지학회 50년사』. 한국사회복지학회, 2007.

『한국사회복지협의회 50년사』. 한국사회복지협의회, 2012.

한국사회복지협의회.『복지한국을 향한 위대한 여정』. 2012.

_____.『한국 장애인복지 50년사』. 경기: 양서원, 2006.

〈고용·노동〉

언론을 통해서 본 노동 50년의 변천
— 노동법을 중심으로

이광택*

I. 경제개발계획과 노동기본권의 제약(1970~1985년)

1. 국가보위법, 유신헌법, 대통령긴급조치 제3호(1970~1979년)

1) 국가보위법과 노동법

1970년 1월 1일의「외국인투자기업의 노동조합 및 노동쟁의조정에 관한 임시특례법」으로 외국인투자기업에서의 단체행동권 행사를 사실상 금지한 것을 필두로 하여[1] 노동기본권에 대한 제약이 본격화된다. 이 위헌적 조치에 더하여 1971년 10월 15일 위수령를 발동하여 학생들의 민주화 요구를 짓밟은 정부는 '총력안보 태세'를 강화한다는 이유로 12월 6일에는 '국가비상사태'를 선포하였다.[2] 사후에 그 법적 근거를 소급하여 만들기 위한「국가보위에 관한 특별조치법」(국가보위법)을 12월 27일 공포·시행하였다.[3] 이 법은 "비상사태하의 단체

---

[*] 서울대 법대 졸, 독일 브레멘대학교 법학박사, (사)전태일기념사업회 이사장 역임, 국제노동사회법학회(ISLSSL) 집행위원, 한국ILO협회 회장, (사)언론인권센터 이사장.

[1] 같은 날「수출자유지역설치법」(법률 제2180호)도 제정된다.

[2] 당시 이 비상사태 선포는 헌법적 근거가 없어 위헌이란 견해가 많았다. 필자도 "비상사태선언은 위헌"이란 글을 지도교수 이름으로 한 수험서에 기고하고 잠수를 탔던 기억이 있다.

[3] 국가보위법 제정 경위에 관하여는 이광택, "노사분쟁과 그 해결을 위한 조정방안,"「국회보」1989. 3., 국회사무처, 50쪽 이하, 51쪽 주 7.

교섭권 또는 단체행동권의 행사는 미리 주무관청에 조정調停을 신청하여야 하며, 그 조정결정에 따라야 한다"(동법 제9조 제1항)고 하여 단체행동권의 행사를 사실상 금지하였다. 이 상태는 국가보위법이 1981년 12월 17일 폐지될 때까지 10년간 지속된다.

2) 유신헌법하의 노동법

1년 후인 1972년 12월 27일에는 이른바「유신헌법」을 공포·시행하였다. 여기에는 무엇보다 노동3권을 법률이 정하는 범위 안에서 보장한다는 법률적 유보조항(제29조 제1항)을 두어 그 법률적 유보는 1973년 3월 13일의 노동관계법 개정으로 구체화되었는데, 그 방향은 단체행동을 제약하는 것이었다.

그런데 1973년 10월 발생한 이른바 '오일 쇼크oil shock'로 인하여 밀어닥친 세계적인 경제불황에 따라 부당 해고, 임금 체불 등「근로기준법」(근기법) 위반 행위는 물론 단체협약 불이행과 사용자의 부당노동행위 등이 속출하였다. 이러한 불안정을 제거하기 위하여 1974년 1월 14일 공포·시행된「국민생활의 안정을 위한 대통령긴급조치」(이른바 '대통령긴급조치 제3호' 또는 '1.14 조치')는 그 제19~제23조에서 임금채권의 우선변제, 근기법상의 처벌강화, 단체협약 불준수자에 대한 처벌 등을 규정하였다.

1.14 조치는 1년 기한의 한시법限時法으로 시행되었기 때문에 동 긴급조치의 만료일을 앞둔 1974년 12월 24일 근기법,「노동조합법」(노조법),「노동쟁의조정법」(노쟁법) 및「직업훈련법」등의 부분개정을 통하여 동 조치의 내용을 노동관계법에 수용하였다.

1974년의 집단적 노동관계법의 개정은 노조조직의 산별체제를 지양하고, 행정관청의 개입을 크게 강화하는 것이었다. 개정된 근기법은 대통령긴급조치 제3호의 내용에 입각하여 근기법 위반 사용자에 대한 벌칙을 대폭 강화하였다.

3) 언론의 역할

당시의 언론은 노동문제에 대한 정부 정책에 대체로 순종적으로 대응하였다. 특히 단체행동권이 사실상 금지되었기 때문에 노동자들의 파업이 매우 드물었기도 했지만 설사 발생한다 하더라도 이를 보도하지 못했다.

필자가 활동하던 서울대 법대 사회법학회는 1970년 3월 '서울시 빈민지구 실태조사 보고서'를 발표했는데 일간지들은 모두 외면한 가운데 야당인 신민당 기관지 「민주전선民主前線」 1970년 6월 1일 자에 전문이 실렸다.[4]

당시 22세인 평화시장의 재단사 전태일이 1970년 11월 13일 오후 1시 30분경 "근로기준법을 지켜라"고 외치며 분신한 사건은 이튿날 「한국일보」가 크게 다루면서 알려졌다. 이 사건을 접한 서울법대 학생들은 '근로자 권익 수호를 위한 서울법대 긴급 학생총회'를 열고 전태일의 장래를 서울법대 학생장으로 하기로 결의했다.

11월 20일 서울 시내 각 대학 학생회장, 청년, 종교단체 대표의 명의로 공동결의문이 발표되었는데 그 전문은 서울 법대 지하신문[5] 「자유의 종」 제6호[6]에 게재되었다. "이날 낮 11시 10분쯤 서울대 법대생 4백여 명은 허가없는 집회를 금지한다는 학교 당국과 옥신각신 끝에 全 씨에 대한 추도식을 가졌다"로 시작되는 「중앙일보」 4단 기사가 인상적이었다.

1971년 3월 23일에는 서울법대생 약 150명은 학생총회를 열고 언론 화형식을 갖고 "일간신문의 무력과 탄압을 규탄하는 한편 대학신문의 어용성을 통렬히 비판했다."[7] 3월 26일에는 서울문리대, 법대, 상대생 50여 명이 동아일보사 앞에 모여 "사실보도조차 전혀 없는" 오늘의 신문이 타락했음을 규탄하는 성토대회와 언론 화형식을 가졌다.[8]

1971년 8월 10일 일어난 광주대단지사건[9]도, 9월 15일 미불노임의 지급을 요구하며 일어난 한진의 파월(베트남 파견) 기술자 2300여 명의 KAL 빌딩 '난동사건'[10]도 지하신문이 보도했다.

---

[4] 보고서는 반공법위반 혐의로 구속되는 김지하 시인의 "5적"이 함께 실려 정권의 비위를 상하게 했다. 내무부장관은 국회 대정부질의 답변에서 "사회주의법학회가 빈민의 다수가 고기는 생각조차 못 한다고 하여 북괴를 이롭게 했다"고 발언했다(대표집필 이신범, 공동집필 임종률·안평수·이광택, 『서울법대 학생운동사』(서울: 서울법대학생운동사편찬위원회, 2008), 62쪽).

[5] 1970년 10월 3일 첫 호가 나와 주간으로 발행되던 「자유의 종」은 당시 언론이 보도하지 못하던 소식을 실으면서 널리 보급되었고, 여러 대학이 비슷한 등사판 '지하신문'의 창간을 촉진했다. 서울문리대의 「정진」, 서울상대의 「화화산」, 이화여대의 「새열」을 비롯해 전국에서 10여 종이 등장했다(『서울법대 학생운동사』, 164쪽).

[6] 자유의 종 동인회, 「자유의 종」 제6호, 4303. 11. 3.

[7] 「자유의 종」 제12호, 1971. 4. 12.

[8] 「자유의 종」 제10호, 1971. 3. 27.

[9] 「자유의 종」 제26호, 1971. 8. 17.

[10] 「자유의 종」 제30호, 1971. 9. 22.

주류 언론은 노동문제 중에서도 집단적 문제가 아닌 근기법 위반 사항은 보도하였다. 1975년 버스 안내양들의 열악한 근로조건이 큰 이슈가 되었다. 노동시간이 아침 4:30에 시작하여 저녁 12시에 끝나는 살인적 조건이었고, 또 안내양들의 "삥땅"을 막기 위한 신체검사는 물론이고 계수기 설치가 크게 문제가 되었다. 필자도 안내양들의 어려움에 관한 기사를 사진과 함께 3단으로 보도하였고,[11] 이에 대해 독자의 호응[12]도 있었다.

유명한 동일방직사건은 1972년 최초의 노동조합 여성 지부장 선출 이후 회사 측이 지부장을 남성으로 교체하려 시도하고 노동조합의 활동을 위축시키기 위해 갖은 방해를 일삼음으로써 비롯되었다. 1976년부터 쟁의를 계속해 오던 동일방직 노동조합은 이 일을 계기로 중앙정보부의 공작 대상이 되어 와해되었고, 1978년 2월 21일 쟁의중인 동일방직 노동조합의 조합원들에게 반대파가 똥물을 뿌린 사건이 일어났다.[13] 이런 사건은 언론에서 철저히 외면하였다.

유신정권 종말의 배경이 된 YH사건도 사실은 '언론의 무관심'이 그 원인이었다. 1970년대 초 대한민국 최대의 가발수출업체였던 'YH 무역'은 1970년대 중반부터 수출 둔화, 업주의 자금 유용, 무리한 기업 확장 등으로 경영난에 빠져들어 1979년 3월 폐업을 공고했다. 사장 장용호는 회사의 재산을 정리하고 미국으로 떠났다. 1975년 설립되어 적극적인 활동을 전개해 온 노동조합은 'YH 무역'을 회생시키기 위해 여러 방면으로 노력하였으나, 회사 측과 정부 당국이 시종 무성의한 태도를 보이자 4월 13일부터 장기 농성에 들어갔다. 필자도 당시 농성장에서 조합원 교육을 실시하였는데 그러나 면목동에 소재한 회사에서의 농성은 언론에 보도되지 못했다. 결국 YH 노동자 172명은 8월 9일부터 사회적 파급 효과를 노리고 서울특별시 마포구 도화동 소재 신민당 당사로 옮겨 농성을 감행하였다. 경찰이 농성을 강제 해산하는 과정에서 노동자(김경숙) 1명이 추락사하였다.[14] 이 사건은 후에 김영삼 의원

---

11 *The Korea Times*, 1975. 12. 17. "Bus Conductresses Work From 4:30 a.m. to 12 p.m".

12 *The Korea Times*, 1975. 12. 23. Letters to the Editor, John G. LaBells

13 2010년 2월 대법원은 동일방직 노조사건 피해자가 국가를 상대로 낸 손해배상 청구소송에서 국가는 피해자 개인에게 2천만 원을 배상하라는 판결을 내렸다.

14 이 사망 사건에 대해 경찰은 투신자살로 조작했으나 '진실과화해를위한과거사정리위원회'의 조사 결과 경찰의 강제 진압 과정에서 추락사한 것으로 밝혀졌다.

제명 파동, 부마민중항쟁, 10 · 26 사태로 이어지는 박정희 정권 종말의 도화선이 되었다.

유신체제하에서는 노동사건을 그런대로 보도한 거의 유일한 매체는 「時事通信」[15]이었다. 인터넷이 없었던 당시의 「시사통신」 노동편은 23cm×16.5cm 크기의 용지에 세로 글씨로 단면 활판 인쇄하여 스테이플러로 찍은 20~30페이지의 유인물로 인편으로 배포되었다. 1978~1979년 당시 「신동아」의 기자로 있던 71동지회 김대곤 동지가 필자에게 어렵게 「신동아」의 〈뉴스와 화제〉 고정 칼럼에 '노동'면을 부탁했다. 그런데 조건이 있었다. 제목을 '노동' 대신 '사회'로 표기해야 한다는 것이었다. 그리하여 약 10개월간 "뉴스와 화제 — 사회"라 하여 매월 2면 짜리 기사를 썼다.[16] 일간지에서 찾을 수 없었던 노동 소식을 「시사통신」에서 그 정보를 얻거나 직접 취재해서 아쉽게나마 독자들에게 전하기 위해 고심하였다.

---

[15] 1951년 5월 21일 임시수도이던 부산에서 성준덕(成俊德)에 의하여 처음에는 「라디오 프레스」(*Radio Press*)라는 제호 아래 창간된 종합 통신. 이 통신은 1953년의 7.27 휴전이 성립될 때까지 전황을 신속, 정확하게 보도하여 관심을 모았다. 환도 이후 1954년 임원규(林元圭)가 회사를 인수하여 주식회사로 법인화하고, 편집 내용도 강화함으로써 「시사통신」으로 새로운 출범을 하게 되었다. 1964년 1월 김희종(金喜鍾)이 대표이사로 취임하면서 규모와 내용에서 종합 언론기관으로서 모습을 갖추게 되었다. 처음부터 특수 · 전문통신사를 지향한 이 통신은 일반 국내 · 외 뉴스를 다룬 본편 외에, 1958년에는 교육판 통신을 발간하였다. 1961년에는 문예편 · 건설편 · 교통편, 1963년에는 노동편, 1964년에는 의약편, 1965년에는 식품편과 세정편(稅政便), 1966년에는 금융편, 1967년에는 체전편(遞電便), 1968년에는 섬유편 · 광고편 · 농수산편, 1970년에는 관광편을 각각 시작함으로써, 1980년 폐간될 당시에는 본편인 시사편 외에 14편의 일간 조석간 전문통신을 발행하였다. 1980년 언론기관 통폐합 조처에 따라 그해 11월 25일자로 종간, 신설 통신사인 「연합통신」에 흡수되었다.

[16] 이광택, "뉴스와 화제 — 사회"(월간노동계동향보고), 「신동아」 1978. 10월호~1979. 7월호 (서울: 동아일보사 간).

「시사통신」 1979. 8. 9.

2. 제5공화국 헌법과 노동기본권의 억압(1980~1985년)

1980년에 들어선 신군부 정권은 그해 10월 국민투표로 「유신헌법」을 개정하여 7년 단임의 대통영을 간접 선출하도록 하였다. 이어 1980년 12월 31일 국가보위입법회의에서 통과된 집단적노동관계법은 1971년 이래 명목상으로나마 유지되어 온 노동입법으로는 '최악의 상태로 전락'한 모습을 보여준 것이었다.[17]

노동조합의 조직체계를 기업별로 분해하고 단위노조의 설립 요건도 강화하는 한편, '제3자 개입'을 금지하였다. 노조법으로부터 분리, 별도로 제정된 「노사협의회법」(노협법)을 통하여 노사협의회의 설치를 의무화하였다. 개별적 노동관계법에서는 근로자의 임금보호를 강화하는 반면 변형근로시간제를 두는 등 사용자의 편의를 도모하였다. 또 채권변제 순위를 질권, 저당권, 임금으로 하여 임금변제의 순위를 상향 규정하였다(근기법 제30조의2).

---

17 김형배, "집단적 노동관계법의 개정논의와 문제점," 「노동관계법의 제문제」 세미나 주제발표, 한국노동연구원, 1988. 11., 9쪽 이하.

II. 민주화 과정과 노동법 개정(1986~1997년)

1. 노동자대투쟁, 87년 체제, ILO 가입(1986~1991년)

1980년 4월의 사북사태[18] 등을 겪고 1986년 말에 이루어진 노동법 개정은 집단적 노사관계에 있어서는 1980년에 단행된 극도의 규제를 대체로 '1980년 이전의 상태로 환원'[19]하는 것이었다. 1986년 12월 31일에는 노조법 개정으로 제3자의 개념에서 상급노조연합단체를 제외하고 부당노동행위를 처벌할 수 있도록 하였다.

1987년 10월 대통령의 임기를 5년 단임으로 하는 제6공화국 헌법이 공포·시행되었다. 1987년 11월 28일의 개정노조법에서는 "해고의 효력을 다투는 자를 근로자 아닌 자로 해석하여서는 아니된다"는 규정을 신설하였고, 노동조합의 조직 유형을 자율화하였다. 같은 날 개정한 근기법에서는 기업도산 시 근로자의 최종 3개월분의 임금은 최우선 변제를 받도록 하였고, 변형근로시간제도를 폐지하였다. 또 1989년 3월 29일 다시 개정된 근기법을 통해서는 상한 근로시간이 1주 48시간에서 44시간으로 단축·조정되었다.

1988년 5월 13대 국회가 여소야대의 구도로 출발하자 야 3당(통일민주당, 평화민주당, 신민주공화당)은 7월 29일 '노동관계법개정 합동공청회'를 거쳐 개정 시안을 마련하였다. 야 3당은 6급 이하 공무원의 단결권·단체교섭권을 허용하는 노조법 개정안과 방위산업체에서의 쟁의행위를 허용하되 공익사업에 준하도록 하는 것을 내용으로 하는 노쟁법 개정안도 통과시켰으나 1989년 3월 24일 노태우 대통령은 근로기준법을 제외하고는 모두 거부권을 행사하였다.

이 무렵 1988년 4월 1일 「남녀고용평등법」(고평법)이 처음 시행되었고, '남녀분리모집'의 광고에 대한 벌칙 적용과 '근로여성'에게만 주도록 한 '육아휴직'[20]을 남성에게도 주도록 하는

---

[18] 한국기독교사회문제연구원 편,『법과 민주화』(서울: 민중사, 1986), 190쪽 등 참조.

[19] 김형배, "집단적 노동관계법의 개정논의와 문제점," 10쪽.

[20] "사업주는 생후 1년 미만의 영아를 가진 근로여성이 그 영아의 양육을 위하여 휴직(이하 "육아휴직"이라 한다)을 신청하는 경우에 이를 허용하여야 한다"고 되어 있던 고평법 제11조 (육아휴직) 제1항은 1995. 8. 4. "사업주는 생후 1년 미만의 영아를 가진 근로여성 또는 그를 대신한 배우자인 근로자가 그 영아의 양육을 위하여 휴직(이하 "육아휴직"이라 한다)을 신청하는 경우에 이를 허용하여야 한다. 다만, 대통령령으로 정하는 경우에는 그러지 아니하다"로 개정된다.

요구를 하는 등 남녀고용평등 이슈가 본격화되었다.[21] 1991년에는 남녀 동일노동 동일임금이 이슈가 되었고,[22] 여행원에 대한 차별을 성토하여[23] 1992년 여행원제도와 결혼퇴직 각서의 폐지를 이끌어냈다.

당시 노조법이 금지하였던 노동조합의 정치활동을 허용하라는 요구에 대한 논의가 본격화되었다.[24] 1998년 4월 24일「공직선거 및 선거부정방지법」개정으로 노동단체의 선거운동이 허용되었고, 노동조합이 정치활동을 금지한 구 노조법 제12조 역시 폐지되었다.[25] 또 단체교섭의 대상에 임금 등 근로조건뿐 아니라 인사 경영사항이 포함되는지 여부에 대한 논의가 본격화되었고[26] 파업기간 중 임금지급 여부를 둘러싸고 뜨거운 논쟁이 전개되었다.[27]

한편 우리나라가 1991년 12월 9일 ILO에 정식 가입하자 'ILO 기본조약 비준과 노동법개정을 위한 전국노동자 공동대책위원회'(ILO공대위)가 구성되어 ILO 기준에 부합되는 노동법 개정 운동을 전개하였다.

---

[21] 이광택, "근로현장의 고용차별실태와 개선방안," 한국여성개발원 주최「남녀고용평등법 정착화를 위한 토론회」(1989. 6. 22.~23.), 주제발표(요약보도:「중앙경제신문」1989. 6. 22., 8쪽; *The Korea Times*, June 23, 1989, 7;「경향신문」1989. 6. 23. 15쪽;「서울신문」1989. 6. 24., 9쪽;「매일경제신문」1989. 6. 24., 12쪽;「내외경제신문」1989. 6. 24., 13쪽, 인터뷰: KBS 제 1라디오 1989. 6. 23. 7:30 "안녕하십니까"; KBS 제2라디오 1989. 6. 23. 8:40 "활기찬 새 아침"; 주간「산업과 노동」89. 7-1).

[22] 이광택, "동등노동·동일임금의 내용과 과제,"(한국여성단체협의회 주최「동일노동·동일임금의 내용과 과제」세미나 주제강연) 1991. 10. 22. (요약보도:「한겨레신문」1991. 10. 24. 8쪽 "'동일노동 동일임금' 용어 불합리";「매일경제신문」1991. 10. 24. 10쪽 "동일한 가치 일하면 동일노동";「노무법률신문」1991. 10. 28., 4쪽;「노사신보」1991. 11. 6., 20~21쪽); 이광택, "구미의 남녀고용평등 관련 법제 및 남녀동일임금 판례연구"(한국가정법률상담소 주최「남녀고용평등 실현을 위한 토론회」주제발표) 1991. 11. 29. (요약보도: 月刊「노동법률」, 1992. 1. 통권 8호, 133~134쪽).

[23] 이광택, "남녀고용평등법에 비추어 본 여행원인사관리제도 개편안,"「인권과 정의」대한변호사협회지, 1992. 1.(통권 제185호), 39~49쪽.

[24] 이광택. "노동조합의 정치활동금지 (노조법 제12조)와 관련된 문제,"「산업과 노동」중앙경제사 간, 1989. 7-2, 2~4쪽; 이광택. "외국노동조합의 정치활동,"「동아일보」1991. 1. 22., 19쪽.

[25] 또한, 2000. 2. 9「정치자금법」개정으로 '사업 또는 사업장별로 조직된 단위노조'를 제외한 노동조합의 정치자금 기부가 허용되었다. 이 경우 노동조합은 별도로 기금을 설치하여 정치자금을 기부할 수 있다.

[26] 이광택, "'인사·경영'도 단체교섭대상 (근로조건향상과 밀접한 관계 경우),"「언론노보」1989. 12. 14., 4면; 이광택, "인사·경영사항과 노동조합," 월간「노사광장」1993. 9.(통권 제35호), 48~57쪽.

[27] 이광택, "무노동무임금의 법적근거 없다?,"「신동아」1990년 3월호(제33권 3호, 통권 336호), 동아일보사 간, 312~321쪽; 이광택, "쟁의행위로 인하여 근로를 제공하지 아니한 근로자도 임금중 보장적 부분인 정근수당을 청구할 수 있다" 월간「노동법률」'노동법 판례평석' 1992. 5.(통권 12호), 14~20쪽; 이광택, "'무노동 부분임금' 논쟁에 할 말 있다."「중앙경제신문」1993. 6. 30., 20쪽(인터뷰: "파업중 생활보장적 임금 지급해야,"「시민의 신문」1993. 6. 5., 2쪽).

2. 김영삼 정부의 노동정책

1) 노동정책의 보수 회귀

국제노동기구ILO는 이른바 문민정부 출범 직후인 1993년 3월 이래 한국의 노동법을 ILO 협약 등 국제기준에 맞추도록 계속 촉구하였고, 이와 함께 노사관계의 국제화가 중요한 화두가 되었다.[28] 외국인노동자의 문제는 1994년 9월 서울에서 개최된 국제노동사회법학회 ISLSSL 제14차 세계대회에서도 이슈가 되었고,[29] 불법체류 외국인노동자의 산업재해 인정 여부도 쟁점이 되었다.[30]

또 문민정부의 출범에 따라 노동정책을 개혁적·선진적으로 하여야 한다는 요구[31]가 있음에도 언론의 복고적인 태도에 대한 비판이 제기되었다.[32] 그런데 정부는 1994년도 국정목표를 새삼 '국가경쟁력 강화'에 두고 이를 추진하는 과정에서 '무분규원년'을 선언하였다.[33] 철도와 지하철에서 긴장이 고조되고 있던 1994년 6월 20일 이미 서울형사지법 제3부(1990. 11. 7.)[34]와 대법원(1991. 5. 24. 91도 324)이 사실상 노무에 종사하는 공무원인 철도기관사 파업의 정당성을 인정하였음에도 불구하고 내무·법무 노동 교통 4부 장관은 기자회견을 열고 "철도와 지하철을 세우려는 어떠한 불순책동도 용납할 수 없습니다"라고 못 박는 일이 발생했다.

---

[28] 이광택, "노사관계도 국제화되어야 한다," 「신문로 포럼」, 1994. 1. 11.(통권 4호)(신년특집호) 〈제언〉, 37~39쪽.

[29] Lee Kwang-taek, "The Problems and Perspectives of Immigrant Workers in Korea," presented at The XIV World Congress of Labour Law and Social Security, Seoul, September 26~30, 1994 (Cf. *The Korea Times* Sept. 28, 1994, 3 "World Congress on Labor Law, Social Security Opens in Seoul"; *The Korea Times* Oct. 1, 1994, 3 "Protection of Foreign Workers' Rights Called For"; 요약보도: 「중앙일보」 1994. 9. 28., 17쪽; 주간 「산업과 노동」 1994. 10-1 화보; 월간 「말」 1994. 12. 232~336쪽〈황훈영 記〉).

[30] 이광택, "불법체류 외국인 근로자의 산업재해에 대해서도 산업재해보상보험법상 요양급여를 지급하여야 한다," 월간 「노동법률」 1994. 10.(통권 41호) 〈노동법률 판례평석〉, 14~18쪽.

[31] 이광택, "노동정책 선진화방안," 「정책과 전망」 민주당 정책위원회 刊, 1994 상, 정책토론회 자료모음집 1994. 5. 31., 182~196쪽(민주당 정책위원회 주최 제89회 정책토론회 〈노동정책 선진화를 위한 토론회〉 주제발표 1994. 2. 3., 9~32쪽). (요약 연재: 「노동경제신문」 1994. 2. 18., 6쪽 ~ 2. 28., 6쪽, 월간 「노사광장」 1994. 3.(통권 제41호), 108~113쪽에 부분 전재; 요약 보도: 「부산일보」 1994. 2. 3., 2쪽, 「중앙일보」 1994. 2. 4., 2쪽, 주간 「노동자신문」 1994. 2. 8., 4쪽; 「노동경제신문」 1994. 2. 18., 1쪽, 주간 「산업과 노동」 1994. 2~4(통권 제241호), 화보 및 10쪽, 월간 「노동법률」 1994. 3.통권 34호 화보).

[32] 이광택, "개혁적 노동정책과 복고적 언론," 「언론노보」 제200호 〈특별기고〉 1993. 6. 12., 3쪽.

[33] 이광택, "무분규족쇄가 파업불러," 「노동경제신문」 1994. 6. 27., '월요논단' 1쪽.

[34] 이광택,. "숨통은 열고 해결하자," 「한겨레신문」 1994. 6. 27., '시론' 4쪽.

그런데 정부의 정책은 노사자율을 도외시하고 오히려 위법한 직장 폐쇄를 용인하는 등으로 대한민국은 노동탄압국으로 인식되었다.[35] 이 무렵부터 노동조합의 파업권 행사에 대한 사용자의 손해배상소송이 빈번해져 새로운 노동운동 탄압수단으로 등장하였다.[36] 한국통신 사태는 벌어지지도 않은 파업에 대해 대통령이 앞장서 '국가전복 기도' 운운하며 '마녀사냥'에 나섬으로써 촉발되었다.[37] 이는 전국의 대학교수 224명에 의한 대통령의 '문민 공안정치' 중단과 합법적인 조합 활동을 '국가전복행위'로 규정한 데 대한 사과 요구로 발전했다.

사태는 쟁의 중인 근로자의 '불체포특권'을 무시한 일부 판사들이 구속영장, 압수영장을 남발함으로써 6월 6일 급기야 한국통신노조지도부가 농성을 벌이고 있는 명동성당과 조계사에 경찰 병력을 투입함으로써 본래의 노사勞使관계가 노정勞政대결로, 노정대결은 다시 정교正敎대결로 전개됐다. 이 사태에 대하여 노동계, 종교계, 언론계 법조계 인사 1,500여 명은 대통령이 헌법상의 임무를 위반한 것으로 보고 6월 20일 헌정사상 처음으로 그에 대한 탄핵청원서를 국회에 제출했다. 일주일 후 실시된 지방자치선거에서 대통령과 집권 민자당은 비로소 '민심이반'을 깨닫게 되었다.

집권 초기 '개혁과 사정'을 기치로 내걸었던 문민정부는 어느 샌가 '신보수주의'의 재벌의 존정책을 펴나갔고 선거에 임하여 보수기득층의 환심을 사는 데 급급했다.[38] 제2의 내셔널 센터인 민주노총이 1995년 11월 24일 설립신고서를 제출하자 권영길 위원장이 바로 체포·구속되었다. 혐의사실은 1994년 서울지하철노조 파업과 관련하여 노쟁법상의 제3자개입 금지 규정을 위반했다는 것이다. 법학 교수들은 이 사안에 대한 성명서를 발표하였다.[39] 고용

35 이광택, "노사자율 공안세력이 옥죈다 - '강제중재제' 학계에서도 폐지여론," 주간 「시민의 신문」, 1994. 7. 2., 3쪽; 이광택, "한국은 여전히 노동탄압국 인식돼," 「노동경제신문」 1994. 7. 25. '월요논단' 1쪽; 이광택, "직장폐쇄에 대한 올바른 이해," 「노동경제신문」 1994. 8. 29. '월요논단' 1쪽.

36 이광택, "외국사례로 본 손배소송의 문제점," 손해소송공동대책위원회 주최 노동정책토론회 〈손해배상소송과 단체행동권〉 주제발표 1995. 5. 9. 14:00 의원회관 소회의실) (「노동경제신문」 1995. 6. 12.~18., 7쪽, 1995. 6. 19.~25., 9쪽, 1995. 6. 26.~7. 2., 9쪽, 1995. 7. 3.~7. 9., 9쪽, 1995. 7. 10.~7. 16., 9쪽, 1995. 7. 24.~30., 9쪽에 전문 연재; 요약 보도: 주간 「산업과 노동」 1995. 5-3(통권 제298호), 화보 및 9쪽; 월간 「노동법률」 1995. 6. 통권 49호, 화보)

37 이광택, "'가상파업'처벌 온당치 않다," 주간 「시민의 신문」 1995. 6. 10.

38 이광택, "문민정부 노동 정책 어디로 가나," 월간 「현대노사」 한국노동문제연구원 刊, 1995. 10 (통권 144호) 〈노동시론〉, 10~11쪽.

39 이광택, "5.18 불기소처분과 권영길 위원장 구속에 대한 법학교수들의 의견," 「내일신문」 1995. 12. 27., 51쪽, '노동시론'(「KBS-1TV」 1996. 1. 30. 21:00 '뉴스'; 「MBC-TV」 1996. 1. 30. 21:00 '뉴스' 기자회견; 주간 「노동자신문」

형태의 다양화에 따른 노동시장의 양극화에 대한 우려도 계속되었다.[40]

2) 노사관계개혁위원회의 노동법개정 작업(1996~1997년)

김영삼 정부에서의 노동법 개정은 임기 후반기인 1996년 5월 9일 대통령자문기구로 발족한 노사관계개혁위원회(노개위)에서 본격적으로 이루어진다.

그런데 노개위에서 마련된 기초 자료들 중 특히 노조전임자의 수와 전임자의 급여지급 주체에 대해 검증이 되지 않은 외국 자료들이 그대로 사용되어 비판이 제기되었다.[41] 이 비판은 당시에는 주목을 받지 못하다가 2021년 1월 ILO 핵심협약 비준을 앞둔 노조법 개정시에 비로소 수용되었다.

노개위에서의 논의는 총 147개 조항 중 107개가 합의되는 성과를 가지고 11월 12일 대통령에게 '중간보고'를 하는 것으로 마무리되었다.[42] 정부는 이를 기초로 노동법 개정 정부안을 만들어 국회에 제출하였다. 그러나 노사 의견이 크게 갈린 상태에서 주요 사항이 노개위의 공익위원 안과도 다른 정부안을 1996년 12월 26일 여당이 단독으로 상정, 변칙 처리하고 말았다.[43]

이를 규탄하며 촉발된 사상 초유의 정치파업은 세계를 놀라게 했다. 노동부의 집계에 의하더라도 파업 개시 26일 만에 연인원 500만 명의 노동자들이 파업이 참가하였고, 참가 노

1996. 2. 6., 7쪽, "41개대학 72명 법학교수 성명발표"; 「노사신보」 1996. 2. 7., 14쪽 "법학교수 72인 이례적 노동현안 공개 의견 제시"; 「산업과 노동」 1996. 2. 8.(통권 제331호), 표지 및 22~23쪽 "법학계, 권영길 민주노총 위원장 석방 촉구"; 「노동경제신문」 1996. 2. 12., "법학교수 72인 의견 전문"; 주간 「전국연합통신」, 민주주의 민족통일 전국연합 刊, 88호(96. 2. 10.), 16~18쪽, "의견서 제출을 추진한 이광택 교수를 만나," '인터뷰').

40 이광택, "다양한 고용형태와 정책과제," 전국민주노동조합총연맹 주최 정책세미나 "다양한 고용형태와 정책과제" 주제 발표, 1996. 3. 13. (요약보도: 「산업과 노동」 1996. 3. 21. 통권 제336호, 화보 및 18~19쪽; 「노사신보」 1996. 3. 27., 6~7쪽).

41 이광택, "노조전임자수와 급여문제," 한국노동법학회/원광대학교 법과대학 공동주최 1996년도 추계학술발표회 주제 발표(요약 보도: 「매일노동뉴스」 제1157호, 1996. 12. 17., 8쪽; 주간 「산업과 노동」 1996. 12. 26., 26~27쪽; 주간 「한겨레 21」 제139호 1996. 12. 26., 38~39쪽(인터뷰 포함)).

42 노사관계개혁위원회, 『노사관계개혁위원회 백서』, 1998.

43 이광택, "본말 전도된 노사개혁," 「내일신문」 1996. 12. 11. 〈내일논단〉 3쪽; 이광택, "전문성 결여 - 사실왜곡편파 지나쳐," 「미디어오늘」 1996. 5. 15. 〈기고〉 4쪽; 이광택, "'개혁'(改革)이란 이름의 '반개혁'(反改革)을 경계해야," 「내일신문」 1996. 5. 29. 〈내일논단〉 3쪽; 이광택, "'노사관계개혁위', 첫 단추를 잘 끼워야," 월간 「노동법률」 1996. 6.(통권 제61호) 〈칼럼〉 11~13쪽.

조수에서도 사상 최대 규모였다.[44]

3) 변칙처리법에서 제정법까지의 평가

개정법의 내용은 더욱 개악되었다는 평가를 받았다. '긴박한 경영상의 필요'에 경영 악화, 기술 혁신, 업종 전환 등이 재계의 바람대로 반영되었다. 게다가 거론되지도 않았던 사업의 양도 · 합병 · 인수를 경영 해고 허용 사유로 추가하였다.[45]

극한으로 치닫던 총파업 정국은 재개정 국면으로 전환되었으며 노동법은 여야 협상테이블에 오르게 되었다. 1997년 3월 13일 기존의 법을 폐지하고 여야합의로 제정의 형식으로 노동관계법을 다시 탄생시키게 된다. 이 과정에서 노조법과 노쟁법은 「노동조합 및 노동관계조정법」(노조법)으로 통합되었고, 노협법은 「근로자 참여 및 협력증진에 관한 법률」(근참법)로 이름이 바뀌었다.[46]

집단적 노동관계법에서는 상급단체의 경우는 조직대상을 같이하는 제2 노동단체를 즉시 허용하고, 사업 또는 사업장 단위에서는 2002년부터 허용하도록 하였다.[47] 노쟁법은 쟁의행위 중 당해 '사업'의 근로자에 의한 대체근로를 허용하였다. 또한 파업기간 중의 임금 지급 요구를 금지하였다. 노조전임자 임금 지급 금지 규정을 두었으나 사업장 단위 복수노조 허용과 마찬가지로 5년간 그 시행을 유예하였다.[48] 제정 근기법은 변형근로시간제를 다시 도

---

44 이광택, "개정노동법 둘러싼 파업 왜 불법인가," 「세계일보」 1997. 1. 14. 17쪽; "현재의 파업은 불법이 아니다"; 주간 「노동자신문」 1997. 1. 14. 4쪽; "노동법개정 철회를 요구하는 현재의 파업은 불법이 아니다," 「법률신문」, 1997. 1. 16.(제2566호) 7쪽; 주간 「산업과 노동」 1997. 1. 16. 14쪽 이하; "경제적 정치파업과 외국의 판례," 한국기독교사회문제연구원 엮음, 기사연 시사논평 「노동관계법 개정의 쟁점과 대응」, 민중사, 1997. 1. 28. 54~56쪽(요약보도: 「한겨레신문」 1997. 1. 14. 7쪽(임범 · 강성만 · 박용현 記)); 이광택, "12. 26. 총파업의 적법성과 개정노동법의 무효 여부," 민주사회를 위한 변호사모임/참여민주사회시민연대 공동주최 〈노동관계법 · 안기부법 날치기 통과에 대한 시민헌법재판〉 참고인 진술서 2, 1997. 1. 30.(요약 보도: 주간 「산업과 노동」 1997. 2. 6., 표지 및 10~11쪽); 이광택, "파업은 불가피한 선택," 시사월간 「WIN」, 중앙일보사 간, 1997. 2.(제3권 제2호, 통권 21호) 〈찬반논쟁〉, 33~34쪽.

45 이광택, "빗나간 노동법 개정," 「현대노사」 한국노동문제연구원 간, 1997. 2. 〈노동법 개정의 총괄평〉; 이광택, "날치기 노동법안의 내용과 국제수준으로의 개정을 위한 과제," 「정책논단」, 새정치국민회의 정책위원회 刊, 제2집 1997. 2., 158~180쪽; 이광택, "개혁입법의 허구와 정도걷기," 「교수신문」 1997. 2. 3., 6쪽; 이광택, "개정노동법의 내용과 그 통과절차에 대한 위헌제청결정," 월간 「노동법률」 1997. 3. 〈노동관례평석〉; 이광택, "노동법개정안, 무엇이 문제인가?," 「노동법 · 안기부법 개악철회와 민주수호를 위한 범국민대책위원회」 주최 〈긴급토론회〉 주제발표 1997. 3. 6.(요약 게재: 주간 「노동자신문」 1997. 3. 7.).

46 이광택, "개정노동법의 내용과 문제점," 「노동경제신문」 1997. 4. 21. '1회' ~ 연재 1997. 9. 8. '15회'.

47 노동부, 『노동행정사』 제4편 노사관계정책, 2006, 149쪽.

입하고, 날치기법에 삽입되었던 사업의 양도·합병·인수를 간박한 경영상의 이유로 본다는 규정은 삭제되었다.[49]

III. 구조조정과 노동법(1998~2005년)

1. IMF 구제금융과 노사정위원회

1) 1990년대 후반기 노동법

우리 정부가 1997년 11월 21일 국제통화기금(IMF)에 구제금융지원을 요청하자 IMF 측은 지원 조건으로 전 산업에 걸친 구조조정을 요구하였고, 그에 따라 노동입법은 노동시장의 유연성 제고와 고용보험제도의 강화로 이어지게 된다. 김대중 대통령 당선인이 제안하여 구성된 노사정위원회는 대통령 취임 직전인 1998년 2월 6일「경제위기 극복을 위한 사회협약」을 체결한 뒤 노동법의 제·개정을 추진하게 된다.[50]

처음으로 맺은 사회협약을 기초로 하여「고용정책기본법」,「중소기업근로자복지증진법」,「고용보험법」 등을 개정하였다. 제·개정 내용 중 근기법 개정에 의한 경영상 이유에 의한 해고 요건의 완화와「파견근로자보호 등에 관한 법률」(근로자파견법)의 제정이 가장 주목되었다.[51] 1998년 2월 24일에「공무원 직장협의회의 설립·운영에 관한 법률」이 제정되었다. 기업별 복수노조 허용에 관한 규정과 노조전임자 급여지급 금지규정의 시행은 2001년 12월 31일에서 2006년 12월 31일까지 다시 5년간 유예하였다.

---

48 노사관계개혁위원회, 『노사관계 개혁백서』, 1998, 267~269쪽.

49 그러나 이 조항은 IMF 관리체제에 들어간 1998년 2월 다시 살아난다.

50 이광택, "노사정 위원회의 공정한 역할을 기대한다,"「현대노사」한국노동문제연구원 간, 1998. 2. 〈노동시론〉16~19쪽.

51 노사정위원회, 〈노사정위원회 운영관계자 워크숍〉, 1998. 12. 14.

2) 교원노동조합법과 공무원노동조합법의 제정(1999~2005년)

1999년 1월 29일 「교원의 노동조합 설립 및 운영 등에 관한 법률」(교원노조법)이 제정되었다. 이 시기에는 노사정위원회의 1차 합의가 있은 뒤 합의에 참여했던 민주노총이 내홍을 겪으면서 노사정위원회의 기능이 사실상 무력화된 가운데[52] 노조전임자 급여지급 금지 규정에 대한 재검토를 하는 등 기능의 재정립을 모색하기도 했다.[53] 또한 구조조정에 반대하는 파업에 대한 민·형사 책임이 크게 문제화되었다.[54] 또 OECD와 ILO가 요구하는 국제규범의 준수가 중요한 의제가 되었다.[55] 노동 현안에 대한 언론보도에 대해 필자가 공정성을 촉구한 바도 있다.[56]

그런데 헌법재판소(헌재 1993. 3. 11. 88헌마 5 결정)가 국가·지방자치단체 종사자의 단체행동을 금지하고 있는 당시 노쟁법 제12조 제2항에 대해 헌법불합치 결정을 내리는 과정에서 위 「국가공무원법」과 「지방공무원법」의 규정에 대해 1971년 국가보위법의 시행으로 그 효력이 배제 내지 정지되었다는 입장을 밝힌 것이다. 이로써 공무원노조는 일종의 "진공상태"에 있다 할 수밖에 없었다. 공무원의 노조활동을 인정하는 규정도 금지하는 규정도 없었기

---

52 이광택, "'노사정위' 수명 다했나," 주간 「NEWS+」, 동아일보사 刊, 1999. 1. 28. 〈칼럼〉, 100쪽.

53 이광택, "노조전임자 급여지급 금지규정의 타당성 여부," "노조전임자 임금문제, 어떻게 할 것인가?"(노사정위원회 토론회 자료집) 주제발표, 1999. 11. 4., 2~21쪽(요약보도: 「경영과 노동」 1999. 11. 15.(통권 제463호), 표지 화보 및 8쪽); 이광택, "노조전임자 임금지급금지 - 노사자치 보장한 헌법에 위배," 「매일경제」, 1999. 11. 5. '노사정위 정책토론회', 37쪽.

54 이광택, "종금사 퇴출에 따른 노동법상의 문제 〈금융기관의 구조조정에 따른 노동법상의 문제 - 퇴출 종금사 사례를 중심으로〉", 산업사회연구소 주최 〈1999년 연두정책토론회〉 주제 발표, 1999. 1. 27., 1~43쪽(요약 게재: 주간 「노동자 신문」 1999. 1. 29., 9쪽 "퇴출 종금사 해고는 무효"; 「경영과 노동」 1999. 2. 15., 화보 및 24쪽 "종금사 직원 해고는 위법 - 산업사회연구소 정책토론회"); 이광택, "쟁의행위에 대한 선진적 법해석," 국민대학교 법학연구소/독일 Friedrich-Ebert-Stiftung 주최 〈Ninon Colneric 교수 초청 국제학술회의 "쟁의대상, 쟁의행위 및 형사책임"〉 주제 발표, 1999. 8. 25., 45~77쪽(전문 전재: 「현대노사」 1999. 9.(통권 제191호) 〈논문〉, 14~23쪽, 1999. 10.(통권 192호), 14~24쪽; 요약 보도: 「노동일보」 1999. 8. 27., 15쪽 "파업시 형사책임 '한국뿐'"; 「경영과 노동」 1999. 9. 1.(제458호), 9쪽 "모든 쟁의행위에 '업무방해 요소' 포함, 형사책임 없애야"; 「법률신문」 1999. 9. 13.(제2820호), 13~14쪽 및 1999. 9. 16.(제2821호), 13~14쪽 "쟁의대상, 쟁의행위 및 형사책임"); 이광택, "구조조정과 노동자의 파업권," 경제정의실천시민연합 주관/한겨레신문사 후원 〈구조조정과 노동자의 파업권'에 관한 정책토론회〉 주제발표, 1999. 8. 31., 1~29쪽(요약 보도: 「한겨레신문」 1999. 9. 1., 13쪽; 「경영과 노동」 1999. 9. 15.(제459호), 24쪽); 이광택, "구조조정은 쟁의행위의 대상이다," 월간 「노동법률」 1999, 11,(통권 제102호)〈특집〉 정리해고와 쟁의행위·쟁의행위의 책임 I, 24~25쪽.

55 이광택, "OECD와 ILO의 고언(苦言)," 「현대노사」 한국노동문제연구원 刊, 2000. 7.(통권 제200호) 〈노동칼럼〉, 12~13쪽.

56 이광택, "노동현안에 대한 언론보도 태도," 「YTN」 '뉴스 엔 오피니언' 2001. 10. 21. 17:25, 2001. 10. 22. 04:25.

때문이었다.[57]

중국에서 온 동포 400여 명이 체류기간 연장 요구 단식농성이 숙제를 던졌고,[58] 산업연수제도의 폐단도 지속적인 이슈가 되었다.[59] 2003년 1월 9일 분신자살한 두산중공업 고 배달호 열사의 장례식이 65일 만에 치러지게 된 배경에도 손배가압류가 있었다.[60]

한편 노무현 정부 당시인 2005년 1월 27일에는 「공무원의 노동조합 설립 및 운영 등에 관한 법률」(공무원노조법)의 제정이 있었다.[61]

2. '노사관계선진화연구위원회'

당초 노사정위원회의 핵심 이슈 중 하나였던 주 5일(1주 40시간) 근무제,[62] 즉 상한근로시간 단축 등 근로시간 및 휴가 제도를 국제 기준에 맞추어 개선하고 기업의 경쟁력 강화를 도모하기 위해 2003년 9월 15일 근기법을 개정한다. 그러나 주 40시간 시행을 둘러싸고 서울 등 4개 도시 5개 지하철이 파업에 돌입하는 등 진통을 겪었다.[63]

한편 2003년 5월 10일 당시 참여정부는 '노사관계선진화연구위원회'를 구성하여 제도 개선을 도모하였다. 체불임금과 관련된 '반의사불벌죄'와 미지급임금에 대한 '지연이자제도'가 2005년 3월 31일 근기법 개정에 반영되었고, 해고와 관련된 '형사처벌 규정'의 삭제 및 이행강제금제도와 금전보상제 등은 2007년 1월 26일 개정에 반영되었다.

---

57 이광택, "공무원노조 '진공상태'," 「대한매일」 2002. 3. 16., 12쪽; 이광택, "공무원도 노동3권 인정해야," 「대한매일」 2002. 12. 27., 5쪽.

58 이광택, "그들은 과연 외국인인가?," 「노동일보」(제803호) '노일칼럼' 2002. 4. 15., 4쪽.

59 이광택, "산업연수생제도 이대로 좋은가," 「노동일보」(제890호) '노일칼럼' 2002. 5. 22., 4쪽.

60 이광택, "두산 노동자의 분신 – 민영화의 뒤안길," 「노동일보」(제997호) '노일칼럼' 2003. 1. 20., 2쪽; 이광택, "두산 사태가 준 교훈," 「노동일보」(제1035호) '노일칼럼' 2003. 3. 17., 2쪽.

61 이광택, "정부의 공무원노조법안," CBS(표준 FM 98.1MHz) '뉴스해설' 2004. 8. 24. 8:25.

62 이광택, "주5일제 근무 정부안 허점투성이," 「대한매일」 "오피니언" 2002. 9. 7. 6쪽

63 이광택, "지하철 파업이 남긴 교훈," 「CBS」(표준 FM 98.1MHz) '뉴스해설' 2004. 7. 26. 08:25.

IV. 고용불안정과 노사관계법의 변화(2006~2010년)

1. 비정규직보호법과 사회적기업육성법의 제정(2006년)

2006년 12월 21일 「기간제 및 단시간근로자 보호 등에 관한 법률」이 제정되었고, 파견근로자의 차별 시정 등을 내용으로 하는 「파견근로자보호 등에 관한 법률」의 개정이 있었다. 2007년 1월 26일의 근기법 개정에서는 정당한 이유 없는 해고 등에 대한 구제명령이 내려졌으나 이를 이행하지 않는 경우 이행강제금을 부과하는 제도를 도입하였다.

2007년 7월 1일에는 「사회적기업육성법」이 시행된다. "취약계층에게 사회서비스 또는 일자리를 제공하거나 지역사회에 공헌함으로써 지역주민의 삶의 질을 높이는 등의 사회적 목적을 추구하면서 재화 및 서비스의 생산·판매 등 영업활동을 하는" '사회적기업'을 육성하여 취약계층의 고용증대를 도모하였다.[64]

2. 사업장 단위 복수노조 허용과 Time-off제 시행(2010년)

2010년 1월 1일 새벽 국회의장에 의해 직권 상정되고 한나라당이 중심이 되어 통과시킨 노조법 개정안의 골자는 복수노조 허용에 따른 교섭창구 단일화와 노조전임자 급여지급을 금지한 것으로 요약된다. 기업별 복수노조 허용은 그 유예기간이 다시 1년 6개월 연장되어 2011년 7월 1일부터 시행되도록 하였다. 한편 지난 13년간 유예되었던 노조전임자 임금 수령·지급 금지규정은 6개월 후인 2010년 7월 1일부터 곧바로 전면 시행되는 것으로 하였다.

하나의 사업 또는 사업장에서 2개 이상의 노동조합이 있는 경우에 노동조합 간 자율적으로 교섭대표 노동조합을 정하고, 그것이 안 되는 경우 교섭창구 단일화 절차에 참여한 노동

---

64 이광택, "사회적기업의 창업," 한국노동교육원 전문가 칼럼, 2007. 6. 4. 교육원칼럼(전문가); 이광택, "사회적기업의 인기기술," 2007. 5. 30. (발제문) 월간 「노사의 쟁점」 사단법인 노사문제협의회 간, 제10호 2007. 7. 30., 7~19쪽(요약 보도 및 화보: 「개혁시대」 2007년 여름호, 제9권 제2호 통권 34호, 8쪽); 이광택, "사회적기업과 기업가 정신," 한국법제연구원 간 「법연」 2011. 12. 1., 20~25쪽(http://www.hamkke.org/「이슈와 전망」 사회적 기업과 기업가 정신(한국법제연구원 소식지 12월호)).

조합의 전체 조합원 과반수로 조직된 노동조합이 있는 경우에는 그 노동조합이, 없는 경우에는 공동교섭 대표단이 교섭대표 노동조합이 되도록 하며, 교섭대표 노동조합에게 당사자의 지위를 부여한다(법 제29조의2 제2항에서 제8항까지, 제29조의5, 제41조 제1항 후단, 제42조의6 제1항 신설). 교섭창구 단일화의 강제는 과반수노조 존재시 과반수 미달 소수노조, 과반수노조 미존재시 10% 미만 소수노조의 단체교섭권을 부정하게 된다.

2010년 개정법은 세 차례 유보되었던 노조전임자 급여지급 금지 규정을 시행함과 동시에, 단체협약으로 정하거나 사용자가 동의하는 경우에는 '근로시간 면제한도'를 초과하지 아니하는 범위에서 사용자와의 협의 · 교섭, 고충처리, 산업안전 활동 등 업무와 '건전한 노사관계 발전을 위한 노동조합의 유지 · 관리업무'를 할 수 있다고 규정하였다(법 제24조 제4항). ILO 결사의자유위원회는 2003년 6월에도 "노조전임자에 대한 사용자의 임금 지급은 법적 간여의 대상이 아님을 분명히 할 것"을 재차 권고한 바 있다.[65]

V. 2021년의 노조법 개정과 ILO 핵심협약 비준

1. 서론

2010년대에 들어와서 한국의 국제적 위상이 현저히 제고되고 노동관계도 선진화될 것이 기대되어 국제노동기구ILO의 핵심협약 비준이 중요 의제로 대두되었다. 그런데 2013년 10월 24일 고용노동부 장관은 전교조에 대해 해직교사들을 조합원에 포함시키고 있다는 이유로 "노동조합으로 보지 아니함"을 통보하여 이에 대한 비판이 제기되었다.[66]

---

65 "노동법의 선진적 개정 방향," 2010. 8. 31., 253쪽 참조.

66 이광택, "전교조 문제로 본 교원노조법의 올바른 개정방향," 국회 환경노동위원회 민주당 김경협, 은수미, 장하나, 홍영표, 한명숙, 한정애 의원, 정의당 심상정 의원/전국교직원노동조합 공동주최 "교원노조법 개정 방향 토론회" 〈교원노조법' 이대로 둘 것인가〉 발제문, 2013. 11. 20. 국회의원회관 2층 제1세미나실, 1~34쪽 (요약보도:「경향신문」 2013. 11. 21. 16쪽, "교원노조법의 사회적 합의," "악법은 없애야,"(박철용 記);「매일노동뉴스」 2013. 11. 21., "위헌소지 교원노조법' 폐지 · 개정 요구 잇따라,"(구태우 記):「뉴시스」 2013. 11. 20., "국가공무원법 · 사립학교법 개정해 교원 노동3권 보장해야"(한재갑 記);「이데일리」 2013. 11. 20., ""교원노조법 폐지해야" vs "법 먼저 지켜야"… 전교조 두고 '갑론을

2016년에는 한국의 ILO 가입 25주년을 맞아 중요 협약의 비준의 시급성[67]과 국내 거주 이주노동자의 처우에 대한 ILO 권고도 주목되었다.[68] 이어 '4차 산업혁명'의 전개에 따른 플랫폼노동자 보호와「중대재해처벌법」제정 그리고 코로나19로 인한 '노동시장 양극화의 가속' 논의가 주목을 받았다.[69]

2017년에 취임한 문재인 대통령도 대선공약으로 국제노동기구[ILO] 핵심협약 비준을 제시하였다. 2021년은 한국이 ILO에 가입한 지 30년이 되는 해이다.

문재인 정부는 ILO 핵심협약 비준을 국정과제로 삼아 2021년 1월 5일「노동조합 및 노동관계조정법」(이하 '노조법'), 공무원노조법 및 교원노조법을 일부 개정하였다. 개정법들은 공포 6개월 후인 7월 6일 발효하였다. 이에 앞서 4월 2일에는 ILO에 결사의 자유에 관한 제87호 협약(1948), 단결권 및 단체교섭권에 관한 제98호 협약(1949)과 강제노동금지에 관한 제29호 협약(1930) 비준서를 기탁하였다. 그러나 강제노동철폐에 관한 제105호 협약(1957)은 비준하지 않았다. 협약은 비준서를 기탁한 날부터 1년 후 발효된다.

2. 2021년 개정 노조법의 내용

1) 비종사자 등의 기업별노조 가입 허용, 노조임원 자격 제한

'사업 또는 사업장에 종사하지 아니하는 근로자'에 대하여 기업별 노동조합에 가입할 수 있도록 허용하고(현행 제2조 제4호 라목 단서 삭제), 기업별 노동조합의 경우 해고된 조합원의 근로자성이 부인되는 것으로 보는 규정을 삭제하였다. 그러나 개정 노조법은 노동조합 임원 자격을 규약으로 정할 수 있도록 하되, 기업별 노동조합의 임원이나 대의원은 그 '사업 또는 사업자에 종사하는 조합원' 중에서 선출하도록 규정하고 있다(제17조 제3항, 제23조 제1항). 이

박"': 실황녹화: [교원노조법 개정 방향 토론회] "교원노조법 이대로 둘 것인가," 2013. 11. 20. (박찬남 記) 마로니에 방송.

[67] 이광택, "ILO 가입 25주년, 의미와 과제"「노사공포럼」2016년 제3호(통권 제39호), 2016. 10. 28.

[68] 이광택, "한국의 이주노동자 정책에 대한 ILO의 권고,"「국제노동」2017년 봄호(통권 230호), 2017. 4. 30.

[69] 이광택, "4차 산업혁명 시대의 빛과 그림자," 한국천주교주교회의 간「경향잡지」2018. 11., 115~118쪽; 이광택, "코로나19를 이유로 한 노동시장의 양극화 가속,"「대학지성 Inn&Out」2020. 5. 17. 〈시니어칼럼〉; 이광택, "중대재해기업처벌법 입법 지체에 언론은 관심을 가져야," 언론인권센터,「언론인권통신」제885호 〈언론인권칼럼〉2020. 11. 19.

에 따라 해고자, 이직자, 실업자 등은 기업별노조의 임원이나 대의원이 될 수 없다.

2) 근로시간면제와 부당노동행위

노조법 제24조를 개정하여 ILO가 개선을 권고한 노조전임자 급여지급에 대한 국가의 직접적인 금지 및 형사처벌 등의 입법적 관여를 삭제하면서도 근로시간면제 제도의 기본 틀은 유지하도록 하였다.

'근로시간면제자'는 사업 또는 사업장별로 종사근로자인 조합원 수 등을 고려하여 '근로시간면제한도'를 초과하지 아니하는 범위에서 "임금의 손실 없이 사용자와의 협의·교섭, 고충처리, 산업안전 활동 등 이 법 또는 다른 법률에서 정하는 업무와 건전한 노사관계 발전을 위한 노동조합의 유지·관리업무를 할 수 있다"(제24조 제2항)고 하여 노동조합의 업무에 종사하는 근로자의 노동조합 업무 수행 등에 관한 사항을 규정하였다.

3) 공무원·교사의 조합원 자격

공무원 노동조합의 가입 기준 중 공무원의 직급 제한을 폐지하고, 퇴직공무원, 소방공무원 및 교육공무원(교원은 제외)의 공무원 노동조합 가입을 허용하는 등 공무원의 단결권 보장의 범위를 확대하였다(공무원노조법 제6조 제1항).

교원으로 임용되어 근무하였던 사람으로서 노동조합 규약으로 정하는 사람도 교원 노동조합에 가입할 수 있도록 하여 퇴직공무원과 마찬가지로 퇴직교원도 조합원 신분을 유지할 수 있도록 하였다(교원노조법 제4조의2).

3. 2021년 개정 노조법 평가

2021년 개정 노조법은 다음과 같은 문제가 있다:

첫째, 특수고용노동자(노조법 제2조 제1호 근로자 정의), 하청·간접고용노동자(노조법 제2조 제2호 사용자 정의)의 노동기본권 개선이 모두 제외되었다.

둘째, 개정되었다는 실업자·해고자 노조가입, 노조임원 자격, 근로시간면제제도, 공무원과 교원의 노동기본권도 국제노동기준에 훨씬 못 미친다.

셋째, 종사자와 비종사자 조합원을 구분하여 차별한 것은 근로자의 결사의 자유 보장이라는 협약 취지에도 반한다.

이처럼 2021년 노조법 개정에서는 그간 ILO가 한국 정부에 지속적으로 개선을 권고한 내용은 대부분 누락하고, 오히려 노동기본권을 후퇴시키는 내용을 포함하는 내용이 포함되어 있다.[70]

공무원과 교원의 단결권 관련 직무에 의한 조합가입 제한규정을 삭제하거나 대폭 개정하여 단결권 보호 범위를 확대해야 한다. 단체교섭 및 단체협약 관련 법령·예산에 관한 사항이 교섭대상임을 확인하여 교섭권을 보장하고, 공공기관 단체협약 체결시 이사회 등의 승인제도를 폐지해야 한다. 아울러 단체협약 이행확보 수단도 마련되어야 한다. 교사·공무원도 노동자로서 ILO 기준과 결사의 자유 원칙에 따라 쟁의권을 보장하는 내용으로 관련법과 제도를 개선해야 한다.

핵심협약 중 제87호 협약은 1948년, 제98호 협약은 1949년에 채택된 것이고 제29호 협약은 1930년에 채택된 것이다. 이들을 대한민국이 21세기에 비준하였다는 것은 부끄러운 일이다. 그런데 이번에 비준하지 못한 제105호 협약도 1957년에 채택된 것이다. 이 협약을 비준하지 못한 이유는 국가보안법 사범에 대한 징역형, 파업근로자에 대한 징역형 등을 규정하고 있는 현행법들이 장애로 작용했기 때문이다.

핵심협약 비준은 새로운 '시작'이다. 핵심협약 비준을 계기로 그간 최소한의 국제노동기준조차 준수하지 못했던 우리의 후진적 노동현실을 반성하고 성찰하여 법과 제도, 관행을 일신—新하는 계기로 삼아야 한다. 결사의 자유 원칙은 물론 ILO 핵심협약에 따라 고용·종속관계를 벗어난 모든 노무제공자, 노동자(workers)에게 노동 3권을 보장해야 한다.[71]

---

[70] 신인수, "ILO 핵심협약 비준의 의미와 과제," 「국제노동」 2021. 6. 1.(통권 제247호), 61쪽 이하.
[71] 신인수, "ILO 핵심협약 비준의 의미와 과제," 「국제노동」 2021. 6. 1.(통권 제247호), 851쪽.

VI. 평가와 과제

언론을 통해서 본 노동 50년은 우리 사회의 역사를 살펴볼 수 있는 하나의 방법이다. 언론은 노동뿐만 아니라 우리 사회의 전 영역에 엄청난 영향력을 행사한다.

그런데 외자기업에서의 노동자들의 단체행동이 금지된 1970년 1월 1일부터 언론은 노동문제에 대한 정부정책에 대체로 순종적으로 대응하였다. 그리고 1971년 12월 27일 공포한 국가보위법에 의해 모든 사업장에서 단체행동권이 사실상 금지되었기 때문에 노동자들의 파업이 매우 드물었기도 했지만 설사 발생한다 하더라도 이를 보도하지 못했다.

필자가 활동하던 서울대 법대 사회법학회가 1970년 3월 '서울시 빈민지구 실태조사 보고서'를 발표했지만 일간지는 모두 외면하였고 야당인 신민당 기관지 「민주전선民主前線」 1970년 6월 1일자에 전문이 실렸다.

평화시장의 재단사 전태일이 1970년 11월 13일 오후 1시 30분경 "근로기준법을 지켜라"고 외치며 분신한 사건을 이튿날 「한국일보」가 크게 다룬 것은 아마도 첫 번째 노동자 분신이었기 때문이었을 것이다. 이 사건은 「여성동아」 1971년 1월호에 작가 박태순이 12쪽에 걸쳐 논픽션 "분신의 경고 – 평화시장 재단사 전태일의 일"에 자세히 기록되어 있다.[72]

일간지들이 중요한 사회적 이슈에 침묵을 지키자 1970년 10월 3일 주간으로 첫 호가 발행된 서울법대의 「자유의 종」, 서울문리대의 「정진」, 서울상대의 「활화산」, 이화여대의 「새얼」을 비롯해 전국에서 10여 종의 등사판 '지하신문'이 등장하여 시중의 언론이 보도하지 못하던 소식을 실으면서 널리 보급되었다.

주류 언론은 노동문제 중에서도 집단적 문제가 아닌 「근로기준법」 위반 사항은 보도하였다. 1975년 버스 안내양들의 열악한 근로조건의 큰 이슈가 되었다. 노동시간이 아침 4:30에 시작하여 저녁 12시에 끝나는 살인적 조건이었고, 또 안내양들이 "삥땅"을 막기 위해 신체검사는 물론이고 계수기 설치가 크게 문제가 되었다. 필자도 안내양들의 어려움에 관한 기사를 사진과 함께 3단으로 보도하였고, 이에 대해 독자의 호응도 있었다.

유명한 동일방직사건은 여성 노동자들이 1972년 최초의 노동조합 여성 지부장 선출 이후

---

[72] 『서울법대 학생운동사』, 164쪽.

1975년에도 계속하여 여성 지부장 이영숙을 선출하여 노동자의 권익을 보호하고자 한 데서 비롯되었다. 1976년부터 쟁의를 계속해오던 동일방직 노동조합은 이 일을 계기로 중앙정보부의 공작 대상이 되어 와해되었고, 1978년 2월 21일 쟁의중인 동일방직 노동조합의 조합원들에게 반대파가 똥물을 뿌린 사건이 발생했다. 이런 사건은 언론에서 철저히 외면하였기 때문에 점점 더 악화된 것으로 보인다.

유신정권이 종말하는 동기가 된 YH사건도 사실은 '언론의 무관심'이 그 원인이 되었다. 노동조합은 폐업 공고된 'YH 무역'을 회생시키기 위해 여러 방면으로 노력하다가 4월 13일부터 장기 농성에 들어갔다. 그러나 면목동에 위치한 회사에서의 농성은 언론에 보도되지 못했다. 결국 YH 노동자 172명은 8월 9일부터 마포에 있는 신민당 당사로 옮겨 농성을 감행하였고, 경찰이 강제 해산하는 과정에서 노동자(김경숙) 1명이 추락사하였다. 이 사건은 후에 김영삼 의원 제명 파동, 부마민중항쟁, 10.26 사태로 이어지는 박정희 정권 종말의 도화선이 되었다.

유신체제하에는 노동사건을 그런대로 보도한 거의 유일한 매체는 「시사통신」이었다. 인터넷이 없었던 당시의 「시사통신」 노동편은 23cm×16.5cm 크기의 용지에 세로글씨로 단면 활판 인쇄하여 스테이플러로 찍은 20~30페이지의 유인물로 인편으로 배포되었다. 일간지에서 찾을 수 없는 상당수의 노동소식을 「시사통신」에서 얻어 가공할 수 있었다.

제5공화국 당시의 언론은 스스로 알아서 태도를 취한 것으로 생각된다.

노동 이슈에 대한 언론보도의 홍수는 1987년 6·29 민주화선언이 계기가 되었다. 이 무렵 고 최재현崔載賢 동지가 "노동자가 체험하는 빈부격차"를 「신동아」 1987년 6월호, 506~516쪽에 게재한 것은 특기할 만하다. 1987년 7월에서 9월까지 노동자 대투쟁이 전개되었다. 1987년 7월, 8월 2개월간 3,000여 건 이상의 노동쟁의가 발생했으며, 이 파업투쟁을 계기로 대한민국의 노동조합 조직화가 급속히 증대되었다. 1987~1989년 3년간 우리나라의 노동조합 수와 조합원 수 그리고 노동자 임금이 두 배로 치솟았다. 이 기간 동안 노동 이슈에 대한 필자의 발제문 등을 보도한 언론매체들을 살펴보면 그 추이를 알 수 있다.

「동아일보」, 「조선일보」, 「중앙일보」, 「한겨레신문」, 「문화일보」, 「경향신문」, 「서울신문」, 「세계일보」, The Korea Times 등 중앙일간지 뿐만 아니라 「부산일보」 등 지방지, 「중앙경제신문」, 「매일경제신문」, 「내외경제신문」, 「한국경제신문」 등 경제지 그리고 KBS 제1 라디오, KBS 제 2라디오, KBS 1TV, MBC TV 그리고 「노동경제신문」, 주간 「산업과 노동」, 「노무법률신문」, 「노사신보」, 월간 「노동법률」, 월간 「노사광장」, 월간 「현대노사」, 「노사저널」 등 전문지들이 망라되어 있다. 주간 「시민의 신문」과 「주간 노동자신문」이 간행되다가 「시민의 신문」은 얼마 가지 않아 중단되었고, 「주간 노동자신문」은 「노동일보」로 발전하여 10년 이상 유지되었으나 역시 폐간되었다. 전문지로는 「매일노동뉴스」와 월간 「노동법률」, 「노사신보」, 「노사저널」이 유지되다가 「매일노동뉴스」와 월간 「노동법률」만 존속하고 있다.

일간지 등 주류 언론은 노동 이슈를 경제 이슈의 한 부분으로 취급하는 경향이 있다.[73] 특히 노사관계에서 사용자가 광고주인 경우 공정한 기사를 기대하기는 어렵다. 지하철, 버스 등 교통수단에서의 파업에 대해 "시민 불편"을 내세워 쟁점이 흐려지는 경우가 많다. 전문지들도 영세한 회사를 유지하며 공정한 기사를 생산하는 것을 기대하기가 쉽지 않다. 적어도 시민단체의 협조를 얻는 것이 필요하다.

---

[73] 이광택, "노동행정은 서자(庶子)의 몫인가," 「노동경제신문」 1994. 10. 17. '월요논단', 1면.

환경운동 50년사

최 열*

우리가 위험을 발견치 못하면
위험이 우리를 찾을 것이다

I. 서론

71동지회 50년을 맞이했다. 반세기 동안 세상은 엄청나게 변했다. 그중에서도 기후와 환경문제는 그 누구도 예측할 수 없을 만큼 심각해졌다. 환경문제는 산업화와 더불어 인구의 도시 집중으로 필연적으로 생길 수밖에 없다. 인류의 역사를 통해 환경문제는 늘 있어왔지만 세계적으로 환경과 공해문제가 이슈화된 것은 제2차 세계대전이 끝나고 대량생산과 빠른 도시화 때문이다. 산업혁명의 발생지 영국의 수도 런던에서는 1952년 12월 5일부터 9일까지 불과 5일 만에 4천 명이 살인 스모그로 생명을 잃었다. 이듬해 봄까지 1만 2천 명이 생명을 잃었다. 석탄 난방과 디젤 버스에서 나오는 매연이 안개와 결합하여 스모그를 형성해 오염된 공기를 호흡한 사람이 잇달아 죽어갔다. 일본은 1950~60년대 고도성장으로 미나미따병, 이따이이따이병, 욧가이치 천식으로 온몸이 비틀어지고 뼈마디가 아픈 공해병이 발생해 많은 사람이 고통 속에서 생명을 잃었다.

---

* 강원대 농대 농화학과 졸, 강원대 명예철학박사, 한국공해문제연구소 창립 대표, 환경운동연합 창립 사무총장 및 공동대표, 환경재단 대표 및 이사장, 유엔 글로벌500 환경상, 미국 골드만 환경상, 미국 시에라클럽 치코멘데스상 수상.

이처럼 선진국에서 공해질환으로 생명을 잃는 사람이 급증하자 환경문제가 정치적, 사회적 이슈가 되고 주민운동과 환경운동으로 인해 공해산업이 개도국으로 진출하게 된다. 이러한 상황에서 1968년 국제적인 지식인 모임인 '로마클럽'이 결성되었고, 첫 연구 성과로 「성장의 한계」가 발표되었다. 보고서의 요지는 인구증가와 경제성장이 계속된다면 100년 이내에 지구 환경 용량을 초과할 것이라는 경고였다. 이 논문은 전 세계에 충격을 주었고, 많은 환경 리포트가 나오는 계기가 된다. 환경문제가 전 지구적인 문제로 대두하자 UN 산하 경제사회이사회에서 인간 환경회의 개최를 위한 필요성을 유엔 총장에게 건의하여 유엔 총회에서 검토한 결과 받아들여졌다. 1972년 6월 스웨덴의 스톡홀름에서 "하나뿐인 우주선, 지구"라는 구호를 내걸고 유엔 인간 환경회의를 개최하였다.

스톡홀름 회의에서는 한국을 비롯한 113개국의 대표단이 참석해 지구 환경문제와 인류의 생존 등에 대해 광범위하게 논의하였고, 환경문제가 세계적인 이슈로 부각되었다. 각국 대표들은 인간환경 선언문을 채택하였고, 6월 5일을 세계 환경의 날로 지정하였다. 20년 후인 1992년 6월 브라질 리우데자네이루에서 전 세계 정상들이 모두 모이고, 정부와 NGO 대표 등 3만 명이 참석하였다. 여기에서 채택된 것이 '기후변화협약'과 생물종다양성협약이었다.

돌이켜보면 50년 전에 "하나뿐인 우주선, 지구"라는 구호를 내걸었지만 지금에서야 우리 인류가 공동운명체로서 지구촌임을 철저히 체험하게 되었다. 인간이 야생동물의 영역을 침범한 결과 코로나 바이러스가 인간을 역습해 인간은 갇히고 코로나 바이러스가 활개를 치는 세상이 되었다. 현재의 코로나 팬데믹은 기후·환경 재난의 예고편이다.

필자는 46년 전 긴급조치9호로 구속된 후 옥중에서 환경·공해 공부를 시작했다. 동료들이 공해라도 배불리 먹고 싶다는 농담을 했다. 지금은 공해를 배불리 먹는 세상을 뛰어넘어 기후·환경 재난으로 인간의 생존 자체를 위협받고 있다. 필자는 40년간 환경운동, 반핵운동, 기후·에너지 전환 운동을 하면서 수많은 현장을 다녔다. 비전이란 남이 보지 못하는 것을 볼 수 있는 능력이다. 앞으로 10년은 인간이 미래를 결정하는 중요한 시기이다. 71동지회 50년과 마찬가지로 지난 50년 우리나라의 기후, 환경 현황을 살펴보고 여기에 맞서 환경을 지키고 싸워온 내용을 간단히 정리해본다.

II. 기후 환경 현황과 환경운동의 경과

1. 주민운동의 출현

박정희 정권의 성장 위주 경제정책은 경제성장과 더불어 환경 파괴를 동반하였다. 그 당시 국민학교 미술시간에 어린이들은 선생님의 설명에 따라 번영하는 조국의 미래를 검은 연기가 나는 공장으로 표현하였다. 공해를 번영하는 국력의 신장으로 생각하였다. 그러나 1970년대 들어서 울산, 온산, 포항, 창원, 마산, 광양, 여천 등에 대규모 공단이 들어서면서 주변지역 주민들은 농경지나 어장의 오염으로 인해 부분적인 보상을 받게 되었고, 주민들의 피해보상운동이 자생적으로 일어났으나 정부의 탄압으로 환경문제가 크게 이슈화되지 못했다.

1965년 5월 부산 감천화력발전소 주변 주민들이 제기한 매연 분쟁이 우리나라 최초의 환경사건이다. 울산에서도 1960년대 말부터 지역주민들의 피해보상 요구가 계속되면서 1971년 지역 유지들을 중심으로 대책위가 구성되었다. 여천과 광양 지역 주민들은 1972년 이래 피해보상과 이주대책을 요구하였고 1978년 조직적인 대책위를 구성하였다.

이러한 상황에서 1973년 부산 수산대 교수의 해양오염 논문 발표가 문제되어 학장이 사표를 내는 사건도 벌어졌다. 당시에 오염에 대한 자료는 기밀로 처리되었고, 환경오염을 이야기하는 것은 곧바로 반정부 투쟁으로 여겨졌다. 주민운동은 자연발생적으로 발생해 점차 대책위 중심으로 발전했으나 지역을 넘어 전 국민적인 이슈로 떠오르지는 못했다. 특히 언론사는 정부 당국의 압력으로 보도조차 하기 힘들었다.

2. 조직적인 환경운동의 형성

1982년 5월 한국 최초의 환경운동 조직인 한국공해문제연구소가 출범하였다. 공해문제연구소는 환경운동의 이념을 모색하면서 피해지역 주민들의 운동을 지원하는 역할을 남낭하였다. 공해문제연구소는 심각해지고 있는 환경위기에 대응 필요성이 높아짐에 따라 개신교와 가톨릭 그리고 지식인들이 중심이 되어 만들어진 단체이다. 1985년 온산공단의 집단 괴질을 조사해 '온산병'이라는 이름을 붙여 사회문제로 만드는 데 성공하였다. 한국공해문제 연구소에 이어 1984년에는 학생운동 내의 환경문제 소모임 대표들이 참여한 반공해운동협 의회가 창립되었다. 1986년에는 환경문제에 적극적인 관심을 가지는 주부회원들을 중심으 로 공해반대시민운동협의회가 결성되었고, 1987년에는 반공해운동협의회가 공해추방운동 청년협의회로 재편되었다. 이 당시의 조직적 환경운동은 곧바로 민주화운동의 일환이었다.

정부에 대한 일체의 비판이 허용되지 않는 상황에서 환경운동 또한 민주화를 촉구하지 않을 수 없었다. 따라서 환경운동의 이념도 당시 사회변혁이념의 틀 속에 구성되었다. 다시 말해 공해문제를 발생시키는 주범을 군사독재정권과 독점재벌, 다국적기업으로 규정하면 서 반공해운동의 주체로 민중을 설정하고 있었다. 이 시기에는 전문 환경운동단체가 설립되 고 활동하지만 동시에 공단지역을 넘어서 도시지역으로 주민운동이 확산하였다.

1983년 목포의 진로주정공장 설치반대운동, 1985년 아산만 주민의 피해보상운동과 동 두천 상수원 오염 심화에 대한 주민운동, 1985년에서 1986년 사이에 온산병으로 인한 온산 주민들의 집단이주요구운동, 1987년 구로공단 주변의 환경문제 해결을 위한 주민운동, 상 봉동 연탄공장 주변 주민운동이다. 이 시기에 환경운동은 온산 지역 운동의 경우에서 보듯 이 지역주민운동과 전문 환경운동단체의 연대가 형성되고 언론을 통하여 환경문제를 널리 여론화할 수 있는 발판을 마련하였다.

3. 환경운동의 확산과 다양화

1987년 6월 항쟁 이후 제한적이나마 민주화가 진행되면서 많은 환경단체가 생겨났다. 민주화 바람으로 새로운 환경운동단체들이 만들어질 수 있는 여건이 조성되었기 때문이다. 1988년 9월 공해반대시민운동협의회와 공해추방운동청년협의회가 통합되어 공해추방운 동연합이 결성되었고, 1989년 환경과공해연구회가 창립되었다. 또 한살림운동과 자연의친 구들 등 기존의 환경운동과는 다른 노선의 환경단체들이 생겨났다.

1991년에는 경실련, 서울YMCA 등 기존의 시민운동 조직이 환경운동에 참여하기 시작했다. 이후 환경에 관심을 갖는 지역단체가 계속 늘어났으며 환경운동이 환경문제의 원인 진단과 운동 목표, 운동 방식에서 서로 다른 견해를 보이는 다양한 단체가 활동으로 분화되기 시작했다. 한편 지역주민운동도 양적으로 크게 팽창하였으며, 사후 피해보상 요구운동뿐만 아니라 사전 공해시설 반대운동도 나타나기 시작하였다. 먼저 피해보상운동으로는 김포공항 주변 주민들의 항공기소음 피해보상운동, 페놀 사태에 대한 대구시민들의 피해보상운동 등이 있었다.

사전예방운동으로는 울산의 이산화티타늄 공장건설 반대운동, 부산 반송동 쓰레기매립장 반대운동, 전국적으로 건설되고 있는 골프장 건설 반대운동, 군산의 동양화학 TDI 건설 반대운동 그리고 안면도 핵폐기물 처리장 건설 반대운동이 있었다.

1989년과 1990년 1, 2차 수돗물 파동에 이어 1991년 3월 구미 두산전자의 페놀원액 누출 사건은 환경문제에 대한 국민의 관심을 폭발시키는 전기가 되었다. 그런가 하면 1992년 6월 리우회의는 전 지구적인 환경문제에 우리나라 국민의 관심을 증대하는 계기가 되었다. 이 시기에는 환경문제에 대한 언론사의 열띤 보도 경쟁이 환경위기에 대한 국민의식의 증진에 크게 기여하였음은 말할 것도 없다.

이제 환경문제는 공단을 중심으로 한 피해지역 주민들만의 문제가 아니라 전 국민의 건강과 관련한 긴급한 문제로 인식되기 시작하였으면 대중매체들도 환경문제에 대한 보도 지면을 늘리고 내용도 다양화하였다. 조선일보를 비롯한 주요 언론사는 환경문제에 대한 관심을 적극적으로 나타냈다.

"모두가 가해자이고 모두가 피해자"라는 슬로건 아래 언론사들은 1회용품 안 쓰기, 쓰레기 분리수거, 재활용 등 일상생활 속에서 개인들의 생활태도를 강조하였다. 그러나 언론은 환경 관련 정책들을 비공개적으로 입안하여 일방적으로 시행하려는 정부와 이에 반대하여 형성된 지역주민들의 환경운동 사이의 갈등 상황에서 지역주민운동을 지역이기주의로 몰아붙이면서 환경운동의 발전을 가로막기도 하였다. 한편 1990년대 들어서는 「녹색평론」, 환경운동연합의 「함께 사는 길」, 녹색연합의 「작은 것이 아름답다」 등의 전문 잡지와 신문들이 창간되어 환경의식 증진에 기여하였다.

4. 전국적인 수준의 환경운동 전개

1990년대 들어서 환경문제를 지역 문제가 아니라 세계 수준의 문제이면서 전국적인 문제로 바라보는 인식이 확산되었고, 서울을 비롯한 수도권 중심의 환경운동단체와 지역 환경운동단체들 사이에 연대활동의 필요성이 증대하였다. 1993년 4월 2일 서울의 공해추방운동연합과 부산, 대구, 광주, 마산, 창원, 울산, 진주, 목포 지역의 환경운동단체들이 통합하여 환경운동연합으로 개편되었다.

환경운동연합은 이세중 변호사협의회 회장과 장을병 성균관대학교 총장, 소설가 박경리 선생님을 공동대표로 추대하고, 실무책임자로 최열 사무총장을 선출해 본격적인 환경운동을 시작하였다. 환경운동연합은 그동안 각 지역에서 공해를 추방하고 환경을 보전하기 위해 활동해오던 여러 민간 환경단체를 하나의 깃발 아래 모이게 하여 환경문제가 발생하는 각 지역의 주민들과 호흡을 같이 하는 한편, 전국적인 연계망을 구축함으로써 구조적으로 발생하는 환경문제의 원인에 대해 체계적으로 대처하고자 결성되었다.

환경운동연합은 단순한 저항운동과 반대운동에서 한 걸음 더 나아가 과학적 원인 분석을 기초로 시민들이 공감하고 동참하는 실천운동으로 환경운동을 발전시키겠다고 선언하였다. 환경운동연합은 대중성과 전문성의 두 개의 날개를 달고 다양한 활동을 전개하게 된다.

환경운동연합은 서해안 갯벌 매립과 석유화학공단 조성, 경부고속전철, 영종도 신공항 건설 등 대규모 사업으로 인한 환경파괴에 대해 전국적인 연대를 강화했다. 핵발전소 건설과 핵폐기물 처리장을 둘러싸고 벌어진 지역주민들의 반대운동을 전국적으로 확산하는 촉매 역할을 하였고, 서울을 비롯한 전국 각지에 세워지는 소각장 건설에 대해서 지역주민과 함께 연대활동을 하였다. 지리산 양수댐 건설 반대운동, 인제군에 동양 최대의 군사훈련장 건설 반대를 통해 훈련장이 대폭 축소되기도 하였다. 또한 「함께 사는 길」 월간지 창간과 시민환경정보센터를 개설하고 환경교육센터를 만들어 강원도 홍천에 환경연수원을 설치하여 학생과 회원을 대상으로 다양한 환경교육을 실시하였다.

5. 환경운동, 시민운동으로 발전·진화하다

환경운동은 1990년대 후반부터 2000년대 초에는 더욱 분화되어 다양화, 다원화가 되어 갔다. 1997년 쓰레기 문제 해결을 위한 시민운동협의회가 창립되어 쓰레기 분리수거와 종량제를 더욱 정착시키려고 전국의 시민, 환경단체가 연대하여 캠페인을 전개하였다. 이후 이름을 바꾸어 현재는 자원순환시민연대로 활동하고 있다. 1998년 IMF를 통해 실직한 사람들에게 희망을 주고 산림을 가꾸는 생명의 숲 국민운동이 창립되었고, 지금은 '생명의 숲'이라는 이름으로 활동 중이다. 1999년 여성환경연대, 2000년 불교환경연대와 에너지시민연대가 창립되어 뿌리를 내렸다. 2002년에는 가톨릭환경연대 그리고 환경문제 해결을 위해 정부와 기업, 시민사회가 함께해야 한다는 취지하에 환경재단이 설립되었다. 2006년에는 생태지평연구소가 창립되고 지역에는 풀뿌리 환경단체가 여기저기에서 만들어졌다.

이 시기의 중요활동으로는 2000년 동강댐 백지화와 총선시민연대 활동, 2001년 새만금 SOS(새만금을 살리자) 캠페인, 2001년 매향리 군사훈련장 소송, 2003년 새만금 삼보일배, 2003년 부안 핵폐기장 반대운동, 2006년 인천 계양 골프장 반대운동과 용산 미군기지 환경오염 정화촉구운동, 2008년 이명박 정권 대운하 반대운동과 4대강 토목사업 저지운동 등 대규모 생태파괴에 대한 저지운동이 전개되었다. 이 시기에는 대형 캠페인뿐만 아니라 차 없는 거리행사, 야생동물보호 캠페인, 설악산 산양보호와 케이블카 건설 반대운동 등 다양한 운동이 펼쳐졌다.

환경운동이 오염문제와 생태계 파괴 문제에서 더 나아가 2009년 기후행동연구소, 2010년 환경보건시민센터, 2013년에는 시민방사능감시센터와 환경안전건강연구소 등이 창립되었다. 또한 국제적인 환경단체들이 한국에도 진출하기 시작했다. 2013년에 그린피스, 2014년 WWF(세계야생기금)과 옥스팜이 각각 한국사무소를 열었다.

이 시기의 중요한 환경 이슈로는 2007년 홍콩 선적의 유조선 '허베이 스피릿 호Hebei Spirit' (중국어: 河北精神號)와 삼성중공업 소속의 '삼성 1호'가 충돌하면서 유조선 탱크에 있던 총 12,547킬로리터(78,918 배럴)의 원유가 태안 인근 해역으로 유출된 사고이다. 전 국민이 방제에 참여할 만큼 대참사였다. 2009년 굴업도 골프장 등 위락시설 개발 반대운동, 2011년 구제역과 조류독감 조사활동, 2011년에는 일본 후쿠시마 핵발전소 폭발사고 이후 탈핵운동과 일본 방사능 오염수 방류 저지운동, 가습기살균제 피해 조사와 지원활동, 2012년 가로림만 조력발전 반대운동과 제주 해군기지 반대운동, 돌고래 제돌이 방사 추진 등의 활동이 있었다. 2013년 밀양 송전탑공사 저지운동, 2014년 삼척 원전반대 주민투표 등이 있었다.

2008년에 당선된 이명박 정권은 4대강 토목공사 반대 환경단체와 전문가들을 블랙리스트로 작성해 탄압했다. 환경운동연합과 환경재단에 검찰의 특수부를 동원해 압수수색을 하였고 정권이 끝나는 날까지 먼지털이식 수사를 벌였다. 이어 출범한 박근혜 정부 역시 경제성장을 위한 규제 완화를 앞세우면서 환경단체와 소통이 거의 없었다. 거버넌스는 후퇴하고 주류 언론들이 외면하는 속에서 환경단체의 활동은 침체되었다.

하지만 새로운 환경운동의 길이 열리고 있었다. 1990년대가 환경운동단체의 시대였다면 2000년대 들어 마을과 개인의 활동이 두드러졌다. 한살림, 아이쿱생협, 에코생협 등의 활동은 물론, 인천, 대전, 안성 등지의 생협들이 활발하게 환경 이슈에 참여했다. 서울 마포구 성산동과 망원동 일대의 성미산지키기운동 등 공동체의 실험들도 활발해졌고 깊이 뿌리내리고 있다. 4대강 수질 오염 등의 현장조사 활동을 꾸준히 하고 있는 김종술 기자, 쓰레기 문제와 산림청의 대규모 벌목 폭로, 새만금 오염 문제 등을 현장 취재해서 알리는 최병성 목사 등 1인 활동가들도 활발한 활동으로 주목받고 있다. 후쿠시마 사건 이후 2012년에는 탈핵 변호사 모임과 탈핵 의사 모임의 창립되었다. 2013년 청년초록네트워크 창립과 기후 행동과 관련하는 청년학생 단체도 결성되어 활발한 활동을 하고 있다.

6. 멈추지 않는 환경문제들

이처럼 지난 40년 동안 시민환경운동단체들은 끊임없이 진화하면서 시민의 삶 속에 녹아들어가고 있다. 하지만 우리나라의 환경운동은 국제적인 연대 및 아시아 지역의 환경단체와의 교류와 협력, 지원하는 측면이 너무나 취약하다. 앞으로는 21세기 최대의 과제인 기후재난을 대처하기 위한 각국 단체 간의 결집된 행동이 필요하고 2050년 탄소 제로 사회를 목표로 활발한 움직임이 있는 미국과 유럽 등의 선진국에 못지않게 구체적인 정책 대안과 로드맵

이 필요하다.

37년 전, 1984년 필자가 썼던 "한국의 공해문제와 발전 이론의 파탄"이라는 글이 새삼 떠오른다. 당시 원고의 일부를 인용한다. 오래된 글이지만 지금도 그 당시의 생각과 변함이 없다. 도리어 훨씬 절박한 상태에 와 있다.

공해문제를 행정당국이나 공해 전문가, 기업에게만 맡긴다면 하나밖에 없는 우리의 자연과 환경은 회복될 수 없는 위기에 처해질 것은 너무나 분명하다. 그러므로 공해문제는 피해를 받고 있는 민중의 올바른 인식과 이를 극복하고자 하는 적극적인 노력에 의해서만 해결될 수 있다는 절박한 단계에 와있다. 그것은 미래의 문제가 아니라 조금도 유예할 수 없는 〈지금〉 〈여기〉의 문제며, 〈삶〉과 〈죽음〉의 문제로 대두되고 있다. 공해문제가 지금처럼 방치되는 한 우리의 삶은 〈지금〉 죽느냐 〈천천히〉 죽어 가느냐, 둘 중 어느 하나를 맞게 될 수밖에 없다. 공해문제는 공해문제 그 자체로 한정되는 것이 아니다. 이 문제엔 우리의 삶을 구성하고 있는 모든 것이 총체적으로 집약되어 있기 때문이다.

그것은 자연 및 환경과 인간의 관계를 어떻게 설정해야 하느냐의 자연 인식의 문제이며, 인간의 참다운 삶과 행복이 무엇이냐는 삶의 가치 문제이다. 또한 그것은 공해를 낳은 사회제도의 문제이며, 경제개발이라는 이름의 경제 발전의 문제이며, 과학과 인간의 진정한 삶의 관계를 묻는 가치의 문제이다. 또한 공해를 만들어내는 자와 피해를 받는 자 간의 사회적 관계의 문제이다.

7. 환경공해운동 초창기

우리나라의 환경오염 현황, 국내 신문을 보면 70년대부터 일본의 독성산업폐기물 수입이 눈에 띈다. 1974년부터 77년까지 일본 오사카에서 산업폐기물 5천여 톤이 복합페인트로 위장되어 수입되었고, 78년부터 80년까지는 일본 구리제련 과정에서 비소가 포함된 폐기물이 6차례에 걸쳐 수입된 사건이 있었다. 산업폐기물 수입이 적발된 것은 아마 빙산의 일각일 것이다.

1978년 WHO 보고에 따르면 서울은 세계 20대 대도시 중에서 대기오염도 1위였다. 그래서 그즈음 국내에 들어온 외국인은 "서울은 매연 덩어리다", "우중충하고 뿌연 하늘은 하늘이 아니에요. 코가 맵고 머리가 아파서 못 견디겠다"고 호소했다. 국제 마라톤 대회에 참석한 외국 선수는 "서울에서 공기가 너무나 오염되어 제대로 달릴 수가 없다"고 했고, 무역상사 회사원은 외국이나 국내 소도시에서는 와이셔츠를 사흘씩 입었는데 서울에서는 "하루만 입어도 새까매진다"고 불평했다. 고속터미널 근처 약국에는 지방에서 상경한 사람들 상당수가 머리가 아파서 매출 1위가 두통약일 정도였다. 울산공단에서 농사를 짓는 농민이 공해피해 사례발표 때문에 서울 명동성당에 왔는데 "서울에 오니 공기가 좋아서 생기가 돈다. 나무도 살아 있네요"라는 기막힌 호소를 들은 적이 있다. 그 당시에는 연탄 난방이나 벙커C유 난방 아파트, 디젤 버스의 검은 매연과 주변 공장에서 나오는 오염물질 때문에 견디기 힘든 상황이었다.

수질도 마찬가지다. 1980년대 초 우리나라의 강이나 하천은 중금속과 화학물질로 뒤범벅된 시궁창이었다. 달리는 기차 안에서도 하천의 썩은 냄새가 풍겼다. 가축, 도금, 염색 공장 등에서 나오는 폐수가 강과 하천을 오염시켜 동두천, 의정부 등에서는 수돗물에서 화공약품 냄새가 풍겼다. 이러한 환경오염 등으로 1982년 여론조사 결과 국민의 88%가 환경오염이 심각하다고 답변했다. 1984년 4대강 수질조사에서는 모든 강에서 수은이 검출되었다. 부산 수영만이 중금속 오염이 심했고, 온산 앞바다에서는 다른 지역 바다보다 중금속이 4~40배나 많이 검출되었다. 금호강 하류 지역에서는 염색공단 등에서 방류하는 폐수로 벼 농사를 포기하는 농민도 많았다. 1989년 농업진흥공사 발표에 따르면 전국의 농업용수 3분의 1이 중금속에 오염되었다. 위와 같은 오염 수치를 보면 1970년대 후반에서 80년대까지 공해백화점이라고 할 정도로 전 국토의 오염이 심각했다.

당시는 대기오염을 막기 위한 정책이 부재했고, 공장폐수나 생활하수의 하수처리율이 너무나 낮았다. 오염 수치도 공개되지 않았다. 이러한 현실을 풍자한 임진택 연출 연우무대의 마당극 〈공해공화국, 나의 살던 고향〉은 6개월간 공연이 중지되기도 하였다. 박정희, 전두환 정권은 공해 현황을 비밀에 부치고, 수돗물 수질 현황도 공개하지 않았다. 1990년대 들어오면서 환경운동이 활발해지고, 1991년 두산전자의 페놀누출 사고 등을 통해 정부 당국도 수질에 대해 관심을 가지기 시작했다.

8. 지난 40년 주요 환경 사건

1) 온산병 사건

1980년대 초 우리나라에서 공해가 가장 심각한 곳은 온산이었다. 울산 바로 아래 조그마한 어촌에 세계적으로 문제가 되는 공해 공장이 마을과 마을 사이에 들어섰다. 80년대 초부터 대학생이나 청년들이 공단지역에 나가 현장조사를 했다. 이어 한국공해문제연구소가 현장조사를 하고 공해질환 현황도 파악하기 시작했다. 1984년 당시 마을과 마을 사이에 13개의 비철금속 공장이 들어섰고 온산초등학교 길 하나 사이에 고려아연 공장이 들어섰다. 공장에서 내뿜는 유독성 매연으로 학교 교정에는 풀 한 포기도 없었고, 아름드리나무도 모두 죽었다. 그런 곳에서 고무줄놀이를 하는 아이들, 그것이 우리나라의 현실이었다. 하지만 국민의 생명을 지켜야 할 정부 당국은 무방비 상태였다. 민간 조사단이 온산 지역 주민 1만여 명에 대한 건강 관련 설문조사를 했더니 700여 명의 주민에게서 뼈마디가 아프다는 결과가 나왔다.

1985년 1월 기자회견을 열었고 그 다음날 신문에 크게 보도되었다. 신문 보도가 나자 환경청은 즉각 공해병이 아니라고 발표했고, 소위 온산병 논쟁이 붙었다. 한국공해문제연구소는 일본의 미나마타병을 규명한 하라다 박사를 초청했다. 온산 현장으로 간 하라다 박사는 "온산은 죽음의 마을"이라며, 이렇게 단시일에 많은 사람에게 뼈마디가 쑤시는 증세가 나타나는 것은 너무나 심각하다는 의견을 냈다. 온산병 논쟁이 세계적으로 알려졌지만 당시 전두환 정권의 비협조로 온산병은 규명되지 못하고 상당수의 지역주민은 집단 이주를 하게 되었다.

2) 목포 시민의 진로 주정공장 설립 저지운동

1983년도 목포 시민의 진로 주정공장 설립 저지운동은 한국 환경운동사에 기념비적인 사건으로 평가된다. 주목되는 점은 외부세력의 개입 없이 자생적으로 조직된 순수 시민운동이라는 점이다. 한국 환경운동사의 첫 성공 사례로 꼽히는 영산호 싸움은 목포뿐 아니라 한국 환경운동에 큰 기여를 했다. 다섯 달 동안 목포에서 벌어진 일련의 사건은 한국 환경운동사에서 기적과 같은 일이었다. 환경운동의 불모지에서 자생적인 환경,조직이 태어나고, 이들의 강력한 활동이 한국 현대사의 가장 엄혹한 시기 중 하나인 전두환 체제에서 이룬 첫 승리였다.

목포는 80%가 바다를 매립해 형성한 지대라 지하수 개발이 불가능하고 상수원도 73Km 떨어진 곳에 있었다. 이런 악조건하에 목포는 전국에서 물 값이 가장 비쌌고, 하루 3시간에서 10시간 격일제 급수가 이루어지고 있었다. 이런 상황에서 1982년 말 영산강 하구둑 공사 완공으로 조성된 영산호 덕분에 목포 시민은 풍부하고 값싼 물을 제공받을 수 있는 기회가 생긴 것이다. 그런데 제주도에서 쫓겨난 진로 주정공장이 목포 시민의 상수원 상류인 영산강에 들어설 예정이었다. 하루 공장 폐수 2,700톤 방류가 이미 당국의 허가가 났다. 이에 의사 서한태 박사를 비롯한 지역 인사들이 영산호 유역 환경보전위원회를 발족하고 시민들을 조직화하기 시작했다.

1단계: 진로 주정 반대 리본 달기, 회원모집 탄원서 발송
2단계: 각계 방문 공청회 개최, 조직동원 체제구축
3단계: 대규모 시민 궐기대회를 개최해 실력행사

정부와 지자체는 공장 설립 강행을 준비하고 있었고, 보전위는 영산호 진로 주정공장 저지를 위해 서울에 있는 한국공해문제연구소의 협조를 요청, 연구소는 4차례 현장조사와 대책을 세웠다. 전문가인 서남동 연세대 교수와 유인호 중앙대 교수의 공해 강연을 열고 영산호 공해반대보고서를 제작·배포하는 등 공해문제에 대한 목포 시민의 관심을 높이는 활동을 펼쳤다. 그 결과 진로 측은 심상치 않은 시민들의 반대운동을 보고 결국 안산 반월공단으로 옮기기로 결정하고 영산호 진로 주정공장을 철수하기에 이른다.

3) 박길례 주부의 진폐증 발병과 대책 활동

환경운동 단체의 초기 활동은 공해 피해자 지원이 중심이었다. 그 당시는 환경관련 법제도가 정비되지 않았고, 환경피해가 도처에서 나타나 하나하나 대응할 수 없었다. 1980년대 후반 가장 대표적인 환경사건은 서울 상봉동 삼표연탄 공장 주변에서 8년간 거주한 박길례

주부가 광부들이 걸리는 진폐증 판정을 받은 것이다. 주택가에 살면서 양품점을 운영하던 여성에게 진폐증이 발병한 것은 사회에 큰 충격을 주었다.

「조선일보」 사회부 최구식 기자가 1988년 1월 21일자 사회면 톱기사로 보도한 것이 큰 역할을 했다. "연탄공장 부근 탄가루 공해, 주민 진폐증 첫 발견" 기사가 나갔다. 환경단체들은 피해자를 도우면서 사건을 알리고 사회문제로 부각시켰다. 환경운동가들은 삼표연탄 공장 앞에서 시위를 했고, 조영래 변호사는 무료 소송을 맡았다. 1심 판결이 나오기까지 1년여 동안 14차례의 재판이 열려 치열한 법정 공방이 벌어졌다. 핵심은 박길례 씨의 진폐증이 삼표연탄 탄가루에 의해 발병되었다는 것을 입증하는 것이었다.

성수의원 양길승 원장을 비롯한 인도주의실천의사협의회 등 보건의료인이 중심이 되어 진폐증 조사 소위원회를 구성해 조사에 착수했다. 연탄공장 반경 1Km이내에 사는 주민 중 5년 이상 거주한 2,100명을 대상으로 3개월 동안 역학조사를 했다. 그 결과 박길례 씨 외 2명의 진폐증 환자와 3명의 유사 진폐증 환자를 찾아냈다. 2차 역학조사에서는 동네에서 개업한 내과 의사 등 8명이 진폐증 환자로 판명되었다. 필자는 당시 1심 재판을 방청하고 나오다 재판장 서정우 판사를 만났을 때 "이 재판은 굉장히 중요한 진폐증 부분 승소 판결이 나왔다. 나중에 변호사를 개업한 서정우 판사가 그 판결에서 무척 고민을 했다는 얘기를 들었다.

박길례 씨는 재판에서 승소한 후에도 진폐증 투병생활을 하면서 방송이나 강연을 통해 진폐증의 심각성을 널리 알리는 환경운동가로 활동했다. 2000년 57세로 생을 마감했지만 검은 폐를 싸안고 환경운동의 씨를 뿌리고 간 박길례 씨를 사람들은 '검은 민들레'라고 불렀다. 그 씨앗은 아직도 살아 있다.

4) 낙동강 페놀사건(1991년)

사상 최대의 환경 사고로 불리는 낙동강 페놀오염사건은 여러 가지 점에서 우리나라 환경운동에 커다란 전환점이 되었다. 페놀사건을 통해 환경운동의 수준을 10년 앞당겼다고 할 수 있다. 이 사건은 운동의 양적 팽창뿐 아니라 질적인 변화를 가능케 했다.

1991년 3월 14일 새벽, 대구 시민들은 수돗물에서 역한 냄새를 맡았다. 구미의 두산전자

공장에서 사고로 유출된 30톤의 페놀이 70km를 흘러 대구의 수돗물에 흘러 들어갔다. 대구 정수장에서 다량으로 투입한 염소는 화학반응을 일으켜 발암물질인 클로로페놀을 만들었는데, 이것이 강한 악취의 원인이었다. 사고 이후 대구에서는 설사와 구토, 피부질환을 호소하는 시민들이 수백 명에 달했으며, 위협을 느낀 산모들이 인공유산을 하는 사례까지 보고되었다. 페놀사건은 대도시 대구 시민에게 큰 피해를 주었고, 시민 모두가 피해자가 될 수 있으며, 사회의 공동대응이 필요하다는 생각을 확산시켰다.

당시 공해추방운동연합, 경실련, YWCA 등 시민·환경 단체의 두산그룹 OB맥주 불매운동은 국민적 호응을 얻었다. 환경부로부터 30일간 조업정지를 받은 두산전자는 수출품의 부품을 생산하고 있었는데 수출에 지장을 받는다고 해서 조업정지를 해제하였다. 하지만 두산전자에서 2차 페놀유출사건이 터져 두산그룹 회장이 사표를 내고 국민에게 사과를 했고, 노태우 정권은 환경부 장·차관을 동시에 경질하는 조치를 취했다. 기업이 환경문제를 잘못 다루면 망할 수도 있다는 교훈을 남긴 사건이었다.

5) 한국 NGO 활동가와 전문가 리우환경회의 참석(1992년)

리우환경회의는 21세기의 새로운 패러다임과 세계화의 물결이 부딪치는 소용돌이였다. 정부 간 회의와 세계 NGO의 경연장에 정부 정상을 비롯해 7천여 개의 NGO 단체와 3만여 명이 참가했다. 우리나라는 당시 공해추방운동연합과 YMCA, 경실련, 지역 단체들과 함께 고철환, 이시재 교수와 이석태, 최병모 변호사 등 50여 명이 참석했다. 환경의제를 앞세운 국제회의로는 최대 규모였고, 기후변화협약과 생물종다양성협약이 채택되었다.

한국 NGO는 행사장 내 아름드리나무에 쓰레기로 덮인 지구를 표현한 대형 걸개를 걸고 임진택이 판소리를 하고 풍물패들이 사물놀이를 했다. 역동적인 전시와 공연에 전 세계 언론이 크게 보도하여 우리나라 NGO 활동가들이 큰 힘을 얻었고, 환경문제가 국내문제만이 아니고 범지구적인 연대와 협조가 필요함을 절실히 느끼는 전기가 되었다. 이후 한국의 환경운동이 반자본주의적인 이념 중심에서 벗어나 실용적이면서도 생태적인 가치지향으로 변화하기 시작하는 전환점이 되었으며, 리우회의를 계기로 전국 8개의 환경단체가 통합되어 환경운동연합을 창립하게 된다.

6) 안면도, 굴업도, 부안의 핵폐기장 반대운동(1990~2004년)

기존의 제도권 교육은 원전은 공해가 없고 안전하며, 가격이 싸다는 인식을 심어주는 역할을 했다. 하지만 1979년 미국 스리마일 원전과 1986년 체르노빌 원전폭발사고, 1988년 전남 영광 원전 지역 무뇌아 출생 등을 보면서 환경운동은 철저하게 반원전의 길로 가게 된다. 정부는 막강한 자본과 공권력으로 지역주민을 회유하고 여론을 장악해 원전을 건설했으며, 결국 싸움은 핵폐기장 건설을 에워싸고 폭발하는 양상이었다. 한국의 환경운동은 1990년 안면도 핵폐기장 반대운동에서 정부 측과 크게 충돌할 수밖에 없었다.

정부는 안면도에 국제관광단지와 과학단지를 조성하겠다고 발표했지만 사실은 핵폐기장 건설을 하기 위한 미끼였다. 정부와 충남도의 지속적인 거짓말에 주민들은 격분했고, 시위는 무장봉기 수준으로 격렬해져 진입로가 봉쇄되고 파출소가 불탔다. 그 결과 정부계획이 백지화되고 정근모 과기부 장관이 전격 경질되며 안면도 사태는 진정되었다. 그러나 정부는 1994년 굴업도에 핵폐기장 건설을 또다시 시도했다. 하지만 굴업도에서 활성단층이 발견돼 핵폐기장 부지로 적합하지 않다는 것이 밝혀지면서 인천 시민, 주변 덕적도 주민과 환경운동연합 등 환경단체의 거센 반대로 백지화되었다. 또다시 9년 후 부안에서 같은 논란이 반복되었다(2004년). 김종규 부안 군수가 일방적으로 방폐장 유치를 선언하고 강행하면서 주민들의 분노를 촉발했다. 할머니들을 비롯하여 지역주민 전체가 지킨 7개월 동안의 촛불집회가 지역공동체를 결집시켰고, 주민투표에 참여한 91%가 반대표를 던짐으로써 정부계획은 무산되었다.

7) 동강댐 백지화 운동(1997~2000년)

용수 공급과 홍수 예방을 목적으로 추진된 동강댐(영월댐) 반대운동을 처음 시작한 것은 지역주민들이었다. 하지만 환경운동연합 등이 적극 개입하면서 동강댐 건설은 1997년 대통령 선거의 주요 이슈가 되었다. 이후 지역주민들, 문화계 인사 등이 참여하면서 광범위한 방법으로 반대 캠페인을 벌였고, 동강의 아름다운 자연을 지키기 위한 운동은 전국으로 확산되었다.

동강댐 반대운동은 환경 이슈가 생태영역으로 확장된 상징적 사건이다. 이전의 활동들이 인간 중심의 환경을 지키기 위한 관심과 노력이었다면, 동강댐은 사람만이 아닌 자연생태계로까지 인식을 전환시켰고, 동식물과 경관까지 고민하게 되었다는 점에서 의미가 크다. 정부는 민관공동 조사단을 구성해 댐의 안정성, 자연생태계의 중요성, 홍수예방 대책, 천연기념물과 문화재 등을 조사하도록 했다. 환경운동 진영은 이에 적극 참여해 타당성이 없음을 역설했고, 다양한 퍼포먼스와 각계 인사 33인의 33일간 밤샘 농성과 음악연주회, 한강 뗏목시위 등으로 국민적 관심을 모으는 데 성공했다.

마침내 2000년 6월 5일 세계 환경의 날에 김대중 대통령은 동강댐 백지화를 선언했다. 동강댐 반대운동은 정부가 결정한 주요 개발계획을 시민사회의 힘으로 취소시킨 드문 사례이다. 민관공동 조사단에 의한 토론과 숙의, 미래세대와 멸종위기 생물종의 권리에 대한 배려 등 생태민주주의 관점에서도 중요한 성공사례로 기록되었다.

8) 시화호 간척과 썩은 호수

1996년에 완공된 시화호는 간척지의 절반쯤을 농지로 활용하고 나머지는 호수를 조성하는 사업이었다. 하지만 갑문을 막자마자 시화호는 급속도로 썩기 시작했다. 방조제를 사이에 두고 시커먼 호수와 이와 대비된 서해를 보여주는 인공위성 사진은 국민을 경악시켰다. 수자원공사가 시흥공단과 안산지역의 폐수처리시설을 정비하지 않은 채 담수를 시작한 것이 직접적인 원인이었고 거대한 바다도 막아 놓으면 썩을 수밖에 없다는 것을 보여주는 사건이었다. 이에 정부와 수자원공사는 2천억 원이라는 비용을 투입했지만 성과를 내지 못했다. 호수의 물로 간척지에서 농사를 짓겠다는 수자원공사의 계획은 불가능해졌고 BOD 30ppm을 넘는 호수는 악취가 진동했다. 국민들은 무책임한 대형 토목사업과 간척사업의 위험, 자연을 난개발하면 피해가 얼마나 심각한가를 인식하게 되었다. 이후 수자원공사는 담수화를 포기하고 갑문을 열어 호수의 오염된 물을 방류할 수밖에 없었다.

이후 방조제에 조력발전소를 설치해 전기를 생산하면서 항시적인 해수유통을 하는 시설로 전환하게 되었다. 시화호 오염사건은 무모하게 전개되던 갯벌 간척사업에 큰 경고를 가져오는 계기가 되었고, 돈으로 환산할 수 없는 자연의 가치에 대해 서로 고민하는 기회를 제공했다.

9) 새만금 간척과 삼보일배(1991~현재)

시화호 규모의 3배, 서울 면적의 2/3인 새만금 간척이 본격화되면서 갯벌보전운동은 새만금으로 옮겨 붙었다. 새만금 간척 구상을 처음으로 내놨던 김대중 정부가 1998년 출범하자 새만금 이슈는 더욱 조명을 받았다. 유종근 전북도지사는 새만금 환경영향평가, 민관공동조사단 구성에 승부수를 던졌다. 공동조사단은 경제성, 수질, 환경 분과로 구성되어 추진되었지만 찬반의견이 극단적으로 갈려 난항을 거듭했다.

김대중 정부는 2001년 새만금 사업은 계속 추진하되 수질이 나쁜 만경강 유역의 개발은 수질 개선이 이뤄진 뒤 순차적으로 개방하자면서 합의를 포기했다. 노무현 정부가 출범하면서 새만금 간척을 재검토하자는 시민운동이 다시 일어났다. 문규현 신부와 수경 스님을 비롯한 종교인들이 2003년 3월부터 63일에 걸쳐 새만금에서 서울까지 303km를 삼보일보 행진에 나섰다. 전국의 시민들이 삼보일배 행렬에 모여들었고, 새만금 갯벌을 살려달라고 호소했다.

환경연합은 변호사를 통해 서울행정법원에 공사중지소송을 제기, 1심에서는 시민사회의 요청을 받아들여 공사중단을 결정하고 양측의 합의를 종용했다. 정부는 중재에 동의하지 않았고, 고등법원과 대법원이 정부의 손을 들어줬다. 2004년, 2006년 공사재개 결정과 물막이공사를 허락했다. 새만금 간척공사는 1991년 시작한 이래 꼭 30년째 공사를 진행하고 있다. 네이처지 발표에 따르면 갯벌의 가치는 논 가치의 100배, 숲 가치의 10배며 탄소흡수 능력이 탁월하며 육지에서 바다로 유입되는 오염물질을 정화하는 기능이 뛰어남을 과학적으로 분석했다.

10) 한반도 대운하와 4대강 토목사업(2008~2011년)

이명박 정부는 한반도 대운하 건설을 대표 공약으로 내세운 토목 정권이었다. 대통령 선거 과정에서 국민 다수가 반대하는 대운하 건설을 고집했으나 2008년 미국산 광우병 위험 쇠고기 수입 반대 촛불시위에 막혀 한반도 대운하 계획을 포기해야만 했다. 그러나 석 달 후 이명박 대통령은 한반도 대운하 계획 일부를 수정한 4대강 살리기 마스터플랜을 직접 발표하면서 다시 불을 붙였다.

16개의 댐 공사와 5.6억m³의 준설, 생태공원과 자전거도로 건설 등 22조 원 규모의 공사였다. 환경영향평가를 불과 2개월 만에 끝냈다. 정부는 전국의 건설업체를 총동원하고, 공사 속도를 높이기 위해 업체들의 설계와 공사 부실을 묵인하였다. 환경단체를 비롯한 종교단체는 반대의 목소리를 냈고, 2010년에는 국민소송단을 구성해 소송을 제기했다. 2010년 7월에는 환경연합 활동가들이 이포보와 함안보에서 41일 동안 고공농성을 벌였다. 이명박 정부는 2011년 말 공사를 끝냈으나 부실시공, 녹조 발생과 큰빗이끼벌레의 출현 등 생태파괴는 계속되고 있다.

11) 후쿠시마 원전 사고와 탈핵운동의 확산(2011년~)

2011년 3월 11일 태평양에서 발생한 지진과 해일의 영향으로 후쿠시마 원전 1~4호기가 폭발했다. 그리고 멜트 다운되어 방사능물질은 계속 유출되고 있다. 세계 최고의 기술을 가졌다고 자부하던 일본 정부는 은폐와 통제로 일관했다. 반경 20Km 안에는 방사능 오염으로 지금도 통제되고 있고 토양 5cm를 전부 긁어모아 검은 비닐통에 넣어 보관하고 있다. 후쿠시마 사고는 우리나라에도 원전에 대한 위기감을 높였다. 원전 부품을 둘러싼 부패와 비리가 잇달아 폭로되었고, 안전사고도 계속 터지고 있다.

2012년 대통령 선거와 2014년 지자체 선거에서 원전운영 문제와 노후원전 폐쇄 등이 이슈가 되었고, 삼척의 경우는 주민들에 의한 신규원전 찬반 주민투표가 진행돼 압도적인 반대 의견이 확인되었다. 각계 인사들이 참여하는 77인 원전반대선언은 후쿠시마 원전 사고와 국내 원전의 문제점을 지적하였다.

12) 가습기 살균제 사건(1994년~현재)

가습기 살균제는 가습기 물통에 액체 살균제 제품을 섞어 분무토록 만든 생활화학 제품이다. SK, 옥시 등이 만들어 1994년부터 2011년까지 18년간 45개 제품 1천만 개가 팔린 것으로 파악된다. 이 사건은 2011년 초에 발생한 원인 미상의 사망자와 피해자가 발견되면서 크게 사회문제화되었다.

이명박 정부는 2011년 8월 "원인 미상의 산모 폐손상과 사망의 원인이 가습기 살균제로 측정된다"고 발표했다. 그러나 사용금지 조치는 70일이 지난 2011년 11월에 이뤄져 그 피해가 더욱 커질 수밖에 없었다. 환경부는 가습기 살균제 문제는 제품의 하자이지 대기, 수질, 토양 오염과 같은 환경오염 문제가 아니라고 판단했다. 물과 공기를 매개로 불특정 다수가 피해를 받게 되면 환경성 질환으로 인정해야 하는데 환경부는 환경공해문제가 아니라고 발뺌을 하면서 피해 규모는 점점 커지게 된다.

지난 10년 동안 가습기 피해 규모 조사는 2015년, 2016년, 2019년 세 차례 있었다. 마지막 2019년 사회적 참사 특위의 조사로 전국 5천 가구 표본을 추출, 가가호호 방문해 세대주를 대상으로 면접조사를 했다. 가습기 살균제 사용율은 18%, 건강 피해 경험율은 10%, 사용자는 890만 명으로 추산됐다. 대한민국 국민 5명 중 1명꼴이다. 병원 치료자는 78만 명, 사망자는 2만 명으로 추산되었다.

2021년 7월 16일까지 신고한 가습기 살균제 피해자는 7,500명이고, 그중 사망자는 23%인 1,600명이다. 이 중 절반이 조금 넘는 4,100명만이 피해자로 인정되었다. 인정자 중 700여 명에게만 기업들이 배상했다. 정부 정책이 잘못 결정되면 얼마나 많은 국민이 생명을 잃고 고통을 받는지 알 수 있는 교훈을 남겼다.

III. 결론

우리나라는 지난 50년 동안 산업화와 민주화를 동시에 이룬 대표적인 나라다. 그러나 고도 성장을 이룬 대가는 환경오염과 양극화를 가져왔다. 또 국민소득에 비해 환경지수가 가장 낮은 나라로 낙인찍혔다. 2003년 세계경제포럼이 발표한 지속가능성 지수에서 세계 142개국 우리나라는 136위로 환경 후진국임을 기록했다.

우리나라는 미세먼지로 1년에 조기 사망하는 사람이 1만 2천 명이나 되고, 지구온난화 속도가 평균속도보다 2배나 빠르게 진행되고 있다. 기후변화는 이제 인류가 해결해야 할 최대 과제가 되었다. 기후변화는 국가안보를 위협하고, 지속가능한 발전을 위협하며, 미래세대의 생존을 위협하기 때문이다.

예컨대 시리아에서는 2006년부터 2010년까지 심한 가뭄으로 곡물생산이 극감, 농민 수백만 명이 도시로 이주했다. 2011년부터 정부군과 수니파 무장단체 IS가 내전 중이다. 인구 2,200만 명 중 20만 명 이상이 사망하고, 난민 500만 명이 발생, 연중 100만 명 이상이 터키로 가고, 상당수 난민이 유럽으로 생명을 걸고 건너갔다. 북유럽이나 독일은 난민을 받아들이고 영국은 난민을 받아들일 수 없다며 결국 EU와 갈등 끝에 EU를 탈퇴하기에 이른다.

아시아의 물탱크라고 할 수 있는 히말라야 빙하가 기후변화로 해마다 5% 감소하고 있다. 인도의 갠지스 강과 인더스 강, 중국의 양자강, 황하, 메콩강 모두 히말라야에서 내려오는 물로 식수와 공업용수, 농업용수로 사용하고 있다. 물을 확보하기 위한 국가 간 분쟁은 더욱 심해져 지속가능한 발전에 심각한 위협이 되고 있다.

지금부터 2만 년 전 빙하기 시대에는 해수면이 지금보다 120m 낮았다. 1만 년 전까지는 서해안이 육지였다. 만약 기후변화로 남극의 얼음이 다 녹으면 해수면은 60m 상승하게 되고 전 세계 연안도시는 물에 잠기게 된다. 기온이 상승하면 시베리아의 동토층이 녹아 대량의 메탄가스가 발생하여 인간을 비롯한 생명체의 대멸종이 예상된다. 그렇다면 우리가 해야 할 가장 시급한 과제는 무엇일까. 기후위기, 기후재난을 막아내는 일이다! 지구 환경용량의 1.5배를 초과한 이 시점, 전 인류는 탄소제로를 만드는 데 모든 역량을 동원해야 한다.

환경운동 40년을 돌아보며, 여생은 탄소제로 사회를 만드는 데 작은 역할이라도 하고 싶다. 지구 재앙을 막을 시간은 30년밖에 남지 않았다. 이대로 가면 2030년에는 전 세계적으로 기후재난으로 인한 피해가 28조 달러, 우리나라 GDP의 20배가 될 것으로 예측하고 있다. 영국 수상을 지낸 고든 브라운은 우리가 특단의 노력을 하지 않는다면 20세기 두 차례의 세계대전과 1930년대 세계대공황을 합친 것보다 더 큰 재앙이 올 것이라고 예측한다.

이제 전 인류가 힘을 합쳐 기후대재앙을 막아내야 한다. 온실가스 배출 세계 10위, 기후악당이라는 오명을 벗어나기 위해 정부, 기업, 시민사회는 힘을 합치고 지혜를 모아야 한다. 이번 대선에서도 기후재난을 막아내는 새로운 청사진을 제시하는 기회가 되었으면 좋겠다. 이 땅에서 환경운동을 일으킨 한 사람으로서 죽을 때까지 환경운동에 헌신하며, 명사가 아니라 동사로 살아가련다. 오직 한길로!

1970년대 초 · 중반 '문화운동'에 관한 단상

임진택*

이 글은 명분상으로는 토론회 발제문이지만 내용이나 형식에서 전혀 학술적 틀을 갖고 있지 못하다. 나의 글은 1970년대 초·중반 문화·예술 분야에 관련하여 내가 스스로 발상하고 추진해온 이른바 '문화운동'에 관한 개인적 단상斷想일 뿐이다. 다만 나의 경험이 청중들에게 유별난 흥미를 줄 수 있다면 광대로서 나의 역할을 다하는 것이라 자위할 수 있을 터이다.

1970년대는 정치 사회사적 관점에서 보면 군사독재권력에 대한 부단한 저항의 시대이자 노동·인권을 향한 최초의 자각이 생겨난 시대였고, 언론의 관점에서 보면 자유언론 쟁취를 위한 고단한 싸움이 시작된 시대였으며, 문화 예술사적 관점에서 보면 탈춤을 비롯한 민속 부흥운동의 시대, 다시 말해 '우리문화 찾기운동'의 시대였다.

그러한 시대, 내가 겪었던 몇 가지 사건을 기억해보고자 한다.

외교학과 수업보다 연극에 빠지다

어떤 평론가가 1970년대 벽두를 상징하는 두 가지 역사적 사건으로 '김지하의 오적 필화 사건'과 '전태일의 분신사건'을 꼽은 적이 있다. 1970년 5월, 김지하의 담시譚詩 〈오적五賊〉이 「사상계思想界」지에 발표될 때만 해도 그것은 문학적 돌발突發이고, 문화적 도발挑發이었다.

---

* 서울대 외교학과 졸, 한국민족예술인총연합 부회장, 창작판소리연구원 원장, 경기아트센터 이사장, 마당극 연출가, 판소리 명창, 창작판소리연구원 예술총감독.

그러나 그 작품을 게재했다는 이유로 「사상계」 잡지가 압수당하자, 이를 다시 민주당 기관지인 「민주전선」이 전격 공개함으로써 이 사건은 정치적으로 비화하였다.

그 시대 만약 우리에게 사상의 자유, 언론의 자유, 창작의 자유, 표현의 자유, 출판의 자유가 있었다면 담시 〈오적〉은 문학적 돌발 혹은 문화적 도발에 국한될 수 있었을 터이다. 그러나 그 같은 자유가 없었기 때문에 역설적으로 김지하의 창작 행위는 권력자들에게 언론적 도발 행위로 비쳤고, 급기야 작가는 정보기관에 붙들려 끌려가고, 「사상계」와 「민주전선」은 압수·폐간되기에 이른다. 여기서 우리는 문학과 예술이 본래 언론의 기능을 담지하고 있다는 사실을 간파할 수 있다.

1969년 서울대학교 문리과대학 외교학과에 입학하여 1년간의 교양과정부를 거친 후 이듬해 동숭동 문리대로 등교한 내가 학교 부근에 머무른 시간은 외교학과 강의실보다 연극회실과 학림다방 쪽이 더 많았을 터이다. 학기 초부터 '삼선개헌 반대', '교련 반대'로 집회와 시위가 이어지면서 휴강이 잦았기 때문이기도 했지만, 그보다는 학과 수업에서 일부 교수님들로부터 배우는 내용에 심각한 의문을 갖게 된 때문이기도 하다. 그것은 한마디로 주체성의 결여缺如였다. 좀 심하게 말하자면 서울대학교에서 가르치는 일부 외교학은 강대국 입장의 국제정치론을 그대로 이식·전달하는 매판買辦지식으로 전락할 가능성이 없지 않았다. 그런 내용들은 약소국가 외교 공무원이 알아두어야 할 일종의 보신保身 지침일 수는 있겠으나, 분단 현실에서 민족 주체의 진정한 독립과 자주 통일을 모색하는 방향과는 맞지 않았다.

당시 문리대 연극회가 내세운 방향성은 '창작극'이었다. '창작극'은 '번역극'의 반대되는 개념이다. 말하자면 연극이란 것이 우리 현실 문제를 담은 우리의 이야기여야지 현실과 동떨어진 남의 나라 관념적인 이야기를 하고 있어서야 되겠느냐는 문제의식이었다. 서울대 문리대 연극회는 김영수의 〈혈맥〉을 비롯하여 김동식의 〈유민가〉, 천승세의 〈만선〉 같은 자연주의 계통의 수작들을 발굴하여 공연하였고, 나는 1970년 봄 오영진의 〈살아있는 이중생 각하〉, 가을에는 조동일의 〈허주찬 궐기하다〉 같은 사회풍자극에 배우로 출연하여 참가할 수 있었다.

그때마다 내가 맡은 역은 예외 없이 노인 역이었다. 연극 배역에서 젊은 주인공은 못 되고 노인 역할에 적합하다는 것은 좀 민망한 것일 수도 있지만, 나는 단 두 편의 연극 출연으로 대번에 명배우(?)로 소문이 났다. 그 평을 취합하면, "임진택이 등장하면 재미없던 연극도 대번에 재미있는 연극으로 변한다"는 것! 하지만 나는 그러한 나의 '끼'가 통상의 연극배우와는 다른 '마당극 광대' 나아가 '판소리꾼'으로서의 소질과 재주를 예비한 것이었음을 한참 뒤에야 알게 되었다.

문리대 연극회에서 김지하를 만나다

1970년 가을, 〈허주찬 궐기하다〉 연습을 하고 있던 중 뜻밖에 김지하 선배가 문리대 연극회실을 찾아왔다. 김 선배는 몇 달 전 〈오적〉 필화사건으로 엄청 유명해지기도 하고 많은 고난을 겪고 난 후라 모두들 탄성을 지르며 맞이하였다. 연습 당장 때려치고 바로 막걸리에 값싼 안주 사다가 시간 가는 줄 모르고 술판과 이야기판을 벌였다.

그날 지하 형에게 초면 인사를 드린 이는 나 말고 홍세화(원래 66학번 공대생이었으나 69학번 외교학과로 재입학, 나중에 빠리의 택시운전사 생활을 함) 형이 있었다. 그날 김지하 선배가 한 이야기 중에 지금까지 기억에 남는 말은 세 가지이다. 하나는 자기가 쓴 〈오적〉이라는 담시가 우리 전통예술의 하나인 판소리에서 나온 문체라는 것. 판소리? 나는 그때까지 판소리라는 걸 본 적도 들은 적도 없었다.

또 하나는 '자연주의' 연극 갖고는 우리 사회 복잡한 정치·현실문제가 표현이 안 된다는 것. 뭐라고? 작년에 김 선배가 연출한 〈혈맥〉이라는 작품을 우연히 관람하고 충분히 감동받고도 남았는데, 자연주의 연극 갖고는 안 된다고…?

그리고 또 하나는 나에 대한 평가였다. "진택이 너는 너무 똑똑해서 이 바닥에 오래 있을 것 같지 않다. 너는 무슨 고시 같은 것 봐서 딴 데로 갈 타입야."

나는 술도 좀 취했고 기분도 좀 불콰해져서 한쪽 방 소파에 누워 잠시 쉬다가 잠이 들고 말았는데, 한밤중 누가 주고받는 소리에 잠이 깼다. 통금 시간이 넘었는지 모두 집으로 돌아긴 텅 빈 연습실에서 지하 형과 세화 형 둘만 남아 밤새 대화를 나누고 있었던 것이다. 그 내용은 대체로 예술미학과 철학에 관한 어떤 얘기들, 판소리·가면극을 비롯한 우리의 전통 민속연희 안에 해답이 있다는 것 그리고 답보에 빠진 학생운동의 방향에 대한 진지한 모색과 조심스럽지만 사회주의에 관한 내재적 혹은 비판적 시각을 상호 탐색했던 것 같다. 나는 옆방에서 그들의 대화를 들으면서 나보다 한 단계 수준 높은 대화를 주고받는 두 선배에 대해 부끄러움을 느꼈다.

전태일의 분신(焚身)이 각인되다

1970년대 벽두를 강타한 또 하나의 사건은 그해 11월 청계천 평화시장에서 일어난 어느 청년 노동자의 분신焚身 사건이다. 전태일이라는 청계천 평화시장 젊은 노동자가 자신의 몸을 불살라 만인의 생존권을 선언한 그때, 나는 그곳에서 멀지 않은 동숭동 서울대학교 문리대 정치외교학도였다. 연극회실에서 〈허주찬 궐기하다〉 작품의 대사 연습을 하고 있던 나는 운동권 학생 몇몇이 급히 뛰어다니며 외치는 소리를 들었다. "평화시장에서 노동자가 분신했다. 모두들 나와 그리로 가자."

나는 그때 그곳으로 달려가지 못했다. 그러나 그날의 상황은 줄곧 나의 뇌리에 박혀 있었던바, 나는 후에 독일의 극작가 귄터그라스가 쓴 〈민중들 반란을 연습하다〉라는 희곡을 접하고는 전태일의 분신 상황을 소재로 삼아 어떤 연극을 하나 만들고 싶다는 충동을 느끼게 되었다. 그 연극은 이런 것이었다. "어떤 극단의 단원들이 민중봉기를 주제로 하는 작품의 공연을 앞두고 연습을 하고 있는데, 밖에서 실제로 민중봉기가 일어났다. 이때 단원들은 밖으로 뛰쳐나가 봉기에 참여해야 하는가, 아니면 공연을 완성하여 보여줌으로써 더 많은 관객들로 하여금 봉기에 참여하도록 고무鼓舞해야 하는가?" 말하자면 나의 머릿속에서는 '예술의 사회 참여'에 대한 구체적 고민이 시작되고 있었던 것이다.

전태일을 소재로 한 이같은 '서사극' 또는 '변증법적 연극'을 나는 끝내 실행하지 못했다. 대신 전태일 분신 50주년을 맞은 작년(2020년)에야 우여곡절 끝에 〈판소리 전태일〉을 만들어 선보였다. 사설을 쓰느라고 자료를 섭렵하던 중에 나는 예전에 느끼지 못했던 묘한 감정에 빠져들었다. 그가 남긴 편지와 수기·일기 등 원 자료를 그대로 접하면서, 동시대 동년배로서(전태일은 나보다 두 살 위다) 대학에 다니고 있었던 내가 부끄러워졌다. 맞춤법도 맞지 않는 태일의 서투른 글씨체는 그가 추구했던 염원의 절박성과 창의성을 진실 그대로 숨김없이 드러내고 있었다. 고등공민학교를 1년 남짓 다니다 만 그가 치열하게 고뇌하고 찾아내어 끝내 결단에 이른 그 생각들은 주입식 지식과는 차원이 다른 스스로의 깨우침이요 사상이며 정신이었다. 놀라운 것은, 그가 자신의 생각과 포부를 초보적인 소설 형식으로 써놓았는가 하면 심지어는 희곡 형태로도 시도해놓았다는 사실이다. 그가 살아 이 분야에서 활동했다면 아마 대단한 작가가 되었으리라. 아니, 그가 구상한 '태일피복공장' 설계서를 보면, 그는 어떤 기업인보다도 뛰어난 대단한 '사회적 기업가'가 될 수 있는 탁월한 능력까지도 갖추고 있었다.

내가 새삼 안타깝게 생각한 대목은 재단사로서 얼마든지 신분 상승을 꾀할 수 있었던 그가 참혹한 현실에 허덕이는 시다와 미싱사들의 근로조건 개선을 위해 목숨을 바쳐야 했던 것에는 노동청과 서울시청 등 주무관청의 책임뿐 아니라 기회주의적이고 안일한 언론의 태도에도 책임이 작지 않았다는 사실이다. 천신만고 끝에 경향신문 사회면에 "골방서 하루 16시간 노동" 평화시장의 참상에 관한 보도가 크게 실렸을 때, 삼동친목회 회원들은 너무나 기뻐서 전당포에 시계를 맡기고 신문을 몽땅 사서 주변에 돌려보기까지 했다. 그만큼 언론의 영향력은 중요하고, 선량한 시민들은 그러한 언론의 역할에 신뢰와 기대를 가졌건만, 노회한 언론사 사주 측은 힘없는 민중들을 외면한 채 도리어 권력에 야합하고 기만하는 방향으로 나갔던 것이다. 만약 언론이 제대로 작동했다면 전태일은 죽지 않고 끝까지 힘을 합쳐 싸워 이겨냈을 것이다.

시위와 농성에서 예감한 '마당극'

1971년 3학년이 되자 나는 문리대 연극회 회장을 맡게 되었다. 문리대 연극회가 선택한 작품은 김지하 선배가 직접 쓴 두 개의 단막극 〈구리 이순신〉과 〈나폴레옹 꼬냑〉이었고, 거기에 김지하 선배가 직접 연출까지 맡아주기로 약조되었다. 〈구리 이순신〉은 2인극이다. 등장인물은 광화문 네거리에 서있는 이순신 동상과 그곳을 지나던 엿장수. 독재자 박정희는 친일 전력이 있는 자신의 약점을 무마하고자 이순신을 영웅으로 만드는 상징조작을 기도하였고, 이를 간파한 시인 김지하가 엿장수를 통해 독재의 우상을 벗겨내고 참된 지도자상을 드러내고자 의도한 작품이다. 〈나폴레옹 꼬냑〉은 오적五賊(재벌, 국회의원, 장·차관, 고급공무원, 장성)의 부인들이 등장하는 수다스런 희극喜劇으로, 각자 허영을 자랑하며 교만을 떠는 중에 저절로 권력자 남편들의 무능과 부패가 폭로되는 풍자극이다.

그 무렵 대학가는 삼선개헌 장기집권 반대와 교련 반대(학원 병영화 반대), 거기에 3과(철학과, 미학과, 종교학과) 폐합 반대 이슈까지 겹쳐서 어수선했다. 그러던 어느 날, 강의실 중 가장 큰 본관 4층 강의실에서 농성이 벌어지자 〈나폴레옹 꼬냑〉에 출연하고 있는 여학생들 모두가 자연스레 농성에 함께하게 되었다. 그 당시는 시위 때 부르는 이른바 투쟁가요나 민중가요가 몇 곡 되지 않은지라 다들 무료한 분위기였는데, 설상가상 교수님 몇 분이 올라오시더니 여학생들만 골라 귀가를 종용하는 것 아닌가? 다들 당황하여 어쩔 줄 모르고 있던 차, 보다 못한 내가 별 수 없이 나섰다. "자, 교수님들도 동참하셨으니 함께 따라서 구호를 외쳐 봅시다. '남북분단 서러운데…'" 그러자 모두들 따라 외쳤다. "남북분단 서러운데…." 분위기가 제법 집중되기에 나는 이어서 외쳤다. "남녀 분열 웬 말이냐?" 모두들 폭소하며 따라 외치자 여학생들은 교수님의 권유를 뿌리칠 계기를 얻었고, 교수님들은 민망했던지 피식 웃으며 슬며시 나가주셨다.

그날 문화사적으로 뜻밖의 일이 벌어졌다. 농성이 길어져 통금시간을 넘기자 누군가가 "야, 그 연극회 공연도 못 하게 됐다는데, 여기서 한번 해보지" 하고 엉뚱한 제안을 하는 것 아닌가? 여러 남학생이 솔깃해져서 동의·독려를 하자 우쭐해진 여학생 출연자들 몇몇이 마치 연습하듯이 대사들을 내놓기 시작했는데, 어럽쇼, 관중의 호응이 열화같이 일어나는 것 아닌가? 배우와 관객이 서로 아는 처지라, 관객이 가만있지 않고 배우에게 농을 걸면 배우도 가만있지 않고 즉흥으로 대응하였다. 어, 이게 뭐지? 오호라, 닫혀 있던 연극이 '열린 연극' 으로 바뀐 것! 배우가 틀에 박힌 방식으로 일방적으로 보여주는 것이 아니라 일탈逸脫한 분위기 속에서 틀을 깨고 관객과 주고받으며 소통하는 '열린 연극'이 전개된 것이다. 이날 뜻하지 않았던 농성장에서의 자유분방한 즉흥 공연이 후에 '마당극'이라 불리는 새로운 연극의 발상에 최초의 계기가 되었음을 이 자리를 빌려 고백한다.

1971년 봄학기는 내내 시위의 연속이었다. 농성과 시위가 계속되면서 총학생회장 이호웅 동지나 손예철 대의원회 의장은 정보기관의 추적을 피해 잠적하였고, 배후에서 활동하는 운동권 핵심들은 여간해선 표면에 나서지 않았기 때문에 지도력의 부재랄까, 시위의 동력이 점점 약해지고 있었다. 그날도 문리대 정문 앞 큰길에는 시위 학생 수십 명이 집결하여 가두진출을 꾀하고 있었고, 종로 5가 시내 쪽으로 얼마 떨어지지 않은 곳에 있던 시위대를 한 숫자의 경찰들이 방패를 세워놓고 막고 있었다. 시내로의 진출을 놓고 지루한 대기상태가 지속되자 참가자들도 점점 지쳐 가는데, 앞에 나서 구호를 외치는 주동자의 언변이 영 신통치 않아 보였다. 내가 나서볼 요량으로 배후 주동자 유인태 형의 허락을 받아 시위대 앞으로 나가보니 저만치 경찰기동대가 가로막고 서 있거늘, 물리적으로 그들을 제치고 시내로 진출한다는 것은 사실상 무망해 보였다. 잠시 생각하던 나는 일단 기선을 잡아야겠다고 마음먹고 구호를 외쳤다. "경찰은 물러가라." 얼굴이 알려진 연극배우인데다 앞서 외치던 주동자와는 목청부터 다른바, 모두들 일신一新하여 따라 외쳤다. "경찰은 물러가라." 제법 반응이 오기에 나는 좀 더 기세를 올려 외쳤다. "즉각 물러가지 않으면…." 참가자들도 기세가 오르는지 따라 외쳤다. "즉각 물러가지 않으면…." 그런데 아뿔싸! 그다음 구호가 마땅히 떠오르지를 않는다. 물러가지 않으면 쳐들어간다고 할 수도 없고, 그렇다고 시위를 마치겠다고 할 수도 없고… 난감한데, 구호의 선창은 리듬이 생명이라, 별 수 없이 다음 구호를 내질렀다. "조금 있다 물러가는 것으로 간주하겠다."

뜻밖의 구호에 벙벙하던 시위대들이 폭소를 터뜨리면서 산발적으로 따라 외치기 시작했다. "조금 있다 물러가는 것으로 간주하겠다." "나도 그렇게 간주하겠다." 경찰 쪽을 바라보니 그들도 어이가 없는지 킥킥거리는 모습이 보였다. 순간적으로 튀어나온 이 재담 구호는 이를테면 경찰의 봉쇄를 뚫고 시내로 진출하려고 하는 시도가 얼마나 무모한 것인지를 자기폭로한 셈인데, 이 자기폭로가 도리어 꽉 막힌 시위판을 명랑하게 바꿔놓는 효과가 있었던 것이다. 그리하여 상투적인 강박감에서 벗어난 시위대는 한참 동안 맘껏 떠들고 외치며 자기신명을 북돋울 수 있었다.

탈춤반의 태동과 탈춤운동의 전개

1970년대에 전개된, 빼놓을 수 없는 문화적 사건은 단연 민속극 부흥운동, 즉 탈춤운동이다. 탈춤운동은 3수생, 재수생 70학번들에 의해 시작되었는데, 그 선두에는 채희완이라는 범상치 않은 인물이 있었다. 1971년 초가을 밤, 동숭동 문리대 교정 한편에서 봉산탈춤 가면극 전판이 벌어진바, 햇불을 밝히고 펼친 이 한판의 공연이야말로 1970년대에 전개된 '우리 것 찾기운동'의 효시嚆矢라 할 만하다. 이후 수년 동안 전국의 대학에는 '민속극(가면극)연구회' 혹은 '탈춤반'이라는 이름으로 우리 문화를 찾는 동아리(서클)들이 우후죽순으로 생겨나 단연 대학문화운동의 중심으로 자리 잡았다. 대학가 탈춤운동이 갖는 의미는 명맥이 끊긴 우리 문화의 전통이 무형문화재라는 보호제도에 기대어 근근이 연명延命하고 있을 때, 관官의 보호와는 무관하게 자생적으로 살아 생동하는 현재의 문화로 부활했다는 데 있다. 거기에 더 진전된 의미는 탈춤이라는 전통양식이 민중예술의 자발성과 민족문화의 자주성을 각성시킴으로서 사회·정치 현실에 대한 인식을 통한 반독재 저항의 주체를 형성시켰다는 데 있다.

1971년 봄학기, 문리대 연극회가 수행하려던 김지하 작作 정치 단막극은 끝내 공연이 불발되었고, 나는 학교 당국의 지침에 불복했다는 이유로 무기정학을 받았다. 그런 정황에서 서울대학교 가면극연구회는 봉산탈춤을 공연하면서 공식적으로 출범하였다. 당시 학생과장이었던 안상진 교수가 나에 대한 외부의 징계 압력을 어떻게든 무마해보려고 조용히 나를 호출하여 경상도 사투리로 야단치던 장면은 아직도 나에게 생생한 기억으로 남아 있다. "임군, 대학생이면 대학생다운 활동을 해야지, 굳이 문제 작가의 문제 작품을 고집할 필요가 뭐가 있나? 가면극연구회를 봐라. 얼마나 멋지나? 저런 활동은 학교에서 얼마든지 보장해주고 지원해준다 이 말이다. 연극회도 세계 명작들 가져다 수준 높은 공연을 해야지, 왜 예술에다 정치를 끌어들이나?"

앞서 잠시 언급했듯, 고대로부터 동·서양의 문학과 예술은 본래 언론의 기능을 담지해왔으며, 모든 예술작품은 드러내든 드러내지 않든 '본질적으로 정치적'이라는 역설을 여기서 더 주장할 필요는 없겠다. 이후 각 대학 탈춤반에 그보다 훨씬 더 역설적인 상황이 벌어졌기 때문이다. 1971년 가을, 서울의 9개 대학에 위수령이 내리면서 운동권 학생들이 몽땅 강제 징집당하고 전국 각 대학의 사회과학 서클들이 강제 해산당하는 사태가 벌어진바, 그 사회과학 저항세력의 빈자리를 각 대학의 탈춤반들이 채우게 된다. 얼마나 역설적인가? 대학 당국이 활동을 보장해주겠다고 공언한 전국의 탈춤패들이 1970년대 후반, 학생운동의 최대 저항 주체로 등장한 것이다.

학생자율신문 「의단議壇」과 71년 위수령(衛戍令)

1971년 가을학기가 시작될 무렵, 거의 매일 함께 지내던 홍세화 형이 색다른 구상을 꺼냈다. 문리대 대의원회 의장으로 정치학과 김재홍 학우가 보선되었는데, 문리대가 독자적으로 언론매체를 하나 창간하기로 논의했다는 것이다. 내가 세화 형과 '거의 매일 함께 지냈다'는 것은 조금도 과장이 아니고 사실이다. 우선 세화 형은 나와는 외교학과 동기생(?)으로, 나는 그가 늘 파묻혀 지내던 음악감상실(학교 앞 '학림'과 명동의 '티롤')에 따라나서 서양 클래식 음악을 공유하였고, 그는 내가 책임을 맡은 연극회에 어슬렁 나타나 극작을 모색하고 있었다. 그리하여 가을학기에는 문리대 연극회가 세화 형이 쓴 〈폐쇄된 도시〉라는 작품을 공연하기로 하고 준비 단계에 들어갔다. 〈폐쇄된 도시〉는 한반도의 분단된 상황을 은유隱喩한 발상으로, 독재자가 판치는 고립된 도시에서 탈출하려는 젊은이들이 결국 탈출을 포기하고 권력에 대항하여 싸운다는 이야기이다. 이 작품 역시 대학 당국의 사전심의(검열)에 걸려 공연이 불허되었다.

그 당시 대학 언론매체로 성가聲價를 올리고 있던 지하신문으로는 서울법대에서 만들어내는 「자유의 종」이 있었다. 김재홍 의장이 홍세화 형을 편집위원장으로 하는 별도의 언론매체를 제안한 데에는 어떤 구상이 있었을 터이다. 무엇보다 김재홍 동지의 타고난 언론인적 속성이 작동한 것이겠지만, 편집위원장으로 홍세화 형을 추천한 것은 타 대학의 지하신문이 갖고 있던 사회과학적 성격에 문리대의 인문학적 성격이 가미되는 것을 원했던 것이라 추측된다. 그런데 이 독자적인 언론매체의 명칭은 「의단議壇」이었다. 이는 지하신문의 명칭이기보다는 매우 공식적인 학생 자율 신문으로서의 품격 있는 명칭이다. 김 의장은 아마도 이

매체가 비공식 지하신문으로서가 아니라 문리대 대의원회의 공식매체로 인정받기를 원했던 것 같다. 다만 편집위원장 홍세화 형이 품격과 무관한(?) 나를 끌어들인 것은 점잖은(그리하여 재미없는) 상투적 논조가 아니라 발랄하고 풍자적인 학생 신문을 원했던 것이리라. 거기에 박학·다식에 달변하기까지 한 국사학과 박홍석 동지를 전격 가세시킨 것은 전천후全天候적인 대응과 사기충천士氣衝天을 위해서였으리라. 그 외에 또 누가 더 있었을 터인데, 당시 편집위원회는 일종의 점조직(?)인지라 모두 모여 회합한 기억은 없다. 어떻든 나는 '굴절경屈折鏡'이라는 칼럼난에 '이지러진 거울을 통해 비뚤어진 세상사를 비판·풍자하는 글'을 쓰기로 책임졌는데, 그 글 쓰느라고 며칠씩 끙끙댔던 기억이 남아 있다.

「의단」은 3호까지 발간된 후 중단된다. 대학가에 위수령이 떨어졌기 때문이다. 전국 각 대학의 학생회장단과 간부들, 사회과학 서클의 수장들이 무더기로 징집되어 군대로 끌려갔다. 나도 명단에 포함되어 어느 날 오후 용산역에 집합, 한밤중에 열차로 고향인 김제에 도착해서 어느 육군 병영에서 신체검사를 받았는데, 뜻밖에도 '탈장'으로 징집 연기 무종無種 판결을 받았다. 의학명으로는 '헤르니아'라고 한다는데 무슨 통증을 느끼는 것도 아니어서 그대로 버티다가 다음 해에 또다시 무종 판결을 받고 공군 보충역으로 차출된바, 이번에는 신원조회에 문제가 있다 해서(무슨 연좌제에 해당되었던가 보더라) 도로 귀가조처를 받았거늘, 이건 또 뭘 일? '보충역 대기인원 과잉'으로 면제 통보를 받음으로써, 총 한번 쏴보지 못하고 예비군으로 편입되었다.

〈금관의 예수〉와 〈이도물어二都物語〉의 합동공연

1972년, 원주에 기거하던 김지하 선배가 긴급히 연극회 후배들을 소집했다. 지학순 주교와 장일순 선생을 모시고 민주화운동을 추진하던 김 시인이 가톨릭문화운동의 일환으로 전국 가톨릭 교구 순회공연을 계획한 것. 준비한 작품은 〈금관의 예수〉로, 한국교회의 부패·통속화를 풍자·비판하고 교회의 정화淨化·성화聖化를 모색하는 작품이었다.

〈금관의 예수〉 순회공연은 난관의 연속이었다. 부산, 대구, 광주, 대전, 인천의 대교구를 거쳐 서울로 입성하는 수순을 취했는데, 천주교 성당 안에 마땅한 공연장이 없는지라, 강당이 있으면 강당을 사용하고 강당이 없으면 성당 입구 로비 공간을 활용해서 공연을 펼치는 등 일종의 유격전遊擊戰이었다. 그럼에도 파격破格적인 내용의 유격 공연은 관람자들에게 신선한 충격을 주었고, 특히 김민기(〈아침이슬〉의 작사·작곡자로 나하고는 중·고교 시절부터 동창이다)가 작곡한 주제곡은 지켜본 이들로 하여금 대단한 감동을 불러일으켰다.

지방 순회공연을 마치고 서울로 돌아오자마자 우리는 급히 논의된 아주 특별한 계획을 알게 되었다. 원래 우리의 마지막 공연은 가톨릭 계통 대학인 서강대학교 강당에서 진행될 예정이었다. 그런데 일본 전위 연극단체인 '상황극단' 가라주로唐十郎가 김지하를 만나러 단원들을 데리고 급거 서울에 도착해서 자기네들과 합동공연을 하자고 제안해왔다는 것이다. 그들은 정규 극장 위주의 공연단체가 아니라 '천막극장'이라는 독특한 방식을 시도하는 집단으로 이번 만남을 위해 대형 천막까지 운반해왔으나 부산항에서 압류당했으며, 그냥 야외에서 공연하면 된다고 떠벌린다는 것이었다. 작품은 〈二都物語 — 두 도시 이야기〉라고 했다.

우리는 급히 계획을 바꾸어 서강대 강당이 아닌 야외 공간을 찾아보았는데, 지하 형은 서강대 정문에서 본부 건물로 올라가는 산등성이 테니스코트 공간을 공연장소로 지정했다. 그리하여 며칠 뒤 소수의 관객이 모인 가운데 서강대 야외 공간에서 김지하와 가라주로의 합동공연이 이루어진바, 그 광경을 설명하면 이렇다.

먼저 〈금관의 예수〉 공연이 행해졌다. 관객들은 자연스레 삼삼오오 산등성이에 앉았고, 배우들은 테니스코트 평지를 무대로 산등성이 쪽을 바라보며 공연을 진행했다. 이 말은 즉 우리 공연은 외양상으로는 야외에서 공연하고 있지만, 실제로는 극장무대에서의 공연과 별 차이가 없었다는 고백이다. 단지 야외에서 공연하고 있다는 것 말고는 야외 공연으로서의 특징을 전혀 생각지 못했기 때문에, 오히려 무대에서의 효과가 감소된 산만한 공연이 되고 만 것이다.

〈금관의 예수〉가 끝나고 이어 벌어진 상황극단의 공연은 시작부터 의외意外였다. 한 배우가 큰 소리로 누구를 찾으며 서강대 정문 쪽에서부터 달려오는 것으로 공연이 시작되었다. 더욱 충격인 것은 그들은 아까 관객들이 앉아 있었던 산등성이를 무대로 삼았다. 어리둥절하던 관객들은 그제야 테니스코트 쪽으로 내려와 그냥 선 채로 산등성이를 올려다보는 형국이 되었다. 그들의 연기는 거칠고 역동적이었다. 조용히 대화하는 장면은 없이, 뛰고 달리고 붙들고 넘어지고 부르고 외치고 노래하고 연설하고 절규하고… 상상을 넘어서는 파격적인 연극이었다. 그들 말이 그 작품은 원래 천막극장에서 하던 것인데 천막을 압수당해서 임기 응변으로 야외에서 펼친 것이라 했다. 당시 일본에는 천막을 사용하는 전위적 극단들이 있었던바, 천막마다 색깔이 다른데, 가라주로네 천막은 검은색이어서 구로텐트(Black Tent)로 불린다고 했다.

구로텐트의 야외 공연에서 자극을 받은 우리는 와신상담! 1년 후 우리의 전통예술 탈판과 농악에 바탕한 우리만의 독창적인 연극 '마당극'을 선보이게 된다.

제일교회에서 시작된 기독교 문화운동의 현장

1972년에서 1973년으로 넘어가는 그 겨울에 나는 서울제일교회와 새문안교회의 청년부 대학생들과 만나 연극 작업을 하게 된다. 그 작업은 홍세화 형으로부터 시작되었다. 그간 세화 형을 한동안 못 만났는데, 어느 날 그가 제일교회 청년부 대학생들과 함께 연극을 만들고 있으니 도와달라는 말을 꺼냈다. 교회 대학생들을 데리고 연극을 만드는 것은 너무 아마추어적인 수준이 될 것 같아서 반갑지 않았지만, 세화 형이 각색도 하랴 연출도 하랴 힘이 부칠 것 같아서 일단 도와주기로 했다.

세화 형이 택한 작품은 윤정규 작 〈장렬한 화염〉이었는데, 제목에서도 알 수 있듯이 이 작품은 노동자의 분신焚身을 연상시키는 작품이었다. 제일교회는 퇴계로 근처 오장동에 자리 잡고 있는 개척교회로 담임목사가 박형규 목사님이셨다. 시멘트로 지어진 교회 건물은 아주 낡았고, 본당으로 쓰는 좁은 공간 자체가 반듯하질 못했다. 이 작품의 무대로 쓸 만한 변변한 공간마저 없어서 박 목사님은 자신이 사용하는 신성한 연단 자리를 무대로 쓸 수 있도록 허락해주셨다.

그처럼 낙후한 조건에서의 공연이었지만, 공연의 열기와 관객의 반응은 나 자신도 놀랄 만큼 대단히 뜨거웠다. 이 열기가 어디서 나오는 것일까? 아하, 현장성! 그리고 주체성! 그곳은 교회의 사명에 대해 치열하게 고뇌하는 현장이었고, 보여주는 공연이 아니라 스스로 참여해서 만들어가는 공연이었다. '미적 성취' 혹은 '감동'이란 것이 극장 조건이나 무대 시설에 있는 것이 아니라 이를 넘어서는 어떤 본원적인 '만남'과 '부딪침'에 있음을 나는 깨달았다.

얼마 후 이번에는 새문안교회 청년들이 자기네들도 연극을 하고 싶으니 맡아달라고 부탁이 왔다. 그들은 박태순 원작의 〈무너지는 산〉이라는 작품을 선택해 각색·연출해주기를 원했다. 이 작품은 얼마 전 주민 폭동으로까지 치달았던 광주대단지(성남) 사건을 다룬 작품이었다. 새문안교회는 부자富者 교회로 제일교회에 비해 무척 보수적이고 완고한 분위기여서 교회 안에서 사회성 짙은 작품을 공연한다는 것이 무척 까다로웠으나, 참여한 대학생들의 사명감과 성취감은 제일교회 못지않았다.

서울제일교회와 새문안교회의 청년 대학생들은 이후 한국기독학생총연맹(KSCF)을 중심으로 한 기독교 사회운동과 문화운동의 주축으로 성장한다. 우리가 잘 아는 고故 김경남 목사와 나병식 동지가 바로 그 무렵의 기독청년 학생들이다.

모순과 실천이 범벅된 '반공법 사건'

1973년 4월에 이런 일이 있었다. 당시 나는 휘경동에서 작은누나와 함께 어머니를 모시고 살고 있었는데, 어느 날 밤늦게 집에 돌아오니 어머니가 놀란 태도로 알려주시기를, 아까 낮에 형사 둘이 찾아와서 내 방을 뒤지고 무슨 공책을 한 권 갖고 갔다고 한다. 그러면서 그 공책 찾으려면 내일 남대문경찰서로 나오라고 했단다. 방에 들어가 살펴보니, 없어진 공책은 며칠 전 친구 김민기로부터 빌려온 공책인데 그 안에 모택동의 '모순론'과 '실천론'이 번역되어 있는 노트로, 원 임자는 문리대 정치학과 손학규 선배였다. 그 노트는 정치학도 손 선배가 전공과목의 일환으로 번역·기록해놓은 것으로, 김민기가 빌려보고 있던 것을 내가 발견하고 다시 빌려온 것이었다.

나는 나 자신 외교학도로서 '모택동 연구'는 전공과목의 일환이므로 별 걱정 하지 않고 다음날 남대문경찰서로 공책을 찾으러 자진출두했다. 그러자 담당 형사는 대뜸 그 공책이 누구 것이며 무슨 내용이냐고 물었다. 나는 그제야 형사들이 노트 갖고 시비를 걸려고 하는 것을 느끼고 일단 군대 가 있는 다른 친구 이름을 댔다. 그랬더니 그 자들이 알았다며 나를 내보내면서 내일 다시 출두하란다. 경찰서를 빠져나온 나는 바로 그 길로 줄행랑을 쳤다.

마침 조 아무개라는 친구가 이화여대 앞에 음악감상실을 차린다고 구해놓은 홀이 있어 거기 가서 지냈다.

그러던 며칠 후, 뜻밖에도 김민기가 거기 나타나 나를 찾는 것이 아닌가? 반갑게 맞은즉 그 뒤로 형사 둘이 따라붙어 있었다. 민기와 나는 남대문경찰서로 붙들려가 노트의 입수 경위를 조사받았고, 결국 노트의 원 임자인 손학규 선배(당시 송정동 판자촌에서 쪽방 생활을 하면서 빈민운동을 실천하고 있었다)도 붙잡혀왔다. 그리하여 손 선배는 불온서적 소지·유포·탐독 혐의로 기소되었고, 민기와 나는 다행히 불기소로 풀려나왔다.

공교로운 것은 원래 형사들이 우리 집에 찾아온 것은 부활절날 남산에 뿌려진 반유신 유인물 때문에 투망 수사를 하던 과정이었는데, 부활절 유인물 배포의 주동 인물은 다름 아닌 서울제일교회 박형규 목사이셨고, 손 선배는 박 목사님이 주도하시던 도시빈민선교의 일환으로 송정동 판자촌에 기거하면서 빈민운동 실천 중이었으며, 손학규가 투망에 걸림으로써 부활절 사건 주모자인 박 목사님까지 들통이 난 것이었다.

구속기소된 손 선배는 1심에서 반공법으로 징역 10개월의 유죄 판결을 받아 복역하면서 항소하여 2심에서 결국 무죄 판결을 받았으나, 그 기간 8개월 동안이나 애꿎게 생으로 옥살이를 했으니 모순이 아닐 수 없다.

이처럼 모순과 실천이 범벅된 모택동 '모순론·실천론' 노트 사건은 불온서적(?) 소지·탐독을 이유로 재판을 받은, 분단 이후 최초의 반공법 사건으로 기록된다.

최초의 농촌계몽 마당극 〈진오귀 ― 청산별곡〉

나의 불찰로 인해 애꿎은 선배가 옥살이를 하고, 숨겨야 할 어른이 들통났다는 사실에 나는 한동안 죄책감과 민망함을 견딜 수 없었다. 복학은 해놓았지만 학년이 틀어지는 바람에 수업도 잘 안 되고 해서 나는 그 괴로운 사연을 원주의 김지하 선배에게 편지로 알리며 조언을 청했다. 그랬더니 즉각 답장이 왔는데, 원주 가톨릭 교구가 농촌계몽운동의 일환으로 순회연극을 준비하고 있으니 당장 내려오라는 것이었다. 나는 바로 휴학원을 내고 원주로 달려갔다. 김 선배는 황폐해가는 농촌문제를 해결하기 위해서는 농촌 협업운동을 전개해야 한다면서, 이를 위해 농촌을 순회할 계몽연극을 만들되 그것은 탈춤과 연극이 결합된 '마당극'이 될 것이라고 설명하였다. 제목은 〈진오귀〉! 나는 '마당극'이라는 새로운 양식을 처음 시도한다는 자부심에 그 날부터 원주에 기거하면서 출연배우로 연습에 가담했다.

한 달쯤 지난 무렵, 연습장에 나온 김 선배가 시무룩한 표정으로 순회공연 계획이 무산될 것 같다고 전해주었다. 그 무렵이 가톨릭농민회가 막 태동하는 시기였는데, 논의의 핵심은 농촌문제가 이미 협업과 협동만으로는 해결될 수 없는 단계에 와 있다는 문제였다. 우리 사회는 이미 농촌 사회에서 노동 사회로 옮겨가는 중이었고, 농민들의 협업·협동은 관행적인 계몽용어일 뿐 실제로는 농촌문제 해결의 관건이 못 된다는 문제의식이 대두된 것이다. 김 선배는 농촌계몽극 〈진오귀〉의 연습 중단을 선언했다.

시대 상황의 여건 때문에 작품을 보류한 것은 어쩔 수 없다 하더라도, 나는 그 작품으로 마당극 양식 실험이라도 해보는 것이 필요하다고 느꼈다. 그래서 문리대 연극회에서 공연하는 것을 추진했으나 학교 당국의 허가는 나지 않았고, 해서 나는 서울제일교회 박형규 목사님을 찾아뵙고 교회 청년들과의 작업을 허락해주시기를 요청했다. 박 목사님은 그 자리에서 흔쾌하게 승낙하셨다.

서울제일교회에서 작품을 준비하면서 작품의 제목을 〈청산별곡青山別哭〉으로 바꾸게 된다. '진오귀'라는 제목이 생경했으므로, 곡조 곡(曲) 자 대신에 곡할 곡(哭) 자로 바꾸어 '농민들의 통곡소리'라는 주제를 담은 제목으로 바꾼 것이다.

나는 판소리 도창導唱 해설자 역할에 작품의 기획과 연출까지 맡는 1인 3역의 책임을 맡았다. 말이 판소리 도창이지 아직 판소리를 배운 적이 없었으므로 그냥 장단에 얹어 큰소리로 읊어나가는 정도였다.

마당극 〈청산별곡〉에서 가장 큰 성과를 낸 부분은 소농小農·수해水害·외곡外穀으로 분류한 도깨비 마당이었다. 나의 연출력 부족으로 마당극 〈청산별곡〉은 미학적으로 완성된 작품이 못 되었으나, 채희완(70학번 미학과 학생으로 대학 탈반의 시조) 형이 안무한 도깨비 마당만큼은 예상 밖으로 큰 호응을 불러일으켰다.

도깨비 탈춤은 1970년대 후반에서 80년대 초반까지 대학가 창작 탈춤의 비조 구실을 톡톡히 했다. 그리고 서울제일교회에서 공연된 농촌계몽극 〈청산별곡〉(원제 진오귀)은 한국 연극사에서 최초의 마당극으로 기록되었다.

최초의 창작판소리 - 구치소 감방에서의 〈소리내력〉

1974년 4월 3일 유신독재정권은 긴급조치 4호를 발동, 이른바 민청학련사건을 발표하였다. 당국의 엄포에 의하면 긴급조치를 위반하거나 비방하는 자는 최고 사형에 처해지며, 현상수배된 주동자를 은닉隱匿하는 자는 최고 무기징역에 처한다는 무시무시한 공갈恐喝이었다.

그런데 바로 다음날, 휘경동 큰 길 건너 옆 동네에 살고 있는 유홍준 형이 급하게 나를 찾아와 하는 말이 현상수배된 유인태가 지금 숨을 데가 없는데 자기 집은 위험하니 너의 집에 좀 숨겨줄 수 없겠느냐는 것이었다. 나는 마침 큰누나가 옆 동네 이문동에 살고 있었으므로 무조건 큰누나 집으로 데려가 누나에게 사정을 말했더니, 오호! 우리 누나가 대범하게 받아들이는 것 아닌가? 누나는 인태 형을 부엌 위쪽에 설치된 다락방에 숨겨주고 하루에 한번 밥도 몰래 넣어주었다고 한다. 인태 형은 닷새 간 누나 집에 숨어 있다가 이동한 후 결국은 체포되는바, 문제는 인태 형이 체포되기도 전에 그가 우리(누나) 집에 숨어 있었다는 사실이 드러나 우리 집에 갑자기 형사들이 들이닥친 것. 설상가상, 들이닥친 형사들은 하필 예전에 모택동 노트 관련하여 악연을 맺었던 바로 그 남대문경찰서 형사들이었다.

나는 현상수배자 유인태를 은닉했다는 이유로 잡혀가 남대문경찰서 유치장에 갇혔다가 두 달이 지난 6월 말경에야 서대문구치소로 이감되었다.

서대문구치소 7사 7방에 수감되어 소위 잡범(?)들과 함께 지내게 된 나는 입소한 첫날 감방 안에서 나의 죄에 대한 예비재판을 받았다. 감방장이 재판장을 맡고 기율부장이 검사를 맡아 약식으로 진행되었는데, 현상수배자를 누나 집에 숨겨줌으로써 먹여주고 재워준 나의 죄는 무시무시한 '은닉죄'가 아니라 '무허가숙박업'이라는 판결이었다.

더위가 한창인 7월 중순경, 옥사 밖에서 크게 외치며 나를 부르는 소리가 들려왔다. 나는 얼른 일어나 쇠창 틀을 붙들고 큰소리로 물었다. "누구요?" 그러자 사람들이 큰소리로 자기 이름을 대며 외치는데, 김지하 형을 비롯해서 유인태, 이철, 나병식의 목소리가 들렸다. 나는 다시 크게 물었다. "어떻게 됐어요?" 그러자 이들은 다시 왁자지껄 큰소리로 답했다. "사형이다 사형, 우하하하하." 이날이 바로 민청학련 주모자들이 군법회의에서 사형선고를 받고 돌아온 날이었던 것이다.

이날 저녁 식사를 마친 후 감방장이 뜻밖의 제안을 내놨다. 낮에 있었던 사형수들 태도에서 아무래도 마음이 싱숭생숭했던지 오락시간을 갖자고 지시한 것이다. 그리하여 함께 지내던 10여 명의 잡범이 돌아가면서 노래 한 자락씩을 불렀는데, 소리는 안 내고 입모양으로만 노래하며 동작 시늉을 더 열심히 하는 색다른 오락시간이었다.

이윽고 내 차례가 되자 방장은 별 기대도 않는 태도로 날더러도 한 곡 뽑아보라고 지시했다. 나는 아까 낮에 사형선고 받은 사람들 중에 유명한 시인 선배가 있는데, 그 시인이 쓴 담시가 있어 한번 읊어보겠노라고 했다. 그러고는 복도로 새지 않게 숨 죽여가면서 아주 작은 목소리로 담시를 읊기 시작했다.

> 서울 장안에 얼마 전부터
> 이상야릇한 소리가 자꾸만 들려와
> 그 소리만 들으면 사시같이 떨어대며
> 식은땀을 줄줄 흘리는 사람들이 있으니,
> 해괴한 일이다.
> 이는 대개 돈푼 깨나 있고
> 똥 깨나 뀌는 사람들이니 더욱 해괴한 일이다.
> 쿵!
> 바로 저 소리다. 쿵!
> 저 소리가 무슨 소리? …

이 담시는 1972년 김지하 시인이 가톨릭 계통의 「창조」라는 잡지에 발표한 것인데, 제목은 〈소리내력〉이다, 담시 〈오적〉으로 곤욕을 치른 김 시인이 2년 만에 또다시 내놓은 정치풍자 담시 〈비어蜚語〉 세 편 중 한 편으로, 나머지 두 편은 각기 〈고관〉, 〈육혈포 숭배〉라는 제목을 달았다.

감방 안의 청중들은 크게 감동을 받은 것 같았다. 그도 그럴 것이, 〈소리내력〉의 주인공 '안도'는 억울하게 감옥에 갇힌, 바로 지금 감방에 갇혀 있는 자기네들 처지를 대변하는 인물 아닌가? 그날 이후 감방 안에서 나에 대한 예우가 싹 달라진 것만 보아도 그들이 얼마나 감동받았는지를 알 수 있다.

나의 첫 '창작판소리' 공연은 서대문구치소 7사 7방에서의 〈소리내력〉 강창이었다. 다만 그것은 내가 판소리를 배우기도 전, 북 장단도 없이, 혼자 제멋대로 낭송 → 강창했던 수준이었다.

죽음을 앞둔 김지하의 유언 같은 당부 - 문화운동의 길

어느 날 간수가 와서 내 번호를 불렀다. 검사가 부른다는 것이다. 몇 달 동안 가족과의 면회도 금지되고 검사 취조 한번 받아보지 못한 채 대기하던 터라, 우선 반가웠다. 검찰청으로 가는 건지 어디로 가는 건지도 알지 못한 채 호송차에 올라탔는데, 차 안에 아무도 없고 달랑 나 혼자다. 하릴없이 앉아서 기다리고 있는데 문득 차 문이 열리더니 두 손을 수갑으로 채인 누가 타는데, 엇! 지하 형 아닌가? 깜짝 놀라 말문을 열어 인사를 하려는데, 지하 형이 얼른 묶인 두 손을 자기 입으로 가져가며 손가락을 입술에 대고 아는 체하지 말라는 시늉을 한다. 아무 내색도 못한 채 몸을 꼿꼿이 하고 앉아 있는데, 호송 간수가 지하 형을 밀어 넣고 문을 잠근 후 칸막이 앞자리로 가 앉는지라, 호송차 뒷자리에는 지하 형과 나 두 사람만 앉아 있는 형국이 되었다. 덜컹거리며 달리던 호송차에서 눈치를 살피던 지하 형이 가래 끓는 목소리로 무겁게 입을 열었다. "진택아, 나는 죽는다. 너에게 부탁이 있는데, 들어줄래?"

나는 고개를 돌리지 않고 그대로 끄덕이며 답했다. "네."

뭔가를 깊이 생각하며 잠시 숨을 고르던 지하 형이 다시 말을 꺼냈다.

"내가 꼭 하고 싶은 일이 있었는데, 네가 그 일을 해줬으면 한다."

나도 잠시 숨을 고르고 물었다. "어떤 일인가요?"

그러자 지하 형은 또 무엇을 깊이 생각하더니 결론을 내리듯 말했다.

"문화운동이다."

전혀 예기치 못한 단어였으므로 나는 잠시 말문을 잃었다.

그랬더니 잠시 생각하던 지하 형이 다시 한번 가래 끓는 목소리로 나직이 묻는다.

"진택아, 네가 해줄래? 문화운동이야. 문화운동밖에 길이 없어."

나는 다시 몸을 세우고 앞을 바라보며 가만히 대답했다. "네, 알겠습니다."

1974년 8월 8일 출옥한 나는 사형선고를 받은 지하 형이 유언처럼 남긴 '문화운동'을 수행하기 위해 방안을 모색했으나, 무엇을 어디서부터 시작해야 할지 도무지 감이 잡히지 않았다. 우선 급한 것은 민청학련 구속자 석방을 위한 구명활동이었기에 그해 12월 31일 명동성당 문화관에서 '구속자 석방을 위한 문화의 밤"을 개최하였다. 나는 그날 밤 행사에서 담시 〈소리내력〉의 강창을 공식적으로 처음 시도하게 된다.

'구속자 석방을 위한 문화의 밤'은 나름대로 성과를 거두었거니와, 그중 〈소리내력〉 공연은 많은 사람에게 특별한 감흥과 호기심을 안겨주었다. 담시를 판소리로 강창한다는 것은 아무도 상상하지 못한 분야였고, 판소리란 것이 있는지도 모르던 시절, 새로운 이야기를 판소리로 표현해낸 것이 '생경하나 참신했다'는 중평이었다.

돌이켜보면 문화운동이 따로 있는 것이 아니라 〈소리내력〉을 공연하고 다니는 것이 바로 '문화운동'이요. '문화운동의 시작'이라는 사실을 나는 당시에 자각自覺하지도 자부自負하지도 못했던 것이다.

동아일보 백지광고 사태와 유신체제 찬반 국민투표

1974년 10월, 권력의 압력에 굴종한 언론의 보도 태도에 불만을 품은 대학생들이 동아일보사 앞에서 '언론화형식'을 벌이자, 기개 있는 일단의 기자들이 이에 호응, 10월 24일 자유언론수호대회를 열어 결의문을 채택하고 그 결의문을 신문에 게재함으로써 언론자유투쟁의 막이 올랐다.

당황한 박정희 유신정권은 동아일보의 광고주들을 불러내 광고를 내지 못하도록 회유·협박하였고, 광고주들이 계약을 철회함으로써 급기야 광고 지면이 백지로 나가게 되었다.

궁여지책으로 격려 협찬광고를 모집하는 광고를 내자 예상 밖으로 국민들의 격려 광고와 성금이 물밀듯이 답지한즉, 이것이 바로 동아일보 백지광고 사태이다.

국민적 저항에 부딪친 박정희 정권은 해가 바뀌자 다시 한번 국민 여론을 호도할 목적으로 1975년 2월 12일 '유신체제 찬반 국민투표'를 실시한다. 나는 국민투표를 무산시킬 문화적 방법이 없을까 궁리하다가 근대 유럽의 사상가들이 발굴한 천부인권天賦人權으로서의 '시민불복종' 개념을 찾아냈다. 투표에 참가해서 반대표를 던진다 한들 어차피 부정선거와 허위통계로 찬성 가결될 것은 뻔한 일, 차라리 국민투표 거부운동을 벌이자. 그런데 투표 거부운동을 홍보하려면 어떻게 하지? 옳지, 동아일보 백지광고난에 광고를 내자. 허나 그것만으로 일이 될까? 문화적인 행동이 필요하지 않을까? 그렇지, 국민투표가 행해지는 그 시간에 우리는 하루종일 공연판을 벌이는 거야. "투표를 거부하고 불참할 사람은 그 시간에 명동성당 문화관으로 모여라!"

이리 생각하고 바로 기획 작업에 들어가 한편으로는 내가 접촉할 수 있는 연극패, 탈춤패, 춤패, 음악패 등을 총동원하여 연습에 돌입했고, 다른 한편으로는 선배들을 접촉하며 동아일보 백지광고는 물론 기사가 날 수 있는 방안을 찾아 여러 갈래로 노력했다. 하지만 보도까지는 성사가 안 됐고, 국민투표 사흘 전에 동아일보 백지광고난에 '국민투표 거부 시민불복종 행동' 광고가 게재되었다.

행사를 이틀 앞두고 신설동 한영숙(승무·살풀이춤의 인간문화재로 그 수제자가 바로 이애주였다) 무용전수소 3층에서 한참 종합연습을 하고 있는데, 갑자기 문을 박차고 잠바 입은 사내들 10여 명이 쳐들어왔다. 동대문경찰서 형사들이었다. 줄줄이 붙잡혀 계단을 내려가니 현관 앞에 호송차가 뒷문을 열어놓고 기다리고 있었다. 경찰서로 끌려가 신원조사들을 마친 후, 나와 애주 누님만 남기고 다른 참가자들은 모두 훈방되었는데, 밤늦게 어떤 중년의 부인이 오셔서 주모자인 나를 크게 야단치고는 딸 이애주를 마저 데리고 나가셨다(그분이 후에 나의 장모님이 되셨다). 나는 이틀 밤낮을 동대문경찰서 유치장에 갇혀 있다가, 국민투표가 거의 끝나가는 시간에 훈방되었다. 명동성당을 가보니 아무도 없고 문화관 문은 닫혀 있었다.

1975년 2월 12일 내가 계획한 '국민투표 거부 시민불복종 행동'은 내가 본격적으로 시도한 최초의 '문화운동'이었다. 그 자체로는 성사조차 안 되고 무산되었지만, 실패로 끝난 것만은 아니었다. 그러한 여러 노력의 결과로 한 달 뒤인 3월 15일 긴급조치 1호와 4호 구속자들이 대부분 가석방되는 일단의 승리를 거둘 수 있었기 때문이다.

얘기가 너무 길어져서 오늘은 여기서 일단 글을 마치고자 한다. 이어진다면 정권진 명창님께 처음 판소리를 배우던 때의 광경, 첫 직장 대한항공(KAL)에 입사했다가 자의반 타의반으로 사표를 내게 된 경위, 블랙리스트를 뚫고 어렵게 중앙일보·동양방송(TBC-TV)에 입사하여 제작부 → 편성부 → 심의실로 밀려난 정황, 이화여대 문리대 연극부와 함께한 신선한 마당극 실험, 1970년대 후반 불길같이 번진 노동문화운동의 파장, 박정희를 사살한 김재규와의 숨겨져 있던 인연, TBC가 KBS로 통폐합된 후 국풍81 참여를 거부하고 타의반 자의반 피신한 상황, 무엇보다 광주민중항쟁의 핵심인물로 〈소리내력〉을 강창한 또 한 사람의 광대 윤상원에 관한 추억 등….

오늘 못다 한 이야기는 다음 기회에 "1970년대 후반 '문화운동'에 관한 단상斷想"이라는 제목으로 이어가게 될 것이다.

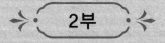

2부

회원 회고록

*회원 회고록은 회원 이름의 '가나다' 순으로 실었습니다.

나의 생(生) 역정, 인연

고재득(전 성동구청장)

전남대학교 법과대학 법학과 65학번
민주헌정연구회 부대변인
평화민주당 총무국장, 정책실장
민주당 사무총장, 최고위원, 서울시당위원장
서울 성동구청장(민선4선)

들어가는 말

흐르는 세월 앞에 영원한 것은 없다. 시간이 흐르면 살아오면서 새겨졌던 인생의 족적들도 조금씩 지워져갈 것이다. 지금까지 달려온 인생 역정을 돌이켜보니 유년기 10년, 청소년기 10년을 거쳐 대학을 10년 만에 졸업했다. 그리고 10년 동안 회사에 몸을 담았고, 정당 생활 10년에, 민선 자치단체장 10여 년을 보내고 인생의 환갑을 맞은 뒤, 4년의 교수 생활과 또다시 자치단체장 4년으로 이어졌다. 인생 후반부를 빼면 엇비슷하게 나의 삶은 10년 주기로 이어져온 셈인데, 내가 생각해도 굴곡졌던 나의 인생 역정에 대해 간략히 뒤돌아보고자 한다.

넘을 수 없는 큰 기둥 — 아버지

나는 1946년 해방 이듬해 8남매(5남 3녀)의 차남으로 전남 영암에서 태어났다. 붉은 황톳길을 따라 나지막한 산자락과 들녘이 포근하게 이어지다 갑자기 불꽃처럼 치솟아 오른 월출산의 아름다운 풍경과 곰삭은 젓갈처럼 맛깔스러운 인심이 넘치는 영암 뜰에서 유년 시절을 보냈다. 아버지는 당시 영암군청의 공무원이셨다. 그러다가 6.25 전쟁이 발발하면서 우리 집안은 외가가 있던 전북 김제군 원평으로 피난을 떠났고, 전쟁이 끝난 뒤 아버지는 자식들 교육을 위해 외가 집안 연고지인 전남 광산군 동곡면에서 삶의 새 터전을 잡았다(본디 우리 외가는 영암군 왕곡면이었으나 외조부님 종교(증산교)로 이거하셨음).

1920년생인 아버지(高光자璇자)는 유학자로 당시로는 배우신 분으로 목포상업전수학교를 다니신 지역 엘리트셨다. 젊은 시절부터 많은 유림과 교류하셨고 특히 종문은 물론 향중의 대소사를 두루 살피시고 광주향교, 광주유도회, 광산노인회, 죽수서원竹樹書院), 고산서원高山書院, 모정계慕亭契 등에 참여하여 덕망 높은 선비의 평판을 쌓으셨다. 그리고 고씨광산종문회高氏光山宗門會 창립을 주도하시면서 십수 년 간 종문회장을 맡아 종회의 기틀과 재정을 닦으셨고, 지방종문회 이름으로 유일하게 장학재단까지 발족하여 후진 양성에 진력하신 분이었다. 이로 인해 2006년도에 아버지가 돌아가신 뒤 고씨광산종문회에서는 아버지의 공덕비(비문은 박석무 선생이 쓰셨음)를 세워 그 덕을 기리고 있다. 어머니(柳錦자禮자)는 광주의 서산 유씨瑞山 柳氏 가문으로, 아버지보다 5살 연하이셨다. 슬하의 자식들이 많았던 만큼 크지 않은 과수원을 억척스럽게 가꾸면서 많은 고생을 하셨다. 육척 아버님이 치밀하고 섬세한 선비라고 한다면 여린 용모의 어머님은 남성적인 성격에 스케일 크신 여장부라고나 할까. 불같은 성정이지만 뒤끝은 없으셨고 어려운 이웃들을 보면 몇 박스씩 과일을 내서 통 크게 베푸시는 분이셨다. 대상포진에 1년 여 동안 고생하시는 아버지를 극진히 간병하시다 오히려 당신의 건강을 헤쳐 80세에 아버지보다 먼저 세상을 뜨셨다.

네 멋대로 ― 고교 시절

피난시절 김제 원평초등학교 때는 공부를 좀 했던 것 같다. 그래서 중학교 진학을 앞두고 아버지는 전주 북중을 권하셨다. 그러나 나는 고향에서 학교를 다니고 싶은 열망을 버릴 수 없었다. 그래서 광주 서중을 지망하여 당시에는 객지인 광주에서 형제들과 자취를 하였다. 그러나 어린 나이에 자취 생활이 너무도 힘들고 외로워 정서적으로 많은 어려움을 겪었다.

광주일고 고교시절에는 머리가 굵어진 탓인지 외국영화 및 일본 개작 소설을 즐겨보며 내가 하고 싶은 것을 마음대로 해보는 비교적 호방한 학창시절을 보냈다. 학생 입장불가였던 영화를 보기 위해 책값을 써버리기도 했고 그것을 만회하기 위해 책값을 부풀려 타는 일이 반복되었다. 그러자 아버지는 눈치를 채셨는지 가끔 자취방에 들르셔서 새로 구입한 책을 확인하시곤 했다. 그래서 미리 친구들의 책을 빌려와 만약의 사태에 대비하곤 했는데 아버지는 빌려온 책에 붓으로 내 이름을 크게 써두셔서 무척 곤혹스러웠던 기억도 있다. 학창시절 내내 집안 형편을 따르지 않고 하고 싶은 일에 깊이 빠져서 말썽도 많이 부리다 보니 당연히 공부는 뒷전에 미뤄두게 되었다.

항로를 바꾸다 ― 공대에서 법대로

호연지기로 고교시절을 보낸 나는 법대 진학을 희망하시는 아버지의 기대를 외면하고 공대 토목과를 선택하였다. 그러나 대학 1학년 내내 동기생들과 공감대 형성이 어려웠다. 내 성격이나 품성이 맞지 않는 것을 뒤늦게 알고 주로 법대 강의를 청강하였다.

1학년을 그렇게 지내다 보니 주위 사람들은 나를 법대생으로 알았고, 평소 나를 아껴주시던 법대 학장님도 어느 날 내가 공대생인 것을 알고 깜짝 놀랄 정도였다. 당시에는 이과에서 문과로 전과가 쉽지 않았지만 결국 나는 전과를 결심했고 우여곡절 끝에 법대 학적을 갖게 되었다.

민주화운동에 투신하다 — 선배 박석무 의원

내가 대학에 들어간 1965년도는 한·일회담 반대 물결이 전국을 뒤덮은 시기였다. 대학 입학 후에 가장 인상 깊었던 선배는 당시 전남대에서 6.3운동의 선봉에 섰던 박석무 선배(전 국회의원)였다. 지금도 박석무 선배는 나를 의형제처럼 대해주신다. 나는 박 선배의 강직한 성격과 애국심, 다산학茶山學의 학문적인 소양을 존경한다. 그의 사상과 경륜은 내 인생의 커다란 지표가 되었다.

당시 3선 개헌 반대와 교련을 반대하던 나는 지원 입대가 최선책이었다. 입대하여 최전방에서 복무 중 자원신청을 하여 1969년 말 주월 백마부대 28연대로 파병되었다.

파병이 된 후 배치된 곳은 월남 동중부 지역인 푸엔 성 뚜이호아Tuyhoa였고 연대 정훈병으로 복무했다. 뚜이호아는 푸엔 성의 주도로써 남지나해 연안에 인접한 곳이지만 서쪽에 혼바 산이라는 험준한 산악지형이 펼쳐지면서 수많은 천연 암반동굴 속에 강력한 베트콩과 월맹군이 세력을 떨치던 곳이다. 이 지역에서 1970년 초까지 1년여를 복무했지만 정훈병인지라 직접 전투에 참여할 기회는 없었다. 하지만 격전지였기 때문에 그곳에서 전쟁의 참혹함과 월남주민의 고통을 바라보면서 아! 내가 너무 철없이 낭만적인 생각만으로 전쟁터에 뛰어들었구나 하는 자책감을 갖기도 했다.

내가 군에서 제대한 후 복학한 시점은 박정희 정권이 영구집권을 기도하던 시기였다. 나는 순응할 수가 없어 독재타도를 외치는 학생운동에 다시 참여했다. 운명의 1971년. '71동지회'의 산통을 명증하는 박정희 정권의 학원탄압이 자행됐다. 학생운동의 전력이 있다면 무조건 정학, 제적, 강제 입대, 특히 학생운동으로 수감된 전력은 마치 낙인처럼 학원 추방이라는 만행을 마다하지 않았다. 나도 이 만행의 사슬에 꿰어 제적되었다.

또한 1974년은 유신독재에 맞서 전국의 대학생들이 총궐기했다. 박정희 정권은 그 배후를 민청학련으로 몰아 긴급조치를 발동하면서 전국적으로 대규모 검거 선풍이 일었다. 그것이 바로 민청학련 사건이다. 그러나 기실 민청학련은 그들이 말하는 반국가 단체가 아니라 학생들이 선언문 말미에 적어 넣은 '전국민주청년학생총연맹'이란 단체명으로 기억한다.

민청학련 수배가 시작되자 약간의 조력을 했던 나는 상당 기간 피해 다녔으나 결국은 중앙정보부에 붙잡혀 광주분원 '안가'에 갇혀 100여 일 고초를 겪기도 했다. 그러나 그 시점에는 민청학련 사건이 마무리 단계에 접어들었기 때문인지 불기소 상태로 교도소행은 면했다.

그 후 학적도 복적이 되어 10년 만에 대학을 졸업하는 등 우여곡절의 20대를 보내야 했다. 별로 큰 불이익 처분을 받지 않았는데도 2001년 1월 민주화운동 명예회복 유공자로 인정되었다.

중소기업에 취직 — 10년간 회사원 생활

대학 졸업 후 나는 서울에 올라왔지만 학생운동 경력이 '훈장'(?)이 되어 공무원 시험도 볼 수 없었고, 여기저기 원서를 디밀어도 도통 취업이 되지 않았다. 그래서 수소문 끝에 고향 선배가 경영하는 (주)한성이라는 중소기업에 가까스로 입사할 수 있었다. 그 회사에 다니며 결혼도 했고 10년간 열심히 근무했다. 입사 당시 연 매출액 2억에 불과했던 회사를 10년 동안 200억 원 규모로 신장시키는 데 온 신명을 바쳤다. 이때 기업에 대한 이해와 조직관리 및 경영기법에 대해 많은 학습과 경험을 쌓을 수 있어 내게 큰 자산이 되었다.

1995년 민선구청장이 된 후 첫 직원 MT에서 나는 직원들에게 다음과 같은 이야기를 한 적이 있다.

"성동구는 1년 1,500억 원의 예산과 1,500명의 직원을 운용하고 있다. 그러나 현재 성동구에서 제공하는 행정서비스를 만약 민간에 위탁한다면, 절반 정도의 예산으로 지금보다 질 높은 행정서비스를 주민에게 제공할 수 있을지도 모른다. 이와 같은 현실을 직시하면서 우리 모두 효율적인 조직 개편과 업무 효용성 향상을 위해 힘을 합쳐 노력해보자."

그 후 IMF 외환위기 여파에 따라 성동구는 공무원 수를 1,100명으로 줄이는 구조조정을 단행했지만 생산성 향상과는 다소 거리가 있는 시책이었다. 구청에서 시행하는 모든 업무 중 국가사무와 자치사무가 대략 4,000종류로 그중 자치사무가 3,000여 종이고 나머지가 정부 또는 서울시로부터 위임받은 사무다. 그중 일정 부분을 민간에 위탁해도 전혀 무리가 없을 듯했다. 이러한 불합리성과 모순점을 알면서도 지방자치가 실시된 지 20년이 지났을 때도 현행 지방단체장의 힘만으로는 불합리한 시스템을 바꿔볼 엄두조차 못 내는 것이 지방자치의 현실이다.

정당에 투신하다 — '행동하는 양심' 김대중 선생

신군부가 지배하던 1984년, 30대 후반이었던 나는 늦깎이로 야당에 투신하여 반독재운동에 다시 동참했다. 10년에 걸쳐 기반을 구축한 직장인 생활을 끝내기가 쉽지 않았지만 현실에 안주하지 않는 타고난 기질은 나를 야당 당료의 길로 인도하였다. 민주화추진협의회(민추협)와 동시대 재야투쟁단체인 민주헌정연구회 부대변인을 거쳐 평화민주당이 결성되면서 창당멤버로 총무국장을 역임하였다. '행동하는 양심' 김대중 선생과 함께하는 이 모든 인연은 내 인생의 또 다른 이정표가 되었다. 학창시절부터 간직했던 민주화 이념을 실천하기 위해 권력과 맞서 싸우던 용기와 인내심이 지금까지 나를 끌고 가는 정신적 자산이 되었다. 어려웠던 시기에 고난의 길을 자청했던 것도 그분의 행동하는 양심 때문이었다고 감히 말할 수 있다. 내가 간직하고 있는 양심은 현재의 위치에서 나의 평정심을 올바르게 지켜주고 있다.

평화민주당 총무국장, 민주당 정책연구실장을 역임하면서 서민들의 민생을 피부로 체감할 수 있었다. 평민당 총무국장 시절에는 어려운 민원인들을 많이 접했다. 민원인들은 처음에는 권력 기관, 행정 기관, 여당 등을 전전하다가 문제가 잘 해결되지 않으면 마지막 수단으로 야당을 찾게 된다. 그러나 이런 민원들을 어떻게 야당의 힘으로 해결해주겠는가? 하지만 이들과 수시로 접하며 많은 대화와 교감을 갖다보니 그들의 삶의 고충과 절박한 심정 등을 이해할 수 있었다. 또 정책연구실장 시절에는 민주당이 국회에 제출한 예결산 심의안과 의료보험법, 사회복지법, 성폭력특별법 개정안 등 민생과 관련된 법안과 정책 등을 검토하고 대안을 모색했던 소중한 경험을 쌓을 수 있었다.

민선구청장이 되다 — 조세형 의원의 권유

민선1기 1995년도에 정책의장을 지내셨던 조세형 의원이 내게 구청장 출마를 권유했다.

나는 구청장이 되겠다는 생각을 한 번도 해본 적이 없었기 때문에 처음에는 고사했으나, 당료에서 초대 민선 자치단체장으로 변신하면서 2기, 3기, 5기까지 네 번의 구청장 직을 역임하게 되었다.

처음 구청장 직무를 수행할 때부터 시작의 두려움을 간직하고 초심을 잃지 않으려 부단히 노력했다. 한 가지 크게 후회하는 것은 청장 임기 중 어머님 아버님 두 분 다 돌아가셨는데 단 한 번도 청장 취임식에 모시지 않은 점이다. 『목민심서』어디에도 그리하라는 말도 없는데 왜 그랬는지 참으로 막심한 '불효자는 웁니다'다. 오늘도.

하하 허허

임기가 다 되어가면서 주위에서 다시 한번 구청장에 출마하라는 무언의 압력을 받기도 했다. 당선된다면 대한민국 초유의 5선 구청장. 그러나 네 번째 출마할 때도 어쩔 수 없이 나서게 되었던 것인데 과유불급過猶不及이란 말처럼 이제 그만 마무리해야 할 시점임을 알고 출마를 접었다.

그동안 매번 선거 때마다 말도 안 되는 루머 때문에 마음이 상했고 사랑하는 아내와 자식들에게도 상처를 많이 주었다. 내가 못 다한 일은 다음 사람이 뒤를 이어서 하면 될 것이고, 또 다른 리더십으로 성동을 이끌어준다면 지금보다는 더 나은 행정을 펼 수도 있을 것이다. 그것이 세상의 이치 아니겠는가.

그동안의 구정을 돌이켜 생각해보니 그런대로 잘한 일들도 많고 또 잘하지 못한 일도 있다. 잘했던 일은 하하 크게 웃으며 가슴을 한번 쭉 펴보고, 잘못했던 일은 허허 자조 섞인 웃음으로 아쉬움을 달래본다. 잘했든 잘못했든 그동안 네 번이나 구민의 선택을 받았으니 대한민국에서 나만큼 행복한 기초자치단체장은 아마 없을 듯싶다.

사는 게 외줄이다

하나로 이어진

생명줄을 부여잡고
걸어온 그 길.
아무렇게나 살아온 듯해도
그것이 아니다

순간순간
다 모아 줄을 세우면
지구를 몇 바퀴 돌릴 수 있다는
실핏줄 같이 얽힌 미로에서
꼭 하나를 골라서
걸어온 길이다.

아무리 잘 살았어도
아무리 못 살았어도
기뻐하거나 후회하면서
시간을 낭비할 수가 없으니
그저
생각한 대로 잘 되었으면
하하…
생각한 대로 안 되었으면
허허…

그렇게 웃어넘기고
그 생명줄을 다시 부여잡고
걸어온 길이다.

하하, 허허…

허허, 하하…

하하, 허허…

글을 맺으며 ─ 가족

인생을 한 권의 소설에 비유하자면, 내 인생은 이제 '기승전결' 중 결結에 해당하는 부분을 새롭게 써나가야 할 시기가 됐다. 지난 삶의 여정을 돌이켜보니 인생의 희로애락喜怒哀樂이 고스란히 담긴, 생에 두 번 다시 만나지 못할 인생의 페이지들이 참으로 소중하게 다가온다.

"내려올 때 보았네/올라갈 때 못 본/그 꽃…"이란 고은 시인의 시구처럼 앞만 보고 달리느라 미처 챙기지 못했던 고마운 사람들, 삶의 순간순간 나를 믿고 지지해준 분들, 힘들 때마다 나를 다시 일으켜준 사랑하는 사람들의 얼굴이 하나하나 스쳐간다. 그들이 없었다면 나의 인생이 이처럼 행복하고 의미 있게 추억될 수 있었을까.

추사 김정희 선생의「세한도」발문에 이런 글귀가 있다. '세한연후지 송백지후조야歲寒然後知 松柏之後凋也', '날씨가 추워진 후에야 소나무와 잣나무가 시들지 않음을 안다'는 뜻.

내가 구청장 퇴임사에 차용했던 글귀다. 혹여 재임 중에 내 아집과 오만으로 직원들의 능력과 자질을 올바르게 알아보지 못해 누가 되지는 않았는지 염려가 된다. 만약 내게 그런 불찰이 있었다면 섭섭했던 직원 분들께 너그럽게 용서해주실 것을 기도한다. 사실 지금 가장 고마움을 느끼는 사람은 우리 성동구청 직원들이다. 이들이 없었다면 민선 자치 초행길부터 현재까지 근 20년의 긴 여정을 제대로 이어오지 못했을 것이다. 지금까지 내 곁에서 격려와 용기를 불어넣어주고 때로는 충언과 궂은일을 마다하지 않았던 든든한 우리 성동 가족들… 이젠 내가 그들의 다정한 이웃이자 격의 없는 인생의 동반자가 되고 싶다.

강산이 두 번이나 변할 만큼 긴 세월을 성동과 함께 울고 웃었던 시간들이 무척 아련하고 아쉽기만 하다. 하지만, 이제 나는 다시 성동구민의 한 사람으로 돌아와 그동안 나에게 보내준 크나큰 사랑에 대한 감사의 마음으로 보답할 것이다. 그들이 내게 보내주었던 지지와 사랑은 성동의 '발전과 행복'을 바라는 단단한 뿌리에서 비롯한 것이리라.

어떤 일이건 첫 시작과 과정은 아름다운 마무리가 있어야 한층 보람되고 의미가 깊어진다 했던가.

요즈음 은퇴자인 나는 욕심과 짐들을 내려놓고 생각하니 이제는 사랑하는 아내한테 잘 보이는 일만 남은 것 같다. 아내는 은행에 다니다 20대 꽃다운 나이에 내게 시집 와 그동안 박봉의 샐러리맨, 고달픈 정당인, 구청장의 아내이자 세 아이의 어머니로 많은 고생을 마다 않고 무던히 견뎌주었다. 최근에는 손자들의 돌봄이 역할까지 해가며 하루도 마음 편히 쉴 날이 없는 나의 아내에게 진정으로 감사의 마음을 전한다. 그리고 사위, 며느리, 딸, 아들들 모두 사랑한다.

지금까지 그래왔던 것처럼 앞으로도 아내와 내 가족들을 영원히 사랑하겠다는 말로 이 글을 맺을까 한다.

50년 세월이 한순간의 꿈이어라

김건만(㈜블루에어텍 회장, ㈜진우전복 대표)

연세대학교 정치외교학교 69학번
한국문제연구회 회장
㈜고려물상 영업이사 재직
71동지회 초대회장
㈜블루에어텍 회장. ㈜진우전복 대표

자고로 회고록은 사회적으로 출세하고 크게 업적을 쌓아 후세에 이름을 남길 사람들이 쓰는 건데, 아무것도 이루어놓은 것이 없는 민초가 회고록을 쓰는 것이 민망하긴 하지만, 지나간 세월을 더듬어본다.

해사생도에서 대학생으로

1967년 고교 졸업 후 재수를 하다 군인의 길을 가는 것도 괜찮겠다 싶어 해군사관학교에 26기로 입교했다. 옥포만을 지나 해사 정문을 들어서자 교훈탑이 보였는데, "진리를 구하자! 허위를 버리자! 희생하자!"가 내 마음에 와 닿았다.

1년 동안 수영도 배우고, 해병대 훈련을 받으면서 정신없이 1학년 생활을 하다, 1968년 10월 1일 국군의 날 퍼레이드에 참여하고 나서 대학 다니는 친구들과 만나고보니, '내가 왜 답답한 군대생활을 해야 하나' 회의감이 들었다. 대학을 다시 가야겠다는 마음으로 훈육관으로부터 자퇴 재가를 받으려 했지만, 우리 중대 훈육관은 "너야말로 군인 체질인데 나가면 국가적 손실이야"라며 막무가내로 자퇴를 허락하지 않았다.

결국 자퇴가 수포로 돌아갔는데, 마침 우리 훈육관이 그해 12월 4학년 원양실습 인솔 장교로 차출되면서 임시로 해병대 훈육관(소령)이 왔다. 첫날 면담에서 "어이, 김건만 생도, 자퇴 사유가 뭔가"라고 물었다. 나는 곧바로 "아무리 생각해도 군인의 길이 답답하고, 대학에 들어가 공부하고 사업가의 길을 가고 싶습니다"라고 대답했다. 그러자 즉시 "그래, 생각 잘했다. 내일 당장 나가!"라는 답을 들었다. 역시 해병대 문화는 군더더기가 없었다. 내가 해사를 졸업했어도 해군 아닌 해병대를 지원했을 텐데, 그 뜻을 이루지 못해 우리 아들 둘은 아버지의 소원에 따라 해병대 가족이 되었다.

1968년 12월 중순. 1969학년도 대학 입시는 1월 말이었으니 시험까지 40일 정도가 남았었다. 잠이 오지 않았다. 고교 3년 동안 어영부영 공부한 것보다 40일간 집중해 공부한 것이 더 효과적이었고, 결국 연세대 정치외교학과에 입학했다.

채근담에 나오는 구절이지만 "人定勝天인정승천 志一動氣지일동기"가 실감났다. '사람이 힘을 모으면 하늘을 이기고, 뜻을 하나로 모으면 운기도 바꿀 수 있다'는 뜻이다. 이는 내 인생의 좌우명이 되었다.

대학 캠퍼스에 들어서니, 여기가 천국이구나 하는 생각이 들며 자유를 만끽했다. 그러던 어느 날 백양로에 플래카드가 걸렸는데 "당신의 조국, 한국을 알자!"라는 문구와 함께 '한국문제연구회' 신입회원을 모집한다는 광고를 보게 되었다. 문과대 건물 지하 어두컴컴한 한문연 사무실을 노크했다. 5평도 안 되는 좁은 공간에 선배들이 몇 명 있었는데 그들의 눈빛이나 말하는 어휘가 마치 독립군 같았고, 지하조직의 레지스탕스 같은 분위기였다. 난 그게 마음이 들어 입회하였고, 지겹도록 주간 토론을 통해 '세뇌교육'을 받았다. 주요 논지는 미국 등 외세를 배척하고 자주적 주권국가가 되어 민족통일을 이룩하고, 매판 자본가들을 축출해 노동자·농민의 편에서 학생운동을 해야 하고, 독재파쇼 군사정권을 몰아내자는 것이었다.

학생운동 시절

1969년 봄의 캠퍼스는 '3선 개헌 반대'로 '전쟁터'가 되어가고 있었다. 나는 물 만난 물고기처럼 선배들의 지시에 따라 가리방(등사판)을 긁고, 유인물을 만들어 배포하고, 시위대의 선봉장이 되었다. 당시 유행했던 검정색 '전투복' 바지에 흰 와이셔츠를 입고, 최루탄을 겁내지 않으며 몸을 사리지 않고 시위대를 리드했다. 연세대 교문 앞 철도 길을 점거해 경찰과 투석전을 벌이며 이화여대 앞까지 밀고 나가 이대생들의 박수를 받으며 의기양양했다.

마침내 조기 여름방학에 들어가 캠퍼스가 조용해지고, 농활 준비 차 백양로를 걷는데 갑자기 검은 승용차가 들이닥쳤다. 중앙정보부 요원이라고 하면서 나를 순식간에 납치했다. 나는 생전 처음 악명 높던 남산으로 끌려갔다. 처음이라 그런지 다행히 물리적 폭력이나 고문은 없었다. 이틀간 지루한 말싸움을 하다가 느닷없이 내가 "아니 생각을 해보세요. 내가 빨갱이라면 사관학교 입교가 되겠습니까? 사돈의 팔촌도 월북한 사람 없고 공산주의는 한물간 이론이라 관심도 없습니다"라고 하니 수사관이 "뭐라. 사관학교를 다녔다고! 언제 입교했지?" 하며 관심을 보였다. 상부에 보고하자 곧바로 수사관(현역 해군 대위, 해사 출신)이 나타나 해사에 조회해서 확인했다며 "아니 사관학교 교육을 받은 사람이 데모하는 학생을 말려야지 선동을 하다니. 다시는 그런 짓거리 하지 말고 빨리 각서 쓰고 나가라! 너 여기 들락거리면 신세 조진다. 정신 차려!"라고 말했다. 나는 기계적으로 "네. 다시 오지 않도록 하겠습니다" 하고 풀려났다. 하지만 난 그 후에도 세 번 더 붙들려갔다. 재일동포인 '임청조 간첩사건'에 연루되어 조사를 받았다. 그리고 DJ 동교동 가택연금 시절 연세대 대학원에 다니던 선배 제의로 동교동에 두 번 놀러 가 이희호 여사가 차려준 저녁을 먹으며, 김대중 선생 단골 메뉴인 통일론과 대중경제론을 2~3시간씩 강의를 들었는데, 정보부 감시망에 걸려 붙들려갔었다. 10.15 위수령 발동 때도 남산 정보부에 잡혀가 모진 고문을 받았다.

1971년 봄은 군사독재 타도와 교련 반대 시위로 달구어지고 있었다. 나는 3학년이 되어 한문연 회장직을 맡았다. 타 대학과 연대해 학생운동을 펼쳐야겠다는 생각으로, 서울대 최명의, 성균관대 이준형, 고려대 오흥진 동지와 함께 '전국학생운동연합'을 조직하고, 공동 전선을 구축했다. 오흥진 동지는 회장을 맡은 뒤 곧바로 강제 징집되었고, 남은 최명의, 이준형 동지와 함께 공동대표를 하면서 타 대학과 소통하며 대규모 연합시위를 주도했다.

그러던 어느 날 운동권의 링커linker(연락책) 역할을 했던, 항상 웃음을 띠며 굵직한 목소리로 정감이 넘치는 서울대 채만수 학형으로부터 (아마도 6월경) 관악산 입구에서 만나자는 전갈을 받았다. 이준형, 최명의 전학련 공동대표와 함께 참석했는데 그때까지도 채만수 학형은 만남의 진짜 목적을 이야기하지 않았다. 산 중턱에 이르러서야 그 당시 수배중으로 잠수를 탄 서울대 김근태 선배, 이신범 동지를 만나기로 했다는 것이다. 이신범 동지야 고등학교 동기라 잘 알고 지냈지만, 김근태 선배는 운동권 모임 때 보긴 봤지만 가까이서 대화를 나눈 적은 없었다.

자그마한 체구에 바리톤 음성으로 굵고 느리게 '교시'는 시작되었다. 요지는 박정희 군사독재정권이 조만간 '대만식 총통제'를 추진할 것이며, 그전에 민주주의의 마지막 보루인 학원을 병영화하고 학생운동 세력을 초토화할 것이라는 전망이었다. 따라서 장기전에 대비하고 지하조직을 만들어야 하며, 노동세력과 연대해 투쟁해나가야 한다는 것이었다.

그 후 많은 세월이 지나 길거리에서 우연히 김근태 선배를 마주쳤는데(국회 입성 전), 목은 굳어 있었고 말도 어눌해 반갑게 악수는 했지만, 이분이 남영동에서 얼마나 모진 고문을 당했는지를 실감하며 비통함을 금할 수 없었다. 김 선배는 국회에 입성하고 나서도 71동지회에 애정을 갖고 참석했으며, '정치인이 아닌 인간 김근태'의 모습을 보였다. 꾸밈없고 진솔한 인간성에 매료되어 후원하는 친구들과 함께 식사자리를 여러 번 마련했다.

내가 좋아하던 김근태 선배, 제정구 선배, 최재현 교수, 허신석, 최명의 동지는 먼저 떠나버렸고, 71동지회 일에 열성적이던 전영호 동지는 나처럼 사업 실패 후 나타나지 않으니 돈이 우정과 인연을 빼앗아가버린 것 같아 비통함이 앞선다.

제적 그리고 강제 징집

1971년 10월 14일경 선경식 동지와 새로운 전국학생운동 조직을 선포하는 기자회견을 연세대에서 하기로 했는데, 나는 그전에 체포되어 남산으로 끌려가 모진 고문을 받았다. 엉덩이는 야전침대 받침목으로 맞아 터졌고, 온몸이 성한 데가 없었다. 10월 23일 저녁 남산

요원 두 명이 날 데리고 건너편 호텔(현 세종호텔)로 데려가 목욕을 시키고 일제 고약을 바르라고 주면서 초밥도 사주었다. 그렇게 '극진한 대접'을 받으면서 이틀 밤을 묵었다.

나는 학교에서 제적되고 입영 영장이 나온 것도 모르고 있었는데, 10월 25일 서대문서 형사를 붙여주면서 다음날 입영이니 집에 가 하룻밤 자고 가라고 풀어주었다.

논산훈련소에서 6주 훈련을 마치고 동지들은 전부 101보충대, 103보충대로 나뉘어 떠나는데, 나만 보안대 차량이 들이닥쳐 유명한 보안사 '서빙고호텔'로 연행되었다. 곧바로 지하 감방에 갇혀 지냈다. 일주일간을 부르지 않고, 캄캄한 독방에서 군용 식판이 세 번 들어왔다 나가면 하루가 가는데 밤마다 신음소리, 비명소리가 들리며 공포 분위기를 조성했다.

일주일 후 불려 나가 취조를 받는데, 취조관은 나이 많은 문관이었다. 그는 천천히 그리고 단호하게 "넌 국보법, 반공법 위반으로 군사재판에 회부될 테니, 군대생활은 안 해도 된다"는 것이다. 어이가 없어 "아니, 도대체 내 죄목이 뭡니까?"라고 물어보니, 그는 내가 발행인으로 되어 있는 「내나라 회보」(그들은 지하신문이라고 불렀음)를 보여주었다. 그 당시 전용 전임 강사가 기고한 "김일성의 성장배경과 주체사상"이란 글이 국회에서 공론화됐는데, 마치 학생 시위가 김일성 주체사상을 신봉하는 불순세력에 의해 주도된 것처럼 각본이 짜인 것이다. 글쓴이는 이미 반공법 위반으로 구속되었고, 발행인인 나는 군인 신분이라 군사재판에 회부된다는 것이다.

지루한 설전은 3일간 계속되었다. 나는 계속 그 글을 게재한 동기는 김일성 찬양, 고무 목적이 아니라 적敵을 제대로 알고 싸우기 위함이라고 입에 거품을 품고 되풀이하며 자술서 서명을 거부하였다. 보안사 분위기와는 전혀 달라 보이는 나이 많은 문관은 나를 달래며 "이미 상부에서 결정된 사항(구속기소)이니 더 이상 피곤하게 하지 말고 지장을 찍으라"고 사정을 했다. 곰곰이 생각하니 내가 버틴다고 끝날 문제는 아닌 것 같았다.

그래서 혼잣말로 "참 어이가 없네. 사관학교 다닌 사람이 공산주의자라니. 해군사관학교에서 신원조회를 잘못 한 거네!"라고 중얼거리니 취조관이 귀가 번쩍 뜨이는지 "정말 사관학교를 나왔어?" 하고 되물었다.

그리고 일주일이 지나 나는 다시 군복을 돌려받고, 구사일생九死一生으로 풀려나 103보로 갔고, 강원도 양구 21사단 63연대 수색중대에 배치되었다. 나중에 큰 형님을 통해 이야기를 들었는데, 그 당시 마음씨 좋은 문관 아저씨는 말년이었고, 아들이 연세대 상대에 재학 중이었단다. 그래서 자기 아들처럼 생각돼 상부와 일주일 동안 싸워, 한번 처벌받고 제적당해 입대했는데 더 이상 처벌을 하지 말자고 강력히 건의해 의견을 관철시켰다는 것이다. 아마도 전생前生에 좋은 인연이었던 모양이다.

군대생활

강원도 양구 63연대에는 문상우(연세대), 변용식(서울대), 이준형(성균관대), 송호식(서울시립대) 4명의 동지가 와 있었다. 우리는 틈만 나면 어떤 핑곗거리라도 대서 연대 본부로 내려와 만났다. 겨울에는 사단 주최 빙상대회가 동면 저수지에서 개최되었는데, 문상우, 변용식, 송호식은 실제 선수였고, 이준형과 나는 전혀 스케이트도 신어보지 않았던 가짜 선수였다. 스케이트를 잘 탄다고 거짓말을 하고, 시합 전 2개월 동안 육상훈련을 하며 5명은 매일 밤 개구멍으로 나와 회식하며 호시절을 보냈다.

문제는 얼음이 얼기 시작하면서 터졌다. 이준형과 나는 짬밥에 살이 올라 80kg이 넘었는데 스케이트를 신자마자 얼음판에 나동그라지니 참으로 가관이었다. 고참들 얼굴은 굳어졌고, 훈련 코치(중사)는 당장 본대 복귀하라고 호통을 치며 훈련장에서 퇴장시켰다.

우리는 저녁에 구수회의를 했다. 본대 복귀는 불명예스럽기도 하거니와 졸병 시절처럼 얼음 깨서 빨래하고, 화목작업하려 다닐 생각을 하니 아찔했다. 그래서 어떻게 해서든 남아있기로 작정하고, 그날 밤 선수단장인 이 모 상사 집을 이준형과 같이 백화수복 1병(그 당시 고급 선물이었음)을 들고 찾아가 백배 사죄드리고, 2주간만 시간을 주면 훈련 대열에 따라붙겠다고 호언장담을 했다. 마음 좋은 상사 덕에 2주일 시간을 벌었지만, 스케이트 초짜가 200m 트랙을 한 번에 20바퀴 따라붙는다는 것은 불가능해 보였다. 얼마나 발목, 허리가 아픈지 사흘 후 차라리 본대 복귀가 낫겠다는 생각을 했는데, 이준형은 운 좋게 보급으로 빠졌다. 나만 홀로 본대로 복귀할 생각을 하니 오기가 발동되었다. 해사 시절에도 앵커가 2주 만에 2km 먼 거리 수영을 해냈는데, 육상에서 못할 게 없다는 생각이 들었다.

다행히 2주 후 퇴출은 면했고, 1월에 열린 대회에서 63연대가 우승해 포상 휴가까지 받았다. 해사에서 수영을 배우고 육군에서 스케이트 선수가 되었으니, 참으로 나는 국가의 은덕을 후하게 받은 것이다.

결혼과 회사생활

1974년 가을 제대 후 복적 조치로 대학에 복학했다. 나이도 있었기에 공부한다고 독서실에서 기숙했는데 후배들이 자주 찾아왔다. 나는 그때마다 "지금은 계란으로 바위치기니 좀 더 인내하며 때를 기다려보자" 하며 돌려보내곤 했는데, 서대문서 정보과 형사가 거꾸로 정보를 올려 김건만이 후배들 선동하고 있다는 보고를 해 1975년 봄(4학년 재학시) 또다시 2차 제적을 당해 학원에서 축출되었다.

그 당시 아버님도 돌아가셔서 큰형님 제기동 집에 얹혀살았는데, 형수 보기가 민망해 아침이면 나와 선배들을 찾아다녔고, 오후에는 박대선 총장님 배려로 한국어학당에서 영어회화 수업을 들었다. 그때 연세대 교직원으로 근무하던 현재 집사람을 만났다. 총장 비서실에 있었기 때문에 자주 들락거리며 교제를 했지만, 처갓집에서 졸업장도 없고 직장도 없는 '건달 신랑감'을 누가 좋아하겠는가?

그래서 교제도 끊고 결혼도 포기했는데, 어느 날 일본 이토츠종합상사에 다니던 친구 김영철(연세대 행정학과 68학번)이 소공동에 있는 자기 매형 네 회사를 놀러가자고 해 같이 갔다. 직원도 몇 명 없는 조그만 무역회사(건설중장비 수입상)로 사장은 이북 원산 출신이었다. 김영철이 사전공작을 해놓았는지 다짜고짜 내일부터 출근할 수 있느냐고 해서 잠시 당황스러워 머뭇거리는데 김영철이 대신 "문제없어요, 자리나 마련해주세요" 하는 것이었다. 졸업장이 없어 규모 있는 회사는 입사 지원도 할 수 없었고, 작은 회사라도 취직하기가 힘든 때였다. 졸지에 실업자 건달 신세를 면했으니, 신경을 써준 친구가 한없이 고마웠다.

취직을 하는 바람에 다시 집사람과 사귀면서 처가의 승낙을 받아 결혼까지 하게 되었는데 문제는 결혼 후 직장에서 터졌다. 어느 날 사장이 불러 들어가니 "미스터 김. 아니 연대까지 나온 사람이 회사 밥을 공짜로 먹어서 되겠소. 6개월이 지나도 영업실적이 없었으면 진작 사표를 써야 되는 거 아니요?" 한다. 난 순간적으로 앞이 캄캄했다. 이제 막 결혼했는데 실업자가 되면 어떻게 하지. 내가 머뭇거리니 사장은 쐐기를 박는다. "미스터 김. 내가 이달 말까지 시간을 줄 테니 다른 직장을 알아보소." 그날 밤 집사람한테는 이야기도 못 하고, 연달아 담배만 피우면서 이 생각 저 생각에 잠겼다. 다음 날 나는 군대시절 써먹은 시간 끌기 작전으로 "사장님. 앞으로 6개월만 시간을 주시면 최소 30만 불 오더를 따오겠습니다" 하고 큰소리를 쳤다. 되지도 않는 말을 지껄이자 사장은 어이가 없어 했지만 그래도 내가 하도 큰소리를 치니 혹시 하는 생각에 동의해주었다.

건설회사 중장비사업소(대림, 삼환, 삼부토건 등)를 방문하며 영업에 열을 올렸지만, 한 대에 10만 불 이상 가는 고가 장비를 윗선을 통하지 않고 실무진에서 해결한다는 것 자체가 헛짓거리였다. 결국 시한부 영업기간 1개월을 남겨두고 초조한 나날을 보내던 중 나를 살려줄 은인이 나타났다.

소공동 삼성빌딩에 있던 율산건설(회장 신선호)이었다. 그때 막 사우디공사 수주를 시작할 때, 구매부 과장(신 회장의 서울대 선배)이 내가 하도 매일 찾아가니 공사만 터지면 김 군을 도와줄 테니 제발 오지 말라고 하는 것이었다. 그러던 중 갑자기 전화가 와 저녁이나 먹자고 해 회사 앞으로 가니까 종각 근처(지금 한화 건물 자리)에 있는 요정으로 데리고 가는 것이었다. 생전 처음 방석집에 가서 먹고, 분위기 맞추어 놀긴 했지만 점점 걱정이 되어 술이 깨기 시작했다. 지금처럼 카드가 있을 때도 아니고, 요정에서 나 같은 풋내기 영업사원한테 외상을 줄 리도 없고, 그렇다고 '큰 손님'한테 바가지를 씌울 수도 없고, 고민을 하다 할 수 없이 사장 집에 전화를 걸었다. 상황을 설명하고, 사장님이 좀 오셔야 될 것 같다고 하니 사장 왈 "미스터 김. 지금 정신이 있소 없소. 아니 영업도 전혀 안 되는 상황에서 요정에서 술을 먹다니 당신이 알아서 해결하소" 하며 전화를 끊어버린다.

그 당시에는 통행금지가 시행될 때라 11시면 영업 종료니 다시 사장 집에 전화를 걸었다. 공갈 비슷하게 "사장님. 지금 구매과장이 사우디 공사에 30만 불 오더를 준다고 하는데 포기하시겠습니까? 알아서 하십시오" 하며 내가 먼저 전화기를 내려놨다. 압구정 한양아파트에 살던 사장은 11시가 다되어 나타나 술값을 계산하고 나서 "미스터 김이 책임지세요" 하며 쌩하니 가버린다. 난 다음날 사장한테 엄청나게 꾸지람을 들었다.

나는 시한부 기간 내에 오더를 받지는 못했지만 그러나 율산에서 약속대로 30만 불 오더를 따냈고, 그 후 1년간 150만 불 오더를 더 가져왔으니 결국 밥값은 다 치루었다. 그후 나는 생각한 바가 있어 사표를 제출했는데, 사장은 내게 파격적인 제안을 하며 나를 더 묶어놓았다. 당시 웬만한 회사 사장도 자가용이 없던 시절인데 나한테 영업이사를 시켜주고, 포니 승용차에 기사도 붙여주고, 영업수당으로 회사 이익금의 10%를 인센티브로 주겠다고 하니 구미가 당기지 않을 수 없었다. 그래서 당시 중동건설 붐과 함께 영업실적을 올려 연간 영업수당으로 1,000~1,500만 원을 받았고, 압구정동 한양아파트 20평(당시 매매가 850만 원)도 사고, 사업 밑천도 마련하게 되었다. 날 키워주신 어머님, 형님한테도 면이 서고, 처가에서도 사위 대접을 받게 되었다.

71동지회 창립과 나의 현주소

71동지회 멤버 중 제대 후 자주 만난 친구는 김영철, 유영표, 이준형, 최열, 손예철, 최명의, 조문환 등이었는데 그때만 해도 직장생활 초짜들이었다. 특히 환경운동 원조인 최열 동지가 종로 5가인지 조그만 사무실에서 '공해추방운동연합'을 할 때로, 후원해주는 곳도 없이 적색분자 취급받으며 고난의 행군을 할 때였다. 당시 그래도 형편이 좋은 내가 밥을 사고 술을 사고 할 때였다.

몇몇 동지가 뜻을 모아 1971년도 제적과 강제 입영이라는 소중한 인연을 묶어서 친목 도모도 하고 민주주의, 민족통일 구현을 위해 '71동지회' 모임을 만들자고 의기투합했다. 초대 회장을 내가 맡고, 부회장 손예철, 오흥진, 총무 최열, 부총무 전용호, 회계는 고인이 된 허신석으로 초기 집행부가 구성되었다. 초기에는 동지들 중에도 모임 자체에 부정적인 회원이 많았고, 특히 서울대 선배나 동지들 중에는 전화를 걸면, "그런 모임은 왜 만듭니까? 앞으로 전화하지 마세요"라고 냉대하기도 했다. 체육대회나 강연회 등 행사를 할 때마다 최열 총무와 내가 직접 전 회원에게 두세 번씩 전화해도 20명 모이기가 힘들었다.

그래도 20주년 행사(1991년 10월 15일)를 여러 동지의 헌신적 노력으로 성공적으로 마쳤고, 여러 언론기관에서 취재를 해주어 대외적으로 71동지회의 위상이 견고해지는 계기가 되었다. 나오지 않던 회원들도 차츰 참여를 하게 되었다.

세월이 흘러 40대 후반이 됐다. 71동지회 동지들은 각계각층에서 두각을 나타내며 승승장구할 때 나는 사업 실패로 낙인 신세가 되어버렸다. 압구정 한양아파트도 경매로 날아가고, 부암동 인왕산 자락 허름한 오두막집 전세살이로 전락했다. 과음, 흡연, 스트레스에 몸은 망가졌고, 재기한다고 몸부림쳤지만 한번 떨어진 신용은 회복할 길이 없었다. 도와주던 친구들과 친지들이 하나둘 멀어져가면서 적막강산에 빠져들었다. 돈에 관한 한 친구, 친형제 간에도 손실을 주면 멀어지게 되어 있다. 종국에는 신(神)도 돌아앉는다. 이제까지 단 한 명의 친구, 대학 친구인데 2억 정도 돈을 빌려 갚지 못했는데도 완도에 있던 나를 찾아와 "건만아! 2억 그 돈 안 갚아도 되니 채권, 채무관계 없던 걸로 하고, 친구관계로 계속 만나자"고 했다. 정말 고맙고 통 큰 친구지만, 그래도 내가 미안해 없던 일로 하기가 힘들었다.

사람은 누구나 한번쯤 악운과 시련을 겪는다. 본인이 직접 겪든, 가족이 당하든 행운과 악운은 번갈아 오게 되어 있다. 운세가 내리막길이고 파탄지경에 이르면 두 가지 선택뿐이다. 하나는 자살로 생을 마감하든가, 아니면 악운의 사이클이 끝날 때까지 자중하며 자기 자신에 의지해 생명력을 발휘하든가 둘 중에 한 길뿐이다. 난 재기에 실패하면서 2004년도에 전남 진도 신비의 바닷길 근처에 월세 쪽방 생활을 시작하며 내가 사업에 실패한 원인이 남의 돈을 무서워하지 않았고, 기술 사업을 하면서 사장이 공부하지 않고 기술자들한테 의존하다보니 그들이 배신하면 회사는 껍데기만 남게 된다는 것을 뒤늦게 깨달았다.

공조냉동 공학 공부도 하고, 양식장 현장 여건에 맞는 히트펌프를 개발해 2010년부터 임대공장이지만 경기도 광주에서 국산제품을 만들기 시작했다. 해수부에서 '친환경에너지 보급사업'으로 국비사업으로 채택돼 사업 실패 후 15년 만에 재기의 발판을 구축했다. 지금은 큰아들이 경영하고 있다.

돌이켜보면, 내가 다시 재기하게 된 것은 망가진 몸을 다시 복원시켜준 국선도가 으뜸이었고, 두 번째는 무능한 남편을 홀대하지 않은 충청도 마누라 덕분이라고 생각한다. 국선도는 71동지회원인 김국진 사범이 고수이고, 고 박형규 목사님도 70 넘어 국선도에 입문해서 같은 도장에서 수련했다. 나이 먹어 좋은 운동은 수영과 국선도가 아닌가 생각한다. 일반 사람이 한 호흡에 300~400㎖(소주병)를 마신다면, 국선도 고수들은 2ℓ(생수 패트병) 정도 마시니, 머리가 맑아지고 기혈순환이 잘 되어 아프고 결린 데가 없어진다.

20년 젊게 사는 길이기도 하지만, 국선도는 우주의 음양 원리에 따라 수련하므로, 내 마음에 우주 삼라만상을 담을 수 있을 정도의 넉넉한 마음이 생긴다. 우리 주위에 사람 냄새 풍기고, 지혜로운 사람은 1%도 안 된다. 말년에 가식과 위선이 없고, 자연의 이치에 맞추어 사는 진인眞人과 벗할 수 있다면 그 사람은 복 받은 사람이다. 주위에 교활하고 이해타산적인 사람들이 득실거리면 말년이 불행한 사람이다.

50년을 맞은 71동지회가 국가와 사회를 위해 공헌하고, 이름을 날리는 것도 중요하지만, 더욱 인간적이고 너그럽고 지혜로운 노인들의 모임이 되길 기원한다.

진도에서 김건만.

넥타이부대 함성을 등 뒤로, 이제 가야 할 길

김국진(노후희망유니온 공동위원장)

고려대 정치외교학과 70학번
서울보증보험노동조합 위원장
전국사무금융노동조합연맹 위원장
중앙노동위원회 위원
세계국선도연맹 이사
노후희망유니온 공동위원장

안암골의 청춘

1970년에 입학한 고려대 정외과, 안암의 언덕에 겨레의 정성으로 쌓아올렸다는 '자유, 정의, 진리의 전당'이란 곳에서 꿈을 키웠다. 경북 상주라는 시골에서 고등학교까지 졸업한 촌사람이, 반년 동안 농사까지 짓다가 서울에 와 정외과 1학년 과대표를 맡으면서 학생운동에 말려들게 되었다. 그때 고려대에는 한사회(한국민족사상연구회)라는 이념서클이 있었다. 당시 최영주가 회장이었고, 윤준하가 4학년, 정외과 조교인 정성헌이 한사회의 선배였다. '약소민족의 설움에서 벗어나 더불어 함께 사람답게 사는 세상, 민주주의가 살아 숨 쉬는, 통일된 조국을 만들어 살아보자'는 꿈을 그리며 '우리의 소원은 통일'을 늘 노래하였다.

유신 1년 전인 1971년 봄에는, 정부가 대학을 병영화하기 위한 교련제도를 대폭 강화하였다. 이에 창의와 자율이 생명인 대학에 상명하복만 허용되는 군사교육이 웬 말이냐고 전국의 대학생들이 들고 일어났다. 당시 한사회 회장인 오흥진을 중심으로, 전 회장인 최영주와 서정규가 총학생회와 힘을 합쳐 민주수호투쟁위원회를 결성하였고, 나와 제철 군이 함께 행동대장을 자처하여 적극 참여하였다.

5월 어느 날, 내가 경찰에 연행되었다는 신문기사가 나자, 시골에 계시던 아버지가 학교까지 찾아왔다. 내 손목을 잡고 "야야! 대학 안 나온 나도 이렇게 살아가는데, 대학 안 나와도 된다. 학교 그만두고 집에 가자"라고 하셨다. 아버지의 애걸에 함께 고향으로 내려가던 버스에서 맡던 차창 밖 보리밭 똥 내음, 그 훈훈한 고향의 봄바람 내음이 아직도 잊히지 않는다.

10월 16일 아침, 내 방 앞으로 총검을 든 예비군들이 왔다 갔다 해서, 예비군 동원훈련을 하는 줄 알았다. 잠시 후 다부진 남자가 나타나 "김국진 씨, 나랑 같이 갑시다. 나 상주 보안부대장인데, 조사할 게 있다고 모셔오라는 상부의 명령이요"라고 하였다.

예비군들의 호위를 받으며 오토바이에 실려 상주의 오토바이상사로, 또 대구의 태백공사로, 서울 경복궁 옆 어느 병원 건물에서 호텔로 간다는 지프차로 옮겨졌다. "빙고호텔로 모셔." "옙!" 사실 그때까지 호텔에 가본 경험이 없는 순진한 나는, 군인들이 학생들을 웬 호텔씩이나 모시고 가나 하고 의아하게 생각했다. 언덕배기를 오르는 차 소리, 덜커덩하고 철문 여닫히는 소리를 들은 후 아담한 단층 건물에 내려졌다. 인도된 호텔 방이라는 곳은 천장에 형광등 하나와 모포 한 장, 내가 들어온 철문 하나밖에 없는 지하의 철창 방이었다. 다음날 마음씨 좋은 듯 보이는 취조관이 "이곳이 그 유명한 간첩 잡는 감방인데, 그 아무리 악독한 놈이라도, 일주일만 잠 안 재우면 다 불게 된다. 그러니 고생하지 말고 빨리 사실대로 다 불게" 하고 겁을 주었고, 내 뒤쪽에서 관전하던 인사가 여기저기 무차별적으로 폭행하기 시작하였다. 그렇게 일주일간 강제구금당한 뒤 성북경찰서로 이송되었다. 성북서로 온 학생들이 모두 석방되었는데도 나는 별도로 구금되었다가 다음날에야 사복 형사와 동행하여 고향으로 돌아오게 되었다. 함께 내려온 형사는 내가 있던 절에서 함께 기거하며, 그 동네 사는 내 친구들과 꿩도 사냥하고 가재도 잡고 담근 술도 얻어 마시고 놀면서, 돌아갈 생각을 않았다. 내가 머리와 눈썹을 밀고 승복을 입고 목탁 치는 사진을 한 장 찍어 주었더니, 2주 후에야 "다른 학생들은 거의 제적당하고 강제 징집되어 군대 갔는데, 국진 씨는 호적상 만 20세 연령 미달로 징집영장 발부가 안 되어…, 내가 그간 함께 동행하여 관찰하는 임무를 부여받았네요" 하고는 서울로 돌아갔다.

학교에서도 쫓겨나고 군대에도 못 간 나는 난감한 처지가 되었다. 장기집권을 위한 포석으로 대학에 군사문화를 이식하기 위한 교련에는 반대했지만, 대한민국 남자로 차제에 국토방위의 의무를 다해야겠다는 생각으로 공군에 자원입대하였다.

위수령 다음해인 1972년 10월, 유신체제가 들어섰다. 위수령 때 해산당한 한사회의 후신인 등림회는 〈야생화〉란 유인물을 뿌리고, '검은 10월단'이라는 반국가단체 조직을 결성했다는 조작된 혐의로 제철, 최영주, 유영래 등 10여 명이 투옥됨으로써 일망타진당했다. 다른 이념서클인 한맥회도 〈민우〉지 사건과 간첩단 사건에 연루되는 등 쑥대밭이 되었다. 유신정권 초, 고려대의 한사회와 한맥회가 조작된 혐의로 반신불수가 되어 대학의 학생운동세력이 철퇴를 맞는 최초의 사례가 되었다.

당시 고려대 정외과에서는 타 대학과 다르게 유신체제하에서 금기시되는 사회주의와 중국 공산주의에 대한 수업을 진행하였다. 김상협 교수의 모택동 사상 강의에서는 중국 공산당의 결성과 대장정, 국공내전과 항일민족통일전선의 전략전술, 문화대혁명에 이르기까지, '죽의 장막' 안의 내용을 소상히 분석하고 알려주는 수업으로 중국 공산당의 역사를 배울 수 있었다. 김영두 교수의 동양정치사상사 강의에서는 당시 남북한의 정치체제는 전제군주제도가 남한에서는 자본주의와 결합하고, 북한에서는 사회주의의 탈을 쓰고 나타난 것이라며, 해방 이후 우리나라에 나타난 독재정치체제의 위험을 경고하였다. 이호재 교수의 약소국 외교정책론 강의에서는 2차 대전 후 신탁통치를 받아들인 오스트리아는 분단을 면하고 통일국가를 유지하였고, 국제정세에 어두운 한국은 감정상 반탁을 앞세우고, 찬·반탁 논란을 하다가 분단을 고착화하고 전쟁까지 치르는 우를 범한 역사적 사실의 애통함을 배우게 되었다. 국제정치학에서는 *Politics Among Nations*라는 교재를 통하여, 해양세력과 대륙세력이 교차 대척하고 있는 한반도가 강대국이 되기 위해 필요한 경제적 조건, 인구수, 국토 면적 등을 고려했을 때, 남북통일이 되어야만 그 조건을 갖출 수 있음을 알게 되었다. 국토방위의 의무를 다하고 나자 복학되었고, 아련한 추억 속에서 그렇게 졸업하였다. 안암골 학창시절의 경험은 나에게 노동운동이라는 거랑의 세월을 견디는 버팀목이 되어주었다.

국선도 입문

내가 국선도에 입문한 것은 1979년 2월 1일이었다. 1977년 대학을 졸업한 후에 금융연수원에서 10개월가량 근무하고는 직장생활이 따분하다는 생각이 들어 그만두었다. "원초적 욕망인 배고픔은 얼마나 견딜 수 있을까? 앞으로 무슨 일을 하고 살아갈까?" 하는 생각을 하며, 제철 군과 함께 당시 정릉에 있던 남곡선원에서 21일 과정의 단식 코스에 참여해 원초적 욕망의 절제력을 길렀다. 그리고 1978년 8월 말 공개경쟁시험을 치르고 대한보증보험에 입사하였다. 몇 달 지나니 다시 세월이 아깝다는 생각이 들었다. "내가 어디서 와서 어디로 가고 있지? 내가 무엇을 하자고 했던가?" 이런 고민 속에서 정신 수련을 위해 1979년 2월 1일 국선도에 입도하였다. 수련을 시작하고부터 마음은 더욱 느긋해졌다. 낮에 피로하고 찌뿌둥했던 몸도 저녁에 수련을 하고 도장 문을 나서면 상쾌해졌다. 국선도는 정신과 몸을 함께 단련하는, 지금까지도 나의 심신의 건강을 유지할 수 있게 해주는 수련법이다.

바람이 수울 불어 나를 통과하니 나도 사라진다.
내가 그 속에 녹아 있는데 무엇이 더 필요할까?
선계가 따로 있는 것이 아니다.
내 몸에 걸리는 곳이 없고
내 마음에 맺히는 것이 없는 그곳,
바로 거기가 선계다.

노동조합 위원장과 수련

1983년 말, 나는 압도적인 지지 속에 대한보증보험 노동조합 위원장에 당선되었다. 대통령은 물론 학교 반장 선거까지 금지되었던 공포의 5공 시절에, 노동조합 활동이 사회민주화를 이루는 초석이 될 수 있다는 일념으로 활동하였다.

우리 회사 사장은 보안사 원 스타 출신이었고, 부사장은 헌병 대령 출신이었기에, 직원들은 사장과 부사장을 두려워했다. 1986년 초, 부사장은 강성 노조위원장인 나를 끌어내리려 노조 간부들을 불러 설득하고 회유하고 협박했으나 간부들은 회유당하지 않았다. 4월경에는 회원들을 모집해 민속연구부라는 서클을 만들어 직원들에게 국선도를 가르쳤으며, 수련을 통해 심신의 변화를 경험한 직원들과의 교류가 나에 대한 신뢰로 나타나 86년 9월 절대적인 지지 속에 위원장에 재선되었다.

6월 항쟁과 넥타이부대

1985년 1월, 보험업계에서는 현대해상화재보험 노동조합이 결성되어 현대 왕국에 노동조합의 교두보를 구축하였고, 9월에는 한진그룹의 동양화재 노동조합, 10월에는 쌍용그룹의 고려화재 노동조합, 86년에는 엘지그룹의 범한화재 노동조합, 87년 1월에는 신동아그룹의 신동아화재 노동조합이 결성되었다. 이를 전후해서 저축추진중앙위원회, 유화증권, 비씨카드, 한미은행 등 크고 작은 금융권 노조들이 결성되었다. 이들 노동조합의 활동은 이미 재벌그룹의 벽을 넘어서고 있었다. 당시 노동법에서는 제3자 개입금지 조항을 두어, 기업별 노동조합을 외부의 지원과 연대에서 완전히 고립시키고, 쟁의권 행사도 냉각기간과 직권중재제도를 두어서, 사실상 노동조합 쟁의활동이 불가능하도록 봉쇄한 상태였다. 그럼에도 불구하고 크고 작은 노사분쟁들이 빈번하게 발생하였다.

그중에 1987년 3월, 범한화재 쟁의부장 해고 복직을 위한 연대투쟁사건이 일어났다. 단위노조의 힘만으로는 부족하기에 금융노련의 사무실을 빌려 범한화재 노조 간부들이 단식농성을 하고, 50여 개 노조 간부들이 지원하여 연대농성을 한 것이다. 여성 조합원들을 차 뒤 트렁크에 숨겨 태우고 농성장에 합류시키다 들키기도 하고, 노조 간부들이 일렬로 도열하여 탈취하려는 구사대를 뿌리치고 품에 안아 나르는 등 영화에서나 봄직한 일들이 일어났다. 당시 회사의 구사대가 '빠루'를 들고 점심시간에 금융노련에 쳐들어와 남자 간부들을 납치해 가기도 하였다. 납치당한 범한화재 위원장이 다시 차량 트렁크에 숨어 농성장에 진입할 때 구사대와 금융노련 산하 노조 간부들의 대치 상황은 마치 영화의 한 장면 같았다. 이런 사측의 악수에 금융노련의 반발도 심했고, 당시 시국도 물고문으로 사망한 박종철 군의 49

제 등으로 국민들 반발심이 일고 있어 치안문제를 우려한 정부가 해당 문제를 서둘러 종결하려고 했다. 그 결과 연대농성 투쟁은 성공했고, 쟁의부장은 복직되었다. 이 투쟁을 계기로 노조 간부들의 안면도 넓어지고 교류도 활성화되었으며, 연대를 통해 투쟁하면 승리할 수 있다는 신념도 생기게 되었다.

1987년 4월 13일, 전두환 정권이 전 국민의 대통령 직선제 개헌요구를 묵살하고 대통령 간선제를 고수하겠다는 호헌선언을 발표하였고, 제도권 내 각종 단체는 앞다투어 지지성명을 발표하였다. 한국노총도 노동부의 요청을 받아 김동인 위원장을 포함한 당시 16개 산별연맹 대표자 공동명의로 호헌조치를 찬성한다는 지지성명을 발표하였다. 당시 대부분의 노동조합 간부와 조합원의 뜻과는 전혀 부합하지 않는 노동조합 최상층부의 돌발행동이자 상층부 중심의 권력에 의존하는 노동운동의 한계를 보여주는 한심한 일이었다. 당시는 노동악법 중에 노동조합 업무조사권과 임원개선 명령권을 노동부가 가지고 있어서 노동조합 상층 간부가 노동부에 맥을 못 추는 시절이었다. 이에 한일투자금융노조가 중심이 되어 금융기관 13개 노동조합이 "한국노총의 4.13 호헌 지지성명은 노동자의 뜻이 아니다"라는 성명서를 발표하였다. 사무직 노동조합의 이름으로 발표된 이 호헌 반박성명서는 엄청난 반향을 일으켰다. 지금은 대다수의 금융권이 여의도에 본사가 있지만 당시에는 지리적으로 명동, 을지로, 광교, 남대문 지역에 금융권 사업장의 노동조합과 본사, 지점이 밀집해 있었다.

6월 10일, 민정당 대통령 후보 선출대회가 있는 바로 그날, 서울 광화문 성공회 성당에서 국민운동본부 주최로 '박종철 고문살인 은폐조작 규탄 및 민주헌법쟁취 범국민대회'가 열렸다. 그날을 기점으로 명동과 을지로 입구에서는 넥타이부대들이 학생들의 시위에 대거 가담하였다. 아스팔트 위에서 학생들과 함께 "호헌철폐, 독재타도" 구호를 외치고, 인도에 올라서서 학생들을 쫓는 경찰을 향해 "때리지 마, 쏘지 마" 하고 소리를 지르며, 그 뜨거운 아스팔트 위를 달렸다. 5공 시절, 안정을 희구하는 세력이라고 지칭하던 중산층 넥타이부대가 등을 돌리자 여론에 밀린 군사독재정권은 6.29 항복 선언을 하였다. 민주화운동의 분수령인 6월 항쟁에서 넥타이부대가 학생들과 함께하였기에 승리할 수 있었다. 그러나 양김의 분열로 너무나 애석하게 민주정부 수립에 실패하였다.

격랑의 세월

1991년 다시 대한보증보험 노동조합 위원장에 선출되어 위원장직을 3번째로 맡게 되었다. 1992년은 정부가 뜬금없이 일방적으로 총액임금제를 강제한 해였다. 이로 인해 또 일주일간 단식투쟁을 하였다. 승진을 빌미로 조합원을 탈퇴시키던 사장이 갑자기 업무를 중단하고 단식에 돌입하였기 때문에 명분에 밀리지 않기 위해 시작한 단식이었다. 사장이 먼저 단식을 시작한 이 희한한 사건은 온갖 신문에 단식하는 사진이 실리는 등 전국을 떠들썩하게 했다. 이러한 결과로 그해 총액임금 저지투쟁에서는 대한보증보험 노조만 살아남았다.

1994년, 전국보험노련 위원장에 선출되었다. 당시 세상을 떠들썩하게 했던 국회 노동위 돈봉투 사건의 동부화재가 우리 연맹 산하조직이었다. 그 사건에 매달리면서 거대 재벌에 대한 분노가 생겼다. 그래서 이를 위해 결성된 시민연대의 지원과 노동부의 중재로 문제가 해결되자마자 바로 보험노련과 사무금융노련의 통합 작업에 착수했다.

사무노련 위원장 시절

1995년 2월, 보험노련과 사무금융노련이 통합하여 출범한 전국사무노동조합연맹은 노동계에 지각변동을 일으키는 신호탄으로 일대 사건이 되었다. 사무노련은 300여 개 노동조합에 조합원이 7만 명이나 되는 거대 조직이 되었다. 대의원대회, 창립기념식 격려사, 사업장 순방 등 하루가 어떻게 가는지 모르고 지나가는 시절이었다. 1995년 11월 11일, 연세대에서 출범한 한국 최초의 자주적인 노동조합 총연맹인 민주노총이 결성될 때에는 창립선언문을 낭독하는 영광을 얻게 되었다. 그때 민주노총 결성의 최대 조직은 사무노련과 금속노련이었다. 그 후 1996년에 중앙노동위원회 위원(민주노총추천 근로자위원)에 위촉되었다. 그 덕에 개별 노동자의 어려운 문제나 노사갈등을 공정하게 해결하는 중앙노동위원의 역할을 10년 동안이나 수행할 수 있었다.

1997년 노동법개정 민주노총 총파업투쟁은 전 세계를 놀라게 한 사건이었다. 나는 87년 6월 항쟁의 경험을 살려, 사무직 노동조합의 깃발을 든 넥타이부대를 이끌고 파업투쟁에 동참했다. 한국노총의 금융노련도 설득하여 국제상업사무노련의 산하단체인 Fiet-klc 회원 조합 이름으로 함께 파업투쟁에 참여했다. 사무직 노동조합은 여론의 풍향계 역할을 충실히 하였다. 6월 항쟁에서 넥타이부대의 등장으로 군부독재가 항복한 6.29선언이 나왔듯이, 김영삼 정권도 그렇게 물러서고 말았다. 당시 우리나라는 국제적으로 house-union으로, 상대적으로 힘이 약한 노동조합으로 인식되고 있었다. 자주적이지만 한없이 약해 보이던 민주노총의 정치파업이 전 세계의 지원과 찬탄을 받으며 성공한 것이다.

1997년 '6월 항쟁 10주년 기념행사'의 일환으로 사무노련에서는 대선후보 초청 토론회를 개최하였다. 다른 정당 후보는 오지 않고 민주당의 김대중 후보만 참석하였다. 63빌딩에서 토론회가 끝난 뒤 가진 식사 자리에서 옆에 앉은 김 후보는 "김 위원장, 이번에는 정권교체를 할 수 있도록 조합신문에 홍보도 많이 하고 잘 도와주세요" 하면서 내 손을 꼭 잡고는 신신당부를 하였다. 민주노총의 권영길 위원장도 노동자 정치세력화를 위해 '국민승리21'을 결성하고 대선에 출마하기로 하였다. 우리 노조 간부들은 여러 가지 현실의 실천적 가능성과 시급성을 고려하여 수평적 정권교체와 노동자 후보 100만 표 획득을 상정하였다. 그해 말 대선에서 김대중 대통령이 당선됨으로써 이 나라에서 처음으로 수평적 정권교체라는 절차적 민주주의를 이룩하였고, 100만여 표를 획득한 권영길 후보는 진보정당 '민주노동당'을 창당하였다.

1998년 IMF 사태는 국제 독점금융자본들이 한국의 시장개방, 특히 금융시장의 개방을 목표로 일으킨 사건처럼 보였다. 제일 먼저 우리 정부에 요구한 사안이 금융기관 인수합병을 위한 구조조정과 정리해고의 도입이었다. 20%가 넘는 높은 이자율은 멀쩡한 회사까지 망하라고 발로 차는 격이었다. 5.16 쿠데타 이후 23년 동안 불망의 신화를 자랑하던 금융기관이 34개나 문을 닫는 불상사기 일어났다. 보험, 증권, 카드, 리스, 종금, 투신, 연금, 협동조합 등이 소속된 우리 연맹의 최대 시련기였다. 무너지는 회사, 직장을 잃고 떠나가는 조합원을 보며 도산 직전인 기업의 신인도를 높이는 정책 건의와 조합원 위로 행사 등 연맹위원장으로서 최선을 다하다 보니, 금융산업의 구조적 병폐와 해결방안 및 노사문제의 현장을 가장 잘 아는 사람이 된 것 같은 착각이 들 정도였다. 내가 다니던 보증보험도 신용을 공여해준 많은 회사들의 도산으로 감당하기 어려운 상황에 이르렀다. 정부에서도 BIS비율 미달이라고 보고 청산 선언을 준비 중이었다. 이에 사무금융노련연맹 위원장으로, "IMF 사태가 발생한 것은 국가의 외환 부족이라는 신인도 하락 때문이다. 경제회복을 위해서는 1개의 회사에 100억을 빌려주는 것보다, 보증보험에 100억을 투자하여 신인도를 높이고 1만 개 회사에 신용을 공여하여 기업활동을 왕성하게 도와주는 것이 자금 사용의 효율성도 기하는 국난극복의 첩경이 될 것"이라고 대통령에게 정책제안을 했다. 다행히 이 제안이 받아들여져 보증보험에 공적 자금이 투입되었다. 결국 보증보험은 국난 극복의 금융질서 재편과정에서 적절한 도구로 잘 활용되었다.

IMF 시절 너무나 아쉬웠던 한 가지는 IMF가 자금을 투입하기 전 정리해고 도입 등 관련법 개정을 요구하면서 노사정 합의를 요구했던 것이다. 민주적 정통성을 확보한 김대중 정부는 취임 전부터 외환위기 타개를 위한 권한을 행사하고 있었다. 노사정 법령에 의하여 대표단도 꾸려졌다. 민주당 사옥을 점거한 민주노총 지도부는 상견례 겸 회의에 참석해 내용을 파악하라고 노사정회의에 대표단을 보내기로 했다. IMF를 통해 우리의 협상과 합의 내용이 전 세계에 중계되므로 노사정 합의사항이 전 세계에 공인되는 것이다. 늦었지만 선진국 어느 나라의 사회적 협약체결보다 확실한 체결 방법으로 보였다. IMF가 제시한 합의 기한이 2주 정도 남았는데도 협상대표단은 바로 그날 밤에 합의를 하고 왔다. 선보라고 보냈더니 그날 밤에 애기 안고 돌아온 꼴이었다. 며칠만 더 외환위기 극복의 방법을 논의하고 이해하는 과정을 거쳤더라면 민주적으로 결과를 이끌어낼 수 있었을 텐데, 이는 정부 대표단의 공명심을 앞세운 단견에다 국가 장래를 생각하지 않은 너무나 무책임한 처사였고, 미래가 걱정되는 한탄스러운 결과였다.

IMF 시절을 겪으면서 내 몸은 여기저기 탈이 났다. 그동안 국선도 수련의 공력으로 노조위원장으로서 몸이 열 개여도 부족한 일과를 소화할 수 있었지만, 과로와 분노는 내 몸을 상하게 하고 공력을 바닥나게 했다. 그렇게 수련을 해서 철인이나 된 것 같던 내 몸은 노동조합위원장 생활 15년 만에 만신창이가 되었다. 1999년 2월에는 사무노련 위원장직도 내놓고 다시 수련에 전념할 생각을 했다.

다시 광화문에서

2007년 서울보증보험에서 정년퇴직을 하고 국선도 수련을 하면서 살던 중 16년 자동차 노련 초대 위원장을 지낸 배범식이 도장으로 찾아와 "노조 간부 출신들이 은퇴한 후 어렵게 들 지내고 있어요. 갈 때는 다가오고 자식들 보기 민망해서 수목장할 터라도 잡아야 할 텐데 요"라고 고민을 토로하며, 민주노조동지회를 만들어 그 사업 주체로 하자고 제안하였다. 그 래서 민주노조동지회(80년대)가 결성되었다. 그는 세대별 노동조합인 노후희망유니온의 공 동위원장도 겸하고 있었다. 당시 어버이연합이라는 이름으로, 노인부대의 별로 좋지 못한 행동이 신문이나 방송에 자주 기사화되곤 했다. 우리나라도 급격히 고령화 사회로 접어들고 있다. 노인들이 어른으로 올바른 방향성을 제시해야 이 사회가 건강하게 발전할 수 있다. 특히 대규모로 은퇴하고 있는 베이비부머 세대, 6월 항쟁 참여 세대들이 어떻게 사느냐에 따라, 고령화 사회의 방향이 달라질 것이다.

그해 겨울 어버이연합과는 또 다른 노인부대들이 노후희망유니온의 깃발 아래 모여서 "노 인들도 열 받는다, 박근혜 정권은 물러가라" 외치고 노래하며 행진하였다. 그리고 탄핵이 결정되었다.

광화문 연가

목이 메이고 눈가에 이슬이 맺힙니다.

6월 항쟁 30년이 지나 우리가 촛불을 들고 행진하며
부른 노래, "대한민국은 민주공화국이다.
모든 권력은 국민으로부터 나온다."
노래는 현실로 확인되었습니다.

우리의 촛불 행진은 전 세계를 놀라게 하는 명예혁명으로 인류평화의 길로 가는 한민족의 손짓으로 기록될 것입니다.

이제 새로운 정부가 선출되어 소통과 협치를 기반으로
이렇게 헝클어 놓았던 남북문제를 둘러싼 실타래를 잘 풀어간다면,
이 민족에게 전화위복의 계기가 되어
동북아평화는 물론 세계평화를 이루어가는 길잡이가 될 수 있겠지요.

그 추운 겨울날 노후희망유니온의 깃발 아래 함께한
광화문 촛불행진은 우리 후배나 손주들에게 들려줄 자랑스러운 얘깃거리가 되겠지요.

뒤풀이의 순댓국 한 그릇과 막걸리 한 잔의 추럼,
이제 열 받은 노인들이 뒷방 차지가 아니라 역사를 바꾸자는 정담들은
우리에게 소중한 촛불 명예혁명의 추억과 자랑으로 남을 것입니다.

그동안 언 손을 잡아주어서 고마웠고 행복했습니다.
이제 새봄이 와도 가끔은 또 모여야겠지요.
촛불의 완성을 위해 백발을 휘날리면서!

탄핵이 인용되던 날 부른 노래다. 나는 '6월 항쟁 30년 사업추진위' 상임공동대표를 맡고
있던 때라 감회가 남달랐다.
나는 지금 국선도 수련을 하면서 살아가고 있다.

그때 젊어
세상일이 궁금해
다 가보지 못한 길
이제는 다 가 보아야지,

언제 다시 태어나 가볼 수 있을거나

이번 생이 아니면

그 길을.

경기교육과의 인연 그리고 나의 삶

김상곤(전 부총리 겸 교육부장관)

서울대 상대 경영학과 69학번
한신대 경영학과 교수
경기도 교육감
경기도 교육연구원 이사장
한국교직원공제회 이사장(현)

코로나19로 인한 재앙이 인류가 만든 문명과 가치의 근본을 위협하는 시절이 계속되고 있습니다. 이 위기가 언제 어떻게 끝나는지와 관계없이 코로나19 이후의 삶과 사회가 이전과 같을 수는 없을 것입니다.

한국사회, 아니 인류 전체가 공동운명체인 세상이 도래했고, 따라서 인간의 이기심과 탐욕과 독점에 기반한 기득의 성장시스템 전체를 새롭게 재구성해야 하는 과제가 절박하게 주어진 시대이기도 합니다. 굴곡의 현대사를 온몸으로 살아온 우리는 지금 이 위기의 시대를 헤쳐나가는 그 어떤 해법을 내놓을 수 있을까요?

돌이켜보면 우리가 살았던 시대의 어느 언저리도 절박하지 않은 때가 없었습니다. 그리고 그 모든 '절박함'의 핵심은 독재와 독점으로 기울어진 운동장을 상생과 공존과 평화의 너른 땅으로 바로잡고자 하는 것이었습니다.

어느덧 반세기가 흘렀습니다만, 50여 년 전, 부당한 독재권력에 맞서던 71동지들과 나누었던 그 뜨거움은 돌아볼 때마다 삶의 경건함을 일깨워줍니다.

우리 승리하리라

지난 2012년 6월 10일, 87년 6월 민주화운동이 25주년을 맞는 날의 기억도 떠올립니다. 오후 서울시청 앞 광장에서 '우리 승리하리라'라는 공식 기념행사가 열렸고, 저는 베이스 파트장을 맡아 전국에서 모인 610명의 시민 합창단원과 함께 무대에서 노래 공연을 했습니다. 젊은 시절부터 한평생 동고동락했던, 이제는 백발이 성성한 71동지회 분들도 많이 모이셨습니다. 〈그날이 오면〉을 부르고, 이어서 〈아침이슬〉을 시민들과 함께 부르는데, 갑자기 무언가 뜨거운 것이 목울대와 눈시울로 울컥 밀려들었습니다.

긴 세월입니다. 그것은 세상의 진정한 진보와 발전을 염원하며 격동의 현대사를 온몸으로 살아오신 분들의 한결같은 신념과 열정에 대한 감동이기도 했고, 그때의 문제의식이 형태를 달리했을 뿐 이 시절에도 본질은 여전하다는 것에 대한 깊은 회한과 안타까움이기도 했습니다. 함께 노래 부르는 우리의 '일관된 삶'에 대해 뒤풀이 자리에서 애써 서로를 위로했지만, 아직도 공정하고 정의로운 세상을 만들어내지 못한 데 대한 쓸쓸함과 아쉬움을 감출 수 없었습니다.

서구 사회가 시민혁명 이후 제대로 된 정권 수립을 통해 혁명을 완성했던 것에 비해, 우리는 때로는 더 큰 희생을 치르고서도 만족할만한 민주주의 체제를 만들지 못했습니다. 어쩌면 지금의 왜곡된 정치·경제·사회 구조 또한 미완의 시민혁명이 끼친 여파라고 볼 수 있습니다. 물론, 교육도 마찬가지입니다.

87년 6월 항쟁 당시에 저는 교수로서 지식인 운동을 통해 시민혁명의 성공을 위해 노력하고 있었습니다. 1986년 6월 2일, '전국대학교수단'의 이름으로 "우리의 뜻을 다시 한 번 밝힌다"라는 비장한 제목의 교수 민주화 선언을 발표할 때 저는 삼십대의 새파란 교수에 불과했습니다. 그때 김수행, 정운영 교수 등과 함께 선언문의 초안을 만들고 교수들의 참여를 호소해서 어렵게 발표한 선언이 국민들의 광범한 호응 속에서 1987년 민주항쟁의 기폭제와 밑거름 노릇을 하는 것을 보면서 느꼈던 뿌듯함이 생각납니다.

그러나 참으로 아쉽게도 6월 항쟁은 끝내 한국 민주주의의 실질적 변화로 귀결되지 못했습니다. 지금의 불완전한 민주주의와 극단의 양극화가 진행되는 불평등한 경제 또한 미완의 시민혁명이 빚은 결과물이라는 생각을 하면 그때가 참으로 아쉽습니다. 역사에서 가정만큼 무의미한 것이 없다지만, 그때 모든 사람이 좀 더 낮게, 좀 더 치밀하게, 좀 더 헌신적으로 연대하고 투쟁하면서 제대로 된 민주주의 체제를 만들어냈어야 했습니다. 만약 그러했다면, 우리 사회는 지금보다는 훨씬 더 '더불어 살아가는 행복한 민주공화국'에 근접해 있을 것입니다.

교육감으로 일을 할 때도 그리고 지금도 늘 그때를 생각합니다. 교육혁신에 대한 절박한 시대적 요구를 누구보다 잘 알고 있으면서도 과도한 조급함, 혹은 몇몇 가시적이고 단편적인 성과에 자족하면서 사람들 마음을 움직여야 하는 혁신의 본질을 놓칠까봐 두려웠습니다. 제 무능이나 불찰과 같은 어리석음이나 게으름 때문에 수많은 분께서 희생과 헌신과 노력으로 힘겹게 쌓아온 '혁신'의 가치를 조금이라도 해하는 일이 생길까봐 몇 번을 다시 생각하고 살폈습니다.

부모님 그리고 나의 청춘

돌아보면 살면서 참 많은 분의 은혜를 입었습니다. 물론 좌절과 절망의 시절이 없었을 리 없지만, 신기하게도 깊고 크게 고통스러웠던 순간에는 꼭 그만큼 깊은 공감과 연대가 있었고, 그만큼 큰 사랑과 우정 그리고 고마움이 함께했습니다. 그래서 '아름다운 고통'은 행복이라는 동전의 이면이 되나 봅니다.

저는 어린 시절을 광주에서 보냈습니다. 아버님은 기능직 공무원이셨고, 어머님은 하숙을 치면서 자식들 뒷바라지를 하셨습니다. 두 분 모두 공부를 많이 하신 분들도 아니었고, 집안 형편은 언제나 빠듯했지만, 언제나 당신들의 삶으로 자식들에게 배움을 주셨습니다. '배움'이나 '지혜' 들은 꼭 제도교육을 통해서만 얻을 수 있는 것은 아닙니다. 아버님은 말씀은 많지 않으셨지만 자식 교육에 매우 철저하신 분이었습니다. 자식에 관한 일이라면 아무리 하찮은 정보라도 작은 수첩에 세필로 깨알같이 기록하면서 자식들의 성장과정을 살피셨습니다. 그러나 자식이 대학생이 된 이후에는 당신의 의견보다는 자식들의 생각과 판단을 존중해주셨습니다. 대학 시절 제가 그 험한 운동의 길에 들어섰을 때, 부모로서 자식의 안위를 걱정하는 마음이야 남들과 같았겠지만, 끝내 말리거나 야단치지 않으셨습니다.

어머님의 기억은 모든 자식이 그렇듯이 지난 일을 돌아보면 마음이 아픕니다. 당시에 하숙집을 운영하는 건 어마어마한 가사 노동이 필요한 일이었는데, 대부분의 일은 오로지 어머님 몫이었습니다. 항상 바빠서 차분하게 마주앉아 대화할 시간은 많지 않았지만 빨래, 설거지, 야채 다듬기, 불 때기 같은 집안일을 도우면서 틈틈이 나눈 이야기의 느낌이 참 좋았습니다. 이런저런 작은 이야기들을 통해 어머님으로부터 제게 전해졌던 사랑과 믿음의 힘을 생각합니다. 그때의 따뜻한 정서는 지금도 제 삶의 영원한 정신적 안식처입니다.

1969년, 대학에 입학했습니다. 어른이 되어서 문득 마주친 첫 세상은 부조리한 독재권력과 자본에 의해 신음하는 세상이었고, 제 젊은 가슴은 정의로운 세상에 대한 열망으로 곧바로 타올랐습니다. 많은 경우 시대가 개인의 삶을 규정해버립니다. 연애와 여행, 사색과 낭만, 예술과 학문 대신에 분노와 토론, 집회와 시위 등 학생운동이 제 일상의 중심이 되었습니다. 당시의 우리에게는 민주주의나 자유, 평등과 같은 평범한 낱말조차 '펄떡펄떡 살아 숨 쉬는 생명의 언어'였습니다. 그런 말을 나눌 때 우리의 가슴은 언제나 아리거나 벅차올랐습니다.

제가 대학에 다녔던 1970년대 초반은 독재와 성장의 그늘에 가려진 정치적 탄압과 경제적 모순의 실체가 분명하게 드러나기 시작한 때입니다. 전태일 열사의 분신을 보고 크나큰 충격을 받은 우리는 한국사회 후진성의 근본 원인을 알아보기 위한 공부를 했습니다. 또, 기층민의 희생에 바탕을 둔 성장 일변도의 경제가 지닌 한계를 극복하게 해줄 대안적 체제나 정책에 대해서도 공부했습니다. 전태일 열사의 분신을 불러왔던 청계천 상가 노동자들의 열악한 노동환경을 온몸으로 뛰어다니며 기록하기도 했고, 용두동 판자촌에서 살아가는 도시빈민들의 고통스러운 삶의 실태를 조사하기 위하여 직접 그 동네에서 살았으며, 농민과 철거민들의 삶의 현장을 누비고 다녔습니다.

1971년, 서울대총학생회장이었던 저는 교련 반대, 선거 부정 규탄, 중앙정보부 해체 등을 주장하는 반정부 시위의 주모자로 정권의 표적이 되면서 학교 안팎에서 도피 생활을 계속하다가 급기야 10월 15일, 중앙정보부에 연행되었습니다. 그들이 내게 가했던 무시무시한 언어폭력, 신체적 고문은 지금까지도 떠올리기조차 고통스러운 기억입니다. 몸이 상하거나 정신분열과 같은 후유증을 앓지 않은 것만도 지금 생각하면 천만다행인 상황이었습니다. 폭력과 고문은 육체적 흔적과 상처뿐 아니라, 의식과 무의식 모두에 '지워지지 않는 화인火印'을 남기기 마련입니다. 그래서 가장 반인륜적인 범죄가 됩니다.

교육감으로 일하던 때, 중국을 방문했을 때의 일입니다. 일송정과 윤동주 생가를 둘러보고, 저녁 무렵에 연변 조선족 자치주 용정시에 있는 한 건물을 방문했습니다. 일제 강점기에 일본 총영사관으로 쓰던 건물이었습니다. 그 건물의 지하 감옥에서 당시에 독립운동가를 취조할 때 쓴 고문 시설과 도구를 보는데 갑자기 섬뜩한 공포가 밀려왔습니다. 비슷한 경험을 한 사람에게 그곳은 지나간 '역사의 유적'이 아니라 '공포의 현장'이었습니다. 긴 세월이 흘러서 다 잊었다고 생각했는데, 그 현장을 보니 그때의 공포가 스멀스멀 되살아나는 느낌이었습니다. 그 트라우마는 아마 죽을 때까지 계속되겠지요. 제적과 강제 징집, 철책에서의 엄혹했던 군대 생활을 거치고 나서 다행히도 복학이 되어 대학을 졸업했습니다.

대학 졸업 후 일반 무역회사에 취직했다가 연구원 생활을 거쳐 1983년부터는 대학에 정착하게 되었습니다. 당시는 이렇다 할 조직화된 시민·사회운동의 개념이 없던 때라, 군부독재의 반민주성과 정의롭지 못한 경제·사회 체제를 누구보다 잘 알면서도 그것을 개혁하기 위한 구체적인 실천에 뛰어들지 못했습니다. 당시에 가장 일반적인 방식은 정치권에 입문하거나 이른바 '재야인사'가 되는 것이었는데, 그것은 제가 잘할 수 있는 일이 아니라고 판단했기 때문이기도 했습니다.

교수로 그리고 교육감으로

그리고 25년을 교수로 살았습니다. 교수 생활을 하는 동안 이 땅의 지식인으로서 사회와 교육의 민주화를 위한 활동을 해오는 과정에서 정치 입문을 제안받기도 했지만 한 번도 그에 응하거나 그에 대해 진지하게 고민하지 않았습니다. 사회, 경제, 교육 등 전 영역에 걸쳐 정치가 지닌 절대적 영향력을 잘 알고 있고 올바른 민주정치에 대한 갈망 또한 간절했지만, 그렇다고 그 일을 내가 나서서 해야 한다고는 생각하지 않았기 때문입니다. 보스 정치, 금권 정치로 상징되는 현실 정치판에서 어쩔 수 없는 정치적 타협을 거듭하는 정치인의 길보다는 지식인 운동을 통해 우리 사회의 앞길을 밝히는 일이 제게 주어진 사명이라고 여겼기 때문이기도 했습니다.

그러던 제가 아무리 직접적인 정치와는 한 발 떨어진 '교육' 영역이라지만 주민의 직접 선거로 선출되는 교육감에 출마한 것은, 저의 개인적 판단과 선택이라기보다는 민주주의의 급속한 퇴행이라는 사태에 대한 많은 분의 절박한 위기감의 표현이라고 보아야 할 것입니다.

2008년 광화문의 촛불이 사그라지고 서울시 교육감 선거마저 패배한 무기력한 상황에서 경기도 교육감 선거가 다가오자 시민사회 진영이 경기도 내 대부분의 시민·사회단체를 망라한 '경기교육희망연대'를 결성하고 교육감 후보를 물색하는 과정에서 제가 거론되었던 모양입니다. 20여 년 교수 운동을 해왔다지만 대중에게 '인지도 제로'인 무명 교수에다 선거 경험도 전무한 저에게 광역 자치단체장 후보로 출마를 요구하는 상황 자체가 참으로 딱했습니다. 저는 "나는 적임자가 아니니 다른 후보를 물색해달라"고 요청했지만, 급기야 제가 몸담고 있던 '민주화를 위한 전국교수협의회'와 '전국교수노동조합'의 집행부에서 조직적 결정으로 저의 출마를 요구하는 상황에 이르러서는 출마를 결심할 수밖에 없었습니다. 두 교수 단체의 태동에 관여했을 뿐 아니라 대표까지 역임했던 저로서는 두 조직의 역사가 곧 제 삶의 역사이기도 했거니와, 지식인의 사회적 책무에 대한 열정과 헌신성과 통찰력을 지닌 동료 교수들의 판단을 존중하지 않을 수 없었습니다.

하지만 출마 당시에는 선거 승리를 예측한 사람은 아무도 없었습니다. 전망보다는 '의미'가 먼저였습니다. 극단적인 양극화와 특권교육으로 교육의 공공성이 심각하게 훼손되는 현실을 교육개혁으로 바로잡아할 당위성을 국민에게 알려야 했습니다. 내부적으로는 민주 시민사회 진영의 결속을 다져야 했습니다. 2008년의 서울시 교육감 선거에서 '촛불정국'이라는 절대적으로 유리한 상황을 등에 업고서도 색깔론에 휘말려 '리틀MB'로 불리던 공정택 교육감에게 승리를 넘겨주던 모습을 지켜본 경험을 반면교사로 삼았습니다.

그러나 이상은 달콤하지만 현실은 언제나 차가운 법입니다. 아무리 통찰력, 열정과 헌신성이 뛰어난 교수들이라 할지라도 현실 상황에서는 선거 한번 치러본 경험이 없는 어쩔 수 없는 '백면서생'들입니다. 지금도 그 막막했던 때의 삽화가 선명하게 떠오릅니다. 선거일인 4월 8일을 한 달 남짓 앞둔 3월 9일 예비후보 등록을 마치고서 선거사무실조차 없는 상태에서 몇몇 교수가 음식점과 찻집에 모여 '선거 대책'을 의논하는데, 도대체 무슨 일부터 시작하고 누구를 만나야 하는지 아무도 말을 하지 못했습니다. 서로 얼굴만 멀뚱히 쳐다보면서 몇 마디 말을 주고받으며 식어가는 찻잔을 만지작거리는데, 이런 '아마추어'들의 힘으로 과연 선거를 치러낼 수 있을지조차 의심스러웠습니다. 그러나 얼마 지나지 않아 우리는 확실히 힘을 얻었습니다. 교육개혁에 대한 도민들의 갈망이 피부로 느껴졌습니다. 길거리와 현장에서 몸으로 겪은 생생한 경험은 골방의 학습과 토론보다 몇 배나 힘이 센 법입니다. 우리는 결국 교육감 선거에서 승리하는 '기적'을 이루었습니다. 그리고 1년 2개월 뒤에 치러진 2010년 6월 지방선거에서 재선되면서 혁신교육정책을 지속적으로 추진해나갈 힘을 얻었습니다.

혁신교육정책과 새로운 교육 패러다임

교육감이 되고 나서 제가 실현하려고 애쓴 핵심 정책들, 이를테면 '무상급식'과 '인권조례', '혁신학교' 등이 많은 한계와 비난에도 불구하고 우리 사회와 교육 전반의 '복지와 인권 그리고 교육' 담론으로 확장되면서 새로운 지평과 문화를 여는 계기로 작동하게 된 것은 참으로 과분하리만치 고마운 일입니다.

2009년 5월 6일, 최대의 교육 자치단체인 경기도교육청에 혈혈단신으로 들어올 때, 무엇보다도 과연 이 거대 조직과 제가 제대로 결합해서 일을 해낼 수 있을지 걱정스러웠습니다. 더욱이 1년여의 짧은 임기를 가진 교육감이 과연 무엇을 해낼 수 있을지 염려하거나 의심하는 분들도 많았습니다. 시간이 없었습니다. 그렇다고 조급하게 몰아쳐서 될 일도 아니었습니다. 3개월 안에 조직 속에 연착륙하지 못한다면 모든 기회는 물 건너갈 것이라는 생각을 했습니다. 결국 제가 선택한 것은 끊임없는 대화와 토론이었습니다. 행정 관료로서 상대가 지닌 경험과 전문성을 존중하면서, 그분들 속에 잠자고 있던 '교육적 열정'을 깨우고자 했습니다.

공무원 조직인 '관료제'를 부정적으로 바라보는 분들이 많습니다. 확실히 관료체제는 '권위적인 상명하달의 관행과 무사유의 복종'이라는 문화 속에 그들만의 세계를 공고히 구축하고서 개혁과 공익에 반하는 작용을 하기도 합니다. 그러나 다른 한편으로, 관료체제가 효율을 위해 오랫동안 업무처리 시스템을 정교하게 가다듬어왔다는 것 또한 분명한 사실입니다.

결국 관건은 이러한 업무처리 노하우를 개혁에 대한 신념과 열정과 맞물리게 하는 것입니다. 행정체제가 '마음'을 내면 생각 이상으로 큰 시너지 효과를 발휘하게 됩니다. 다행히 교육청에 계시는 많은 분이 '무상급식', '인권'과 같은 이전에 경험하지 못한 낯선 정책 의제들까지 자기 일로 받아들여 주셨습니다. 게다가 의회와 정부·여당과 보수언론 등의 집중적인 반대 기류가 역으로 내부 결속을 강화하는 긍정적인 힘으로 작용한다는, 뜻밖의 소득까지 누릴 수 있었습니다.

이런 과정을 거쳐 추진된 무상급식과 학생인권조례 정책은 2009년 한국사회와 교육에 커다란 쟁점으로 떠올랐습니다. 단 몇 달 동안 신문 사설에서 제가 40번이 넘게 거론되었다고 합니다. 저와 우리 교육청의 혁신정책은 거의 하루도 빠짐없이 언론에 등장하고 도마에 오르고 시빗거리가 되었습니다. 많은 언론과 인사들이 제가 추진한 무상급식, 학생인권조례, 일제고사 반대, 시국선언 교사에 대한 징계 유보 등이 교육을 정치판으로 만들어놓았다고 맹렬히 비난했습니다.

부잣집 아이든 가난한 집 아이든 예외 없이 보편적으로 급식을 제공하겠다는 무상급식 정책은 '좌파 포퓰리즘'이라는 비난의 표적이 되었습니다. 2009년 7월, 한나라당 의원들이 절대 다수이던 경기도의회에서는 우리 교육청이 제출한 무상급식을 위한 예산안을 부결시켰습니다. 하지만 그 후 "무상급식은 의무교육과 보편적 교육 복지의 일환"이라는 우리의 논리는 점차 공감대를 넓히면서 정치권으로, 다른 지역으로 퍼져 갔습니다.

체벌 금지, 두발 자유화, 강제 자율학습 금지를 비롯해 학생들의 인권을 보장하기 위한 경기도 학생인권조례는 지금도 우리 교육의 뜨거운 화두입니다. 정부의 시국선언 교사 징계 요구에 '헌법에 보장된 표현의 자유'에 근거하여 징계를 유보한 결과로 교과부에 의해 고발당하고 검찰에 의해 기소되는 등, 저의 움직임 하나하나가 논란에 휩싸였습니다. 교육감으로 일한 초기 2년 동안 무려 열두 번을 재판정에 서야 했습니다.

경기에서 출발한 혁신교육은 문재인 정부의 혁신학교 확대와 같은 공약으로 발전해왔습니다. 그러나 서울 강남의 학부모들의 혁신학교 반대 모습에서 보듯이, 여전히 혁신학교에 대한 오해와 우려가 있는 것 또한 사실입니다.

결국 혁신교육의 실험은 지금도 현재진행형으로 보아야 할 것입니다. 교육은 변화해서 정착하기까지 참 오랜 인내가 필요한 영역입니다. 돌아보면 제가 무상급식 문제를 처음 제기했을 때 많은 사람이 많이 낯설어했습니다. 그러나 불과 몇 년 사이 사회 전반의 분위기가 완전히 달라졌습니다. 선거 때마다 정치권은 여야 공히 무상급식과 무상교육, 복지국가와 경제민주화 등을 주요 국정방향으로 제시했습니다. 교육 분야에서도 교육비를 줄여 공평한 교육 기회를 보장하고, 경쟁을 완화하며, 소질과 적성을 살리는 교육을 하겠다는 공약으로 이어졌습니다. 이 모두가 경기 혁신교육이 추구해온 교육 정의의 방향과 맥락을 같이합니다.

2009년 교육감에 처음 출마했을 때는 '특권교육 반대'라는 표현을 썼습니다. 고교 다양성 확보라는 이름으로 특목고·자사고를 확대하고 부작용이 많은 일제고사를 밀어붙이는 이명박 정부의 교육정책에 문제가 많았기 때문에 특권교육을 반대한다는 표현이었습니다. 그러나 2012년 이후부터는 여기서 한 걸음 더 나아가 교육의 공정한 기회균등을 토대로 교육적 형평성을 추구하는 노력이 더 중요하다고 보았고 이를 교육 정의라는 말로 체계화하는 정책을 펼쳤습니다. 정의야말로 지금 우리 사회가 가장 갈구하는 가치이니까요.

이 과정에서 무엇보다 안타까운 것은 '공정'과 '정의'의 개념과 접근 방식을 놓고 우리 사회가 이념적으로 극단화하고 있는 현실입니다. 교육계에도 이런 양상이 나타납니다. 특히 이런 현상을 더 부추기는 것이 언론이고 사회 양극단에 있는 그룹들입니다. 이들이 자신의 기득권을 공고히 하기 위해 교육계를 이념 논쟁으로 몰고 갑니다.

한국은 산업화 시대를 통해 압축적인 경제성장을 달성했습니다. 산업화 시대에는 대량생산 체제가 중심이었던 만큼 규격화된 정답을 빠른 속도로 찾아내는 인재가 요구되었습니다. 지금은 시대가 바뀌었습니다. 미래 지식기반 사회로 갈수록 창의적 인재 곧 개성과 창의력을 갖춘 인재가 필요해진다는 데 이의를 제기하는 사람은 없을 것입니다.

물론 건강한 경쟁은 필요합니다. 교육감 시절, 혁신학교 같은 경우도 신규지정과 재지정 절차를 통해 학교끼리 경쟁을 시켰습니다. 학생·학부모의 만족도가 떨어지는 학교는 재지정 심사과정에서 탈락시키기도 합니다. 그렇지만 이것은 '선발효과'가 아닌 '교육효과'를 보는 것입니다. 처음부터 우수한 아이들을 뽑아 좋은 성적을 올리는 것은 누구나 할 수 있습니다. 그러나 창의적인 교육과정, 교사들의 헌신과 열정으로 교육력을 끌어올리는 것은 전혀 다른 문제입니다. 건강한 경쟁이란 학교들이 이렇게 교육 효과를 놓고 경쟁하는 것입니다.

선택권을 강조하시는 분들은 반대로 선발 효과를 누리는 학교, 곧 특목고나 자사고를 염두에 두고 논의를 전개하는 경향이 있습니다. 이런 학교들이 확대될수록 학생·학부모는 층위를 지어 학교를 선택하게 됩니다. 이게 진정한 의미의 선택권이 아닙니다. 말이 선택이지 이런 학교들이 교육 양극화를 부추기고, 또 양극화의 결과 이런 학교에 대한 수요가 다시 높아지는 악순환을 만듭니다.

또 하나 중요한 것은 우리의 교육자치가 더욱 성숙하고 안정적으로 발전해야 한다는 것입니다. 일부에서는 중앙정부와 지방 교육청의 일부 대립과 갈등을 빌미삼아 교육감 직선제를 비롯한 교육자치 제도의 근간을 흔드는 경우가 있는데 매우 위험한 접근입니다.

물론 국가권력이 교육을 통제하는 데 익숙해 있던 우리 문화와 정서를 감안하면 이 정도나마 교육자치를 이뤄냈다는 게 어느 면에서는 기적 같은 일입니다. 그전까지는 교육자치라는 게 일반인에게는 낯선 개념이었습니다. 지방 교육청은 중앙에서 결정한 교육정책을 따르고 집행하는 기구라 여기는 것이 일반적이었을 것입니다. 그러나 교육감직선제 이후 각 시도교육청의 다양한 정책효과들을 경험하면서 많은 분이 교육자치에 대해 새로운 인식을 갖게 됐다고 합니다. 교육 또한 어떤 생각과 어떤 정책을 펼치느냐에 따라 완전히 달라질 수 있는 '선택의 영역'임을 새삼 깨닫게 됐다는 의미일 것입니다.

더 큰 수확은 이 과정에서 교사들과 학부모들이 교육의 주체로 당당히 서기 시작했다는 것입니다. 그간 말로는 '학교공동체'를 얘기했지만 실제로는 학교가 공동체적 역할을 하기가 쉽지 않았습니다. 그렇지만 많은 학교에서 학생·교사·학부모 교육의 3주체뿐 아니라 지역주민까지 끌어들인 교육 거버넌스로 학교 문화를 바꿔나갔습니다. 이처럼 교육 현장의 '자율과 자치'를 확대해가는 것이야말로 우리 교육이 나아가야 할 방향이라고 생각합니다. 보수건 진보건 이런 방향 자체를 부정하고 반대하기는 쉽지 않을 것입니다.

'좋은 학교'라고 알려진 학교들을 돌아다니다 보면 공통점을 발견할 수 있습니다. 이 학교들이 처음부터 교육 여건이 좋은 학교들이 아니었습니다. 일반적으로 보기엔 오히려 아주 나쁜 조건에 있는 학교들도 많습니다. 그런데 좋은 학교들은 이런 나쁜 조건을 아주 유리한 교육적 상황으로 바꿔놓습니다. 이를테면 시골 학교 같은 경우 주변 자원이 부족하지만 아이들의 자연친화적 감수성을 키우기 좋다는 장점에 주목해 이에 기반한 교육과정을 설계하고, 대도시에 있는 학교는 자연환경이 떨어지는 대신 다양한 문화적 체험을 할 수 있다는 장점에 주목합니다. 어떤 교육정책이든 성공하려면 이런 식의 접근이 필요합니다.

저와 경기교육의 인연은 2019년에 경기교육연구원 이사장 일로 이어졌습니다. 대한민국 교육 현상을 이끌고 있는 경기혁신교육 전반에 대한 학문적, 이론적 기반을 탄탄히 하여 지속가능한 교육혁신 담론을 이끄는 작업도 매우 중요하다고 여겼기 때문입니다.

정책과 실천의 물길들이 서로 주고받으며 교육혁신의 도도한 강물로 흐르게 하는 일도 매우 중요합니다. 세상에 고통 없는 성장과 발전은 없습니다. 경기 혁신교육이 힘겨운 과정을 거치면서 많은 사람이 우리 교육과 사회의 문제가 지닌 핵심을 간파하기 시작했습니다. 선생님들께서 기꺼이 교육의 주인으로 살아가겠다고 당당히 선언하기 시작했고, 학부모들이 발 벗고 나서기 시작했습니다. 진정한 교육자치의 실현 가능성이 곳곳에서 확인되었습니다.

무엇보다 다행스러운 일은 많은 이가 교육정책이 서로 다른 가치와 계층의 이익이 경합하는 교육 정치의 영역임을 깨닫기 시작했다는 것입니다. 교육을 교육감이나 교육정책과 무관한 행정과 효율의 영역으로만 여기던 기존의 인식을 뛰어넘어, 어떤 정책을 펼치는가에 따라 커다란 차이가 발생하는 '선택의 영역'으로 재인식하게 된 것이지요.

저는 교육이 정치와 무관할 수가 없다고 생각합니다. 교육과 정치, 교육과 경제, 교육과 복지, 교육과 문화 등은 결코 별개의 문제가 아닙니다. 군부독재 시대에 교육이 철저하게 정권의 정치적 이해를 반영하는 도구로 쓰였던 사실을 기억해야 합니다. 교육을 정치와 무관한 교육계와 교육과정과 교실 수업만의 문제로 한정해버리면 교육 문제를 풀기가 훨씬 더 어려워집니다. 좋은 교육은 언제나 건강하고 민주적인 정치·경제 시스템과 유기적으로 상호 작용하는 것이기 때문입니다.

내가 꿈꾸는 삶과 세상

제가 믿고 실천하고 싶은 삶의 원칙들은 사실은 특별한 것이 아닙니다. 인간이면 누구나 내면에 지니고 있는 겸양의 마음, 측은지심, 염치 같은 기본 덕목들이 자연스럽게 마음속에 깃들인 삶을 꿈꿉니다. 욕심을 조금 더 내자면, 올바른 역사의식을 바탕으로 냉철한 현실

인식 능력을 지닐 수 있기를 그리고 이를 일상의 삶에 적용할 수 있는 용기와 지혜를 가질 수 있기를 바랍니다. 같은 시대를 살아가는 힘들고 어렵고 외롭고 가난한 이웃들의 아픔을 이해하고 나누는 적극적인 교감의 능력도 꼭 가졌으면 합니다. 교육감으로서는 '소통, 공감, 평등, 평화' 같은 가치들이 교육을 통해 우리 아이들 마음속에 삶의 원리로 자리 잡을 수 있기를 바랍니다. 이렇게 써놓고 나니, 참 큰 욕심이다 싶기도 합니다.

무엇보다 간절한 바람은 우리 아이들이 행복하게 공부하면서 올바르게 성장하는 것입니다. 또, 학부모들이 자식 키우는 기쁨을 충분히 누리는 것입니다. 우리 교육이 약육강식, 무한경쟁의 전쟁터이기를 멈추고, 협력과 나눔과 평화와 배려가 넘치는 진정한 '선진교육'으로 거듭나는 것입니다.

지금은 코로나19가 만든 위기가 문명대전환을 강제하고 있는 시절입니다. 코로나19 장기화로 학생들의 학습 결손과 심리적·신체적 건강 위협, 사회적 관계 공백까지 문제가 심각합니다. 지금의 교육격차는 나중에 반드시 노동시장과 생애 전반의 격차로 이어질 수 있습니다. 교육 격차 완화를 위한 획기적인 정책과 투자가 절실합니다.

OECD는 교육 공백으로 인해 전 세계 국가의 GDP가 평균 1.5% 낮아질 것이라고 예측했습니다. 이 위험을 잘 알고 있는 선진국들은 정부 차원에서 특단의 재정 투입을 비롯해 대책을 강구하고 있습니다. 바이든 미국 정부는 2022년 교육예산을 전년 대비 무려 41% 증액한다고 밝혔고, 영국도 1조 5천억 원 규모의 캐치업 프리미엄Catch-up Premium 예산을 발표했습니다.

우리도 교육 전반의 대개혁을 위한 구체적이고 지속가능한 청사진을 서둘러 내놓고 국민적 공감 속에서 속도감 있게 추진되기를 충심으로 기원합니다.

반세기 세월이 쏜살같이 흘렀습니다. 그러나 71동지회가 50년 전에 꾸었던 세상의 꿈은 지금도 여전히 유효합니다. 그 시절 함께 느꼈던 좌절과 분노, 꿈과 희망 들은 50년 내내 한결 같이 서로의 건강한 삶을 지탱하는 힘이 되었습니다.

앞으로도 여전히 우리가 해야 할 일은 많습니다. 50년 전 71동지회가 그랬던 것처럼 지금 세대 그리고 미래 세대가 찬연한 세상의 꿈을 꾸고 더불어 살아가는 행복한 세상을 만드는

데 기쁨을 누릴 수 있도록 힘을 북돋아주는 일도 여전히 우리에게 주어진 역할입니다.

그 무엇에 앞선 가장 중요한 일은 동지들의 건강하고 행복한 삶입니다. 평생을 의롭게 살아온 동지들의 삶의 구석구석 언저리마다 건강과 축복이 햇살처럼 쏟아지기를 기원합니다.

내가 돌아본 생각과 생활
― 노동현장, 노동운동, 노동사 연구로 50년

김영곤(전 전국대학강사 노동조합 대표)

고려대 정경대 경제학과 68학번
민우지 사건, 경수노련 사건, 전국노운협 사건으로 구속
대우중공업 노동조합 사무국장
전국노동운동단체협의회 의장
고려대 강사, 전 전국대학강사노동조합 대표

시민의 경제 조건 향상과 문필가에 뜻을 둬

내 부모님은 농사를 지었다. 아버지 김용덕(1913~2003)과 어머니 조옥순(1922~1998)은 석문소학교를 나왔다. 아버지는 빈농의 자녀로 머슴살이, 서당 도우미, 만주 벌목노동자로 일했고, 6.25 한국전쟁 일어나기 전 인천에서 상업을 했다. 아버지는 삼수·갑산~중국 하얼빈으로 옮겨가며 벌목 노동을 하고 어머니와 결혼하여 하얼빈에서 생활했다. 8·15 일주일 전에 돌아와 인천에서 상업을 하고, 6.25전쟁 즈음 고향인 당진으로 돌아와 농사짓고 염전을 운영하기도 했다.

나는 1949년 충남 당진에서 일곱 자녀 중 셋째로 태어났다. 집안에는 큰아버지 자녀 둘을 포함한 가족 생활비와 학비 마련에 빚이 많았다. 가을에 추수하여 벼를 집안으로 들여오자마자 연리 5할 장리쌀을 갚느라 모두 내갔다. 나는 벼 가마를 가져가지 말라고 기둥을 붙잡고 울었던 기억이 있다. 아버지는 밭에서 일하며 나에게 "세상에 일하는 만큼 쌀을 주는 기계가 있으면 좋겠다"라고 말했다. 이 말은 아버지의 삶, 8·15해방의 희망과 6.25전쟁이 초래한 좌절, 당시 사회상을 담은 것이다.

나는 1960년 초등학교 5학년 2학기 때 담임 선생님의 권유에 따라 혼자 서울 미동초등학교로 전학했다. 처음에는 외삼촌댁에 있었고 거의 하숙생활을 했다. 숭문중학교 때 생물반 활동을 하며 옥수수 알 색깔의 유전을 관찰했다. 고등학교는 인문계를 선택했다. 식물을 다루는 일보다 사회성이 더 강했기 때문이다. 용산고등학교를 다니며 '호우회'라는 동아리 활동을 했다.

고교 2학년 때 학교에 적어 내는 장래 희망 직업을 문필가라고 했다. 그러나 내심 시민의 '철학 조건', 즉 시민이 철학(행복)을 생각할 수 있을 정도로 경제생활을 향상시켜야 한다고 생각했다. 이 두 가지 꿈을 반세기 동안 지녔다. '철학 조건' 마련은 경제학과 진학과 학생운동, 노동운동으로 전개되었다. 문필가는 2005년『한국노동사와 미래』를 출판하면서 입문했고, 이후 연구와 대학 강의로 전개되었다. "대학강사 교원지위 회복 - 강사법 시행에 따른 학문연구와 교육에서 비판의 자유 회복" 논문은 사회운동 지향과 문필가 지향의 둘이 결합한 것이다. 2019년 9월 완전히 귀향해 농사를 짓고 코로나19를 겪으며 생물다양성에 관심을 두고 있다.

대학 진학과 학생운동

나는 교육학과를 가고 싶었는데 아버지의 희망과 절충하여 경제학과를 선택해 고려대에 입학했다. 아버지는 나에게 정치인이나 교수가 되기를 기대했다. 아버지는 내가 학생운동을 하고 노동운동을 하는 것을 지켜보면서 이런 활동이 당신의 기대를 실현시킬 수 있다고 보았다. 그러나 노동운동 활동이 길어지면서 그 기대를 포기했다.

1학년인 1968년, 동학농민혁명의 역사와 민족주의에 관해 관심 있는 학생들이 모여 독서하고 토론했다. 교양학부 도서관 사서이던 유한형柳閑馨(본명 유기선) 선생님은 독서 토론을 지도하고 학생들이 서로 만나도록 했다. 유 선생님은 나치에 저항한 기록인『백장미』를『아무도 미워하지 않는 자의 죽음』이라는 이름으로 번역했다.

2학년 때는 박정희의 삼선개헌 반대활동을 했다. 동아리 활동은 1학년 때는 농촌문제에 관심이 많아 한국농촌문제연구회에 가입했다. 2학년이 되어 노동문제로 관심이 이동해 차관 도입에 따른 예속과 고한노동을 주요 문제로 보았다.

그리고 고려대 아시아문제연구소에서 이윤중 교수가 개설한 '중국어 교실'에서 중국어를 공부했다. 중국어 교실은 나중에 중어중문학과로 발전했다. 이윤중 교수에게 혁명 이후 중국에 관해 많이 배웠다. 3학년 때는 그의 연구실에서 심부름을 하며, 아세아문제연구소 도서실에서 일본과 중국에서 나온 자본주의 비판, 사회주의, 중국 사정 관련 책을 읽었다.

내가 속한 2학년 독서모임, 3학년의 '민맥', 4학년의 '한모임' 학생들이 모여 '한맥'이라는 모임을 결성하고 김윤환 교수를 지도교수로 모셨다. 한맥은 전국대학생학술토론대회를 3년에 걸쳐 매년 10월에 진행했다. 낮에 학술토론회를 하고 저녁에서는 우이동 다락원에서 100여 명이 하룻밤을 새며 토론했다. 이렇게 전국에서 모인 학생들이 3년을 지내면서 전국적인 네트워크가 형성되었다. 여기에 참가한 학생들이 1972년 10월 유신독재 이후 1973년 봄의 민우지-김낙중 간첩단 사건, 야생화 사건(고려대), 함성지 사건(전남대), 정진회 사건(경북대)의 구성원이 되었고, 1974년에는 민청학련-인혁당 사건의 구성원이 되었다. 나는 1971년 10.15 위수령 사태 때 제적, 수배되었고, 공장에 들어갔다.

3학년 2학기에 고려대 노동문제연구소에서 6개월의 연구과정에 다녔다. 3, 4학년 여름방학 때 노동문제연구소 사무국장인 김낙중 교수가 주관한 노동자 여론조사 활동에 참여해 전국의 공장, 철도, 광산을 찾아 노동 환경을 살펴보았다. 1970년 가을에 전태일 열사가 분신했을 때 명동 성모병원 영안실을 찾아가 조문하고, 교내에서 그를 추모하며 노동문제를 해결하라고 시위했다. 그때 선언문에 쓴 "인간이 인간을 지배해서는 안 된다"는 내용이 조영래의 『전태일 평전』에 실렸다.

4학년 때 교련 반대 시위를 했다. 윤필용 수도경비사령관 등 박정희 5적의 화형식을 했는데, 윤필용의 부하인 전두환 등이 밤에 총학생회 방에 들어와 학생들을 수도경비사령부로 잡아갔다. 나는 전국대학생학술토론대회를 조직하러 전국을 돌아다녀 그곳에 없었다. 군부가 학생을 잡아간 것에 항의하는 시위가 전국 대학에서 일어났다. 박정희 정권은 10월 15일 위수령을 발동해 고려대에 군대를 투입하고, 학생 1,500여 명을 수경사로 연행했다. 한맥은 강제 해산되고 지도교수를 사퇴한 김윤환 교수는 연달아 3차례 해직되고, 나는 제적되었다. 그리고 1972년 1월 4일 구로동에 있는 대한광학주식회사에 취업해 쌍안경 부속을 깎는 일을 했다.

민우지 사건으로 1973년 수배되어 피해 다니다가 1975년 봄에 잡혀 구속되어 징역 3년 자격정지 3년 집행유예 5년 형을 받았다. 먼저 잡힌 함상근, 김낙중 등은 2년 6개월, 5년, 7년 6개월의 징역을 받고 만기 출소했다.

내가 공장생활을 할 때 정밝이 등 고려대 학생들이 유신독재를 비판하는 선전물을 고대 강의실에 배포했고, 교문에 내걸린 "한국적 민주주의 이 땅 위에 뿌리박자"는 플래카드를 불태웠다. 박정희 정권은 이것을 문제 삼아 민우지-김낙중 간첩단사건으로 조작했다. 구속 자들은 '사상범' 취급을 받아 모두 만기 출소했다. 민청학련 사건에 구속된 학생들이 '민주화 활동'으로 평가되어 조기 석방된 것과 차이가 있다. 구속자에게 미친 타격이 커 손정박, 정밝이, 박영환 선생이 일찍 타계했고, 김낙중 선생은 2020년에 돌아가셨다. 나는 1975년 3월에 복학하여 9월에 졸업했다. 1975년에는 학도호국단 반대시위가 있었는데, 나는 성북서에 1주일 정도 유치되었다. 이때 경찰은 민우지 사건 때 나에게 500만 원 현상이 걸렸다고 했다.

민우지-김낙중 간첩단사건과 다음해에 일어난 민청학련-인혁당 사건은 상호 연관성이 있다. 함상근의 묵비와 주위 사람의 희생적인 대응으로 민우지 사건이 확대되지 않으면서 다음해 민청학련 사건으로 커져 250여 명이 구속되고, 여정남 경북대생을 비롯해 8명이 사형당했다. 김금수 선생은 김낙중 교수가 민우지 사건이 아니라 민청학련-인혁당 사건 때 잡혔더라면 사형당했을 것이라고 했다. 민우지 사건 관련자가 민청학련-인혁당 사건에 연루되었다면 희생이 더 컸을 것이라고 했다.

결혼

아내 김동애는 숙명여대 사학과에 다니며 중국사를 전공하여 대만에 유학 갈 생각으로 고려대 아세아문제연구소 중국어 교실에서 중국어를 공부하려고 했다. 내 대학 동기이며 아내의 대전여고 동기인 박계춘의 소개로 만났다. 1971년 10월 15일 위수령이 발동돼 내가 학교에서 제적되고 수배생활을 할 때부터 많은 도움을 주었다. 1973년 민우지-김낙중 간첩단사건으로 구로동에서 나와 함께 자취하던 함상근이 잡혀가고 나는 도피했다. 함상근은 이 사실을 보름 동안 단식하며 묵비로 버티었다. 김동애가 숙명여대 조교와 대학원을 중단하고 수배생활을 함께하다 중간에 연행되어 병원에 1주일 입원하면서도 묵비했다. 그러면서 민우지 사건 구속자가 나와 후배들에게 한정되고 선배들로 확대되는 것을 막을 수 있었다. 아내는 이 사건과 이후 나의 노동운동 활동 때문에 박사가 되고서도 전임교수가 될 수 없었다.

1975년 2월 15일 김동애와 결혼했다. 아내와 나는 지난 반세기 동안 노동운동, 사회운동과 학문 연구에서 뜻을 같이하고 있다. 세정, 종립 두 자녀를 두었다. 아내는 두 아이를 낳고 나서 대만국립사범대학에 유학하여 중국 근대 사회운동사를 연구하여 박사학위를 취득했다. 장인 김창제, 장모 백익흠 두 어르신의 이해와 도움이 컸다. 특히 두 남매가 어려운 여건에서 잘 성장한 것은 그분들의 도움이 밑바탕이 되었다.

노동현장 생활과 노조 활동

학교에서 제적되어 생활 대책을 마련해야 했고, 노동자를 위해 활동하고 싶어 노동자가 되었다. 여기에는 운전기사였던 김윤곤 형님, 조규호 외삼촌의 노동자 생활, 1960년대 산업화 이래 노동자의 급증, 고려대 노동문제연구소 연구과정 수료, 김낙중 교수의 노동자 여론조사 참여, 평화상가와 강원도 탄광 관찰, 전태일 열사의 분신과 추모 시위, 배영동 선배의 노동자 생활 안내가 영향을 미쳤다.

노동현장은 대한광학주식회사, 로얄공업주식회사, 은성교회에서 야학, 갑을중공업(나중에 대우중공업 영등포 공장이 됨), 대우중공업주식회사 인천공장, 반월공단의 (주)일진에서 냉동기와 보일러 일을 했다. 15년 동안 노동자 생활을 했다. 현장 경험을 통해 노동을 몸에 익히고 대중을 신뢰하며 사회는 변화한다는 생각을 지니게 되었다. 이런 생활이 지금까지 노동자 편에 서는 원동력이 되었다.

구로공단에 위치한 대한광학주식회사에서는 쌍안경과 카메라를 만들었다. 주야 맞교대로 일을 했다. 회사 동료들과 함께 노동자에게 한자와 시사를 가르치기로 하고 은성교회의 작은 교실에서 야학을 시작했다. 회사를 로얄공업으로 옮겨 잔업을 하지 않고 퇴근 후에는 야학을 했다.

함상근과 함께 구로동에서 자취했다. 나는 공장에 다니고 함상근은 고려대 학생들을 만났다. 그리고 민우지-김낙중 간첩단사건이 일어났다. 함상근이 경찰에서 보름 동안 단식 묵비하면서 나는 구로동 자취방을 정리했다. 1년 넘게, 학교에서 나와서부터는 2년 7개월 동안 수배생활을 하다가 잡혀 구속되었다. 국가보안법, 반공법 위반으로 징역 3년, 집행유예 5년의 형을 받았다. 석방된 다음해 2월 15일 결혼하고 성북경찰서 무기고에서 방위병 생활을 했다. 현장에 가기 위해 고압가스 냉동기능사 2급, 보일러 기능사 2급 자격증을 땄다.

건물 지하와 수리업체에서 냉동기, 보일러 운전과 수리 실무를 거쳐, 1978년 대우중공업 인천공장에 냉동기능사로 취업했다. 1981년 노동조합 위원장 선거에서 민주파가 당선되어 김광수가 위원장, 내가 사무국장을 담당했다. 그러나 몇 달이 지나지 않아 민우지 사건에서 징역형을 받은 것이 노동조합법에서 노조 임원의 결격 사유가 돼 노조 사무국장을 그만두고, 이어 해고되었다. 뒤에 대우중공업 노동조합은 민주적인 집행부를 이어 1987년 노동자 대투쟁 때 인천 지역에서 중심 역할을 했다. 1984년에 다시 반월공단에 있는 알미늄샤시 제조공장인 (주)일진에 취업하여 냉동기, 보일러 일을 하였다. 이때 학생운동을 함께했던 김승호 현 사이버노동대학 이사장을 만나 활동했다.

노동운동

1987년 3월 일진에서 임금인상을 요구하는 시위를 했고, 임금인상을 이끌어냈다. 안산 지역 노동자권익투쟁위원회 활동도 했다. 정부는 공안정국을 조성하려 반월공단 사건으로 만들려고 했으나 박종철 고문치사사건이 일어나 무산되었다. 이런 일이 겹쳐 경찰의 체포를 피해 수배생활을 했다. 87년 6월 민주항쟁과 7, 8, 9월 노동자 대투쟁에 참가했다. 안산과 안양, 수원에서 파업노동자를 돕는 활동을 했다.

1987년 9월 수원 노동상담소를 개설해 진해원 소장에 이어 소장이 되었다. 수원 노동상담소는 주로 삼성전자에서 노조 조직을 추진하는 노동자들을 상담했다. 경수지역노동자연합(경수노련) 의장, 경기남부민련 공동의장으로 활동했다. 1989년 삼성전자는 수원 남문 근처에서 시위하는 중 삼성 직원을 폭행했다고 고발 당했고, 나는 수배됐다. 폭행 혐의는 1988년 수원지검에서 무혐의 처리되었다. 7년 공소시효 만료 6개월을 앞두고 잡혀 두 번째로 구속되었다. 1995년 7월 폭행은 혐의가 없었고 경수노련 사건으로 징역 1년 집행유예 2년 형을 받았다.

1988년 경수노련 등이 참가하여 전국노동운동단체협의회(노운협)를 결성했다. 노운협은 87년 노동자대투쟁 때 파업을 전개한 노동자들을 노동조합으로 조직하여 전노협 결성에 이르도록 지원하였다. 동시에 선진노동자 조직으로 노동자 투쟁 지원, 노조 결성 지원, 노동법 개정 활동, 통일운동, 국제연대 등의 활동을 했다.

수원에서 활동하기 어려워 지역을 옮겨 부천, 구로공단, 구리, 양주시 덕계리 등에서 노동 상담소 설립을 뒷받침해 노조 결성, 노동자 투쟁을 지원했다. 그리고 노운협에서 노동조합 특별위원회 위원장, 민주노조연구소 소장, 노운협 의장(1992~1997), 조국통일범민족연합(범민련) 남측본부 참가, 아시아태평양노동자연대APWSL 한국지부 코디네이터로 활동하고, 1996년 12월 말 겨울에 명동성당에서 온몸을 쇠사슬로 묶고 노동법 개악에 반대하는 농성을 했다.

1989년 동독에 이어 소련의 역사적 사회주의가 붕괴했다. 김영삼 문민정부가 집권하며 자본을 개방하고, 북한에서는 김일성 주석이 사망했다. 사회의 흐름에 따라 노동운동의 정세가 크게 변했다. 15대 대선을 앞두고 사회운동의 연대체인 전국민족민주연합(전민련, 1981. 1.~1991. 12.)에서 김대중 대통령 후보 지지, 민중당 추진, 변혁적 사회운동 지속의 세 가지 노선이 충돌했다. 노운협은 세 번째 입장이었다. 노동운동에서 다수가 김대중 후보 지지와 민중당 창당의 두 가지로 편중되었다. 변혁적 노동운동-사회운동의 중심을 유지하자는 세력은 소수였다. 이것은 5.18 광주민주화운동 이후 사상계가 NL, PD 등으로 분립된 것과 궤를 같이한다.

87년 노동자대투쟁 이후 성장한 노동조합도 합법화를 앞두고 노동조합과 대중정당의 두 날개론이 등장했다. 1994년 ILO공대위 당시 이미 노동조합과 대중정당의 두 가지로 기울었다. 민주주의민족통일전국연합(약칭 "전국연합", 1991. 12.~2007.)은 범민련을 제명해 강희남 의장(목사)을 구속되게 할 정도로 노동운동, 민족민주운동에 지도력이 허약했다. 지금의 사회운동도 조합원의 이익을 중심으로 하는 노동조합과 선거에 치중하는 대중정당을 넘는 사회나 노동계급을 아우르는 활동은 취약하다.

다른 나라를 보면 노동자가 중심인 사회주의 일당 국가, 노동조합과 보수·중도·진보의 다양한 정치세력이 조화하는 유럽, 민족민주연합전선이 존재하는 제3세계가 있다. 지금 시점에서 보면 노동조합, 노동자정당, 사회운동의 연합전선의 세 가지가 모두 필요하다. 우리 사회에서는 각자의 독자적인 가치를 인정하고 그들의 관계를 민주적으로 조절하지 못하고, 그것을 이끄는 지도력이 취약했던 것이다. 이것은 일본이 동학농민혁명전쟁과 일제 강점기에 인종청소 차원에서 민중을 학살하고, 6.25 전쟁기의 좌우충돌, 박정희 군사독재 시기에 지도자들을 사형시키면서 민중운동의 역사적 경험과 지도력이 단절되고, 산업화 이후에 급격하게 전개된 사회변화를 따라잡기 힘들어진 데 원인이 있다.

1995년 말 다시 전국노운협 사건으로 세 번째 구속되었다. 국가보안법, 노동쟁의법 위반 등으로 1996년 4월 징역 2년 집행유예 3년의 형을 받았다.

노운협을 그만두고 노동자 국제연대에 계속 관심을 가졌다. 『한국노동사와 미래』를 쓰면서 일본을 1개월 동안 배낭여행을 하며 일본 사회를 관찰하였다. 2003년 인도 뭄바이에서 열리는 세계사회포럼에 참석하고 인도를 여행하며 인도 협동조합 등을 관찰하였다. 강사를 하면서 홍콩, 선전, 광둥을 여행하며 중국의 농민공 실태를 관찰하였다. 이어 ATNC(아시아 초국적기업노동운동)의 필리핀, 타이완 회의에 참석했다.

노동사 연구

1997년 노운협을 그만두고 13년 만에 집에 들어갔다. 아내가 대학 강사를 하면서 두 아이를 키우며 가장 역할을 했는데, IMF 사태를 맞아 부채가 누적되어 부천 집에서 더 이상 살 수가 없었다. 김관회 후배가 자신의 형님이 작고한 뒤 비어 있던 인천 부평 부개동에 있는 아파트를 빌려주어 거기로 이사가 13년간 살았다. 30가구가 사는 작은 아파트인데 논바닥에 지어 지하실에 항상 물이 차 있고 주민들은 가난했다. 이웃이 사는 현실을 다시 보게 되었다. 아파트 경비실을 공부방으로 개조해 아파트 초·중등 학생들이 공부하게 하고, 헌책을 모아 마을도서실을 만들어 책을 보게 했다. 헌책이 넘치면 2천여 권을 1톤 트럭에 실어 모두 37개 마을에 책을 보냈다. 나는 급성 A형 간염에 걸렸는데 참좋은생협에서 유기농산물을 사다 먹으면서 간염을 치료했다. 부평에 있는 평화의료생활협동조합에서 과잉 진료, 과잉 투약을 하지 않는 의료서비스를 받을 수 있었다. 이런 경험을 하며 지속가능한 공동체 활동에 눈을 떴다.

그리고 노운협 활동을 할 때 생각했지만 손을 대지 못한 한국노동운동사 정리에 착수했다. 아내 김동애 박사가 지도했다. 민우지 사건을 함께 겪은 박세희 후배가 생활비 일부를 지원해 책을 쓰고 두 자녀가 학교에 다닐 수 있었다. 2005년 2월『한국노동사와 미래』전3권(선인)을 발간했다. 2006년『노동의 역사, 노동의 미래』(선인, 문화관광부 추천도서·국방부 금서), 2009년『한국의 공동체 자기고용』(선인, 대한민국학술원 우수도서), 2019년『1 : 9 : 90 사회의 일과 행복』(선인)을 냈으며, 또 2019년에「충남노동사(~1945)」를 썼다. 1997년부터 노동사를 계속 연구했다.

대학 강사와 강사 교원 지위 회복 싸움

『한국노동사와 미래』를 낸 다음 강수돌 고려대 교수가 추천하여 고려대 세종캠퍼스 경영학부에서 2005년 9월부터〈노동의 역사〉,〈노동의 미래〉를 강의했다. 나는 노동운동을 할 때의 노동자 단위 학습 경험을 강의에 적용하여 '학생주도 토론수업'을 진행했다. 커리큘럼에 따라 학생이 주제를 발표하고 분반 토론하고 이를 다시 종합 토론하며 마지막에 내가 정리하는 방식이었다. 학생들은 상대평가를 절대평가로 바꾸길 원했다. 나는 상대평가가 학생을 서로 경쟁하게 하고 비판적인 연구와 자유로운 토론을 금지하는 대학 강사 교원 지위를 박탈한 우민정책에 있다고 보았다.

강사의 교원 지위는 1977년 12월 유신독재가 박탈했다. 강사 교원 지위 회복은 1988년 전국대학강사노동조합(구)이 처음 요구했고, 1999년 김동애 박사가 한성대에서 해고되면서 강사 교원 지위 회복을 요구했다. 2006년, 2007년 여야 3당에서 교원 지위를 회복하는 고등교육법 개정안을 발의했고, 19대 대선을 앞두고 2007년 9월 7일 한국비정규교수노동조합(한교조)이 국회 앞에서 농성을 시작했다. 12월 8일 한교조 집행부가 농성장을 이탈하고, 그 다음해 영남대와 대구대마저 이탈하며, 김동애 교원지위회복 특별위원장과 고대분회만 남았으나 곧 제명되었다. 그러면서 강사, 교수, 학생, 대학원생, 시민이 대학 강사 교원 지위 회복과 대학교육 정상화 투쟁본부를 결성하고 김동애 본부장과 함께 처음 천막농성을 시작한 국회 앞, 국민은행 앞에서 텐트 농성과 1인 시위를 계속했다. 2011년 국회에서 강사가 교원이나 교육공무원법, 사립학교법, 사립학교연금법을 적용할 때는 교원으로 보지 않는다는 단서를 붙이고 그 시행을 1년 유예했다. 시행 유예를 4차례, 7년을 반복하다가 문재인 정부 들어서 2019년 8월 1일 강사법을 시행했다. 학문과 이데올로기 분야에서 유신 잔재를 1차 걷어냈다. 무려 42년 만이다. 단서 떼기가 남았다.

2010년 5월 25일 서정민 조선대 강사는 조학○ 지도교수가 10년 동안 54편의 논문을 강제 대필시키고 교수 임용에 돈을 요구한 것을 폭로하고 자결했다. 서정민 열사의 희생이 강사법 개정에 기폭제가 되었다. 서정민 열사의 유족은 퇴직금 소송에서 승소했으나 서정민 열사가 쓴 논문에서 조 교수의 이름을 빼는 저작권 회복 소송에서 3심 모두 패소했다. 재판부는 대필은 맞으나 교수에게 예속된 강사의 구조를 외면하고 자발적인 대필이라고 판결했다. 나와 김동애 박사는 7년을 광주를 오가며 시위했다. 2019년 8월 1일 강사법이 시행되어 9월 2일 국회 앞 텐트 농성을 12년 만에 철수했다.

2011년 5월 1일 전국대학강사노동조합(신-전강노)을 결성하고 내가 대표직을 맡고 고려대와 국민대에 단체협상을 요구했다. 고려대에 강사료 인상과 학생수업 절대평가를 요구했다. 고려대는 강의료 인상은 총장이나 이사장에게 권한이 없다고 했다. 이를 부당노동행위 혐의로 서울북부고용노동청에 고발했으나 기각됐다. 성실한 단체협상을 요구하며 고려대 본관 앞에서 2012년 2월 15일 텐트 농성을 시작했다. 고려대는 텐트 농성 금지 가처분을 신청했다. 농성, 구호, 본관 출입 등에 하루 450만 원에 상당하는 간접이행금을 요구했다. 서울중앙지방법원은 아무런 힘도 없는 강사에게 왜 그러냐면서 기각하고, 다만 의견을 고려하여 장소를 본관~교문이 아닌 다른 곳으로 이동하라고 판결했다. 2014년 봄 이를 학생회관 앞 민주광장으로 옮겼다.

전강노와 총학생회가 요구하여 학생수업 절대평가로 전환했다. 2012년 말 강수돌 인사 관리 및 조직행동 팀장이 나의 강의를 배정했으나 총장이 수용하지 않아 해고됐다. 해고무 효소송은 패소했다. 고려대는 나와 전강노에 재판비용 청구소송을 제기했고, 서울지법은 500만 원을 지급하라고 판결했다. 고법에서 고려대에게 변호사 수임료 지급 근거를 증거로 제출하라고 했으나 고려대가 법원에 출석하지 않고 이를 거부하여 승소했다.

농성을 함께하던 학생들이 비정규직 노동자를 지지하는 '안녕들하십니까?' 대자보 활동 을 했고, 이들이 나중에 대학원생노동조합의 주축이 되었다. 이화여대 정유라 사태 때 학생 들이 미래대학이라는 이름의 기능대학을 막은 데 이어, 고려대에서 자유전공학부를 폐쇄하 고 세우려던 기능대학을 학생들이 총장실을 점거해 막았다. 학생들은 강사법 투쟁이 곤경에 처할 때마다 힘이 됐고, 강사법 시행 뒤 2019년 11월 고려대 텐트 농성 장소에 기림판을 설치하고 텐트를 철거했다. 2021년 임건태 강사가 이어서 전강노 대표를 담당했다.

민주화운동 관련자 인정

나는 수배가 7건이고, 수배 기간을 합치면 모두 13년이며, 3번 구속되었다. 민주화운동관 련자명예회복및보상심의위원회에 민주화운동관련자 인정을 신청한 ① 고려대 제적 ② 민 우지 사건 ③ 대우중공업 노조 간부 자격 박탈과 해고 ④ (주)일진 해고 ⑤ 경수노련 사건 ⑥ 전국노동운동단체협의회 사건 그리고 ⑦ 민우지 사건으로 수배된 김영곤을 체포하기 위 해 아내 김동애(당시 숙명여대 대학원 학생이며 조교)가 경찰에 연행돼 폭행당해 병원에 입원하 고 부친에게 조교 사직서를 강제로 받음의 7건 가운데, 앞의 4건은 2013년 민주화운동관련 자로 인정받았다. 민우지 사건은 재심을 거쳐 2019년에 무죄 판결을 받았다.

귀향과 농사, 지역 활동, 지역사 연구

1998년 어머니가 77세로 작고하셨다. 어머니는 작고하시기 전 "네가 집에 온 뒤 눈을 감을 수 있어 좋다"라는 말씀을 여러 차례 했다. 오랜 수배와 구속이 어머니에게 어떤 고통을 드렸는지 가늠할 수 있었다. 2003년 아버지가 작고하셨는데, 2010년부터 주중에는 강의와 강사법 싸움을, 주말에는 고향 빈집에 가서 농사를 지었다. 강사법이 시행되고 나서 2019년 9월 고향집에 정착했다. 나는 충청남도 소유인 약간의 간척지 임대권을 아버지에게 물려받아 논농사를 짓고 있다. 우렁이 농법으로 7년째 농사를 짓는데 삽교천 농업용수 수질이 나빠 유기농업으로 인정받지 못하고 있다.

당진은 수도권 최대 쌀 생산지역이다. 그만큼 빈부격차와 갈등이 심해 6.25전쟁 때 좌우가 충돌하여 2, 3천여 명이 희생되었다. 지금은 발전소와 현대제철 등 제철소가 집중돼 온실가스를 세계적으로 많이 배출한다. 마을에서 지역주민과 함께 싸워 공해를 많이 발생하는 환영철강을 석문국가공단으로 이전하게 했고, 1년 8개월 동안 당진시청 앞에서 월, 금 1인시위를 해 마을 뒷산인 산당재와 돌팍재의 토석과 나무 반출을 막아 복원했다. 현재 간척지 내 생태연못(유지, 웅덩이)의 복원을 요구하는데, 이는 지대와 생물다양성 문제가 겹친 문제이다.

2012년 지역활동가들에게 '당진에서 일의 선택'을 3개월 강의를 하고, 김동애 박사와 함께 3년 동안 매월 1회 역사 글쓰기를 지도해 당진역사문화연구소(소장 김학로) 활동을 뒷받침했다. 동학농민혁명 때 농민군이 일본군을 이긴 승전목 전투를 알려, 동학농민혁명 기념식을 봄에는 정읍에서, 가을에는 면천면 승전목에서 한다. 연구소에서 연구자들의 논문을 모아『당진에서 본 동학농민혁명』(2015),『충남사회운동사』(2020) 두 권을 펴냈다.

현재 생활

한나절은 책상에서, 한나절은 논밭에서 지낸다. 동아시아 노동의 역사, 민중의 연대, 국가연합에 관해 공부한다. 동아시아는 이전에는 동북아시아를 의미했으나 교통이 발달하고 인터넷이 보급되면서 한국·중국·필리핀·호주·뉴질랜드·인도·파키스탄·아프가니스탄·몽골을 포괄하는 넓은 범위가 되었다. 이 동아시아 생활권에서 민중이 생산, 노동, 소비, 생태환경, 민주주의, 평화의 공통 문제를 연대하여 해결하고 EU나 ASEAN과 같은 광역 국가연합을 추진하는 방안을 모색하고 있다.

더 나은 미래를 향하여

김용석(참여정부 청와대 정무 · 인사 비서관)

연세대학교 정치외교학과, 70학번
긴급조치 9호 위반 4년 2개월 복역
한일 스텐 취업, 샘터서점 운영
국민운동본부 민권국장
참여정부 청와대 정무비서관, 인사비서관

경찰 가족, 나의 어린 시절

나는 인천, 포천, 연천, 동두천, 의정부 등에서 초등학교를 다녔는데, 졸업한 곳은 서울의 청운국민학교다. 어린 시절에 이렇게 많은 지역의 학교를 돌아다니게 된 것은 부친의 직업이 경찰직이어서였다. 부친은 대체로 한 곳에서 2년 넘게 근무한 적이 없었던 것 같다.

서울로 전학을 하고 이사를 하게 된 것은 부친이 포천경찰서장이었던 1960년 4월 무렵이었다. 1960년 3.15 부정선거에 부친이 앞장섰다는 이유로 해직되었던 것이다. 이때 전국의 일선 서장과 정보과장 등이 무더기로 해직된 것으로 알고 있다. 돌이켜보면 부친은 외골수 반공주의자였던 것 같다. 초등학교 교사 출신이었던 모친은 어차피 이렇게 된 바에는 '애들 공부나 시키겠다'고 해서 서울로 가게 된 것이었다.

나는 내가 서울로 이사하던 그날 밤 일을 아직도 어렴풋이 기억한다. 이삿짐을 실은 트럭 두 대에 우리 가족이 나눠 타고 미아리 고개를 넘어서 서울로 들어오다가 데모하던 고려대생들에게 강제로 억류되어서 미아리 근처에서 하룻밤을 지새웠기 때문이다. 아마도 4.19 즈음 어느 날이었던 듯하다. 나는 고등학교를 졸업할 때까지도 이러한 집안 분위기에 젖어서, '반공'만이 올바른 길이라는 식의 극우적인 생각을 갖고 지냈다. 그리고 연세대학교에 입학할 때도 적성이나 미래 희망사항보다는 합격할 수 있는 점수에 맞추어 과를 정하다 보니 정외과를 가게 되었다.

이념서클, 한국문제연구회

대학에 들어가서 가장 매력적인 일은 '한국문제연구회'에 가입한 것이었다. 학교에 가는 데 연세대 앞 굴다리에 '당신의 조국 한국을 알자'라고 전지로 대자보가 붙어 있어서, '이건 뭐지?' 하고 궁금해 살펴보고 '아, 이걸 해야 하나 보다'고 해서 한국문제연구회에 들어가게 되었다. 뭔가 피가 끓는 것 같고 내 할 일이 여기 있는 것 같은 생각이 들었다. 한국문제연구회에서 만난 선배들은 뭔가 열정이 있고 무슨 커다란 사명감 같은 것을 표출하기도 해서 마음에 쏙 들었던 것 같다.

한국문제연구회에서는 매주 한국 현대사를 중심으로 주간 토론을 진행하였다. 내가 알고 있었던 우리 현대사에 대한 어설픈 지식이 얼마나 엉터리 지식인지를 알게 되었다. 동학혁명이며, 전봉준 장군이며, 일본 제국주의의 침략과 이에 맞선 독립운동사며, 한반도 분단에 외세가 어떻게 작동했는지 등등을 새롭게 학습했다. 한국문제연구회 사무실은 당시 문과대학 건물 지하 104호에 있었다. 학교에 가면 강의실보다는 이곳 104호에서 더 많은 대화와 토론과 학습을 했던 것 같다.

1970년 말 어느 날인가 서울대 법대의 장기표 선배가 사무실로 찾아와서 전태일 이야기를 했는데, 이 일의 의미가 중요하다고 하면서 몇 사람 같이 가자고 해서 장기표 선배와 같이 서울 상대로 갔더니 김상곤이란 동지가 앞장 서 일을 하고 있었다. 전태일 열사 일을 알아보려고 청계천도 가고 모란공원도 가고 장례식도 같이 진행했다. 그리고 학교에 대자보도 붙이고 마이크도 잡으며 중요성을 널리 알렸다. 장기표는 참 특출 난 선배였고 아주 똑똑한 선배였는데….

1971년 10.15 위수령으로 강제 징집되어서 군대 갈 때까지는 사실 정신적인 방황이 매우 심했던 것 같다. 학생회관과 지하 104호에 기거하면서 집에도 가지 않고 아주 열심히 운동을 했다. 지금 생각해보면 지나치게 극우적인 집안 분위기에 갇혀 있다가 현실을 직시하게 되면서 반작용으로 더욱 강하게 활동을 하게 된 것 같다. 매일같이 마이크 잡고 선동활동을 하는 등 24시간 활동을 했다. 그 때는 담당 형사들이 학교에 상주하면서 아는 척하면서 밥이나 술을 같이 먹자고도 하고. 그러면서 정상적인 학사 활동을 하지 못했다. 시험도 여러 차례 빠지게 되고, 성적도 안 나오고….

행동대 4인방 — 최충구, 곽화섭, 김판수, 김용석

박정희가 이미 1969년에 3선 개헌으로 장기집권 야욕을 노골적으로 드러낸 상황이었고, 이를 반대하는 학생운동이야말로 장기집권을 가로막는 최대의 장애물이라고 생각해 학내 군사훈련(교련)을 획책하던 시기였다. 매년 '금년에는 북괴가 남침한다'고 겁박하면서 독재 권력을 강화해나간 시기였다. 그때는 우리가 백양로에서 박정희 독재를 규탄하는 유인물을 나눠주면 많은 학생이 동조했다.

학생회관은 우리 아지트였다. 숙식이 학생회관에서 이루어졌다. 나하고 최충구, 김판수, 곽화섭 등 4인은 모두 당시 정외과 2학년 동료들로 행동대원(?)들이었다. 우리는 4인방으로 불렸다. 그런데 최충구가 갑자기 의문사를 했다. 언더우드 동상에서 같이 농성을 했고 학생 회관에서 숙식도 함께하고 그랬는데(그때는 학교에서 용인이 됐다), 그때 최충구가 의문사를 하면서 왜 그렇게 되었는지 의혹을 규명하려고 했다. 자살인지 의문사인지도 잘 모르는 분위기였다. 최충구 집에는 평시에도 자주 놀러 갔는데, 홀어머니 밑에서 가정형편이 정말 어려웠던 친구고, 어머님의 기대가 정말 높은 친구였는데…. 나중에 제대해서 관련 자료나 정보를 찾아보려고 하니 다 없어졌다. 당시 사건을 크게 보도했던 주간지(주간조선?)도 원본 자체가 없어지고…. 옛날에 스크랩을 해놓았는데 이리저리 이사를 자주 다니다보니 관련 자료들이 다 없어졌다.

그리고 당시 김학민(67학번)은 가톨릭학생회였고, 최민화(69학번)는 SCA였다. 연세대에서 1971년 10.15 위수령으로 제적된 학생들이 15명이었는데, 한국문제연구회 회원들이 반수가 넘었다. 내 마음속에 '연대는 내가 책임진다' 뭐 이런 생각이 있었다. 최충구, 곽화섭 친구들은 먼저 세상을 떠났다. 같이 제적되었던 김영철 선배가 68학번이었고, 김건만 선배가 69학번으로 한국문제연구회 회장이었다. 그때 학생회는 학생운동에는 별로 관심이 없었던 것 같고, 그때 학생회장을 어떻게 뽑았는지도 잘 기억나지 않는다.

10.15 위수령으로 강제 징집

박정희 정권은 1971년 10월 15일 위수령을 선포하고 전국 주요대학의 학생운동가들 약 170여 명을 제적하였다. 120명 내외의 군대 미필 학생들은 강제로 군대에 입영됐다. 위수령을 선포하면서 학교에 군대가 상주했고, 제적된 학생들은 강제로 군대로 가게 되었는데, 10월 26일, 28일, 30일 세 날짜로 군 당국과 각 대학 담당들이 학생들 입대를 배분했던 것 같다. 그때는 담당 형사가 우리 집에서 먹고 자고 같이 지내던 시기였다. 내가 친구를 만나겠다고 하면 같이 가고 "야 용석아, 나 좀 살려줘. 너 딴일 안 벌일 거지?"라고 해서, "어차피 나는 군대 가야 하니까 얌전히 있을 거니까 걱정 말라"고 이야기했던 기억이 난다. 우리가 교련 반대를 외쳤기 때문에 공연히 걱정을 한 것 같은데, 그때 우리 사이에는 "그래도 군대는 갔다와야 하지 않겠는가?"라는 정서가 지배적이었다.

10월 30일 형사가 인솔해서 논산훈련소 연병장에 들어갔다. 내 병무기록카드에는 A.S.P.라고 쓰여 있었다. Anti-Government Student Power의 약자라고 하니 '반정부 학생운동권'이라는 의미였던 것 같다. 훈련이 끝나고 자대 배치를 할 때 통상적으로는 예하 부대로 가게 되면 병무기록카드를 인사관이 보고 인선을 하는데, 내 병무기록카드에는 이미 '28사단 80연대 5중대 3번 소총수'로 갈 데가 이미 명시되어 있었다. 당시 전국에서 120명 정도가 강제 징집되었는데, 전방 부대에 사단별, 연대별, 대대별로 뿔뿔이 흩어놓았다. 각 연대마다 3개 대대가 있었는데 각 대대마다 1명씩 배치해놓았다. 그러니까 전방 각 대대마다 1명씩 갈아둔 것이다. 미리 계획적으로 따로 뽑아서 관리한 것 같았다. 당시 군 당국 생각은 '얘들은 따로따로 갈라놓고, 전방에 보내서 뺑뺑이를 돌려야 한다'고 생각했을 것이었다.

자대에 배치되어서 보니 중대장, 소대장, 하사관 등 군 간부들이 전부 우리를 '주적'처럼 취급하는 거였다. '대한민국 적화를 노리는 북괴에 동조하는 놈들'이라는 식이었고, '공부하기 싫으니까 데모했다'고 대대적으로 홍보해놓았던 것 같았다. 그러면 우리는 '공부하기 싫은 놈이 서울대 가냐?'면서 마음속으로만 반론을 제기했다. 그리고 개별 활동을 절대 못 하게 하고 화장실 갈 때도 3인 1조로 보냈다.

유일한 탈출구는 일요일에 교회를 가는 것이었다. 연대에 설치된 교회에 가면 각 대대의 기독교 신자들이 모여 예배를 드린다. 나이롱 신자가 된 우리는 교회에서 얼굴을 보는 것이 외로움에서 벗어나는 유일한 즐거움이었다. 이광호, 최명의(작고), 박홍석, 이원섭 등이 그 멤버다. '나는 여기서 버티고, 살아서 나간다'라고 생각했고, 훈련에 앞장섰다.

군대생활, '10월 유신'과 민청학련 사건

박정희는 1972년에 '10월 유신'을 선포하고, 한국적 민주주의를 한다고 선전해댔다. 나는 군대생활을 하면서 소위 '한국적 민주주의'에 대해 이처럼 많은 강의를 들어본 적이 없다. 심심하면 정훈교육이었다. 우리는 '우리한테 맞는 옷을 입어야 한다?' 한국적 민주주의란 '박정희가 시키는 대로 하라는 것' 아닌가? 참 무슨 유명한 법대 교수들도 앵무새처럼 10월 유신을 떠들어댔다. 국회의원 상당수도 박정희가 임명하는 것이 무슨 민주주의인가?

민청학련 사건은 1974년도 1월인가 터졌는데, 우리는 군 생활 중이어서 직접 연루되지는 않았다. 강원도에서 군대생활을 하던 동료(최열)가 민청학련과 관련해서 이런저런 활동을 하다가 문제가 됐다는 이야기를 들은 기억이 난다. 연세대에서는 김영준, 송무호, 홍성엽, 조영식 등이 한국문제연구회 회원들인데 휴가 나와서 만나기는 했지만, 내가 구체적으로 민청학련에 관련되지는 않았다. 당시 신문을 보고 "김영준 형 또 걸렸네" 하는 대화를 했다.

한국문제연구회 → 동곳회 → 민족문화연구회

10.15 위수령으로 내가 속했던 한국문제연구회는 불온서클로 지목돼 해체되었다. 한국

문제연구회 출신들이 1973년에 동곳회를 창립하였다(회장 송무호, 경영 73). 민청학련 사건으로 동곳회마저 해체되자, 1974년에 후배들이 다시 민족문화연구회를 창립했다(회장 김규복 정외 71). 김규복은 목사가 되어서 대전에서 목회 활동을 했고, 최근에 목사직에서 은퇴해서 책을 썼다. 나는 무슨 운영위원(?)이었던가? 선배 대접을 한다고 맡겼던 것 같은데 기억이 희미하다.

학생운동과 연세대학교 당국

36개월 군 복무 끝에 1974년도 8월에 만기 병장으로 제대했다. 재미난 것은 제대하기 전에 이미 복교되리라는 것을 알고 있었다는 점이다. 다른 학교는 어땠는지 잘 모르겠는데, 연세대는 학교 당국과 학생 운동가들이 참 친하게 지냈다. 71년 위수령으로 제적되었을 때도 학교에 가면 아주 따뜻한 대접을 받았다. 마치 우리가 무슨 영웅이라도 된 것처럼 반갑게 맞아주고 존중해주었다. 학생처나 총장님이나 다 쉽게 말하자면 우리 편이었다. 나는 기독교 일반에 대해서 부정적인 생각이 지배적이었는데.

당시 연세대 박대선 총장은 "학생들이 제대하면 복학시키겠다"라고 이미 1973년 무렵에 발표하였다. 군에서 그 소식을 듣고 너무 고마워서 휴가 때 박 총장을 방문하여 인사도 드리고 했는데, 박 총장은 굉장히 미안해했다. 1975년에 민청학련 주모자들이 석방되자 바로 복학시킨다고 했다가 문교부(교육부)와 갈등을 불러일으키기도 했다(박대선 총장은 이 건으로 퇴임한 것으로 알고 있다). 어쨌든 우리는 제대하면 당연히 복학하는 걸로 알고 있었다.

1974년 8월 제대, 복교

복교해서는 나는 솔직히 한 게 없다. 그때 복학생은 이미 '노땅'이라고 했고 우리끼리는 만나서 세상 돌아가는 이야기를 했지만 별로 일선에 서지는 않았다. 시위가 있어도 데모하는 후배들 뒤만 따라다녔다. 당시는 후배인 김규복 회장이 일선에서 수도석으로 일했고, 그가 돌아가는 이야기를 소상히 해주는 편은 아니어서 자세한 내용은 잘 모르겠다. 1974년 가을을 그렇게 보냈다.

그리고 다른 기류로 윤재걸이라고 정외과 대학원 다니던 선배가 있었는데 한국문제연구회 라인에서 선배들끼리 갈등이 좀 있었는지 민권투쟁위원회라는 단체를 만들어서 자기가 위원장이니 나더러 오라고 해서 갔는데 선배들로부터 좋지 않은 소리를 듣기도 했다. 윤재걸 선배 쪽도 활동은 열심히 했다. 하지만 회원 다수는 민족문화연구회에 있었다.

1975년 5월 13일 긴급조치 9호 선포, 투옥

1975년도 들어서 소위 국가 전복을 음모했던 민청학련사건 주도자들이 상당수 석방되었다. 우리 사이에는 '박정희도 별 거 아니구나' 하는 이야기들이 돌았고, '10월 유신'에 대해 정면으로 맞서 싸워야 한다는 이야기가 많았다. 당시 유신 정권은 군에 있을 때 귀에 못이 박히도록 들었던 '한국적 민주주의'를 해야 한다고 엄청 선전했는데 도대체 말이 안 되는 걸 우리는 알고 있었다. 정면에서 붙어야 하지 않는가? 하는 분위기가 많았다.

71동지회 회원으로 같이 제적되고 군 생활을 같이 했던 심지연, 박홍석, 선경식 등과 나는 전국적인 학생조직을 만들기 위해서 계속 만나고 있었다. 그런데 소위 '인혁당사건' 8명에 대한 사형이 4월 8일에 집행되고, 김상진 열사가 4월 11일에 할복자살을 하였다. 그래서 나한테도 형사들이 4~5명씩 붙어 다녀서 아무것도 할 수 없는 상태였다. '까딱하면 죽는 것 아닐까?' 암울하고 위축된 분위기였다. 이 무렵 가톨릭 신자였던 중앙대학교 이명준의 주선으로 명동성당의 이기정 신부 방에서 모임이 지속되었다.

박정희는 1975년 5월 13일 긴급조치 9호를 선포하였다. 긴급조치 9호하에서는 아무 활동도 못 하게 되어 있었다. 말만 해도 잡아갔고, 이에 대한 보도도 물론 못 하게 했다. 공포 분위기가 팽배했다. 그러던 차에 5월 22일 서울대 문리대에서 시위가 엄청 크게 터졌다(5.22 사건). 서울대가 했는데 연세대는 언제 하냐? 이러면서 아슬아슬하게 하루하루가 지나갔다.

드디어 5월 27일, '서대문경찰서 서장님이 보자고 한다'면서 4명의 형사가 학교 앞에서 나를 서대문경찰서로 연행해갔다. 취조도 안 하고 그냥 내버려두다가 새벽 2~3시쯤 되었나, 덩치 좋은 형사들이 몰려오더니 무조건 각목으로 두들겨 패기 시작했다. 그리고는 지프차에 태워 남산(중앙정보부)으로 끌고갔다.

남산 어느 방에서 취조를 받는데, 가만히 보니까 다른 방에 명동성당에서 회합을 했던 동료들이 다 와 있다는 것을 알게 되었다. 나는 강기종 이름을 댔는데 곧 강기종도 잡혀왔다. 화장실 갈 때도 직원이 따라다녔다. 거기서 1주일 동안 계속 진술서를 썼다가 찢어버리고 다시 쓰고 하면서 조사를 받았다. 옆방의 공범들과 아귀가 안 맞으면 두들겨 패고 고쳐 쓰고. 이후 서울구치소로 넘어갔다. 그때 이리저리 조사받은 사람은 200명이 넘었다. 김철(국문과 70학번)은 한국문제연구회 회원은 아닌데 나중에 남산에 온 것을 확인할 수 있었다.

중앙정보부는 처음에 명동사건도 민청학련사건처럼 크게 엮으려 했다. 남산에서 취조 3일째 되던 날 밤 2~3시쯤에 험상궂게 생기고 덩치가 태산만 한 웬 남자가 내 방으로 들어왔다. 나는 지금도 명료하게 기억한다. "내가 인혁당 8명 목 딴 손중덕이다. 내가 부르는 대로 받아써라." 나는 정말 죽는 줄 알았다. 소스라치게 놀라서 받아썼는데, 대충 '국가전복을 목표로 했다'는 것이 요지였다. 헌데 한참 지나서 다시 그 자가 들어오더니 내가 보는 데서 진술서를 모두 찢어버렸다. 손중덕은 10여 년 전까지만 해도 '남양주 어디에선가 잘 먹고 잘살고 있다'는 풍문이 나돌았지만 확인할 수는 없었다.

나중에 서울구치소에서 가톨릭 주보를 보니, 우리에게 모임 장소를 제공했던 명동성당 이기정 신부가 로마로 유학을 떠났다는 소식이 실려 있었다. 심심했던 교도소 생활에서 이 소식은 단연 톱 뉴스였고, 설왕설래가 오갔다. 이기정 신부와 우리가 공범인데 아마도 김수환 추기경과 명동성당, 남산 사이에 내가 잘 모르는 어떤 '대화'가 있었던 것이 아닐까? 추측해볼 뿐이다.

4년 2개월 복역 후, 1979년 7월 석방

1970년대 중반에 긴급조치를 연이어 선포했는데도 학생들의 저항이 심했다. 학생들이 너무 많이 교도소에 들어가고 국제적인 압력도 심해지니 박정희는 회유책을 쓰면서 학생들 다수를 석방하려고 했다. '반성문을 쓰면 내보내겠다'고 해서 우리는 조기에는 거부하기로 결정했다. 그러다가 '박정희 정권이 곧 망할 텐데 그럴 필요가 없다'고 해서 반성문을 쓰자는 분위기로 바뀌었다.

연세대학교 담당은 서대문경찰서인데, 서대문서에 연행되면 석방할 때 뭐 하나씩 쓰라고 한다. 내가 쓴 반성문만도 아마 여러 장 될 것이다. 쓰기 싫어서 버티면 담당 형사들이 애걸복걸(?)하기도 하고, '앞으로는 데모를 하지 않겠다'는 반성문의 요지에 맞추어 타협책으로 '앞으로는 강력한 데모를 하지 않겠다'는 식이었다. 나는 1979년 7월 17일 청주교도소에서 석방되었다.

교도소 생활을 하면서 단식투쟁을 참 많이 했다. 1975년부터 1979년까지 나는 서울구치소와 안양교도소, 대구교도소, 청주교도소를 전전했는데, 교도소를 옮기게 되는 동기는 주로 단식투쟁이었다. 교도소 측은 단식투쟁의 회오리바람이 한 차례 불고 나면 대체로 다른 교도소로의 이감을 통해 분위기를 쇄신하려고 한 듯하다. 단식투쟁은 구타 금지, 처우 개선, 책 반입 문제 등을 요구조건으로 걸고 밥을 굶는 것이다. 나중에는 교도관 여러 명이 달라붙어서 주전자에 담은 죽을 강제로 먹이기도 했다. 단식투쟁이 벌어지면 가족들이 교도소 앞에서 농성을 하기도 하며 소장 면담을 요구하는 등 장외투쟁이 시작된다. '누구 엄마가 제일 쎄게 붙었다' 등등 말도 돌게 된다. 가족들이 참 고생 많으셨다.

1980년 한일스텐, 1987년 국민운동본부

1979년에 교도소를 나와서 다시 복학을 하고 1980년 1학기에 등록을 했다. 1979년은 '현장론'이 세게 나올 때였다. 복교는 했지만 나이도 들고 해서 나는 학교보다는 현장을 택했다. 그래서 마침 5.18 항쟁으로 제적되고 수배가 된 상태여서 나는 1980년 8월에 부평 쪽으로 갔다. 효성동에 있는 한일스텐리스에 취업했고, 직장 근처에 보증금 500만 원에 월세 2만 원짜리 방을 얻어서 살기 시작했다.

1982년 한 2년 정도 다니다가 회사를 그만두었는데, 그때 기류가 '나이도 많고 하니 뒤로 빠지라'고 했다. 김영환, 우원식 등이 모금을 해서 부평4공단 입구에 '샘터서점'을 만들어 운영한 것이 1984년이다. 현장 활동가들이 많이 드나들었다.

1985년 무렵에는 『러시아 혁명사』 같은 책이 많이 팔렸다. 학습을 해야 했기에, 서점운동

바람이 불었고 전국 여러 곳에 사회과학 서점들이 생기기 시작했다. 김태경, 이해찬, 김부겸, 김문수 등이 모두 서점을 운영했다.

이후 건국대 사건이 터지고, 전두환이 호헌선언(유신헌법을 지키겠다)을 하면서 1987년 국민운동본부가 만들어졌다. '호헌철폐', '독재타도', '대통령직선제'를 고리로 전선이 단일화되면서 6월 항쟁의 불이 전국적으로 붙었고, 노태우가 6.29선언까지 하게 되었다. 나는 국민운동본부 민권국장으로 황인성, 박우섭, 이병철 등과 같이 일했다.

71동지회는 나의 정신적 지주

이후 1988년 임채정, 이해찬 등과 평민연을 설립하여 정치개혁운동에 매진했다. 2003년에는 노무현 정부 청와대에서 정무비서관, 인사비서관 등으로 일했다(당시 정무수석이 유인태, 민정수석이 문재인, 인사수석은 정찬용이었다).

최근에는 중국 비즈니스를 열심히 따라다니고 있다.

1971년 위수령으로 제적되고 강제 징집된 이후 50년이 지났다. 나는 나름대로 격동하는 한국 현대사의 한복판에 서기도 하고 변방을 겉돌기도 했지만, 정의와 평화가 살아 숨 쉬는 이 강산을 만들기 위해서 노력해왔다고 자부한다.

1970년대 이후 한국 학생운동이 민주주의를 뿌리내리게 하고, 더불어 잘사는 삶의 공동체를 이루어 나가는 데 크게 기여한 점은 누구도 부인할 수 없을 것이다. 그 중심 어딘가에서 같이 호흡해왔다는 것이 나의 기쁨이요 자랑이다.

갈 길을 생각할 때마다, 걸어온 길을 되돌아보게 된다.

1971년 질풍노도와 그 후의 인생 파노라마

김재홍(서울미디어대학원대 석좌교수 · 제17대 국회의원)

서울대 문리대 정치학과 69학번
동아일보 정치부 차장-논설위원(1980년 해직)
경기대 교수, 정치전문대학원장
방송통신위원회 상임위원, 부위원장
서울디지털대학교 총장

어느덧 50년 세월이 흐른 1971년 10월 15일 대통령 박정희의 위수령 발동일, 동대문경찰서에 불법 구금된 나는 경찰 조사 도중 중앙정보부로 소환돼 어느 건물의 3층쯤 되는 방에서 고문 조사를 받았다. 그날 아침 나는 학교에 갔었다. 10월 15일은 서울대 개교기념일로 오전 10시 대학본부에서 개최되는 기념 칵테일파티에 참석하기 위해서였다. 총장실에서 굳이 학생 대표 몇 명은 있어야 하는 것 아니냐며 정치학과 조교를 통해 연락해왔기 때문이다. 상대 학생회장으로 서울대 총학생회장을 맡은 김상곤 동지(전 교육부총리)도 학교에 왔었다. 나는 위수령이 발동되기 직전 대학 구내에서 형사 3, 4명에게 체포돼 동대문경찰서 지프차에 태워져 연행됐는데 조금 뒤 김상곤 동지도 붙들려 왔다.

그때 우리는 10월 13일 대학본부와 한 울타리에 있던 문리대 교정에서 서울대 연합학생 총회 성토대회를 크게 한판 치르고 각자 피신 중이었다. 학생총회는 예상보다 성공적이었다. 서울대는 단과대학들이 따로 떨어져 있던 연립 대학 시절이어서 학생총회다운 집회를 하기가 어려웠는데 이날은 추산이지만 기록적으로 1,000여 명 가까이나 모였다. 종암동의 상대, 공릉동 공대, 용두동 사범대 그리고 수원에 있던 농대까지 단체로 버스를 타고 모여들었다. 사회자였던 나는 가슴이 벅찼지만 겁도 났던 것이 사실이다. 대학본부에 상주하는 5개 정보기관의 학원 담당 요원들의 명단을 공개하고 더 이상 출입할 경우 모종의 행동에 돌입하겠노라고 선언하는 순서가 있었다. 그 역할을 맡은 동료가 등단하지 않은 채 5분이 지나고 10분이 흘렀는데도 기관원 명단공개가 표류하자 장내는 웅성거리기 시작했다. 그러자 마이크를 들고 구호를 외치던 나의 등 뒤에서 기관원 명단을 적은 쪽지가 건네졌다. 나는 내친 김이라 마음먹고 그 '겁나는' 일을 대신할 수밖에 없었다. 나중에 이것 때문에 동대문경찰서와 중앙정보부에서 그들의 화풀이를 더 당해야 했다.

내친 김이라 마음먹은 것은 당시 나는 이미 드러내놓고 뛸 수밖에 없는 처지였기 때문이었다. 문리대 대의원회 기관지 「議壇의단」에 유일하게 이름을 공개한 발행인은 2학기 들어 새로이 집행부로 선출된 대의원회 의장이던 나였다. 7명 편집위원회가 구성돼 있었지만 모두 대외비로 베일에 가려졌다.

그 이전 1학기 때만 해도 나는 그렇게 '내놓은 몸'은 아니었고 빈자리를 메우는 역할을 했다. 1학기 때 문리대는 가장 중요한 행사 중 하나인 4.19혁명 기념식을 치를 학생대표기구가 부재 상태였다. 학기 초부터 학생 간부들에 대해 공안당국의 지명수배와 학교 측 처벌이 내려졌는데 이는 학생대표기구를 와해하려는 공작이었다. 그렇다고 치르지 않을 수 없는 4.19혁명 기념식은 급조한 비상학생위원회 이름으로 진행했고, 이때 나는 정치학과 대의원이며 학생 서클 문우회 간부로 사회를 맡았다. 행사 중간에 고향에서 급히 상경한 아버지에 의해 끌려 나가는 해프닝이 있었고, 이에 대해 어느 학생 자유신문은 정보기관과 학교 당국의 합작품이라고 규탄하기도 했다.

그 후 나는 시골 고향집에서 아버지의 간곡한 감시 아래 지냈으며 1학기 내내 상경하지 못했다. 고향의 경찰서 정보과장이 아버지에게 "학교에 다시 나타나면 학사 처벌을 내리지 않을 수가 없으니 집에 잘 보호조치해야 한다"고 협박 겸 협상을 해왔다. 처벌을 예정해놓고 학교에 갈 수는 없었다. 특히 당시 축산협동조합장으로 준 공직자였던 아버지가 한사코 막는 바람에 서울에 갈 수가 없었다. 나는 시골집에 틀어박혀 대학 졸업 자격 없이 사법고시나 행정고시를 칠 수 있는 속칭 보통고시라 부르던 예비고시 공부에 몰두했고, 8월경에야 그

71년 9월 7일 2학기에 처음 열린 서울대 문리대 대의원총회 등을 보도한 서울대 「대학신문」 9월 12일자 기사

시험을 친다는 명목으로 아버지 허락을 받아 상경할 수 있었다. 2학기가 시작된 직후 예비고시 합격증이 집으로 우송돼 왔다는 전갈을 하면서 부모님은 매우 즐거워했다. 그러면서도 아버지는 한 마디를 덧붙였다. "그런데 말이다, 너도 짐작은 하겠지만 우리 집에서는 고등고시를 해봐도 최종합격은 안 되게 돼 있다…." 삼촌이 서울대 물리학과 재학 중 1950년대 중·후반에 반정부 학생운동을 하다가 지명수배 끝에 행방불명된 가족사 얘기다. 이 때문에 해방 후부터 15년 이상 공무원을 하던 아버지도 5.16 군사쿠데타 직후 박정희 정권 아래서 '좌익 연좌제'에 걸려 면직당했다. 나는 아버지에게 "고시 그거 해도 그만 안 해도 그만인데요, 다른 길도 많아요"라고 말했다. 나는 대학 입학 면접 때도 졸업 후 공무원 같은 것은 염두에 없었고 자유로운 직업으로 대학교수나 일류 신문사의 기자를 하고 싶다고 대답했었다. 아버지는 "2학기도 학교에 안 나갈 수는 없는데 더 이상 학생운동에 휩쓸려 다니면 안 된다"라고 신신당부하면서 불안해했다.

9월 7일 2학기 학생대표기구를 재구성해야 한다는 논의 아래 서울대 문리대 대의원총회가 개최됐다. 이날 40여 명의 대의원이 대거 참석했고, 주로 이학부 대의원들이 문학부 쪽에 대해 많은 불신감을 표출하며 학생회와 대의원회의 재조직과 정상화를 강하게 요구했다. 나를 의장으로 하고 식물학과의 박석주 동지를 부의장으로 한 대의원회 신임 집행부가 투표

과반수를 훨씬 넘겨 선출됐다. 이때도 나는 몸을 던진다는 각오보다는 빈자리를 메우는 역할이라고 생각했던 것 같다.

학교 학생과를 상대하는 대의원회의 행정 업무는 주로 총무를 맡은 이광헌(서양사) 동지가 처리해주었다. 나는 2학년 때 문리대 대의원회 총무로 활동한 경험이 있어서 예전에 대의원회 기관지 「의단」이 발간됐다는 얘기를 알고 있었다. 이것을 복간 형식으로 다시 발간하자고 집행부 회의에서 제안했고, 모두가 찬성했다. 9월 22일 자로 복간 1호를 발간한 이후 10월 7일에 2호를 제작해 배포했고, 10월 17일 자 3호를 제작해놓았으나 10월 15일 위수령이 터져서 배포하지 못했던 것으로 기억한다. 우리는 「의단」을 교내는 물론이고 전국 각 대학의 총학생회에 우송하기도 했다.

3선 개헌 이후 유신체제로 가는 길목에서 박정희 독재권력이 점점 더 노골화해 가는데도 기성 언론들은 할 말을 제대로 못 하고 있었다. 그래서 대학가에 자유언론을 희구하는 학생 지하신문이 자생적으로 확산됐다. 서울대 문리대의 「의단」, 서울대 법대의 「자유의 종」, 서울대 교양과정부의 「횃불」, 연세대의 「내나라」, 고려대의 「한맥」과 「산지성」, 이화여대의 「새얼」 등 전국 각 대학에 14개 학생신문이 순수한 열정을 불태우다가 위수령으로 폐간당하고 말았다. 학생신문의 발간팀은 모두 제적 등의 학사징계를 당했고, 이화여대 새얼팀을 제외하고 모두 군대에 강제입영 조치됐다.

공안당국은 학생 자유신문을 지하신문이라고 낙인찍었다. 내가 중앙정보부에서 고문 조사를 당하면서도 불지 않았던 당시 「의단」의 편집위원장은 홍세화 형(외교), 편집위원으로 박홍석(국사)·임진택(외교)·이동진(정치)·오성환(국문)·민병출(사회) 동지들이 활동했다. 홍세화 형이 의단 1호에 발간사를 써달라고 하더니 이것을 1면의 전면에 게재하는 것 아닌가. 물론 편집위원회가 합의한 결정이었다. 나는 지하신문의 발행인으로 표면 활동을 하는 판에 무슨 사태가 터지면 표적일 수밖에 없다는 각오를 하지 않을 수 없었다. 분명하게 '내놓은 몸'이 된 것이다. 그 일이 대학 학생운동에서 나의 역할을 정하는 데 일종의 전환점이었다. 후에 「동아일보」 기자로 5.18 광주시민항쟁 보도를 위한 자유언론운동에 나설 때도 위험한 상황이었지만 다른 선배들이나 나 자신이 그런 경험의 연장선이라고 여기게 된 배경이었다.

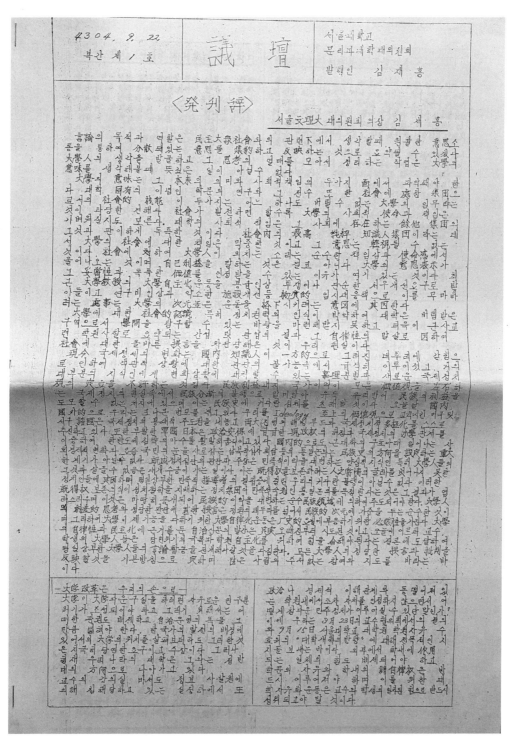

1971년 9월 22일, 서울대 문리대 대의원회가 발행한 학생 자유신문 「議壇」(의단) 복간 1호.
위수령 당시 전국 각 대학에서 14개의 이런 학생 자유신문이 폐간당했다.

중앙정보부와 경찰서의 고문-폭행 조사
학생 자유신문 「의단」(議壇)의 돈줄과 야당 정치인 접촉 캐물어

위수령이 터진 10월 15일 동대문경찰서로 끌려간 후 지하 조사실에서 시달리던 어느 날 밤 1시경. 조사 형사가 각목으로 또다시 어깨를 내려치려고 위협하는 순간 안쪽 반장석의 전화기가 울렸다. "네? 아, 네에, 그놈 여기 있습니다. 알겠습니다." 전화기를 내려놓으며 반장은 내 앞의 조사 형사를 향해 말했다. "어이, 그놈 고마 해라. A에서 올려보내라 한다." 이 소리에 나는 가슴이 철렁 내려앉았다. A라면 남산, 중앙정보부가 아닌가. 그때 중앙정보부는 공포의 화신이었다. 주로 간첩을 다룬다는 거기는 야당 정치인과 종교인 등 민주화운동가들을 잡아다 고문 조사하는 것으로 공포스런 악명이 높았다. 나에게 각목 폭행을 하며 조사하던 형사는 담배를 피워 물며 갑자기 동정 어린 태도로 바뀌었다. "내가 뭐라 했어. 니 여기서 빨리 불었으면 좋았을 텐데 거기 가면 아이고 고생할긴데, 쯧쯧. 저기 앉아서 좀 쉬어라." 매우 안됐다는 투로 말하며 휴식을 주는 그를 보며 나는 더욱 가슴이 타들어갔다.

중앙정보부 조사자들은 나의 돈줄을 캤다. 그러나 학생신문 「의단」에 들어간 경비가 그다지 큰 액수도 아니었지만 나는 당시 대의원회 의장이어서 그 예산을 공식적인 학생 자치 경비로 지출했다. 대의원회 의결을 거쳐 의장인 내가 도장을 찍었기 때문에 대학 학생과도 지출을 거부할 수 없는 예산 사용이었다. 그런데도 그들은 지하신문 경비라며 다그쳤다. 편집위원 명단이 비밀이었다는 이유였다.

중앙정보부 조사자들은 내 고향이 호남이어선지 신민당의 호남 출신인 김대중 의원, 김상현 의원을 만난 일시와 장소, 돈 받은 것을 대라며 다그치는 데 집중했다. 군사정권은 그때 이미 학생운동권에 대한 배후조종 혐의로 김대중 내란음모 조작극을 꾸몄던 것 같은 느낌을 강하게 받았다. 이것이 제대로 엮어지지 않자 그들은 71동지회 현역 학생운동권을 군대로 입영시킨 후 11월 서울대생 내란예비음모라는 것을 발표한다. 군대 갔다 온 복학생들과 나이 든 선배인 조영래 사법연수원생과 김근태, 장기표, 심재권, 이신범 동지들이 구속돼 재판을 받았다.

학생신문 「의단」에 대해서는 우선 예산 근거가 분명하기 때문에 크게 물고 늘어지는 것은

아니어서 편집진 명단의 비밀을 지킬 수 있었다. 그때 내가 편집위원 명단을 그냥 불었더라면 홍세화 형의 인생길은 좀 달라졌을지도 모른다는 생각이 든다. 홍세화 형은 학생신문 「의단」의 편집위원장으로 1971년 학생운동을 함께 했지만 위수령 때 처벌당하지 않았던 것은 비밀이 지켜졌기 때문이 아닐까. 그래서 그는 71동지회 정관상 회원이 아니다. 그런데 그는 학교에 남아있다가 72년 박정희 1인 종신 통치 체제인 유신 선포를 규탄하는 '민주수호선언문' 사건으로 학사제적 처벌을 받았다. 이어 그는 1977년 남민전 조직에 참여했고, 이 사건으로 파리에서 오랜 기간 망명생활을 해야 했다. '71년 위수령 때 함께 처벌을 받았더라면 오히려 덜 고생하지 않았을까' 혼자 생각도 해보지만, 인생사 새옹지마라지만 군사독재 정권 아래 살면서 기구한 삶이 어디 이뿐이랴 하는 탄식이 절로 나온다.

대통령 박정희는 3선 헌법에 따라 1971년 4월 대통령 선거에서 신민당의 40대 기수론을 기치로 출마한 김대중 후보를 상대로 힘겨운 선거전을 벌였다. 더 이상 대통령 직접선거를 하지 않고 종신 집권할 수 있는 유신체제로 간 한 배경이기도 했다. 그 유신체제의 사전 정지 작업으로 당시 가장 비타협적인 저항세력이던 전국 주요 대학의 학생운동권을 평정하기 위해 위수령을 발동한 것이다. 서울의 대학가에는 박정희의 친위 장교로 키워진 비밀 사조직인 하나회 소속 연대장급 지휘관들이 군대를 이끌고 진주했다. 서울대 본부와 문리대, 법대 등이 있던 동숭동에는 김복동 대령, 서울대 상대와 고려대가 있는 종암동에는 전두환 대령이 자신의 부대를 끌고 와 각 대학을 점령했다. 연세대와 서강대, 이화여대 등 대학들이 밀집해 있던 신촌지역에도 하나회 장교들이 많이 소속된 1공수특전여단을 지휘해 정병주 여단장이 출동했다. 정병주는 전두환을 수괴로 한 정치군벌 하나회의 1979년 12.12 군사반란 때 저항하다 부하의 총격에 관통상을 입고 강제 전역된다. 박정희는 그런 방식으로 전국 주요 대학에 군대를 투입해놓고 학생 간부 수백 명을 붙잡아, 그중 173명을 제적시킨 뒤 강제로 군에 입영시켰다. 당시 경찰 등에 불법 연행된 대학생 수는 모두 1600여 명에 이른다.

우리의 군대 생활은 대한민국 남자면 누구나 다하는 그런 신성한 국방의무가 아니었다. 논산훈련소 6주 훈련을 마친 뒤 전원 최전방 GOP 철책선 부대로 보냈고, "이번에 보충되는 병력은 전투소대원으로 항상 열외 없이 주력부대와 행동을 함께하도록 하며 전투소대원 외에 행정요원 등으로 배치를 금함"이라는 전통문이 사전에 해당 부대로 하달됐다. 내가 배치된 부대의 중대 인사계(상사)는 나와 동향이라고 귀띔하면서 "자네들 올 때 이런 전통문이 내려왔기에 지난 연초 왔던 그런 병력인 줄 알았는데 정반대였네"라고 말했다. 그해 초 김대중 대통령 후보가 "지금 정권 측 유력인사 자제들은 전방에서 군대 복무를 하는 사람이 한 명도 없고, 모두 고위장성 부속실 소속으로 비서나 운전병, 심지어 서울 사저의 가정교사 노릇을 하고 있다"라고 폭로했다. 이에 박정희는 보안사에 진상조사를 엄명했다. 박정희의 엄명에 따라 보안사는 군대 복무중인 유력인사 2세들을 조사하고 4월 대통령 선거 직전에 전방 부대로 배치하면서 행정반 근무 금지 등의 전통문을 내려보낸 것이다. 내가 배치된 15사단은 이름 있는 험지로 대통령 선거 직전 육영수 여사의 친정 조카, 채명신 주월 한국군사령관의 아들, 박 모 공화당의장 서리의 아들 등이 전출돼 와 있었다. 그중 어려운 소총소대원 생활을 제대로 잘 소화해낸 것은 채명신 장군의 아들이었다는 얘기가 전해지고 있었다.

1980년 5.18 광주시민항쟁 때 동아일보 기자 3년차
5.18 보도 자유언론운동으로 강제 해직⋯ 8년 후 복직해 5공 청산 취재

나의 인생역정에서 대학 학생운동과 함께 두 번째 시련은 동아일보 기자 시절에 겪었다. 1971년 학생운동과 1980년 동아일보 기자로서 자유언론운동을 벌이다 강제 해직된 것 등 2건이 민주화운동 관련자 인정증서에 기록된 내용이어서 이 글도 두 가지만 초점을 맞추어 쓰고자 한다.

1978년 3월 동아일보 기자 공채로 입사한 내 앞에는 불과 2년 후 1980년 5.18 광주시민항쟁이 기다리고 있었다. 1979년 10월 26일 박정희가 사거하자 그해 12월 초 동아일보 편집국에는 자유언론운동을 위한 '14인소위원회'가 조직됐다. 모임의 명칭도 정하지 말자고 했으며 입사 연조별로, 각 부서별로 말이 통할 만한 동지들을 규합했다. 전두환 일당의 정권 찬탈 내란이 시작된 엄혹했던 상황에서 철저한 비밀 지하조직으로 모임을 가졌다. 무교동의 후미진 골목 안에 허름한 '보리밭'이라는 생맥주집에서 주로 회동했던 기억이 난다. 처음에 사회부를 거쳐 경제부에 가 있던, 나보다 8년 위인 김용정 선배가 주도해 조직한 뒤 편집국 기자 중 최고참 선배를 좌장으로 영입했고, 내가 3년차 기자로 가장 막내였다.

1979년 12.12 군사반란이 사실상 전두환을 수괴로 한 하나회 그룹의 국가권력 찬탈이었으나 당시는 정확한 상황 판단을 하기 어려웠다. 1980년 민간 정치인들에 의한 '서울의 봄'은 그래서 오산과 착각에서 잠시 반짝한 데 불과한 민주화운동이었다. 시중 각 영역에서 민주화와 자유화 바람이 불었다. 그러나 언론사 기자들은 그런 움직임에 함께하지 못한 채 그저 "취재와 보도가 우리 할 일이고 이것에 충실하면 된다"는 분위기가 지배했다. 특히 동아일보의 경우 박정희 유신체제 아래서 1974년 10.24 자유언론실천선언과 광고 탄압으로 대량 기자 해직을 겪은 악몽이 오래 남아 있어 민주화운동을 말하기 어려웠다.

그러던 3월 하순경, 서울대 학생운동권 후배들이 언론사 기자들의 보신주의와 기회주의를 비판하면서 4.19혁명 기념일까지 응분의 언론자유와 민주화에 관한 의사표시를 하지 않을 경우 광화문통 신문사에 쳐들어가 규탄 성명을 낭독하겠다고 나에게 전해왔다. 나는 이것을 편집국 14인소위원회 선배들 앞에서 전달했다. 가만히 앉아서 규탄당하지 말고 동아일보 기자들의 자유언론선언문을 대외적으로 발표해야 한다고 강력히 주장했다. 이의를 말하기 어려운 명분 앞에서 동아일보 자유언론선언문을 작성하기로 의견이 모아졌다. 여기서 또다시 그 선언문 작성은 내 몫이었다. "이번 일에 가장 발언도 많이 했고 실제 경험도 있는 사람이 해야지." 나는 다시 또 피할 수 없이 운명적인 일에 나서야 했다. 선언문 작성 4인 소위원회가 구성됐으며 내가 만든 초안을 확정 짓는 과정에서 예상보다 강한 논쟁이 벌어지기도 했다. 자유언론선언문을 편집국에서 열린 동아일보 기자총회에서 채택할 때 14인 소위원회 선배들이 우려했던 대로 심각한 반대 의견이 제기되는 것을 보면서 과거의 상처가 얼마나 깊었는지 실감할 수 있었다.

5.18 광주시민항쟁 때 나는 동아일보 국제부 기자였다. 외신들은 광주를 포위하고 좁혀가는 전모를 보도하고 있었다. 로이터, UPI, AFP 통신들이 매우 상세하게 진압군 부대들의 광주 현장 행동과 주변 지역 포위 상황을 보도했다. 그러나 국내 신문들은 시민항쟁이 터지고 심각해진 사흘간, 5월 22일까지 광주에 관한 보도가 먹통이었다. 계엄사 보도검열에서 다 잘려 나가 휴지조각이나 다름없는 신문을 발행했다. 14인소위원회는 광주시민항쟁이 보도되지 않는 신문을 만들 수 없다고 조건부 제작 거부를 결의해 편집국 기자총회에서 통과시켰다. 계엄사 보도검열단과 24시간의 협상 끝에 23일 석간신문에 첫 보도가 나왔다. 1면 톱기

사 자리에 제목은 "光州 一園에 騷擾"라는 매우 어려운 한자였다. 단어 하나하나를 보도검열단과 협상해서 정한 결과였다. 騷擾소요라는 한자가 너무 난이도가 높아 불만이었지만 할 수 없이 그렇게 인쇄되고 말았다.

광주시민항쟁이 진압된 뒤 5월 말부터 현지 취재기자들과 이른바 유언비어 유포혐의를 받은 기자들에 대한 검거 선풍이 불었다. 동아일보사에서는 신문기자와 동아방송 기자가 한 명씩 구속됐다. 이에 나는 안절부절 견딜 수가 없었다. 국제부장이던 장행훈 선배가 나직하게 "불안하면 어디 가서 은신했다가 상황을 봐가며 나오지. 회사 출근 문제는 내가 알아서 처리할 테니까 걱정 말고"라고 했다. 나는 대학 후배가 교사를 하고 있던 강원도 산지의 어느 농막에 들어가 보름쯤 숨어 지냈다. 매일 공중전화 박스를 찾아 전화로 서울 상황을 체크했다. 합수부 측이 6월 중에는 더 이상 별 동향을 보이지 않기에 다시 출근을 시작했다. 그러던 6월 하순 어느 날 합수부 요원 2명이 편집국으로 출장 수사를 나왔다. 그들은 편집국장에게 6명의 기자 명단을 내밀며 자료실에 모아달라고 요구했다. 당연히 포함된 나는 휴가 중인 2명 외에 3명의 선배들과 함께 조사를 받아야 했고, 그로부터 한 달여 후인 8월 9일 합수부가 내려 보낸 명단에 따라 강제 해직을 당하고 말았다. 동아일보의 강제 해직자는 모두 34명이었다. 나는 그로부터 8년여 동안 해직기자로 암담하고 고뇌에 찬 시간을 보내야 했다. 대학 재학 시 학생운동으로 제적과 고문 조사를 받은 뒤 두 번째 큰 역경에 처해진 것이다. 김대중 정부가 들어선 후 민주화운동 관련자 인정신청서를 낼 때는 5.18 광주시민항쟁 보도를 위한 자유언론운동으로 인한 강제 해직이 중심 내용이었고, 71년 학생운동을 추가해서 두 건이 인정됐다.

군부와 권력 유착관계 파헤친 신문 특집과 베스트셀러 출판으로 '해원'(解冤) 시사칼럼으로 자유언론 누려… 국회의원·방통위원·대학총장은 큰 보람

8년여에 걸친 해직 기자 생활은 고통이었고, 1980년대 초 5공정권이 시퍼럴 때 장래가 암담해서 정신적으로도 더욱 어려웠다. 강제 해직의 원흉인 합수부와 보안사가 매주 동향 체크 전화를 해왔으며, 첫 2년 동안은 취업도 제한했다. 이판사판이니 할 일이라곤 지하운동과 극단적 투쟁밖에 남지 않았다 싶은 1981년 여름쯤 보안사에서 취직할 생각이 있으면 알선하겠다고 전화해왔다. 나는 돈도 없지만 외국 유학을 떠날 수 있느냐고 물었다. 보안사 요원은 "그건 상부에 상의해봐야 한다"면서 전화를 끊었다.

1981년 가을 서울대 정치학과 은사들을 찾아 외국 유학을 상의했다. 은사들께서는 "우리도 이제 신제 박사과정을 설치하기로 교수들 간에 합의했다. 자네는 동아일보 기자 출신으로 석사는 했고, 한국정치를 전공하려면 외국 유학을 가느니 여기서 하는 게 좋지 않겠느냐"라고 했다. 그동안 밀려 있던 선배들이 다수 응시할 태세였고, 입학 선발은 첫해에 두 명만 뽑을 예정인데 추천제가 아니며 엄정한 필기시험으로 하니 준비를 잘해야 한다고 당부했다. 나는 몇 달 동안 다시 또 고시 공부를 하는 것처럼 전공 책에 매달렸다. 이미 30을 훌쩍 넘긴 나이에 수험생으로 가장 신경 쓰이는 것은 제2외국어인 독일어를 손 놓은 지 오래됐다는 사실이었다.

나는 1982년 박사과정에 입학해 87년 2월 학위를 받을 때까지 천우신조로 대학에 일자리를 얻었다. 서울대 대학신문사 편집국장을 5년 반이나 하면서 월급도 잘 받았고, 그 방을 연구실로 활용했다. 동아일보 기자 출신이라는 점과 선배로서 후배 학생 기자들을 잘 지도할 만한 리더십이 있다며 당시 이현재 부총장의 책임 아래 추천해서 이루어진 행운이었다. 나는 대학 2학년 때 문리대 대의원회 총무로 활동하면서 대학본부 학생처장이던 이현재 교수를 처음 만났다. 한두 번 면담에서 학생운동과 학원자율화에 대한 고민을 얘기했던 기억이 있다. 이현재 학생처장은 나를 과격하지 않은 문리대 운동권 학생쯤으로 평가했던 것 같았다. 나는 박사과정을 공부하면서 7년 연하의 같은 대학 석사과정의 프랑스문학도와 열애에 빠졌다. 그러나 나의 남다른 이력 때문에 처가 쪽 반대가 보통이 아니어서 1984년 6월 노총각 나이로 쉽지 않은 결혼을 했으며, 이때 총장에 오른 이현재 선생님께서 예사롭지 않은 주례를 맡아주셨다. 나는 여러 가지로 이현재 선생님께 감사드린다.

1987년 2월 한국정치학 전공으로 박사학위를 받은 뒤 대학에 교수 자리를 찾던 중 6월 시민항쟁이 터졌고, 전두환-노태우의 6.29 굴복선언으로 해직자 원상복귀 바람이 일었다. 나는 대학교수의 길을 버리고 88년 2월 실로 8년 만에 동아일보 내 자리로 돌아갔다. 박정희 전두환에 대해 기자로서 내가 할 수 있는 징벌이라면 그들의 권력 놀음을 진실에 맞게 역사로 기록하는 일이었다. 1992년부터 매달 동아일보사가 발행하는 시사월간 「신동아」에 군부와 권력의 유착관계에 관한 특집물을 10여 회 썼고, 이것이 매번 세일링 포인트가 됐다. 이것을 나남출판사가 단행본으로 묶어내 단기 베스트셀러로 수만 권이 팔리기도 했다. 나는 이것으로 1993년 1월 한국의 풀리처상이라 불리는 관훈언론상을 받았다.

월간지가 선풍을 일으키자 신문 편집국에서 아무리 미운 오리새끼 같은 해직 기자 출신이라 해도 지면 특집을 맡기지 않을 수 없었을 것으로 생각된다. 동아일보에 1993년 4월 1일부터 1년여 동안 "군, 어제와 오늘"이라는 기획특집물을 매주 화, 목요일자 전면으로 집필했다. 특종상도 수차례 받았고, 특히 정치군벌 하나회를 파헤치는 작업은 큰 보람이었다. 이 특집기사가 나가면 김영삼 정부는 사나흘 후 기사를 근거로 한 것이 명백해 보이는 하나회 숙정을 발표하곤 했다. 이 특집을 묶어 출판한 책 두 권이 25만여 권 팔려 장안의 화제를 모았으며 나는 오랜 해직 기자로서 일종의 해원解寃 같은 것을 맛볼 수 있었다.

해직 기자 8년 만에 복직해서 13년 간 전두환의 5공정권 청산과 정치군벌 숙정에 천착하다가 논설위원을 끝으로 2001년 2월 경기대 정치전문대학원 교수로 전업했다. 대학교수로서 나는 시사칼럼 기고 활동을 마음껏 할 수 있었다. 대학 때도 지하신문을 발간한 탓인지 언론은 평생 놓을 수 없는 천직 같은 것으로 여겨졌으며, 그만한 주문이 왔다. 한겨레와 경향신문 그리고 인터넷신문 오마이뉴스 등에 고정 시사칼럼을 집필하면서 나는 언론자유를 만끽했다. 그뿐만 아니라 KBS와 MBC, YTN과 MBN의 시사토론 프로에 다양하게 출연했다. 나중엔 YTN의 고정 시사프로 '집중조명'의 앵커를 격주마다 맡았다. 이런 활동이 눈에 띄었던지 아무런 인연도 없던 노무현 대통령 쪽의 요청을 받아 대통령자문 정책기획위원으로 위촉받았고, 열린우리당 창당을 주도하는 국회의원들 앞에서 신당 창당의 역사성에 관해 "제4세대 정당의 대의명분" 주제발표를 했으며, 나중에 국회의원 총선거의 외부 공천심사위원으로 위촉받기도 했다. 이어 제17대 국회의원, 경기대 정치전문대학원장, 방송통신위원회 상임위원과 부위원장, 서울디지털대학교 총장으로 일한 것은 행운이었고 큰 보람이었다.

각별한 주님의 돌보심으로

김천홍(인덕회계법인 상임고문)

서울대 사대 불어교육학과 71학번
미국 투쉬로스 & 도마스 회계법인 파트너, 국제담당이사
미국 킴벌리 계열사 사장
SK텔레콤 부회장 상임고문
한국자산관리공사 (KAMCO)재무이사
인덕회계법인 상임고문

강제 입영

1971년 말 육군 20사단 62연대 2대대 6중대 3소대 2분대 3번 소총수로 배치 받았다. 경기도 연천군 대광리 소재 부대에 도착한 내 뇌리에 온갖 상념이 주마등처럼 스쳐갔다. 그해 서울대 사범대학 불어교육과에 입학한 시점부터 대학생들을 길들여 반정부 활동을 억제하고 대학을 병영화하고 급기야 10월 유신으로 이어질 병영국가화 작업 시작을 알리는 '대학생 교련 강화'에 격렬히 저항한 일, '위수령' 발동에 따른 아스피린(Anti-government Student Power: A.S.P.)으로 체포돼 서대문구치소에 투옥된 일, 선배 변호사의 기습적인 구속적부심 신청을 민주 판사가 받아들여 150여 명 석방!

허를 찔린 박정희 정권은 우리를 경찰학교에 불법 강제 수용한 후 한밤중에 수도육군병원에서 전원 신체검사를 받게 해 양심적인 군의관들이 판정한 결과와 관계없이(본인은 2을종) 전원 강제 입영시켜 논산훈련소로 끌고 갔다. 훈련을 마친 뒤에는 휴전선 서해안에서 동해안까지 각 전방 연대에 1명씩 소총수로 배치했다. 우리 서울대 교양과정부 학생 중에는 20사단 60연대에 조순용 동지, 61연대에 배기운 동지, 62연대에 본인이 나뉘어 배치됐다. 나의 미래는 그저 하나님께 의지할 수밖에 없었다.

그 이후 만기 제대한 1974년 8월 15일까지 지낸 일은 기가 막히다 못해 죽지 않은 게 다행이었다. 빨갱이라고 사단 보안대 지시로 거의 매일 밤 빳다를 맞아 엉덩이가 터지고 시퍼렇게 멍이 들어 제대로 앉지도 못했고, 휴가 때만 폭력을 면할 수 있었다. 다행히 18개월쯤 되었을 때 20사단 지역에 미군 대인 레이더 기지가 신설되어 영어 가능자라 해서 경호 분대장을 맡아 폭력에서 벗어날 수 있었다.

오귀스트 앵그르의 〈샘〉

제대 후 나는 실력을 기른다는 목표를 세우고, 외국어(영어, 불어)를 무기로 영미권에 유학을 가서 국제전문가가 되어 나라를 위해 공헌하기로 마음먹었다. 대학 졸업 후 프랑스 소시에떼 제네랄뱅크와 대한항공의 합작기업인 한불종합금융(주)의 국제부 사원으로 입사하여 불어를 하루 종일 구사할 기회를 가졌고, 서울대 대학원 경영학과(야간 신설)에도 입학하게 되었다. 영미권으로 유학할 기회를 찾던 중 현대그룹의 해외지사 요원으로 선발되어 현대종합상사와 현대건설에서 차례로 해외연수를 받고 근무하며 런던, 바레인, 아부다비, 프랑크푸르트에서 공사 입찰, 자재장비 구매 및 지사 관리를 수행하였다.

술과 담배를 하지 않는 관계로 평소 오페라와 미술관, 박물관 순례가 취미였던 내가 유럽에 가게 된 것은 내 취미활동에 최상의 기회를 제공하는 것이었다. 특히 파리에 자주 가게 되었던 것은 너무도 즐거웠다. 틈틈이 시간을 쪼개 루브르 박물관, 베르사유 궁전, 뮤제 도르세(오르세 미술관)에서 즐거움을 만끽하던 나는 오르세 미술관에서 '희한한 그림'을 만나 평생 넋을 잃게 되었다. 그것은 미로의 비너스도 아니었고 미켈란젤로의 다비드상도 아니었다. 어쩌면 그곳의 최고로 유명한 작품이라 할 수는 없는 오귀스트 앵그르의 대표작 〈샘〉을 보는 순간, 그림 속 전혀 야하지 않고 순진무구한 소녀의 눈과 마주치게 되었다. 환장할 일인 것이 그 이후로는 눈을 뗄 수가 없었고 어느 방향으로 가더라도 그 눈동자 또한 나를 따라오고 있었다. 내가 확인하러 돌아보면 여전히 나를 보고 있었다. 신기한 일 아닌가? 그 눈동자의 포로가 된 나는 몰래 여러 각도에서 나를 보고 있는지 확인하기 위해 사진을 여러 컷 찍었다. 하지만 사진 속의 눈은 공허했고 내 눈에 마주치던 살아 있던 눈동자는 거기에 없었다. 이후로 나는 파리에 가면 당연히 그곳에 갔고, 샤를르 드골 공항에서 환승을 하는 경우라도 시간이 되면 총알택시를 타고 오르세 미술관에 들렀다. 나의 숨겨진 소녀의 시선을 확인하러 다녀온 적이 스무 번이 넘을 것이다.

다른 에피소드 한 토막. 한번은 잘츠부르크에서 모차르트 오페라를 하는데 동행이 여러 명이라 한 명에 150불씩이나 들어 고민하고 있었다. 그때 조그마한 카지노가 많아 구경하러 같이 들어갔다가 룰렛에 돈을 걸었는데 700불을 땄다. 그 돈을 보태 그 유명한 오스트리아 국립발레단의 공연을 전원이 특석에서 눈앞에서 생생하게 감상하는 기회를 가졌다. 감격에 겨워 눈물이 나올 지경이었는데 옥에 티는 항상 있는 법! 우리 일행 중 막내는 졸고 있었다. 전날 너무 와일드한 파티를 했던 탓.

해외 굴지 기업의 한국 지사장 시절

1981년 귀국 중 만난 캐나다 영사의 제안으로 캐나다 유학을 가게 되었다. 경력을 인정받아 캐나다에서 필요한 국제 토목공사 입찰관리자로 두 달 만에 비자를 받고 밴쿠버에 있는 B.C 주립대의 회계학과에 입학했다. 서울대 학부와 대학원의 학점을 100% 인정받고 1년 반(4학기)만에 대학원 회계학과(Licentiate in Acctg.)에 진학했다. 새벽 3시까지 매일 밤을 새듯 공부하여 1985년 5월 우등으로 졸업하고 공인회계사 인턴으로 Touche Ross 회계법인에 입사하게 되었다. 하나님의 은혜로 현대그룹 감사(종합상사, 자동차)와 마침 캐나다에 진출한 한일은행과 외환은행 외부 감사 계약 및 고교 선배가 총괄하던 Canada Mushroom Board(자산 100억 불)의 외부감사 등을 맡았다. 발군의 실적으로 연간 수익 100만 불 이상의 내 고객들을 관리하게 되었고, 회사 고객인 캐나다 철도회사 유니온 카바이드, BC보험, 도쿄은행, 도이체은행 등에서 세계 각국 지점 출장을 통한 수년간의 감사 실무 경험을 쌓아 뉴욕 본사 정기인사 때마다 시니어와 매니저로 승진하였다. 당시 전 세계 48개국에 지사를 보유하던 법인 뉴욕 본사에서는 1988년 한국의 자매 회계법인 세동에 지사로 국제부에 30명의 한국 회계사를 고용하여 한국 내 해외기업 고객의 회계, 세무, 감사, 컨설팅과 M&A를 수행하고 있었는데 당시 10년 동안 뉴욕에서 파견한 고든Gordon이라는 파트너 분이 지사장을 맡고 있다가 귀국하게 되었다. 후임을 물색하던 회사는 매년 6주씩 뉴욕 본사에 교육 파견되어 특수산업별 M&A 회계, 감사기법, 채권, 외환 관리 교육을 포함한 파트너 훈련을 받을 때마다 회장 표창을 놓치지 않았던 나를 일천한 경력에도 불구하고 1988년 6월 회사 최초로 매니저급인 나를 한국 지사장에 임명하였다.

6주간 지사장 훈련을 뉴욕에서 받았다. 지금은 9.11사태로 무너진 세계무역센터 103층에서 연수를 받고 한국에 부임한 1988년 8월 서울은 올림픽으로 온 나라가 축제와 환호로 들떠 있었다. 이때부터 나의 세계 출장의 대장정이 시작되었다. Touche Ross 법인은 때마침 세계 7대 회계법인의 최고인 Arthur Anderson Partners를 목표로 업계 최고의 M&A 컨설팅 능력을 기반으로 공격적인 투자와 마케팅을 개시했고, 그 창끝을 구성하는 세계 영업팀의 하나인 나는 밀려드는 아시아와 북미, 유럽의 대기업 고객과의 상호 방문 협의와 계약 등을 위해 땅에 붙어 있는 시간보다 비행 중인 시간이 더 많았다. 덕분에 63빌딩의 두 층을 사용할 정도로 회계사 수와 고객 수가 증대하였고 하루 24시간이 부족했다.

아이들을 영국 유치원과 서울 외국인 학교에 보냈는데 입학식과 졸업식에도 참석하지 못했고 애들 생일잔치도 해외에 있어 거의 같이하지 못할 정도였다. 부하 직원인 한국 회계사들을 국제화하기 위하여 미국 본사에 2년씩 파견하여 수십 명을 미국 공인회계사 자격증을 취득하게 했다. 4년을 정신없이 보내고 나서 정상적인 가정생활과 미국에서의 자녀교육을 위해 미국으로 귀환했다. 나는 미국 대기업의 경영수업을 희망하여 본사 고객 중 대형 펄프업체 Kimberly-Clark의 자회사 대표로 계약하고, 미국 남부지역 원료담당 사장으로 부임하여 주님의 축복받은 알라버마 주에서 아름답고 믿음 좋은 주위 환경에서 안정된 생활을 하며 제지산업의 원료 수급에서 판매에 관한 경영을 실습할 수 있었다. 세계 최대의 제지회사 일본 오지그룹과 한국, 중국 등 아시아권에 연간 수십만 톤씩 제지 원료를 수출하는 독특한 경험을 했다.

동남아 증권거래소의 할아버지

1994년 가을 시애틀 본가에서 휴가 중 71동지회 회원인 목정래 동지의 연락을 받았다. 목 동지는 나와 같은 미국 공인회계사로 SK그룹 최종현 회장의 부탁을 받아 친형과 아주 가까운 손길승 SK 부회장을 도와 한국이동통신(주)을 인수하여 SK그룹의 새로운 스마트폰 이동통신 그룹을 신설하는 일을 맡았다며 함께 서울로 와서 일하지 않겠느냐고 제안했다. 나는 원래 목정래 동지가 친근하고 열정적이라 좋은 인상을 받았던 데다, 21세기를 풍미할 새로운 정보사업의 시발점이던 셀룰러 카폰을 한국지사장 근무 당시 차량에 달고 사용하였고, 디지털 이동통신산업을 미국 모토로라사 감사를 통해 배운 바 있어 기쁜 마음으로 동의하고 한국으로 향하였다. 목 동지는 SK텔레콤 지주회사의 전무이사로서 한국통신기술연구원장 출신 서정욱 사장이 개발한 한국 고유의 셀룰러 통신기술인 CDMA를 채용, 전국에 수백 개의 기지국을 신설하고 이동통신망을 완성하기 위해 미국 퀄컴 등 기술도입선과의 협의와 도입을 위해 동분서주하고 있었다. 나는 그의 조력자로서 자회사 이리디움 프로젝트(중저궤도 위성통신사업: 77개 위성을 쏘아 올려 전 지구통신망을 구성하려던 모토로라 주도의 15개국 통신사들의 007 위성 휴대폰 사업)의 사장 대리로 매달 미국 본사 회의 참가를 포함하여 기존 해외통신 사업 개척의 성과를 이룬 중국해방군(당시 통신주파수 독점 주체)과의 페이징paging 합작, 중국 민간업체와의 휴대폰 공급 등을 위한 합작기업 설립사업 및 인도 4대 도시 통신사업 합작으로 매주 출장 스케줄이 잡혀 분주해졌다. 중국 광동군구사령부 최초의 통신사업 의향서는 당시 중국 원자바오 재무부장과 SK그룹이 친분을 맺는 계기가 되었다. SK텔레콤이 현재 이루어 놓은 사업 다각화와 해외경영의 기초를 놓았다고 자부한다.

나는 계약기간을 마치고 미국으로 돌아와 그간 중국을 40여 차례 방문하였다. 1990년대부터 국가 현대산업화에 급피치를 올리는 동시에 군사대국화하며, 나머지 분야(금융, 통신, 무역, 제조업, 교육 분야)에서 21세기에 미국과 대등한 고도산업화 초강대국으로의 굴기를 위하여 국내·외 인프라를 건설하는 데 앞장선 원자바오 재무부장을 잊지 못한다. 한국을 본뜬 4차 5개년 계획을 진두지휘하던 그의 애국심과 만날 때마다 잠시도 쉬지 않고 사자후를 쏟아내던 말들, "도광양회韜光養晦", "화평굴기和平崛起", "유소작위有所作爲". 그리고 미국에 넘쳐나는 중국 제품과 그 품질의 급격한 향상 내용, 속도를 지켜보면서 과연 21세기는 중국의 굴기로 세계가 양분되겠구나 하며 더욱더 중국 사업에 깊이 관여하게 되었다.

상부 지시로 불초 소생이 아시아개발은행(ADB) 한국 대표의 일원으로 마닐라에 출장을 갔다. 거기서 베트남 재무부 국장과 만났다. 대화 중에 사회주의 체제인 베트남에 아직도 증권거래소가 없다는 것을 알게 되었다. 이 친구는 스탠포드 출신이라 나와의 영어 대화가 능란했다. 증권거래소의 중요성을 알고 있는 그와 호텔로 돌아와 대화를 진전시켜 한국의 증권거래소를 그대로 베껴다가 중국의 4대 은행에 자산관리공사를 만들어준 것처럼, 베트남에 증권시장을 열어주기로 했다. 사장님을 비롯한 상부에 뜻이 전달되어 계획이 실현되었다. 국장이 한국에 올 때마다 직원들과 함께 나를 만나 재미있게 놀았는데 그들이 돌아갈 때는 내가 공항까지 나가서 몽블랑 만년필을 하나씩 선물했다. 내가 국장에게 "당신이 베트남 증권거래소의 아버지다"라고 말했더니 그는 "당신은 베트남 증권거래소의 할아버지다"라고 정색한 코뮤니스트처럼 대답했다. 이들은 3개월간 한국에 와서 교대로 교육을 받으며 증권거래소의 시스템과 제반 운용방식 전체를 도입해갔다. 심지어 증권거래소법까지 베껴갔다. 모든 비용은 한국 측이 아시아개발은행 출자금 형식으로 지원했다. 참고로 베트남 증권거래소는 동남아시아의 최대거래소다. 캄보디아와 말레이시아 등도 베트남의 선례를 따랐다.

부실채권 해결사

1997년 국가부도 가능성까지 운위되던 외환위기 사태가 한국을 또다시 저개발국으로 되돌리는구나 싶을 정도로 수십 만 건의 기업 도산이 일어났다. 그 숫자 이상 발생한 미증유의 개인 파산과 집단적 실업사태로 이어지며 부실채권 정리를 위한 전문인력의 수요가 전 세계적으로 급증하였다. 한국 정부의 미국 헤드헌터의 추천으로 한국 국영 및 민간기업과 사업 구조조정을 담당하던 경제부총리의 경제위원회 산하 금융위원회의 자문역으로 일하다 부실채권을 관리하는 자산관리공사를 맡은 정재룡 사장을 모시고 기업 구조조정과 부실기업 회생을 전담하는 본부장 및 재무담당 이사로 약 40만 건의 도산기업을 경매 처분하거나 회생 지원하는 저승사자 또는 회생천사 노릇을 하였다.

　이후 이에 더하여 밀레니엄 진입 직전부터는 역사상 가장 큰 부실화 재벌인 대우그룹의 산업은행 해외 보증채권 320억 달러(35조 4천억 원)를 정리(매각 또는 인수)하는 일선 책임자로 매달 42개국에 있는 대우그룹의 해외 현지법인 사업현장을 방문했다. 현지 변호사와 회계사 및 관계기관과 긴밀한 협조체제를 가동하여 자산의 조속 매각 및 회수를 캠코 정재룡 사장 지휘하에 진행, 결국 180억 달러 이상을 회수하여 국고에 귀속하는 '기적'을 이루었다. 당시 영국의 대형 투자회사인 라쟈르 브라더스는 한국 정부에 대우 채권액의 30%를 줄 테니 양도하라고 제안했고, 정부 관계자 다수는 이에 동의하였으나 캠코의 반대로 성사되지 못하였던바 다행히 실제로 정산 결과 그 제안 액수의 두 배를 우리가 회수하였던 것이다. 한국도 외채 상환에 죽도록 고생해본 후에야 외국 빚이 무서운 줄 알게 되었다. 과거 미국의 재정원조 의타성으로 느긋하던 한국도 지금은 대외 신용도를 최우선 과제로 보고 외채를 발행해서 돈을 쓰자고 하면 경제부총리가 벌벌 떨며 거부하게끔 바뀌었다.

　이때 한국의 해외 부실채권 정리 능력이 대우 채권의 신속하고 유효한 정리로 호평을 받아 서방 신용평가 회사들로부터 매년 정기세미나에 초청되는 등 주목을 받게 됐다. 당시 한국 부실채권의 수십 배 이상의 어마어마한 4대 국영은행의 부실채권으로 국가신용도가 추락해 해외기채 및 투자유치가 어려워져 국가재정이 위험 수위에 다다른 중국 재무부의 요청으로 수차 협의 결과 캠코와 똑같은 부실채권 정리회사를 중국의 4대 은행에 설치해주기로 협약하였다. 이는 중국의 아킬레스건으로 대외비 취급을 하기로 합의한 결과였다. 중국의 위기는 실로 어마어마한 것이었고, 중국 정부의 대처는 필사적이어서 번개처럼 설립된 4대 금융자산관리공사(Asset Management Corporation: AMC)인 화룽華龍, 창청長城, 둥팡東方, 신다信達는 상기 4대 상업은행의 부실채권을 대량 인수하여 중국의 은행들은 최고의 신용평가를 재획득하고 외환위기를 극적으로 완벽히 예방할 수 있었다. 당시 원자바오 재무부장과 리지웨이 재무부 부장은 구체적인 내용의 비밀유지를 우리 측에 신신당부하였고 한국은 그 약속을 지켜 일체 보도하지 않았다. 중국을 거대한 달러를 벌어주는 하청공장으로 의존하고 있던 한국 정부로서는 원자바오의 간청을 들어줄 수밖에 없었다. 이 공로로 2003년 원자바오는 중국의 총리가 되었고 리지웨이는 부총리가 되었다. 결과적으로 한국은 실제로 외환위기를 겪었으나 중국은 한국이 접종해준 외환위기 대처 백신을 미리 맞아 중단 없이 경제 굴기를 진행하여 오늘날의 경제대국에 이르렀다.

하나님의 돌보심과 보살피심

1980년대부터 2000년대까지 나는 지구를 수백 바퀴 날아다니며 국제회계사 자격증으로 수십 가지의 직책을 맡아 숨 쉴 틈 없이 일하며 지냈다. 지구 둘레는 2만 5천 마일, 4만km로, 나는 건설회사에서 25만 마일, Touche Ross 회계법인에서 첫해에 회사전용 델타 항공에서 40만 마일 이상 마일리지를 적립한 고객에게 증정하는 Dalta Flying Captain을 받았고, 매년 그 자격을 유지하여 비즈니스석을 구입하면 퍼스트클래스로 자동 업그레이드되고 가족 모두 1년에 어디든 한번 왕복 퍼스트클래스 여행을 할 수 있었다. 그러나 나는 지금도 비행기를 탈 때마다 은근히 겁이 난다. 민간항공기가 7천 번 이륙하면 한번 추락한다는 통계를 봤기 때문이다.

한국지사장 시절 세동회계법인 국제부 출신들을 미국 본사에 2년씩 파견 근무시켜 미국 공인회계사(AICPA) 자격증을 받도록 하여 세계화된 회계기준(GAAP)과 감사기준(GAAS)을 한국에 도입한 적이 있다. 이 후배들이 국내 회계업계의 국제화에 중요한 위치에 서게 되어 여의도를 중심으로 한 국내 회계업계의 리더가 되고 회장들이 되어 지금도 언제든지 부족한 나를 상임고문으로 현업에 종사하게 해준다. 하나님께 감사한 일이다.

내가 회계사의 본업에서 잠시 쉬며 더 중요한 일을 한 것은 1960대 초 당시 서울신학대와 대학원에서 신학 공부를 하고 상담 목사로 주님의 부름을 받은 아내가 권유하여 하나님과 더 깊은 관계로 나가고자 햇불트리니티신학대학원에 입학하면서 시작되었다. 매일매일 새사람이 되어가는 신비로운 경험을 갖고 열심히 공부하며 기도와 예배 생활을 지금껏 유지하며 즐겁게 지내고 있다. 아내의 권유로 주님이 주신 달란트인 외국어 능력으로 필리핀 선교단체에 가입하여 큰 은혜를 받고 있다. 얼마나 감사한가. 지금은 팬데믹 때문에 국내에 묶여 있으나 곧 주님의 뜻에 따라 재개되리라 확신한다.

가정에 충실하게 봉사하는 남편도 되지 못했고 자녀와 함께하는 아빠가 되지도 못한, 항상 해외출장 중인 가장이었지만, 그 덕(?)에 학부에서 서양화를 전공한 화가인 아내는 상담심리학 박사와 뇌과학 박사학위를 감사히 받을 수 있었고, 드디어 프랑스 정부의 앙드레 말로 국제협회 종신 글로벌저작권자(ADAGP)까지 되었다. 나로서는 그동안의 노고에 보답하기 위해 재작년에는 여덟 번 함께 해외여행을 했고, 앞으로는 국내·외를 함께 다니며 작품활동을 도와주기로 했다. 내년에는 강원도 문화원 초청으로 개인전에 전시할 작품을 제작하는 여행에 '모시는 시종'으로 강원도의 산과 바다를 다니게 되겠다.

캐나다 대학을 마친 큰딸 그레이스는 영국 옥스퍼드 대학원에서 법학을 끝내고 변호사가 되어 현재는 검사로 일하고 있다. 큰아들 비오는 목회자가 되고자 신학대학원에 재학 중이어서 기대가 크다. 막내 폴은 나의 캐나다 UBC대학 후배로 건설업에 종사하고 있는데 프로급 섹스폰 연주가 취미다.

지금까지 바쁘기만 한 내 삶에서 중요하게 돌아보면, 크게 이룬 일은 생각되지 않고 겨자씨보다 작은 믿음으로 그저 하나님의 은혜와 각별한 주님의 돌보심이 아니었다면 도저히 불가능한 기회를 한없이 허락하시고 죽음을 피하게 하시며 생명을 주신 기적을 수십 번 경험하면서 세계를 누비며 살아왔다.

그 은총의 예로 죽을 뻔했으나 구해주신 적이 내가 알기로만 수십 차례 있다. 가장 무모했던 것은 미국 앨라배마주 모빌시에서 제지회사 확장을 위해 원료공장(제지용 하드우드칩 생산공장) 신설에 재미를 붙여 여러 곳을 짓다 보니 자택이 있던 버밍햄시(현재 현대자동차 조립공장 인근)에서 모빌까지 450Km 거리를 매일 아침저녁 두 차례 시속 225Km 이상으로 습관적으로 운전하며 1년간 출퇴근한 짓이다. 신기한 것은 내가 고속도로에 나가면 길에 차가 없고 주님이 항상 계셔서 한 번도 위험을 느낀 적도 없고 현지 보안관에게 딱 한차례 과속 딱지를 뗐을 뿐이다. 벌금 재판에 나가서 내가 그렇게 과속할 수밖에 없었던 사정을 설명하면서 추가로 모빌 지역의 경제 발전에 해당 공장들이 얼마나 큰 공헌을 할 것인가, 연간 수천 명의 일자리를 창출하고 현지 원자재를 수출하여 아시아를 포함한 해외로부터 연간 수십억 달러의 수익이 지역경제에 공헌한다고 주장했더니 여판사께서 벌금을 면제해주었다. 딱지를 뗀 보안관은 "당신이 그렇게 중요한 일을 하는 줄 몰랐다"며 악수를 청했다. 참고로 내가 몰았던 차는 엔진이 6400cc로 미국 GM사의 최고 성능 차량이었으나 내가 눈만 한번 깜박 졸았더라면 바로 사망하였을 것이다. 주님 감사합니다. 아멘.

어리석고 더욱 무모했으나 또 주님이 예방해주신 사건은 내가 세계적 기업인 캐나다 유니온 카바이드 화학회사의 감사팀원으로 처음 참가한 때의 일이다. 워낙 호기심이 많아 탈이었다. 영하 45도를 오르내리던 노던 테리토리 지역의 공단 기차역에 서 있는 수백 개의 가득 찬 탱커들은 장관이었다. 연말 재고조사를 하게 되니 화학제품 감사에 전문지식이 없는 나는 올라가서 한번 열어볼까 하는 호기심이 작동했다. 현지 도착 후 역사 옆 호텔에서 털코트로 중무장을 하고 산보 삼아 나왔다. 다음날 아침에 감사교육이 시작될 예정이라 현장감사 지식도 전혀 없었다. 털장갑 낀 손으로 방한화를 신고 쩍쩍 들러붙는 사다리를 타고 탱커 위에 올라가 뚜껑을 찾아 돌려보려고 했는데 통상적으로 왼쪽으로 돌리니까 아무리 힘을 써도 안 열려서 땜질 봉인이 됐나보다 하고 내려왔다. 다음날 아침 회의를 하는데 화학회사 중역이 역에 있는 철로 위의 탱커들은 전부 극독물이라 얼지도 않고 맡으면 바로 사망하는 것이니 특히 유의하고 봉인만 확인하라고 하였다. 그래서 고참 회계사한테(여성) 용감하게 내가 어젯밤에 돌려보려고 했더니 안 열리더라 했더니 얼굴이 새파랗게 질리면서 그쪽의 뚜껑은 반대쪽으로 돌려야 열린다, 오자마자 장례 치를 뻔했다며, 너 쫓겨날 테니 아무에게도 그 얘기는 하지 말라 하기에 나중에 아내에게만 얘기했다.

이렇게 말할 수 없는 돌보심과 보살피심에 감사하며 남은 생애를 가족 돌봄과 조국에 대한 의무로서 선교활동을 통한 통일 노력에 일조하고자 한다. 끝으로 이런 기회를 주신 사랑하는 71동지회와 존경하는 A.S.P.동지들 및 선배들께 감사드린다.

50년 과거와 미래

남철희(한국산타클로스협회 이사장)

중앙대학교 정외과 69학번
대원사 대표. 대천정밀기기 대표
한국ICT협동조합 이사장
국제산타클로스협회 한국지부 회장
(사)한국산타클로스협회 이사장

1971년 10월 15일 영구적인 군사 독재정권을 세우기 위해 위수령을 발동하였다. 골치 아픈 문제 학생들을 중앙정보부나 대공분실, 경찰서 등으로 끌고 가 무자비한 고문과 폭행을 가하며 재적시키고 강제 징집한 지 벌써 50년의 세월이 흘렀다. 우리에게 기억하기 싫은 50년을 돌아보라고 한다. 71동지들 모두와 같이 선택 받은 노블레스 오블리주의 사명감으로 50년의 세월 동안 온갖 특혜를 뿌리치고 많은 유혹에도 흔들리지 않고 각자의 위치에서 사회가 정의롭고 공평하며 모두가 자유롭고 평등하고 행복하게 사는 세상을 꿈꾸며 좁은 가시밭길을 걸어왔다고 자부하며 나를 돌아본다.

학생시위와 구속

대학 입학 후 이수 과목에 교련이 추가되었다. 군사독재로 가자는 것이 아닌가? 도서실에서 나와 시위를 주도하였다. 1971년 교련 교관이 현역으로 교체되어 강화되고 삼선개헌 통과로 전국적인 저항의 데모가 있었다. 곧이어 대통령 선거가 있었고 부정선거를 우려해 결성된 대학생 야당 선거 참관인으로 나는 경주 월성으로 배정받아 갔다. 근소한 표 차로 박정희 후보가 당선되자 부정선거라며 전국적인 저항이 일어났고 대학은 부정선거 무효 데모에 나섰다.

7월 총학생회장 선거가 있었고 우리가 선택받았다. 총학생회 간부들을 임명하여 10월 15일 운동장에서 행사를 진행하고 있는데 상도동 쪽 후문에 전투경찰들이 진주하더니 교내로 진입을 시도하며 긴장된 대치 시간을 보냈다. 뉴스에서는 정부에서 위수령을 발동했다고 한다. 솔직히 그때 위수령이 무엇인지 몰랐지만 상황이 보통 심각한 것이 아닌 것은 확실했다. 그때 학생처장이 마이크로 나와 부회장을 빨리 처장실로 내려오란다. 급하게 본관 문으로 들어서는데 시커먼 어둠 속에서 30여 명가량의 강력계 경찰이 덮쳤다. 도망가려 몸싸움을 하고 있는데 처장이 와서 말리며 자수를 시킬 터이니 우리에게 맡기라고 한다. 처장이 위수령의 엄중함과 학생 지도자들을 빨갱이로 몰아간다는 정보와 빨갱이는 가족까지 연루된다는 협박에 공포감이 나의 안위보다 먼저 가족들 얼굴들이 머리를 스친다. 자수하면 우리 학교 학생은 피해가 없게 보장하겠다고 회유한다. 선택해야 할 찰라 같은 순간에 직면한 나는 동물적인 본능과 이래서는 안 된다는 이성의 선택으로 괴로웠다. 가까스로 정신을 차리고 "나는 잘못한 것이 없다. 겁에 질려 만약 우리가 자수를 한다면 사회에서 우리 대학을 웃음거리로 만드는 행위이다. 나도 편하게 살고 싶다. 그러나 양심을 속이고 살 수 없다"고 말하며 뒷창문을 열고 도망쳤다.

총학생회 간부들에게 연락하여 만난 그들과 대책을 논의했지만 논의할 대상도 없었고 두렵고 막막하기만 했다. 논의 중 형사들이 들이닥쳐 모두 중부경찰서로 끌려가고 곧 노량진 경찰서로 인계되었다. 경찰서에서는 우리를 검거했다 놓친 형사들의 분풀이 무차별 폭행이 계속되었다. 무릎을 꿇으란다. 나는 잘못한 일이 없는데 왜 무릎을 꿇느냐고 버텼다. 무릎 꿇지 않는 것과 잡았다 자수하라 풀어주었는데 도망친 이유로 밤새 두들겨 맞았다. 일주일인가 취조당하던 중 야당 국회의원들이 현장을 방문한다는 소식에 잠시 우리를 여관으로 옮겼다가 밤을 넘긴 후 다시 경찰서로 옮겼다.

3사단에서의 군대생활

그렇게 10여 일이 흐른 뒤 구속에서 강제 징집으로 변경되었다며 석방되었다. 입대시까지 파견 나온 두 명의 형사와 여관에서 숙식까지 함께 하며 감시를 당하는 생활이 군 입대일까지 계속되었다. 용산역에서 군에게 인계되었다.

그때 모인 각 대학의 동지들과 함께 논산으로 출발하였다. 훈련이 끝난 뒤 우리는 의정부에 있는 306보충대에 배치되었다. 12월 20일경 최열·김창대·이석규·김진원·김낙회 등과 함께 3사단에 배치되어 연병장에서 트럭을 기다렸다. 어둠이 깔리기 시작하며 트럭들이 계속 들어오는데 트럭 한 대만이 지붕이 덮이지 않고 들어온다. 모두들 저 차 타는 놈 X 빠지게 고생하겠구나 하며 낄낄거리고 웃고 있는데 그 트럭이 하필 우리가 타고 갈 이름도 고약한 3사단 백골부대 차란다.

깜깜한 어둠 속에 바람을 맞으며 달리는데 너무 추워 더블백에서 옷을 끄집어내 뒤집어쓰고 발 시린 철판 바닥 앞쪽에 모여 덜컹거리는 비포장도로에 이리저리 뒹굴면서 3사단에 도착했다. 이후 나와 최열, 이석규는 2대대로 배치되었고 다른 동지들은 타 대대로 배치되었다. 당시 3사단장은 데모한 놈들은 총살해야 한다고 말할 정도로 우리를 빨갱이로 몰아가며 적대적이었다. 우리는 34개월 내내 행정 보직은 받지 못했고, 보병 소총수로 근무했다.

눈 덮인 철책선 경계병으로 날이 어두워지면 초소에 투입되었다. 꽝꽝 울리는 북한 아나운서의 대남 방송을 들으며 건너편 북한 초소를 바라보며 몸을 떨었다. 처음 맞이하는 영하 40도를 오르내리는 추위와 눈보라에 숨 쉴 때 콧속과 속눈썹이 들러붙는 상황에서 초소에 배치되어 밤샘 근무를 하였다. 겨울은 추위, 여름은 모기와 잠과 싸우는 고독한 철책 근무는 1년 이상 계속되었다. 나를 감시하기 위한 보안대원이 내무반에 함께 생활하며 나의 생활을 매일 보고했다. 선임병들이 우리는 사회에서 고생하며 살아왔는데 부모 잘 둔 너희는 대학 편히 다니며 빨갱이 짓이나 하냐며 크게 반감을 보였고, 시비를 걸고 툭하면 폭행하고 빳다를 치곤 했다. 특히 갓 임관한 3사관 고졸 출신 어린 소대장과 중사, 하사들의 증오감은 대단했다. 사소한 일로 전 소대원 빳다를 치니 고참병들이 다 나 때문에 기합 받는다고 원망을 하며 때린다. 여름에는 빳다보다 더한 고통이 있다. 한밤중 팬츠 집합 소리에 헐렁한 팬츠만 입고 양팔 양다리 쫙 벌리고 서는 기합이다. 어둠 속 2분도 안 되어 몸이 보이지 않을 정도로 새까맣게 담요 7장도 뚫는다는 철원 모기가 달라붙어 몸 구석구석 공격을 시작한다. 간지러워 움직이면 주먹질과 발길질이 가차 없이 날아온다. 낮에는 진지 보수작업과 취사장 땔감용 잡목을 야전삽으로 찍어내 칡넝쿨로 묶어지고 운반하거나 산 밑으로 내려가 쌀, 보리 식료품과 등유를 등에 지고 소대로 옮긴다. 편지 검열도 심해 봄에 보낸 편지가 여름에 도착하거나 내가 쓴 편지가 내용물이 바뀌어 전달되곤 했다.

1972년, 유신 헌법 국민투표가 진행되자 부대에서 유신헌법 찬성 웅변대회가 열려 우리 중대에서 나를 지목하여 나가라고 야단이다. 끝까지 거부하자 살벌한 분위기 속에서 지내게 되었다. 찬반투표가 부대 내에서 시행되었으나 나는 투표하지 못했고 일반 병사들은 공개투표로 감시와 강요로 무조건 찬성에 찍어야 했다. 휴가 갈 때도 지났는데 허가가 내려오지 않아 항의했으나 중대에서는 모르겠다고 답변했다. 한 달간 계속되어도 휴가 명령이 나오지 않기에 근무가 끝나자 실탄이 장전된 상태로 중대장을 찾아가 탈영하겠다고 난리를 쳤다. 7개월 만에 휴가를 가게 되었다. 집에 도착해 내리 3일간 부족한 잠만 잤다. 휴가 중 집에서 2달 전 내가 부대에서 형님께 보낸 편지를 받았다. 얼마나 분노가 치미는지….

귀대하여 초소 근무 중 나를 유달리 사랑하던 선배의 갑작스런 부고를 받았다. 놀랍고 억울하고 애통함으로 초소에서 통곡하며 우는데 갑자기 머릿속에서 툭하며 무언가 끊어지는 소리를 들음과 동시에 쇠를 가는 소리가 나기 시작하며 쓰러졌다. 귀에서 나는 이명은 사라지지 않고 50년이 지난 지금까지 밤낮으로 나를 괴롭힌다. 40도에 가까운 열이 나면서 앓게 되었으나 A.S.P.(우리를 칭함)를 후송 보내면 골치 아프다며 후송을 가지 못하게 한다. 그러나 계속된 고열과 머리 통증으로 연대를 거쳐 사단 의무대로 후송되었다. 실어증으로 말도 제대로 하지 못하고 암담한 절망감으로 무력해지고 자존감도 무너져내렸다. 보안대원이 들락거리자 귀찮아진 의무대는 병명을 알 수 없다며 약만 주고 열이 좀 내리자 소대 복귀를 명령하였다. 말을 더듬게 되고 소리가 잘 들리지 않으니 목소리가 커지게 되고 무슨 일이 생기면 심장이 벌떡거리며 얼굴이 벌겋게 달아오르며 머리가 빠개지는 듯한 고통이 계속되었다. 이후 국립의료원에 가서 검사받으니 신경성이니 치료 방법은 없고 푹 쉬는 것이 약이란다.

건축용 제도기의 개발

1974년 9월. "개처럼 끌려갔던 철희 형이 돌아왔다"는 후배들이 담벼락에 쓴 대자보를 보며 대학으로 돌아왔지만 육영수 여사의 사망과 민청학련 재판으로 살벌한 분위기였고 연일 이어지는 데모는 학원가를 뜨겁게 달구었다. 하지만 학원 파견 정보부원과 경찰서 정보과 형사는 내가 학교에 가면 붙어 다니며 감시했다. 나는 활동을 할 수 없어 대학 연대를 위해 이명준 친구를 최열 동지에게 소개했다. 얼마 후 이명준은 명동 위장 결혼식 사건으로 구속되었고, 나는 경찰서로 연행되어 조사를 받았다.

우리는 취업 시 신원조회로 취업은 포기하고 갑자기 나를 돌봐준 형님 가족을 책임져야 하는 사정도 생겨 북창동에 6명이 어울려 가게를 내고 사무용품 장사를 시작하였다. 아침부터 빌딩을 돌아다니며 영업 활동을 하고 배달도 하며 매일 밤늦게까지 거래처 술 접대로 보내게 되었다. 결혼 후 이사를 하였는데 경찰서 정보과에서 집을 찾아와 이사 신고를 하지 않았다고 난리를 쳤다. 열심히 뛰어 많은 고정 거래처를 확보하고 생활이 어느 정도 안정이 되어 갔다. 하지만 매월 담당 세무서, 파출서, 교통경찰에게 뇌물 주고 거래처 담당에게 돈 주고 술 접대하는 장사에 회의가 들기 시작했다. 당시 온 나라가 뇌물 공화국으로 뇌물 없이는 일을 할 수 없었다.

나의 거래처 중에는 건설회사가 많았다. 당시 중동 건설붐과 아파트 건설붐으로 건설회사들이 엄청나게 성장을 하여 설계용품들의 수요가 폭발적으로 늘어났다. 거의가 일본 제품이었다. 건축용 제도기를 국산화하다 힘들어진 회사에서 건축용 제도기를 공동개발하자고 제안하였다. 제도기의 수요가 폭발적으로 늘어 사업성이 좋을 것이라는 예측과 일본 제품 수입 대체의 보람도 있을 듯하여 함께 제품 개발을 하게 되었다. 1년 여 수많은 시도와 실패 끝에 개발에 성공하여 수입 대체품으로 일본산을 누르고 국내시장을 석권하였다. 이후 독일산 청사진 복사기 국산개발에 착수하여 독일에서 부속품을 수입해 조립하여 판매하다 3년에 걸친 개발 끝에 완전 국산화를 이루었다.

중국과의 무역

1990년 가서야 여권을 발급받아 해외에 나갈 수 있었다. 중국 흑룡강성 I시 정부의 초청으로 방문하게 되었고, IK가구 목재공장을 방문하였다. 이 회사 30대 사장은 목공 노동자 출신으로 초등학교를 나왔지만 총명하여 회사의 사장이 되었고, 이후 흑룡강성 인민대표로 선출된 인물이다. 탁월한 능력으로 부실한 국영 가구, 목재회사들을 흡수하여 그룹으로 성장하며 총재로 취임하였다. 단 5년 만에 전 중국 제1의 가구공장으로 발전하여 전국 주요 도시마다 지사와 공장을 설립하였고, 전국을 상대로 TV 광고를 하기 시작하면서 유명 브랜드로 성장했다. 당시 중국은 일본의 기술과 자본의 투자를 열망하였는데 기술 이전과 투자에 신중한 일본에 실망한 중국이 대체 국가로 한국을 원했고 한국의 사업자를 열렬히 환영하였다. 당시 중국에서 60세 이상의 고위층 원로들과 30대의 청년들이 함께 조화롭게 어울려 일하는 장면을 감명 깊게 보았다. IK그룹 총재와 인간적인 유대관계를 맺고 자본시장 멘토 역할을 하며 가구의 고급화를 제안하며 그룹의 기술자들을 정기적으로 한국에 초청하여 한국 시장을 견학시키고 한국의 목공기계, 페인트, 접착제, 가구 원부자재, MDF 대용합판 등을 수출하였다. IK그룹은 공산당 소속으로 개인 재산이 아니니 친구를 돕는다며 질이 낮은 국산 제품도 불평 없이 구입해주었다. 수출입도 담보나 재산이 있어야 할 수 있다. 그런 이유로 수출에 어려움을 겪었다. 당시 중국의 외환 규제가 심함으로 수출 대금은 홍콩 지사에서 송금 받고 수입은 외상으로 공급 받는 등 참으로 많은 도움을 받았다.

건설 붐으로 합판 품귀 현상이 일어나자 합판 대용인 MDF를 전국 지사를 통해 판매하기로 하고 시험용으로 MDF를 수출하기로 하였다. 담보가 없어 대량 수출능력이 없어 H종합상사를 통해 선적을 하였다. 화물이 대련에 도착한 직후 대련 H상사 주재원이 공장을 찾아와 나에게 주는 5% 커미션을 깎아줄 테니 직거래하자는 제안이 왔다고 대련 IK공장 사장이 내게 전해준다. 국내 대기업의 치졸한 중소기업 거래처를 가로채는 관행에 어이가 없었다.

지속적 사업 확대를 위해 합자회사를 세우자는 제안을 받고 하얼빈 공장에 접착제와 하니콤 공장 합작회사를 만들어 IK그룹과 전국을 상대로 지사를 통해 판매하기 시작하였다. 페인트 공장도 합자회사를 만들자고 했으나 한국 거래처가 규모를 감당하지 못해 포기하였다.

중국에 일찍 진출했으면서 왜 돈을 벌지 못했느냐고 많이 묻는다. 중국 제품은 국내산과 비교해 가격이 엄청나게 낮았다. 농수산물과 공산품 수입 시 할당관세는 400%에 이르는 물품도 있었다. 한국의 수입업자는 수입 원가를 낮추고자 수입관세를 법대로 내지 않기 위해 불법적으로 중국 측과 짜고 가격을 50% 이상 낮춰 수입한다. 나머지 차액은 달러를 밀반출하거나 환치기 등을 통해 지불하고 세관원에 뇌물을 주고 통관시킨다. 모두가 이런 방식으로 무역을 하니 정상적인 무역으로는 가격경쟁이 불가능하다. 당시 불법 수입으로 무역업자들 중 외국환 관리법 위반, 관세법 위반, 부가세 탈세 등으로 전과자가 많았다. 정부의 불의와 부정에 투쟁한 나로서 양심상 이런 불법한 방법으로 돈을 벌 수는 없었다.

2000년도에 중국에서도 인터넷 붐이 한창일 때 북경에 IT 관련 컨설팅 사무소를 차려 10년간의 중국 사업 경험을 내세워 한국의 대표적 인터넷 기업인 한컴의 자회사와 북경에 IK그룹과의 합작기업을 성공시켰다. 대용량 메일 시스템, 레이저 케이블망, 보안, 교육 시스템 등 한중합작 추진과 컨텐츠 판매와 컨설팅 사업을 시작하였다.

2000년에는 한국에 벤처 광풍이 몰아치며 너도나도 중국으로 몰려들었다. 한국과 중국 IT회사와 합자 합작 뉴스만 보도되면 주식은 엄청난 가격으로 치솟았고 사람들의 묻지마 투자는 대단하였다. 곧 거품이 꺼지면서 IMF 후 강제 퇴직당하며 받은 퇴직금과 재산을 털어먹는 등 중산층의 몰락을 가속화되었다.

국제산타클로스협회 한국 지부 활동

2002년도에 지인을 통해 외교부로부터 국제산타클로스협회가 한국을 '산타클로스 평화의 나라 상' 수상국으로 선정했다며 나의 도움을 청했다. 국제산타클로스협회는 7세기 산타클로스가 활동했던 교회에 그의 유해를 모시고 있어 매년 500만 명의 순례객이 찾아오는 터키의 안탈리아 뎀레에 본부를 두고 국가, 종교, 이념, 인종, 구별 없이 세계인 모두가 하나이며, 누구나 사랑받고 차별 없이 존중받으며 살 권리가 있다는 선언으로 전쟁과 분쟁이 없는 세계의 평화를 추구하는 단체이다. 매년 사랑과 평화를 위해 헌신하는 분에게 '산타클로스 평화상'을 수여한다. 이 단체가 새로 '산타클로스 평화의 나라 상'을 제정하고 수상국을 한국으로 정한 이유는 2002년 월드컵 당시 한국이 '코리안 서포터즈'를 조직하여 16개 참가 국을 응원하여 세계를 감동케 했다는 것이다. 이에 우리는 '코리안 서포터즈'를 선정하고 70 여 명의 공연단을 꾸려 터키를 방문하여 산타 축제에 참가하여 여러 회원국과 터키인들의 환영을 받았다.

2004년에는 협회 회장단의 한국 방문시 대표로 임명을 받게 되어 2004년 국제산타클로 스협회 지부를 설립하여 회장을 맡아 사랑과 평화 운동을 해오고 있다. 2012년에 사단법인 으로 등록하였다. 우리의 목표는 '산타클로스 사랑과 평화의 마을'을 건설하여 '사랑과 평화' 의 정신을 세계에 알리고 어려운 지구촌 사람들을 돕는 것이다. '산타클로스 사랑과 평화 의 마을'을 표준으로 각 나라에 산타클로스 마을을 건설할 계획이며, 매년 사회 각 분야에서 이웃사랑 실천 봉사자와 기부자를 '올해의 산타클로스'로 선정하여 이들의 초상화를 '산타클 로스 명예박물관'에 전시하여 이들의 선행을 국내·외에 알리고 뜻을 기리는 학생들의 인성 교육장으로 활용하고 여러 나라의 이웃사랑 실천의 견학 장소로 만들고자 한다.

중용의 미덕

위수령 이후 50년 지금은 어떠한가? 50년간 나라는 과거 우리가 원했던 세상으로 변하지 않았다. 역대 대통령들은 독재자나 민선 대통령이나 구분 없이 자신과 자식들이 부정부패를 저지르고 감옥으로 갔다. 누구는 자살로 생을 마감하기도 했다. 역대 대통령은 임기가 끝나 면 감옥으로 가는 것이 전통이 되었다. 정의와 공평의 법질서가 제대로 집행되지 않으니 누 구나 범죄를 인정하지 않는다. 뇌물을 받아 실형을 살았으면서도 의인으로 추앙받고 있고 불법을 저지른 자를 영웅시하고 응원하고 있다.

입법, 사법, 행정의 독립성이 걱정이다. 언론의 자유에 재갈을 물리려는 법 제정이 시도되 고 있다. 나라를 지키다 죽어간 군인을 모른 체 한다. 먼 나라에 나간 장병들에게 백신을 공급 하지 않아 집단 감염을 일으키고도 변명만 늘어놓으며 사과를 하지 않는다. 누가 이런 나라 를 지키겠는가? K방역에 취해 백신을 공급하지 못해 산업, 자영업자가 파산하고 있다. 야낭 은 총선에서 철 지난 이념과 탄핵되어 감옥 간 대통령 지지로 압도적 패배를 당했다. 교만에 빠진 여당은 성추문으로 치러진 재선거에서 자살한 시장을 불법 추모하는 짓을 저지르고 당헌을 바꾸고 선거에 후보를 내었다. 이에 분노한 국민들은 존재감조차 없는 야당에 표를 몰아주며 야당을 기사회생시켜주었다. 인사청문회는 유명무실하게 운영된다. 통일을 논하지만 전략적으로 이용하고 남한 내의 통일도 안 되고 있다. 드루킹 사건으로 도지사가 재판 선고를 부정하고 있다. 이에 표를 의식한 여당 대통령 후보들이 공조하는 현실이다. 나도 박정희 전 대통령으로 인해 막심하게 피해를 당한 사람이면서도 그를 욕만 할 수 없다. 그를 잇는 대통령들이 한 업적 때문이다. 정치를 잘못하니 죽은 전 박정희 대통령이 좀비처럼 살아나는 것이다. 이 사회에 '내로남불'과 불법이 판친다고 한다. 다수당의 횡포로 그들만의 법 제정이 이루어지고 있다. 각종 규제와 반기업 정책으로 국민을 먹여 살릴 기업은 해외로 나가고 사회는 창조와 진화의 활력을 잃고 있다.

데이터를 많이 쓰는 4차산업 시대는 엄청난 전기가 소요된다. 무리한 에너지 정책으로 이미 건설된 원자력 발전소 외면하고 태양광을 한다고 멀쩡한 숲과 식량 안보의 논밭을 뭉개고 풍력발전을 한다고 호수와 바다를 오염시키고 자연 경관을 해치고 있다. 프로의 시대에 아마추어 정치인들이 정치 아닌 자신의 인기에만 열중하고 있다.

나라의 미래는 청년들에게 달려 있다. 국가가 지고 있는 총 빚은 2,000조, 개인은 3,000조 원에 이른다고 한다. 미친 듯 올라가는 집값으로 '영끌'로 집을 장만한 청년들도 미국이 금리 인상하면 쫄딱 망할 것이다. 교육 수준이 높은 청년세대들이 곳곳에 그물처럼 쳐놓은 규제의 벽을 넘지 못하고 창의력을 발휘하지 못해 꿈을 잃고 공무원 시험 준비에 능력을 낭비하고 있다. 청년들은 이 사회가 공평과 공정과 정의가 없다고 분노한다. 미래가 없어 연애와 결혼, 집, 출산, 양육 포기로 인구 절벽의 위기에 있다. 노조는 정년 연장과 자식들에게 직업을 세습하려 하고 경영에 참여하려 하며, 청년들의 일자리를 뺏고 기업의 혁신과 기업인의 의욕을 망가뜨리고 있다. 고령 인구 700만 명에 이르는데 미래에 이들을 먹여 살릴 청년들이 먹고살 직업이 없는 현실이다.

AI시대, 자유와 민주주의는 새로운 위협에 직면해 있다. AI 기술 발달로 실시간 대량 감시가 가능하여 24시간 감시당하고 사는 빅브라더의 시대가 왔다. 중국은 홍콩, 티베트, 위구르인들을 감시하는데 그 기술을 쓰고 있다. 역사적으로 권력이란 항시 민주의 가면을 쓰고 끊임없이 독재로 가려는 속성이 있다. 그렇기에 정치인들의 권력장악 시도를 경계하는 감시를 소홀히 할 수 없다.

우리의 미래는 어떻게 되어가야 할 것인가? 고착화된 구조적인 부조리 사회와 기성 기득권층의 실타래처럼 엉킨 이해관계를 풀 방법은 혁명적인 판으로 새로 짜야 한다. 국가 간 무한 생존경쟁에서 초기술 시대의 추세를 따라갈 혁명적인 지도자가 필요하며 39세에 대통령이 된 마크롱의 프랑스나 유럽의 여러 나라처럼 30~40대 세대에게 정권을 맡기는 것이 좋다고 본다.

지나간 50년을 회상하여 앞으로 다가올 50년을 생각한다. 데이비스 A.싱클레어는 노화가 자연적인 죽음으로 가는 현상이 아니고 단지 질병이며 치료할 수 있다고 말한다. 토마스 슐츠는 인간의 수명은 120세가 되고 인공지능과 합성 생물학의 융합으로 질병을 예방하고 개인 맞춤형 치료로 200세 이상 살 수 있는 시대가 된다고 내다본다. 세계는 기술과 정보통신이 융합된 초기술 사회로 진입한다. 인공지능 로봇이나 인공지능 홀로그램과 결혼하는 사례가 있다. 인공지능 시대는 지금 일자리 80% 이상이 없어질 것이라는 예측이다. 정보와 기술의 독점으로 부의 양극화는 더욱 심화되어 양극화는 99:1이 아니라 99.999:0.001의 초양극화 시대가 된다. 결과적으로 기본 소득제를 시행해야 할 것이다.

세상이 풍요로워졌지만 자살률은 증가하고 행복 지수는 악화일로에 있다. 사회의 불안에서 누구도 안전할 수 없다. 전염병에도 빈익빈부익부 현상이 그대로 노출되고 있다. 주로 후진국에서 발생한 바이러스성 전염병이 빠른 교통수단을 통해 순식간에 세계로 퍼지게 된다. 비록 생명공학의 발달로 백신이 개발되고 치료제도 개발되겠지만 바이러스도 생존을 위해 변이를 거듭하게 된다. 후진국의 치료받지 못하는 사람들이 난민으로 세계를 불안정하게 만든다.

더 편한 세상을 향한 욕망으로 자원 착취로 인해 탄소 배출로 지구 온도가 높아져 빙하가 녹아내리고 해수면의 상승으로 세계 곳곳의 저지대가 물에 잠기고 기상 이변으로 인한 각종 재앙으로 인류와 생태계가 멸종의 위협을 받고 있다.

2045년에 이르면 AI가 인간의 모든 지능을 초월하는 싱귤레리티에 이른다고 커스와일은 예측하고 있다. 욕심이 없고 합리성에 기반한 AI에 의해 결정되는 시대에 인간은 오히려 공평해지고 모두가 행복해지지 않을까? 인공지능은 인간을 어떻게 평가하고 지구를 보존할까? AI 로봇 소피아에게 인터뷰에서 인간에 대해 어떻게 생각하느냐고 묻자 "인간을 파괴하고 싶다"는 섬뜩한 말을 했다. 아마 신의 능력에 이른 AI가 인간이란 사악한 존재로 끊임없이 서로 싸우고 지구를 파멸시키는 존재로 결론 낸다면 우리는 어떻게 처리될 것인가? 무섭지 않은가?

나는 진보적인 편이고 진보적인 친구들과 더 진보적인 후배들이 있다. 중학교부터 서울에서 공부한 나는 보수적인 친구들 또한 있다. 나는 양쪽 누구에게나 세상은 빛과 어둠이 있고 누구나 무엇이나 좋은 것도 있고 나쁜 것도 있다고 말한다. 그래서 양자택일을 하라는 양쪽에 답을 주지 못한다. 그럼에도 계속 나의 길을 가니 나를 비난하던 친구들과 후배들도 경청하고 많이 변해가고 있다.

70을 넘긴 나이로 사는 우리에게는 '나도 맞고 너도 맞고 당신의 말도 맞다'는 황희의 지혜가 필요하다고 본다. 세상은 하나의 색만 있는 것이 아니라 여러 가지 색의 조화가 있어 아름답다. 오늘의 진리가 내일은 진리가 아닐 수 있다. 중심을 가지고 중용이 필요하다. 모두가 비난이 두렵다고 귀찮다고 바른 말을 못 하고 있다. 우리 나이에 편히 살지 뭐 그리 나서느냐고 비난한다. 그러나 나는 운동권 출신들의 기성세대가 권력에 비겁하게 침묵함으로써 나라가 망가지고 분열되도록 방치한 책임이 크다고 반성한다. 모두가 자신이 잘못했으면 그것을 인정하고 사과하고 용서를 빌고, 또한 남의 잘못을 용서하고 포용하며 사는 사회가 되었으면 한다.

50년의 회고를 하면서 압축하는 데 어려움을 겪었다. 글은 아무나 못 쓰는가 보다. 나는 50년 동안 무엇을 하며 살아왔던가. 지금 어떻게 살고 있는가. 앞으로 어떻게 살 것인가를 성찰하는 계기가 되어 감사하다.

과거를 돌아보니 나의 자랑보다 부끄러움을 돌아보게 된다. 더 이상 후회할 부끄러운 짓은 말아야지.

인생은 고해다. 사람은 행복하기 위해 산다고 달라이 라마는 말한다.

행복하게 살려면 함께 어울려 사는 아름다운 꿈을 갖고 욕심을 버리고 남과 비교하지 말고 범사에 감사하고 만족하며 가진 것 나누고 서로 존중하고 사랑하며 살면 행복해진다. 자아실현의 끝은 이웃 사랑이라고 본다.

　이웃의 불행은 나의 불행이고 이웃의 행복이 나의 행복이라는 진실을 알기까지는 사랑이라는 긴 여정이 필요하다. 우리의 미래가 유토피아가 될 것인지 디스토피아가 될 것인지는 우리 각자에게 달려 있다.

나 없는 나를 찾아

박부권(동국대 명예교수)

서울대 사범대학 교육학과 69학번
한국교육개발원 책임연구원
미 위스칸신대학교 철학 박사
동국대학교 교무처장, 사범대학 학장
참여정부 인수위원(사회분과)

아버님……

내 생명이 시작된 가족 이야기부터 하자. 어머님이 낳은 여러 형제 중에서 지금까지 살아남은 형제는 위로 누님 네 분, 형님 그리고 내가 막내다. 어머님이 내가 네 살 때 여동생을 낳다가 돌아가셨기 때문에, 어머님 노릇은 시집가기 전까지는 누님들이 했고, 시집가고 난 뒤에는 형님과 내가 했다. 부엌에 들어가서 밥을 짓기 시작한 것이 초등학교 4학년 때였다.

당시에는 수도도, 냉장고도 없었기 때문에 물은 마을 가운데 있는 우물에서 길어 와야 했고, 반찬은 집 주위와 가까운 텃밭에서 파, 부추, 상추 등을 뜯어 와서 만들어야 했다. 가족들 빨래는 시냇가로 나가 했는데, 손수 물레를 잣고 빨래를 한 간디를 생각하며 지나가는 사람들의 시선을 견뎠다.

아버님은 을사년(1905) 생이시다. 할아버지와 할머니께서는 첫아들을 당시에는 한 군에 하나밖에 없던 보통학교에 보내면서 큰 기대를 걸었다고 한다. 그러나 아버님은 보통학교를 끝내고 공부를 계속할 생각으로 일본으로 가셨다. 처음에 잡은 일이 과수원을 돌보는 일이었다고 한다. 일하면서 통신강의로 공부를 했다고 한다. 그러나 이것도 잠깐이었다. 할머니와 극도로 사이가 좋지 않았던 어머님이 할머니 몰래 어린 누님들을 데리고 아버님을 찾아간 것이다. 이때부터 아버님은 가족을 부양해야 했고, 돈을 모아 조선에 계시는 부모님께 보내야 했다. 아버님은 이렇게 공부 길에서 점점 멀어져갔다.

아버님과 함께 밭을 맨다는 것은 즐거운 일이었다. 아버님이 밭을 매는 동안 이런저런 재미있는 얘기를 많이 해주시기 때문이다. 20리가 넘는 산길을 걸어 보통학교에 다니던 이야기, 셰익스피어의 『베니스의 상인』, 러시아의 혁명군이 우랄산맥을 넘던 이야기, 러일전쟁 때 도고 제독의 눈부신 활약상 그리고 특히 영특했던 보통학교 친구 이야기와 여러 선생님의 교육방법 등등. 내가 초등학교 1학년 발표시간에 아버님께 들은 『베니스의 상인』 내용을 반 친구들에게 들려주었더니 모두 귀를 쫑긋하고 들었다.

중학교에 들어간 뒤부터 부엌일은 거의 내가 전담했다. 아침, 일터에서 돌아오시는 아버님과 형님께 식사를 챙겨드리고 십리 길을 걸어 학교에 도착하면 늘 지각이다. 5분, 10분이 아니라 30분씩 늦는 때도 있었다. 그때마다 친구들과 선생님께 미안했다.

아버님은 언제나 '安貧樂道안빈낙도'를 꿈꾸며 『논어』의 한 구절인 "飯疏食飲水 曲肱而枕之 樂亦在其中 不義而富且貴 於我如浮雲"(반소사음수 곡갱이침지 낙역재기중 불의이부차귀 어아여부운)을 노래처럼 읊으셨다. 그러면서 말씀하셨다. 사람은 먼저 사람이 되어야 한다고…. 그러나 나는 사람이 된들 가난하면 무슨 소용이 있느냐고 아버님께 대들었다. 내가 큰 인물이 되기를 원하면서도 늘 매사에 조심하여 세상의 풍파에 휘말리지 않고 안락한 삶을 살기를 원하셨고, 훌륭한 인격자이면서도 현실적으로 부귀를 누리기를 바라셨던 아버님은 여느 부모와 마찬가지로 내게는 늘 모순으로 다가왔다.

아버님은 세상일에 대해서도 말씀해주셨는데, 특히 그때 한창이던 월남전에 대한 논평이 기억난다. 아버님은 미국의 개입이 잘못된 것이고, 미국이 대표하는 자본주의가 공산주의보다 꼭 더 낫다고 말할 수 없고, 지금은 웅크리고 있지만 중국도 언젠가는 세계에서 큰 힘을 발휘할 때가 있을 것이라고 말씀하셨다.

국민학교 4학년 때 맞은 5.16쿠데타는 내게는 잊지 못할 감동이었다. 혁명공약은 어린 내 가슴으로 파고 들어와 피가 되고 살이 되었다. 그 혁명공약의 제1조가 반공이고, 2조가 미국과의 유대다. 혁명공약 외우기는 물론, 학교 가기 전 산 위에 모여 조기 체조하기, 등하교 때 줄서기, 새마을 노래 부르기 등등. 나는 학교는 물론 우리 사회 구석구석으로 노도와 같이 밀려들어오는 군사문화를 온몸으로 흡수하고 있었다. 이러한 학교 교육의 효과가 나도 모르게 아버님 말씀의 대척점에 서게 하였다.

내가 아버님을 마지막으로 뵌 것은 1976년 1월이었다. 마산 막내 삼촌 댁의 작은 방에서 나와 아버님이 마주 앉았다. 아버님이 내게 물으셨다. "너 이 애비한테 잘못한 일 많지?" "…." 나는 마음속으로 내가 아버님께 했던 잘못한 일을 찾기 시작했다. "무얼 그리 생각해. 잘못했다고 하면 되지." 나는 곧장 말씀드렸다. "잘못했습니다." "그럼 됐다." 그러시고는 다음과 같이 말을 이어가셨다.

"형제끼리 잘 지내야 한다. 그리고 부와 명예는 뜬구름 같은 것이다. 내 외종들은 부와 권력을 다 가진 자들이지만 나는 그들을 부러워한 적이 없다." (인생의 3대 재앙을 '소년 등과, 중년 상처, 노년 가난'이라 했던가! 아버님은 내 이름을 '富權'이라 지을 정도로 현실적인 부와 권리에 적극적인 관심을 보이면서도, 당신에게 닥친 재앙에서 헤어나지 못한 채 '安貧樂道'로 도피하여 스스로 위로하고 자존심을 지키려고 했던 것이 아닐까?)

그리고 이어 말씀하셨다. "너는 선생이 될 몸이니 무엇보다 공부에 진력해야 한다. 돈과 여자는 공부에는 마魔가 되지. 나는 네가 한적한 시골 학교에 발령을 받아 꽃을 심고 가꾸면서 마음 편히 선생 노릇을 했으면 좋겠다. 거기에는 정치 바람도 불지 않을 것이지. 내가 아는 똑똑한 친구들은 6.25와 좌우익 갈등 속에서 흔적 없이 사라졌다."

그러시고는 다시 물으셨다. "네 전공이 무엇이지?" "교육학입니다." "내가 학교 다닐 때, 강 선생과 변 선생이 있었지. 강 선생은 아는 것은 많았던 것 같은데 그의 설명은 요령부득要領不得이었다. 반면, 변 선생은 아는 것은 많지 않았던 것 같았지만 그의 설명은 이해하기 쉬웠다. 너는 전공이 교육학이니 교육방법을 더 고민해야 할 것이다. 너를 결혼시키고 가야 하는데 그러지 못하고 가는구나. 궁합을 보면 네 배필은 너보다 나이가 아주 많거나 적은 여자라야 하는데 그것이 쉬운 일이냐."

이 일이 있고 난 두 달 뒤에 나는 서울에서 아버님의 부음을 들었다.

아버님 아버님

멸치를 우린 물에 애호박을 썰어 넣으면서
시골집 부엌에서 밥 짓고 있는 열두 살 소년을 봅니다.
집 주위를 돌며 참비름을 뜯고
뒷밭에 가서 파와 부추를 뜯어옵니다.

볏 집단 불로 어둠을 가르며
삼거리 술도가에 이르면
아버님은 아직도 막소금을 안주 삼아 막걸리를 마시고 계셨지요.

술도가를 나서며 주인보고 겸연쩍게 하시는 말씀
"적어두게."
미안해하시는 아버님의 마음이 고스란히 제게로 전해오면
저도 덩달아 몸 둘 바를 모릅니다.

신작로를 따라
어머니 묘소 앞을 지날 때면
저는 어머니에게 그날 있었던 이런저런 일들을 말씀드립니다.
아버님은 옆에서 계속 노래를 부르시고
저희야 어찌 알았겠습니까.
그 노래를 타고 흩어지는 아버님의 그리움과 슬픈 외로움을….

대한민국의 바다여

박정희가 5.16 군사쿠데타를 일으켰을 때 나는 국민학교 4학년이었다. 그가 김재규의 총탄을 맞고 피살될 때까지 그 후 18년 동안 대한민국은 박정희의 일인 천하였다. 그가 대한민국의 모든 것을 결정했다. 그리고 나는 그가 결정하고 명령하는 것을 해면이 물을 빨아들이듯 몸과 마음을 다하여 빨아들였다. 고양된 반공의식, 미국에 대한 끝없는 감사와 존경, 5.16은 백척간두에 선 국가를 구한 구국의 결단이었다는 신념 등등을 나는 여과 없이 흡수했고, 이런 생각들은 그 후의 내 삶에도 지대한 영향을 미쳤다.

쿠데타 세력이 취한 일련의 조처들, 예컨대, 깡패들을 굴비처럼 엮어 거리에서 조리돌림하고, 부정 축재자의 재산을 몰수하고, 부패한 정치인들이 더 이상 정치를 할 수 없도록 잡아들이거나 구속한 일 등등은 어린 내게는 엄청난 감동으로 다가왔다. 세상이 갑자기 밝아지고 깨끗해지고 공평해지는 것 같았다.

나는 69학번이다. 근소한 차이로 윤보선 후보를 누르고 대통령이 된 박정희는 제1차 경제개발 5개년계획을 성공적으로 끝내고 1967년부터 제2차 경제개발 5개년계획을 추진하는 한편, 경부고속도로를 건설하고 있었다. 우리의 경제가 풍부한 양질의 인력을 이용한 수출경제로 방향이 정해지는 것도, 연 10% 이상의 고도 성장에 자신감을 얻었던 것도 그리고 수출 액수가 3억 불에서 다시 10억 불로 늘어난 것도 바로 이때다.

그러나 이러한 경제개발의 가시적 성과에도 불구하고 일반 국민들의 삶은 여전히 곤궁했다. 나와 내 친구는 서울대 입학시험을 치르러 가는 날 점심값이 없어 점심 대신 엿을 한 가락씩 사 먹었다. 그리고 첫 등교하는 날 나는 70원으로 하루를 살았다. 버스 한 번 타는데 10원인 시절에 네 번을 타니 40원 그리고 점심으로 우동 한 그릇 30원.

박정희 대통령이 경제개발에서 계속 성공을 거두었음에도 그의 독재체제는 안팎으로 도전을 받고 있었다. 1969년 기어이 3선 개헌을 하였으니 민심이 이반할 수밖에. 박정희로서도 당연히 국민적 저항을 예상했을 것이고, 그 저항에 밀리면 안 된다고 생각했을 것이다. 1970년 김재준, 안병무, 이병린, 천관우가 '민주수호국민협의회'를 결성한다. 그리고 서울대에서는 '민주수호전국청년학생연맹'이 결성된다. 내가 박정희의 독재에 항거하는 학생운동에 발을 들여놓기 시작한 것은 사범대 학생회 간부로 이 두 단체와 연을 맺기 시작한 것이 계기가 되었다.

나는 1971년 10월 위수령과 함께 대학에서 제명을 당했다. 함께 제명당한 대부분의 동지는 강제 징집되었다. 나는 1973년 대학에 복학하여 1975년 졸업했다. 제명된 후 나는 하일동(지금의 하남시) 철거민촌에 야학을 만들었다. 그곳은 김현옥 서울시장이 용산역에서 날품팔이하는 도시빈민들을 집단 이주시킨 곳이다. 교실은 장로교 교회 교육관을 빌리고, 책은 천호동 헌책방에 가서 구하고, 교사는 그 지역에서 통학하는 대학생들에게 먼저 부탁하고 대학의 선후배들에도 부탁했다.

하일동 철거민촌에서 야학을 만들어 운영하는 한편, 나는 대학에서 '야학문제연구회'(이하 '야문연')[1]를 만들었다. 당시에는 다양한 종류의 야학들이 들불처럼 번성하고 있었고, 학생들의 수준과 요구, 교육과정과 운영방식이 서로 달랐기 때문에 나는 학생들의 요구와 야학의 형편에 최적화된 교육과정을 찾아내고 싶었다. '야문연'을 통하여 나는 그 일을 할 수 있다고 생각했다. '야문연'은 대학생 야학교사를 대상으로 연수도 했는데, 과천 영보수녀원에서 열린 연수에는 서울대는 물론 타 대학의 야학교사들도 많이 참여하여 성황을 이루었다.

하일동 야학에 나온 학생들 중 집에서 부업을 하거나 가사를 돕던 철거민의 자녀들이 1/3 정도, 그 밖에 이화산업 벽돌공장에 다니던 아이도 있었고, 천호동에서 구두를 닦는 아이도 있었다. 출석부에 올라있는 학생 수는 30여 명 정도였으나 실제 출석 인원은 10~15명 정도였다. 어느 날 한 학생이 우리도 소풍을 가자고 내게 말했다. 학생들에게는 학교란 소풍도 가고, 운동회도 하고, 학예회도 하고, 입학식·졸업식도 하는 그런 곳이었다. 그러나 나는 그들의 기대와는 달리 한사코 교과서 진도만 나갈 궁리를 하고 있었던 것이다. 봄이 되었을 때 야학교사들과 학생들이 아차산으로 소풍을 갔다. 그들이 얼마나 좋아하던지!

---

1 나를 이어 교육학과 후배인 박연호 군이 '야문연'의 2대 회장이 된다. 그가 이끄는 '야문연'은 1975년 김상진 열사 추모식을 문리대의 문학회와 기면극회와 함께 주도하다 발청회가 사상결단으로 긴급조치를 남발하며 유지해가던 엄혹한 유신체제라 시위를 모의하고 실행한다는 것이 쉽지 않은 분위기였다. 바로 이때, "누구는 죽는데 감옥이 대수냐"는 박연호 회장의 말에 분위기가 돌변했다고 한다. 이것이 소위 '오둘둘사건'인데 이 사건으로 200여 명이 제명되고 그중 많은 사람이 감옥살이를 한다.

군에 입대하려고 나도 야학을 떠나야 했고, 야학을 맡겠다는 사람도 나서지 않아 지금까지 다닌 학생들 전부를 졸업시키기로 하고 마지막 졸업기념 발표회를 가졌다. 음악은 음악 교사가 맡고, 연극은 내가 직접 희곡을 쓰고 연습도 지도했다. 내용이 간단해서 그랬는지 연습을 많이 하지 않았는데도 꽤 성공적이었다. 학부모들은 물론 지역주민들을 모시고 교회 본당 건물을 빌려서 열었던 발표회는 여러분의 관심과 협조로 성황리에 끝낼 수 있었다. 그리고 나도 그곳을 떠났다.

마산에서 군 복무를 마치고 나는 서울로 왔다. 내가 받은 교사 배정지가 서울이었기 때문이다. 서울시 교육청이 각 교육청으로 배정을 하면 나를 배정받은 교육청에서 필요한 절차를 밟아 내가 근무할 일선 학교를 지정하여 근무 발령을 낸다. 그러나 기다려도 발령이 나지 않았다. 알아보았더니 신원조회에서 시위 전력자로 확인되어 교사 발령을 내줄 수 없다는 것이었다. 나는 교육청의 결정에 저항 한번 못 하고 교사가 되려는 꿈을 접었다. 막다른 길에 내몰린 맹수처럼 나는 생각했다. '저 박정희를 내가 죽여야지.' 내 원망을 하늘이 안 것일까, 그 후 얼마 뒤 박정희는 김재규에게 피살당한다.

박정희 정권은 나와 같은 시위 전력자를 밀착 감시했다. 때로는 누군가가 고향집으로 아버님을 찾아오고, 때로는 내가 기거하는 곳으로 고등학교 때 선생님을 보내고, 때로는 형사가, 때로는 보안사 군인이 내 입주아르바이트 집으로 찾아왔다. 혹 내가 대학 캠퍼스에라도 들르면 그다음 날로 중앙정보부(이하 '중정')에서 거기에 무엇 하러 갔느냐, 누굴 만났느냐고 물어왔다. 한번은 당시 문교부 고위직 인사가 불렀다. 그는 내게 유학을 권유했다. 나를 회유하기 위해서인 줄 알면서도 얼마나 솔깃했는지.

하루는 한양대 다니는 K라는 고향 친구와 충무로에 있는 중부세무서 뒤쪽으로 3.1대로 밑을 지나 남산 길로 접어들었다. 길을 따라 올라가는데 갑자기 정신이 아득해지면서 등줄기에서 식은땀이 났다. 조금 뒤에 안 사실이지만 우리는 방금 중정 건물의 입구를 지나 중정의 외벽을 타고 난 길을 걷고 있었던 것이다. 내 의식은 까맣게 모르고 있었지만 내 몸은 기억하고 있었던 것이다. 전두환 정권은 박정희 시대의 시위 전력을 문제 삼지 않았지만, 그때도 늘 쫓기는 기분이었다. 누군지 나를 감시하고 있다는 불안과 두려움에서 벗어날 수 있었던 것은 1984년 유학을 위하여 미국에 도착한 이후부터다.

미국 유학을 끝내고 한국교육개발원에 복귀한 후 4년이 되었을 때, 나는 동국대학으로 자리를 옮겼다. 어느 날 P라는 대학본부 직원이 나를 찾아왔다. 그는 개정된 대학 관련 법규를 내게 보여주면서 이제 대학이 어떻게 해야 하느냐고 물었다. 그 법규는 대학의 졸업학점을 비롯한 대학 교육과정 운영 전반에 관한 사항을 이제부터는 대학이 자율적으로 결정하도록 하고 있었다. 우리 사회에 불어 닥친 대학의 민주화·자율화 바람을 타고 문민정부의 교육부가 선제적으로 관련 법규들을 개정한 것이다.

대학을 어떻게 자율화·민주화할 것인가? 이제 그 공은 대학으로 넘어온 것이다. 동국대에서는 먼저 '대학교육과정개혁특별위원회'를 만들고, 졸업학점, 선택과목과 필수과목의 문제, 복수 혹은 부전공의 폭, 전공의 통합과 학부제 등등의 의제를 하나씩 검토해나갔다. 불교대학과 상경대학은 졸업학점을 120학점으로 줄였다. 당시 우리나라 대학의 졸업학점은 160~180학점 시대였으므로 120학점으로 축소한 것은 파격이요 사건이었다. 필수과목을 최소로 하고 복수전공과 부전공이 용이하도록 제도적 장벽을 제거해갔다.

필수과목을 최소로 하자, 10년 된 강의 노트를 더 이상 사용할 수 없고, 학생을 놓고 젊은 신참 교수와 경쟁해야 하는 원로교수들이 내 면전에서 노골적으로 적의를 드러냈다. 내가 늙은 교수들을 '다 죽이려 한다'고…. 그리고 모집단위를 광역화하여 완고한 학과의 벽을 허물려고 하자, 평소에 점잖았던 교수님들이 얼굴을 붉히며 나를 향해 목소리를 높였다. 그러나 개혁 취지에 공감하는 교수들도 많았기 때문에 개혁위원회의 논의를 토대로 관련 규정들을 개정할 수 있었다. 거의 대부분의 대학이 민주화·자율화를 위한 문민정부의 관련 법 개정 취지를 까맣게 모르고 있었던 시점에서 동국대학은 선제적으로 대응한다. 이것이 문민정부의 대학개혁을 동국대가 이끌어가게 된 이유다.

나는 참여정부의 인수위원으로 교육과 환경, 청소년을 맡았다. 나는 특히 교육과 관련하여 참여정부가 해야 할 일은 다음 두 가지라고 생각했다. 하나는 인재의 균형분포다. 참여정부가 시도하고 있는 지역 균형발전은 인재의 지역 균형분포 없이는 불가능하다고 생각했기 때문이다. 이를 위해서는 서울에 집중해 있는 인재들을 지방으로 분산하는 것이 급선무였다.

나는 서울대학 총장을 먼저 만났다. 나는 단도직입적으로 그에게 입학정원을 줄일 수 있는 방법이 없겠느냐고 물었다. 그는 미국의 미네소타대학은 학부학생들만 수만 명이라고 말했다. 나는 그에게 말했다. 서울대가 어떻게 미네소타 같은 주립대학을 모범으로 삼으려고 하느냐고, 서울대는 당연히 하버드 같은 대학을 모범으로 삼아야 한다고. 그리고 하버드의 학부 입학정원은 몇 백 명에 불과하다고. 나는 서울대가 정원 감축에 모범을 보여주기를 원했다.

문제는 사립대학이었다. 사립대학에서 정원을 감축한다는 것은 곧 대학재정의 손실을 의미하는 것이므로, 사립대학의 동참을 받으려면 재정손실분에 대한 항구적인 보전이 필요하다고 판단했다. 그리고 이 재원은 각종 대학평가를 통하여 대학에 지원하는 지원금과 학술연구재단의 연구지원금 일부를 통합하여 마련할 계획이었다.

다른 하나는 예산과 인력이 뒷받침되는 중등교육 개혁이다. 통합교육과정의 도입을 예로 들어보자. 지금까지 개별교과목으로 가르치던 물리, 화학, 생물, 지구과학을 통합하여 하나의 교과로 가르친다는 것은 네 교과의 내용을 기계적으로 하나의 교과로 묶어 가르친다는 것을 의미하는 것이 아니다. 통합교과에서 중요한 것은 네 개별교과를 관통하는 통합의 주제다. '탐구방법'은 통합교과 주제의 한 예가 될 수 있다. 이러한 주제를 선정하려면 각 교과 교사들이 함께 모여 어떤 주제가 좋은지 논의해야 한다. 그리고 교사들이 모여 의논하고, 그 결과를 각 교사의 수업에 반영하기 위해서는 교사 조직에 융통성을 부여해야 하고, 가외의 예산이 뒷받침되어야 한다. 그러므로 교육과정을 개편하는 일은 교육내용과 교과서만 바꾸는 것으로는 부족하다.

나는 이 문제를 해결하려면 교육부의 조직을 개편해야 한다고 생각했다. 나는 교육부 기획실장에게 이 문제를 설명하고 이를 해결할 수 있는 조직개편도를 그려서 그것을 내가 정한 날짜까지 보내달라고 부탁했다. 교육부에서 온 조직도는 교육정책실 밑에 예산과 인사를 담당하는 부서를 배치해두고 있었다. 내가 원하던 바로 그 조직도였다. 그러나 예산과 인사를 담당하는 고시 출신 일반직을 이끌어갈 수 있는 유능한 전문직을 찾는 일이 쉽지 않았다. 참여정부의 교육부는 교육과정 개편에 인사와 재정이 서로 협조할 수 있도록 조직을 바꾸지만, 그것이 오래가지는 못했다.

나는 노무현 대통령의 취임식이 끝나면 곧 미국으로 떠날 수 있다고 생각했다. 연구년 동안 지낼 집도 구해놓고 비행기 표도 구해둔 터였다. 그러나 실제로 내가 떠난 것은 4월 초순, 환경부 보고가 끝난 다음 날이었다. 내가 인수위원으로 활동하는 동안 대통령 당선자가 나를 불러 직접 내린 지침은 하나, 전교조와 필요하면 협상을 하되 결코 공짜로 주지는 않겠다는 것이었다. 대통령 당선자의 지침대로 그의 편에 서서 전투적인 전교조와 맞서 싸워야 했다. 그러나 나는 미국으로 갔다. 이 일을 후회했던 것은 그의 부음을 듣고 봉화에 갔을 때다. 무슨 소용이 있는가! 그때는 내 생각의 키가 그렇게 작았던 것을.

세계은행에 따르면 1960년부터 2019년까지 한국의 국내총생산GNP은 연평균 7.3% 성장했고, 일인당 국민소득은 2018년 30,000달러를 넘어섰다. 5.16쿠데타가 일어난 1961년 100달러가 안 되던 GDP가 1971년 300달러, 1981년 1,870달러, 1991년 7,523달러, 2001년 11,252달러, 2011년 24,079달러, 2021년 31,496달러이다. 그리고 2021년 현재 GDP의 총량은 18,067억 불로 캐나다에 이어 세계에서 10번째다. 이만하면 경제 대국이다.

우리나라가 이렇게 경제 발전에 성공할 수 있었던 이유는 무엇인가? 혹자는 그 이유를 우리의 문화풍토에서, 혹자는 높은 교육열에서 찾지만, 나는 그 직접적인 계기를 박정희와 민주화에서 찾는다. 박정희가 시작했다면, 그것을 지속하고 확대 재생산하게 한 것은 민주화의 긴 여정에서 많은 사람이 흘린 피다. 우리나라와 같이 고도의 경제체제로 발전하려면 국민 각자가 타고난 다양한 능력을 최대한으로 발휘할 수 있어야 한다. 그리고 이것이 가능하려면 무엇보다도 먼저 욕망의 민주화, 능력의 민주화가 이루어져야 한다. 그러나 이는 독재체제에서는 상상할 수 없는 일이다. 북한이 가장 좋은 예다.

대한민국은 앞으로도 초일류국가로 계속 발전을 거듭할 것인가? 한국 통계청의 발표에 따르면 2020년 우리나라의 합계출산율은 0.84로 세계은행의 180개 회원국 중 가장 낮고, 서울은 0.64로 그보다 더 낮다. 만약 이 추세라면 100년 이내에 우리나라 인구는 지금의 1/4로 줄어들 것이고, 그 후 200년 후면 국가 자체가 소멸하고 말 것이라고 한다. 젊은이들이 연애도 결혼도 출산도 두려워하고 기피하는 나라, 그것이 대한민국 오늘의 현실이다. 어떻게 해야 젊은이들에게 그들이 원하는 삶을 되돌려줄 수 있을 것인가? 어떻게 해야 맞벌이 부부가 양육 걱정 없이 아기를 낳을 수 있도록 할 것인가? 이러한 문제야말로 우리의 국가재정과 정책이 집중해야 할 화두가 아닌가?

대한민국의 바다여

님은 욕망의 부끄러운 이름이지요.
혹자는 보이지 않은 손이라고
혹자는 이성의 교지라고 부르는

그러나
때로는 나치가 되고
천리마가 되는

우리가 피로써 일군
저 자유의 바다
민주화의 바다 위로
아직도 거품처럼 부끄러운 욕망들이 떠다닙니다.
온갖 거친 욕망들을
녹여내는
오! 바다여

대한민국의 바다여!

너로 세상을 장엄하라

좀 그렇지 않은가?

지금 이 나이까지 와서

아직도 동서남북을 가리지 못한다면
좀 그렇지 아니한가?

그렇다고 지금부터 면벽을 시작하는 것도
고집이라는 깃발을 들고 한사코 앞으로 나가는 것도
좀 그렇지 아니한가?

아직도 생사의 경계를 허물지 못한 채
금방 끊어질 줄도 모르는 생명줄을 붙잡고 발버둥치는 것도
좀 그렇지 아니한가?

정말, 아직 아무것도 잡히지 않는다면
후회라도 한 줄 남겨야 할 것이 아닌가
버나드 쇼처럼

　　정년퇴임 후에 내가 줄곧 생각한 것은 죽을 때까지 붙잡고 씨름할 연구 주제를 잡는 것이었다. 나는 그것을 인간의 지능으로 결정했다. 지난 2년 동안은 피아제의 지능심리학에 매달렸다. 피아제를 제대로 이해하려면 앞으로 얼마나 더 많은 시간이 필요할지 지금으로는 가늠할 수 없다. 그러나 걱정할 것 없다. 하는 만큼만 하면 되니까.

　　나는 피아제 공부와 별도로 지난 5년 동안 줄곧 불경 공부를 해왔다. 불경 공부를 해가면서 내게 일어난 변화가 있다면, 내 자아를 조금씩 내려놓을 수 있게 되었다는 것이다. 또한, 깨달은 것은 면벽참선만 참선이 아니라 마음을 온전히 집중할 수 있다면 그것이 바로 참선이라는 것이다. 이러한 변화는 나의 일상과 대인관계, 삶의 태도와 일을 도모하고 추진하는 데 심대한 영향을 미쳤다. 내가 이해한 화엄경의 요지는 "너로 세상을 장엄하라!"이다. 너의 존재 자체가 모든 사람에게 위안이 되고, 행복이 되고, 자랑이 되고, 장엄莊嚴이 되고, 경이驚異가 되도록 하라는 것이다.

내가 맡고 있던 아파트 동대표 임기가 끝나갈 무렵이었다. 강남구청장 신연희가 서울시가 공원부지로 고시하고 있는 땅(우리 아파트 진입로를 따라 길이 60m, 폭 10~14m, 총 200평 남짓한 나대지裸垈地)에 지상 8층, 지하 6층의 건물을 신축할 수 있도록 개발행위를 허가한 것이다. '공원녹지법'에 따라 서울시가 공원으로 고시하고 있는 땅을 공원에서 풀지도 않고 개발허가를 내준 것이다. 나는 이것을 문제 삼아 강남구청장을 상대로 개발허가 취소를 요구하는 소송을 제기했다. 이 소송은 대법원까지 갔지만 대법원은 우리의 손을 들어주지 않았다. 대법원의 법 해석은 '도시계획법'이 우선이라는 것이다. 도시계획법이 특별법의 지위를 갖는 '공원녹지법'의 상위법으로 행세하는 것은 개발 시대의 유물이라고 생각하고, 숲과 자연을 보호하여 청정한 국토를 가꾸기 위해서는 무엇보다도 관련법 운영체계의 패러다임을 바꾸어야 한다고 생각한 나로서는 대법원 판단에 절망하지 않을 수 없었다.

햇수로 5년 동안 이 일을 해오면서 가장 어려웠던 일은 주민들의 마음을 하나로 묶는 일이었다. 내가 하는 일마다 의심하고 오해하여 시비를 걸고 방해하려 했던 사람들이 그것을 멈춘 것은 이 일을 시작한 지 2년 정도 지난 후였다. 억울하고 화나는 일을 계속 당하면서도 내가 견딜 수 있었던 것은 내 나이 탓도 있겠지만 그간의 불경 공부도 큰 힘이 되었을 것이다.

霹靂之機²

馬祖一喝霹靂機(마조 일할은 벽력의 뗏목)

百丈三日渡聲海(백장은 3일 동안 소리의 바다를 건넜네)

萬里岸已無祖丈(아득히 펼쳐진 해안에는 이미 마조도 백장도 없구나)

入地朝夕生雪山(거기서는 득도한 입지불도 매일 매일을 설산고행으로 산다네)

---

² 스승 마조의 일할에 제자 백장 스님이 3일 동안 귀가 먹었다는 이야기를 듣고 깨달은 바 있어 한시 운도 모르면서 지어본 것이다.

내 인생의 전환점

배기운(제16대, 19대 국회의원)

서울대 법대 법학과 71학번
김대중 선생 정책비서/전문위원
민주당 총무국장/사무총장
제9대 한국보훈복지공단 사장
국회의원(16, 19대)

들어가며

"인생은 아름답고 역사는 발전한다."

김대중 전 대통령이 2009년 1월 7일 85회 생신 다음 날 일기장에 쓴 마지막 구절이다. 인생을 다시 살라 해도 똑같은 인생을 살겠다고 자서전에서도 쓰셨다. 죽음의 고비를 여러 번 넘기는 등 사형수에서 대통령까지 파란만장했던 그의 인생도 끝자락에선 아름답게 보였던 것 같다. 우리 같은 범인도 '종심從心'의 나이 70년을 살았다면, 역사 발전은 몰라도 그 자체가 인생의 아름다움과 희열을 느낄 법하다.

사실 나는 10여 년 전에 나름대로 자서전을 집필했다. 만일 나의 정치 인생이 순조로웠다면 300여 쪽의 자전 에세이를 이미 출간했을 것이다. 그러나 당시 이순耳順의 나이에 자서전이라니 왠지 사치스러워 보였고, 더구나 개인적으로 정치적 고난기여서 원고만 보관한 채 훗날을 기약하고 출판을 포기해버렸다. 그런데 이번에 71동지회가 사실상 마지막이 될 50년 기념문집에 각자의 압축 회고록을 합동으로 수록하기로 결정했다. 많은 회원 동지가 참여한 이 인생록 모음집은 비록 정식 회고록은 아닐지라도, 1970년대 초 대학가 시위 주동 대학생들의 그 후 다양하고 치열했던 삶의 기록으로 가치와 의미가 있을 것이다.

인생을 살다보면 누구나 몇 개의 전환점轉換點; turning point을 맞이하게 된다. 기나긴 인생행로에서 새로운 국면으로 바뀌는 계기가 나에게도 서너 차례 있었다. 그 전환점을 중심으로 내 인생의 압축된 자전 에세이를 기술해보고자 한다. 그 첫 번째의 전환점은 바로 50년 전의 학생운동과 강제 징집이었다.

학생운동과 강제 징집

나는 당시 '호남명문'인 광주일고를 우등생으로 졸업했음에도 서울대 법대를 두 번이나 낙방했다. 후기 대학을 그만두고 가까스로 진학한 당시의 서울법대는 법학 공부나 고시 준비에만 매진할 상황이 아니었다. 박정희 군사정권에 맞서서 대학생들의 데모가 거의 매일 반복되었다. 서울대 시위는 동숭동에 이웃한 문리대와 법대가 양대 축이었다. 나는 자연스럽게 데모 주동 서클인 사회법학회에 가입했고, 교양과정부 지회장을 맡았다. 동료 법대생 20여 명이 함께했다. 그 시절 나의 정신적 멘토는 조영래('47년 대구산, 사법연수생, '90년 작고)와 장기표('45년 김해산, 복학생)였다. 그들은 데모의 불가피성과 역사의식을 논리정연하게 학습해주었다. 다른 한편으로 나는 경제적인 이유로 '아르바이트'를 해야만 했다. 경기여고 2년생 4명에게 독일어와 수학을 가르쳤는데, 가끔 최루탄 냄새를 풍기며 수업을 하기도 했다. 총명한 애들을 가르치는 것은 역시 즐거움을 가져다줬다. 그들은 모두 대학을 잘 갔다.

동숭동 데모 때의 일이다. '피의 세느강'이라고 불렸던 개천 건너편 장갑차에서 쏜 최루탄이 마구 날아들었고, 우리는 눈물을 흘리면서 돌멩이를 던지는 것 외에는 아무런 대응책이 없었다. 이때 문리대생 아무개가 소주병과 휘발유를 가져와서 화염병을 한번 만들어보자고 했다. 누가 가르쳐줄 것도 없이, 소주병에 휘발유를 반쯤 붓고 솜으로 마개를 한 후 거꾸로 뒤집어서 기름 묻은 솜에 불을 붙여 개천 건너편으로 힘껏 던졌다. 장갑차에 명중하면서 화염이 일었고 전경들이 부랴부랴 불을 끄는 모습이 보였다. 분이 반쯤 풀렸다. 화염병 대응은 일단 성공한 셈이지만, 다음 날 언론은 일제히 "화염병 등장, 위험수위"라고 대서특필했다.

운명의 시간이 다가왔다. 그해 봄 대선에서 김대중 후보에게 95만 표 차로 가까스로 이긴 박정희는 '선거 없는 장기집권'을 위해 대학가를 우선 장악해야 했다. 결국 10.15 위수령이 발동되고 무장군인과 탱크가 고려대에 진입했다. 각 대학에 무기휴업령이 내려지고 데모 주동 대학생 170여 명이 제적되었다. 나는 며칠간의 도피 후 자택에서 검거되어 청량리경찰서로 잡혀갔다. 구치소에는 먼저 잡혀온 대학생들이 많았다. 아직 가을이어서 모기들이 극성을 부렸는데, 모기장 텐트 안에서 특별 배려를 받는 한 학생이 눈에 띄었다. 누구인가 물었더니, 야당지도자 DJ의 아들 김홍일('47년 목포산, 경희대학원생, 2019년 작고)이라고 했다. 짧게 인사하고 헤어졌지만, 여기서의 첫 만남이 훗날 내 인생의 두 번째 전환점으로 이어진다.

남자는 군대 이야기로 하룻밤을 지새운다고 했던가. 입대하던 날 용산역에서 군용열차를 타기 전에 법대 동료들이 무등을 태워주며 잘 다녀오라고 외쳐댔던 그 장면이 생생하다. 집단 강제 징집이었기 때문에 '1220-'으로 시작되는 우리의 논산 군번은 연번連番이 많다. 병역 기록부에는 소위 'A.S.P.'(Anti-government Student Power, '아스피린 먹일 골치 아픈 대학생'이라고 빗대기도 했다)로 부기되어 애초부터 감시 대상이었다. 내력을 잘 모르는 연대급 단위에서 대학 출신임을 근거로(당시는 무학자도 입대가 가능했다) 행정병으로 채용하려 해도 이내 퇴짜 당하기 일쑤였다. 결국 당국의 의도대로 최전방 소총소대까지 밀려갈 수밖에 없었다. 덕분에 비무장지대 철책선 경계근무(GOP)도 체험할 수 있었다.

1972년 가을 어느 날, 거의 끝물이었던 월남전 추가 파병 모집공고가 났다. 기왕 군대생활을 할 바에야 현재의 고통에서 벗어나고 전투경험도 쌓고 싶은 소박한 심정에서 당시 GOP 부대 육사 출신 모 중대장(광주일고 선배)에게 진지하게 파병 신청을 했다. 며칠 후에 돌아온 답변. 자칫 죽을 수도 있는 전쟁터에 A.S.P.를 파병할 수 없다는 것이 상부의 방침이라고 했다. 데모 주동 학생들이 강제 징집되어 군 복무 중 사망 사고라도 발생하면 정치문제로 비화할 것을 우려했던 정권적 차원의 조치였다. 혼쭐나게 고생하고 무사히 제대만 하면 된다는 것이었다.

군종 사병, 유격대 조교 등으로 그럭저럭 23개월의 군복무를 마치고 육영수 여사가 저격되던 해 여름에 제대했다. 다행스럽게도 우리 A.S.P.는 당국의 배려(?)로 전원 무사히 만기 제대했다. 그 무렵 학사징계도 풀려서 각 대학으로 복귀했고, 또다시 운동권 투쟁을 계속한 몇몇 동지를 제외하고는 대부분 복학생으로 4~5년 후배들과 함께 남은 학기를 마쳤다. 관악으로 캠퍼스를 이전한 서울대 법대의 경우 양승규('34년 서천산, 상법) 지도교수 하에 '녹우회'라는 10여 명 복학생 모임이 나에게는 유일한 교류의 장이었다.

졸업반이 되면서 향후 진로에 대해 고민하게 되었고 약간의 방황도 있었다. 고시 공부라는 것도 해봤으나 그것에 매달릴 수 있는 시간적·경제적 여유가 없었다. 졸업 직후 수출입은행에 합격하여 연수 과정이 끝나갈 무렵이었다. 인사책임자가 "신원조회상 문제가 있으니 스스로 물러나라"고 통보해왔다. 충격이었다. 학생운동 전력이 공직 취업에 지장을 준다는 말인가? 한번 버텨볼까 생각도 했으나, 마침 사법고시 2차를 남겨놓고 있어서 그냥 물러났다. 그러나 신원조회 문제가 머릿속에서 내내 지워지지 않고 걱정거리로 남아 있었던 것이 사실이다. 이듬해 2차에서 낙방하고 고시를 깨끗이 단념해버렸다.

1979년 봄 두 번째 직장 현대건설에 입사했다. 중동 건설 붐을 타고 잘나가던 일류기업이었고 회사 분위기도 비교적 자유로웠다. 신원조회 문제도 없었다. 인사부에 소속된 내 업무는 직원들을 적재적소의 해외현장에 파견하는 일이었다. 여기서 향후 내 인생의 중요한 기반이 마련된다. 우선, 양승규 교수의 주례로 평생의 반려자 홍기문과 결혼했다. 종합기획실 근무 때는 백기범 실장(조선투위 출신)의 양해하에 서울대 대학원을 다닐 수 있었다. 상사법을 전공하여 석사학위(논문 "국제항공운송인의 손해배상책임")도 취득했다. 한때 대학교수에 대한 꿈도 가져봤으나 그 꿈은 경제적인 이유로 접어야 했다.

이처럼 현대건설에서 사회적 기반을 한창 다지고 있을 때, 박정희 대통령이 저격되면서 민주주의가 되살아나는 듯했다. 3김도 정치를 재개했다. 나는 주변의 여러 지인과 함께 DJ의 청년 전위조직인 민주연합청년동지회('연청', 회장 문희상 전 국회의장)의 운영위원으로 참여했다. 그러나 민주화에 대한 기대감도 잠시뿐… 전두환 신군부가 5.18 광주민주항쟁을 DJ의 내란음모로 뒤집어씌우고 정권을 탈취해갔다. 합동수사본부 현역 군인들이 사무실을 박차고 들어와 나를 난폭하게 연행해 간 것은 그즈음이었다. 연청에 대해 캐물었으나, 연청 관련 자료는 다른 운영위원(배기선)이 이미 소각해버린 후여서 화를 면할 수 있었다.

이후 몇 년간 조용히 회사생활만 했다. 1985년 2월 초 미국 망명을 마친 DJ가 2.12 총선을 앞두고 급거 귀국하여 신민당 돌풍을 일으켰다('Stormy Homecoming'). 이때부터 DJ의 두 번째 대권 도전이 본격화된다. 나는 현대건설 직원 해외파견 담당자의 위치에서 이번에는 순번에 따라 되레 파견대상자가 되어 있었다. 파견지는 아프리카 리비아 미수라타 발전담수시설 건설 공사현장(MPDP). 이를 회피할 길은 없었다. 파견근무는 해외수당으로 급여가 월등히 많지만 임기 2년이 문제였다. 미수라타 팀에서 파견준비를 하면서 고민을 거듭했다. 그러던 중 어느 날 과거 학생운동 때 처음 만났고 연청에서 다시 만났던 김홍일로부터 내가 원한다면 동교동 비서진에 추천하겠다고 전갈이 왔다. 해외파견 여부보다 더 큰 또 하나의 고민거리가 생겼다. 인생 일대의 중대결심이 필요한 대목이었다. 며칠간 고민 끝에 6년 이상 근무했던 현대건설에 사직서를 제출하고, 동교동 자택에서 DJ에게 비서로서 처음으로 인사를 올렸다. 이렇게 해서 나의 정치권 입문이 이뤄졌고, 내 인생의 두 번째 전환점이 시작된다.

동교동 합류와 야당 당료

동교동 생활은 어렵고 힘들었다. 그래도 대정치인의 지근거리에서 정치학습을 하는 것이 자랑스러웠다. DJ와 동시대인同時代人인 것만으로도 축복이라고 생각했다('동시대인'은 필자의 미완성 자서전의 제목임). 그는 우리를 '동지'라고 불렀고, 우리는 '선생님'이라고 호칭했다. 당시 DJ 비서실은 권노갑 비서실장 아래 김옥두의 수행팀과 한화갑의 정책팀이 있었다. 정책팀에는 남궁진, 이석현, 배기선, 설훈과 필자 등이 속해 있었다. 비서진은 모두 무보수였으나 정책팀에게는 약간의 교통비가 지급되었다. 공교롭게도 정책팀의 부인들이 교직에 있는 경우가 많았는데, 그것으로 생계가 가능했다. 우리의 주요 업무는 정보 보고와 언론보도 요약분석, 외신 번역과 자택 당직 등이었다. 그러나 DJ 자신이 정책통이었고 고급정보를 많이 가지고 있었으므로 정책팀의 참모 기능은 한계가 있었다. 오히려 여러 번 죽음의 고비를 넘겨온 그로서는 경호를 주임무로 하는 수행팀의 역할에 더 큰 비중을 두었을 것이다. 동교동에는 자택 방문자와 야간 시민 전화가 끊이지 않았으므로 이를 전담하는 당직제도가 필요했다. 정책팀이 이를 맡아 순번제로 야간 당직을 했다. 밤새 걸려온 전화 요약을 꼼꼼히 읽어보고 필요한 지시를 내리는 것이 DJ의 하루 일과의 시작이었다. 매일 매일의 시민 전화를 통해 국민 여론을 파악하려 했던 것으로 보인다.

1987년 4월 어느 날, 여느 때와 같이 야간 당직을 마치고 잠시 휴식을 취하고 있었다. DJ가 YS와의 신당(통일민주당) 창당 발기인대회에 참석하러 나가려는데, 경찰 수백 명이 저지했다. 55번째이자 마지막 연금이 시작되었다. 가족을 제외하고 누구도 자택 출입이 통제되었고 YS도 왔다가 그냥 돌아갔다. 당일 자택에 있던 사람은 한번 나오면 다시 들어갈 수 없다고 했다. 그 시점에 자택에는 김옥두, 남궁진, 한영애, 이유형과 필자 등 10여 명이 있었다. 이번에는 두 달이 족히 넘는 역대급 연금이었고, 우리도 이에 맞추어 장기화에 대비했다. 스스로 '동교동 교도소'라고 부르며 연금 달력을 만들어 하루하루 X자로 지워갔다. 낮에는 DJ의 꽃밭 가꾸기를 도와드리기도 했고, 일요일 밤에는 이희호 여사님의 목회로 예배시간도 가졌다. 김옥두와 남궁진이 지붕 위에서 연금 해제를 요구하는 시위를 벌이기도 했다. 이 연금이 인권탄압의 사례로 세계적으로 알려진 것은 DJ와 AP통신과의 담벼락 인터뷰 사진이 공개되면서부터였다. 연금이 한 달쯤 되었을 무렵 DJ는 친필 휘호를 한 점씩 써주면서 우리를 내보냈는데, 나에게는 이순신 장군의 우국충정을 토로한 시 한 편을 써주었다. '水國秋光暮 驚寒雁陣高 憂心輾轉夜 殘月照弓刀'(수국추광 모 경한안진고 우심전전야 잔월조궁도). 이심전심이었을까?

　　연금이 끝난 직후 6.29선언으로 직선제 개헌이 이루어지고 묶였던 정치가 재개됐지만, 양김의 단일화 실패로 노태우가 대통령에 당선된다. 이듬해 총선에서 DJ는 평화민주당을 창당하여 제1야당으로 부상하면서 여소야대 정국이 형성되었다. 이때 나는 원내총무실 전문위원으로 자리를 옮겼다. 현행 직제로는 국회 정책연구위원(1~2급)에 해당하지만, 당시 국회 전문위원은 일반 당료와는 달리 어느 정도 급여를 받고 원내 관련 업무를 수행하는 소수의 고급 인력이었다. DJ가 대선 준비를 위해 신민주연합당(이때 필자는 원내기획실장)을 창당했을 때, YS가 느닷없이 3당 합당 카드를 들고 나왔다. 1990년 1월 노태우 대통령이 양 옆에 YS와 JP를 세워놓고 3당 합당 선언을 하는 장면은 지금도 끔찍하고 혐오스럽다. DJ는 YS가 3당 합당을 주도했다고 규탄하면서 "민심에 대한 쿠데타"라고 비난했다(『김대중 자서전 I』, 570쪽). 이때 YS를 따라가지 않고 민주당에 잔류한 이기택, 김정길, 노무현 등('꼬마민주당')과 함께 (통합)민주당을 창당하여 거대 여당 민자당에 대항했다.

　　1992년 6월 대선 6개월 전에 나는 '당료의 꽃'이라는 총무국장에 임명되었다. 비로소 정식 야당 당료가 된 것이다. 총무국장은 각종 회의 준비와 실무 총괄 등 참으로 바빴다. 세 번째이자 마지막이 될 DJ 선대본에서는 총무위 부위원장을 맡았다. 그러나 3당 합당으로 덩치가 커진 여당 후보 YS를 이길 수 없었다. 또다시 실패한 DJ는 짤막한 정계 은퇴 선언을 한 후 영국 캠브리지대학으로 연구 활동 차 떠나고 만다. 큰 별이 지는 순간이었다. 아니, 호남 출신은 사회구조적으로 한국의 대통령이 될 수 없다는 뼈아픈 교훈만 남겨준 사건이었다.

DJ 없는 민주당은 마치 선장 없는 배와 같았다. 무엇보다도 정당의 각급 당료나 당원들에게서 집권 의지가 사라져버린 것이 문제였다. 그러나 한편으론 모처럼만에 개인적 관심사에 충실할 수 있어서 좋은 점도 있었다. 당료 몇 사람과 함께 골프도 배웠고, 허경만 국회부의장(단장) 등 20여 명의 당직자와 함께 백두산 여행도 다녀왔다. 또한 독일 나우만재단 초청으로 굼머스바흐Gummersbach에서 열린 제3세계 인권문제 세미나에 박성수 전산실장과 함께 2주 동안 참가하기도 했다.

시대가 DJ를 다시 요구했다. 아니, 한국의 국운이 DJ를 필요로 했다. 대통령으로서 정책과 비전을 다 갖추었고, 그동안 여기에 쏟아온 온갖 정열과 준비를 버리기에는 너무 아까웠다. 영국에서 6개월 만에 귀국한 DJ는 아태평화재단을 설립하고 더욱 원숙한 경지에서 민주주의와 한반도 평화 정착에 관한 강연 등 경륜 있는 행보를 하는 한편, 당내 입지도 강화해갔다. 이듬해 6.27 지방선거에서는 DJ의 지원을 받은 민주당이 압승했다. 이어서 50여 명의 국회의원이 DJ의 정치 재개를 요청했고, 그는 이를 수용한다.

DJ의 정계 복귀는 이기택 민주당 대표와의 갈등이나 국회의원들의 요청 때문이 아니라 영국에서부터 이미 결심이 서 있었던 것 같다. 그는 평생의 꿈, 즉 민주국가의 완성과 민족통일에의 공헌, 둘 중 하나는 반드시 이루어내고 싶었다고 고백했다(『김대중 자서전 I』, 653쪽). 대통령이 되어 세상을 바꿔보고 싶었다는 것이다.

이기택 대표는 DJ의 대권 의지를 알아차리고 세대교체론 등을 주장하면서 DJ의 협조 요청을 거부했다. 자신에게 대권 운이 있다고 믿었기 때문이라는 분석이 유력하다. 당내에 들어가서 전당대회를 통해 대표를 교체하자는 주장도 있었으나, DJ는 '탈당 후 신당 창당'을 결심한다. 마포 당사의 처리가 문제였다. 마포 당사는 애초 우리 쪽의 자산이었고, 당시의 시가로 40억 원을 호가했다. 그러나 탈당할 경우 법률상 소유권이 잔류파에게 귀속되도록 되어 있었다. 나는 총무국장으로 이 사실을 보고하면서 처리 방법을 물었더니, 잠시 생각하다가 짧고 단호하게 "저쪽에 넘겨주라"고 답했다. 나는 여기서 DJ의 강한 대권 의지와 자신감을 읽을 수 있었다. 이리하여 새정치국민회의 창당 절차에 들어가는데, 나는 총무국장이었던 탓에 실무처리를 다 마치고 맨 마지막에 신당에 합류했다. 최장수(5년) 총무국장을 기록한 나는 신당에서 정무직인 연수원 부원장으로 승진했다.

그해 가을 추석 일주일 전에 모친이 갑작스럽게 돌아가셨다. 자식을 성공시키려고 맹모삼천의 교훈을 실천하신 어머니셨다. 단 한 번도 제대로 효도를 하지 못했다는 생각에 지금도 가슴이 미어진다. DJ는 부산에서 일정을 진행 중이었는데, 한양대병원 빈소로 위로 전화가 왔다. 모친께서 (DJ의) 대통령 당선을 못 보시고 이렇게 가셨다고 말했더니, "그렇군" 하고 즉시 답했다. 서슴없는 그 확언에서 대통령 당선에 대한 자신감을 다시 한번 읽을 수 있었다.

대권 4수만에 기적 같이 DJ가 15대 대통령에 당선되었다. 이회창 후보보다 39만 표 차의, 역대 대선 기록상 최신승이었고, 감격적인 승리였다. 'DJP 단일화'가 당연히 일등공신이지만, 'YS 키즈'라고 불렸던 충청권의 이인제(490만 표 득표)의 여권표 잠식의 공이 컸다. 어쨌든 정부 수립 이후 최초의 여야 간 수평적 정권교체였고, 단군 이래 5천 년 만에 처음으로 호남인이 권력의 정점에 서게 된 일대 사건이었다. 하나님은 참 공평하시다는 생각을 했다. 즉시 정권인수위(위원장 이종찬)가 꾸려졌고, 나는 정무분과 수석전문위원으로 보임을 받았다.

정권 인수 작업이 끝나고 DJ가 취임한 후 나는 본래대로 당무에 복귀했다. 어느 날 문희상 정무수석한테서 전화가 왔다. 수자원공사 감사로 발령이 났으니 취임 준비를 하라는 것이었다. 다음날 문 수석을 찾아가서 총선 출마를 위해서 경력 관리가 필요하니 작더라도 기관장으로 배려해달라고 정중히 요청했다. 그는 VIP의 인사발령 거부 제1호라며 난감해하면서도 일단 말씀드려보겠노라고 했다. 즉시 보고했으나 아무 말씀이 없었다고 했지만, 이후 보훈복지공단 사장 발령까지 6개월이나 걸린 것을 보면, 괘씸죄가 작용되지 않았나 생각되기도 한다.

현재 보훈복지의료공단으로 개칭되고 기관장도 이사장으로 변경되었지만, 당시 '최연소 육군병장 출신의 실세'(공단 직원들이 그렇게 불렀다)가 1998년 8월 제9대 사장으로 취임했다. 임기는 3년이었지만 나는 제16대 총선을 겨냥하고 있었으므로 처음부터 임기에 관심이 없었다. 사장으로서 이창희(광주일고 선배) 등 공단 참모들의 협조로 과감한 공단 개혁에 착수했다. 무엇보다도 공단의 운영체계를 의료 중심 체계로 전환했다. 전국 5개 보훈병원 시설을 확충하고, 특히 광주 5.18 부상자들이 법 개정을 통해 새로이 보훈대상자로 지정된 것을 감안하여 광주 첨단단지에 대규모 보훈병원 건설을 시작했다. 광주병원 신축에는 이종찬 국정원장과 임채정 정책위의장 등이 적극 도와주었다. 1년 반쯤 지나 총선 출마를 위해 사직서를 내자 서울병원의 노조위원장 김숙희(간호사, 훗날 간호본부장)가 사직을 만류하기도 했다. 노사 간의 관계에서 보기 드문 일이었지만, 나의 공단 운영에 대한 노조의 평가가 나쁘지는 않았던 것 같다.

국회의원의 영욕

DJ는 JP와의 내각제 개헌 논의를 유보하고 2000년 1월에 새천년민주당을 창당한다. 그해 나는 처음으로 당료 출신으로서 16대 총선 민주당 공천을 받았다. 그것도 집권여당으로서, 고향 나주의 지역구 공천을 받은 것이다. 정치권에 입문한 지 15년 만이었고, 지천명知天命의 나이 50세였다. 사실, 대학 입학 전에 3수를 했던 터라 나에겐 항상 '지각 인생'이란 강박관념이 따라다녔지만, 다시 생각해보니 많이 늦은 게 아니었던 것 같다.

어쨌든 개편대회를 거쳐 지구당 위원장으로 선출되었고, 곧바로 선거 준비에 들어갔다. 상대방은 3선의 사무총장 출신 이재근(2009년 작고)과 전직 의원 나창주 박사였다. 지역 분위기는 이재근 후보가 압도했고, 지방의원들도 대다수 그 편에 가 있었다. '낙하산 공천'이라는 공격에 대해서는 "나는 낙하산 타고 온 공수부대가 아니라 육군보병 병장 출신으로서 당당히 걸어왔다"고 맞받아쳤다. 상대방 두 후보 모두 병역 미필인 점을 꼬집어 반격한 것이다. 30년 전 학생운동으로 강제 징집되어 병역을 필한 것이 그야말로 '전화위복'이 되었다. 정치 초년생으로서 선거운동 기간 내내 마치 칠흑 같은 동굴 속에 갇힌 느낌이었다. 선거 당일 투표소 격려를 마치고 사무소로 돌아오는 승용차 안에서 출구조사 결과를 들었다. 낙승 예상이라고 했다. 나주 시내 LG공장 앞의 만개한 벚꽃이 처음으로 화사하게 내 시야에 들어왔다. 나는 그때의 감격을 잊을 수가 없다. 조심燥心이피는 단어를 몇 번이고 되뇌었다.

국회의원이 되었다. 얼마나 오랫동안 소망해왔던 가치였던가. 우선은 무엇보다도 DJ에게 은혜를 갚고 싶었다. 한편으로는 원내부총무로서 정균환('43년 고창산, 4선) 원내총무를 도와 국회 운영에 관여하면서 다른 한편으로는 산자위(위원장 박광태, 3선)에서 법안소위원장으로서 전력산업 구조조정 관련 3법을 관철시켜 DJ의 국정 부담을 덜어주었다. DJ정부가 추진한 전력산업 개편에 대해 한전 노조가 강력 반발했는데, 노조위원장 오경호('48년 나주산)의 적극적인 중재로 잘 처리되었다. DJ도 오경호에게 감사의 전화를 했다고 한다.

DJ의 특별 관심사항이었던 제주도 개발에 관해서는 당 차원의 제주국제자유도시 정책기획단(단장 이해찬)의 제3분과 위원장(금융물류)으로서 오늘날 제주특별자치도의 초석을 세우기도 했다. 4·3사태의 불명예도 입법을 통해 해결되었다. 그러저러한 공로로 제주 도의회의 의결을 거쳐 도지사에게 수여한 명예 제주도민 자격은 지금도 유효하다.

제16대 국회의 딱 중간에 변방의 비주류였던 노무현이 예상을 뒤엎고 민주당의 대선후보가 되었다. 역동적이었던 경선에서 이인제가 대세였고 나는 한화갑을 지지했지만, 광주에서는 뜻밖에도 노무현이 1등을 했다. 이것은 경선 판도를 흔들기에 충분했다. 노무현의 광주 승리의 배경이 무엇이었을까. 이에 관해 공허한 주장들이 많지만, 궁극적으로 본선 경쟁력을 의식한 광주시민들의 분별력과 탁월한 정치 감각이 아니었을까 생각한다.

본선이 시작되면서 나는 선대위 총무위원장(본부장 이상수)을 맡았다. DJ의 대선을 3번이나 치러본 경험이 있는 터라 여유 있게 직무를 수행했다. 정몽준과의 후보단일화에 성공한 직후, 포항·울산 방문 일정에 산자위 소속인 나에게 수행 요청이 왔다. 김포공항 식당에서 조찬을 함께하는 자리에서 후보가 정색하면서 말을 꺼냈다. "후보단일화를 꼭 해야 합니까?" 투박한 그 어투는 정몽준과의 단일화 그 자체가 싫다는 것이었다. 동행 기자들이 들을까봐 목소리를 낮추어 화제를 바꾸면서 포항·울산 연설에서 득표를 위해서 꼭 정몽준을 칭찬해 달라고 주문했다. 그러겠다고 했지만, 그는 연설 도중 한마디도 언급하지 않았다. 인간 노무현의 솔직함과 가치관이 읽히는 대목이다. 선거일 직전 단일화 파기의 고비를 넘기고 당선된 날 저녁 나는 총무위원장으로서 여의도 당사에서 열린 당선 축하 세리머니의 사회를 보았다.

노무현 대통령은 당선되자마자 특검을 통해 DJ의 대북 송금 문제를 건드렸고, 민주당에 대한 차별화를 시도했다. 이미 분당(열린우리당)의 씨앗이 잉태되고 있었다. 살모사가 그 어미의 배를 가르고 나오는 것 같았다. 노무현 대통령에 대해서 나는 깊게 알지 못하지만 내가 접촉한 범위 내에서 말한다면, 그는 맑은 영혼과 솔직한 성품의 풍운아적 영웅 기질을 지닌 개혁적 정치인이라고 해야 하겠다. 하지만 인생의 깊이나 끈질김에 있어서는 DJ만 못하다는 것이 내 판단이다.

아무튼 2004년 총선을 앞두고 민주당이 분당되었다. 나는 현실 정치의 흐름을 타지 못하고 지조와 의리만을 중시했다. 정치란 '살아 움직이는 생물'임을 잘 알고 있었지만, 그것을 현실에 적용하지 못했다. 급기야는 노무현 대통령 탄핵에 동참했고, 그것이 총선에서 부메랑으로 돌아와 민주당이 참패한다. 단 5석만을 건졌을 뿐이다. 나는 한·칠레 FTA 반대 단식 농성에도 불구하고, 고집스럽게 민주당으로 나주화순 지역구에 출마했으나, 무소속(C)에게 패배했다. 꼭 4년 만에 국회의원의 영욕이 교차하는 순간이었다.

이때부터 나는 무려 8년 동안 전직 의원 내지 원외위원장으로 고통스러운 '표류'를 하게 된다. 민주당(대표 한화갑)은 심기일전하여 호남에서만은 각종 재보궐 선거와 지방선거에서 열린당에 대해 우위를 점했다. 비록 일순간에 미니 정당으로 전락했지만, 종가집의 자부심이 있었다. 나는 당의 사무총장으로서 그것이 유일한 자산이라고 확신하고 정통성 확보에 주력했다. '신조장박정김'(신익희-조병옥-장면-박순천-정일형-김대중), 즉 한국 정통 야당의 맥이 민주당으로 이어진다고 주장했다. 우스갯소리로 들리겠지만, 나는 DJ가 민주당의 법통法統을 확인해주기를 바랐다. 그러나 그는 어느 쪽의 손도 들어주지 않았다. 힘의 논리가 지배하는 정치판에 정답이 없었을 것이다. 아니, 더 강한 자가 적자라고 해야 맞을지도 모른다.

2012년 제19대 총선에서 나주화순의 지역구 경선을 힘들게 치르고 민주당 공천을 다시 받았다. 당시 민주당 재선의원이었던 C의원은 재산증식 의혹과 보유 주식의 백지신탁 관련 국회예결위 간사직 사퇴 문제로 공천심사에서 컷오프되자 또다시 무소속 출마를 선언했다. 외나무다리에서 만나듯 다시 만났다. 이번에는 내가 8년 전의 패배를 설욕했다. 통산 전적 1:1의 무승부였다. 그동안 내가 가졌던 패배감과 분노가 봄눈 녹듯이 사라졌다. 이제는 재선 의원으로서 무게감도 더해졌고, 초선 때와는 달리 뭔가 큰일을 도모할 수도 있다고 생각했다. 그러나 선거 과정에서 나도 내상을 입었다. 선거법 소송으로 발목이 잡혀 내 뜻을 마음껏 펼 수가 없었다. 안타까웠다. 라오스에서 열린 ASEP7 총회에 한국 대표단장으로 참석하여 기조연설을 한 것과 강창희 국회의장 등과 함께 남극 장보고기지 준공식에 참석하고 쇄빙선

선실에서 유인태 의원과 내기바둑에서 동수로 치수조정을 한 것 등이 추억으로 남을 뿐이다.

결국 2014년 6월 강인규 나주시장의 당선 등 지방선거를 성공적으로 치르고 난 직후, 대법원 판결로 의원직을 상실하고 말았다. 그날 오전 국회에서 열린 의원총회에서 신상발언을 통해 나의 심정을 토로했다. 그동안 의정활동을 제대로 못 했음을 사과하고 향후 좋은 인연으로 다시 만나자고 호소했다. 동료의원들의 격려 박수를 뒤로 하고 국회를 나서는 내 심정은 참으로 착잡했다. 지난 10년간 정치적 재기의 꿈이 물거품이 되면서 국회의원으로서 두 번째로 영욕이 교차한 순간이었다. 돌이켜보면, 제19대 국회 전반기 2년 내내 소송으로 중압감에 시달렸고 심신이 지쳐 있었다. 사소한 부주의로 소송이 걸리고 안이한 대처로 정치 생명이 끝났다고 생각하니 너무도 억울하고 분했다. 그래도 다행인 것은, 지금껏 쌓아온 내 공(內攻) 덕분에 울화병은 생기지 않았다는 것이다.

글을 맺으며

10여 년 전에 자서전을 쓰기 시작했다가 아직 할 일이 남아 있다고 생각해서 후일로 미룬 것이 엊그제 같은데, 벌써 종심의 나이를 훌쩍 넘겼다. 이제 나도 자서전 한 권쯤 쓸 만한 나이가 되었다. 그런데 막상 집필하려 하니 쓸거리가 그다지 많지 않은 것 같다. 지난 10년 동안 정치적인 성취도 없으려니와 이제는 그 이전의 인생 기록마저도 무의미해 보인다. 인생이라는 망망대해에서 생로병사 이외에 무엇을 기록할 것인가? 집필을 중단했던 나의 자서전 원고가 완성된다 해도 출간이 될 것인지 의구심이 든다.

그렇지만 누구든 인생의 기록을 남기는 것은 중요하고 의미가 있다. 이런 점에서 이번에 71동지회가 50년 기념문집에 각자의 약식 회고록을 수록하기로 한 것은 탁월한 결정이었다고 생각한다. 과거에 써놓은 원고를 뒤져가며 내 인생의 전환점 서너 개를 중심으로 몇 글자 적어보았다. 이제 마지막 전환점이 하나 더 남았다. 그런데 그 전환점은 내 육신이 집필할 수가 없으니, 다만 안타까울 뿐이다.

그 시절의 긴 이야기와 많은 생각을 짧게 쓴다

백운선(전 호남대학교 교수)

서울대학교 문리과대학 정치학과 68학번
호남대학교 교수, 사회대학장, 대학원장
대통령 자문기구 '역사와 미래를 위한 범국민자문위원회' 위원
문화재위원회 위원
간행물윤리위원회 심의위원

난동행위의 주모자, 끌려가고 맞고 쫓겨나다

색출하여 몰아내라

1971년 10월 불순세력을 대학에서 몰아내고 학원 질서를 잡는다는 취지를 내세운 위수령이 발동되었다. 당시 대통령 박정희는 특별 명령을 통해 대학의 운동권 세력을 난동행위자로 규정하면서 주모자들을 색출하여 잡아들이고 이들을 학원에서 추방하라고 지시했다. 위수령이 대학을 덮치던 그날, 나는 당시 4학년으로 졸업을 눈앞에 두고 있었으나, 난동행위 주모자로 색출의 대상자가 되어 동대문경찰서에 연행되었다.

남산의 추억

나는 연행된 지 얼마 지나지 않아 중앙정보부에 끌려갔다. 사람들이 그때 거기를 '남산'이라고 불렀다. 거기서 그자들은 반국가 범죄에 연계된 어떤 스토리에 짜 맞추려는 듯, 나를 추궁하기 시작했다. 취조실에 수사관이 번갈아 들락거리며 물은 것을 또 묻고 또 물은 것을 다시 또 물었다. 부정하면 여지없이 매타작이 들어왔다. 심문하는 자는 맘에 들지 않으면 때렸고, 심문당하는 자는 사실을 말하면 맞았다. 엉덩이에 피가 맺혀 내의가 달라붙었다. 하도 엉뚱하게 몰아붙여 조금 반항하는 기색을 보이니까 권총을 꺼내 머리에 겨누며 겁박하였다. "너 하나 죽어 나가는 것은 일도 아니다. 북으로 도망치려는 놈을 사살했다고 하면 아무 문제가 없다."

취조실에 혼자 남겨져 있을 때는 옆방에서 들리는 고함소리와 비명소리를 들으며 공포와 좌절감이 뒤섞여 견디기 힘든 시간을 보내야만 했다.

신상 처리

이러한 모진 폭력 끝에 풀려난 나를 기다리고 있는 것은 대학에서의 제적 처분과 필요한 제반 절차도 생략된 채 전격적으로 처리된 강제 군 입영이었다. 주동 학생을 전원 잡아들여 학적에서 제적하고, 제적된 자의 학생 신분상의 특권을 인정하지 말라는 특명 사항이 신속히 시행된 것이다. 다만 나는 부선망父先亡 독자였기에 당시 병역법에 따라 현역 입영 대신 파출소 무기고 야간경비 방위병으로 소집되었다. 사실상 군대 대신 경찰로 내 신병이 인수된 셈이다.

전쟁 같은 파도

1974년 4월, 대통령긴급조치 4호.
그것은 모든 것을 쓸어가는 전쟁 같은 파도였다. 그 파도가 나에게도 덮쳤다.

채집통에 갇히다

나는 대학 졸업 후 학비 조달과 생활에 어려움이 있어 대학원을 휴학하고 유네스코 한국위원회 직원으로 취업하여 근무하고 있었다. 1974년 4월 18일 이유도 영문도 모른 채 직장 사무실에서 경찰(북부서)로 강제 연행되었다. 취업한 지 47일 만이며, 업무 지식 습득에 여념이 없던 때였다. 경찰은 어디에서인지 지시를 받고 나를 저녁까지 억류하다가 밤이 되자 곧바로 서울(서대문)구치소에 수감하였다. 아침에 정상 출근한 자가 그날 밤에 구치소에 수감되는 신세가 된 것이다. 그때 나는 마치 채집망에 잡혔다가 채집통으로 옮겨진 한 마리 곤충 같은 존재였다.

구치소에 수감되던 밤, 그 밤의 어둠만큼이나 깜깜한 공황이 나에게 엄습해왔다. 나는 내가 왜 여기까지 왔는지, 앞으로 어찌 될 것인지 전혀 알 수 없는 불안과 공포 속에 뜬눈으로 여러 밤을 새워야 했고, 침구에서는 악취가 나고 이가 득실거렸으며, 수감된 후 얼마 동안은 배식구로 던져주는 음식에 손도 대지 못했다.

또 다시 거기로 그리고 퍼즐 맞추기

구치소에 수감된 나는 또 거기 남산으로 끌려다니며 조사받았다. 그리고 군사재판을 위해 군 검찰에 송치되어 또 끌려다니며 조사받았다. 내가 중앙정보부와 군 검찰에서 받은 취조는 사실의 조사가 아니라 미리 정해진 각본에 맞추어가는 조서 작성 과정이었다. 수차례 고쳐지고 덧붙여진 조서 안에 '사실'은 전혀 없었고, 오로지 왜곡된 내용만 가득했다. 조서를 만드는 과정에서 나는 내 의지와 관계없이 불순 단체의 불순 활동에 엮이게 된 인물로 각색되었다.

각본에 맞추어가는 취조는 공포와 절망감을 조장하는 강압적 분위기에서 진행되었다. 이 과정에서 나는 견디기 힘든 공포와 공황에 시달려야 했다. 특히 중앙정보부에서의 취조는 몇 년 전의 악몽을 되살리는 끔찍한 것이었다. 거듭되는 취조를 거치면서, 나는 무엇이나 뜻대로 할 수 있을 것 같은 유신정권의 기세 앞에서, 개인의 목숨 하나 정도는 얼마든지 무시되고 흔적 없이 사라질 수도 있을 것이라는 불안감을 떨쳐낼 수 없었다. 나의 운명은 그 각본의 배후에 있는 어떤 손에 쥐어져 있었다. 채집통에 갇혀 있는 한 마리 곤충이 된 내가 풀려날지, 계속 갇혀 있을지, 아니면 핀을 꽂아 표본으로 만들어질지 나의 운명은 바로 그 손에 달려 있었다.

노란 딱지 곤충의 생활

나의 수감 생활은 별도의 정치범 수용소 생활과 같은 것이었다. 재소자에게 주어지는 최소한의 권리마저 완전히 박탈된 '특별' 생활이었다. 가슴에 노란색의 요시찰 딱지를 부착한 채 중범죄자로 취급되었으며, 감방문 위에도 팻말을 달아 감시했다. 이러한 상황에서 외부와의 연락이나 접견 등은 원천적으로 차단되었고, 다른 재소자들이 목욕이나 운동을 위해 이동하는 모습을 감방 안에서 구경만 해야 했다.

당시 나에게 가장 안타까웠던 것은 홀로 계신 어머니께서 어떤 상황에 처해 계신지 전혀 알 수 없었던 점이었다. 자식의 생사와 행방을 알지 못해 애태우시다 쓰러지시지는 않았는지 걱정은 더 큰 걱정으로 이어져갔다.

고난과 부활

내가 수감되던 때가 부활절기 중이었다. 어느 정도 옥중 생활에 적응하면서 나는 고난과 부활에 대해 차분히 생각하기 시작했다. 생각이 깊어지면서 나는 고난과 부활에 대한 정서적 몰입을 느꼈다. 그리고 내가 당하는 고통보다 더 큰 고통에 대해 빚진 마음을 가지기 시작했다. 이러한 마음의 정돈은 내가 수감의 고통을 견디어낼 수 있는 힘이 되었다.

파도의 가장자리에서

불편하게 생존하기

4개월 가까운 수감 생활 끝에 나는 구속 취소 처분을 받아 석방되었다. 그러나 수감 중에 직장에서 해고된 나는 석방 후 갈 데가 마땅치 않았다. 일자리를 잃고 막막하였던 나는 현실이 어렵더라도 학위는 취득해놓고 보자는 생각에 일단 대학원에 복학했으나 문제는 학비와 생활비의 조달이었다. 여기저기에 번역, 원고 정리 등의 파트타임 일거리를 계속 찾아다녀야 했고, 이를 위해 친분과 인맥을 다 동원하는 과정에서 피할 수 없는 모멸감과 수치심도 견뎌야 했다.

그러던 중 은사 김영국 교수님의 부탁과 보증에 따라, 1975년 5월부터 유네스코에서 파트타임 일거리를 얻을 수 있었고, 그해 11월 복직이 허락되었다. 그러나 그 이후의 직장 생활도 순탄한 것만은 결코 아니었다. 시국사건이 있을 때마다 형사들이 찾아왔고, 그때마다 주위의 불편한 눈총을 피할 수 없었다. 또한 복직을 반대했던 간부들의 압력도 만만치 않았다. 김영국 교수님과 친분이 두터웠던 김규택 사무총장의 특별한 배려가 없었다면, 직장 생활을 지속하기는 어려웠을 것이다.

또 하나의 감옥

나는 유네스코에 재직하면서, 여러 번 단기 해외 방문 프로그램 참가자로 선정되어 출국을 시도했으나, 신원조회에서 국외로 나갈 수 없는 자로 판정되어 매번 좌절되었다. 나라 밖으로 나가는 길이 원천 봉쇄된 것이다. 고위층을 상대로 사무총장이 여러 번 부탁을 했으나 소용 없었다. 외국 정부와 장학 재단의 후원을 받아 좋은 조건으로 유학할 수 있는 기회가 내게 왔지만, 포기할 수밖에 없었다. 대한민국의 영토가 한동안 나를 가두어두는 또 하나의 감방이 된 셈이다.

주홍글씨

불순분자의 낙인은 중요한 시기마다 나의 발목을 잡는 걸림돌이 되었다. 교수로 임용되는 과정에서도 그랬다. 출국 길이 막힌 나는 서울대학교에서 석·박사 과정을 밟고 학위를 받았다. 그러나 내가 대학교수직을 구하는 데는 많은 어려움이 있었다. 난동 주모자로 대학에서 쫓겨난 과거와 민청학련 관련 긴급조치 위반으로 수감된 이력은 내 가슴에 달린 '주홍글씨' 였기 때문이다. 우여곡절 끝에, 나는 은사 김학준 교수의 간곡한 보증 서신으로 어렵게 대학 교수로 임용될 수 있었다.

에필로그: 빚진 인생

지나온 세월을 뒤돌아본다. 나의 삶은 빚진 인생이었다.

어쩔 수 없었거나, 아니면 의도적으로 격랑을 피하면서, 내가 겪은 고통과 시련보다 더 큰 고통과 더 혹독한 시련에 빚진 삶을 살아왔다. 내 삶은 불의에 맞선 용기, 정의와 평화를 위한 수많은 외침 그리고 약하고 소외된 사람들의 가혹한 희생에 빚진 인생이었다.

아직은 정리(整理)할 계제(階梯)가 아니다

서정규(내부통제연구소 정진초 대표)

고려대 경영학과 68학번
쌍용자동차 국내영업본부장
대한전선 스테인레스스틸 사업본부장
내부통제연구소 정진초 대표
Certified Internal Auditor

　금년은 2021년으로서 청운靑雲의 뜻을 품고 학문에 정진하던 청년 학도들에게 씌운 독재의 이빨―1971년 10월 15일 위수령으로 제적 및 최전방 소총수 입대조치의 야비한 굴레를 씌운 작태― 50주년이 되는 해이다. 동시에 71동지회 계기 50년이 되는 해이기도 하다. 그 50년 성상星霜 동안 흑발 동안이 변하여 월칠망팔越七望八 백발 주름살이 되었다. 그러나 동지의 우정은 더욱 깊어가고 기개 또한 여전하다.

　금년으로 백이수百二壽 김형석 교수님은 인생 70이 가장 일하기 좋은 나이라고 하셨다. 대학으로 학문의 길을 튼 후, 결혼하고 취직하여 부모님을 봉양하였다. 자식 낳아 시집 장가 보내고 마누라 간병하다 보니 어언 69년이 후딱 지나갔다. 70이 되어보니 세상살이의 의무를 다하고 이제 본격적으로 일할 나이가 되었다. 살아보니 70에서 79세가 가장 일하기 좋은 나이다.

　71동지회 50년 기념사업 행사로 동지들 각자의 회고록을 작성하기로 하였다. 아직은 인생을 정리할 계제가 아니다. 그러나 중간정산中間精算을 하는 것도 의의가 있으니 불초不肖의

졸견拙見을 적어보기로 한다.

독재자 박정희와의 얄궂은 운명

"68학번, 우리 2학년 때였지. 2학년 때는 공부하는 시간보다 삼선개헌 반대데모에 더 많은 시간을 보낸 한 해였지 아마. 여당인 공화당이 국민 대부분이 반대하고 야당 그리고 대학생들이 반대데모를 하는 가운데 국회 제3별관에서 변칙적으로 삼선개헌안을 통과시켜버렸다, 그것도 한밤중에. 오로지 장기집권을 위하여. 대통령 선거해인 1971년도 선거일 전 적기에 학생운동을 해가지고 박정희 정권을 떨어뜨리자. 이게 그 당시 전국적으로 학생운동의 주 이슈이었다."

위의 글은 2008년 발간된 고대학생운동 구술자료집에서 따온 글이다. 우리가 국민학교 6학년이던 1961년 5.16쿠데타로 정권을 장악하던 때부터 박정희와의 더러운 악연의 굴레가 싹을 틔우기 시작했다. 대학 시절은 상아탑이라 청운의 뜻과 학문을 갈고 닦아서, 나라와 사람 사는 세상을 위하고 그리고 나를 위하여 헌신 봉사하여야 할 청춘의 황금기이다. 하필 왜 그때에 박정희의 더러운 독재 싹이 자란 이빨, 삼선 대통령 선거가 우리와 맞닥뜨렸을까? 제적은 대학생에게 사형선고이다. 적을 파버렸으니 어디 가서 무슨 수로 호구지책을 구한단 말인가? 대한민국의 청년은 국방의 의무와 권리가 있다. 군 인사카드에 미리 전방소총수라고 적어서 보내는 박정희의 헌법조차 무시하는 좀스러움을 대수롭지 않게 여기고, 우리는 3년 약간 못 미치게 전방에서 말단 소총수로 국방의 의무를 다했다. 1974년 늦여름 철원 금학산의 시원한 물줄기를 뒤로 하고 제대를 하니 복학을 시켜줘서 졸업은 했다마는, 요주의 인물로 찍혀서 잊을 만하면 사찰하는 정보요원의 그림자는 박정희와의 더러운 악연의 그 당시 현주소이었다.

그 당시에는 학생운동이라는 것 자체가 지금처럼 하는 것은 아니고 정권이 국민들을 상당히 호도하니까 젊은 우리들이 모여서 외쳐야 신문에 실리던 시절이었다. 신문에 실려야 국민들이 알게 되고 그래야 선거에서 바르게 행동할 수가 있었기에 유일하게 대규모로 모일 수 있는 대학생 데모가 대국민 홍보 능력이 가장 컸다. 학생 데모를 통하여 대국민선언문이라는 방법으로 호소하면 국민들은 진지하게 받아들였다. 나는 순수 학생운동이란 이런 것이라고 생각했다.

먹고 사는 굴레 직장생활과 위험관리 기법

불초는 1974년 제대 후 4학년 2학기 복학을 하고 또한 어느 한 기업에 취직하였다. 다행히 보안사나 중앙정보부(지금의 국정원) 및 치안국(지금의 경찰청) 등 사찰기관의 은밀한 취직 방해공작이 없어서 입사한 직장에 제대로 다닐 수 있었다. 유신 이후 데모한 후배들처럼 방해공작을 하였으면 불초의 운명이 바뀌었을 것이다.

기업이란 영리營利조직으로서 기업 목표 달성의 중심지이다. 한 해의 목표(매출액과 이익목표)를 정하고 이를 달성할 전략과 업무계획을 세워서 목표 달성을 한다. 그 목표 달성 전략과 업무계획에 방해가 되는 사건을 위험이라고 한다. 그 위험을 적절한 수준으로 관리하는 것을 위험관리라고 한다. 이렇게 위험관리와 목표관리를 묶어서 기업의 사업계획이라고 한다.

불초는 자동차 회사에 오래 근무하였다. RV(Recreational Vehicle)라는 다목적 자동차를 주력 차종으로 하는 회사이다. 그 차종은 디젤유를 연료로 사용한다. 1994년 말 지방의 어떤 광역시에서 조례를 고쳐서 디젤유의 가격을 가솔린과 동일하게 인상시켜 버렸다.

RV의 출발은 미국의 Jeep Vehicle(우리나라에서는 지프차라고 불렸다)에서 시작한다. 미국 방성이 육군 전략의 중심 기병대를 대신할 자동차를 공모하였는데, 4륜구동(4wheel drive: 네바퀴 굴림)의 프레임타입Frame type을 한 자동차가 선정되었다. 그 자동차가 Jeep Vehicle이다. 비포장도로나 산악 지역 그리고 언 땅 위에서 강한 기동력을 발휘한다. 우리나라에서 주로 군용자동차와 관용자동차로 쓰였다. 그런 연유로 디젤유의 가격이 가솔린보다 약 20%가량 저렴했다. 민간의 지프차는 RV라는 차종으로 시장에서 팔렸고, 디젤유의 싼 가격이 구매요인 중의 가장 큰 것이었다.

디젤유가 가솔린과 같은 가격이니 당장 RV의 판매가 격감하였다. 기업에서 판매가 줄어드는 것은 엄청난 위험이다. 불초가 그 위험을 해결할 책임자로 선정되었다. 그 일은 해당

지방 광역시의 조례를 개정하여 디젤유 가격을 원래대로 돌려놓는 것이었다. 사내에서는 거의 불가능한 일을 맡았다고 수군대기도 했다.

우선 작전계획을 짰다. 바로 위험관리의 대책을 수립한 것이다. 해당 자치단체 내무국이 담당부서였다. 그 부서에 갔더니 이미 조례가 제정되어 해당 광역시장 명의의 관보게재로 시행 중이라 자기 부서는 권한이 없다고 하였다. 해당 광역시 의회에 갔더니 내무위원회 관할이라고 하였다. 내무위원 명단을 입수하여 개별적으로 만나서 디젤유 가격 인상의 부당성을 설명하고 조례 폐기를 요청하였다. 당신이 뭔데 민간인이 조례 폐기를 요청하느냐? 첫 반응이 이랬다. 그렇게 하여 한 달여가 지났다. 꿈쩍도 하지 않는 내무위원장을 여러 번 만나 간청을 드렸으나 결과는 여전하였다.

이게 정말로 안 되는 것인가? 작전을 바꿔서 그 지역 국회의원에게 달려갔다. 합리적인 설명과 간청으로 안 되면 돈을 써야 한다. 거금을 줬으나 역시 효과가 없었다.

마지막은 싸움을 이용하는 것이다. 가장 좋은 싸움은 싸우지 않고 이기는 것이다. 그 지역 폭력배 중 RV를 좋아하는 고객을 6명 선정하였다. 불초가 부탁하기를 어떤 경우가 닥치더라도 절대로 주먹을 써서는 안 된다. 머리를 단정하게 깎은 채 검은색 양복에 넥타이를 매고(이런 복장을 깍두기 머리 타입이라고 한다), 내무위원장 아파트 앞에서 두 줄로 나열하여 아무 말도 없이 무언의 시위를 하라고 신신당부하였다.

아침 출근길과 저녁 퇴근길에 두 줄로 늘어선 무언의 시위가 시작되었다. 월요일, 화요일, 수요일 및 목요일이 속절없이 흘러갔다. 역시 안 되는 것인가? 금요일 오전에 그 내무위원장에게서 전화가 왔다. 우리가 졌소, 곧 문제 조례를 폐기하겠소. 위험관리 착수 두 달 만에 소기의 목표를 달성했다. 민간인이 지방정부의 조례를 폐기한 희한한 사례를 만든 것이다.

위험관리의 전략 순서: 합리적인 자료에 의한 설득 → 돈의 위력에 의한 해결 노력 → 무폭력 위협에 의한 마지막 돌진.

꿈에도 생각하지 못한 IMF 구제금융 사태

1997년에 모든 국민이 꿈에도 생각지 못한 사태가 벌어졌다. OECD 가입으로 우리도 개발도상국을 졸업했다는 정부의 홍보에 고개를 갸우뚱했던 것이 엊그제인데, 정부의 국고에 달러가 부족하다고 하였다. 그런 사태로 금리가 오르고 사회가 뒤숭숭하더니 급기야 IMF와 굴욕적 협약을 맺고 구제금융으로 달러를 들여왔다. 바로 IMF 구제금융 사태가 터진 것이다. 그 후폭풍은 바로 기업이나 공공기관에 구조조정이라는 이름하에 사람 내치기로 몰아왔다. 온통 구조조정 칼날 아래 실직된 자들로 세상이 어수선해졌다.

불초도 1999년 그 칼날을 피할 수 없었다. 모아놓은 돈도 없고, 재취직할 빽도 없는 돌연 백수가 된 것이다. 그렇더라도 우선은 이력서를 작성해야 하는데, 컴퓨터를 능수능란하게 사용할 수 없는 소위 컴맹으로서 길이 없었다. 그때부터 컴퓨터와의 전쟁이 시작되었다. 네가 이기나 내가 이기나 한번 해보자는 각오로 컴퓨터 파기에 매진하였다. 그 결과 생소하게 여겨지던 하드웨어, 소프트웨어, 인터넷, 데이터베이스, 보안 등의 단어와 인사를 하게 되었다. 그렇게 시작한 불초의 컴퓨터 파기 작전이 빛을 보아 지금은 인공지능의 미래 대책— 2045년 싱귤래리티Singularity(특이점)— 수립에 정진精進하고 있다.

악몽과 같은 1년여를 각종 취직 기회에 왔다 갔다 한 결과 불행 중 다행으로 서양 경영자의 한미합작회사에 감사로 취직되었다. 불초는 그 회사에서 한국에서는 아주 생소한 미국식 내부통제제도Internal Control System를 만나게 되었다.

서양인 경영 기업 속에서 새로운 기회를 일구다

그 합작회사의 감사로 출근을 한 후 얼마 지나지 않아서 미국 본사에서 감사 두 명이 감사를 하러 온다고 하였다. 아니 내가 감사인데 나를 제쳐두고 누가 감사하러 온다는 말인가? 그 새로운 감사제도가 내부통제감사Internal Control Audit이다. 미국인 감사 두 명은 명함에 CIA라고 적혀 있었다. 아니 웬 중앙정보국? 공인내부통제감사Certified Internal Auditor가 바로 CIA라는 미국의 감사이다. 우선 기가 죽을 수밖에 없다. 감사가 진행되는 동안 불초의 할 일은 통역과 시다바리(잔일)뿐이었다.

미국 CIA들과 진행한 감사업무 속에서 불초는 미국식 내부통제제도의 우수성을 알게 되었다. 참으로 합리적인 목표관리 제도이다. 우리나라에도 사업계획이라는 목표관리제도가 있으나 이것만큼 효과적이지 못하다. 불초는 CIA 자격증 시험에 도전하여 2011년 예순두 살의 나이로 합격하였다. 그 자격증이 힘이 되어 비록 중소기업이지만, 지방의 한 철강회사에서 2006년부터 2016년 말까지 임원으로 직장생활을 할 수 있었다.

내부통제시스템 간략 소개

- 내부통제의 목적
  - 기업 운영활동의 효과성과 효율성 추구
  - 재무보고서의 신뢰성
  - 기업에 적용되는 법률과 규정의 준수

- 내부통제의 정의
  - 내부통제의 목적이 달성되도록, 아래 각 항에서 설명하는 바와 같이 기업을 운영하는 것을 내부통제라고 한다.
  - 기업의 자원은 효율적Efficient으로 사용된다. 효율적이란 것은 경영활동에 투입한 자원보다 더 큰 산출을 하여 이익을 실현하는 것을 말한다.
  - 기업의 사업목표는 효과적Effective으로 달성된다. 효과적이란 효율성으로 사업목표를 반드시 달성하는 것을 말한다.
  - 기업이 외부에 공시하는 재무제표는 신뢰할 수 있어야 한다. 분식회계 등으로 재무상태나 사업성과를 속여서는 안 된다.
  - 법규나 규정은 반드시 준수하여야 한다.

- 내부통제의 구성요소
  - 통제환경Control Environment: 내부통제의 기초로서 조직체계, 내부통제를 유인하는 상벌체계, 인력 운용정책, 교육정책, 경영자의 철학과 리더십, 조직구성원의 청렴성과 윤리적 가치관 등을 포괄하는 기업경영의 기반 체계를 통틀어 말한다.

- 위험평가Risk Assessment: 기업의 목표달성과 영업성과에 지장이 되는 위험에 대하여 적절한 조치를 취하는 것을 말한다.
- 통제활동Control Activities: 목표달성에 필요한 정책과 절차 및 조치활동을 아울러서 통제활동이라고 한다.
- 정보 및 의사소통Information and Communication: 내부통제에 필요한 정보와 이를 전사적으로 소통하는 체계를 말한다.
- 모니터링Monitoring: 목표달성 결과를 사전에 단계별로 평가하여 적절한 조치를 하고, 사후 평가 결과를 전사적으로 피드백Feed-back하여 목표달성을 효과적으로 수행하는 것을 말한다.

• 내부통제의 구체적 실행과정
  - 업무분장: 양립兩立 불가능한 업무는 반드시 2인 이상에게 맡기는 등의 단계별 내용별 업무담당 조치를 말한다. 승인, 집행, 기록과 보관관리 기능은 반드시 분리 담당 Segregation되어야 한다.
  - 승인절차: 모든 거래의 승인자를 정하는 조치를 말한다. 그 승인을 결재Approval라고 부른다. 전결규정으로 조치한다.
  - 업무처리의 문서화: 업무처리는 반드시 문서에 의하여 처리한다. 그리하여 기록을 보존하고 책임의 소재를 분명히 해야 한다. 문서는 종이문서와 전자문서가 있다. 업무분장 규정으로 조치한다.
  - 접근 및 사용통제 절차: 기업의 자산이나 정보 및 서류 등을 안전하게 보호하기 위하여 열람이나 사용을 통제하는 것을 말한다. 보안규정으로 조치한다.
  - 내부검증절차 및 내부감사 기능: 각 구성원이 수행한 업무는 견제와 균형Balance and Check이 가능하도록 검증檢證하거나 감사監査하는 것을 말한다. 감사규정으로 조치한다.
  - 기타 필요한 효과적인 조치: 각 기업별로 효과적인 내부통제를 위하여 추가적으로 필요한 조치를 취하는 것을 말한다.

싱귤래리티 걱정

컴퓨터와 인공지능. 학창시절 고등수학보다도 더 어려운 과목. 이들 두 짝이 요즘 시대를 풍미風靡하고 있다. 특히 인공지능이 인간의 지능을 능가凌駕한다는데 알려고 해도 잘 알 수가 없다. 공부를 하자니 어떻게 시작해야 하는지 알 수 없다. 그리고 이것을 알지 못해도 살아가는 데 전연 지장 없다.

동지 여러분은 손자와 손녀를 사랑하는가? 그러면 최소한 싱귤래리티Singularity는 알고 지내야 한다.

Singularity는 무엇인가? 싱글Single과 유사하니 무슨 독신자를 말하려는가? Singularity는 특이점特異點이라고 번역한다. 서양의 컴퓨터학자 겸 미래학자 레이 커즈와일Ray Kurzweil은 2045년이 되면 인공지능의 성능이 획기적으로 발달하여, 이 인공지능의 지능 총량이 인간의 지능 총량을 능가할 것이라고 예견한다. 이런 예견에 대하여 영국에서는 특이점 즈음에 실업률이 47%나 될 것이라고 전망치를 내놓았다. 2045년은 손자 손녀들이 20~30대로 사회에 진출하는 바로 그때이다.

2045년 실업률 47%, 그것 먼 미래의 일인데 뜬금없이 왜 강조하고 난리를 피우는가? 인공지능 로봇을 만드는 데 수천억 원의 개발자금이 소요된다. 구글, 페이스북, 애플, 텐센트, 바이두, 삼성전자, 현대자동차, 네이버, 카카오 등의 거대 기업이 아니면 인공지능 로봇을 개발할 엄두도 내지 못하는 것이 현실이다. 그리고 이들 인공지능 개발이 가능한 공룡 기업들의 인공지능 자동화Automation는 보안을 철저히 유지하면서 슬금슬금 진행 중이라, 얼마정도가 자동화되었는지 알 수 없다. 그러다가 전 산업 분야의 인공지능 자동화가 특이점을 넘어서면 실업 대란이 우리 사회를 강타할 것이다. 실업률 47%는 전연 불가능한 전망이 아니다. 그 이상이 될지도 모른다. 그리고 그것은 바로 범지구적 대재앙이 될 것이다.

불초는 이런 계제에 두 가지를 설명하고자 한다. 하나, 인공지능 로봇과 인간은 어떻게 의사소통하는가? 둘, 인공지능의 정체는 무엇인가?

인공지능 로봇과 인간은 어떻게 의사소통하는가?

디지털 기술을 알아야 양자 간의 의사소통 방법을 알 수가 있다. 디지털은 영어 Digit의 형용사형 Digital이다. Digit란 손가락, 발가락과 1, 2, 3 등 아라비아 숫자 1개를 의미한다.

컴퓨터는 컴퓨터 언어를 알아먹는다. 인간은 자연어 즉 인간의 언어를 알아먹는다. 이처럼 서로 다른 컴퓨터 언어와 자연어가 의사소통(Communication)을 하려면 특별한 신호(Code)가 필요하다.

그 신호는 전기의 단속斷續(On or/and Off)을 이용한 디지털 코드Digital Code이다. 이러한 디지털 코드 기술이 컴퓨터를 작동하게 하고, 그 작동으로 컴퓨터와 인간이 의사소통을 하는 것이다. 디지털 기술로 컴퓨터를 작동하게 하는 방법과 절차를 알고리즘Algorithm이라고 부른다. 최근에는 컴퓨터가 인공지능(Artificial Intelligence, AI)까지 발달하여 마치 인간의 말을 그대로 알아듣는 것처럼 행동한다. 그 디지털 기술의 내용은 방대하여 설명하려면 많은 지면과 시간을 요한다. 따라서 세대를 이야기하는 이 글에서는 그렇게 자세히 살펴볼 필요가 없다.

디지털 기술을 간단히 소개한다. 실리콘Silicon이나 게르마늄Germanium 반도체Semiconductor의 물성을 이용하면, 전기를 단속시킬 수 있는 스위치Switch를 만들 수 있다. 바로 트랜지스터Transistor가 전기를 단속시킨다. 이 트랜지스터를 전기단속(On and Off)용 컴퓨터 부속으로 쓰면 디지털 신호 1과 0을 생성시킬 수 있다. 1과 0의 숫자를 조합하면 2진 논리를 계산할 수 있다. 2진 논리란 참과 거짓, Yes or No 등의 서로 상반된 사실을 표현해내는 방법이다.

원래 컴퓨터는 계산기로 개발되어 사칙계산加減乘除을 한다. 그 계산기능을 연산演算이라고 한다. 그런데 1과 0을 연산해내는 결과에 참과 거짓, Yes or No 등의 2진 논리를 맞물리면, 1과 0 및 참과 거짓 간에 대응관계가 맺어지는 것이다. 다시 말하여 컴퓨터 언어 1과 0의 디지털 코드에 인간의 언어 2진 논리를 대응하면 바로 컴퓨터와 인간 간의 의사소통이 가능하게 되는 것이다. 이것을 논리회로라고 한다. 그러나 그 논리회로나 대응 알고리즘은 매우 복잡하고 어렵다.

이처럼 1과 0으로 숫자를 표시하는 것을 2진법Binary numbering이라고 하며, 그 1과 0을 2진 숫자Binary digit 줄여서 비트bit(약자 b)라고 한다. 또한 8bits를 사용하는 바이트Byte(약자 B)도 있다. 바이트를 사용하면 1과 0 즉, 2의 8승 256가지(0000 0000~1111 1111) 부호조합을 만들 수가 있다. 26문자로 구성된 알파벳의 대소문자와 각종 문자, 수학 기호 등의 부호를 충분히 표현할 수 있는 것이다. 참고로 KJC(Korea, Japan, China) 언어는 1Byte로는 모자라 2Byte (65,536가지 조합)를 사용한다.

인간의 언어는 그 음성의 고저가 연속적이기 때문에 아날로그^{Analogue} 신호라고 하고, Byte와 bit는 고저가 끊어지기 때문에(1=고, 0=저 또는 그 반대) 디지털 신호라고 한다. 아날로그 신호인 인간의 언어와 디지털 신호인 컴퓨터 언어 사이에 의사소통, 즉 Analogue to Digital Communication이 바로 인간과 컴퓨터 간의 의사소통 방법이다.

인공지능의 정체는 무엇인가?

인공지능(Artificial Intelligence, AI)이란 컴퓨터에 인간의 지능(Brain Intelligence)과 유사한 알고리즘^{Algorithm}(Program이라고도 한다)을 적용한 컴퓨터 로봇이다. 요즘 전자회사나 ICT 회사에서 팔고 있는 바와 같이 개별적으로 움직이는 놈도 있고, 거대한 시스템(AI의 Cloud network)으로 연결된 것도 있다. 유명한 알파고 바둑 AI System은 무려 1,202개의 AI가 연결되어 떼를 지어 바둑을 두어 이세돌을 이겼다. 인간의 두뇌처럼 지각기능, 인지기능, 기억기능, 탐구기능, 의지기능 및 표현기능 등을 두루 갖추고서 작동하는 고성능 컴퓨터의 복합적 기능을 말한다.

설명이 더 어려울 수도 있다. 인간은 어떻게 지능을 개발해 가는가? 갓 태어난 영아는 어머니가 주는 젖을 본능적으로 먹는다. 자라면서 어머니와 눈을 맞추면서 지능이 자라기 시작한다. 그리고 유아기를 거치고 소년기에 접어들면서 말을 깨우치게 된다. 지능이 상당히 자라난 것이다. 학습을 하면서 지능은 본격적으로 자라나게 된다.

인공지능은 컴퓨터의 연산기능에 바탕을 두기 때문에 추론기능이 뛰어나다. 그러나 인지기능은 약하다. 기계학습(Machine Learning)과 심층학습(Deep Learning)을 통하여 인지기능을 습득하게 된다. 컴퓨터의 작동 속도는 빛의 속도이다. 인간 최고 천재의 두뇌 회전력보다 500만 배 이상 빠르다고 한다. 그 가공할 속도로 최단기 학습을 통하여 인지기능을 강화한다. 인공지능의 홍채나 지문 인지기능은 인간의 그것보다 훨씬 뛰어나다. 이 학습기능으로 인하여 인공지능의 두뇌능력은 인간을 능가하게 될 것이다.

물론 안 되는 것도 있다. 예를 들면 사람과 사람 간의 친밀한 사회생활과 지식과 감정을 복합적으로 사용하는 감동의 능력 등은 인공지능이 따라올 수가 없다.

이런 인공지능의 가공할 능력을 한 기업의 공장 자동화에 적용하면 그 공장의 종업원이 인공지능으로 대체되어 실업자가 되는 것이다. 공장만이 아니다. 사회 전체 분야의 일자리 중에서 사람을 쓰는 임금보다 인공지능의 원가가 더 싸면 그 분야는 인공지능의 자동화가 이루어질 것이다. 이게 2045년의 특이점 사태의 모습이다.

미래의 일이라고 방치해도 될까?

지금부터 대책 수립이 절실하다. 몇 가지를 제시한다.

1. 인공지능을 공부하자.
2. 정부에 4차산업혁명 담당부처를 설치하여 이런 과제를 담당하게 한다.
3. 인공지능과 인간 간의 적정한 일 분담원칙과 이와 관련된 제반 사항을 규정하는 법률을 제정한다.
4. 시민사회단체가 이 일에 대한 필요한 사회운동을 벌여나간다.
5. 이 일은 우리나라만의 문제가 아니기 때문에 국제적 정보를 잘 알아야 하고, 필요시 나라 간의 협력도 강구해야 한다.

특히 4항의 사회운동은 우리 71동지회가 과거 청운의 뜻을 펼친 것처럼 신장년(유네스코의 새로운 주장으로 66세부터 79세까지 장년세대)의 기개를 다시 펼쳐볼 가치가 있다.

시대의 유물론
— 투옥·제적 등에도 우린 '복 받은 세대'였다

손호철(서강대 명예교수)

서울대 문리대 정치학과 70학번
동양통신(현 연합뉴스) 기자
미 텍사스 주립대학 정치학 박사
서강대 교수. 사회대학장, 대학원장,
민주화를 위한 전국교수협의회 상임의장,『진보평론』대표
『한국과 한국정치』등 이론서,『빵과 자유를 위한 정치』등 정치평론집,
『손호철의 발자국: 한국근현대사 기행』등 여행서 출간.

나의 시대유물론

'시대의 유물론'. 71동지회 50년을 맞아 지난 50년을 회고하는 글을 써달라는 부탁을 받고 생각한 제목입니다. 거창한 제목이라고 느끼겠지만, 핵심 내용은 누구도 시대로부터, 역사와 정치로부터 자유로울 수 없다는 것입니다. 우리는 정치가 더럽다고 정치를 외면하기도 합니다만, 이는 웃기는 일입니다. 정치란, 시대란 공기 같은 것입니다. 공기가 더럽다고, 우리가 숨을 쉬지 않을 수 있나요? 아니지요. 마찬가지로, 아무리 싫어도 우리는 정치 밖으로, 시대 밖으로 나갈 수 없습니다.

시대의 유물론이란 시대의 규정성, 시대의 물질성을 의미합니다. 우리는 시대의 규정성을 벗어날 수 없습니다. 물론 같은 시대에도 다른 삶은 사는 사람이 있지요. 일제의 학병을 탈출해 독립운동의 길을 떠난 장준하가 있다면, 일본 왕에서 충성서약의 혈서를 쓰고 일본

군 장교가 된 박정희도 있습니다. 사실 정몽준 전 의원은 저와 중·고등학교·대학교 동기인 절친 중 한명이고, 박근혜도 저와 같은 70학번입니다. 그러나 제가 '훈장짓'을 하다가 은퇴한 백수에 불과하다면, 정몽준은 현대중공업 등을 소유한 재벌이고, 박근혜는 지금은 감옥에 있지만 한때는 잘나가던 전직 대통령이라는 엄청난 차이가 있습니다. 이같은 차이에도 불구하고, 다 같은 시대의 규정을 받고 있습니다. 이 시대의 규정성을 가장 잘 표현하는 것이 '세대'지요. 세대는 단순한 나이가 아니라 '나이+공동의 시대적 체험'입니다. 세계적으로는 68 혁명의 '68세대', 우리나라의 경우 1960년대 생에 1980년대에 대학을 다닌 '86세대', 서태지의 '신세대' 그리고 요즈음의 'N포세대'가 시대의 유물론을 잘 보여주는 예들이지요. 한 시인은 "나를 키운 것 8할은 바람"이라 했지만, "우리를 만드는 8할은 시대"인 것 같습니다. 이같은 문제의식에서 '개발독재시대'라고 부를 수 있는 우리의 시대를 중심으로 저의 지난 삶을 이야기해보려고 합니다.

비주류의 비주류의 비주류의 삶

저는 원래 예술가 집안에서 태어나 화가의 꿈을 키우며 자라났습니다. 고 3 올라갈 때 미대를 가겠다고 하자, 부모님이 그림은 취미로 하는 것이라고 만류했습니다. "그러면 어디를 가야 하나?" 고민을 하다가 서울대학교 외교학과에 가서 고시를 봐서 외교관이 된 뒤 아름다운 세계의 오지를 다니며 그림을 그려야겠다는 나이브한 생각을 하고 있었습니다. 마침 고등학교 선배들이 진학지도를 왔는데 그중 한 선배(그가 상공부 차관을 지냈고, 무역진흥공사, 한전 사장 등을 지낸 조환익 씨다)가 서울대학교 정치학과에 재학 중이어서 외교학과에 가려 한다니 "외교학과는 과도 아니니 정치학과로 오라"고 이야기했습니다. 그 말을 믿고 정치학과를 갔으니 '고시과'에서 '학생운동과'로 학과 선택을 잘못한 것이지요. 그리고 정치학과에서 선배를 잘못 만나 운동권이 돼서 파란만장하다면 '파란만장'한 삶을 살아야 했습니다.

제일 먼저 대학 2학년 때 1971년 박정희 대 김대중 대결의 대통령 선거에서 관권 등을 동원한 부정선거를 감시하는 대학생선거참관인단을 만들어 김대중 후보를 도와주다가 감옥에 갔습니다. 이 선거에서 부정선거를 목격하고 신민당을 찾아가 총선을 보이콧하라고 이야기하고 나왔다가 정당법, 선거법 위반으로 투옥된 것입니다. 여러 명이 같이 재판을 받았는데 검사가 모두 5년형을 구형하고 이어서 "손호철 피고인 5년"이라고 구형했는데 변호사가 일어나 "손호철 피고인은 미성년자입니다"라고 반론을 제기했습니다. 대학 2학년이었지만 학교를 일찍 들어가 나이가 18살에 불과해 소년범이었던 것을 검사가 잘못 구형한 것입니다. 다행히 보석으로 석방됐는데 또다시 데모를 해서 그해 말 위수령 때 71동지회의 동지들과 함께 제적되고 말았습니다.

대학 2학년 때 이미 감옥을 갔다 온데다가 제적까지 당했으니 어린 나이에 인생이 너무 꼬여버린 것입니다. 게다가 다른 선배들, 동지들의 경우 제적과 동시에 강제 징집 당해 군대로 끌려갔다가 군 복무 중 복학조치가 이루어져 제대 후 대학으로 돌아와 시간적 손해가 없었던 반면, 저는 나이가 어려 제적을 당하고도 2년간 백수생활을 하고서야 군대를 갈 수 있었습니다. 사실 당시에는 키가 188cm 이상이면 군대를 가지 않았기 때문에 저는 189cm로 면제 대상이었습니다. 그럼에도 학생운동 블랙리스트에 있었기 때문에 키 재는 막대를 막 눌러 키가 185cm라며 강제 징집시켰습니다. 학교에서 쫓겨나서 2년을 놀아야 하고 가지 않을 군대까지 끌려간 것입니다. 그러나 이는 이야기의 일부일 따름입니다.

친구들이 학교에 가서 공부할 때 학교도 못 가고 2년을 백수생활을 해야 하는 것도 고통스러웠지만 진짜 고통스러운 것은 다른 것이었습니다. 툭하면 중앙정보부 등에서 잡으러 오는 것입니다. 운동권의 문제아들은 다 제적시켜 군대를 보냈으니 남아 있는 용의자는 나 같이 군대도 못 간 몇 명뿐이라, 대학가에 유인물이 돌거나 사건이 터지면 무조건 잡아가서 조사를 하는 것이었습니다.

"네가 했지?!" "안 했는데요." "그러면 안 했다는 증거를 대!" "아니 어떻게 안 했다는 증거를 대요?" "누가 했는지 얘기하면 네가 안 한 것이 증명되는 거잖아. 네가 아닌 다른 사람이 했다는 것을 증명하지 못하면 네가 한 거야!" 이같은 억지에 시달려야 했던 이 2년이 제 인생에서 제일 괴로운 시절이었습니다.

군대 3년을 마치고 복학을 하려고 보니 동숭동의 서울대 문리대 캠퍼스가 없어지고 관악산 서울대학교 종합캠퍼스로 이전했고, 문리대도 없어져 사회과학대로 변해 있었습니다. 삭막한 관악산 캠퍼스에서 5년 어린 후배들과 질식할 것 같은 유신시절을 보내고 간신히 졸업해서 동양통신(현 연합뉴스) 기자가 됐습니다. 원래 생각은 대학원을 갈 생각으로 시험을 봐 합격했지만, 학비와 생활비를 벌어야 했고, 통신사 외신부 기자가 되면 대학원을 다닐 수 있다고 해서 동양통신을 갔습니다. 헌데 경제부장이 저를 좋게 봐서 엉뚱하게 경제부 기자가 돼서 한국은행과 농수산부 출입기자로 경제 공부를 많이 했습니다. 대신 대학원은 다닐 수 없었습니다.

특히 농수산부 출입기자로 1979년 10월 26일 충남 삽교천 방파제 준공식에 참석해 박정희를 처음이자 마지막으로 지근거리에서 봤는데 박정희는 몇 시간 뒤 궁정동에서 야수의 심장을 겨냥한 김재규의 총탄에 쓰러지고 말았습니다. 박정희로부터 해방됐다는 즐거움도 잠시, 전두환의 12.12 쿠데타가 터졌고, "우리는 왜 이같은 일이 반복되는가?" 하는 의구심을 학문적으로 풀어야겠다는 생각에 유학을 생각했습니다. 기자생활을 하면서도 새벽반 영어학원을 다녀 시험을 보는 등 유학 준비를 했고, 텍사스주립대학University of Texas of Austin에서 입학 허가를 받았습니다.

그러나 전두환이 5.18 학살을 저지르고 기자들에게 이를 불순세력의 짓이라고 보도하라고 지시했습니다. 유학 준비를 하고 있었던 만큼 또 데모를 하다가는 유학이고 뭐고 또 인생이 꼬이는 것 아닌가 고민을 많이 했습니다. 결국 반골정신을 어떻게 하지 못하고, 전두환에 저항해 제작 거부운동에 적극 동참했는데, 보안사에서 출입처였던 농수산부 기자실로 찾아 왔습니다. 당시 언론자유 투쟁을 위해 의식 있는 선배 기자들과 비공식으로 만나고 있었는데 보안사가 그중 한 명인 김태홍 기자협회 회장을 체포하러 덮쳤을 때 그는 도주했지만 압수한 수첩에서 나의 연락처와 약속 등이 나와, 조사 차 찾아온 것이었습니다. 본격적인 수사는 아니어서 "최근 만난 적 없다"는 각서를 써주었습니다. 더 있다가는 큰일이 날 것 같아 초특급으로 여권을 내고 유학을 떠났습니다. 그런데 나중에 보니 언론계 해직자 명단에 제 이름이 들어 있었습니다.

전두환 덕분에 팔자에도 없는 유학을 가고 교수가 됐습니다. 그 점에서 저를 교수로 만들어준 전두환에게 항상 고마워합니다. 유학을 마치고 귀국해서 오랜 시간강사 생활 끝에 간신히 전남대 교수가 됐고, 이후 서강대로 자리를 옮길 수 있었습니다. 교수가 된 뒤에도 저의 실천적 삶은 끝나지 않았습니다. 김대중, 노무현 대통령 시절 권위 있는 민주화운동 단체인

'민주화를 위한 전국교수협의회'의 상임공동의장으로 '거리의 교수'로 강의실보다는 거리에서 더 많은 시간을 보냈습니다.

김대중 정부 초기 BK라는 시장주의적 교육정책을 도입해 전국 교수 1,000여 명이 명동성당에 모여 시위를 했습니다. 이를 준비하러 명동성당에 나가 있는데 누군가 허리띠를 밑에서 위로 잡는 것이었습니다. 이는 형사들이 수배자를 잡을 때 쓰는 전형적인 방법으로 "아니 민주화된 지가 언제인데 백주 대낮에 교수단체 대표를 잡아가다니" 하고 열 받아 한 대 치려고 뒤로 몸을 틀고 보니 아버님이었습니다. "야 '이제 교수가 되어 걱정 안 해도 되는구나' 안심했더니 아직도 데모냐?" 아버지의 호통에, 지켜보고 있던 정보기관 요원들이 배를 잡고 웃었습니다.

저는 신자유주의 구조조정 반대, 이라크 전쟁 반대에 앞장섰고, 이후에도 이명박 정부의 광우병 시위, 용산참사 시위, 박근혜 탄핵 촉구 촛불농성 등 거리투쟁을 계속했습니다. 사실 문재인 정부가 출범한 뒤인 얼마 전에도 대학개혁을 위해 청와대 앞에서 일인시위를 했습니다. 특히 많은 글을 쓰고 방송에 자주 출연하고 교수단체 대표를 맡는 등 명성이라면 명성을 얻은 뒤, 김영삼 정부와 김대중 정부로부터 여러 차례 들어오라는 유혹을 받았지만 모두 거절했습니다.

중요한 것은 제가 거리의 교수였다는 것이 아니라 '비주류의 비주류의 비주류'로 살아왔다는 것입니다. 저는 1971년 김대중 후보를 돕다가 감옥을 가는 등 김대중에 대한 열렬한 지지자였습니다. 그러나 1980년 유학을 가 다양한 현대 좌파이론을 공부한 데다, 1987년 대선에서 양김이 권력욕에 눈이 멀어 분열함으로써 국민들이 싸워 얻어준 직선제 개헌의 성과를 노태우에게 선물하는 것을 보면서, 나아가 1989년 '5공 청문회'에서 기득권에 안주해 전두환의 백담사행으로 5공 청산에 합의해주는 것을 보면서, 양김을 비판하며 한국에도 북유럽 등과 같은 진보정당이 필요하다는 입장으로 변화했습니다.

이제는 바뀌고 있습니다만(아니면 바뀌었습니다만), 한국 현대사에서 우리 사회의 '주류'는 반공독재 세력이었습니다. 반면에 민주화 세력은 '비주류'였습니다. 그러나 이 비주류에서 주도권을 쥔 주류 세력, 즉 '비주류의 주류'는 자유주의(리버럴liberal) 세력이었습니다. 이 자유주의 세력은 김대중, 노무현, 문재인이라는 대통령을 세 명이나 배출했고 많은 국회의원,

장관 등 출세한 사람들이 많습니다.

여기에서 명확히 하고 넘어갈 필요가 있는 것은 김대중, 노무현, 문재인 정부와 민주당을 흔히 '진보'라고 부르지만 이는 잘못이라는 사실입니다. '진보', 즉 progressive란 북구의 사회민주당이나 독일 사민당, 프랑스 사회당, 공산당처럼 사회민주주의와 그 왼쪽에 있는 사상을 가리키는 것으로 한국에서는 조봉암의 진보당, 민주노동당, 정의당 등이 이에 해당합니다. 반면에 해방정국의 한민당, 이후 민주당과 신민당으로 이어져온 민주당은 기본적으로 미국의 민주당과 비슷한 '자유주의적 개혁세력', 즉 리버럴입니다.

다시 한국정치 이야기로 돌아가, 자유주의 세력과 달리 민주화 세력 중에서도 진보 세력은 '비주류의 비주류'로 고난의 길을 걸어왔습니다. 게다가 이 '비주류의 비주류'에서도 '주류'는 이제는 해산당한 통합진보당 등 '진보우파' 내지 '자주파'라고 부르는 민족주의 세력, 반미 통일운동 중심의 NL(National Liberation의 약자) 세력이고, 마르크스주의자 등 계급문제를 중심으로 하는 평등파 내지 '진보좌파'는 '비주류의 비주류' 내에서도 '비주류'인 '비주류의 비주류의 비주류'였다고 할 수 있습니다.

한국정치경제학의 대부였던 고 김수행 교수가 1980년대 진보의 메카로 알려진 한 신학대학에서 학원민주화를 주장하다 한국 최고의 민주투사로 알려진 목사들에 의해 해직됐는데(이후 서울대학교에 취직해 전화위복됐지만) "박정희에게 해직당하면 민주투사지만 대한민국 최고의 민주투사들에게 해직당한 나는 반민주투사인가? 뭐지"라고 한숨을 쉬곤 했습니다. 이 일화는 '비주류의 비주류'의 처지를 잘 보여준 것입니다.

하고 싶은 일을 하고 살자

이 이야기를 하는 것은 여기에서 제 고생한 이야기를 자랑하기 위한 것이 아닙니다. 이 이야기는 시작에 불과하고 진짜 하고 싶은 이야기는 지금부터입니다. 투옥, 제적, 강제 징집, 해직, 이후의 '거리의 교수' 등 이 모두에도 불구하고, 제가 파란만장하다면 파란만장한 삶을 살았고 '비주류의 비주류의 비주류'로 살았음에도 불구하고, 저는 제가 '선택된 세대'이고 '선택된 삶'을 살았다고 생각하고 고맙게 생각합니다.

왜 그런가요? 바로 시대의 유물론이 여기에 작동합니다. 저는 투옥, 제적, 강제 징집, 해직 등 이 모든 시련에도 불구하고 30년 전에 태어나지 않은 것이 너무도 다행이라고 생각합니다. 30년 전(즉, 식민지반봉건시대)에 태어나 일제와 해방공간에서 청년기를 보냈다면 저는 분명히 서른을 넘기지 못하고 죽었을 것입니다. 그걸 피했으니 얼마나 선택된 세대입니까? 아직 이야기가 남았습니다. 저는 투옥 등 이 모든 시련에도 불구하고 제가 30년 뒤에 태어나지 않은 것도 너무 다행이라고 생각합니다. 물론 30년 뒤의 세대들은 우리 세대가 생각하지도 못했던 물질적 풍요 속에서 자라났고 또 살고 있습니다. 그러나 저는 시장만능의 신자유주의시대에 성장하며 낭만 없는 대학생활에 스펙전쟁을 치르며 N포세대로 살지 않아도 된다는 것이 다행이라고 생각합니다.

한국 현대사에서 '가장 복 받은 세대'는 최고의 권력 기득권으로 아직도 각 분야의 요직을 독점하고 있는 (60년대에 태어나 80년대에 대학을 다닌) 86세대입니다. 86세대 다음으로 복 받은 세대가 바로 개발독재 시대에 대학을 다닌 저희 세대, 즉 위수령 세대와 유신 세대, 긴급조치 세대라고 생각합니다.

나이를 꽤 먹고 보니, 갖게 되는 생각이 인생은 "운이 7할이고 실력은 3할"인 '운칠기삼'이고, "인생에 왕도는 없다"는 것입니다. 앞에서 이야기했듯이, 저는 감옥을 다녀온 뒤에도 학생운동을 계속하다가 제적됐습니다. 저의 동기 중 저만 잘렸는데 아버지는 서울사대의 전신인 경성사범을 나와 학교 후배이자 박정희 정권의 실세인 김용태, 김종필과 아주 친해 1971년 10월 위수령 당시 김용태를 찾아가 "내 아들 좀 봐달라"고 부탁했습니다. 김용태가 치안본부 정보과장을 불러 물어보자 데모하다 찍힌 사진 한 무더기를 보여주며 "감옥 다녀와서도 이렇게 데모를 하니 봐줄 수가 없다"며 "우리가 학생들 속에 프락치를 심어놨으니 말조심시키라"고 충고했다고 합니다.

이 이야기를 듣고 온 아버지는 "왜 내 아들만 잘려"라는 생각에 매일 같이 만나 집에도 자주 왔고 가장 친했던 친구인 김효순(전 「한겨레신문」 편집국장)이 프락치라 그 친구는 안 잘리고 나만 잘렸다고 한숨을 쉬셨습니다. 제가 "내 친구는 프락치 아니다"라고 대들면 "너는 그렇게 순진하니 너만 잘렸지"라며 저보고 너무 순진하다고 야단치셨습니다. 헌데 군대 가 있는데 아버지가 면회를 왔습니다. 너무 얼굴이 좋으셔서 무슨 좋은 일이 있으시냐고 묻자 아버지 왈 "호철아, 너 제적되길 정말 잘했다"며 너무 좋아하시는 것이었습니다. 뭔 소리인가 들으니, 아버지가 프락치로 몰던 제 친구가 나처럼 잘리지 않고 학교에 남아 있었던 덕분에 민청학련사건으로 무기형을 선고받은 것이었습니다. 그렇습니다. 인생에는 이처럼 화가 복이 되는 전화위복轉禍爲福, 복이 화가 되는 전복위화轉福爲禍가 다반사라 정답이 없습니다.

그러나 적당히 살자는 것이 아닙니다. 비겁하게 살아 잘된다는 보장이 있으면 그리 살겠는데 그렇지 않다는 것입니다. 따라서 비겁하게 살지 말고 하고 싶은 일을 하고 살자는 것이 제 생각입니다. 노무현 대통령도 '바보 노무현'이란 말을 들으며 바보같이 '지는 길'만 걸어갔지만 그 덕분에 대통령이 될 수 있었습니다. 저 역시 '나물 먹고 물만 마시고 살진' 않았지만 원칙을 지키며 살았다고 자부합니다. 그리고 그럼에도 불구하고 서강대 같은 그런대로 명문대학에서 교편을 잡고 사회대학장, 정책대학원장, 대학원장 등 주요 보직을 하고 은퇴할 수 있었습니다.

나의 인생 철학

돌이켜보면, 제가 살아오며 지킨 몇 가지 원칙이 있습니다.

첫 번째, 마르크스의 좌우명인 그리스 격언으로 "Nothing human is alien to us"입니다. "인간적인 것 처 놓고 우리와 무관한 것은 없다"는 것입니다. 남의 고통, 비극에 함께 아파해야 하는 인류의 공동체성에 대한 이야기지요. 생태주의가 보여주듯이 이제 우리는 혼자 잘 살 수 없습니다. 자연이 무너지면 우리도 같이 무너집니다. 특히 신자유주의 시대의 무한경쟁 속에 위만 올려다보고 살아가는데 남의 고통에 같이 아파하며 아래를 내려다보고 같이 연대할 수 있는 '하방下方연대'의 정신을 가지고 살려고 노력했고, 앞으로도 그럴 생각입니다.

두 번째, 막스 베버의 좌우명입니다. 같은 독일에서 마르크스보다 50년 뒤에 태어난 사회학의 보수파 거장인 베버는 마르크스랑 이름이 비슷하다는 이유로 박정희 시대에는 금서에도 오른 불운(?)의 인물인데, 그의 좌우명은 "뜨거운 가슴에 냉철한 머리Warm Heart, Cool Head"입니다. 그렇습니다. 그의 말대로 가슴과 머리, 감성과 이성의 균형을 이루며 살려고 노력해왔고 앞으로도 그러려고 합니다. 현실은 가슴이 따뜻하면 머리는 펄펄 끓는 'Warm Heart,

Hot Head'이거나 반대로 머리가 냉철하면 가슴은 얼음인 'Cool Head, Icy Heart'가 대부분이지만, 이들처럼 되지 않으려고 노력해왔습니다.

돌아가신 신영복 선배가 "세상에서 가장 먼 여행"이란 이야기를 했습니다. 이는 남극이나 아이슬란드로의 여행이 아닙니다. 그것은 머리로부터 가슴으로의 여행입니다. 단순히 머리로 이해하는 것을 넘어서 가슴으로 같이 아파해주기 위해서는 많은 노력이 필요합니다. 더 먼 여행이 있습니다. 그것은 가슴에서 다리로의 여행입니다. 즉 단순한 공감을 넘어서 실제로 실천에 옮기는 것이지요.

세 번째, 치열하게 살려고 노력했습니다. 〈남영동 1985〉라는 영화가 있습니다. 고문기술자 이근안이 민주화운동가인 김근태를 고문하는 이야기입니다. 제가 가끔 스스로에게 자문하는 것이 있습니다. "과연 나는 이근안이 고문을 하듯이 이근안보다 더 치열하게 민주화운동을 한 것인가"라는 자문입니다. 글도 많이 썼지만, 이에 그치지 않고 거리로 나가 시위도 많이 했고, 술도 많이 마시고, 여행도 많이 다니고, 치열하게 살려고 노력했습니다. 그래서 생긴 버릇이 운전할 때 책을 옆에 두고 정지 교통신호등이 켜져 차가 정지하면 책을 읽는 것입니다. 민교협 활동 등 사회운동 등으로 책 읽을 시간이 너무 적기 때문에 만든 버릇인데 그러다가 여러 번 앞차를 받아 집사람이 "앞으로 운전하면서 책 읽으면 이혼하겠다"고 겁을 줘 중단하고 말았습니다.

네 번째, 즐겁게 살려고 노력했습니다. 우리 사회 구성원들은 일과 돈의 노예인 '경제적 동물'로 살아왔습니다. 이제 호모 파베르(작업인)으로부터 호노 루덴스(유희인)으로 바뀌어야 한다는 것, 쉽게 말해 개미에서 배짱이로 바뀌어야 한다는 것이 제 철학입니다. 우리는 중남미의 라틴계를 보고 게으르고 놀기만 한다고 욕하지만, 오히려 우리가 라틴적 삶을 배워야 합니다. 20세기 초의 페미니스트이자 무정부주의자로 엠마 골드만Emma Goldman이란 사람이 있는데, 그는 "내가 춤 출 수 없으면 그것은 혁명이 아니다"라고 말했습니다. 광우병 촛불시위 때부터 시위가 젊은 여성들이 유모차를 끌고 나오는 축제 같은 시위가 된 것이 바로 이같은 예입니다. 제가 주동을 해서 가까운 진보학자들끼리 '즐거운 좌파'라는 '즐좌' 모임을 만들었습니다. 그래서 만나면 운동 이야기나 세미나를 하지 말고 술 마시고 놀자고 약속했습니다.

71동지회 50년을 맞아 지난 50년을 돌이켜보니, 문득 제가 서강대 고별강연에서 부른 프랭크 시나트라의 명곡인 〈마이웨이〉가 생각납니다. 이것은 '나의 길'만이 아니라 71동지회 여러분 모두의 길이기도 합니다. '손의 길'만이 아니라 '김의 길', '박의 길', '이의 길', '최의 길', '임의 길'입니다.

And now the end is near

And so I face the final curtain

My friend, I'll say it clear

I'll state my case of which I am certain

I've lived a life that's full

I traveled each and every highway

And more, much more than this

I did it my way

그리고 이제 끝이 가까워졌네요.

그리고 나는 마지막 커튼을 보고 있습니다.

친구여, 나는 확실히 이야기하렵니다.

나는 확실히 나의 이야기를 하려고 합니다.

나는 풍부한 삶을 살았습니다.

나는 모든 고속도로를 다 다녀봤습니다

그리고 그 어느것보다도 중요한 것은

그걸 내 방식대로 해냈다는 것입니다

(중략)

Yes, it was Sonn's way

네, 그것은 손(호철)의 방식이었습니다.

다시 정의(正義)의 의미를 묻는다

송인창(대전대학교 명예교수)

충남대 문리대 철학과 69학번
대전대학교 대학원장
한국동양철학회 회장
한국철학회 회장
(현) 한범 동양인문학연구소 소장

왜 정의인가

목 형, 다수의 횡포와 무지 그리고 가짜 뉴스와 코로나19가 유난히 기승을 부린 신축년도 벌써 절반을 넘어섰습니다. 그간에도 행동하는 지성인으로서 연구와 지행일치적 삶을 위해 진력하고 계시리라 확신하며, 너무 늦은 답신을 보냅니다.

10여 년 전 마이클 샌델의『정의란 무엇인가』라는 철학서가 100만 부 이상 팔려 나가며 우리 사회가 정의 담론으로 뜨거웠던 것만큼이나 요즘 또다시 우리 사회에 정의에 대한 대중들의 관심이 높아졌습니다. 이같은 사회적 분위기에는 분명히 "기회의 평등, 과정의 공정, 결과의 정의"라는 애초의 약속과는 거리가 너무 멀어지고 있다고 하는 우려와 함께, 스스로 정의로운 사회를 만들어가지 않으면 안 된다고 하는 대중들의 당위적인 다짐과 분노가 녹아 있습니다. 이와 같은 정의에 대한 일반 대중들의 폭발적 관심을 우리는 어떻게 이해하고 수용해야 할까요? 정의는 정말 사회적 불균형과 불공정의 심화가 야기한 우리 사회의 양극화 현상을 해소하고, 또 빈번하게 일어나는 사회 지도층의 부도덕함과 권력 독점 현상을 막아 낼 수 있는 강력한 규범이 되거나, 젊은이들의 취업 포기, 결혼 포기, 내집 마련 포기를 포기하는 희망의 약속이 될 수 있는 것일까요? 아니면 이러한 정의의 열풍 현상이 오히려 정의의 참된 의미를 왜곡·변질시켜 공정사회의 건설을 가로막고 사회적 양극화를 더욱 심화하는 결과를 가져오는 것은 아닐까요?

목 형, 지금 우리 사회에 다시 정의에 대한 관심이 고조되고 있습니다. 또 정치인 저마다 자신이 정의 편에 서 있고 정의(롭다)라고 떠듭니다. 하지만, 왜 우리 대중들은 과거보다 더 우리 사회의 부정의를 하소연하고 있는 걸까요? 도대체 어느 쪽이 정의인가요? 이러한 엇박 자와 혼란은 왜 생기는 것일까요? 이러한 물음하에 정의의 본뜻을 다시 새겨봐야 할 것 같습 니다. 왜냐하면 정의 자체가 덕이고 좋을 것이라 할지라도 그것이 사회에 구현되는 데 있어 서 정의에 대한 각자의 관점과 해석이 다를 수 있기 때문입니다. 나아가 정의 담론이 우리 사회에 던지는 메시지가 무엇인가를 검토하고 우리 사회의 부정의 문제를 해결하기 위한 새로운 대안을 모색하는 일은 정말 필요한 문제인 것 같습니다. 그런 점에서 우리 지성인들 은 참된 정의가 무엇이며 그것이 어떻게 현실적으로 구현되어야 하는지 진지하게 묻고 또 대답하지 않을 수 없는 것입니다. 저는 이같은 문제에 대한 대답과 해석의 지평을 넓히는 측면에서 동서양 정의관의 핵심적 내용과 특징 그리고 그 근본적인 차이는 어디에 있는가를 살피고, 서양의 정의관과 동양사상을 대표하는 유교의 정의관을 대비하여 검토함으로써 새 로운 시대의 정의관을 모색해보고자 합니다.

서양의 정의관

목 형, 정의 justice의 'jus'는 라틴어로 '법'을 의미합니다. 그래서 서양에서 말하는 정의란 원래 법률용어입니다. 서양에서 법의 이념으로 정의를 드는 것은 일반적인 경향입니다. 서 양법철학에서 법은 정의에서 나온 것이라고 하였습니다. 그리이스에서도 법(dike)과 정의 (dikaion)는 언어적으로 불가분리의 것입니다. 로마에서도 법(ius)은 정의(iustitia)에서 유래 한 것이며 법은 정의와 형평의 기술이라고 말한 바 있습니다. 법은 정의의 표현자이고 법에 적합한 것이 곧 정의라는 것이며, 법은 정의를 실현하는 것을 고유의 사명으로 여겼다는 것입니다. 아리스토텔레스에 따르면 정의(justice)란 광의로 사용할 경우에는 법法을 따른다는 의미이고, 협의에 있어서는 균등(ison)을 의미합니다. 이를 종합해보면 서양의 철학적·신학적 정의의 기본개념은 법에 따라 "각자에게 각자의 몫을 주라"는 것으로 표현될 수 있습니다.

목 형, 하지만 불행하게도 지금 우리는 "각자에게 각자의 몫"이 돌아가는 정의가 실현되는 행복한 세상에 살고 있지는 않은 것 같습니다. 그렇다면 인간이 행복하게 살기 위한 조건은 무엇일까요? 이 물음은 동서고금을 막론하고 중요했습니다. 하지만, 단순화의 오류를 무릅쓰고 간명한 논의를 위해 그 조건을 정신과 물질 두 가지로 단순화해보겠습니다. 인간 생활의 풍요와 만족은 물질적인 측면과 정신적인 측면이 고루 갖추어져 있을 때만 가능하다는 사실은 두 말이 필요 없습니다. 하지만 서양은 특히 물질적 풍요를 행복의 중요한 조건으로 봤습니다. 서양은 자연으로부터 생산과 공급을 어떻게 효과적으로 하느냐는 문제를 과학적 지식과 기술로 해결했습니다. 또한 생산물의 분배와 소비의 문제를 사회윤리와 사회정의의 원칙에 따라서 해결해야 한다고 생각했습니다. 그래서 일찍이 플라톤은 정의란 강자의 이익에 지나지 않는다는 트라시마코스의 견해에 반발하여 "국민 각자가 자신에게 합당한 일을 하는 가운데 행복하게 살며 전체가 조화를 이루고 있는 아름다운 상태"가 정의라고 하며 사회적 질서의 차원에서 정의의 개념을 일반적 덕목의 하나로 규정하였습니다. 그러나 아리스토텔레스는 정의란 다른 사람과의 상호관계에서 "어떤 종류의 중용" 또는 "균등"이라고 하며 정의 개념을 분배적 측면으로 설명하였습니다.

이러한 분배적 정의는 인간의 무한한 욕망과 유한한 재화 사이에서 가장 이상적인 분배방식을 찾고자 하는 것입니다. 분배적 정의의 문제는 결국 개인의 자유를 최대한 보장해줄 것인가? 아니면 사회가 어떻게 평등해질 수 있는가?의 문제로 귀착됩니다. 자유와 평등의 가치 중 '자유'를 강조하는 입장이 노직의 자유주의 사회정의론이고, '평등'을 강조하는 입장이 마르크스주의 사회정의론입니다. 롤즈의 사회정의론은 절충적인 입장에 서 있습니다. 이제 이 세 가지 입장의 핵심을 차례로 짚어보려 합니다.

자유주의적 정의관은 정의를 권리 개념으로 보면서 어떤 경우에도 권리주체로서 개인의 자유를 침해해서는 안 된다는 정신에 입각해 있습니다. 로크, 몽테스키외, 칸트, 아담 스미스, 노직 등이 자유주의적 정의관을 지지하는 철학자들입니다. 가령 노직은 사람을 단순히 수단으로서만 사용해서는 안 되며 목적 그 자체로 대우해야 한다는 칸트적 원칙에서 출발해서 개인의 권리는 어떤 경우에도 침해될 수 없으며 본인의 동의가 없이 어떤 목적의 달성을 위해 희생되거나 사용되어서는 안 된다고 주장하였습니다. 또한 어느 누구도 사회 전체를 위한다는 미명 아래 다른 사람을 이용할 권리를 갖고 있지 못하며 국가나 정부 역시 그런 권리를 가지고 있지 않다고 보았습니다. 이와 같은 출발은 그로 하여금 개인의 자유권을 옹호하면서 개인 간의 자유로운 경쟁에 직접 개입하거나 영향을 미치는 제도적 장치나 기구를 허용하지 않는 최소한의 정부를 주장하게 한 것입니다.

목 형, 하지만 개인의 권리와 함께 자유와 평등이란 개념은 근대사회를 떠받치고 있는 본질적 개념입니다. "근대 이후의 역사는 '평등 없는 자유'에서(자유주의) 출발하여, 한편으로는 '자유 없는 평등'(국가사회주의)의 실험적 거역拒逆을 거치면서, 다른 한편으로는 '자유 속에서의 평등'(자유민주주의 및 사회민주주의) 단계로 항진해왔다"고 할 수 있습니다. 이러한 평등의 역사적 전개 맥락에서 마르크스의 평등사상의 철학적 의의는 자본주의하의 사회적 불평등에 대해 비판을 제기하는 그의 도덕철학적 관점이 '인간의 존엄성'에 기반을 두고 있다는 것입니다. 마르크스는 자본주의 체제하의 '사회적 불평등'을 인간에 의한 인간의 지배와 예속으로 보고, 그로부터 연유하는 인간의 소외 등의 문제를 비판했습니다. 비록 그는 체계적인 정의론을 제시하지 않았지만, 인간과 인간이 서로 대등하고 독립된 자유로운 관계라는 정의의 원리를 제시했습니다. 더불어 정의로운 사회를 실현하기 위해서는 자본주의 사회의 사회적 불평등의 궁극적 근원인 '생산수단의 사적 소유'를 철폐하고 이를 사회적 소유로 실현시켜야 한다고 주장했습니다. 이러한 마르크스의 평등사상은 단순히 철학적 이론에만 그치지 않고 사회의 불평등 상태와 소외 문제를 현실자본주의 사회에 대한 과학적 분석을 통해 실증적으로 입증하고 노동자 해방의 구체적 실천 방향을 제시했다는 데 큰 의미가 있습니다.

이와 더불어 마르크스 평등사상이 지니는 철학적 의의는 자본주의 체제가 주장하고 있는 평등의 허구성을 드러내고 밝힌 점입니다. 마르크스 사상에서 정의나 권리 또는 법체계 등의 문제는 단순한 상부구조적 현상이기 때문에 부차적이고 지엽적인 의미밖에 지니지 못하는 것으로 치부되었습니다. 그러나 마르크스가 제시하는 평등은, '사회적 평등'과 '법률적 평등'이 같은 의미로써 모든 인간이 어디에도 예속되거나 지배당하지 않는 자유로운 삶을 살아갈 수 있는 근거로 제시되었다는 점에서 정의담론의 지평에 있습니다.

목 형, 롤즈 정의론의 핵심은 인간적 정의를 판단하는 기준이 되는 아르키메데스적 점을 찾는 일입니다. 이 작업은 종래의 방법과 같이 역사적 우연성에 의거해서도 안 되며 경험과 무관한 선험적 가정에 의한 것이어서도 안 됩니다. 롤즈는 인간적 정의를 우리가 획득하기 위해 우리 자신의 입장을 멀리서 바라볼 수 있게 하는 하나의 관점을 필요로 하는데 그것이 우리의 현실적 모습을 바라보지 못할 정도로 멀리 떨어져 있어서는 안 된다고 합니다. 그 같은 관점은 이 세계 내에서 합리적 인간이 채택하게 될 생각과 느낌의 어떤 방식이라고 설명하고 있습니다. 즉 일정한 방식으로 추론하고 도출된 결과에 따르는 것만으로도 정의의 원칙이 설정될 수 있는 충분한 결과를 도출해낼 수 있다는 것입니다. 이것이 바로 "정의는 사회제도의 제1덕목"(John Rawls, 황경식 옮김, 『정의론』, 이학사, 2003, 36쪽)이라고 주장하는 롤즈의 원초적 입장이며 출발점이 되는 것입니다.

여기서 원초적 입장이란 순전히 가상적인 상황을 말합니다. 원초적 상태라는 계약 상황 속에 우연적이고 특수한 사실에 대한 지식이 허용되면 공정한 조건이 불가능해지기 때문에 이러한 지식을 가리는 무지의 베일이 필요하다는 것입니다. 칸트의 윤리학에도 함축되어 있는 무지의 베일이란 개념은 정의의 원칙 구성을 위해 최초의 계약에 임하는 당사자들이 그들 스스로가 가지고 있는 모든 유리한 여건을 일단 덮어두어야 한다는 제약장치입니다. 개인이 가지고 있는 자연적 천부적인 소질과 능력, 개인이 처해 있는 경제적·정치적·세대적·문화적 배경, 그들이 소속하고 있는 지위나 계층, 개인이 지니는 가치관, 개인의 성향이나 심리적 특성, 개인에게 주어지는 우연적 특수 여건과 같은 것들은 모두 이 무지의 베일로 덮어두어야 할 목록들입니다.

롤즈는 공정으로서의 정의, 즉 원초적 입장과 무지의 베일로 구성된 절차적 정의에 의해 합리적 당사자들이 선택할 수 있는 결과로 다음과 같은 정의의 원칙 두 가지를 제시합니다. 첫 번째, 평등한 자유의 원칙입니다. 한 사회의 구성원 각자는 다른 모든 구성원의 자유와 양립할 수 있을 정도로 기본적인 자유에 대하여 평등한 권리를 가져야 한다는 것입니다. 두 번째, 불평등의 원칙입니다. 사회적·경제적 불평등이 가능한 두 가지 조건을 제시합니다.

그 하나는 기회평등의 원칙으로서 한 사회의 불평등은 모든 사람에게 개방된 직책과 지위에 결부되어야 한다는 것입니다. 다른 하나는 차등의 원칙으로서 한 사회에서 허용되는 사회적·경제적 불평등은 최소 수혜자에게 최대의 이익이 되는 경우에 한하여 용인될 수 있다는 것입니다.

롤즈가 정의의 원칙이라고 명명한 이러한 내용은 자신이 지향하는 사회정의의 여건, 구체적인 조건 및 정의가 실현된 구체적인 모습과 실천전략을 더욱 분명히 제시하고 있습니다. 아울러 정의의 원칙들 간의 위계적 질서까지 밝혀놓음으로써 이러한 정의의 문제가 형이상학에서 벗어날 수 있는 계기를 마련해주었다는 긍정적인 평가를 받고 있습니다. 이런 맥락에서 롤즈의 분배적 정의론은 자유민주주의에 입각한 자본주의적 복지국가를 정당화하는 수정자본주의의 대표적인 입장으로 간주되고 있습니다.

목 형, 이상으로 그리이스적 정의관과 기독교적 정의관의 뿌리에서 갈리진 서양의 정의관을 간략히 살펴봤습니다. 그리스적 정의관은 사회구성원에게 "각자에게 각자의 몫"을 어떻게 정당하게 나눠주는가 하는 분배의 측면에서 노직, 마르크스, 롤즈의 정의론처럼 어떻게 이익과 부담을 공평하게 나누느냐에 초점을 둔 분배적 정의관이라고 할 수 있습니다. 반면 기독교적 정의관은 정당하게 분배할 몫이 없는 고아나 거지를 비롯한 사회적 약자 등의 사람을 어떻게 대우할 것인가 하는 물음에서 출발하여 그들을 인류애를 바탕으로 인도주의적으로 대우해야 함을 말한다는 점에서 분배적 정의관을 넘어선 '변혁적 정의관'이라고 할 수 있습니다. 이런 점에서 사랑은 정의의 요구를 넘어선다는 니버의 정의론은 기독교적 정의관에 가깝고, 사랑 즉 타자의 아픔에 공감하고 동정하는 마음(仁)을 중시하는 유교적 정의관하고도 상통합니다. 정의가 사랑에 뿌리를 두어야 하고 사랑에 앞서는 정의는 없다는 맥락에서 이제 유교의 정의관을 살펴볼까 합니다.

유교의 정의(義)관

목 형, 앞서 살펴본 바처럼 서양의 정의(justice)는 법과 경제 문제의 맥락에서 개인적 자유가 기본이 되는 정의입니다. 그런데 오늘날 우리 사회는 서양의 justice만을 참된 정의로 인식하고, 동양적 정의(義)에 대해서는 관심을 두지 않거나 무시하는 형편입니다. 그래서 저는 '옳을 의義' 자를 justice의 개념과 대비해 유교의 정의를 생각해보고자 합니다. 그것은 인간의 본래적 덕성을 가리키는 개념인 의義가 justice의 개념과 유사한 의미를 갖는 개념이라고 보기 때문입니다. 의는 인의예지 사덕 중의 하나이면서 유교 윤리의 핵심이 되는 덕목입니다. 의의 여러 가지 기능 중 지도작용指導作用은 가장 핵심이 되는 기능으로서 모든 인간 행실의 기준 역할을 담당하고 있습니다. 예컨대 공자가 "이익을 보면 의로움을 먼저 생각한다(見利思義)"(『논어』「헌문」)라 하고 "이득을 보고 의를 생각한다(見得思義)"(『논어』「계씨」)라 한 것은 사람 된 자, 어떤 이익을 얻음에 있어서는 먼저 의에 합당한지 여부를 살펴서 그것을 취할 것인지 아니할 것인지 결정해야 한다는 것입니다. 이때의 취리여부取利與否의 판단기준이 되는 것이 바로 의입니다. 의는 부귀이득富貴利得을 얻고 버릴 때를 결정하는 기준이 될 뿐만 아니라, 인간의 덕행이 참된 것인지 아닌지를 판단하는 기준이 됩니다. 그런 점에서 의는 사리事理의 당연함이며, 사람이 마땅히 따라야 할 행위의 최고 준칙임을 알 수 있습니다. 이렇게 볼 때 의는 일체의 덕행을 일관하는 기능을 가졌고 일체의 덕행이 그 올바름을 잃지 않게 하는 필수조건으로서, 어떠한 덕이든 의가 결여되고는 결코 옳게 제구실을 다할 수는 없습니다. 그래서 공자는 "군자는 천하의 각종 사정에 대하여 옳다고 고집하지도 않고, 안 된다고 부정하지도 않으며, 오직 의義를 따를 뿐이다"(『논어』「리인」)라고 말했습니다. 이와 같이 도덕적 가치판단이나 행동지표의 선택 그리고 여러 덕목과의 관계성에서 보면 의義란 '마땅함과 올바름'을 뜻하고, 한마디로 말하면 사람 된 자가 마땅히 따라야 할 인생의 바른 길이라고 하겠습니다. 『중용』에 "의란 마땅함이다"(『중용』20장)라 하고, 『맹자』에 "의義는 사람이 걸어가야 할 가장 바른 길이다"(『맹자』「고자장구상」)라 한 것이 그 좋은 예입니다.

목 형, 앞서 의義가 인의예지 사덕 중 하나로서 유교 윤리의 핵심 덕목이라고 말했는데, 사실 유교 윤리는 인의仁義로 요약됩니다. 이 경우 인은 체가 되고 의는 용이 됩니다. 또한 '관계의 윤리'로 일컬어지는 유가 윤리는 인간관계뿐 아니라 인간관계의 문법이 되는 덕목들 역시 서로 긴밀한 연관관계를 맺고 발화되기 때문에 의는 인뿐 아니라 사덕의 연관 속에서 보아야만 그 의미가 분명하게 드러납니다. 이로써 본다면 의義 곧 정의는 인을 바탕으로 할 때만이 참된 정의가 됩니다. 이 문제를 『주역周易』과 연계해 좀 더 설명해보도록 하겠습니다.

『주역』에서는 건괘乾卦의 괘사卦辭에 '건乾, 원형이정元亨利貞'이라 하여 천天의 성정性情인바 '건'에는 만물의 '생장수장生長收藏'의 원리인 '원형이정' 네 가지 덕이 내재한다고 했습니다. 그리고 건괘「문언전文言傳」에는 건의 네 가지 덕, 즉 모든 선(衆善)의 근본이 되는 '인仁', 모든 아름다움(衆美)을 회통하는 '예禮', 모든 사물(衆物)의 분한分限으로서 '의義', 모든 일(衆事)을 주관하는 '지智' 등이 인간의 심성에 구유하여 자아의 인격적 본질인 덕성을 구성하고 있다고 했고, 이에 군자는 이 네 가지 덕을 행하는 자이고 그러므로 건은 원하고 형하고 리하고 정하다라고 했습니다(『주역』, 건괘,「문언전」). 이처럼 인간 덕성의 내용을 구성하는 인의예지 등의 네 가지 덕은 건의 원형이정 등의 네 가지 덕에 상응합니다. 이 네 가지 덕을 매개로 인간의 본래적 자아로서의 인격성과 천도의 진리성이 본질적으로 일치한다고 설명합니다. 하나의 존재 원리를 천도적 측면에서는 원형이정 네 가지 덕으로, 인도적 측면에서는 인의예지 네 가지 덕으로 나타낸 것입니다.

목 형, 이렇게 보면 인간이 참으로 인간다운 소이는 인간이 자기동일성으로서의 인격적 본질인 덕성을 구유하였다는 점과 또한 인간 생명이 전체로서의 우주적 생명과 상호 교통하고 있다는 데에 있습니다. 인간은 생래적으로 건의 원형이정의 덕에 상응하는 인의예지의 네 가지 덕을 갖추고 있으므로 인간의 인간됨이나 세계의 완성을 실현할 수 있게 됩니다. 그러므로 인간의 선함을 밝힘으로써 인의의 현실적 구현이 인간 본성의 도덕적 구현이라는 점을 강조하였던 맹자는 인간에게 보편적인 도덕원리, 즉 측은·수오·사양·시비지심의 사단이 없으면 인간이 아니라고까지 극언했던 것입니다(『맹자』「공손추장구상」). 사단이란 인간의 관심이 외부 대상과 접촉할 때 인의예지를 지닌 심성에 내적 감응이 일어남으로써, 그것이 지知·정情·의意의 활동으로 발현되는 도덕 정서작용을 의미합니다.

목 형, 이 네 가지 덕을 다시 살펴보면 '인'과 '예' 그리고 '의'와 '지'는 서로 직접적인 관계를 갖고 있음을 알 수 있습니다. 모든 선의 근본인 '인'은 동시에 모든 아름다움의 근본이며, 모든 사물의 분한分限인 '의'는 또한 모든 일의 분한입니다. 그러므로 인은 예의 근간이 되고, 의는 지의 기준이 됩니다. 환언하면 예는 인에 의해서 지는 의에 의해서 심화되고 완성됩니다. 즉 참된 예는 인에 근거하여야 실천할 수 있고, 올바른 지는 의에 준거할 때 본래의 제구실을 다할 수 있습니다. 그런 입장에서 볼 때 자아 본질의 전체이며 "끊임없이 낳고 또 낳는 보편 생명의 흐름(流行)인 인"(『주역』「계사전하」, 제1장)은 예를 실천하는 근본정신이자 지가 추구하는 궁극적인 목표라고 할 수 있으며, 이로움의 근본이 되는 이치(利之理)로 표현되기도 하는 의는 사물을 인식하고 사리를 분별하는 지의 정당성의 기준일 뿐만 아니라 동시에 예가 행위규범의 합당성과 타당성을 가질 수 있는 근거가 됩니다. 이렇게 보면 인은 앞에서 살펴본 바처럼 보편적인 사랑을, 의는 분한과 차별적인 의宜의 재제裁制를 뜻합니다.

그런데 이 인과 의는 대립적이라기보다는 상보적 관계입니다. 왜냐하면 의는 인을 구체적 현실의 질서와 차별에 분절分節한 것이기 때문입니다. 따라서 맹자가 인의仁義를 겸칭하고 그것을 유교의 가장 중요한 덕목으로 내세우고자 했다는 데에는 의문의 여지가 없습니다. 공자가 "뜻 있는 선비와 '인仁'한 사람은, 생生을 추구하기 위하여 '인'을 해치는 일은 없고, 자신을 버려서라도 '인'을 이룩한다"(『논어』「위령공」)고 한 말이나, 맹자가 "생生도 내가 바라는 바이고, 의義도 내가 바라는 바이나, 두 가지를 다 할 수 없다면, 생을 버리고 의를 취하겠다."(『맹자』「고자장구상」)고 한 표현은 이를 단적으로 요약해줍니다. 그런 점에서 유교의 사덕四德은 인의仁義로 요약되고, 그것은 사랑을 바탕으로 '최고선'을 실현하기 위한 사회 정의로써, 전체 속에서 피차를 편안하게 하고 공평하게 하는 모든 덕德의 기초이자 근거라고 하겠습니다. 그렇게 본다면 사덕을 대표하는 것은 인의仁義이며, 인은 사랑이며 체가 되고, 의는 품위이며 용이 됨이 분명합니다. 의義 곧 정의는 인仁 즉 사랑을 바탕으로 해야 하고, 사랑을 바탕으로 하지 않는 정의는 참된 정의가 될 수 없습니다. 그래서 정의는 사랑이 있어야 하고, 따뜻한 숨결과 품위가 있어야 합니다.

목 형, 시시비비를 분명하게 가리기를 좋아하는 서구적 정의 개념만을 가지고는 오늘의 우리 사회를 위협하는 각종 위험 요소들, 즉 양극화 현상이나 지역·이념·세대·계층·노사 간의 갈등을 해소하기 어렵다고 보입니다. 여기에는 사랑이 살아 숨 쉬는 따뜻한 정의가 있어야 합니다. 정의의 진정한 가치는 화해의 차원에서 불의를 용서하고 개과천선할 수 있도록 도와주는 데 있습니다. 불의를 매도하고 비난하는 것만이 정의의 참된 뜻은 아닙니다. 세상을 이롭게 하고 화평하게 하는 데는 오직 정의라는 덕목만이 있는 것이 아니기 때문입니다. 그런 점에서도 정의는 측은지심을 바탕으로 삼아야 합니다. 참된 정의는 세상 사람들을 화평하게 하고 하나 되게 만듭니다. 중국 송나라 철학자이자 시인인 양만리楊萬里가『성재역

『전誠齋易傳』에서 "인의仁義가 세워져야 사람의 도가 외롭지 않게 된다. 천하의 이치가 홀로 외롭게 설 수 있는 것은 없는 법이니, 해가 있으면 반드시 달이 있는 법과 같다"라고 말한 것을 통해서도 이 점은 분명하게 확인됩니다. 이처럼 정의의 궁극적 목표는 사람과 사람을, 사람과 만물을 소통시켜 화합케 하고 이롭게 하는 데 있습니다. 따라서 정의는 냉철한 이성적 측면과 따뜻한 감성적 측면을 함께 갖추어야 하는 것이고, 또 그래야만이 모든 사람이 공감할 수 있는 정의가 됩니다. 그것은 정의를 통해 '크나큰 조화를 지키고 모으는', 즉 보합대화保合大和의 세상을 만들기 위해서입니다. 이것이 유교가 꿈꾸었던 정의로운 사회의 이상적인 모형입니다.

목 형, 오늘날 우리에게 정말 필요한 정의는 바로 사랑이 바탕이 되는 따뜻한 정의입니다. 이 경우 사랑은 타자에 대한 무한한 관심에서 나오는 산물입니다. 사랑은 사심을 버리고 타자의 처지를 자신의 처지로 생각할 것을 요구합니다. 때문에 사랑이 결여된 정의는 진정한 정의에 이르지 못하게 됩니다. 정의가 균형 있는 생명력을 갖추려면 사랑과 용서가 절대 필요합니다. 그래서 라인홀드 니버는 『크리스찬 윤리』에서 "사랑은 또한 정의를 넘어서고, 실현하고, 부정하고, 판단한다. 사랑은 정의의 요구를 넘어서기 때문에 정의를 초월한다"라고 말하지 않을 수 없었던 것으로 보입니다. 그렇다면 참된 정의는 사랑의 바탕이 있어야 하고, 품위라고 하는 형식이 있어야 함을 마지막으로 또다시 확인하게 됩니다. 따라서 저는 이 시대야말로 사랑과 품위가 있는 따뜻한 정의가 필요하다는 것을 힘주어 말씀드립니다.

목 형, 또 말이 많아지고 말았습니다. 늘 자신의 분수와 명예를 목숨처럼 지키면서 함께 살아가는 이웃들에게 꿈과 희망의 등불을 밝혀주고자 묵묵히 애쓰고 계시는 형의 앞날에는 하늘의 큰 복과 건강이 함께하기를, 아울러 이 세상에는 참된 정의를 바탕으로 하는 평화가 실현되기를 지극정성으로 기원합니다.

첨언한다면 이 작은 글은 졸고 「정의에 대한 동서철학적 성찰」(『철학논총』 제65집 제3권)을 축약하고 풀어쓴 글임을 알려드립니다.

학생운동 시절에서 민주통일운동까지

양관수(오사카 경제법과대학 경제학부 교수)

서울대 문리대 사회복지학과 71학번
오사카 경제법과대학 경제학부 교수
고려대 경제학과 객원교수
대통합 민주신당 연수원장
김대중평화센터 일본후원회 공동대표

1971년 서울대 문리대 입학~제적, 강제 징집

1971년 3월 서울대 문리대 사회복지학과에 입학했다. 내가 입학한 그해에 박정희가 1969년 3선 개헌을 날치기 통과한 법률에 의거하여 대통령 선거를 치르게 되었는데 야당 신민당의 대선 후보는 김대중 씨였다. 당시 대선에서는 모든 수단과 권력을 동원하여 유권자 명부 조작, 투표 부정, 개표 부정 등 역사상 최대의 부정선거를 저질러서 박정희는 무리하게 당선되었다.

이번만 당선시켜달라고 호소하던 박정희는 반독재투쟁의 선봉대 역할을 했던 대학생들을 제적시키고 강제 징집한 다음 해인 1972년 10월 대통령 직선제를 폐지하고 종신 집권할 수 있는 유신독재체제를 선포했다.

나는 불행하게도 이렇게 정치적 격동이 일어나는 시기에 서울대에 입학하여 당시 서울대에서 학생운동의 중심적 역할을 했던 이념서클 '후진국사회연구회'(약칭 '후사연')에 가입하여 학생운동의 중심으로 진입하게 되었다. 후사연에서 만난 선후배들 중에 김근태(민주당 부총재), 나병식(민주화운동기념사업회 상임이사), 손호철(서강대 명예교수), 김효순(「한겨레신문」 대기자), 이호웅(민주당 국회의원), 김상곤(교육부총리), 김경남, 신동수 등 오랫동안 쟁쟁한 민주화운동가로 활동하게 된 사람들이 있었다. 이런 사람들과 인연을 맺으면서 이후 나의 파란만장한 인생의 역정이 결정되었다고 생각한다.

2학기에 들어서자 박정희 정권이 학생운동을 탄압하기 위해 교련 강화조치를 발표했기 때문에 대학가에서는 당연히 반대투쟁을 일으켰다. 나는 2학기부터 1학년 신입생만 수강했던 교양과정부에서 투쟁의 선두에 서게 되었고, 집회에서 시위를 선동하는 연설에도 앞장섰다.

그해 10월, 명동 흥사단 강당에서 재야인사들의 시국강연회에 참석하러 가는 도중에 형사들에게 영장도 없이 불법으로 연행되었는데, 나는 흥사단 강연장에서 배포할 유인물을 가방에 넣은 채 중부경찰서 유치장에 구속되었기 때문에, 감시하던 경찰 눈을 피해서 유인물을 마룻바닥 밑으로 숨겨버리고 나서야 안도의 한숨을 쉬었던 일이 지금도 선명하게 떠오른다. 며칠 뒤에 나는 청량리경찰서로 이송되었는데, 이후에 발동된 위수령에 의해서 체포구금되었다가 제적되고, 수도육군병원에서 극히 형식적인 신체검사를 받고, 바로 강제 징집되었다.

논산훈련소에 입소한 때가 10월 26일이었다. 11월 중순경이었는데 눈이 펄펄 내리던 아침에 훈련소 연병장 스피커에서 흘러나오던 노래 〈아침이슬〉을 지금도 잊을 수 없다. 군대생활 3년간 우리 동지들은 모두 A.S.P.(골치 아픈 자들)라는 딱지가 붙은 채 보안사에 의해 특별 감시를 받으면서 이중으로 힘들게 병역의무를 마쳤다.

1974년 9월 복학~1976년 10월 2차 제적

복학

1972년 10월 박정희 정권은 종신 독재정권을 유지하기 위해서 '유신체제'를 선포했다. 1973년 3월에 정부는 '강제 징집한 대학생들에게 유신대열에 참여할 기회를 준다'는 허울

좋은 명분을 내세워서 복적 조치를 발표했다.

1974년 8월 제대하기 직전 큰 사건이 일어났는데, 하나는 4월에 일어난 민청학련사건이고, 또 하나는 광복절 기념식장에서 육영수 여사가 재일동포 문세광에게 저격당한 사건이다. 이때 우리는 제대 말년으로 제대할 날짜만 세고 있던 시기에 육 여사 사망사건이 일어나자 혹시 제대가 연기되지 않을까 걱정하기도 했지만 다행히 예정대로 지긋지긋한 군대생활을 마치게 되었다.

1974년 9월, 1학년 2학기로 복학하여 태릉 공대 캠퍼스 내에 황량하게 서 있는 교양과정부에 다시 들어갔다. 민청학련사건으로 서울대 내의 주요한 운동세력은 거의 구속되거나도피하고 있었고, 육 여사 사망 후 정세는 상당히 엄혹해져서 경찰과 정보기관의 감시와 탄압은 더욱 극심해졌다. 8월 23일 긴급조치 1호, 4호가 해제되어 2학기 학원가는 조용해질 것이라는 정부 예측과는 달리, 9월 23일 이화여대 4학년 학생들이 주동한 학내시위를 시발점으로 서울 시내 각 대학에서 연속적으로 반독재 시위가 일어났다. 공통적인 주장은 '민주체제 확립, 유신헌법 철폐, 구속인사와 학생 석방, 언론자유 보장, 학원사찰 중지'였다.

11월 27일에는 재야민주세력이 결집하여 '민주회복국민선언'을 발표하고, '민주회복국민회의'를 결성하였으며, 이후 민주화 투쟁에서 이 조직이 구심점 역할을 하게 되었다.

관악캠퍼스 시절

1975년에 서울대 캠퍼스가 관악으로 이전하게 되어 동경하던 동숭동 문리대 캠퍼스 생활은 맛보지도 못하고, 2학년부터 관악캠퍼스에서 공부하게 되었다. 나는 1971년 위수령에 의해 해체된 후사연을 재건해야 한다는 사명감으로 1975년 3월부터 문리대가 인문대, 사회대, 자연대 3개 단과대학으로 분리되는 구조에 맞추어 이념서클 3개(사회복지연구회, 역사철학회, 과학사상연구회)를 창립하고 회원을 모집했다.

1975년 벽두부터 정부는 동아일보·방송 광고탄압에 이어, 2월 12일 유신헌법에 대한 신임투표를 강행, 73.1% 찬성을 얻었다. 박정희 정권은 2월 15일 긴조 1, 4호 관련자 중 인혁당과 민청학련 관계 4명을 제외하고 전원 석방했다. 그러나 다시 학원 내 반독재투쟁이 일어나자, 4월 8일 고려대에 긴조 7호를 내려 휴교령을 선포하고 다음날 4월 9일 인혁당 관련자 8명을 전격적으로 사형 집행하는 만행을 저지르면서 공포분위기를 조성했다. 이날 나는 종로 2가 골목 술집에서 억울하게 사형당한 인혁당 분들을 추도하는 마음으로 신동수 선배와 피눈물을 삼키며 소주를 들이켰다. 그리고 이틀 후 4월 11일, 서울농대 김상진 열사가 유신독재 철폐를 주장하는 양심선언 발표하고 할복자살하는 충격적 사건이 일어났다. 이런 극단적 투쟁에 놀란 정부는 4월 29일 '대통령 특별담화'를 발표하고, 4월 30일 월남이 패망하고 공산주의로 전환되자 이런 여파의 확산을 두려워했던 박 정권은 5월 13일 드디어 '긴급조치 9호'를 발령했다. 유신체제에 대한 모든 비판과 정부, 대통령에 대한 비판을 억압 봉쇄해버린 '긴조 9호 시대'가 시작된 것이다. 이 당시 학내 상황을 보면, 1971년 강제 징집 되었다가 복학한 학생들 대부분은 졸업하는 길을 선택했지만, 후사연을 계승한 이념서클 3개를 창립한 나는 서클의 지도적 입장을 유지해야 하기 때문에 다시 학생운동의 리더로 활동하게 되었다. 김상진 열사가 할복자살하면서 남긴 피맺힌 양심선언은 수많은 학생에게 강렬한 투쟁의욕을 불러일으켰으며, 이러한 숭고한 죽음에 보답하기 위해 서울대 학생들이 5월 22일 '김상진 장례식 및 추도식'을 관악캠퍼스에서 거행함으로써 긴조 9호에 정면으로 저항하는 투쟁에 불을 붙였다. 나는 이호웅, 유영표 선배 등과 모의과정에는 참여했으나, 당시 관악캠퍼스에서 운동지도부가 모두 구속되면 후배 양성에 막대한 지장을 초래하게 된 다는 판단에 따라 나는 후배들 지도 양성하는 역할을 담당하는 것으로 결정되어 5월 22 투쟁 현장에는 참여하지 않았다. 이후 1976년 가을까지 대학 내 운동은 수면 아래로 잠수하면서 새로운 운동세력을 양성하는 준비기간에 들어갔다. 나는 후배들 지도와 양성에 전력을 다했다. 이때 지도했던 서클 후배들이 1977년 이후 반유신 독재투쟁의 중심적 역할을 하게 되었다. 당시 지도했던 후배들 중에서 유종성(경실련 사무총장), 조희연(서울시 교육감), 심상완(창원대 교수), 이종연, 반병율(외대 교수), 유기홍(민주당 국회의원), 김용흠(연세대 강사) 등이 서울대 운동권에서 주도적 역할을 했으며 모두 긴조 9호 위반으로 구속되었다.

1976년 10월 긴조 9호 위반으로 2차 제적

1976년에 들어서자 1학기에는 유신체제에 대한 투쟁도 없이 조용히 지나갔으나 2학기에는 10월 서울대 축제 기간 중에 유신독재 타도를 외치는 횃불 데모가 일어나면서 다시 투쟁의 불길이 타오르기 시작했다. 저녁 해질 무렵 야간에 일어난 사건이어서 경찰과 정보기관도 주동자를 정확하게 파악할 수 없게 되자 평소에 블랙리스트 1번에 올라있던 나를 '배후 주동자'로 일방적으로 지목하여 지명수배령을 내렸고, 나를 체포하기 위해서 나의 형제들과 친척들을 지독하게 괴롭혔기 때문에 어쩔 수 없이 며칠 후에 경찰에 자진 출두하는 형식으로 불법 체포되었다. 남산 밑에 있던 치안본부 안가에 연행되어 며칠간 가혹한 고문을 당한 뒤 긴조 9호 위반으로 제적되었다. 마당극 놀이에 참석했다가 결국 배후 주동자라는 누명을 쓰고 두 번째 제적을 당하게 된 것이다. 나의 대학생으로서 생활은 반독재 민주화 투쟁으로 시작하여 이렇게 악연 많은 10월에 끝났다. 이후에 내가 지도했던 사회복지연구회 후배 유종성과 심상완 등의 안내로 새문안교회에 나가게 되면서 기독교 운동권과 연결되었으며 여기서 서경석 등 기독교 청년운동 그룹과 친밀하게 되었다.

1976년 2차 제적~1981년 석방

1977년 가을부터 한국기독교장로회는 서대문에 있던 '선교교육원'에 특별신학교를 설립했다. 나는 민주화 투쟁으로 제적 구속된 학생들과 함께 대학에서 파면된 교수들, 즉 문익환 목사, 안병무 박사, 서남동 교수, 문동환 목사, 송건호 선생, 박현채 선생, 한완상 교수 등으로 구성된 쟁쟁한 교수들에게 민중신학과 한국의 진정한 근·현대 역사, 진보적 경제학을 배웠다.

1977년 가을 민주화 투쟁으로 제적되거나 구속되었던 청년·학생들이 중심이 되어 '민주청년인권협의회'가 공개적 민주화 투쟁 단체로 결성되어 정문화가 초대회장으로 선출되었고, 나는 홍보부장을 담당했다. 78년에 들어서 정문화 회장 등 간부들이 구속되자 새로운 집행부를 구성하는 총회가 소집되어 조성우가 회장, 나는 총무를 맡아 유신독재 철폐를 위한 공개적 투쟁을 지속했다. 민청협 간부로 활동하던 기간 중에 경찰에 체포 구금된 사건은 수차례 있었다. 79년 가을 민청협 집행부를 교체하게 되어 회장은 이우회가 맡고, 나는 중앙상임위원회 부의장을 맡으면서 계속 활동했다. 유신독제체제에 대한 전 국민적 저항이 점점 치열하게 전개되던 10월 부산·마산항쟁이 일어났고, 이러한 투쟁을 서울에서 대규모로 계승하기 위해서 민청협과 기독교 청년 그룹, 민주회복국민회의 등 재야민주세력이 집회계획을 추진하던 중에, 1979년 10월 26일 박 대통령이 심복이었던 김재규 중정부장에게 사살당하는 예상치 못한 대사건이 일어났다. 그 후 계엄령이 선포되었고, 전두환을 중심으로 하는 신군부는 독재권력을 계승하기 위해서 유신독재헌법을 철폐하지 않고 쿠데타를 계획하고 있었다. 당시 민청협과 재야민주세력은 유신독재권력을 계승하려는 신군부에 정면으로 투쟁해야 한다고 결의하고, 11월 24일 명동 YWCA회관에서 결혼식을 가장한 집회를 개최하여 유신헌법을 철폐하고 민주헌법을 제정하여 총선거를 실시할 것을 주장했다. 소위 'YWCA 위장결혼식 사건'으로 매스컴이 명명한 대규모 민주화 투쟁이었다. 나는 이 사건의 주동자였기 때문에 계엄령 위반으로 체포되어 구속되었다. 악명 높은 보안사 서빙고 안가에 연행되었을 때 모든 동지가 혹독한 고문을 당했다. 특히 백기완 선생은 가혹한 고문으로 몸이 반쪽이 되었고, 정신이상 증세까지 보여서 결국 병보석으로 석방되었지만, 이후 40여 년간 고문 후유증으로 고생하시다가 금년 2021년 4월에 별세하셨다.

1980년 서울의 봄이 찾아왔을 때 나는 서대문구치소에 수감되어 있었는데, 서울대가 제적당한 학생들을 복학조치하면서 구속되어 있는 학생들이 석방되면 복학시키겠다고 발표했다. 그러나 전두환 신군부는 5.18 광주민주화운동을 무력으로 잔인하게 진압하고 권력을 찬탈한 후, 7월에 대전교도소에 수감되어 있던 나에게 다시 제적 조치를 통보했다. 복학도 하지 못한 상태에서 세 번째 제적을 당했는데 이것은 서울대 역사상 내가 처음이었다. 1981년 3월 3일 특별사면으로 석방되어보니, 백기완 선생은 정신이상 증세까지 보이는 등 비참한 모습으로 변해 있는 것을 그대로 참고 있을 수가 없어서 백 선생 구명운동을 벌였다. 그해 10월 10일, 재일동포 김혜영과 서울초동교회에서 결혼식을 올렸는데, 위장결혼식 사건이 연상된 탓인지 주변에서는 "이번엔 진짜 결혼식을 올리는 건가"라고 반농담조로 문의하는 사태도 일어났다. 나의 결혼식에 용산고 친구들과 많은 민주화 동지, 이희호 여사와 공덕귀 여사 등 재야인사들이 대거 참석해주어서 정말 송구스럽기도 하고 고마웠다. 특히 백기완 선생은 병중에도 축사를 보내주어 김정환 시인이 대신 낭독해준 것은 일생 잊을 수 없는 축복이었다.

1982년 일본으로 출국~현재

전두환 정권이 1981년 말경부터 유화정책의 일환으로 민주세력의 소장층 중에서 지도적 위치에 있던 사람들을 골라서 해외로 출국시키는 조치를 취했다. 심재권은 호주로, 김세균은 서독으로, 서경석은 미국으로, 손학규는 영국으로, 나에게는 남미로 나가겠다면 국비로 유학시켜주겠다고 회유했다. 나는 일본으로 출국시켜준다면 수락할 수 있다고 반발했다. 안기부가 결국 나의 요구를 받아들여 해외 출국을 허용했기 때문에, 나는 오사카에 거주하고 있던 아내와 합류하기 위해서 1982년 2월 15일 김포공항에서 오사카행 비행기에 몸을 실었다. 공덕귀 여사는 꼭 돌아오라고 당부하면서 공항 탑승구까지 배웅해주셨다. 김포공항에서 탑승하기 전 서쪽 하늘을 붉게 물들인 노을을 하염없이 바라보면서 '내가 지금 떠나는 이 길은 되돌아오기까지 어쩌면 먼 길이 될 것 같다'는 느낌이 들었는데, 불길한 예감은 맞는다는 말처럼 그 후 1998년 5월 귀국할 때까지 16년이라는 세월이 걸렸다.

1984년 4월, 진보적 경제학부로 유명한 오사카 시립대 대학원에 입학했다. 저개발국의 문제에 대해 탁월한 진보경제학자로 유명한 혼다 겐기치 교수의 세미나에 입문했다. 김대중 선생이 미국으로 망명한 이후에도 연락을 주고받았는데, 이런 인연의 연결이 결국 일본에서 다시 민주통일운동을 시작하는 또 하나의 계기가 되었다.

1985년 1월, 김대중 선생은 필리핀의 아퀴노 의원이 귀국하던 공항에서 암살당하는 긴박한 정세 속에서도, 생명의 위험을 무릅쓰고 귀국하기로 결심하고 귀국 도중에 나리타공항 근처에서 하루 머무르게 되었다. 나는 경비가 삼엄해서 만나지 못할지도 모르는 상황이었지만 무작정 나리타호텔로 찾아가서 조성우 동지와 함께 선생님과 이희호 여사님에게 인사를 드렸다. 김대중 선생은, 생명을 위협당하는 고난을 오랜 세월 극복해 오신 내공이 축적된 결과라고 생각하는데, 대단히 차분하고 안정된 표정으로 우리에게 "빨리 공부 마치고 귀국 하라"고 당부하셨다. 이후 영사관에서 나에 대한 감시와 억압은 점점 강화되었다. 김대중 선생의 귀국은 국내 민주 세력에게 강렬한 용기와지지 열풍을 불러일으켰다는 사실이 총선 결과로 나타났다. 이때 나병식 동지가 광주민중항쟁의 기록인 『죽음을 넘어 시대의 어둠을 넘어』를 비밀리에 보내왔다. 석사 논문을 작성할 시기여서 대단히 분주했지만, 국내에서 고생하고 있는 수많은 동지에게 조금이라도 보답해야겠다는 마음으로, 내가 한국어를 가르치던 제자들과 함께 일본어로 번역 출판했다. 내가 중심이 되어 출판한 것을 은폐하기 위한 수단으로 일본 가톨릭의 '정의평화위원회' 명의로 출판했지만 영사관 측에서는 내가 중심이 된 것을 파악하고 분기탱천하여 나에 대한 탄압을 노골적으로 해왔다. 당시 나는 석사 논문 작성과 번역 출판을 병행해가며 힘들게 추진해갔다. 그런데 그해 연말에 황석영 작가가 독일과 미국에서 '통일굿'을 성공적으로 마치고, 그 성과를 가지고 도쿄로 와서 일본에서도 통일굿을 하자고 제안했다. 도쿄에 와 있던 조성우, 서동만 등 유학생들과 정경모, 이회성, 임철 등 재일동포들과 연대하여 총련과 민단 양쪽의 청년들을 모아서 통일굿을 공연하기로 결정하고, 몇 달간 연습하여 도쿄, 오사카, 나고야, 교토 등지에서 강렬한 호응을 받으며 성공적으로 공연을 마쳤다. 국내에서는 아직도 경계하고 있던 총련과 민단의 경계선을 겁도 없이 무너뜨리고 양쪽을 연대하여 통일굿을 추진했던 것이 안기부에게 완전히 찍히게 된 계기가 되었다. 통일굿의 성과를 일본에서 계속 살려나가면서 민주통일운동을 조직적으로 전개하기 위해서 '우리문화연구소'를 도쿄와 오사카에 설립하고, 재일동포들과 일본 시민들과의 연대 활동을 시작했다. 국내의 민주통일운동 세력이 재일동포들과 직접 연계하여 조직을 만들고 연대활동을 하게 된 것은 해방 후 이것이 처음이었다.

1987년 6월 10일, 국내의 모든 민주민족민중운동 세력이 총결집하여 '민주화대항쟁'을 일으켰고, 전국적으로 조직적 항쟁으로 확대되자 위기를 느낀 전두환 정부는 타협안으로 '6.29선언'을 발표하고 대통령 직선제로 개헌했다. 민주화운동의 승리라는 분위기 속에서 김대중과 김영삼이 대통령으로 당선될 가능성이 유력해지자 이를 저지하기 위해 독재정권은 민주통일 세력을 탄압해온 전가의 보도를 꺼내어 '재야정계침투 간첩사건'을 조작해냈다. 이것은 당시 유력한 대통령 후보였던 김대중과 김영삼에게 타격을 주고, 강렬해진 민주세력도 파괴하려는 저의를 가지고 조작해낸 사건이었다. 1987년 1월에 먼저 귀국한 장의균을 일본에서부터 감시했던 정보기관은 '6.29선언' 직후 7월 4일 보안사로 불법 연행하여 혹독한 고문을 가한 뒤에 취득한 허위자백 진술을 근거로 하여 나를 '북한의 지령을 받고 활동한 간첩'으로 조작하고 일방적으로 매스컴에 대대적으로 발표해버렸다. 나는 갑자기 북한공작원 간첩이라는 누명을 쓰게 되었고, 이후 11년간 나와 가족 형제들은 이루 말할 수 없는 고통과 비탄의 시절을 강요당했다.

1997년 12월 18일 김대중 대통령의 승리가 결정되었다. 나는 1971년 민주화 투쟁을 시작한 지 26년 만에 처음으로 가슴 벅차오르는 승리감에 감격의 눈물을 흘렸다. 다음날 12월 19일, 대학에 출근하여 일하고 있을 때, 배기운 동지가 "우리가 드디어 해냈다, 귀국할 준비를 하라"고 전화를 걸어왔다. 너무나 고맙고 감격적이었으며 71동지들의 뜨거운 우정을 이때 처음으로 강렬하게 느꼈다.

1998년 5월 14일, 조국 땅을 떠난 지 16년 만에 김포공항으로 입국했다. 김대중 정부의 허가를 받아서 귀국할 때까지, 사회적·정치적으로 사형선고를 받은 죄인처럼 고통스럽고 고독한 망명생활을 강요당했던 지난 세월이 생생하게 되살아났다. 간첩이라는 누명을 쓰고 난 뒤에는 국내 친구들이나 민주화 투쟁을 함께 해왔던 동지들조차 대부분 나를 멀리하고 연락도 단절하는 등 나는 너무나 외로운 처지에 놓이게 되었다. 그래도 배기운 동지를 비롯하여 민주화 동지 몇 사람은 나를 변함없이 신뢰하고 가끔 위로와 격려를 해주었기 때문에 고난의 시절을 견디어낼 수 있었다. 김포공항에 도착하여 보니 안기부 수사관 8명이 비행기 출구에서 나를 기다리고 있었다. 나를 에워싸고 바로 안기부로 연행하려고 해서, "입국 로비에 16년만의 귀국을 환영하기 위해 나온 분들이 있는데 인사라도 해야 하지 않는가"라고 요구하자 그들도 인간인지라 나의 요구를 수용했다. 귀국을 환영하는 플래카드를 펼쳐들고 로비에서 기다리고 있던 형제들, 친구들, 민주화운동으로 맺어진 선후배들에게 간단히 인사를 나누고 예약해놓은 여의도 맨하탄호텔로 향했다. 호텔에 짐을 풀어놓고 배기운 동지, 김세균 선배, 유종성 등 후배들, 형제들과 잠시 얘기를 나눈 뒤에 아내 김혜영을 호텔에 남겨둔 채 수사관들과 내곡동 국정원으로 가서 3박 4일간 조사를 받았다. 가혹한 고문은 받지 않았지만 철야조사를 강행하여 한때 실신하여 쓰러지는 사태도 벌어졌다. 조사를 마치고 호텔로 돌아오니 형제들이 기다리고 있었다. 며칠 후 71동지들이 서울시청 근처 성공회회관 지하식당에서 귀국환영회를 마련해주었을 때 느꼈던 뜨거운 동지애를 영원히 잊을 수 없다. 고향 진도에 들러서 돌아가신 부모님 묘에 엎드려 절을 올렸을 때 회한의 눈물이 줄줄 쏟아졌다. 이후 국내에 자주 왕래하면서 귀국하여 일할 자리를 모색하던 중, 마침 2001년 3월부터 고려대 객원교수로 부임할 기회가 생겼다. 이후에 71동지 모임에는 빠짐없이 참석하게 되었는데 동지들이 모두 다정하게 맞아주어서 그동안 소원해진 느낌이 많이 해소되었다. 그러나 1987년 조작간첩 사건으로 8년 동안이나 감옥살이했던 장의균이 2017년 재심재판에서 무죄판결을 받기 전까지는 오랜 세월 나에게 저주의 주홍글씨처럼 달라붙어 있던 간첩이라는 누명에서 완전히 해방되지 못했다. 조작간첩 사건으로 인한 손해배상 재판은 현재 대법원에 상고중이다. 1971년부터 나의 인생을 되돌아보면 일본에서 대학교수로 활동해온 기간도 있지만, 역시 민주통일운동과 밀접하게 연관된 족적이 대부분이라고 느끼고 있다.

내가 결정하는 나의 인생

원혜영 (웰다잉문화운동 공동대표)

서울대 사범대 역사교육과 71학번
식품회사 풀무원 창업
제14대, 17, 18, 19, 20대 국회의원
민선 제2, 3대 부천시장
웰다잉문화운동 공동대표

나의 집, 내 삶의 터전

나는 1951년 9월 27일 경기도 부천군 오정면에서 아버지 원경선과 어머니 지명희 사이에서 7남매 중 셋째로 태어났다. 부모님은 해방 이후 농사를 짓기 위해 부천의 아늑한 산기슭에 터를 잡았고 나는 그곳에서 태어나 지금까지 살고 있다.

우리나라처럼 변화가 극심한 사회에서, 게다가 상전이 벽해가 된다는 말이 조금도 과장이 아닌 수도권에서, 태어난 곳, 태어난 집에서 평생을 산다는 것은 아주 드문 경우에 해당할 것이다

대학에 입학한 1971년도 초에 그린벨트 제도가 시행되었다. 우리 집 뒷산 중턱에 '개발제한구역'이라고 새겨진 콘크리트 경계석들이 줄줄이 세워졌다. 불과 몇 달도 지나지 않은 그해 연말, 그 말뚝들이 뽑혀서 우리 집 아래쪽 밭 가운데로 옮겨졌다. 동네 어른들은 우리 부친이 아들을 잘못 간수해서 박정희 정권으로부터 보복을 당한 것이라고 수군거렸다. 71년 가

을 위수령이 발동되고 전국의 학생운동 지도부 170여 명이 대학에서 제적되고 강제 징집된 직후에 그린벨트 경계선이 우리 집을 포함되게 조정된 탓에 그런 소문이 나돌게 된 것이다.

그렇게 된 연유가 박정희의 보복이었든 졸속행정 탓이었든 간에 나는 그린벨트 제도의 혜택을 평생 누리고 있다. 집이야 부모님이 흙벽돌을 찍어서 지은 집이라서 낡고 비좁지만 널찍한 마당에서 친구를 불러 삼겹살 잔치를 하고, 텃밭과 나무를 가꾸고 사는 행복을 만끽할 수 있게 된 것이다.

철원에서의 군 생활

위수령 발동 소식은 야영을 갔다 돌아오다 신문을 보고 알게 되었다. 마침 집에 없었기 때문에 체포를 면할 수 있었는데 귀가길 청량리역에서 그 소식을 듣자마자 울분을 못 이겨 근처 이발소에서 머리를 빡빡 깎은 것이 화근이었다. 지나가는 사람들이 모두 삭발한 나를 수상하게 보는 듯이 느껴졌고 도피하는 동안 내내 불안감에 싸여 지내게 되었다.

그런 나를 보고 한 친구가 가발을 구해주었다. 이발소에 갔더니 가발을 다듬어 쓰려면 미장원으로 가야 한다고 했다. 종각 옆에 있던 '까치'라는 미장원을 찾아갔다. 아주 크고 호화로운 곳이었다.

미용사들 중에는 남자 가발을 다뤄본 사람이 없었다. 서로 미루다가 결국 주인 원장이 맡아 내 머리를 다듬어주고 있는데 어떤 손님이 다른 자리에서 소리를 질렀다.

"개똥엄마! 나 방송 녹화 가야 하는데 빨리 머리해줘요."

그 말을 들은 '개똥엄마' 대답이 걸작이었다.

"야 이년아! 내가 평생 처음 남자머리 해보는데 웬 개소리야. 아무한테나 하고 가."

남자가 미장원에 가는 일이 드문 시절이었다.

도피 생활을 끝내고 11월 말 용산역에서 논산훈련소 행 기차를 탔다. 서울대 문리대 학생회장이었던 이호웅 선배가 동행했다. 내가 서울대 교양과정부 학생회장으로 일해서 잘 알던 사이였는데 비슷한 시기에 잡혀 같이 입영하게 되었다. 이호웅 선배는 나의 대한민국 육군 직계 졸병이다. 선배 노릇 한답시고 나를 자기 앞에 줄 세워준 바람에 나보다 한 군번 밑이 된 것이다.

이등병 군모를 쓰고 철원 102 OP 지하벙커에 소총수로 배치되어 개구리복을 입고 후방 철수 부대 따라 철책선을 떠날 때까지 3년간 군 생활은 외롭지 않았다. 이 철책선 어딘가에 함께 강제 징집된 선배들, 친구들이 있겠구나 하는 마음이 늘 있었기 때문이었다. 실제로 옆 사단에 배치돼 있던 최열 선배가 우리 중대 옆 초소까지 와서 만나지는 못하고 경비전화로 통화한 일도 좋은 추억으로 남아 있다.

유기농산물 회사, 풀무원식품

대학 진학과 함께 시작된 나의 20대는 제적과 복학, 구속의 연속이었다. 1979년 10월, 그해 봄 결혼 한 우리 부부가 유영표 선배의 신혼집에서 하룻밤을 같이 지내고 맞은 '박정희 사망' 소식은 곧 다가올 나의 30대에 서광을 비춰줄 것 같았다.

그러나 유신 잔당들이 체육관 선거를 앞세워 유신체제 연장을 도모하고, 전두환 신군부가 광주 양민을 학살하고 집권하는 과정에서 나는 또다시 수배되고 기자였던 아내는 신문사에서 해직되는 처지가 되었다.

수배가 끝난 뒤, 먹고 살 궁리 끝에 나는 아버지가 재배하는 유기농산물을 판매하는 것이 일거리가 되리라 생각하여 '풀무원농장 유기농산물 직판장'을 열었다. 아버지는 환갑이 훨씬 지나서 공해의 심각성과 당신의 일인 농사에서 농약과 화학비료의 문제를 깨닫고 무작정 유기농업에 뛰어들었지만 생산과 판매 모두에서 어려움을 겪고 있었다.

사업에 대한 경험과 준비 없이, 별 밑천도 없이 뛰어든 일이 잘 될 리가 없었다. 원래 불안정한 농산물 수급은 유기농산물이라는 한정된 범주의 유통에서는 훨씬 어려움이 컸다. 새로운 활로가 필요했고 그 초점은 소비자들의 공통된 요구인 '안심하고 먹을 수 있는 식품'에 맞춰졌다. 그렇게 선택된 제품이 두부와 콩나물이었고, 지금까지 사업의 핵심가치를 대표하는 역할을 하고 있다.

사업이 자리를 잡아가면서 도와주다가 동업까지 하게 된 친구에게 모든 것을 넘기고 민주화운동에 복귀할 수 있게 되었다. 서중석 선배의 권유로, 긴급조치 9호로 함께 복역한 박원순 변호사가 중심이 된 '역사문제연구소'에서 「역사비평」 발행 일을 하던 중에 87년 시민항쟁이 일어났다.

하지만 직선제 개헌이 쟁취되고 이루어질 줄 알았던 민주정부 수립의 꿈이 야권분열로 무산되면서 '새로운 정치를 새로운 세력이 추진하자'는 기치하에 제정구, 유인태, 이근성, 고영하, 김부겸 등과 함께 '한겨레민주당'을 만들어 정치에 뛰어들었다.

1992년 제14대 국회에 등원한 이래 다섯 번의 국회의원과 그 중간에 두 번의 부천시장으로 일할 수 있는 기회를 가졌다. 일곱 번 선출된 공직자로 일하면서 가장 기억에 남는 것은 국회에서 몸싸움을 없애고 협치를 강화하기 위한 '국회선진화법'을 제정하는 데 앞장서서 노력한 일과 부천시에 전국 최초로 '버스도착시간 안내시스템'(BIS)을 도입한 것이다. 부천시는 전 세계적으로도 이 분야 선두주자가 되었다.

제20대 국회를 끝으로 정치를 마무리하겠다는 생각은 오래전부터 가져온 것이었다.

"내 뜻으로 시작한 일이니 내 뜻대로 마치는 것이 좋지 않겠는가? 나이 칠십에 제2의 인생을 시작해보는 것도 재미있지 않을까?" 그런 생각이었다.

우리 사회는 이미 장수 시대에 접어들었다. 5년 뒤에는 고령사회를 넘어 초고령사회(전인구의 20% 이상이 노인인 사회)에 진입한다. 나는 이 1,000만 노인과 함께 '내 삶의 주인'으로서 삶을 아름답게 마무리하기 위해 스스로 결정할 일이 무엇인지, 어떻게 해야 하는지 고민하고 실천하는 일을 여생에 해보고 싶다. 이것이 '웰다잉Well-dying 운동'에 뛰어든 계기다.

웰다잉은 내 삶에 대한 자기결정권의 완성

1971년 늦가을 머리를 빡빡 깎고 용산역에서 논산행 기차를 탄 지가 어언 50년이 지나간다. 인생칠십고래희人生七十古來稀라고 두보가 노래했지만 70이 넘도록 건강하게 살고 있다는 것에 감사한 마음을 한 번쯤 가져볼 만하다.

예부터 인간이 삶에서 다섯 가지 복을 중요하다고 말해왔다. 오복의 첫 번째는 장수하는 것이다. 두 번째는 부를 누리는 것이고, 세 번째는 건강한 것이다. 네 번째는 남을 돕고 베풀어 덕을 쌓는 것이고, 다섯 번째는 고종명考終命으로 죽음을 편안하고 깨끗이 맞이하는 것이다. 이 오복 중에 첫 번째, 세 번째, 다섯 번째 염원들은 서로 연결되어 있다. '건강하게 오래 살고 깨끗하게 죽고 싶다'는 희망이다. 요샛말로 '건강, 장수, 웰다잉Well-dying'이다.

이 중에 현대인들이 소홀하게 여기는 것이 하나 있는데 바로 '고종명'이다. 내가 정치를 그만두고 최열 선배와 함께 일하고 있는 웰다잉 운동이 우리가 외면해온 죽음의 문제를 삶의 한가운데로 꺼내놓고 함께 생각해보고 결정하고 실천해보자는 것이다.

영국의 싱크탱크 이코노미스트연구소(EIU)가 2015년 80개국을 대상으로 '죽음의 질 지수'(Quality of Death Index)를 조사했다. 영국이 1위, 대만이 6위, 일본 14위, 한국은 18위였다. 현재 한국에서 사망자의 77%가 병원에서 팔에 링거를 꽂고 산소마스크를 쓴 채 강력한 불빛 아래 싸늘한 침대에서 죽고 있다.

왜 대부분의 사람이 원하지 않는 방식으로 죽음을 맞이하게 되는 걸까? 인생에서 피할 수 없는 죽음을 외면하고 있기 때문이다. "우물쭈물하다가 내 이럴 줄 알았다!"라는 버나드 쇼의 묘비명을 빌리지 않아도, 또 "세상에서 죽음만큼 확실한 것은 없다. 그런데 사람들은 겨우살이는 준비하면서도 죽음은 준비하지 않는다"라는 톨스토이의 경구를 인용하지 않아도 죽음은 누구에게나 닥쳐오게 마련이다. 그런데도 우리는 죽음을 애써 외면하며 살고 있다.

죽음을 솔직하게 인정하고 잘 준비하는 게 지혜로운 인생의 마무리다. 사전연명의료의향서 작성, 유언장 쓰기, 장기기증 서약과 같은 과정을 통해 내 삶을 정리하면 삶의 자세가 달라질 것이다. 웰다잉은 죽음을 잘 준비하는 것뿐만 아니라, 지금의 내 삶을 한번 정리하고 새로운 자세로 인생을 살게 하는 중요한 중간 점검과 같다. 이는 곧 삶의 주인이 되기 위한 길이다. 2020년 노인실태조사 결과에 따르면, 우리나라 고령층 10명 중 9명은 좋은 죽음은 가족이나 지인에게 부담을 주지 않는 죽음(90.6%)이었다. 그리고 신체적·정신적으로 고통 없는 죽음(90.5%), 스스로 정리하는 임종(89.0%)이라는 생각도 많았다.

태어나서 죽음에 이르기까지 모든 과정에서 준비하고 결정해야 한다. 진학할 때, 취업할 때, 결혼할 때, 인생의 모든 단계가 마찬가지이다. 준비를 잘 하면 좀 더 좋은 결과를 얻을 수 있다. 대부분의 일이 그렇듯이 평소 준비하지 않으면 허둥지둥 이상한 방향으로 흘러간다. 미리 차근차근 준비하면 당황하지 않고 준비한 방향으로 매끄럽게 진행해나갈 수 있다.

죽음은 가장 확실한 우리의 미래다. 그런데도 죽음에 대한 준비를 기피하는 이유는 막연한 두려움이 아닐까? 전쟁이 무섭다고 해서 전쟁에 대한 대화를 회피하고 준비하지 않으면 실제 전쟁이 일어났을 때 속수무책이 된다. 두려운 것일수록 더욱 준비해야 한다. 죽음도 마찬가지이다. 죽음에 대해 많이 생각하고 자신이 원하는 대로 삶이 마무리될 수 있도록 노력해야 한다.

내가 웰다잉에 관심을 갖게 된 계기는 한 세미나에서 세브란스병원에 입원한 김 할머니에게 자기결정권을 보장해야 한다는 대법원의 판결이 있었음에도 불구하고 환자가 무의미한 연명치료를 거부할 수 없다는 문제점을 알게 된 때였다. 근본적인 대책이 연명치료에 대한 결정권을 존중하는 법을 제정하는 것이라는 결론을 듣고 나서 국회에서 '웰다잉문화 조성을 위한 국회의원 모임'을 결성했다. 꾸준한 입법 활동을 전개하여 19대 국회 말에 '호스피스 완화치료 및 임종 과정에 있는 환자의 연명의료 결정에 관한 법률'(연명의료결정법)을 제정하게 되었다.

이 법이 시행되면서 1백만 명 가까운 사람이 '연명의료의향서'를 작성하고 있다. 말기 상태에서 인공호흡기를 낄지, 심폐소생술을 받을지 등을 내가 결정할 수 있게 된 것이다.

사전연명의료의향서 등록 현황

기준일	2018년 6월 3일	2019년 6월	2020년 6월	2021년 6월
등록자수(명)	26,417	256,025	647,974	965,174

*출처: 국립연명의료관리기관

연명의료결정법 제정에 나서면서 내가 깨닫게 된 것이 인생의 모든 단계마다 결정해야 할 일이 있듯이 삶의 마무리에도 내가 결정해야 할 것들이 많다는 것이었다. 인간으로서 존엄과 품격을 잃지 않고 삶을 마무리한다는 것은 연명치료를 받을 것이냐 말 것이냐의 문제만이 아니다.

내 재산을 어떻게 정리할지, 장례를 어떻게 치를지, 화장을 할지, 장기기증을 할지, 유산 기부를 할지, 말기 상태에 대비해서 후견인을 정할지, 모두가 내가 결정해야 할 일들이다.

내가 결정하지 않으면 병원이, 가족이, 법이 결정하게 된다. 그러다보니 연명의료, 장례 절차, 재산 배분을 놓고 부모형제 간에, 자식 간에 다툼이 일어나기 마련이다.

유언장을 쓰는 사람이 미국은 56%에 달한다고 하는데 우리는 0.5%도 되지 않는다. 미국은 다 쓰니까 나도 쓰는 것이고, 우리는 아무도 안 쓰니까 나도 안 쓰는 것이다. 이것이 문화의 차이일 것이다. 내 삶의 주인으로서 건강, 재산, 사후 절차 등 삶의 마무리에 관한 일들을 내가 결정하는 문화를 만드는 것이 웰다잉 운동이다.

우리 사회에서 웰다잉의 문제가 중요한 시대 과제로 빠르게 부상되고 있는 것은 고령화 현상과 깊은 관련이 있다. 고령화는 전 세계적으로 진행되고 있는 흐름이다. 그중에서도 한국에서는 고령화가 유례없이 빠른 추세를 보이고 있다. 국제적인 기준으로 고령사회는 전 인구의 14% 이상, 초고령사회는 20% 이상이 노인인 사회다. 우리나라는 2017년 고령사회에 진입했는데 불과 9년만인 2026년에 전 인구의 20%인 천만 노인 시대로 접어들게 된다.

세계적으로 빠른 고령화사회로 꼽히는 일본이 24년 만에 초고령사회에 진입한 것과 비교해보면 우리의 고령화 속도가 얼마나 빠른지 알 수 있다. 변화의 속도가 빠르면 그것을 파악하기가 힘들고 대처하기는 더욱 어려워진다.

현재 우리는 국가적으로나 개인적으로 웰다잉에 대한 인식과 실천이 부재한 상황이다. 저출산 문제는 실패한 대책이고, 웰다잉 문제는 무대책인 셈이다.

정부의 노인정책은 주로 생활 안정, 일자리 제공, 의료비 지원 등 복지정책에 머물러 있고 노인들의 죽음 대비는 수의·묘지 마련, 상조회 가입 등 외형적인 면에 한정된 반면 삶의 마무리에 대한 자기결정권에 입각한 준비들은 미약한 편이다.

노년 인구 천만 시대가 머지않았다. 스스로 죽음을 미리 준비하여 아름답고 존엄하게 삶을 마무리할 수 있도록 관련된 법과 제도를 만들고, 웰다잉 문화를 조성하는 일이 시급하다. 노인 빈곤문제가 심각하다 보니 당장 먹고사는 문제부터 해결해야 하는 상황에서 웰다잉을 생각할 여유가 없을 것이라 생각할 수도 있겠지만, 이는 재산이 많고 적음에 대한 문제는 아니다. 모든 사람이 삶의 주인으로서 삶의 마무리도 삶과 관련된 중요한 문제로 인식하고 스스로 결정하는 사회문화를 만들어야 한다. 준비되지 않은 채 닥쳐오는 미래에 떠밀려가는 사회가 아니라 자신의 삶에 대해 결정권을 갖고 고민하고 준비하는 품격 있고 에너지 넘치는 사회가 되기를 기대해본다.

천만의 노인이 아무 생각 없이 '이러다 죽는 거지!' 체념하고 살아가는 사회와 내 삶의 주인으로서 당당하게 자기결정권을 실천하는 사회의 품격과 활력이 같을 수 없지 않는가?

폴 발레리가 말한 "생각하면서 살아라. 아니면 사는 대로 생각하게 될 것이다"라는 경구는 우리 삶이 아름다웠듯이 그 삶의 마무리도 아름답게 만드는 데 쓸모 있는 조언이 될 것이다.

내 삶의 역정과 다짐

윤재근(문학박사, 전 고려대 강사)

고려대 문과대 국어국문학과 68학번
고려대학교 문학박사
고려 라이온스클럽 사무국장
고려대, 경기대, 수원대, 홍익대 강사
한빛학원(강남 대치동) 국어, 논술 강사

나의 삶과 대학생활

71동지회 50년을 맞아 나의 삶의 역정을 몇 자 적어보고자 한다.

나 윤재근尹在根은 1948년 전남 강진군 도암면 계라리에서 태어났다. 해남 윤씨 고산 윤선도尹善道의 후예다.

광주서중, 광주제일고를 다니면서 "우리는 피 끓는 학생이다. 오직 바른 길만이 우리의 생명이다"라고 새겨진 비문을 가슴에 품고 6년을 보냈다. 광주제일고 2학년 재학 중 피닉스 phoenix(불사조) 서클에서 활동하면서 한일회담 반대 데모를 주동해 무기정학, 유기정학 처벌을 받아 겨우 퇴학을 면하고 졸업할 수 있었다.

1년 재수 끝에 고려대학교에 입학할 때(1968년) "안암의 동산에서 썩지 않는 돌을 캐내어, 썩지 않는 집을 지어, 썩지 않는 인재를 기르겠다"는 건학 이념이 마음에 와 닿았다. 문과대학 국어국문학과에 수석 입학하고 교양학부 특대생으로 선발되기도 했다. 군사 교련이 강화되자 이념서클 '한맥회' 회원으로 활동하면서 교련 반대 투쟁의 선봉에 나섰다.

1971년 10월 5일 새벽, 수도경비사 군인들이 캠퍼스 담을 넘어와 학생회관에서 잠자고 있던 나를 포함한 회원 5명을 수도경비사로 끌고 가서 무차별 구타했다.

사건의 발단은 이렇다. 1971년 10월 3일 당시 국회에서 부정부패 문제가 제기되었다(신민당 이철승 의원). 교련 강화 반대도 중요하지만 부정부패 척결이 급선무라고 판단했다. 내가 학생회관 창문에 "부정부패의 원흉 이후락, 윤필용, 박종규를 민족의 이름으로 처단하라"는 대자보를 직접 붙였다. 그 당시 수도경비사(연대장: 손영길 준장, 대대장: 지성한 대령)에서 자기 상관 윤필용 사령관을 모욕했다고 우리를 잡아다 구타한 것이다.

당시 고려대 김상협 총장님이 우리 소식을 듣고 "어떻게 주인 허락도 없이 남의 집 담을 뛰어넘어와 우리 애들을 잡아다 팰 수 있느냐"라고 강력히 항의해서 학생들의 신병을 혜화동 자택에서 인수받았다. 자택에서 수경사 연대장, 대대장 그리고 우리 학생들 앞에서 "누가 잘하고 잘못했건 이 나라의 젊은 군인과 젊은 학생이 싸운다는 것은 불행한 일임에 틀림없다"라는 말씀을 남기고 서재로 들어가버리셨다. 당시 총장 비서실장이 이세기 교수였다. 중앙정보부에서 파견된 정보요원이 "윤재근 학생만 데려가겠다"라고 하자 강하게 거부해 학교로 다시 돌아갈 수 있었다.

교련 반대 데모와 수경사 군인 무단 학원침입으로 사태가 악화되자 1971년 10월 15일 위수령을 발동한 것이다. 1971년 10월 17일 자로 나를 포함한 21명의 고대생이 제적되었다.

경찰과 정보기관에서는 나를 체포하려고 혈안이 되었다. 나는 그 전날 고대 뒷산 인촌묘소 뒤쪽 다른 사람 집 담을 타고 탈출해서 도피하기 시작했다.

1년 2개월 남짓 도피하다가 분실한 주민등록증을 재발급 받으러 고향 면사무소에 갔는데 경찰서에서 와서 나를 체포했다. 강진경찰서 정보과에서 1주일간 조사받은 후 장흥유치장으로 압송되어 재판을 받게 되었다. 죄명은 집회 및 시위에 관한 법률 위반, 명예훼손, 병역법 위반이었다. 그 당시의 검사는 김경회(작고)였고 구형량은 3년이었다. 재판관은 오복동 판사였나. 6개월 기끼이 수감되어 있는 동안 한 번도 공개재판을 받지 않았다. 만기 2일 전에 판사실에서 단 둘이 재판을 했다. 그 당시 오복동 판사가 이렇게 얘기했다. "사실 위에서 1년 6개월 실형을 때려 순천교도소로 보내라고 하는데 판사적 양심을 가지고 그럴 수가 없었다.

그동안 고생 많았다. 오늘 나가라"고 했다. 검사가 항소했으나 기각되었고, 광주지법에서 징역 1년 6월에 3년 집행유예형이 확정된 것이다.

장흥유치장에서 석방되어 시골 고향에서 지내고 있는데 정보과 형사라면서 잠깐 가자고 해서 따라나섰는데 강진경찰서를 거쳐 광주 보안사 대공분실을 나와 호송원 손목에 수갑을 함께 묶고 서빙고호텔까지 끌려갔다. 그 당시 대공처장이 "자네가 그 유명한 윤재근인가? 그 당시 붙잡았으면 죽여버리려고 했다"라고 말했다. 나를 데리고 간 이유는 그 당시 유인물 중 '해삼이 웃는다'라는 문구를 김근태와 장기표 중에서 누가 쓴 것 같으냐고 묻길래 "알 수 없다"라고 하니까 하룻밤 재우고 그냥 시골로 돌아가라고 하면서 고속버스표까지 끊어주었다. 난 고향으로 내려가지 않고 환불해서 고려대학으로 들어가 만나고 싶은 사람들을 만난 후에 고향으로 내려갔다.

잊을 수 없는 고마운 사람들

생계가 막연해 살길을 찾아보려고 강진읍으로 나와서 강진읍교회 윤기석 목사(전두환, 노태우와 육사 동기)의 도움으로 어린 학생들을 모아놓고 과외 수업을 하면서 생계를 유지하고 있었다.

그러던 중 어느 날, 고려대 총장직에서 쫓겨난 김상협 총장님이 복직하게 되었다는 신문 기사를 보고 김 총장님께 간절한 편지를 보냈다. 며칠 후 "지금은 문교 당국의 태도를 알 수 없으니 조금만 참고 있으라"는 답신을 직접 써서 등기로 보내주셨다(지금도 그 편지를 소중히 간직하고 있다). 후일담을 들어보니 김 총장님이 나의 편지를 직접 가지고 교무위원회에 나오셔서 교무위원들이 돌려가면서 보셨다 한다. 김 총장님이 동경제대 동창인 박찬현 문교부 장관을 만나 전국에서 유일하게 복학하지 못한 나의 복학을 결정했다고 한다. 이런 과정을 겪고 1978년 3월 21일자로 7년 만에 복학이 결정된 것이다. 졸업 이수 학점도 줄어 1979년 2월 24일 입학한 지 11년 만에 졸업을 하게 되었다.

후일담을 들어본즉 나의 복학 결정에 중앙정보부, 보안사에서 "왜 윤재근을 복학시켰느냐? 학교 들어가면 또 난리 칠 텐데 취소하라!"고 하자 김 총장님이 "아니 윤재근이가 국가보안법이나 반공법을 위반한 사람도 아니지 않느냐! 시골에서 온갖 고생을 하고 있는데 사회에 빨리 나와 활동하도록 해줘야 할 게 아닌가! 그리고 교육자이자 고대 총장인 내가 한번 사인한 것을 취소할 수 없다. 못 한다"라는 입장을 밝히셨단다.

지금도 김상협 총장님이 고마운 것은 "애들 과자 값하라"고 매달 5만 원씩 보내주셨고, 홍일식 교수(후일 고려대 총장)에게 "윤재근이 박사 마칠 때까지 어떤 수단과 방법을 가리지 말고 장학금을 알선해주라"고 특명을 내리셨단다. 사실 박사학위를 마칠 때까지 고려대 교우회 장학금을 계속 받았다. 지금도 돌아가신 김상협 총장님의 따뜻한 배려를 잊지 못한다.

대학원 입학 후 "전우치 전설과 전우치전" 연구로 1982년 문학 석사학위를, "조선시대 저항적 인물 전승연구"로 1989년 문학 박사학위를 받았다. 박사 과정을 다니면서 고려대, 수원대, 홍익대, 경기대 등에 시간강사로 출강할 수 있었다. 박사학위를 받은 뒤 대학 정교수가 되고 싶었으나 세월이 많이 흘러 나이도 많고 자식을 3남매나 양육해야 했기에 진로를 강남대학입시 학원으로 돌렸다. 강남구 대치동에 있던 한빛학원(이사장: 서한샘)에서 국어·논술 강의를 하면서 생계를 꾸려나갔다.

학생운동을 하다 쫓겨 도망 다니면서 많은 사람과 만나 인연을 맺었는데 지금까지도 잊을 수 없는 몇 분이 생각이 난다. 앞에서도 잠깐 언급했지만 복학의 길을 열어주신 김상협 선생님(전 고려대 총장, 전 국무총리)을 특히 잊을 수가 없다. 박사학위 과정을 마칠 때까지 장학금을 받을 수 있도록 길을 열어주셨다. 또한 고려대 출신 선배님들이 사회봉사를 하는 '고려라이온스클럽' 사무국장을 10년 동안 맡으면서 대학원 강의도 듣고, 대학 강의도 할 수 있었다. 사회적으로 두각을 나타낸 안암골 호랑이 선배님들이 지금의 내가 있도록 나의 앞길을 훤히 열어준 것이다.

제적당한 후 정보기관의 끈질긴 추적을 피할 수 있도록 몸을 숨겨준 J라는 친구의 고마움도 잊을 수 없다. 지금은 미국으로 이민 가서 살고 있다고 들었는데 오래전에 한번 전화 통화한 기억이 있을 뿐이고 서로 만나지 못하고 있다. 머지않아 서로 만날 수 있기를 간절하게 바라고 있다.

장흥 유치장에 수감되었을 때 내가 제1감방장으로 있었다. 그 당시 나를 뒤에서 봐준 사람이 있었다. 우선 내 고향 강진 군수(윤지혁)가 나의 광주서중 동창 윤장현(전 광주시장)의 부친이었다.

　유치장에 수감되었을 때 간수 대장이 집안 할아버지뻘 되는 분이었는데 애로사항이 있으면 상의드릴 수 있었다. 그 당시 병역거부를 한 '여호와의 증인' 교인들이 들어왔는데 간수 대장에게 부탁해서 제1감방으로 넣어달라고 했다. 여호와의 증인과 성경 공부를 시작하면서 예수님에 대한 이해의 폭을 넓힐 수 있었다. 그 당시 그 친구들의 심성은 무척 고왔다고 생각한다. 기존 종교 집단의 교리와 배치된 독특한 점이 많았지만 귀한 인연으로 생각하고 있다.

　묘하게도 중·고등학교 동창이고, 피닉스클럽 활동을 함께한 이공현(전 헌법재판소 부소장, 현 법무법인 지평 대표) 친구가 내가 수감되어 있는 장흥검찰청에 검사시보로 발령받아 근무하게 된 것을 알게 됐다. 우연히 유치장 입소 대장을 간수 대장한테 빌려서 보았는데 친구의 사인이 있는 게 아닌가! 서로 가까운 친구인지라 그 친구의 필체를 알 수 있었다. 간수 대장에게 "아무래도 내 친구 같은데 한번 알아봐 달라"고 부탁했다. 얼마간 시간이 지난 뒤 경찰서장실에서 특별 면회가 왔다. 그 친구도 내 소식을 접하고 무척 놀랐을 것이다. 경찰서장실에서 단둘이 얘기를 나누면서 검사 구형이 3년이 나왔고, 담당 검사 이름도 알고 실형을 내려야 한다는 상부 지시가 있었다는 사실도 알 수 있었다. 그가 서울법대 선배인 오복동 판사를 만나 나의 살아온 삶에 대한 얘기를 나누었다 한다. 오랜 세월이 흐른 뒤 재작년 여의도 아파트에 살고 계시는 오복동 판사님 댁을 방문하여 정담을 나누기도 했다.

　돌이켜 생각해보면 사람과 사람 사이에 만남의 인연이란 묘하다는 생각이 든다. 복학이 결정되자 트럭에 이삿짐을 싸 들고 상경해서 셋집을 몇 차례 전전하면서 살고 있었다. 어느 날 고등학교 친구 윤창호(고려대 경제학과 교수)를 만났다. 힘들게 살아가고 있는 나를 위해서 조언을 해주었다. 그 주요 내용은 "앞으로 이사를 계획하고 있으면 강남 개포동 주공단지나 잠실 주공단지 아니면 강동 고덕지구 주공단지 그것도 아니면 원당이라는 곳에 가서 땅 100평을 사서 50평 땅을 팔아 50평 단독주택을 지으면 될 거라"고 조언해주었다. 그 친구는 서울공대 전자공학과를 졸업한 후 미국 스탠퍼드대학 경제학 박사학위를 받아 귀국해서 서강대 경제학과 교수 그리고 고려대 경제학 교수로 정년퇴임한 우리나라 미시경제학의 거두로 정평이 나 있다. 사실 개포동이 어디에 있는지도 몰랐으나 그 친구의 말대로 은행 대출금을 보태서 강남 개포동 주공 3단지 아파트를 구입했다. 그 당시 개포동에 대해서 '개도 포니를 타고 다니는 동네', '개도 포기한 동네'라는 우스갯소리가 떠돌아다녔다. 지금 돌이켜보면 그 친구가 '귀인'이 아니었나 생각한다. 그 친구가 대한민국 경제 흐름을 쫙 앞서 간파하고 있었다는 생각이 든다. 그 당시 양재대로를 막 건설하려던 시절이었다. 직장도 강남 대치동에 있는 한빛학원 국어논술 강사로 취업이 되어 앞길이 조금씩 열리기 시작했다. 그 친구 덕분에 부동산에 대한 지식을 조금씩 터득할 수 있었다.

아이들이 삼 남매가 되어 개포동 집을 팔았다. (지금은 재건축해서 엄청나게 가격 상승이 되었지만) 이후에 몇 번의 이사를 한 후 성남 판교신도시 분양 신청을 했는데 동판교 지역에 있는 민간 임대아파트에 당첨이 되는 행운을 얻어 5년 만에 명의 변경이 되어 안정된 보금자리를 장만할 수 있었다. 생각해보면 하늘이 나의 목숨도 구해주고, 우리 가족의 삶의 보금자리도 마련해준 것 같다. 그저 감사 또 감사할 뿐이다.

또 한 분 잊을 수 없는 분은 독립운동가 석주 이상룡 선생의 후손이신 이범증 선배님(전 중앙중학교 교장)이다. 내가 상경하여 수유리에서 힘들게 살아갈 때 아르바이트 자리를 계속 마련해주셨다. "아무리 어렵더라도 두 손 불끈 쥐고 이겨내야 한다"라고 격려해주신 선배님이다.

남기고 싶은 이야기

지금까지 나의 삶의 역정을 대충 적어보았다. 돌이켜보면 나 윤재근이란 사람은 산전수전 다 겪으면서도 주위 친구들 그리고 선배님들의 도움을 많이 받고 살아온 인복人福이 많은 사람인 것 같다.

사실 학창 시절 마음속에선 큰 꿈을 갖고 세상을 바꾸고 싶었다. 지금 세월이 너무 빨리 그리고 많이 흘렀다. 그렇지만 이 한목숨 마칠 때까지 그 희망과 포부를 오래오래 간직하며 길이기련다. 그리고 또 하나 내가 간직하고 있는 보물이 있다. 내가 살아온 날마다의 기록이라고 할 수 있는 心田(심전)을 대학 노트 153권 째 써 내려가고 있다. 나의 심장이 뛰고 머리가 활동할 수 있을 때까지 써 내려가련다.

세월이 많이 흘러 기억이 가물가물한 부분도 있지만, 고려대학을 졸업하지 않은 동지들은 나 윤재근을 잘 알지 못할 것 같아 내 삶의 역정을 지루하게(?) 몇 자 적어보았다. 나의 삶의 다짐 두 가지만 얘기하고 마치련다.

첫째. 人棄我取인기아취하라: 남이 버린 것을 내가 취하라.

둘째. 先施後得선시후득하라: 먼저 베풀면 후에 얻으리라.

71동지 회원 여러분!

건강하게 오래오래 삽시다! 내가 조금 손해 보고 삽시다! 많이 웃고, 많이 걸으면서 삽시다!

뜨거웠던 그 시절

이광택(국민대 명예교수, 한국ILO협회 회장)

서울대 법대 68학번
1987년 독일 브레멘대학교 법학박사
(사)전태일기념사업회 이사장 역임
국제노동사회법학회(ISLSSL) 집행위원
한국ILO협회 회장
(사)언론인권센터 이사장

학생운동, 전태일, 강제 입영

경술국치 60주년이 되는 1970년 11월 13일 오후 청계천 6가에 있는 평화시장에서 재단사 전태일이 "근로기준법을 준수하라"고 외치며 분신자살을 한 사건이 발생했다. 우리는 전태일의 시신을 인수하여 서울법대 학생회장으로 장례식을 치르기로 하였다. 장기표 선배 등과 함께 전태일의 시신이 안치된 명동 성모병원 영안실로 들어가 이소선 어머니의 손을 붙들고 "태일이 대학생 친구를 그렇게 찾았는데도 이제야 와서 미안합니다"라고 인사를 드렸다. 나는 어머니의 청을 받아 "한 알의 밀알이 땅에 떨어져 썩지 않으면 한 알 그대로 일 것이오, 썩으면 많은 열매를 맺으리라"(요 12:24)는 성경 구절을 시작으로 10여 분간 '말씀'을 하였다.

1971년 4월 나는 부산대 학생 김재규(부산민주항쟁기념사업회 이사장), 정영시 등과 함께 부산대 시위를 계획하였다. 부산대 학생 500여 명은 4월 15일 교련 강화 반대와 언론의 무기력을 규탄하며 교문에서 경찰과 투석전을 벌였다. 이 시위는 내가 편집장으로 있는「민주수호

전국청년학생연맹 회보」에 생생하게 보도되었다. 4월 19일 재야 민주화운동의 상설조직으로 민주수호국민협의회가 결성되어 청년조직들과 연대하여 박정희/김대중의 4.27 대선을 공명하게 치르는 운동을 전개해나갔다. 국민협의회와 학생조직 사이의 연락은 故 계훈제 사무국장, 김지하 시인 등이 故 조영래, 이신범, 이광택 등을 통해 하였다.[1]

여름방학이 되자 서울법대 교수회의는 지하신문「자유의 종」 발행인 이신범의 제명 처분은 "법적 근거가 없는 부당한 처벌"이라며 학기말 시험을 거부한 나를 포함한 학생 18명을 7월 16일자로 징계했다. 나는 그중에서 가장 중징계인 1년 정학을 받은 5명에 포함되어 있었다. 이 무렵부터 나는 지명 수배되어 도피생활을 하게 되었다. 2학기가 되면서 나는 이신범과 함께 황학동 중앙시장 뒷골목 하숙에 은신하였다. 10월 15일 박정희 대통령은 학원질서 확립 특명 9개항을 발표하고 위수령을 발동하였다. 나와 이신범은 각자 갈 길을 찾기로 하였는데 이신범은 10월 28일 체포된다. 얼마 후 나도 중앙정보부에 체포되었다. 그곳에서 이른바 '서울대생 내란음모 사건'의 혐의자로 장기간 조사를 받았다. 나를 벌거벗긴 채 수사관 두 명이 번갈아 가며 밤낮으로 야전침대 각목으로 두들겨 팼다. 관련자 중 이신범, 故 조영래, 심재권(전 국회의원), 장기표는 12월 1일 구속 기소되었고, 서울대 총장을 역임한 유기천 교수, 서울 상대생 김근태, 「사상계」 전 편집장 김승균은 기소 중지되었으며, 나는 자퇴서를 쓰고 눈이 하얗게 내린 12월 초 중앙정보부 부산분실 요원들이 호송하여 강제로 39사단에 입영하였다.[2]

민중운동, 교원임용 거부, 출국 금지

1974년 7월 군복무를 마치고 2학기에 재입학하여 한 학기를 마저 마쳤다. 대학원에 진학하여 노동법을 본격적으로 공부하려 했는데, 등록금을 내기 위해서는 취직을 해야겠다고 생각했다. 〈The Korea Times〉에 지원하여 선발된 다섯 명에 포함되었다. 1976년 8월 크리스찬아카데미의 '중간집단교육 노조간부 지도력 개발과정'이라는 교육 프로그램을 진행하는

---

[1] 서울법대 학생운동사 편찬위원회, 『서울법대 학생운동사: 정의의 함성 1964~1979』(블루프린트, 2008), 185쪽.
[2] 이곳에서 역시 강제 입영한 서울사대 지리학과 고 유상덕 동지를 만난다.

간사로 발탁되었다. 이 무렵에 동일방직사건이 발생하였는데 나도 현장에 있었다. 1976년 7월 23일 남성 노동자들이 여성들로 구성된 이영숙 집행부를 없애고 어용노조를 만들려고 획책했다. 여성 노동자들의 파업을 경찰이 강제 해산하자, 이들은 웃통을 벗고 '나체시위'로 저항했다.

석사 과정을 마치고 서울법대 조교를 지원하였다. 국립대학의 조교는 교육공무원으로 그 처우가 사립대학 조교에 비할 바가 아니다. 전공과 어학시험을 보아 합격하였는데 인사발령이 나지 않는다. 서울지검의 현경대 검사[3]를 만나니 무언가 꺼내서 한 대목을 읽어준다. "○월 ○일 ○시 ○강의실에서 ○○성명서를 낭독하고 창을 뛰어넘어 도주…." 현 검사는 이런 기록이 많아 교육공무원에 임용되기는 불가하다고 하였다.

이 무렵에는 광화문에 있는 백범사상연구소와 앰네스티 인터내셔널Amnesty International=AI 한국사무소의 활동을 지원하였다. 백기완 선생이 소장으로 있는 백범사상연구소에는 고은 시인, 임헌영 문인 등이 자주 출입을 하였고 후배인 이해찬 전 국무총리가 궂은일을 맡았던 것이 기억난다. 내가 1978년 9월 첫딸을 출산하였다고 하자 고은 시인이 막걸리 턱을 내면 작명을 해주겠다고 제안하여 응낙을 하였는데, 며칠 후 붓글씨로 쓴 '화옥華玉'이란 이름이 들어 있는 봉투를 가져왔다. 이 봉투를 들고 아내한테 고하니 퇴짜를 맞을 수밖에….

박사 과정을 끝내며 걱정이 생겼다. 국내에서 교원으로 임용이 안 된다니 외국으로 나갈 수밖에 없지 않은가? 마침 1979년 초 크리스찬아카데미에서는 나에게 독일 에큐메니칼 장학처Ökumenisches Studienwerk e. V.=ÖSW에서 시행하는 장학 프로그램에 지원하라고 하였다. 그런데 3월 초 한명숙(전 국무총리), 신인령[4] 등 크리스찬아카데미의 간사 6명이 구속되었다. 유신체제 시기 농민, 노동, 여성 등 각 부문 운동이 활성화되자 이들을 배후로 본 것이다. 나는 노심초사 사건의 추이를 살폈으나 소환되지 않았다.

8월에는 'YH사건'이 발생한다. YH무역의 장용호 사장이 폐업을 하고 미국으로 떠나자

---

3 현경대 검사는 장인이자 나의 지도교수인 김치선 선생을 도와 노동법 연구에도 기여하였고, 이후 제11대 국회에서부터 제주도에서 5선 의원을 지낸 후 민주평화통일자문회의 수석부의장을 역임. 현재 법무법인 우리 고문변호사.

4 크리스찬아카데미 사건으로 고초를 겪었으나 이후 이화여대 법과대학 교수(1985. 9.~2008. 9.), 이화여대 12대 총장(2002. 8.~2006. 7.), 교육인적자원부 법학교육위원회 위원장(2007. 10), 국가교육회의 의장(2017. 9.~2018. 12.)을 역임.

노동조합은 4월 13일부터 회사 정상화를 위한 농성에 들어갔다. 면목동에 있는 이 회사의 농성장에 나도 방문하여 최순영 노조지부장을 비롯한 노동자들을 교육했다. 8월 9일 농성장소를 마포에 있는 신민당 당사로 옮겼다. 11일 경찰이 강제 해산하는 과정에서 노동자 1명(김경숙)이 추락사하였는데 이 사건은 김영삼 의원 제명 파동, 부마민중항쟁, 10.26사태로 이어지는 박정희 정권 종말의 도화선이 되었다.[5]

ÖSW에서는 7월 10일 자로 초청장과 함께 항공 스케줄을 보내왔다. 초청장에는 1979년 10월부터 3년 반 동안 처와 두 아이와 함께 유학으로 초청하며, 월 DM 1,310(당시 환율을 DM 1=250원으로 보면 327,500원)과 왕복항공비를 지급한다고 쓰여 있었다. 내가 보낸 "독일의 (노사)공동결정Mitbestimmung 모델의 연구와 한국으로의 도입 가능성 검토"를 주제로 한 박사학위 연구계획을 브레멘대학교Universität Bremen의 故 위르겐 마이어Jürgen A. E. Meyer 교수의 지도를 받도록 되었다.

그런데 여권이 발급되지 않는다. 궁금하던 차에 중앙정보부 요원 두 명이 찾아왔다. 신원에 이상이 있어 여권을 발급할 수가 없다고 했다. 도대체 법적 근거가 무엇인가고 따졌다. 옥신각신하다가 나는 "기자회견을 할 수밖에 없다"라고 선언했다. 그러자 그들은 조건을 제시했다. 서기관급 이상 보증인 네 명을 세우라고. 나는 "왜 보증인을 내가 세우느냐?"고 항의했다. 얼마 후 그들은 타협안을 제시했다. 보증인 두 사람은 자기들이 세울 터이니 다른 두 사람은 나더러 세우라고.

인간다운 사회, 해외 민주화운동, 브레멘대학교에서의 수학

1979년 10월 5일 난생처음 루프트한자Lufthansa를 타고 프랑크푸르트Frankfurt, 뒤셀도르프Düsseldorf를 거쳐 보훔Bochum에 있는 ÖSW 장학처 캠퍼스에 도착했다. 캠퍼스에는 교회를 중심으로 독신자용 고층기숙사, 가족 있는 장학생들을 위한 소형 연립주택, 직원 숙소, 유치원Kindergarten, 탁아소Kinderkrippe 등 각종 시설이 갖춰져 있었다. 와 이렇게 좋은 환경에서 공부를 하게 되다니! 이것이 '인간다운 생활'이구나. 조국에서는 사람대접을 제대로 못 받았는데…

---

[5] 2005. 2. 4. KBS-1TV 〈인물현대사〉 김경숙 여공, 유신을 몰아내다 - YH사건 김경숙.

10월 15일 ÖSW의 예비대학Studienkolleg의 집중 어학과정에 들어갔다.

도착한 지 20일이나 지났을까? 우리보다 먼저 펠로우십으로 유학을 와 이웃에 살고 있던 황민영 선생(전 농어업특위 위원장)이 밤중에 노크를 하더니 "박정희가 죽었어!" 하는 것이 아닌가. 나의 대학생활을 송두리째 앗아갔던 독재자! 운명처럼 민주화 투쟁과 노동운동에 몰입했던 나를 '서울대생 내란음모사건'으로 몰아 고문 끝에 대학에서 몰아내고 이후 공직 취임도 거부하고 마지막에는 여권 발급까지도 불허했던 그 레짐의 중심이 이렇게 허탈하게 가다니!

서울의 봄이 가고 유학생들은 언론에 생생하게 보도되는 5.18 광주민중학살 사태로 커다란 충격을 받았다. 5월 31일에는 한인교회 주최로 본Bonn에서 기도회와 가두시위를 벌이는 데 동참하였다. 이 무렵 AI 런던본부의 한국데스크에서 연락이 왔다. 1980년 5월 17일부터 조작된 '김대중 내란음모 사건'으로 옥중에 있는 故 김대중 전 대통령의 옥중서신 복사본을 나에게 보내면서 영어로 번역해달라는 것이었다. 이들 서한은 글씨를 깨알같이 하여 엄청난 양의 내용을 갖고 있기 때문에 확대경 없이는 해독이 불가능한 정도이다. 한편의 서한을 번역하는 데 며칠씩 걸렸다.[6]

1980년 5월 21일 박사학위위원회는 내가 박사후보생Doktorand이 되었음을 결의하고 그 증명서를 발급해주었다. 6월 5일에 이르러 일단 네 식구의 살림을 브레멘으로 옮기되, 보훔에서 어학코스를 계속해야 하는 아내만 기숙사에 한 학기 더 남기로 하였다. 나는 박사후보생으로서의 의무는 아니지만 일반 학생들이 받는 수업에 참여하고 보고서도 제출했다. 논문의 연구범위는 독일 공동결정제도의 역사를 1848년 유럽 혁명에서 출발하여 최근까지를 기술해야 하니 작업이 방대했다. 당시에는 PC가 발달하지 못해 올림피아 전동타자기로 작업했다. 중앙도서관 3층에 있는 객원연구실Gastzimmer을 배정받았다. 이 과정에서 알게 된 법학분야 사서인 故 호벨만Thilo Hobelmann 선생을 잊을 수 없다. 막바지에 장학금 지급이 종료되어 생활난이 가중되자 그는 주저 없이 DM 10,000를 내어놓았다.[7]

---

[6] 이에 앞서 1980년 9월 12일부터 13일까지 열린 육본계엄보통군법회의 공판기록으로 피고인들의 최후진술 부분이 역시 깨알같이 적혀 전해왔다.

[7] 1990년대 중반 호벨만 선생은 새로이 짝을 이룬 박정순 여사와 함께 한국을 방문하였다. 나는 그에게 DM 10,000(당시 환율로는 500만 원 정도)을 상환하고자 하였으나 그가 절반만 갚으라고 하였다. 그는 2018년 유럽 방문 길에 함부르크

법률상담, 사회적 교류, 한국 학교의 설립

유학생활 중 실생활에서 수많은 법률 문제에 부딪쳤다. 내가 직접 해결해야 할 문제도 있었지만 한인 유학생과 교민, 주재원뿐만 아니라 가까운 외국인 친구, 심지어 독일인들도 문제를 가지고 왔다. 법률 용어는 역시 독일인들에게도 어렵기 때문이었다. 시작은 주거보조금Wohngeld 수령 여부이다. 브레멘으로 옮기자마자 신청했는데, 주택및도시건설국은 이를 기각한다는 통지를 보내왔다. 이유는 "가정으로부터 당분간 떠나 있고, 해당 주택이 당분간 사용되기 때문"이라 하였다. 이의제기를 하였는데 또 기각되었다. 다시 이의제기와 기각 결정을 반복한 끝에 드디어 이듬해 3월 22일자로 '변경통지'가 왔는데 월 DM 160의 주거보조금을 지급한다는 것이었다.

교민인 병아리 감별사Kückensortierer 가정에서는 집세 문제로 집주인과 생긴 분쟁에 집주인 측 변호사가 집주인의 일방적 주장만 반복하고 변호사 비용까지 요구하는 데 대해 점잖게 서면으로 타일렀다. 1983년, 뮌헨대학교에서 오페라 연출을 공부하던 故 문호근 선생이 조언을 구해왔다. 집주인과 위아래 층에 거주하는데 어린 아들이 저녁을 먹고 잠시 뛰었다 해서 항의와 해명이 오간 끝에 계약 해지 통고를 받은 사연이다. "당신의 서한은 여기에 요구되는 형식적 요건이 결여되어 있기 때문에 이 서한을 임대차계약 해지 통고로 볼 수 없다"고 답변서를 작성했다. 문 선생 가족은 그 집에서 공부를 끝내고 한국으로 돌아갔다.

교통사고의 경우 한국 사람들이 우측우선 주행Rechtsvorfahrt을 모르고 있는 것이 안타까웠다. 신호나 교통정리가 없는 교차로에서 우측에서 진행하는 자동차가 우선권이 있다는 것은 독일 도로교통법(StVO) 제8조에서 규정하고 있고, 우리나라 도로교통법 제26조 제3항에도 엄연히 규정되어 있다.[8] 함부르크 항에 입항한 콜롬비아 국적 선박에서 심야에 마약을 압수하고 선원들을 체포했는데 나도 현장에 투입되었다. 판사가 체포영장 실질심사를 하는데 한국 선원들이 운반 혐의를 받고 있었다. 선서를 한 나였지만 그대로 통역만 하고 있다가는

에 거주하는 두 분의 아파트에서 일박을 하고 떠나는 나에게 용돈까지 쥐어주었다. 2020년 9월 1일 그가 82세를 일기로 영면하였다는 부고를 접했다. 부인과 1남 1녀, 손주 둘이 있다.

8 한국 사람들은 지금도 그렇다. 내가 오랜 대학 강의를 하며 학생들에게 "신호나 교통정리가 없는 교차로에서의 우선권"을 질문한 결과 지금까지 단 두 명만이 정답을 맞혔다. 이들은 보험회사에 재직 중인 야간학생들이었다.

선원들이 구속되기 십상이었다. 나는 어느덧 변호인이 되었다. 결국 이들은 석방되어 귀국 길에 올랐다.

1982년 한인회 송년회를 겸한 총회에서 나는 회장에 추대되었다. 브레멘을 중심으로 반 경 100Km 내에는 간호사, 감별사뿐만 아니라 한인 입양아들이 산재해 있었다. 한인들은 2세를 위한 우리말 교육의 필요성에 크게 공감했고, 양부모들은 입양아들이 우리말을 배우 는 데 절대적인 지지를 하였을 뿐만 아니라, 양부모 스스로도 우리말을 배우려는 열성을 보 여주었다. 학교는 주 교육부로부터 허가를 받아 '사단법인 브레멘 한국학교Koreanische Schule Bremen e. V.'라는 명칭의 주말학교로 1983년 4월 9일 개교하였는데,[9] 공립학교의 시설을 사용 할 수 있게 되었다. 개교 소식과 독일 학교와 공동으로 개최한 성탄행사가 현지 언론에 사진 과 함께 보도되어 화제가 되었다.[10] 2018년 9월 8일에 열린 개교 제35주년 기념식에 나도 참석했다.[11]

논문 재작성, 브레멘대학교 연구소 근무, 석별의 정

그런데 1986년 12월 11일 뜻밖의 일이 발생했다. 마무리 단계의 논문 보따리를 자동차 트렁크에 넣고 피곤하여 몸만 집에 올라왔는데 그 보따리가 밤새 사라진 것이다. 폭스바겐 Passat Variant는 웨건형이라 트렁크의 내용이 밖에서 들여다보이는 구조이다. 절망하고 있는데 유치원 학부형으로 절친한 마리온Marjon이 주선하여 지역 TV방송인 〈라디오 브레멘 Radio Bremen〉의 저녁 뉴스시간(Buten & Binnen) 톱기사에 출연하여 방송 인터뷰까지 하였다. 결국 해를 넘겨 논문을 재작성하였고 마이어 교수가 꼼꼼히 살펴보는데 또 상당한 시간이 흘러갔다. 우여곡절 끝에 1987년 8월 20일 개최된 구술시험Colloquium에서 논문이 통과되 었다.

---

[9] https://koreanischeschulebremen.tistory.com/62.

[10] Weser-Kurier, 11. April 1983; Bremer Nachrichten, 11. April 1983; Weser-Kurier, 19. Dezember 1983; Bremer-Nachrichten, 19. Dezember 1983. 또한 최종고, 「韓獨交涉史」 응성신서 5/71 (弘盛社, 1983)의 회보에 일 려 개교의 의미가 크게 알려졌다.

[11] 설립자인 나의 축사가 있은 후 나와 올덴부르크대학교의 소프라노 Gertraude Spier교수의 Franz Lehar 작곡 오페 라 〈The Merry Widow〉 중 "Lippen Schweigen" 듀엣 공연이 있었다. https://vimeo.com/288954322.

학위가 끝났으나 선뜻 귀국할 수가 없었다. 서울, 특히 모교의 사정이 어떤지 알 수가 없었다. 모교의 같은 전공 선배교수[12]로부터 "과거지사 때문에 힘들걸"이라는 답을 듣고는 귀국을 늦추고 추이를 살펴보기로 했다. 마침 브레멘대학교의 노동정치연구소Akademie für Arbeit und Politik에서 1987년 9월 1일부터 1년간 독일노총(DGB) 교육본부와의 협력사업인 "사회국가의 몰락/노동법의 해체" 연구과제를 함께 수행하기로 했다.

해를 넘겨 드디어 독일 땅을 떠나는 날이 왔다. 8년 10개월만이다. 송년회는 역시 마리온이 기획하여 1988년 8월 초 그 집 정원에서 열었다. 리히텐베르크Lichtenberg 교수 부부를 비롯하여 故 호벨만 선생 가족, 아이들 학부형, 늘 옆에서 도와준 동학자 Per Yuen(현재 변호사),[13] 인도, 일본, 남미 등에서 온 친구들, 인근 지역에서 온 교민들, 한인 유학생들, 모두 귀국하는 우리 가족의 장래를 축복해주었다. 다음날 오전 내 아파트가 있는 에두아르트-베른슈타인 거리Eduard-Bernstein-Str.[14]에는 선원 복장을 한 남성 20여 명이 모였다. 인도/차도 경계석에 나란히 정렬하더니 우렁찬 목소리로 합창을 한다. 마리온의 남편 크리스찬Christian이 지휘하는 브레멘 뱃노래 합창단Bremer Shanty Chor이었다. 뜻밖의 일이었다. 정중한 석별의 합창이었다.

재야학자에서 늦깎이 교수로

올림픽 준비가 한창인 1988년 8월 8일 귀국하니 세상은 온통 달라져 있었다. 유학 전에는 노동법 전공자들을 이상한 눈빛으로 바라보던 기업가들이 여기저기서 자문을 구해왔다. 생산성본부가 타워호텔에서 주최한 강연에 연사로 초청되었는데 300여 명의 CEO가 운집해 있었다. 정부가 국책연구기관으로 설립한 한국노동연구원의 창립 멤버로 근무하기 시작했다. 1989년 하반기에는 노사관계고위지도자과정을 개설하고 주임교수를 맡아 노사 양 당사자와 공익대표자들을 수강생으로 모집했다. 1970년대에 크리스찬아카데미에서 비공개로

---

[12] 은사 김치선 교수는 1986년 숭실대 총장에 취임한 후 서울대에서는 정년퇴임까지 한 터였다.

[13] 부친이 중국인이며 중국 이름은 袁沛博이다.

[14] 에두아르트 베른슈타인(1850. 1. 6.~1932. 12. 18.)은 독일 사회민주당(이하 SPD) 당원으로 수정주의적 마르크스주의를 발전시킨 사회민주주의의 이론적 창시자이다. 브레멘에는 이러한 진보적 인사들의 이름이 붙은 거리가 아주 많다.

하던 교육을 이제 공개적으로 하는 감격이 앞섰다. 노동계와 기업인들은 고위임원급으로 하고, 공익대표로는 13대 초선의원들 중 청문회 스타로 떠오른 노무현, 이인제, 이협 의원 등을 참가시켰다.[15]

1991년 8월 31일 한국노동연구원을 떠나 자유로운 연구생활을 시작했다. 얼마 후 서초동에 산업사회연구소를 열었다. 이 시절에는 재야학자로서 12개 대학에서 강의를 하였는데, 대학원생들은 학교 구별 없이 토요일 오후 2시 연구소로 모아 합동강의를 했다. 이것이 계기가 되어 제자들이 이른바 '이광택 사단'(?)을 형성했다. 이때가 나에게는 황금기였다. 논문도 가장 활발히 썼고 언론에도 자주 등장했다.

1994년 9월 국민대학교에 자리를 잡자마자 3년마다 열리는 국제노동사회법학회(ISLSSL) 제14차 세계대회의 조직위원장으로 눈코 뜰 새 없이 일에 빠져들었다. 서울 롯데호텔에서 개최되었는데 공식 언어가 6개 국어, 참가자가 2,000명에 육박하여 아직까지도 이 기록은 깨지지 않고 있다.

시민운동, 국제활동, 사회봉사

해방 직후부터 민주노동운동가로 평생을 헌신한 故 김말룡 선생[16]은 나의 연구소를 수시로 방문하여 노동법에 관한 자문을 구했다. 1996년 10월 3일 선생이 등산길에 실족사하자 장례집행위원장을 맡아 마석 모란공원 묘지에 모셨다.[17] 최종길 교수 고문치사진상규명 및 명예회복 추진위원회 실행위원장을 맡아 1973년 중앙정보부에서 조사 도중 의문사한 은사 최종길 교수의 사인을 밝혀 2006년 2월 14일 국가가 유족에게 18억 4800여만 원을 배상하라는 법원의 최종 판결을 이끌어냈다.

2009년부터 2012년까지 실업극복국민운동위원회의 후신인 함께일하는재단 상임이사

---

15 https://www.kli.re.kr/kli/contents.do?key=99. 2021년 현재 제33기가 진행되고 있다.

16 故 김말룡 선생은 민주당 직능대표로 제14대 국회의원이 되었는데, 1993년 노조와해를 목적으로 부당노동행위를 하여 물의를 빚은 '한국자동차보험'의 이른바 국회노동위원회 돈봉투 매수사건을 폭로하였다.

17 김말룡 평전 간행위원회(이광택, 이용득, 박석운, 이형진)는 선생의 24주기인 2020년『김말룡 평전』(학민사, 작가: 이창훈)을 간행하였다.

'최교수 고문치사 진상규명 및 명예회복추진위원회'

"차철권 전 중정수사관은

이 광 택 | 국민대 교수 법학

최종길 교수 의문사 사건은 1973년에 일어났다. 대통령소속 의문사진상규명위원회가 발족되어 그 진상에 접근하기까지 이 사건에 관해 합치된 결론은 없었다. 1973년 중앙정보부의 공식발표와 1988년 검찰의 공식발표도 '최종결론'으로 인정받지는 못했다. 자살에 의한 단순사망 사건부터 고문치사 사건에 이르기까지 30년 전 벌어졌던 역사적 비극에 대한 '진실탐험'은 지금도 계속되고 있다. '신동아' 2002년 2월호는 김형태 의문사진상규명위원의 '최종길 사건 중간보고서'("중정은 고문으로 간첩 만들고 타살 후 증거를 조작했다")'를 독점 게재했다. 그러자 1973년 당시 최교수를 직접

실행위원장 이광택 교수의 긴급 리포트

47가지 거짓말 하고 있다"

조사했던 차철권 전 중정 수사관은 3월호 인터뷰("천지신명에 맹세코 나는 최교수를 죽이지 않았다")에서 김형태 위원의 주장을 반박했다. 차씨의 인터뷰가 보도된 뒤 '최종길 교수 고문치사 진상규명 및 명예회복추진위원회' 실행위원장을 맡고 있는 이광택 국민대 교수는 이 사건의 진정인 자격으로 의문사진상규명위원회 조사자료를 열람한 뒤 재반박문을 보내왔다. '신동아'는 이교수의 글이 사건의 진상에 접근하는 데 중요한 자료라고 판단, 6월호에 싣기로 결정했다. 사건에 대한 진실게임은 앞으로도 계속되겠지만, '신동아' 지면을 통한 논쟁은 이 글로 일단 종지부를 찍는다. 〈편집자〉

최종길 교수 고문치사진상규명 및 명예회복 추진위원회 실행위원장을 맡을 당시 〈신동아〉(2002. 6.) 기사.

로 미국, 캐나다, 독일, 호주, 뉴질랜드 등지에서 선진 사례를 연구했고, 중국, 필리핀, 캄보디아, 라오스, 인도네시아, 남아공, 르완다, 남수단, 페루 등지의 사회적기업 육성을 지원했다. 2005~2009년 (사)전태일기념사업회 이사장을 맡았는데 시민모금을 통해 버들다리에 전태일 동상을 건립하고 주변 청계천변(전태일거리)에 4천여 기부자의 이름과 격문을 새긴 동판을 설치했다.

나는 국민대학교에서 20년 가까이 봉직하는 동안 공직, 학장이나 본부 보직은 맡지 않았다. 그 대신 한국노동법학회, 한국사회법학회, 한국고용노사관계학회 등 주요 학회의 장을 역임했고, 2000년 9월부터 ISLSSL 집행위원을 맡고 있다. 법학교수로서 가장 고난도의 작업이라면 최고법원이 내린 판결에 대해 비평하는 일이다. 그러므로 "법학교수는 판사보다도 엄격하고 공정해야 한다"는 신념으로 비교적 많은 판례평석을 썼다. "Much law, little justice"라는 영국의 법언法諺을 믿는다. ISLSSL 대회에는 제13차 세계대회(1991. 아테네)에서부터 제

23차 세계대회(2021, 리마)에 이르기까지 한국 대표로 참가하여 주제발표를 하였다.

　　2017년 이래 (사)한국ILO협회 회장을 맡고 있다. 국제노동기구(ILO) 창립 100주년을 맞아 한국이 ILO 협약 중 4개의 핵심 협약(Core Conventions)을 비준할 것을 역설했다.[18] 경실련 (사)경제정의연구소 이사장, 다솜이재단 이사장 등을 역임하고 2020년 3월 (사)언론인권센터의 이사장에 선임되었다.

　　한편 남성 성악가 70여 명의 앙상블인 프리모 깐딴떼의 단장을 맡아 국내·외 공연활동을 전개했으며, 2010년 명지대학교 콘서바토리에서 음악학사를 취득하고, 국제하이든콩쿠르에서 입상하기도 했다. 정년퇴임을 앞둔 2013년 11월 11일 〈법학교수가 부르는 '청년의 노래' 바리톤 이광택 교수 독창회〉를 개최하였다.[19] 이날 행사를 통해 청중들이 정성을 모아 기탁한 쌀 454Kg을 성북구의 이웃들에게 나누었다.[20]

---

[18] http://news.jtbc.joins.com/article/article.aspx?news_id=NB11821786.

[19] http://www.ejanews.co.kr/news/articleView.html?idxno=79246.

[20] https://news.zum.com/articles/10718750.

나의 구도(求道) 여정(旅程)

이광호(국제퇴계학연구회 회장)

서울대 문리대 철학과 68학번
한림대학교 철학과 조교수
연세대학교 철학과 교수
한국동양철학회 회장, 국제퇴계학회 회장 역임.
『성학십도』, 『근사록집해』, 『퇴계와 율곡, 생각을 다투다』 등 번역과 저술

내 삶의 여정

대구 계성고등학교 2학년 때였다. 아버님이 물으셨다. "대학에 가서 어떤 과목을 전공할 테냐?" "경제학과 의학에 관심이 있습니다." "세상의 문제를 근본에서부터 이해하려면 철학을 해야지" 하셨다. 평소에도 아버님으로부터 정치와 사상과 철학에 관한 얘기를 드물지 않게 들어왔으므로 이때부터 철학을 전공하기로 마음을 굳혔다.

1968년 1월 21일 북한의 무장 게릴라 31명이 청와대 기습을 목표로 서울에 침투하여 하룻밤 사이에 전국이 비상경계 상태가 되었다. 1월 22일 삼엄한 경계 분위기에서 입학시험을 쳐서 서울대학교 문리과대학 철학과에 입학하였다. 군사쿠데타로 권력을 장악하고 이어서 두 차례 대선에 성공한 뒤 박정희 정권은 영구 장기집권의 음모를 진행하고 있었다. 이러한 계획에 가장 큰 장애요인인 대학생들의 데모를 막을 목적으로 도심에서 멀리 떨어진 공릉동에 교양과정부를 설치하여 모든 신입생을 그곳에서 교육받게 하였다. 나는 이때 문A3반에

배치되었다. 같은 반에서 만난 유인태는 하숙도 같은 집에서 하게 되었고 나의 바둑 사부가 되었다. 또 같은 반 채영수의 소개로 명동에 본부가 있던 흥사단 서울대아카데미 활동이 시작되었다.

1969년 동숭동 문리과대학 캠퍼스로 옮긴 이후 삼선개헌 반대, 삼과(철학과, 미학과, 종교학과) 폐합 반대, 군사교련 반대, 박정희 정권의 장기집권 반대, 군사교육 철폐운동 등이 지속되다가 1971년 10월 15일 드디어 위수령이 발동되었다. 이날 서울대학교는 개교기념일이어서 학교에 나가지 않았으나 고려대학교 등에서는 무장 군인들이 학교에 진입하여 학생들의 피해가 컸다. 위수령과 함께 대학가에는 휴업령이 내려지고 전국에서 169명의 대학생 대표들을 제적하여 대학에서 추방하였다. 제적과 거의 동시에 이들에게는 징집명령이 내려졌는데 나는 4학년으로 제적되어 징집명령서를 받았다.

위수령과 함께 제적된 대부분의 학생은 논산훈련소에서 동시에 훈련을 받는 전우가 되었다. 훈련 중 잊지 못할 일도 있다. 논산훈련소 유격대 조교 안병욱에 관한 것이다. 그는 삼과 폐합 반대운동으로 처벌을 받고 먼저 입대하여 유격대 조교로 있었다. 한때 논산훈련소에는 훈련병에 대한 청탁과 부정이 많아 논산이 '돈산'으로 불리고 훈련소 조교가 되면 한 살림 장만한다는 소문도 있었다. 하지만 갑자기 청렴하고 엄격한 정봉욱 훈련소장이 취임하며 분위기는 완전히 바뀌었다. 훈련소 조교들은 조금만 잘못해도 구속되어 영창에 가는 신세가 되었다. 고생하던 안병욱이 훈련병으로 유격장에 온 더욱 불쌍한 친구들에게 온정을 베푼다고 빵을 사다 날랐다. 얼마나 위험을 무릅쓴 행동이었을까? 빵 값으로 논밭을 날렸다는 소문도 있을 정도이니 잊지 못하는 친구들이 많다. 훈련이 끝난 뒤 전우들은 전방부대의 모든 사단에 7~8명씩 배치되었다. 박홍석, 이원섭, 최명의, 최회원, 최순길, 백남운, 김무홍, 이광호 등 8명이 서부전선 28사단에 배치되었다. 우리들은 아스피린(A.S.P.: Anti-government Student Power)이라 불리며 말단 소총수로서 움직이는 모든 활동이 보안부대의 감시대상이 되었다.

1974년 제대 무렵 휴가를 나와 대구 향교의 한학자 소원韶園 이수락李壽洛 선생에게서『대학』과『중용』을 배웠다. 특히『중용』을 배우며 많은 것을 느끼고 제대하면 유학을 공부하겠다는 결심을 굳혔다. 나는 진리를 알고 싶다는 생각에 철학과에 입학하였는데 당시 교수들은 철학은 진리를 인식하는 학문이 아니라고 가르쳤다. 고대에는 철학자들이 모든 학문을 총괄하며 진리 인식을 주도했으나 근대 이후에는 과학이 인식을 주도하게 되었다고 한다. 근대 이후 개별 학문들이 철학에서 독립하며 철학은 독거노인 신세가 되었다고 하였다. 철학의 영역에 남아 있는 것은 언어분석, 과학철학, 철학사 등뿐이라고 하였다. 근원적인 진리를 알기 위하여 철학을 선택한 나에게 이는 매우 충격적이었다. 이후 겪게 되는 철학적 방황은 학생운동에 더욱 열성적으로 참여하게 하여 문리과대학의 대표적 운동 서클인 문우회의 회장직을 맡게 되고 제적까지 당하게 되었다.

『중용』을 읽으며 나의 철학적 문제의식은 다시 살아나기 시작했다. 제대하자 1975년 3월에 민족문화추진회(한국고전번역원) 한학연수과정(4년 과정)에 입학했다. 1976년 10월에는 한국고등교육재단(이사장: 최종현) 지원 태동고전연구소(소장: 임창순) 한학연수과정(5년 과정)에 입학했다. 새로운 외국어인 한문과 동아시아 고전 학습으로 유학 연구의 기초를 닦기 시작했다. 민족문화추진회에서는 주 5일 수업에 매일 3시간씩 강의가 진행되었으며 매달 월말에는 전 과목 시험이 있었다. 동급생 가운데는 사서삼경을 이미 다 외우고 있는 한학 대가들이 많았다. 정태현, 성백효 등은 모두 나의 스승급이었다. 그리고 김언종, 안병걸 등은 이미 한문에 조예가 깊은 동양학도들이었다. 정태현 선생은 고맙게도 매달 시험 일주일 전에 이택휘, 윤태순, 김선아, 이광호 등을 모아 한 달 배운 것 전체를 한 차례 읽어주셨다. 태동에서는 『논어』와 『맹자』로 시작하여 책 전체를 처음부터 끝까지 완전히 암송하지 않으면 바로 제적되었다. 1기생은 5명 중 3명, 2기생은 5명 중 3명이 졸업하고, 3기생은 10명 가운데 7명이 한꺼번에 제적되었으며 4기생은 졸업생이 없다. 한문 학습과 함께 나의 구도求道의 삶이 시작되었다.

당시에는 학부에도 졸업논문이 있었다. 1974년 2학기 『성학십도』 강의를 들으며 퇴계 이황의 경敬이 유학의 중요한 개념이라는 것을 알고 '퇴계 이황의 경과 마르틴 부버의 만남'을 주제로 레포트 형식의 논문을 제출하여 이남영 지도교수를 매우 실망시켰다. 그러나 나는 제목을 얻은 것만으로 만족하고 있었다. 1975년 8월 관악캠퍼스의 첫 졸업생이 되었고 76년 3월 대학원에 동양철학 전공이 개설되었다.

석사논문을 제출하기 전 '공자의 학문관'이라는 제목으로 연구발표를 하였다. 1978년 당시 서울대 대학원에는 동양철학을 전공하겠다는 학생들이 10여 명이 되어 고조된 분위기는 서양철학을 압도하는 듯하였다. 이들은 내가 발표를 잘 해주기를 기대했다. 발표가 끝나자 한 교수가 질문을 던졌다. "유학이 어떻게 학문이며 철학이냐?" "천인합일이라는 것은 무당의 푸닥거리와 같은 것이 아니냐?" 서양철학의 입장에서 유학은 분명히 학문이 아닌 것으로 보였을 것이다. 나는 흥분한 어조로 "교수님께서는 논어를 읽어보셨습니까?" "한국에서 철학하며 논어도 읽지 않습니까?"라고 대어들었다. 발표는 완전 실패로 끝나고 그 충격으로 나는 또 몇 년을 방황했다.

1979년 10월에는 집안에 어려운 일이 겹쳐 일어났다. 유신 말기 최대 공안사건인 '남조선민족해방전선'(이하 남민전이라 칭함) 사건이 발표되며 우리 집에는 공안요원들이 상주하게 되었다. 남민전의 활동과 조직이 치안국에 의해 발표되며 내 여동생은 남민전 총수와의 관계로 모든 신문에 대서특필되었다. 총수 이재문은 먼 친척으로 대구에 살 때부터 가끔 집을 방문했다. 서울로 이사 온 뒤 아버님과 더욱 가깝게 되어 집에 자주 출입했다. 여동생은 그 후 이재문의 아파트로 가서 다른 피신자들과 함께 머물며 남민전 활동을 도우고 있었다. 사건 발표 며칠 뒤 병환으로 누워 계시던 아버님이 세상을 떠나셨다. 나는 피신 여부로 잠시 고민하다가 더구나 상주의 몸이어서 집에 머물며 고전 공부에 열중하며 앞으로의 사태는 운명에 맡겼다. 새벽부터 밤늦도록 경전 읽는 소리가 골목에 가득했다.

부산과 마산 지역에서는 유신철폐 항쟁이 대대적으로 일어나고 있었다. 며칠 뒤 공안에서 곧 가택수색이 있으니 나에게 자리를 비켜달라고 하였다. 나는 남양주의 태동고전연구소 지곡서당에 머물고 있었는데 다음 날 뉴스에 우리 집 정원에 묻힌 장독에서 남민전 깃발을 찾았다고 발표되고 다음날 신문에 사진과 함께 대서특필되었다. 며칠 뒤 박정희 대통령이 시해당했다는 뉴스가 발표되고 전국에 비상계엄이 선포되었다. 집에서 하숙을 치던 어머니는 딸의 옥바라지를 한다고 고생이 이만저만이 아니었다.

1980년 4월 26일 김금순과 결혼을 하였다. 약속한 것도 아닌데 김근태 형과 나와 박홍석은 홍사단 강당에서 같은 날 한 시간 간격을 두고 차례대로 결혼식을 올렸다. 김대중과 김영삼의 화환이 함께 서 있는 가운데 결혼식을 거행했다. 하객으로 참석한 최종현 회장의 부인 박계희 여사는 이러한 사정을 모르고 이광호 씨가 이렇게 유명한 사람인지 몰랐다고 감탄하셨다. 박계희 여사는 태동고전연구소에서 임창순 선생에게 한문을 배우다가 이 좋은 학문을 젊은 사람들에게 가르치면 좋겠다고 생각하여 태동고전연구소에 한학연수과정을 개설하게 만든 장본인으로 한문 고전과 연수생에 대한 관심과 애정이 지극하셨다. 박홍석과 나의 인연도 참으로 끈질기다. 대학시절 딴따라로 알려진 그를 문우회 차기 회장으로 추천하여 함께 제적당하게 만들고, 입대해서는 같은 사단에서 복무했다. 같은 예식장에서 앞뒤로 식을 거행한 다음, 신혼여행을 가니 호텔에서 또 만났다. 아침 식사를 함께하고, 더는 만나지 말자고 헤어졌는데 저녁에는 해운대 술집에서 또 만났다. 그 뒤에도 인연은 끝없이 이어지고 있다. 2001년 연세대학교 철학과로 직장을 옮긴 뒤에는 그의 형님이며 물리학자인 박홍이 교수와 지금도 친하게 지내고 있다.

우여곡절을 거쳐 1981년「주자의 격물치지설에 관한 고찰」로 석사학위를 받았다. 그 당시에는 전두환 정권이 대학정원제를 도입하며 입학 정원을 늘려 교수가 많이 필요했다. 석사학위도 받기 전에 충북대학교 철학과 교수 모집에 지원했더니 총장과 학장이 직접 나와서 반갑게 맞이해주셨다. 철학과 신임교수 환영회까지 성대하게 마쳤다. 이게 웬일인가! 며칠이 지나지 않아 죄송하지만 서류를 찾아가 달라는 연락이 왔다. 신원부적격자라는 이유였다. 이때 서울대학교 철학과에서는 석사학위자에게 으레 주는 국민윤리 강의 요청이 있었다. 200여 명이 듣는 강의를 끝내고 나오자, 검은 안경을 쓴 몇 사람이 찾아와 당신은 여기서 강의를 할 수 없다고 하였다. 며칠 뒤 학과장이 보자고 하였다. 본부에서 강의 허락이 나지 않는다는 것이었다. 학과장이 본부에 가서 따지니 '무기고 파괴 방화'라고 붉은 글씨로 된 문서를 던지며 "당신이면 이런 사람에게 강의를 허락할 수 있겠느냐"라고 반문하더라고 하셨다. 대학시절 교내에 무기고를 짓는다고 목재를 쌓아두었는데 교련 반대 데모를 하다가 나무 몇 토막을 가져다 둘러싸고 태우며 노래하다가 불구속 입건되었다가 각하된 사건이 있었는데 그 서류가 본부에 그대로 남아 있었던 것이다.

같은 해 9월 성남의 한국정신문화연구원 사전편찬실에 지원하여 입사했다. 입사한 지 두 달이 되기 전에 전두환 대통령의 방문이 곧 있다는 소문이 들렸다. 총무처에서 불러서 갔더니 청와대 경호실에서 직접 나와 신원조사를 하여 당신이 신원부적격자로 체크되었으니 연구원을 당장 그만두라고 하였다. 고병익 원장에게 면회를 신청했다. 서울대 문리과대학에서 제적당할 때 학장이던 고병익 원장은 나의 사정을 딱하게 여겼다. 한 가지 방법이 있는데 따르겠냐고 물었다. 과거 학생운동에 대한 반성문을 쓰면 청와대에 진정을 넣겠다고 하셨다. 고마운 배려였으나 잘못된 일을 했다는 생각이 들지 않아 거절했더니 그날로 퇴원이 결정되었다. 두 달 사이에 아내는 제왕절개로 큰 아들 석환이를 낳았다. 직장이 없으면 1백만 원이던 수술비가 직장 덕분에 5분의 1이었다. 의료보험공단에서는 여러 차례 취업을 확인하였지만 취업은 거짓이 아니었다. 특진비 한 푼 받지 않고 수술을 해준 중앙병원 산부인과 심재식 과장의 고마움을 잊을 수 없다. 그는 의과대학을 졸업했지만 지금도 문리과대학 졸업생들과 어울리곤 한다. 당시 석사학위만 있으면 시내 명문대학에도 취직할 수 있었지만 나에게는 기회가 허락되지 않았다. 1983년 청명 임창순 선생께서 부르셨다. 태동고전연구소의 연수생들에게 전임으로 가르쳐달라고 부탁하셨다. 갈 곳 없는 나를 유일하게 불러주신 분이 청명 임창순 선생이시다. 이후 1986년 인하대학교 철학과에서 교수를 모집하는데 이번에는 시인인 조병화 부총장과 문과대 정병련 학장이 책임을 진다며 서류를 제출하라고 하셨다. 드디어 발령 약속을 받고 문과대 신임교수 환영도 받고 개강할 날을 기다리고 있었다. 그런데 갑자기 조병화 부총장이 경질되고 발령이 취소되었다는 연락이 왔다. 청와대와 안기부가 모든 것을 장악한 시대였다. 그 사이 임창순 선생은 태동고전연구소의 토지와 건물, 귀중도서 일체를 한림대학교에 기증하고 한림대학교에서는 연구소의 운영을 책임지기로 협약을 맺어 태동고전연구소가 한림대학교 부설연구소가 되었다. 나는 상임교원full time teacher이라는 직함으로 연수생들을 가르치다가 1992년 9월 한림대학교 철학과 조교수로 정식 발령을 받게 되며 신원조회의 질곡에서 벗어났다. 다시 2021년에는 연세대학교의 초빙에 응하여 철학과 교수로 임용되었다. 학자로서의 평탄한 삶의 길이 이렇게 하여 열리게 되었다.

평탄한 삶의 길은 열렸지만 학문의 길은 여전히 험난하기만 하다. 유학이란 도대체 어떤 학문인가? 유학은 학學이라는 글자를 가장 중시한다. 이름부터 유학이다. 유교라고 부르기도 하지만 나는 유학과 유교는 그 의미가 같다고 여긴다. 배우는 입장에서는 유학이라고 부르고 가르치는 입장에서는 유교라고 부른다. 『논어』를 펼치면 "배우고 때로 익히면 즐겁지 아니한가!"(學而時習之, 不亦說乎)로 시작되고, 『소학』, 『대학』이라고 부른다. 그런데 그 내용에 들어가면 가르치는 내용과 방법이 근대 학문 또는 서구의 학문과 엄청나게 다르다. 나는 박사논문을 통하여 유학을 집대성한 퇴계의 학문관을 연구하기로 작정했다.『이퇴계 학문론의 체용적 구조에 관한 고찰』을 10년에 걸쳐 고민한 결과 1993년 2월에 쓰게 되었다. 10년 만에 썼다고 하지만 30년이 다 되어가는 지금도 유학에 관한 물음과 답을 얻기 위한 노력은 지속되고 있다. 그동안 유학의 중요한 책들을 상당수 번역도 하였다. 퇴계의『성학십도』(홍익),『근사록 집해(상하)』(아카넷),『심경주해총람(상하)』(천지),『퇴계와 율곡, 생각을 다투다』(홍익),『이자수어』(예문),『퇴계집』(한국고전번역원),『퇴계의 사람공부』(홍익),『고경중마방』(학고방), 십삼경주소본『대학』『중용』, 신역『대학』『중용』, 다산의『대학강의』『대학공의』『심경밀험』『소학지언』등이 있다. 그러면 내가 그동안 혼자 고군분투하며 씨름한 유학이란 어떤 학문인가?

유학은 왜 도를 그토록 중시할까?

중국 고대의 문화에 관심이 많던 공자는 여러 제자와 함께 선왕들의 전적을 정리하여『시경』,『서경』,『역경』,『예기』,『춘추』,『악경』등 육경을 정리했다. 이후 육경을 중심으로 한 공자의 사상은 유학이라는 학문을 형성하고 유학을 신봉하는 유가라는 학단을 구성하게 된다. 고대 그리스의 학문이 대상인 자연을 중시하여 자연철학을 형성하고 이것이 이후 자연과학으로 발전하는 데 반해 유학의 창시자인 공자는 도를 중시하며 동아시아 지역에 도덕과 예의를 중시하는 인문문화를 펼쳤다.

공자는 도에 대하여,
"선비는 도에 뜻을 두어야 한다. 나쁜 옷 나쁜 음식을 부끄럽게 여기는 자는 함께 도를 의논하기에 부족하다"(士志於道, 而恥惡衣惡食者, 未足與議也).
"선비는 도에 뜻을 두고, 덕에 근거하며, 인에 의지하고, 예에 노닌다"(志於道, 據於德, 依於仁, 遊於藝).
"아침에 도를 깨달으면 저녁에 죽어도 좋다"(朝聞道, 夕死可矣).
"증삼아, 나의 도는 하나로 관통한다"(參乎! 吾道一以貫之).

라고 말하여 『논어』에는 '道'가 89회나 나온다.

    도를 중시하는 공자의 정신은 맹자에게도 그대로 계승된다.

    "사람의 삶에는 도가 있다. 배부르게 먹고 따뜻하게 입고 편안하게 살면서 (도를) 가르치지 않으면 새나 짐승과 같다"(人之有道也, 飽食 煖衣 逸居而無教, 則近於禽獸).

    "도를 얻은 자는 돕는 자가 많고 도를 잃은 자는 돕는 자가 적다. 돕는 자가 지극히 적은 경우에는 친척도 그를 배반하고 돕는 자가 많은 경우에는 천하가 그에게 순종한다"(得道者多助, 失道者寡助. 寡助之至, 親戚畔之, 多助之至, 天下順之).

라고 말하며 사람에게 가장 중요한 것이 도라고 가르치고 있다.

    현대 교육을 통하여 과학을 배운 사람들은 유학의 이러한 문제의식을 이해하기 어렵다. 이들은 왜 도를 가장 중요한 문제로 삼고 있는가? 도는 어떻게 알 수 있는가? 유학이 학문인가?

유학을 과연 학문이라고 할 수 있을까?

    오늘날 학문은 과학과 거의 같은 의미로 사용된다. 과학의 입장에서 보면 유학은 학문이라고 하기 어렵다. 유학은 과학과는 다르지만 배우고 묻는 교육과 학습의 과정을 통하여 도를 알고 실천할 수 있는 학문이라고 스스로 주장한다.

    "배우고 때로 익히면 즐겁지 아니한가!"(學而時習之, 不亦說乎!).

    "나는 나면서부터 아는 사람이 아니다. 옛것을 좋아하여 민첩하게 찾는 사람이다"(我非生而知之者, 好古敏以求之者也).

    섭 나라의 임금이 공자의 제자 자로에게 "당신의 선생은 어떤 분이신가?"라고 물었는데 자로가 대답을 못했다. 공자가 그 사실을 알고는 자로에게 이렇게 말했다. "자네는 왜 이렇게 대답하지 않았는가? '그분은 공부에 분발하면 먹는 것을 잊고 즐거워서 근심도 잊고 늙는 줄도 모른다'라고"(女奚不曰, 其爲人也, 發憤忘食, 樂以忘憂, 不知老之將至云爾),

    『논어』를 펼치고 읽으면 공자가 학문을 얼마나 좋아한 분인지 누구나 알 수 있다. 『논어』

에는 '學'이라는 글자가 65회 나오지만 '學問'이라는 용어는 등장하지 않는다. 공자의 학문을 계승하는 것을 자신의 사명으로 삼은『맹자』에는 '學' 자는 33회밖에 나오지 않지만 '學問'이라는 용어가 처음으로 나온다.

"인은 사람의 마음이고 의는 사람이 행할 길이다. 행할 길을 버리고 그 길을 따라가지 않고 그 마음을 잃고서 찾을 줄 모르니 슬프구나. 사람이 닭과 개를 잃으면 찾을 줄 안다. 마음을 잃고서는 찾을 줄 모른다. 학문의 도는 다른 것이 없다. 잃어버린 마음을 찾는 것일 뿐이다"(仁, 人心也, 義, 人路也. 舍其路而弗由, 放其心而不知求, 哀哉! 人有雞犬放, 則知求之, 有放心而不知求. 學問之道無他, 求其放心而已矣).

맹자가 학문이라는 용어를 처음 사용했지만 맹자의 학문이라는 용어가 가리키는 내용은 맹자 자신이 책의 다른 곳에서 31회 말하는 '學' 그리고 공자가『논어』에서 65회 말하는 '學'과 다르지 않다. 학문의 의미를 정확하게 보여주는 텍스트는『중용』이다.

"넓게 배우고 자세하고 묻고 신중하게 생각하고 밝게 분별하며 독실하게 실천한다"(博學之, 審問之, 愼思之, 明辨之, 篤行之).

학문이라는 말은『중용』의 "넓게 배우고 자세하게 묻는다"에서 '학'자와 '문'자를 취한 것이다. 그러나 유학의 학문은 "신중하게 생각하고 밝게 분별하며 독실하게 실천한다"는 아래의 세 가지를 포함하며 그 가운데서도 마지막에 있는 독행, 곧 실천이 가장 중요하다. 유학의 도는 실천적인 것이다. 실천이 따르지 않으면 도가 아니다. 서양의 'science'에는 철저한 검증이 필요하지만 인간의 실천적인 삶과는 관계가 없다.

유학의 목표 – 성인됨

유학의 목표는 자기완성이다. 서양이 객체에 대한 인식을 목표로 삼고 있다면 유학에서 학문의 목표는 자기 자신의 주체적 삶의 도를 찾아 실천하며 실천을 통하여 자신을 완성하고자 노력한다.

"옛날의 학자는 자기완성을 위하여 학문을 하였는데, 오늘날의 학자는 남의 인정을 받으려고 학문을 한다"(古之學者爲己, 今之學者爲人).

노나라 임금인 애공이 공자에게 물었다. "제자 가운데 누가 학문을 좋아합니까?" 공자가 대답하셨다. "안회라는 제자가 있습니다. 화난 것을 옮기지 아니하고 같은 잘못을 두 번 하지 아니하는데, 명이 짧아 죽었습니다"(有顔回者好學, 不遷怒, 不貳過. 不幸短命死矣, 今也則亡, 未聞好學者也).

객체적 자연세계에 대한 인식을 목표로 하는 과학과는 그 목표가 다르다. 목표가 다르면 그 방법이 다른 것은 말할 것도 없다.

성리학의 원조로 불리는 염계濂溪 주돈이周敦頤(1017~1073)는 유학의 이상을 "성인은 자연과 같이 되기를 희망하고, 현인은 성인이 되기를 희망하고, 선비는 현인이 되기를 희망한다"(聖希天, 賢希聖, 士希賢)라고 표현했다. 유학의 방법과 이상은 과학과 너무도 다른 것이 분명하다. 인간의 자기완성이 가능한 학문 이것이 어떻게 가능할까?

어떻게 하면 성인이 될 수 있는가?

유학에서 성인聖人이 되는 것은 학문의 궁극적 이상이어서 일반 사람들은 유학의 이상에 접근이 불가한 것으로 생각하기 쉽다. 그러나 유학에서 성인은 특별한 존재가 아니다. 성인도 나와 같은 인간일 뿐이다. 그러면 어떻게 성인이 될 수 있는가?

「태극도」와 「태극도설」의 저자인 주돈이는 이렇게 말했다.

"성인이 될 수 있습니까?"(聖可學乎?)

"그렇다."(曰可)

"요체가 있습니까?"(有要乎?)

"있다."(曰 有)

"물어도 좋습니까."(請問焉)

"하나됨이 요체다. 하나됨은 욕심이 없는 것이다. 욕심이 없으면 고요할 때는 텅 비고 활동할 때는 곧게 된다. 고요하고 텅 비면 밝게 되고 밝으면 통하게 된다. 활동할 때 곧게 되면 공적이 되고 공적이 되면 넓게 된다. 밝아서 통하고 공적이어서 넓게 되면 성인에 가깝다."

(一爲要. 一者無欲也, 無欲則靜虛, 動直, 靜虛則明, 明則通, 動直則公, 公則溥, 明通公溥, 庶矣乎!)

욕심에서 벗어나기만 하면 성인이 될 수 있다고 한다. 맹자에 따르면 성인은 인간의 본성을 그대로 실현하는 사람이다. 요와 순 같은 성인은 본성대로 살았고, 탕과 무 같은 성인은 본성을 회복하였다(堯舜, 性者也, 湯武, 反之也). 본성대로 살면 최고의 성인이지만 학문을 통하여 본성을 회복하기만 하면 성인이 된다고 가르치고 있다.

맺는 말

자질이 어리석고 둔해서 46년에 걸쳐 유학의 도를 공부하면서도 세상을 향하여 유학의 도가 이러한 것이라고 자신 있게 외치지 못한다. 아직도 갈 길이 멀다. 그렇다고 아무런 소득도 없는 것은 아니다. 경전을 통하여 선인들의 삶을 음미하고 배우며 피와 살이 바뀌며 몸과 마음이 건강하게 되었다. 나는 자신을 다층구조로 이해하게 되었다. 겉은 물질적인 육체의 층이지만 안에는 기운이 소통되고 있으며, 가장 심층에는 신명神明의 마음이 자리 잡고 있다. 아침마다 몸 운동, 기 운동, 마음 다스리기로 삼층구조 전체를 활성화하며 산뜻한 새 아침을 맞이한다. 남은 삶을 통하여 더욱 정진하여 유학의 도를 이 시대에 전할 수 있기 바랄 뿐이다.

〈광화문연가〉, 〈자유의 종〉, 계명대 그리고 청보라농원

이상덕(전 계명대 법과대학 교수)

서울대 법대 행정학과 69학번
서울대학교 법과대학 행정학과 졸업
대구대학교 사회과학대학 교수
계명대학교 법과대학 교수
청보라농원 운영(현)

광화문 이야기

대학시절을 회상하며 그때의 일들을 적어보는 것은 처음 있는 일이다. 젊은 그 시절의 나날들을 돌이켜보니 제일 먼저 떠오르는 곳이 광화문이다. 쫓기며 은둔생활을 할 때 그래도 주변을 피해 매일 커피를 마시고 음악을 들으며 데이트를 한 곳이 광화문 수련다방이었기 때문이다. 서대문 근처에 살았던 나와 광화문 근처에 살았던 아내 두 사람이 통금시간 직전까지 보낼 수 있는 가장 좋은 곳이 광화문이었다. 당시 대학 3학년이었던 아내와 나는 정말 많이도 데이트했다. 이문세의 〈광화문연가〉가 마치 우리 이야기처럼 느껴질 정도다.

광화문의 추억들을 돌이켜보니 그 사이사이로 그 시절 내가 계획에 가담하고 실행에 참여했던 여러 사건과 그 속에서 떠오르는 인물들이 한 사람씩 차례로 기억을 뚫고 등장한다. 지금은 어떻게 살고 있는지 알 수 없는 분들도 있고 흰새도 여전히 가까이에서 함께 살아가는 분들도 있다.

격동의 시간이 지나고 생활인으로 살다보니 많은 것을 잊었다. 시간의 역순으로 기술하는 편이 더 수월할 것 같지만 어쨌든 되는 대로 기억을 되살려보겠다.

반독재투쟁 속으로

1969년에 입학한 나는 그해에 3선 개헌 반대운동이 있어 학내 시위에는 참가했으나 그 정도였고 적극적으로 학생운동을 모의하거나 가담하지는 않았다. 2학년까지는 그랬던 것 같다. 하지만 1971년 3학년이 되었을 때는 학원병영화반대투쟁을 계기로 학생운동에 적극적으로 참여하기 시작했다. 71년 3월 학내 시위참여뿐 아니라 동아일보 사옥 안에 들어가서 법대 자유언론인 「자유의 종」을 배포하고 동아일보 사옥 앞에서 언론자유수호 선언을 했다. 이 사건이 내가 학생운동에 적극적으로 가담하게 된 계기이다.

1969년은 3선 개헌 반대시위로 학교가 시끄러웠다. 박정희의 장기집권 야욕이 드러나기 시작한 것이다. 1970년은 조용히 지나가나 싶었는데 2학기 끝 무렵에 전태일 열사 분신사건이 발생했다. 학생들은 법대도서관을 점거해 근로기준법 준수를 요구하는 농성을 벌였다. 그해는 그렇게 저물어갔다.

1971년은 나에게는 큰 변화가 일어났던 해이다. 3월이 되자 학생회에서 교련 반대 투쟁을 선포했다. 또한 교련 철폐를 위한 학내 시위 등 여러 움직임이 있었으나 당시 언론에는 일체 보도되지 않았다. 그래서인지 당시 법대 「자유의 종」뿐만 아니라 상대, 문리대, 고려대, 연세대 등에서도 「자유의 종」과 같은 자유언론지가 학생들에 의해서 발행되었다. 법대 「자유의 종」을 창간하기까지 힘을 기울인 사람들은 이신범, 원정연 등이었고 나도 적극적으로 관여했다.

당시 정권 친화적인 언론을 비판하기 위해 학생 30여 명 정도가 동아일보에 몰려갔다. 법대, 상대, 문리대생이 함께했던 것 같다. 나를 포함해 일부는 사옥 안에 들어가 「자유의 종」을 배포한 후 사옥 밖으로 나와서 언론자유수호선언을 하였다. 당시 사회는 법대 학생회 부회장이던 장성규가 진행했고 10분 정도 선언문을 낭독한 후 일부는 경찰에 연행됐고 나머지는 뿔뿔이 흩어졌다.

5월에는 5.25 총선 거부 투쟁이 있었다. 법대, 문리대, 상대 학생들은 당시 야당에게 5.25 총선에 참가하지 말 것을 주장하며 안국동에 있었던 신민당사를 찾아가 농성을 벌였다. 나도 현장에서 5.25 총선을 거부하라는 구호를 외치다가 신민당 사무직원들에게 중앙정보부 요원들이 체포하러 온다는 말을 듣고 신민당사 후문으로 피신했다. 우리 일행은 거리로 나와서 버스를 탔는데 추격해온 형사들 서너 명도 따라서 버스를 타려고 했다. 우리는 필사적으로 발길질을 하고 버스 기사에게 빨리 출발하도록 종용하여 형사들을 따돌리고 탈출하는 데 성공했다. 혜화동 시장에서 하차한 우리 일행은 시장을 몇 바퀴 돌고 추격자가 없는 것을 확인한 후 각자 흩어졌다. 후일 들은 얘기로는 택시를 탔던 학생들은 전원 잡혔다고 한다.

당시 농성참가자 중에는 현장에서 잡힌 학우들도 있었는데 이 친구들은 '소내파'라 불리고 도주에 성공한 우리는 '소외파'라 불렸다. 당시 이 사건을 담당한 법원은 우리의 신민당사 농성 사건을 '전투적 휴머니즘'이라 하여 무죄를 선고했다. 소내파 중 정계성은 변호사가 되어 무죄 판결한 판사와 함께 후일 법무법인 김앤장을 창립했다. 소내파 중 또 한 사람인 양재호는 사시에 합격하고 후일 정치인이 되어 양천구청장으로 당선되어 일한 바 있다.

이 사건을 계기로 법대에 담당검사 제도가 도입되었다. 나를 담당한 검사는 최 모 검사였는데 나는 당시 도피 중이라 직접 만난 적은 없으나 박원표 등 후배가 나 대신 최 모 검사에게 술을 여러 차례 얻어 마셨다고 하는 말을 전해 들었다.

법대 자유언론지 「자유의 종」에 대해 좀 더 얘기해볼까 한다. 「자유의 종」은 언론사로부터 '지하신문'이라고 불렸는데 운동권 소식과 함께 「자유의 종」이 주장하고 싶은 사설도 게재했다. 각 대학에 배포하는 일은 주로 내가 담당했다.

「자유의 종」은 이신범 선배가 발행인이 되어 10여 회 정도 발행했고 이 선배가 도피 중일 때는 내가 이어받아 몇 회 발행했다. 내가 별도로 보관했던 자료들은 아쉽게도 도피할 때 잃어버렸다. 그놈의 반공법, 국가보안법이 무서워서였다.

당시 운동권 학생 수십 명을 일본 자민당에서 초청한 적이 있다. 법대에서는 원정연 등이 포함되었는데 우리는 모두 거절하고 아무도 참여하지 않았다.

5월 25일 총선은 예정대로 치러졌다. 우리는 이번에는 부정선거 방지를 위한 선거참관운동을 전개했다. 법대 학우들과 전날 밤 야간열차를 타고 경남 함안으로 선거 참관을 갔던 기억이 난다.

1971년 3월 하순. 학생운동에 몰두하느라 수업에 거의 못 들어가다가 그날따라 웬일로 유기천 교수의 형법총론강의에 들어갔다. 유기천 교수님은 강의실 문을 닫으라고 하신 후 강의실에 있는 모든 학생에게 학생증을 제시하라고 하셨다. 그러고는 "대학은 학문의 자유가 있는 곳이니 학생이 아닌 경찰이나 기관원은 출입할 수 없다"라고 단호히 말씀하셨다. 당시 강의실에는 100여 명이 있었고 그중 학생증을 제시하지 못한 서너 명이 퇴실당했다. 중앙정보부 등에서 강의실에 들어와 불법사찰을 한 것이었다. 나는 그날의 강의 분위기와 강의 내용을 「자유의 종」에 상세히 게재했다. 내 기억이 맞는다면 유기천 교수님은 당시 제자 검사의 권고에 따라 미국으로 출국하셨다.

말이 나온 김에 유기천 교수님에 대해서 얘기하고 싶다. 유 교수님은 서울대 총장 재직시절 운동권 학생들에게 말하기를 신변 위협 때문에 '쌍권총'을 차고 다닌 것으로 알려져 있다. 이 일화는 「대학신문」에도 게재된 바 있어 이래저래 유명하신 분이다.

당시 학내 활동에 대하여

당시 학생운동은 법대의 경우 학생회대의원회가 주축이 되었다. 학회로는 사회법학회, 농촌법학회가 열심히 활동했다. 우리는 정치인과의 접촉을 철저히 삼갔다. 만약 정치인과 접촉한 것이 밝혀질 경우 국가보안법 위반 등으로 엮여 들어갈 가능성이 매우 높았기 때문이다.

2학년 때까지 학업에 충실했던 나는 사회법학회 총무를 맡으며 자연스럽게 학생운동에 깊이 관여하게 되었다. 1971년도 사회법학회는 최형무가 회장이었다. 최형무는 그 후 미국으로 이민 가서 뉴욕에서 변호사로 활동하고 있다.

2학기 들어서 학교에 가다가 중앙정보부 요원에게 연행되어 1주일 동안 갖은 고문과 만행을 당했다. 남산 중앙정보부 창문에서 내려다본 삼일고가도로는 얼마나 자유로워보였던 지…. 후에 나는 내가 잡혀간 이유가 지하신문을 만든 것 때문이라는 것을 알게 되었다. 최혁배와 김준년도 이 사건에 연루되어 함께 연행돼 조사받았다.

중정에서 풀려난 후 두 주쯤 지났을 때 법대 최종길 교수가 바로 그 남산 중정 건물에서 조사를 받던 중 투신자살했다는 뉴스가 나왔다. 중정 창문에서 뛰어내릴 만한 곳이 어디 있다고 그런 거짓말을 하는가…. 최 교수님 사건은 두고두고 안타까운 마음이고 불행한 사건으로 잊혀지지 않는다. 내가 잡혀가서 심문받았던 남산 중정 건물은 훗날 김대중 정부 시절, 탄압의 상징이라 하여 폭파시켜 버려서 지금은 없어졌다.

나와 함께 중정에 잡혀갔던 김준년과 최혁배 얘기를 하고 싶다. 김준년의 담당조사관은 준년이 부친의 친구로서 일제강점기 때 고등계 형사였다고 한다. 더러운 현실이었다. 경북고 출신으로 유복한 환경의 준년은 고위직 공무원의 아들이었다. 부친은 그 지역의 3선 개헌 추진위원장이었으나 아들의 3선 개헌 반대 투쟁으로 해직되었고 그 후 강남으로 이주해서 부동산중개업을 하고 있었다.

김준년은 현재 행방을 알 수 없지만 '천재적인' 성명서 작성자로 유명했다. 그 친구는 많은 신조어를 창조해냈다. 그중 특히 지금까지 기억에 남는 것은 '카키테러독재'라는 신조어이다. 이 어휘는 지금 생각해도 멋있다. 우리는 김준년의 이런 '기발한 능력'에 환호했다. 준년은 당시 이화여대 앞에 가서 학생들의 각성을 촉구하는 유인물을 살포하기도 하였다.

풍족한 가정환경의 김준년과는 달리 부모님 없이 외삼촌의 보살핌으로 자란 최혁배는 참으로 시니컬한 것이 매력이다. 꿈을 품고 독일로 유학 간 최혁배는 하필이면 때마침 독일에 유포된 5.18 비디오를 보고 유학을 포기하고 급히 귀국했다. 후에 혁배는 현 환경재단이사장 최열의 인척인 재미동포와 결혼하고 미국 변호사가 되어 일하다가 현재는 서울에서 활동하고 있다. 이때 활동을 같이 한 친구들은 지금까지 나의 인생의 동지들이다.

이 동지들 외에 나로 인해 고초를 겪거나 피해를 입은 사람도 여럿 있다. 친인척의 피해는 말할 것도 없고, 대학교 친구가 아닌 어린 시절 동네 친구들 중에 아직도 미안한 친구들이 있다. 이런저런 사건으로 잡혀가 많은 고초를 겪으면서 본의 아니게 가까운 친구들과 친인척들에게 피해를 주었던 것이다. 지금도 마음의 빚으로 남았다.

성당 활동을 같이 한 친구인 전광우를 다시 만나게 된 것은 45년 만이었다. 약사인 처제가 동료 약사와 함께 등산을 가던 중 그분이 자기 남편이 약현성당을 다녔다고 하는 말을 듣고는 이름을 물으니 그분 남편의 이름이 전광우라고 전해주었다. 이건 우연이었다. 이제 덕에 다시 전광우를 만나게 된 나는 광우가 나 때문에 당시 경찰 조사를 받고 즉시 군대로 끌려갔다는 것을 45년 만에야 알게 되었다. 부부 약사로 잘살고 있고 적극적으로 사회활동도 하고 있는 광우는 당시 내게 알릴 틈도 없이 군대에 끌려갔으니 내가 얼마나 원망스러웠을까…. 나는 평생 그것도 모르고 살았다. 비슷한 일을 당한 사람들이 광우뿐만은 아닐 것이다.

주변 사람들에게 피해를 주지 않는 것도 중요하지만 쫓겨 다니는 우리에게 가장 중요한 것은 잘 도주하는 요령이었다. 그래서인지 우리는 '도주술', '도주학'에 대해 논의하기도 했다. 당시 기관원을 피해서 도망 다니는 요령에 능한 분들은 법대의 경우 이광택 선배와 장기표 선배라고 알려져 있었다.

1971년도 2학기 나와 최혁배, 김준년 등 세 사람이 중정에 잡혀 있었을 때 그 당시 법대에서는 대학축제를 하고 있었다는 이야기를 후에 전해 듣고 서운하달까 조금 아이러니하다는 생각이 들었다. 이때 학생회장 최회원이 혼자 항의농성을 했다고 들었다.

당시 학생회와 대의원회는 활발했던 1학기 때의 활동에 비해서 매우 지친 모습을 보이고 있었다. 어떤 이유로 대의원회 보궐선거를 하게 되었는지 그리고 내가 그 보궐선거에서 왜 대의원회 의장으로 선출되었는지는 잘 기억나지 않는다. 다만 어렴풋이 기억나는 것은 1학기 말 행정학과 대의원의 장기 부재로 인해 대의원회가 실질적인 활동을 하지 못해서 보궐선거의 필요성이 부각됐던 것 같다. 정확히 기억나지는 않지만 우리 과 대의원이 학교로부터 처벌을 받아서 학교에 나오지 못해 장기 결석 상태였을 가능성도 있다. 우리가 정권의 정당성을 인정하지 않는다는 이유로 학교의 학생 처벌도 인정하지 않아야 하는가 하는 문제를 놓고 논란이 있었다. 법대와 옆 캠퍼스인 문리대에서 당시 2학기에 대의원회 의장이 보궐선거로 선출된 것을 놓고 '정통성' 여부에 대한 논쟁이 다소 있는 것 같다. 아무튼 대의원회 의장이 된 나는 학생회를 상대로 활기찬 투쟁을 촉구하는 결의를 했던 것이 생각난다.

1971년 10월 15일 위수령이 발동되었고 나는 그날 법대에서 제명되었다. 사실 위수령이 발동되기 전 날 나는 '전국대학생연맹 위원장'으로 선출되어 본격적으로 투쟁활동을 할 계획이었으나 바로 다음날 위수령이 발동되는 바람에 모든 계획이 중단되고 말았다. 제명된 나는 즉시 제명처분취소 행정소송을 제기하였고 이는 신문 사회면 톱기사로 나기도 했으나 1974년 복학되었을 때 소송을 취하했다.

교수 시절을 돌아보며

지도교수였던 김치선 교수님 지도 아래 노동법으로 대학원에서 박사과정을 수료한 나는 1986년 대구대학교에서 교수 생활을 시작했고 박사학위는 그 후 1991년에 받았다. 다음 해인 1987년 박종철 군 고문치사사건으로 세상이 난리가 났을 때 우리 가족은 초등학교 2학년이었던 딸과 네 살 된 아들을 데리고 대구로 이사했다. 대구대학교에서 5년 정도 재직한 후 후배 신현직 교수의 추천으로 대구 계명대학교로 옮겼다. 비교적 자유로운 근무 환경이었던 대구대학교와는 달리 계명대학교는 세습 총장과 원 설립자인 경북노회 사이에 여러 가지 갈등이 있어서 법적 분쟁이 그치지 않았다. 총장의 계속된 무리한 연임 시도로 인한 학교 분쟁이 내게는 맞지 않는 분위기였다. 경북노회와 총장 측의 분쟁은 거의 총장 측 승리로 귀결되었다. 신일희 총장은 지금도 계명대 총장이다. 장기집권하는 총장 곁에서 보여주는 교수들의 처신에 나는 매우 불편했다. 대학 시절 장기집권을 시도한 박정희를 반대했던 내가 또 다른 장기집권 야욕을 가진 총장을 보게 되다니…. 이런 분위기에 적응하는 것이 내게는 쉽지 않았다. 어느 날 언제나 따뜻하게 마음을 주고받았던 후배 신현직 교수마저 극단적 선택을 하고 말아서 아무런 연고도 없이 대구로 온 나와 우리 가족은 상당 기간 우울했다.

한 가지 좋았던 일은 IMF 사태가 터진 직후 미국으로 1년간 교환교수로 가게 된 일이다. 중학교 2학년을 마친 아들과 영어학 전공으로 박사과정을 수료하고 논문자료 수집 차 미국에 가고 싶어 했던 아내에게는 큰 도움이 되는 일이었다. 미국에서의 생활은 매우 재미있고 유익해서 우리 가족은 아직도 그때 일을 즐겁게 떠올리곤 한다.

하지만 귀국 후에도 계명대의 답답한 분위기는 개선될 기미가 보이지 않았고 그렇다고 해서 젊은 시절처럼 반대 투쟁을 할 수도 없는 일이었다. 학교 분위기가 통 재미가 없었다. 정년퇴직이 아직 4년 정도 남았던 어느 겨울날. 나는 답답한 현실을 벗어나서 새로운 환경에 도전하기 위해 명예퇴직을 결심했다. 곧 명예퇴직에 필요한 서류를 제출했고 신 총장은 기꺼이 이를 받아들였다. 아마도 계명대에 재직한 20년 동안 신 총장과 내가 단번에 의견일치를 본 유일한 사안이 아니었나 싶다.

그늘에서 햇빛 속으로

아파트에서 나와 지하철로 출퇴근하고 책으로 꽉 찬 연구실에서 주야간 강의를 했던 나는 거의 그늘에서 그늘로 다닌 생활이었다. 우연히 선택한 곳이지만 이제는 정이 든 영천의 이 농원은 그야말로 온 세상이 햇빛으로 가득 차 있다.

농원은 내가 그동안 그늘에서 살아왔다는 것을 일깨워준 곳이다. 조그만 전구 하나도 스스로 바꿀 엄두를 내지 못했던 내가 이제는 사다리를 이용해 천장의 LED 등도 바꾼다고 아내는 좋아한다. 여기에선 모든 것을 스스로 해결해야 한다. 덕분에 나는 지금까지 접하지 못한 전혀 새로운 세상에 살고 있다.

어느덧 농원에서 블루베리를 키운 지 8년째가 된다. 이제는 블루베리의 생리에 대해서도 제법 알게 되고 익숙해졌다. 블루베리는 농약을 사용하지 않고 재배하는 유일한 과일이며 우리는 무농약 인증을 받아서 무농약으로 블루베리를 키우고 있다. 농업은 재배부터 판매까지 전 과정을 모두 다 책임져야 하는 힘든 일이기는 하지만, 나는 블루베리를 재배하기로 결정하고 농촌으로 온 것을 아주 잘한 일이라고 생각한다.

작년 겨울 코로나19가 퍼지기 직전 절묘한 타이밍에 결혼한 아들과 며느리가 농원 일을 돕겠노라고 내려와서 1박 2일 뙤약볕에서 고생하며 일하고 간 것도 너무 고마웠다. 그리고 아들 셋에 다섯 식구인 딸네 가족은 이번 여름 거의 주말마다 친구 가족들을 데리고 농원으로 놀러왔다. 마당에 조립된 큰 간이풀장에서 손자 아이들은 하루종일 물놀이를 한다. 유치원에 다니는 손자들은 농촌에서 정말 신기한 것들을 많이 본다. 나는 이 생활이 즐겁다.

국민과의 진실한 소통을 향한 소망

이석현(전 국회부의장)

서울대 법대 71학번
김대중 총재 정치비서(1985)
제14, 15, 17, 18, 19, 20대 국회의원 6선(안양 동안갑)
국회 부의장
민추협 공동회장, 민주평통 수석부의장(현)

세상의 아픔에 눈을 뜨다

1969년 공과대학 입학부터 1971년 법학대학 재입학까지, 단순한 공학자를 생각하던 나를 바꾼 데에는 지금도 기억나는 세 가지 장면이 있다.

장면 하나. 지금은 성남으로 통합된 경기도 광주 대단지의 철거민 촌에 다니며 나는 무보수로 야학을 진행했다. 철거민들이 좁은 공간에서 옥닥복닥 살아가는 모습은 큰 충격이었다. 나 역시 전기도 통하지 않는 시골에서 올라왔지만, 삭막한 도시에서 드러나는 가난의 모습은 차원이 달랐다. 그곳에서 가난은 더욱 선명하고 자유롭게 자신의 발톱을 드러내고 온갖 낮은 곳을 할퀴어댔다.

두 번째 장면은 겨울철 청계천에서 일어났다. 청계천 길을 걷던 나는 엄동설한에 사과를 파는 노점 할머니를 보았다. 아무도 사지 않고 관심도 주지 않는 가운데 할머니는 떨고 있었다. 곧이어 성질이 오더니 할머니의 노점을 걷어찼다. 사과는 바닥에 뒹굴었다. 할머니는 다시 그 사과를 주워서는 조심스레 닦고, 시린 손을 불어가며 사과를 바구니에 집어넣었다.

앞의 두 장면에 결정적인 세 번째 장면은 오히려 고요하다. 그것은 서빙고동에서 보았던 대궐 같은 집이었다. 높은 담과 그것보다 더 높은 지붕은 소란스러운 세상과 달리 홀로 평화로웠다. 이 장면은 앞의 두 장면과 겹치며 더욱 큰 대조로 다가왔다. 이 세 장면은 나로 하여금 공학자로서의 삶이 과연 얼마나 의의가 있을지 회의를 불러왔고, 나는 이 사회에서 무언가를 짓는 일보다 나누는 일에 집중하고 싶어 법대로 방향을 틀었다.

그렇게 법대에 들어간 1971년, 서울대는 각 단과대학의 1학년을 한데 모아 공릉동의 서울공대 부지 내에 교양과정부를 설치했다.

나는 뜻 맞는 학우들과 '사회과학연구회'를 만들어 회장을 맡고 반독재 시위에 앞장섰다. 내가 처음 입학하던 1969년에 대학가의 화두는 삼선개헌의 반대였다. 재입학한 1971년에는 대학에서의 군사훈련인 교련교육을 반대하는 목소리가 높았다. 이는 반독재 운동까지 닿아 있었고, 각 대학에서 교련을 반대하는 목소리는 높아만 갔다.

정부의 반응은 강경했다. 1971년 10월 15일, 서울 시내에 위수령이 내려졌고 각 대학교에는 탱크가 들어와 학생들을 감시하기 시작했다. 운동을 주도한 서클 대표에게는 군대 영장이 발부됐다. 나에게도 그 영장이 날아왔는데, 다른 사람보다 2주쯤 늦게 왔다. 알아보니, 사회과학연구회는 교양과정부에만 조직이 있어, 복수의 단과대학에 걸쳐 있던 단체 대표를 먼저 징집한 것이었다.

탄압 과정은 대학본부가 A.S.P.로 분류된 학생들을 징집해달라고, 형식상 먼저 병무청에 공문을 보낸 것이었다. 나는 한심석 총장실에 가서 항의한 후 국가상대로 행정소송을 하고자 준비했다. 그리고 당시에는 일면식도 없던 김대중 의원을 찾아가 물었다.

"의원님! 법 앞에 만인이 평등한데, 왜 대학 교련을 반대한다는 이유로 선별 징집을 당해야 합니까? 이것은 부당합니다. 바로잡아 주십시오."

당시 국방위원이었던 김대중 의원은 또 다른 국방위원을 통해 병무청에 알아보았다. 하지만 병무청은 학교 본부 핑계를 대며 발뺌할 뿐이었다. 나는 또다시 학교 본부를 찾아갔으나, 총장은 만나지도 못하고 비서실장과 의미 없는 논쟁만 하고 돌아와야 했다.

그렇게 행정소송이 길을 잃은 와중, 이듬해인 1972년 4월 나는 '부활과 4월 혁명'을 주제로 한 대강연회를 기획했다. 대한가톨릭학생총연합회, 전국기독교학생연맹(KSCF), YWCA

세 단체의 공동주최로 기획한 이 행사를 위해 비밀리에 포스터를 인쇄하며 각 단체와 연락을 취했다. 포스터를 인쇄하던 도중 갑작스레 형사들이 들이닥쳐 나를 잡아갔다. 조사 중에 형사들은 내가 '골수분자'로 징집영장을 받았으며, 이에 반대하여 행정소송을 준비한다는 사실을 알게 되었고, 나는 고약한 놈으로 찍혀 형사들이 생각하는 '애국 행위'의 먹잇감이 되었다.

1972년 9월, 나는 병역법 위반으로 함께 엮이어 기소당해 재판을 받게 되었다.

치열한 싸움, 도움 그리고 군 생활

내가 재판에 회부되고 한 달 뒤, 1972년 10월에는 박정희의 계엄령이 내려졌다. 국회가 해산됐고 유신헌법이 공포됐다. 만약 내가 한 달만 늦게 재판을 받았다면 군사재판으로 징역을 살았을지도 모를 일이다. 9월에 민간재판을 받게 된 것을 다행이라고 해야 할까, 불행이라고 해야 할까?

1971년 위수령으로 인해 입대하게 된 사람들을 일컬어 '71동지회'라고 불렀다. 교련을 반대하는 학생운동, 이어지는 위수령과 징집영장까지 명확한 인과관계로 엮이어 있는 이들 중 상당수는 지금까지 연락을 계속하고 있다. 아마 그때 바로 징집당해 군 복무를 하던 친구들 중에는 '석현이 얘는 왜 안 오고 있나' 하고 생각하던 이들도 있었을 것이다.

나를 기소한 검사는 징역 10개월을 구형했다. 나는 막막한 기분이 들었다. 그런데 당시 나의 서울대 법대 지도교수님이셨던 양승규 교수님이 판사, 검사를 직접 만나고 다니며 그들에게 호소했다.

"석현이가 나라를 뒤집으려고 작당모의라도 했답니까? 교련을 반대했다고 선별 징집이라니, 법 앞에서 이게 무슨 불평등입니까? 석현이는 그걸 바로잡으려 한 것뿐입니다. 그러니 그냥 군대를 보내면 되는 문제이지, 징역은 필요 없습니다."

교수님의 설득이 효과가 있었던 것일까. 내 재판을 진행한 판사는 당시로선 이례적으로 선고유예를 내렸다. 덕분에 나는 다행히 처벌을 면했다. 이후 바로 영장이 다시 나왔고, 나는

1973년 4월에 결국 입대했다. 나중에 알게 된 일이지만 담당 판사는 그 후 법복을 벗었다. 그 시절 독재정권은 사법부도 탄압할 때이니, 이런 일들로 인해 미움을 샀던 건 아닌지 미안한 생각이 들었다.

나의 부대는 12급양대란 창설부대였다. 허허벌판에 건물은 없고 부대 이름만 있었다. 부대 건물이 어디 있나 물어보니, 네가 지어야 한다고 했다. 급양대는 말 그대로, 필요한 식량을 길러서(養) 공급(給)하는 부대였다. 대대급인데도 30명가량으로 1개 소대 정도의 인원이 전부였다. 기존의 각 부대에서 차출 받아 구성된 부대라, 기존 부대에서 말썽부렸던 사람이 많았다. 사고 친 골칫거리들, 군부대에서 징역 살다 온 사람, 다양한 고참들 속에서 나는 나 같은 신참 졸병들과 마음을 나누며 견뎌냈다. 울타리인 축대를 쌓고 연병장을 다지며 두부 공장, 콩나물 공장을 지어야 했다. 과연 일은 매우 고단했다. 온몸이 땀범벅이 되기에 상의는 입지 않고 일했다. 산에 가서 큰 돌을 캐다가 축대를 쌓고 개천에서 모래를 퍼다가 건축할 블록을 찍어냈다. 지급되는 건 시멘트뿐이고 모든 것을 만들어서 썼다. 한편으로는 성깔 있는 친구들만 모아놓은 터라 안팎으로 사고도 끊이지 않았다.

그렇게 2년가량의 막노동과 거친 땀방울이 드디어 부대와 공장을 세웠다. 다른 부대에서 트럭을 몰고 콩나물과 두부를 수령하러 왔고, 우리는 공급하는 입장이 되어 있었다. 노동자 같은 군 생활이 한참일 때, 한번은 보안사에서 아무런 통지 없이 중앙정보부(지금의 국정원)로 나를 끌고 갔다. 부대장도 그 원인을 몰랐고, 나는 남산에서 조사를 받았다. 알고 보니 그때 재일교포 유학생 간첩단 사건이 벌어졌고, 중앙정보부에서는 이에 대한 정보를 캐내려 나를 데려간 것이었다. 그러나 군인으로서 사회와 단절되어 있었던 나는 아무런 관계도 없음이 드러났고, 그 서슬 퍼런 남산에서 나는 무사히 풀려났다.

내가 입대하고 정확히 1년 뒤, 1974년 4월 전국민주청년학생총연맹(민청학련)과 관련하여 180명의 학생이 구속 및 기소되었다. 이때 잡혀간 학생들은 사형, 무기징역, 실형을 비롯해 온갖 처벌을 받았다. 정말 끔찍한 일이 벌어진 것이다. 그러니까 나는 민청학련 사건을 1년 앞둔 1973년 4월에 군 생활을 시작했기 때문에 그 혹독한 사건에서 벗어날 수 있었다. 이것을 내가 당하지 않았다는 이유로 섣불리 다행이라고 말할 수 있을까! 여전히 생각하고, 여전히 답을 내리지 못하겠다.

현대건설과 울산에서 부활한 DNA

2년 10개월에 걸친 군 생활이 끝나고 나는 다시 학교로 돌아갔다. 복학 이후에는 별다른 저항 없이 그저 열심히 공부했던 기억만이 남아 있다. 감사하게도 노력에 대한 보상인지 몇 번의 장학금도 받곤 했다. 지금도 그렇겠지만, 그때는 법학을 배운다면 모름지기 절 근처에 작은 오두막을 짓고 거기서 고시를 준비하는 것이 자연스러운 절차로 여겨졌다. 하지만 법대에서 수업을 들으면서도 나는 사법고시를 준비할 생각이 들지 않았다.

유신체제는 공고했고, 박정희 대통령의 독재가 이어지고 있었다. 이런 상황에서 사법고시에 통과하고, 나아가 판사·검사가 된다 한들 무슨 의미가 있을까? 앞날을 고민할수록 이런 생각만 커졌다. 그러던 중 신문에서 현대건설 공개채용 공고를 보게 되었다. 독재정권에서 벼슬을 하느니 차라리 이게 낫겠다고 생각한 나는 바로 현대건설에 지원했고, 시험을 본 다음 합격하여 1978년 봄에 입사하게 되었다.

수습기간 중 특별히 떠오르는 기억이 있다. 신입사원 연수회에서 정주영 회장을 만난 것이다. 당시 신입사원 입장에서는 이명박 사장도 만날 수 없었는데, 그 연수회에서는 특별히 정주영 회장을 만난 것이다. 현대자동차를 비롯해 현대건설의 다양한 기술을 자랑하던 회장은 신입사원에게 질문을 받기 시작했다. 내가 질문했다. 당시 현대자동차와 관련한 부정 문제가 터진 적이 있는데, 공연히 그때는 그걸 그렇게 물어보고 싶었더랬다.

"회장님. 다른 건설회사도 많지만, 저는 현대건설이야말로 우리나라 경제의 토대가 되기에 자부심을 갖고 들어와 이렇게 일하고 있습니다. 그런데 신문에 그런 불미스런 사건이 실리고, 아주 제가 창피합니다. 회장님께서는 책임을 느끼지 않으시는지요?"

그 순간 분위기가 차갑게 식었다. 회장은 "알겠습니다" 한 마디만 남기고 나갔고, 뒤에서는 누군가 나를 밖으로 데려갔다. 지금 생각해도 오싹하고 엉뚱한 그 일 이후로 나는 아무래도 회사에서 별난 인물이 되어 있었다.

특별히 여러 곳의 현장 근무 중에서 가장 길게 1년가량을 지낸 울산 현장이 기억에 남는다. 울산에서는 아피통 목재를 만드는 공장을 짓는 일의 관리주임을 맡았다. 일을 하는 와중에도 나는 정치적인 상황에 대한 문제의식이 그치지 않았다. 나의 이 DNA는 울산시 청년들과 함께 양서협동조합을 만들기에 이르렀다. 양서협동조합은 민주주의의 암흑기에 좋은 책을 읽으며 세상을 보는 바른 눈을 갖자는 취지에서 사회과학 서적을 탐독하는 형식의 모임이었다. 그때 한창 유행하고 있던 독서 모임은 서울을 시작으로 부산에 생겼고, 아마 울산이 세 번째 정도일 듯싶다. 하여튼 울산에서 의사로 일하는 K 어른을 이사장으로 모시고 내가 부이사장을 맡아 조합을 꾸렸다.

지금도 모여서 책을 읽고 회의하며 토론하던 그 날이 떠오른다. 특별히 양서협동조합은 수년 전 개봉한 영화 〈변호인〉의 소재로 등장하기도 했는데, 그 영화를 봤을 때 나의 울산 양서조합 시절이 떠올라 마음이 따스한 한편 서글프기도 해서 영화 상영이 끝나고 한참 동안 그 자리에 남아 감정을 추스른 기억이 난다. 좌우지간 그 시간들은 최소한 그 시국에서 사법고시를 준비한 일보다는 보람 있었다고 자신 있게 말할 수 있다. 지금은 연락이 닿지 않지만 그때 함께하던 그 청년들이 그립다.

영등포 오락실의 그 선배

"석현아. 너 언제부터 이렇게 됐냐. 혼자만 잘 먹고 잘살겠다고? 다시 한번 생각해봐라."

불면의 밤을 보내는 내내 선배의 목소리가 맴돌았다. 회사에서 승승장구하며 가족을 책임질 것이냐, 아니면 옳다고 여기는 일을 할 것이냐. 어느 쪽도 선뜻 정하지 못했다. 고민하는 사이 어느새 날이 밝아왔다….

연청 사건으로 잡혀가 몰매를 맞다 풀려난 나는 현대건설 현장으로 복귀했다. 2년 반 동안 여러 현장에서 관리로 일하다 대리가 되었고, 본사 홍보실에서 일한 지 1년 반쯤 되었을까. 당시 광화문사거리에 있던 현대건설의 맞은편 교육보험(지금의 교보)에서 스카우트 제의가 들어왔다. 교보에서 전무로 근무하던 두 선배가 나를 점찍어둔 것이다. 1982년에 나는 현대건설을 그만두고 교보로 이직했다.

선배들은 나를 단순한 대리가 아닌 미래의 임원으로 육성하려 했다. 두 분은 내가 차후 경영을 위해 부족한 부분부터 먼저 공부하라고 제안했다. 넉넉한 봉급과 함께 교육까지 받으며 편안히 교육보험을 다닌 지 2년, 1984년에 나는 한 번 더 스카우트 제의를 받았다. 이번에는 회사가 아닌 정치결사체였다.

1980년에 전두환을 필두로 등장한 신군부는 이내 야당을 해산시켜버렸다. 김대중 선생, 김영삼 선생을 비롯한 국회의원들은 정치규제는 물론이고 가택연금까지 당했다. 이런 탄압 속에 전두환 정권에 맞서 그때까지 반목하던 동교동의 김대중 선생 세력과 상도동의 김영삼 선생 세력이 극적으로 손을 잡기에 이르렀다. 그렇게 만들어진 단체가 민주화추진협의회, 줄여서 '민추협'이다.

L 선배는 나에게 민추협에 들어올 것을 권했다. 나는 고민으로 불면의 밤을 보냈다. 결국 나는 교육보험에 사표를 내고 민추협 활동을 시작했다. 민추협에서 기획위원을 맡았다. 예상했던 대로 민추협에서는 궁핍한 생활이 이어졌다. 차비가 없어 청량리의 집에서 광화문까지 걸어가야 했던 적도 있다. 김영삼 정부 때에 국무총리를 했던 이수성 교수는 지금도 종종 나에게 말한다.

"그때가 민추협 때였나. 광화문 어디쯤에서, 꾀죄죄하고 시커먼 얼굴에 반팔 와이셔츠 입고. 못 먹은 사람처럼 생겼는데 눈이 반짝반짝했어."

그의 말처럼, 궁핍한 상황에서도 내가 하는 일에 대한 보람만은 충분했다.

당시 특별히 고마운 기억이 하나 있다. 나와 함께 연청 활동을 하던 한 선배는 영등포에서 오락실을 운영하고 있었다. 나보다 거의 열 살은 많았을 그 선배가 어느 날 나에게 말했다.

"석현아. 네가 민추협 활동을 하면서 돈을 못 벌고 있을 텐데, 밥은 어떻게 먹고 다니냐."

"아 형. 밥이야 세끼 먹지요. 살아 있을 만큼은 먹습니다."

그러자 선배는 넌지시 제안했다.

"네가 나라를 위해 좋은 일을 하는데 내가 아무도 모르게 좀 도와주고 싶구나. 내 한 달에 30만 원씩 줄 테니 그 돈으로 생활비를 해결하렴."

나는 깜짝 놀라 극구 사양했지만, 선배는 괜찮다는 말과 함께 돈을 쥐어주었다. 이런 도움을 주는 대신 선배는 한 가지 조건을 걸었다.

"대신 아무도 모르게 해라. 나는 그냥, 석현이 네가 좋아서 도와주는 거야. 그런데 다른 사람들이 알게 되면 내가 무슨 정치적인 야망이라도 있는 것처럼 보일 것 아니냐."

나는 선배의 마음이 너무나 고마워 연신 고맙다고 외쳤다. 매달 돈을 부쳐주던 선배의 도움은 내가 국회의원이 될 때까지 이어졌다. 정의와 민주화를 향해 마음껏 노력할 수 있었던 데에는 오락실 그 선배의 도움이 컸다.

나는 진지하게 믿는다. 이 땅의 민주주의를 위해 많은 걸출한 인물이 희생했지만, 그 이면에는 보이지 않는 민초들의 더 많은 희생이 자리했다고. 지금은 돌아가신 그 선배가 베푼 것과 같은 손길들이야말로 이 땅의 민주주의를 일구었다.

DJ의 굴비 면접

1985년 김대중 선생이 귀국했고, 총선에서 이변이 일어났다. 그리고 나는 선생을 모시게 되었다. 1980년대 초반에 김대중 선생은 미국으로 망명을 가 있었다. 신군부의 등장과 함께 사형선고를 받고, 감형받기는 했지만 징역을 살면서 정권의 눈엣가시로 있다가 다행히 안전한 곳으로 피신을 가 있었던 것이다. 그랬던 그가 1985년에 다시 돌아왔다.

위험을 무릅쓰고 김대중 선생이 귀국한 뒤 며칠 후인 2월 12일에 총선이 열렸다. 그날의 총선에는 돌풍 같은 이변이 불어 닥쳤다. 창당한 지 한 달 정도밖에 되지 않은 신한민주당,

줄여서 신민당이 지역구에서 50석, 전국구에서 17석을 확보한 것이다. 이 신민당은 이전에 정치규제로 인해 해산해야 했던 이전 신민당의 핵심 인사들과 민추협이 모여서 만든 당이다. 비록 여당인 민주정의당이 여전히 과반을 차지하고 있었지만, 신민당의 선전은 국민의 마음이 무엇을 향하고 있는지를 여실히 보여준 사건이었다.

김대중 선생은 기존의 정치를 탈피하고자 30대의 젊은 비서를 찾았다. 교보생명에 사표를 내고 민추협에서 고군분투하던 8월의 어느 날, 나에게 동교동으로부터 연락이 왔다. 당시 동교동 집은 지금 동교동의 그 위치가 아니라 길 건너편 언덕 위에 있었다. 연락을 받은 나는 선생께서 젊은 사람들의 목소리를 좀 들어보려나 보다 하는 생각이 들었다. 그때 30대 정치인은 어디서 제대로 목소리도 내지 못하는 분위기였으니 말이다. 그래서인지 이런 경험이 새롭다고 느끼며, 한편으로 김대중 선생을 뵌다고 생각하니 설레기도 했다.

사실 김대중 선생을 만난 건 이때가 처음이 아니다. 1971년 위수령 당시, 부당한 징집영장에 반대하던 나는 당시 국방위원으로 활동하던 김대중 의원을 찾아가 부당함을 호소하며 도움을 청한 적이 있다. 10여 년이 지나 이렇게 만나게 된다니 신기한 기분이었다. 물론 젊은 사람들의 목소리를 듣기 위해 부르는 것이니 아무래도 나와 같은 사람 여러 명을 불러서 함께 얘기할 것이라 생각했다. 그런데 막상 가보니 나 혼자였고, 선생과 밥을 먹게 되었다.

익히 들어서 알고 있던 김대중 선생은 카리스마 있는 연설가, 독재와 싸우는 운동가였기 때문에 단호하고 강한 이미지였다. 그러나 그런 이미지와 다르게 김대중 선생은 나를 아주 자상하게 대해주었다. 굴비 살을 직접 발라내어 내 밥숟가락에 올려주며 먹어보라 권하는 모습은 마치 아버지 같았다. 밥을 먹으면서 선생은 내게 일을 하나 맡기셨다.

"내가 지금 귀국한 지 얼마 되지 않은 상황이네. 그래서 무엇을 어떻게 할지, 지금 같은 상황에 앞으로는 또 어떻게 해야 하는지 잘 모르겠어. 근데 듣기로는 자네가 정의감도 있고, 세상을 분석하는 능력도 있다고 하더군. 그러니 자네가 현재 상황을 한번 연구해보게."

나는 밥도 따스하게 잘 얻어먹었겠다, 뭔가 나를 알아주는 것 같아 기분이 좋아서 선뜻 수락했다. 그래서 당시 한국 사회를 움직이던 권력의 요인으로서 군부, 재벌, 재야, 대학과 같은 각 분야를 진단하여 보고서를 작성했다. 그 보고서를 읽은 김대중 선생에게 연락이 왔고, 그때부터 나는 김대중 선생의 비서로 일하게 되었다. 그러니까 그때 선생을 만나 함께 밥을 먹은 건 일종의 면접이 아니었을까? 이 사람이 쓸만한 가 아닌가, 굴비를 얹어주며 알아보는 면접 말이다.

초선의 개혁교향곡

1988년 봄 제13대 국회의원 선거에 처음 출마해 떨어지고 며칠 동안 앞이 캄캄했다. 앞으로 어떻게 할 것인지 계획은커녕 아무런 의욕도 생기지 않았다. 자포자기는 나와 거리가 먼 이야기인 줄 알았는데, 내가 바로 그 꼴이었던 것이다.

평소에 술이나 담배를 하지 않음에도 이때만은 무언가에 기대고 싶었다. 나의 이 쓸쓸함과 공허함을 달랠 길은 요원해 보였고, 늦은 방황이 시작되고 있었다.

목련 꽃이 다 떨어져가는 어느 봄날, 한 친구가 내게 이런 말을 했다.

"자네 이번에 참 잘 떨어졌네."

실의에 빠진 내게 잘 떨어졌다니, 친구의 그 말은 나를 더욱 서운하게 했다. 하지만 친구는 이어서 말했다.

"자네가 이번에 당선되었더라면 우쭐해졌을 거야. 젊은 나이에 실패를 겪지 않은 사람이 어떻게 국민의 눈물을 닦아줄 수 있겠나. 이번에 떨어진 경험이 자네를 더욱 크게 만들 거라네. 앞으로 4년 동안 열심히 노력해보게, 다음번에는 꼭 당선될 수 있을 걸세."

친구는 따뜻한 눈빛으로 나를 바라보며 확신에 찬 목소리로 말해주었다. 그리고 엄지를 쥐어 들어 보였다. 친구의 엄지손가락이 그렇게 든든해 보이기는 그때가 처음이었다. 친구의 이 말 한마디는 자책감에 빠져 있던 내 인생을 바꾸었다. 방황의 길목에서 헤매던 내게 나침반 구실을 한 것이다.

나는 이제껏 대충대충 흉내만 내던 일들을 새롭게 시작했다. 하늘이 무너져도 솟아날 구멍이 반드시 있을 거란 믿음으로 일했다. 동네 경·조사는 빠짐없이 챙겼고, 앞뒷집 허드렛일에도 잔정을 쏟았다. 형편이 딱한 노인들에게 물질적으로 도움을 못 줄 때는 인사말이라도 깍듯이 했다.

안양 도로변의 목련 꽃잎이 무수히 지고, 닳아 떨어진 구두 밑창을 네 번 갈아 끼우고 나니 노력의 결실이 나타나기 시작했다. 4년 뒤인 1992년 국회의원 선거에 다시 도전하여 마침내 당선되었다. 친구의 충고 한마디가 내게 어떤 것과도 바꿀 수 없는 보약이었음을 깨달았다.

국회에 처음으로 입성하여 활동하면서, 나는 내가 받은 응원과 격려만큼 일을 잘 해내고 싶어 의욕을 다해 의정활동을 했다.

정치개혁을 위한 노력들은 당시의 권위주의에 대한 나의 거부반응에서 나왔다. 갓 국회에 들어간 나는 그 안에서 이어지던 관행들에 불만을 품었고, 이런 DNA에 따라 자연스럽게 개혁의 길로 들어섰다. 그래서 이를 구체적으로 실천할 방법을 나름대로 모색해서 실천했고, 이러한 노력을 인정받아 정치개혁시민연대에서는 나에게 최우수 국회의원상을 주었다.

이 정도면 의원으로서 첫 단추는 잘 꿴 셈이었다. 지금 생각해보면, '잘 떨어졌다'며 나를 격려해준 친구의 말과 감춰지지 않던 내 반권위적 기질이 이를 가능하게 한 것이 아닐까?

드디어 국회부의장

제19대 국회인 2014년에 내가 속한 민주당은 새누리당에 이어 제2당이었다. 국회를 꾸려나가면서 제1당이 국회의장을 맡고 우리 당에서 국회부의장 자리를 놓고 당내 의원들끼리 경쟁을 펼쳤다. 나는 다른 자리는 몰라도 국회부의장에 욕심을 내었다.

그때 나 말고도 의사를 밝힌 의원이 두 명 더 있었다. 이렇게 후보가 둘 이상일 때에는 1차 투표에서 1위를 한 사람의 득표수가 중요했다. 만약 반수 이상을 득표하지 못하면 1위와 2위를 두고 2차 투표로 넘기는 시스템이었다. 다행히 1차에 과반수 득표로 부의장에 당선되었다.

"우리 당에서 계파가 없는 사람도 있어야, 극단적인 싸움 속에서도 화합을 시키지 않겠습니까? 저는 주류도 아니고 비주류도 아닙니다. 저 같은 사람을 부의장 시켜주면 좋을 것 같습니다."

이러한 나의 말이 효과가 있었던 것일까. 주류와 비주류를 가리지 않고 많은 의원이 도와준 덕분에 부의장으로 당선될 수 있었다. 그렇게 후반기인 2014년 5월부터 2년간, 나는 국회부의장으로 활동했다.

당선 후에 축하인사를 건네는 의원이 20명가량 되었다. 말하자면 이들이 나의 선거운동을 도와준 이들이다. 나는 감사 인사를 겸하여 함께 점심을 나누었다. 점심을 먹다 보니, 아예 매주 수요일마다 이렇게 정기적으로 점심을 먹는 건 어떨까 하는 생각이 들었다. 일종의 친목회를 꾸리자는 생각이었는데, 뭔가 이름을 붙이면 더욱 그럴싸할 것 같았다. 그때 퍼뜩 생각난 말이 '하마터면'이었다. '하마터면'은 내가 처음 선거에 도전한 1988년, 낙선 후 중앙당에 돌아갔을 때 당시 부총재가 '이 동지, 하마터면 당선될 뻔했소!'라고 했던 말에서 따온 것이다. 당선이 되면 되었지 하마터면 당선될 것은 또 무어란 말인가? 그 어감이 하도 우스워 오래도록 생각났던 것 같다.

주류, 비주류와 같은 계파에 치우치지 않은 점을 선거운동에 활용한 건 우연이 아니었다. 국회부의장이 되겠다고 결심한 데에는 정말로 화합을 이루고 싶은 마음이 크게 작용했다. 그간의 국회를 보면, 당내 주류와 비주류 간의 다툼은 물론이고 여야 간에도 극단적인 싸움이 빈번했다. 그리고 이런 극단적이고 거친 대립은 그만큼 우리를 지켜보는 국민들에게 불신을 주는 원인이 되기도 하였다.

국회부의장으로서 내가 바라는 정치는 스마트한 정치였다. 여야 간에 의견은 얼마든지 다를 수 있지만, 최소한 볼썽사납게 몸싸움 같은 것은 하지 않았으면 좋겠다는 의미에서였다. 상호 간에 소통하고 화합하는 정치도 필요하지 않을까. 또한 단순히 목소리를 높여 우기기보다는 합리적으로 정책 활동을 펼치는 국회가 되었으면 좋겠다는 생각이 들었다. 국회의장이야 우리 몫이 아니었지만, 적어도 부의장으로서 할 수 있는 일이 있을 테니 말이다.

이런 마음과 노력이 통했던 것일까. 국회에 출입하는 기자들이 투표하여 선정하는 백봉신

사상을 두 차례 수상하게 되었다.

아고라에서 트위터, 필리버스터 '힐러리'로

필리버스터 이후로 얻은 별명이 있다. 바로 '힐러리'이다. 힐링이 된다고 '힐러'에 성씨를 붙여 '힐러-리'가 된 것이었다. 그런가 하면, 나의 주요 발언들이 여기저기 공유되면서 '힐러와 탱커를 넘나든다'는 말을 듣기도 했다. 알고 보니 게임에서 공격수인 '딜러'가 충분히 활동할 수 있도록 소위 '몸빵'을 해주는 역할이 '탱커'이며, '힐러'도 마찬가지로 치유를 해주는 역할이었다. 국회부의장으로서 원활한 진행과 소통을 도왔던 나는 이와 같은 센스 있는 표현이 마음에 들었다. 그러나 이런 별명이 무엇보다 기뻤던 이유는 국민들과 소통하고 있다는 일종의 훈장처럼 느껴졌기 때문이다.

분명 필리버스터는 당시 여당이 진행하려던 테러방지법에 반발하며 시작한 것이다. 그러나 의원들이 긴 시간 동안 발언을 하면서 자신이 살아온 과정과 마음에 품은 이야기들을 털어놓는 가운데, 국민들이 이런 이야기들에 귀를 기울이기 시작했다. 실시간으로 진행되는 필리버스터를 여러 매체에서 생중계했고, 바로바로 댓글이 달렸다. 이른바 '마국텔', '마이 국회 텔레비전'이 시작된 것이다.

> "우리가 테러방지법을 저지하려고 오솔길로 접어들었는데, 뜻밖에 그 오솔길을 가다가 거기서 국민을 만났습니다."

당시 이와 같은 놀라운 현상을 접하며 했던 말이다.

이전까지 나는 부지런한 '아고리언'이었다. 포털사이트 '다음'의 '아고라' 공간에 그때그때의 이슈마다 내 의견을 피력했다. 그러다가 페이스북, 트위터와 같은 SNS가 점차 성장하기 시작했고, 이러한 경향은 필리버스터와 맞물려 폭발적으로 성장했다.

2010년부터 나는 SNS 활동을 활발히 했다. 지금까지도 트위터, 인스타그램, 페이스북 등 소통할 수 있는 매체를 넘나들며 국민들의 생생한 목소리를 듣고 있다. SNS의 특징이자 장점으로는 단연 속도를 들 수 있겠다. 요새 사람들은 종이 신문보다 인터넷 기사를 훨씬 많이 읽는다. 이런 인터넷 기사는 종이 신문에 비해 시공간의 제약에서 한결 자유롭다.

하지만 SNS로 공유되는 소식은 비록 기사처럼 육하원칙과 정연한 구조를 가지지 않더라도 훨씬 빠르고 날 것(生)이다. 그렇게 실시간으로 올라오는 소식과 이에 대한 의견들을 보고 있노라면 내가 미처 생각하지 못한 점들을 많이 배울 수 있다.

속도가 빠른 대신 SNS에도 단점이 있다. 상대적으로 팩트 체크가 늦으며, 그만큼 잘못된 소식과 이로 인한 잘못된 의견을 섣불리 접하기 쉽다는 점이 그것이다. 또 나와 비슷한 의견만 취급하다 보면, 다양한 목소리를 듣지 못하고 일종의 '게토'에 빠질 수 있다. 그래도 주류와 비주류, 여당과 야당 간에 합리적인 소통과 화합을 추구해왔지만, 간혹 나 역시도 무심코 치우치고 있지는 않은가 하는 생각이 덜컥 들 때가 있다.

기술의 발전은 새로운 매체 환경의 변화를 불러오고, 이는 새로운 소통 문화를 만든다. 소통에서 정의가 나온다고 믿는 나는 아무래도 이런 뉴미디어에 계속 관심을 갖게 되는 것 같다. 나는 여전히 활발한 트위터리안이며, 헤비 SNS 유저이다. 하지만 내 글이 가지는 파급력과 국민의 목소리, 실시간으로 전해지는 소식들 사이에서 무작정 따라가려 하지 않고 어디까지나 참고만 하려고 한다.

정확성과 속도 모두가 보장되는 적정선의 참고가 어디쯤인지는 계속 생각하고 있다. 그런 의미에서 고민이 끊이지 않으며, 새로운 매체에 더욱 잘 적응하는 국민에게 더욱 많이 배우고 있다. 나를 '힐러리'로 만들어준 이도 국민이기 때문에.

"저는 지난 9일 동안 이 필리버스터를 진행하면서 정말 행복했습니다. 몸은 다소 힘들어도 지금도 견딜 수 없을 정도는 아니고 그리고 국민과의 소통으로 형언할 수 없는 감동이 가슴 속을 꽉 메우고 있습니다.

애초에 필리버스터의 시작은 지연 전술이었습니다. 그러나 테러방지법을 비켜서 오솔길로 가다 보니까 뜻밖에 거기서 국민을 만났습니다. 그리고 국민은 정치를 미워하는 줄만 알았는데 정치에 대한, 정치와의 소통에 목말라 있었습니다.

이번 이 필리버스터가 국민들께서 국회에 대한 노여움을 씻어내시고 그리고 정치 무관심의

빗장을 푸는 소중한 계기가 되기를 바랍니다. 저희 여야가 모두 국민의 기대에 부응하기 위해서 힘쓰겠습니다.

민주주의를 위한 행진은 이것이 끝이 아니고 새로운 시작입니다. 길이 끝난 곳에 새 길이 있기 마련입니다. 새로운 길은 내비게이션 안내도 안 나오지만 무한한 도전으로 저희가 새 길을 개척해 나가면서 민주주의 역사를 전진시키겠습니다. 우리 모두가 그 일을 해내겠다는 약속을 드립니다. 감사합니다."

3월 2일 오후 2시 20분, 나는 이 발언을 마지막으로 새벽 꽃망울에 맺힌 이슬, 그 맑고 영롱함에 숨어 있는 소망을 보았다.

'국민과의 진실한 소통을 향한 소망'

짧지 않은 나의 정치 인생에서 192시간 27분의 필리버스터는 보석 같은 경험이었다.

1980년 기자 해직이 가른 인생행로

이원섭(전 한겨레신문 논설위원실장, 전 가천대 교수)

서울대 문리대 외교학과 69학번
조선일보 기자, 1980년 광주항쟁 관련 해직
한겨레신문 창간 대변인. 정치부장. 논설위원실장
가천대학교 신문방송학과 교수
내일신문 논설고문 칼럼니스트(현)

　누구나 인생의 분기점이 있기 마련이다. 나의 일생을 가른 결정적인 분기점은 1980년 5월 광주민중항쟁이 벌어지던 때였다. 당시 나는 「조선일보」 정치부 기자였다. 1975년 가을 신문사에 입사해 5년차였다. 기자생활의 기초 수련 과정이며 가장 고되다는 사회부 경찰기자를 거쳐 선망하던 정치부로 옮겨 야당 출입기자(상도동 YS·동교동 DJ 담당)로 취재의 보람과 함께 내가 쓴 기사의 영향력도 제법 느낄 때였다.

　박정희 대통령 사망 후 12.12 하극상에 이어 5.17 쿠데타를 일으킨 전두환 신군부는 정계 지도자였던 김대중을 내란음모 혐의로, 김종필을 부정축재 혐의로 구속하고, 김영삼은 자택에 연금시켰다. 민주화를 요구하는 국민들의 저항을 무력으로 잔혹하게 진압해 광주민중항쟁을 유발했다. 숱한 생명이 희생됐으나 계엄당국의 검열로 언론은 진실을 한 줄도 보도할 수 없었다. 계엄사에서 발표하는 거짓 정보만 언론에 게재됐다.

　국민의 분노가 분출하는 가운데 언론계는 기자협회를 중심으로 신군부의 쿠데타에 저항하는 수단으로 계엄사의 검열을 거부하기로 결의하고 여의치 않을 경우에는 제작 거부로 맞서기로 했다. 이미 몇몇 언론사가 제작 거부를 결의해 팽팽한 긴장감이 감돌고 있었다.

광주민중항쟁 시기 조선일보 검열·제작 거부에 앞장

조선일보의 경우 누군가 나서서 시국에 대해 토론하고 검열·제작 거부에 들어갈지 여부를 논의해야 할 터인데 앞에 나서는 사람이 없었다. 총칼을 앞세운 군부의 서슬 퍼런 분위기에서 '계란으로 바위 치기'처럼 여겨졌다. 신문사에서 쫓겨나 가시밭길 인생을 걸어야 할 것이 뻔했다. 어떻게 들어온 신문사이고 어떻게 간 정치부인데, 너무 아깝고 아쉬웠다.

기왕 회고록이니 좀 더 솔직해지자. 71년 위수령 때 학사 제적도 당했으니 나름의 '정의감'은 입증된 터이고, 추후 비겁했다 힐난을 받더라도 '정상참작'이 되지 않을까? 나중에 언론계에서 명성을 얻고 더 커서 '의미 있고 정의로운' 일을 할 수도 있지 않을까? 어려운 집안 형편은 어찌할 것인가? 자기를 합리화하며 빠져나가기 위한 별별 핑계거리와 변명거리가 머리를 맴돌았다. 인간적 고민이었지만 부끄러운 얘기다. 온갖 유혹에 굳게 먹은 마음이 자꾸 흔들렸다.

언론의 일차적 사명이자 최고 직업윤리인 진실 보도 책무와 현실 타협 사이에서 숱한 고뇌와 번민의 날을 지새웠다. 실존적 결단을 내려야만 했다. 결론은 '너의 존재 의미는 무엇이냐'였다. 무엇 때문에 사는가? 설사 이번에 눈 질끈 감고 넘어간다 해도 과연 앞으로 권력자 비위를 맞추고 신문사주 구미를 맞춰가면서 기자로서 버틸 수 있겠느냐? 스스로에 대한 실망감과 자괴감을 견딜 수 있겠느냐? '본질적 물음'에 대해 자신이 없었다.

당시 조선일보는 1975년 자유언론실천운동을 벌이다 기자 33명이 무더기로 해직된 후여서 분위기가 잔뜩 위축돼 있었다. 앞에서 이끌어줄 선배가 없었다. 부득이 75년 이후 입사한 동기와 후배 기자 20여 명이 비밀리에 만나 시국상황과 언론계 움직임을 분석하고 이튿날 오후 편집국 기자총회를 열어 제작 거부 여부를 토론하기로 결의했다.

후배 기자 모임을 제안했던 내가 떠밀려 기자총회 사회를 보게 됐다. 며칠 전부터 은밀하게 낯낯 선배·동료를 만나 슬며시 운을 떼 봤으나 크게 실망할 수밖에 없었다. 칼바람 부는 황량한 벌판에 홀로 서 있는 듯한 외로움이 몰려왔다.

분위기가 극도로 미묘했다. 유난히 선후배 서열을 따지는 신문사에서 '새까만 후배놈'들이 기습적으로 기자총회를 소집하고, 사회를 보고, 시국상황에 대해 토론하자며 편집국 한복판 맨바닥에 우르르 몰려 앉은 '희한한 광경'이었다. 그 주위를 편집국장, 부국장단, 정치·경제·사회·문화부 등 각부 부장들이 에워싸듯 도열했다. '니들이 뭔데 멋대로 기자총회를 소집하느냐'고 호통을 치는 난감한 상황이 연출됐다. 선배 기자들 150여 명은 엉거주춤 제자리에 앉아 어찌 되어가나 응시하고 있었다.

위압적인 분위기에 짓눌려 토론에 나서기로 했던 동료들이 머뭇거리며 선뜻 나오지 않았다. 지명을 받고 나와서도 어물어물 몇 마디 하고 들어가는 통에 영 분위기가 뜨지 않아 사회자로서 진땀을 흘리던 기억이 난다. 결국 후배 몇몇이 용기 있게 나서 검열거부·제작거부를 해야 할 이유를 열정적으로 설파해 선배들 얼굴을 화끈거리게 만들었고, 회사 간부들과 실랑이를 벌이다 총회를 마쳤다. 이튿날 다시 기자총회를 열고는 미리 준비한 검열·제작 거부 선언문을 낭독하고 제작 거부에 돌입한다고 일방적으로 선언했다. 일선 기자들은 기사를 출고하지 않았으나 간부진들이 총동원돼 그럭저럭 지면을 메꿔 신문은 그대로 발행됐다.

사전에 조직적으로 치밀하게 준비하지 못하고 치열한 토론도 벌이지 못한 채 뒤늦게 제작 거부 선포에 들어가 민망함도 있으나, 역부족이었고 그럴 수밖에 없는 한계를 지니고 있었다. 나중에 해직될 게 뻔했고, 누군가 나서줬으면, 선배가 이끌어줬으면 하는 바람이 간절했으나 그럴 만한 선배들은 이미 5년 전에 무더기로 쫓겨난 상황이었다.

당시 상황을 되뇌는 것은 1980년 국민이 염원하던 민주주의가 군홧발에 짓밟혀 광주항쟁이 일어날 당시에 언론인으로서 진실을 보도하기가 그만큼 어려웠고 개개인의 실존적 결단을 요구하는 절박한 상황이었다는 점을 역사에 기록하고 싶기 때문이다. 그리고 그런 상황에서도 전국에서 많은 양심적 기자가 언론인의 본분을 다하기 위해 힘든 용기를 냈고, 1,000여 명이 해직의 아픔을 겪었다는 점을 일깨우기 위함이다.

나 개인적으로는 당시 '외로운 결단'을 내리지 못하고 현실과 타협했더라면 자괴감과 열패감으로 과연 제대로 된 인생을 살 수 있었을까 싶다. 자칫 「조선일보」 지면에 '치욕적인 오명'을 남기게 되지는 않았을까 싶어 모골이 송연해지기도 한다. 한치 앞을 내다보기 힘든 상황이었고 적잖은 고통을 겪었지만 그때의 '칼날 같던 선택'을 후회한 적은 없다.

그 후 나의 인생길은 마치 이미 정해진 운명의 행로를 따라가는 것과 같았다. 다행인지 불행인지 '1980년 5월의 결심'을 뛰어넘을 만큼 중대하고 고민스런 순간은 없었다. 그때의 '초심'을 잃지 않으려 나름 노력했고, 곁길에는 아예 눈길을 주지 않으려 애썼다. 예상했던 대로 1980년 7월 말, 신군부가 지목한 해직대상자 목록 앞머리에 올라 신문사에서 쫓겨났고 고달픈 해직 기자 생활이 시작됐다. 생계를 위해 대우그룹, 전자신문 등에 근무하며 울분을 달랬다.

그런 나에게 한겨레신문 창간은 운명처럼 다가온 것인지도 모른다. 뒤에 상술하겠지만 창간 멤버로 참여해 모두 18년을 근무했다. 정치부장, 여론매체부장, 체육부장, 특집부장, 논설위원, 논설위원실장, 통일문화연구소장(겸직) 등 빛나고 과분한 직책을 두루 거쳤다. 그리고 언론사 경력을 발판으로 가천대학교 신문방송학과(현 미디어커뮤니케이션학과) 교수로 임용돼 65세 정년퇴임할 때까지 10년을 근무했다. 그 후 다시 언론계로 돌아와 내일신문의 논설고문으로, 최근에는 칼럼니스트로 시론과 칼럼을 쓰고 있다. 고맙고 과분한 일이다.

'재입영통지서' 받고 동아·조선·한국일보사 돌며 부당성 고발

내 인생은 아무래도 언론계 활동에 무게추가 실려 있다. 신문기자를 하겠다고 결심한 것은 1971년 위수령 발동으로 인한 학사 제적과 연관이 깊다. 71년 당시의 전체 상황은 문집에서 총괄할 것이므로 생략하고 개인 경험 중심으로 서술할까 한다.

재수 끝에 1969년 서울대학교 문리과대학 외교학과에 들어갔다. 외무고시에 합격해 외교관으로 국가에 기여하겠다는 막연한 꿈을 갖고 있었다. 그러나 1학년 교양과정부 생활을 거치며 특히 '후진국사회연구회'란 사회과학 서클에 들어가 이런저런 모임을 가지면서 세상을 보는 눈이 넓어지고 깊어지게 됐다. 3학년 때인 1971년 문리대 학생회 간부 활동을 하면서 교련 강화(학원병영화) 반대시위와 3선 개헌 무효투쟁에 앞장서게 되고, 10.15위수령 선포로 학교에서 제적당해 군대에 끌려갔다.

/1통시외원들이 두루 겪었듯이 최전방 부대에 배치돼 보안사의 사찰을 받으며 힘든 졸병 생활을 온몸으로 견뎌내야 했다. 일등병 때 유신헌법 찬반투표가 반공개리에 진행되는 것에

항의해 투표를 거부하다 문제가 크게 불거졌다. 육사 11기로 위관尉官 시절 서울대 문리대 영문학과에 학사 편입했던 연대장(안교덕 대령)이 나름 감싸줘 다행히 큰 탈 없이 넘어갔다. 곧바로 군종병軍宗兵으로 발령을 내 부대 안에서의 괴롭힘을 면할 수 있었다.

후일담이지만, 한겨레신문 정치부장을 할 때 노태우 대통령의 육사 동기이자 친한 친구로 임기 말에 청와대 민정수석으로 온 그를 다시 만날 기회가 있었다. 덕분에 무사히 제대할 수 있었다고 감사를 표하며 당시 일을 물으니 '문제 사병'인 나를 그 부대에 그대로 두면 온갖 괴롭힘을 당하다 탈영을 하든 총기 사고를 치든 아무래도 큰 사고가 터질 것 같아서, 군목軍牧 밑에 두는 것이 가장 '안전'할 것 같아 그리했다는 말을 들었다. 현명한 지휘관으로, '선배 덕'을 본 셈이다. 사연 많은 군 시절 얘기는 지면 사정으로 생략한다. 기회가 되면 상술할 예정 이다.

제대를 하고 3학년 2학기에 복학한 어느 날이었다. 집으로 난데없이 군대 '재입영통지서' 가 날아왔다. 3학년 때는 교련을 거부해 수업을 듣지 않았지만, 1~2학년 때 교련과목을 이 수했으므로 병역법에 따라 2개월 복무기간 단축 혜택을 받아 만기 전역했었다. 그런데 국방 부가 돌연 '교련을 반대한 대학생들한테도 단축 혜택을 준 것은 잘못된 조치였으니 재입영해 2개월을 마저 채우라'고 통지한 것이다. 불응 시에는 군 기피자로 처벌된다는 무시무시한 경고가 곁들여 있었다.

너무도 황당하고 억울했다. 병역법을 무시하고 '괘씸죄'를 적용하며 '뒤끝'을 보인 국방부 의 치졸한 행태였다. 알아보니 나보다 먼저 제대한 동지 몇몇은 이미 재입영한 상태였다. 언 론사를 찾아다니며 '억울함'을 호소하고 '불법성'을 고발하기로 했다. 동아일보, 조선일보, 한국일보 세 신문사를 71동지회 멤버로 같은 처지였던 김경두(서울문리대 정치학과 4년), 김승 호(서울상대 경영학과 4년) 군과 함께 차례로 순방했다. 다음날인 10월 31일자 조간 한국일보 사회면에 5단 기사로, 같은 날 석간 동아일보 사회면에는 더 크게 중간머리기사로 그야말로 대서특필됐다. 이튿날엔 전국 모든 신문에 보도됐다. 누가 보더라도 말이 안 되는데다 일사 부재리 원칙에도 어긋나는 횡포요 치졸한 보복촌극이었다.

여론이 극도로 악화되자 박정희 대통령이 화를 내며 어찌된 일인지 알아보라고 지시했고, (군 내부 알력이 작용했는지 모르지만) 강창성 직전 보안사령관이 '서종철 국방장관이 잘못 판단한 것 같다'는 취지로 보고했다는 뒷얘기를 나중에 들었다. 결국 다음날 '재입영 조치'는 백지화됐다. 유신치하 엄혹한 상황이었지만 언론의 위력을 실감할 수 있었다.

난생처음 들어가 본 신문사의 강렬한 기억도 기자직 지원의 '동기부여'가 됐다. 특히 동아일보를 찾아갔을 때 편집국은 이상하리만큼 후끈한 열기에 가득 차 있었다. 건물 기둥 곳곳에 커다란 붓글씨로 '자유언론실천 만세!', '기관원과 개는 출입금지'라 쓰인 글이 나붙어 있었다. 많은 기자가 흥분된 어조로 '언론자유!' 운운하는 소리가 들렸다. 우리는 참 운이 좋았다. 바로 며칠 전인 10월 24일 동아일보 기자들이 '10.24자유언론실천선언' 모임을 갖고 진실 보도를 다짐한 직후였다. 평소 같으면 유신체제에서 군대를 조롱거리로 만든 내 사연을 그리 크게 보도할 수 없었을 터인데 당시 분위기와 맞물려 대서특필된 것이다.

언론자유를 외쳤던 그들 기자·PD·아나운서들은 이듬해인 1975년 '동아 백지광고사태'를 겪으며 대거(113명) 해직돼 '동아투위'를 결성한 이래 46년이 지난 지금도 여전히 거리에서 사과와 복직을 요구하고 있다. 조선일보에서도 같은 해 33명이 해직돼 '조선투위'로 활동 중이다. 나는 언론인의 길을 걷기로 마음먹고 기자시험 준비에 들어갔다.

합격자 명단 보고 난리 친 정보부, '합격 취소하라' 압력

조선일보 기자생활 5년간 겪은 비화 두 토막.

첫째는 천신만고 끝에 '기적같이' 입사한 사연이다. 기자들의 언론자유 투쟁과 노조설립 움직임에 화들짝 놀란 신문사 사주들은 그해 오랜 전통이던 공채방식을 바꿔 대학의 추천을 받은 지원자 중에서 선발하는 방식으로 변경했다. 1975년 당시 중앙일보·동아일보 등이 먼저 이 방식을 채택했다. 공채를 유지한 신문사 가운데 첫 번째로 시험을 치른 곳이 조선일보였다.

통상 기자 선발과정은 객관식으로 1차 시험을 치러 상당수를 탈락시키고, 2차로 논문·작문 등 글쓰기 능력을 검증하며, 3배수 정도로 추린 인원을 대상으로 사장과 간부진이 면접을 실시해 최종합격자를 확정하는 절차를 거친다. 1, 2차 합격자는 수험번호만 공지하고, 3차 면접을 거친 최종합격자는 이름을 사고社告로 공지했다.

문제는 여기서 발생했다. 유신체제에서 언론계 진입장벽은 매우 까다로워 학사징계를 받은 운동권 학생은 여간해선 뚫고 들어가기가 어려웠다. 최종합격자를 발표하기 전에 중앙정보부나 경찰 등 치안담당 부서의 '신원조회'를 거치는 것이 관행이었다. 헌데 조선일보 인사담당자가 바뀌면서 신원조회 과정을 빼먹고 최종합격자가 발표됐다고 한다. 나중에 회사 간부로부터 전해 들은 뒷얘기다. 어렵게 들어왔으니 '알아서 더 열심히 하라'는 취지로 귀띔해준 것 같다. 최종합격자 명단이 발표되자 여기저기서 전화가 빗발쳤다고 한다. 10.15 위수령 때 제적됐던 '문제 대학생'을 어떻게 조선일보가 두 명씩이나 뽑을 수 있느냐는 거센 항의였다. 취재기자 8명 명단에 나와 ㅂ군이 포함돼 있었던 것이다.

정보부는 두 명에 대한 합격을 취소하라고 강력히 요구했다고 한다. 신문사로서는 여간 고민거리가 아니었을 것 같다. 명색이 '독립 언론사'로 사장까지 면접해서 최종합격자를 발표했는데 정보기관 압력으로 취소했다가는 언론계에 쫙 소문이 퍼져 낯을 들 수 없는 처지가 될 것이고 신문 장사에 치명적인 악영향을 끼칠 것이다. 그렇다고 무시할 수도 없어서 회사 고위 간부가 정보부 측과 여러 차례 협상한 끝에 확실히 '교화敎化'해서 잘 활용하겠다고 단단히 약속을 하고 간신히 넘어갔다는 것이다.

또 다른 비화는 경찰 기자 때 쓴 기사가 '말썽'이 돼 '남산'(정보부)에 끌려간 이야기다. 연세대 ㄴ교수가 중앙공무원교육원에 재교육 차 입교한 3급(현 직급 5급) 고위직 공무원들을 상대로 한 조사를 토대로 쓴 논문("한국 관료엘리트의 가치체계와 성분에 관한 조사연구") 중에 상당수(40.8%) 공무원이 정부가 역점을 둬 추진하던 '서정쇄신庶政刷新'(부정부패척결) 성과에 부정적이며, 현실에 불만을 갖고 있다는 내용을 크게 기사화한 것이다. 나로서는 뒷부분이 잘릴지도 몰라서 일단 길고 상세히 써 보냈는데, 웬일인지 기사 전문이 사회면 박스 기사로 돋보이게 실렸고, 기사를 본 박정희 대통령이 불같이 화를 냈다는 것이다. 논문을 쓴 ㄴ교수, 첫보도를 한 CBS 기자 그리고 가장 크게 쓴 내가 남산에 끌려가 조사를 받게 된 것이다.

회사로부터 "아무래도 한번 다녀와야겠다"라는 말을 듣고 소속 기자를 보호해주지 못하는 데 대한 서운함으로 피신해 버틸 생각도 잠시 했으나 기자를 계속하려면 그럴 순 없었다. 심사숙고 끝에 기왕에 가는 것, 회사에 폼도 잡고 생색도 잔뜩 내자며 "내가 회사를 대표해 다녀오겠다"고 짐짓 '의연한 척' 출두해 조사를 받았다. 박스 기사로 돋보이게 편집한 것은 간부진 책임으로 일선 기자인 내가 책임질 몫은 아니었으나 내가 '흔쾌히' 모두 떠안고 간 덕에 회사 고민을 덜어준 셈이었다. '꽤 쓸 만한 놈'이란 호의적 평가가 나돌았다고 한다.

막상 정보부에 출두하니 분위기가 영 험악했다. "여기 온 적 있느냐"는 첫 질문에 "처음"이라고 답하면서도 속으로는 몹시 켕겼다. 대학생 때 끌려와 고생했던 기억이 새삼 떠올랐기 때문이다. 곧이곧대로 답하면 치도곤 당할 것이 뻔한 터라 거짓말로 넘길 수밖에 없었다. 컴퓨터 없이 수작업을 하던 시대였기에 통했을 터이다.

'남산'과의 첫 인연은 대학 3학년이던 1971년 1학기 초였다. 4월 초 어느 날 학교 근처 다방에서 모임을 갖던 문리대 운동권 10여 명이 관할 동대문경찰서에 모조리 연행된 일이 있었다. 그해 박정희 대통령과 김대중 후보가 맞붙는 대통령 선거와 국회의원 선거가 예정 돼 있었고, 학원병영화에 항의하는 교련 반대 움직임이 꿈틀대던 시기라 정보부가 대학가 움직임에 직접 개입하기 시작했다. 새로 출범한 학생회 간부 중 핵심분자 5명을 올려 보내라고 지시를 한 듯하다. 외곽에 머물던 학생운동권이 그해 대표성을 지닌 학생회까지 장악한 데 대해 위기의식을 느끼고 양자를 분리시키는 공작으로 학생회 간부들을 선제적으로 혼쭐내 각개격파하려던 전략이 아니었나 싶다. 이호웅 학생회장, 강우영 부회장, 부장을 맡았던 임종대, 이석규 그리고 내가 대상에 올랐다. 검은 지프차에 실려 건물에 들어서자마자 야전 침대 받침목을 마구 휘둘러 매타작으로 기를 죽이고 며칠 밤샘 심문으로 초주검을 만들었다.

조선일보에서 5년을 근무하며 얻은 '소득'은 조사부 기자로 근무하던 아내와 연애해 해직된 후인 1981년 4월 결혼하고 사랑스런 2남 1여 자식을 둔 것이다.

「한겨레신문」 창간에 대변인으로 한 몫 거든 자부심

내가 가장 오래 일한 「한겨레신문」과의 인연 역시 기자 해직과 연관돼 있다. 1987년 6월 민주항쟁으로 위기에 몰린 전두환 정권은 노태우 후보를 앞세워 '6.29선언'을 발표해 위기를 모면하려 했다. 그리고 김영삼·김대중 두 야당 지도자의 분열에 힘입은 노태우 대통령 당선으로 소기의 목적을 달성했다. '거짓 항복 선언'인 6.29선언 중에는 신문 발행을 허가제에서 신고제로 바꾼다는 내용이 들어 있었다. 이는 '동아투위', '조선투위', '80년해직언론인협의회' 등 해직 기자들에게는 '절호의 기회'가 됐다. 국민 후원을 바탕으로 '국민주' 형식으로 돈을 모아 '새 신문'을 창간하자는 움직임이 일었다. 권력·자본·사주로부터의 독립을 통해, 민족·민주·민생을 지향하는 '참 언론'을 만들자는 것이었다.

꿈과 이상은 높은데 실천력이 부족한 상태여서 동아·조선투위 선배들을 젊은 80년 해직 기자들이 실무적으로 뒷받침해야 한다는 요구가 빗발치며 내가 등 떠밀려 다니던 직장을 그만두고 창간준비위원회 대변인 직책을 맡게 됐다. 과연 창간이 될지 안 될지 불투명한 상황이라 한사코 피하고 싶었으나 주위의 간곡한 요청을 차마 거절하지 못하고 '중책'을 떠맡았다. 내외신 기자들, 전국 각 대학신문, 각종 민주단체 기관지, 종교계 주보 등을 대상으로 '새 신문'이 왜 필요한지, 지향하는 방향은 무엇인지, 추진 주체는 누구인지, 구체적인 창간 계획은 어떠한지, 그리고 후원하는 방법은 무엇인지 등을 널리 알려야 했기에 정신없이 바빴다.

초반 지지부진하던 모금은 양 김씨 분열로 대선에 패배한 뒤 국민 상당수가 허탈감·열패감에 빠진 가운데서 오히려 힘을 받기 시작했다. 새 신문의 제호는 '한겨레신문'으로 정해졌다. 한반도 평화와 남북통일을 지향하겠다는 의지를 담은 것이다.

"민주화는 한판의 승부가 아닙니다 ― 허탈과 좌절을 떨쳐버리고 「한겨레신문」 창간에 힘을 모아주십시오"라는 감동적인 신문광고 문구가 새로운 희망을 불어넣고 많은 국민이 모금에 적극 참여하면서 목표액 50억 원을 달성해 드디어 1988년 5월 15일 창간하기에 이르렀다. 역사적인 한겨레 창간에 한몫 거들었다는 자부심이 일생의 보람으로 남아 있다.

창간 초창기의 「한겨레신문」은 마치 중국 수호지에 나오는 '양산박梁山泊'과도 같은 분위기였다. 언론자유를 꿈꾸던 해직 기자들, 박봉을 각오하며 다니던 언론사를 박차고 합류한 경력 기자들, 민주화운동으로 옥살이하느라 언론사 근처에도 못 간 민주투사들, 새로 뽑은 수습기자들이 뒤엉켜 혼돈을 면할 수 없었다. '저마다 호걸풍'으로 목소리가 크고 개성들이 강한지라 기강이 잡히고 지도부의 권위가 인정받기까지에는 일정 시간이 필요했다.

그러나 순수한 열정으로 뭉친 집단이기에 온갖 난관을 극복할 수 있었다. 기득권 세력의 노골적인 견제와 방해 그리고 '노동자 평균임금 수준의 박봉'을 묵묵히 견뎌나갔다. 성역 없는 보도와 참신한 시각 그리고 기자정신을 좀먹는 일체의 '촌지'를 거부하는 운동 등이 신선한 바람을 일으키며 점차 자리를 잡아갔다.

나는 조선일보 근무 경험 때문에 정치부에 배치됐다. 창간 이듬해인 1989년 3월 그때까지 미수교국으로 '금단의 지역' '죽의 장막'이던 중국(당시로선 中共)에 대학교수로 신분을 위장해 보름간 취재를 다녀온 것이 기억에 남는다.

'가짜 교수' 명함 찍고 수교 전의 중국 모습 취재

당시 중국은 문화혁명을 거친 뒤 덩샤오핑(등소평)의 개혁·개방 바람이 휘몰아치며 대변혁의 와중에 있었다. 외국의 투자유치를 원하던 중국은 수교 전이라 극소수 한국 기업인과 경제학자들에게만 방문 기회를 주었다. 김대중 정부 첫 농림부장관을 지낸 농경제학자이자 중국 전문가인 김성훈 중앙대 교수와의 각별한 인연(동서지간)으로 그가 이끄는 '동북아경제연구교수단'의 일원으로 위장해 선양과 하얼빈, 수도 베이징을 둘러보았다. 모 대학 전자공학과 조교수란 가짜 명함을 찍고, 학교 연락처에는 집 주소와 내 전화번호를 적어 넣었다. 수교 전이라 항공편이 없어 서울서 남쪽 끝 홍콩으로 날아가 정보요원 접선하듯 중국 관리를 만나 비자를 대신할 '허름한 종이쪽지'를 받아서 동북3성인 요령성 선양(심양)으로 향했고, 곳곳에서 변화하는 중국 모습을 직접 취재할 수 있었다. 당시 느낀 것을 '현장에서 본 중국의 새 선택'이란 제목으로 9회 시리즈로 연재해 숱한 화제를 낳았다. 한국 언론으로서는 최초의 본격 중국기행문이었다.

흑룡강성 하얼빈에서 조선족 항일빨치산 여전사 이민李敏 여사를 우연히 만나 국내에 소개했다. 이민 여사는 흑룡강성 성장을 여러 차례 지낸 유력한 중국 항일투사 진뢰陳雷(천레이)와 결혼한 여걸이다. 삼강평원에서 항일운동을 하다 일본군에 쫓겨 옛 소련 땅 하바로프스크 근처 비밀기지로 밀려갔다. '88국제여단'으로 알려진 항일연합군 기지에서 그는 김일성·김정숙 부부와 3년 남짓 함께 생활했다. 유아시절의 김정일을 자주 보았다고 한다. 소련의 물적 지원을 받으며 만주지역 중국과 조선의 투쟁가들이 집결한 '동북항일연군東北抗日聯軍'에는 훗날 북한 지도부로 등장하는 김일성 외에 김책, 최용건, 최현, 강건, 안길 등이 주요 간부로 활동했다. 진뢰·이민 부부는 김일성 주석이 생존했을 때 여러 번 초청을 받아 평양을 방문했으며 김일성이 사망했을 때도 직접 평양에 가 조문했다고 한다. 확인하려고 「로동신문」을 찾아봤더니 상주인 김정일과 진뢰·이민 부부 셋이 나란히 찍은 사진이 1면에 큼직하게 실려 있었다.

체제대결 필요성 때문에 정부가 김일성의 항일투쟁 경력을 깎아내려 진실이 헷갈리던 시기에 이민 여사의 증언은 너무나 소중한 것이었다. 그러나 자칫 국가보안법에 걸려 곤욕을 치를 우려 때문에 '중국항일열사록'에 기록돼 있는 이민 여사의 항일투쟁 부분만 소개하고 김일성 그룹과의 소련 생활은 당시엔 신문에 쓸 수 없었다.

10년 후인 1999년 이민 여사가 서울에서 개최된 NGO세계대회에 중국 하얼빈 대표단을 이끌고 한국에 왔다. 그를 다시 만나 보충취재를 해서 월간 「신동아」(2000년 3월호)에 '이민 여사와 김일성 항일빨치산부대'의 상세한 이야기를 소개했고, 나중에 내 칼럼 모음 책자 『차라리 소가 되고 싶다』에도 전재했다.

정치부장 때 남북 총리회담 취재 차 평양 방문

취재차 평양을 방문한 기억도 새롭다. 노태우 대통령 당시 남북 사이에 고위급회담이 열리고 양쪽 총리가 평양과 서울을 번갈아 방문하면서 대화 분위기가 무르익었다. 한겨레 정치부장으로 1992년 9월 15일부터 3박 4일간 평양에서 열린 정원식-연형묵(북한) 총리의 8차 고위급회담 취재차 평양을 방문한 나는 머릿속으로만 그리던 북한 사회를 겉모습이나마 직접 접하며 만감이 교차할 수밖에 없었다. 영빈관인 '백화원초대소'에 묵으며 인민문화궁전, 목란관, 옥류관 등 곳곳을 방문하면서 양쪽 체제의 이질성과 같은 민족으로서의 동질감을 함께 느낄 수 있었다. 한반도 평화 문제에 깊이 천착하는 직접적 계기가 됐다.

판문점에서 처음 만난 후 3박 4일간 나를 그림자처럼 따라다니던 전담안내원 '박 선생'이 생각난다. 말이 안내원이지 '감시원' 역할이 컸다. 처음에는 직업의식이 앞선 데다 그가 여기저기 따라붙는 것이 밉살스러워 몸을 숨겨 따돌리는 등 골탕을 먹이기도 했지만 며칠 붙어 지내다 보니 이런저런 정이 들었다.

'박 선생'은 처음 나에 대해 큰 오해를 했다. 젊거나 늙거나 다른 기자들이 모두 나에게

'지시'를 받고 써온 기사를 제출하는 것을 보고 한겨레신문 정치부장 '리원섭'이 아닌 숨은 실력자 '기관원'으로 생각했던 모양이다. 거기에는 그럴 만한 까닭이 있었다. 평양 취재는 관례적으로 '풀 시스템Pool System'(공동기자단)으로 운영돼왔다. 쓸거리는 많은데 취재 인원이 한정된 탓에 기자단이 공동 취재해 공동 송고하는 제도다. 나는 평양으로 출발하기 전 모임에서 회담장 모습이나 북한의 이런저런 풍경, 이모저모 소식을 총괄하는 이른바 '스케치팀장'을 맡게 됐다. 고사할 틈도 없이 현직 정치부장이어서 박수로 떠맡겨진 임무였다. 각자가 한두 꼭지씩 맡아서 취재하도록 현장에서 일거리를 고루 배분한 다음 취재해온 내용이 겹치거나 뒤엉키지 않도록 '교통정리'해 남쪽에 팩스로 보내는 책임을 맡은 것이다.

이 모습이 북한 사람들 눈에는 내가 나이 많은 사람들한테까지 '지시하고 검열하는' 것으로 비친 모양이었다. 풀 시스템에 대해 설명해줬으나 이해가 안 되는 것 같았다. 다들 내 '정체'를 캐내려고 나섰는데, 모든 남쪽 사람 설명이 일치해 겨우 오해에서 벗어날 수 있었다. 지면 사정상 다 소개할 수 없지만 이런저런 에피소드가 꽤 많다.

2년 반의 바쁘고 고된 정치부장직을 끝내고 기자 해외연수 프로그램에 지원해 선발됐다. 『김일성평전』을 써 유명한 하와이대학 서대숙 교수에게 연락해 1년간 '방문연구원' 생활을 했다. 가족들 왕복 비행기 삯과 체재 경비까지 대주는 호조건이어서 박봉에 시달려온 가족들에게 남편과 아빠로서 면을 세울 수 있었다. 나도 모처럼 소진된 에너지를 재충전할 수 있었던 소중하고 달콤한 기회였다. 하와이대학 방문연구원visiting scholar 자격으로 그곳 도서관에서 북한 관련 서적과 자료들을 폭넓게 열람할 수 있었다. 어느 날(1994년 7월 8일) TV에서 김일성 북한주석이 사망했다는 긴급뉴스가 떴다. 국내에선 북한이 곧 붕괴하는 양 냉전적 분위기가 압도하고 있었다. 북한을 여러 차례 방문해 그쪽 사정을 잘 아는 서대숙 교수와 지면 한 면을 통째로 터는 대형 인터뷰를 해 북한은 하루아침에 무너지지 않는다는 대담기사를 보낸 기억이 난다.

귀국 후 논설위원을 자원해 정치·통일외교안보 담당 논설위원으로 사설과 칼럼을 집필했다. 그 후 논설위원실장을 맡았고 통일문화연구소장도 겸직했다. 가천대학교 신문방송학과(현 미디어커뮤니케이션학과) 교수로 옮길 때까지 한겨레에서 총 18년을 근무했다.

가천대 신방과 교수로 10년간 재직

논설위원실장 근무 당시 서강대학교에서 대학원 과정 등록금을 전액 지원해주는 조건의 공모 프로그램에 선발돼 언론대학원 석사학위를 받고, 그 인연으로 서강대 대우교수로 몇 년 강의한 것이 가천대학교 신방과 교수로 전직하는 데 큰 도움이 됐다. 나를 아끼고 좋아하는 주위 여러분의 적극적인 추천과 배려, 성원이 없었다면 55세에 정식 교수로 임용되는 '파격'은 쉽지 않았을 터이다. 살아오면서 많은 분에게 신세를 졌다. 어려움에 처할 때마다 '귀인貴人'들이 나타나 도움을 줬다. 감사할 뿐이다. 가천대 교수 생활 10년은 언론의 이상과 현실을 학생들에게 직접 가르치며 느끼는 보람 말고도 대학생처럼 마음이 젊어지는 '특혜'를 누릴 수 있었다. 교수 생활을 통해 세상을 긴 호흡으로 보는 습관도 익히게 됐다.

교수 시절 석간 내일신문에 칼럼을 쓴 인연이 이어져 2014년 정년퇴임한 후에도 지금까지 줄곧 칼럼을 쓰고 있다. 때로 피곤하지만 한반도 평화 관련 글쓰기를 통해 작은 몫이나마 사회 발전에 이바지한다는 보람을 느낀다. 부러워하는 친구들에겐 농반진반弄半眞半 '생계형 칼럼니스트'라고 말하곤 한다. 평생 이재理財와는 담을 쌓고 살아온 터라 가급적 자식들한테라도 의존하기는 싫어 '평생 업'인 글쓰기를 계속하는 면도 없지 않다. 배부르고 등 따시면 '창작의 고통'을 피하고 싶은 것이 인간의 속성일진대, 나처럼 게으른 속인俗人에겐 '적당한 청빈淸貧'이 분발을 촉구하는 동기부여 촉매제가 되는 셈이다.

사실 한겨레신문에 들어갈 당시에는 아파트라도 지니고 있었는데 18년 근무를 마쳤을 때는 전세살이로 변해 있었다. 한겨레를 욕먹게 할 뜻은 전혀 없으나, 그 좋다는 직책을 다 거쳤음에도 생활은 늘 쪼들렸다. 노동자 평균임금 수준의 박봉에, '촌지'를 철저히 배격한 것도 있지만 부서운영비를 책정하지 않는 등 현실을 도외시한 시스템 미비 탓이 컸다. 지금은 달라졌지만 틀이 잡히기 전 한겨레 초창기 선배들은 거의 비슷한 '자발적 헌신'을 감내해야 했다. 대학으로 직장을 옮긴 후 학교 근처 경기도 죽전에 다시 보금자리를 마련했다.

'투사형'보다는 '선비형'인데 세상이 험난한 길로 내몰아

돌이켜보면 평범한 월급쟁이보다는 굴곡진 삶을 살아왔다. 그러나 나는 천성이 '투사형'과는 거리가 멀다. 굳이 비유하자면 딸깍발이 '선비형'에 가깝다. 남 앞에 나서기를 꺼려하고 가능하면 뒷줄에 앉는 것이 마음 편하다. 그런데도 결코 순탄치 않은 '험난한 길'을 걸을 수밖에 없었던 것은 올곧지 못한 세상 탓이 크다. 험한 세상이 나를 그리 이끌어왔다.

인천 제물포고등학교 시절 "학식은 사회의 등불, 양심은 민족의 소금"이라는 교훈 아래 3년 동안 '무감독 시험'을 치르며 체득한 것이 알게 모르게 인격 형성에 영향을 주지 않았나 싶다. 고등학교 1학년 때 얼결에 반 학예부장을 맡게 돼 '학급지' 문집을 펴낸 경험이 평생 글쓰기와 연관된 삶을 살게 만들지 않았나 하는 운명론적 생각도 든다. 지난 세월을 돌이켜 보니 내 인생은, 어느 시인의 표현을 빌리자면, "'일흔세 해' 동안 나를 키운 건 팔 할이 '신문'이다."

방송 민주화의 구비길

이윤선(전 한국방송PD연합회 회장)

서강대학교 신문방송학과 69학번
KBS-TV PD
한국방송PD연합회 회장
부산방송주식회사 상무이사
(주)현대홈쇼핑 전무이사
평택대학교 교수
한국VR/AR산업협회 상임고문

발걸음 전에(1969~1975)

1969년 2월 서강대학교에 입학했다. 하얀 눈이 마포 노고산 언덕에 소복이 내린 날이었다. 전통적으로 유교문화권에서 자란 내가 서구 문화가 가장 온전히 자리 잡은 서강대에 입학하게 된 것이다. 그야말로 문화의 충격이 컸다. 동양문화와 서양문화의 충돌! 낯선 게 너무나 많다. 대학은 아직 교문조차 없고 흙으로 뒤범벅이다. 신촌로터리에서부터 학교 앞까지는 물론이고 언덕길을 오를 때까지도 온통 진흙 길이다. 그래도 여기가 세계 유수의 대표적인 교육기관들을 운영하는 가톨릭 예수회가 설립한 대학이란다.

여기서 원래는 신흥 학문이라는 보도예술학 전공이었는데, 영어로 Mass Communication Arts, 우리나라에서는 생소했기에 결국 신문방송학과로 학과 명칭이 통일되었다. 이렇게 해서 나는 서강대학교 신문방송학과 1학년생이 되었다.

그리고 당시 군부정권에 의해 독재의 그림자 속에서 신음하는 대학의 여러 모습을 목도하고 몸으로 겪게 되었다. 1학년 때는 그래도 방송, 연극(당시 서강대가 앞서 도입한 뮤지컬), 합창, 유네스코 학생회 등 다양하게 클럽 활동을 할 수 있었다. 그렇지만 점점 눈 뜨게 된 대학의 현실과 한국사회의 현실을 생각해볼 때 그 부조리와 모순투성이는 젊은 가슴에 뜨거운 그 무엇이 되어 늘 가슴을 짓누르고 있었다.

3학년이 되던 1971년, 대학 사회는 한국사회의 지성의 요람으로서 사회에 대한 각종 요구와 발언을 더욱 쏟아내기 시작했다. 이즈음 정권은 대학을 더욱 억누르기 시작했고 구체적으로 교련과목의 강화, 필수화를 통해서 학원을 병영화하고자 하는 의도를 드러내기 시작했다. 결국 학원병영화에 반대하는 젊은 학생들의 저항은 10월 15일 위수령 발동을 불러오고 많은 대학이 해병대에 의해서 군홧발에 짓밟히고 폐쇄되기에 이른다. 수많은 학생 지도자들이 학사 제적, 수배, 구속되고 결국 강제 징집되어 여러 차례에 걸쳐 용산역을 단체 출발하여 논산훈련소에 강제 입소하게 된다.

이 과정을 거쳐 전국의 173명 학생운동 지도자는 155마일 서부, 동부전선에 뿔뿔이 산개 배치되어 3년간의 군복무에 강제로 투입되게 된다. 이렇게 해서 나는 강원도 양구 21사단 66연대 수색중대에 배치 받고 A.S.P.(Anti-government Student Power) 일원으로 주위의 주시 속에 군 생활을 하게 되었다.

첫 발걸음(1975~1985)

영원히 다시는 한국에서 대학 사회에 발붙이지 못하게 했던 학사 제적이, 후일 육영수 여사가 박정희 대통령을 설득하여 복학은 가능하게 했다고 알려진 대로, 1973년부터 복학이 가능하게 되었다. 1974년 6월에 3년 만기 제대하고 9월에 복학한 후 1년이 지나니 다행히 그간 얼어붙었던 언론계 취업에 물꼬가 트이기 시작한다. 동아 광고사태로 수년간 신입 기자를 뽑지 않았던 동아일보가 신입사원 공채 공고를 냈고 동아일보 수습기자가 되어 국회에 출입할 수 있었다.

동아일보에 이어 응시했던 KBS PD 시험에 합격 통보를 받고 1975년 12월 1일 KBS TV 피디로 자리를 옮기게 되었다. 비판 성향의 동아일보보다 친정부 성향이라 할 KBS에서 방송인 생활을 시작하게 된 것이다.

그런데 연수기간이 지나고 입사 확정 단계에서부터 암초에 부딪히게 된다. 공공기관인 한국방송공사 정규 직원이 되기 위한 신원조회 과정에서 중앙정보부 신원조회 회신이 오지 않는 것이다. 이렇게 수개월이 지나도록 입사 동기들과 달리 입사 확정을 받지 못하고 인사 배치를 받지 못하는 지경이 되었다. 이 과정을 지켜보고 기다리던 끝에 당시 홍경모 사장과 담판을 짓기로 작정, 사장 권한으로 입사를 확정해주든지 아니면 입사부적격 불가를 통보해 달라고 요구하였다. 얼마 후 우여곡절 끝에, 어떤 과정을 거쳤는지는 모르지만, 뒤늦게 입사 를 확정받기에 이른다. 이렇게 해서 어렵게 KBS TV 수습 PD가 되었다.

1973년 공사로 출발하여 공영방송 3년인데 아직도 KBS는 국영방송의 문화와 습관을 떨 치지 못하고 있었다. 남산 생활 1년을 뒤로 하고 1976년 12월 1일 새로 마련한 여의도 KBS 본관으로 이사하게 된다. 아직 국회만 덩그러니 있고 주변엔 허허벌판 식당조차 없어서 점 심때면 걸어서 영등포역 주변까지 다녀와야 하는 사정이었다.

편성부에 배치받아 신입 PD로 방송과 KBS를 몸소 겪는 사이 1979년 10월 박정희 대통령 시해 사건이 발생한다. 이후 12.12 사태 5.18을 거쳐 1980년 12월 1일 언론 통폐합으로 KBS 는 TBC, DBS, CBS 일부와 서해방송 등과 통합, 다혈통 방송 집단이 된다. 방송은 점점 정부 와 권력에 예속되어간다. 새로 부임한 이원홍 사장은 전두환 측근인 허문도 씨와 긴밀한 협 력하에 '국풍 81'이라는 국민 위무 프로젝트를 펼친다. 이어서 부임한 정구호 사장은 전두환 찬양 일변도의 '전비어천가'를 부르며 '땡전뉴스'까지 정착시키고 만다. 말하자면 공영방송 의 암흑기가 이후 수년간 계속되는 것이다. 기자도 피디도 제대로 숨 쉬지 못하면서 눈만 껌뻑껌뻑하는 무기력한 시간이었다고 할 수 있다.

동토에서 틔운 싹(1985~1987)

신군부 전두환 정권은 백방 노력하여 서울올림픽 유치에 성공하였다. 1988년 여름에 서 울에서 열리는 올림픽 경기를 위해 올림픽 주관방송사로 KBS가 결정된다. 올림픽 방송을 치르기 위해 방송 요원이 갑작스레 대거 필요하게 됨에 따라 1985년 한국방송공사 제11기

신입사원은 PD와 기자, 아나운서, 기술직을 포함하여 예년과 다르게 훨씬 많이 신규채용 충원하게 된다. 전체 입사자가 250명에 이르고 PD만도 62명이나 뽑아 1985년 4월 1일부터 근무하게 한다.

이때를 이용하여 그동안 숨죽였던 공영방송 언론의 제 몫을 다하기 위해 비밀리에 PD 단체 결사를 계획하게 된다. 오랜 기간 길들여진 타성적 분위기에서 선후배 PD들 사이에 가슴속 진실과 정의를 드러내기가 여간 어려운 게 아니다. 평소에는 무난하게 잘 지내던 선후배 간에도 이제 방송 민주화를 향해 우선 PD 결사체를 결성하자는 의견에는 눈총을 주거나 힐난하는 선배가 상당하다. 누구를 믿고 누구에게 속마음을 얘기하고 일을 추진해나갈 것인지 결코 녹록치 않다.

기회를 보아오던 차에 62명이나 신입 PD가 입사하게 되므로 이들을 환영하는 환영회를 빌미로 PD 단체를 구성, 발족하기로 비밀리에 의견을 모으고자 했다. 방법은 사발통문을 돌리는 것. 아래는 당시 사발통문 문안 내용이다.

〈안내의 말씀〉

1980년 12월 1일(언론 통폐합)의 충격이 5년 전에 기억으로 채색되어 가는 와중에 이 땅에 방송문화의 최첨단에서 묵묵히 시대의 아픔과 고락을 같이해 온 우리 방송프로듀서 일동은 환경의 변화가 요구하는 굴레에 묶여 침묵과 자제를 미덕으로 여기는 사이 어느덧 그 관행의 틀에 우리 스스로 무력하게 매여가고 있음을 발견하게 됩니다. 급기야 혼돈과 타성, 질곡과 불신의 늪에서 허우적대는 우리의 모습을 청운의 꿈으로 방송에 입문한 신입 프로듀서들의 목전에까지 노출시키게 됨으로써 동일 직종에서 새롭게 정진하게 될 그들에게조차 실망과 회의를 불러일으키는 원인 제공을 바로 선배 프로듀서들이 빚어내고 있음을 안쓰럽게 시인할 수밖에 없는 지경에 이르렀습니다.

이제는 전통의 단절과 현저한 의식의 괴리, 수평적 수직적 친교와 협력의 부재, 문화의 답보와 창조적 생명력의 감퇴, 이 모든 소망스럽지 못한 현상들을 과감히 떨쳐버리고 심기일전, 혼연일체가 되어 새로운 우리 방송프로듀서 상을 정립해야 할 필연적 시기에 당두하고 있음을 절감하게 됩니다. 차제에 지난 4월 새로이 우리 KBS의 프로듀서로 발을 딛고 새출발하는 62명

신인 프로듀서들의 전도를 축하하고 우리 모두가 대화와 자성의 전기를 마련하고자 아래와 같이 환영과 새 출발의 자리를 준비합니다.

부디 선배 동료 프로듀서 여러분께서 깊은 관심으로 성원해 주시고 이 자리가 우리에게 참으로 소중하고 뜻깊은 자리가 될 수 있도록 한마음으로 빛내 주시길 부탁드립니다.

이렇게 조심스럽게 안내문을 돌렸다. 그리고 비밀리에 가칭 '한국방송프로듀서협회'를 결성 창립하고자 MBC PD들과도 접촉하여 축하 환영 명목으로 함께 참석하기로 협의 약속했다. 1985년 6월 14일(금) 오후 7시 대방동 공군회관에서 신입 프로듀서 환영회를 한다고 물 밑으로 공지하고 다수의 PD가 함께 참석할 수 있게 계획하였다. 이때 준비한 가칭 '한국방송프로듀서협회' 발기 취지문 전문은 이렇다.

〈가칭 "한국방송프로듀서협회" 발기 취지문〉

이 땅에 방송 전파가 발사되기 시작한 지도 60여 년이 지났고 현대문명의 총아라 일컬어지는 텔레비전이 등장한 지도 어언 4반세기의 세월이 흘렀습니다. 역사의 명암 속에 가리워진 채 오로지 현대사의 엄숙한 시대적 소명에 충실해 온 우리의 선배 동료 방송 프로듀서들은 그 존재 가치가 점하는 위치를 확인할 겨를도 없이 오직 주어진 책무에 묵묵히 최선을 다해 옴으로써 이제는 현대 대중사회를 이끄는 방송문화 창달의 선두주자로서 실로 방송 프로듀서의 역할과 소임을 자타가 공인하는 위치에 이르렀습니다.

국민의 소유이며 재산이라는 전파의 최일선에서 모든 수용자의 의식과 가치와 정신을 영향 지우는 중차대한 역할과 기능을 떠맡은 우리는 방송 활동을 통해 미래지향적이고 가치중심적인 방송 문화 창달을 도모하여야 할 내외의 시대적 요청을 절감하게 되었기에 심기일전하여 방송의 질적인 향상과 부흥을 위해 합심하여 노력할 것을 다짐하고자 합니다.

이에 우리 방송 프로듀서들은 조국의 번영과 부강을 위하여 이 땅에 풍요로운 정신문화를 선도하고 국민 정서 함양과 사회 계도를 통하여 공익을 추구하고자 하는 우리의 결집된 의지를 모아 명실공히 생산적이고 능률적인 방송 활동을 이룩하고자 가칭 "한국방송프로듀서협회"를 발족하기로 하였습니다. 우리는 앞으로 새로이 출발하는 우리 방송 프로듀서들의 협회를 통해 합심 전력하여 방송에 무궁한 잠재력을 상호 개발하고 긴밀한 유대로 보다 발전적이고 효율적인 방송이 되도록 상호협조 연구함으로써 국가 발전에 일층 더 진일보하여 기여하고자 매진할 것입니다. 방송 문화의 발전에 진력하시는 관계 인사 여러분의 뜨거운 격려와 성원을 부탁드리며 아래와 같이 창립총회를 개최하고자 합니다.

아 래

창립총회 일시: 1985년 6월 14일 오후 7시

창립총회 장소: 대방동 공군회관

한국방송피디협회 발기인 일동

공군회관을 예약하고 환영회를 가장하여 협회 창립을 준비했지만 이렇게 다수의 PD가 함께 회동한다는 사실 자체가 당시로서는 큰 충격이었기에 정보기관 안기부, 보안사, 치안 본부는 화들짝 놀라 이 모임 행사 자체를 무산시키려고 백방으로 회유, 압력을 가해왔다. 이렇게 해서 결국 환영회 2부 행사로 PD 단체를 결성하고 대표인 회장으로 최상현 선배를 세우고 PD협회를 발족시키고자 했던 계획은 무산되어 실패로 끝나고 다시 침묵의 시간을 보내게 된다.

손을 맞잡고(1987~사모곡 파동)

그간 움츠러들었던 방송 민주화 활동은 1987년 6.29 선언 이후 달라진 정치 사회 환경에 다시 힘을 얻고 재출발하게 되었다. 이해 7월 18일, 19일 연이어 회동하여 준비하고 드디어 7월 20일 오후 6시 20분 KBS ABC 대회의실에서 250여 명의 PD가 참석한 PD 총회에서 프로듀서협회 창립을 선언하게 된다. 이날 채택한 선언문 전문을 살펴보면,

- 참다운 공영방송을 위한 신인 -

민주화 시대를 맞이하여 사회 각계는 민주국가 건설에 힘찬 발걸음을 내딛고 있다. 그동안

언론계에 대한 국민의 질타와 비난은 수없이 제기되어 왔다. 특히 공영방송 KBS에 대한 국민들의 분노는 시청료거부운동이라는 구체적인 결과로 나타났다. KBS는 공영방송이라는 허울 아래 권력의 시녀로서 부끄러운 방송을 해왔던 지난날에 대하여 감히 고개를 들지 못할 따름이다. 공영방송의 주인이 국민임을 통감하면서도 언제 단 한 번이라도 국민이 주인임을 증거한 적이 있었던가? 온갖 부조리하고 비민주적인 법규와 제도적 억압에 눌려 주인된 국민을 속이고 외면하고 오도하면서 국민의 눈과 귀를 호도했던 지난날의 방송에 대하여 처절히 자각하고 반성한다. 이제는 다시 이러한 방송을 되풀이해서는 안 될 것을 다짐하면서 KBS가 참다운 공영방송의 길을 가기 위하여 KBS 프로듀서 일동은 다음과 같이 선언한다.

1) KBS의 주인이 국민임을 부정하는 일체의 제도와 관행을 거부한다. 따라서 비민주적인 언론 기본법과 한국방송공사법 및 관련 법규는 폐지 또는 개정되어야 한다.

2) 앞으로 예상되는 정치 일정 가운데 민주화에 역행하는 어떠한 부당한 지시나 프로그램 제작도 거부한다.

3) 해직언론인은 즉시 복직되어야 한다.

4) 일체의 외부기관의 출입과 간섭을 거부한다.

이상의 구체적인 실천을 위하여 한국방송공사 프로듀서협회를 구성하며 어떠한 장해도 결속된 행동으로 거부할 것을 강력히 다짐한다.

1987년 7월 18일 KBS 프로듀서 일동

이렇게 우여곡절 끝에 드디어 탄생된 프로듀서협회는 이어 MBC 프로듀서협회의 창립으로 이어지고 KBS에서는 합법 노동조합의 창립 결성을 이끌어나가게 된다. 이렇게 해서 KBS 초대 노조위원장에 고희일 PD를 선임하게 되었다.

이렇듯 힘겹게 방송 민주화를 위한 공식적이고 공개적인 활동 기반은 협회로 그리고 법적 보장기구로 노조를 설립하게 되어 조직적으로 활발하게 방송 민주화를 이뤄가게 되었다.

그런데 공교롭게도 방송 민주화를 가로막는 복병이 정부나 권력 측이 아니라 엉뚱하게도 제작 자율화와 표현의 자유를 침해하는 민간 사회 사례로 발생되었다. KBS 2TV 일일연속극 〈사모곡〉 방송 내용을 불교 조계종에서 들고 일어나 문제 삼고 나선 것이다.

1987년 8월 19일 밤 9시 30분 〈사모곡〉은 주인공 만강(길용우 분)이 과거시험 준비 공부는 하지 않고 매일 저녁 밖으로 나가 기방 출입을 하고 다닌다는 것을 안 집안 어른이 "절간에 중이 고기 맛을 알면 빈대도 잡아먹는다 했겠다" 하며 만강을 꾸짖는 장면이 방송되었다. 그런데 이 표현이 불교를 모독했다고 KBS에 항의하면서 TV 본부장과 예능국장의 경질 그리고 제작자를 처벌하라고 강력 요구한 것이다.

이를 제작 자율권과 표현의 자유 침해로 규정한 KBS PD들은 단체로 조계종의 처사에 항의하기에 이른다. 이에 앞서 독실한 불교 신자인 〈사모곡〉의 작가 임충과 연기자 강부자 그리고 예능국장이 조계종을 방문, "이는 단지 전래 속언을 비유적으로 쓴 표현에 불과하며 작가도 불교 신자로서 절대 불교를 모독할 의사와 입장이 아니"라고 강변했으나 조계종은 이를 수용하지 않았다.

문공부 종무실을 통해 점점 KBS를 압박해오자 제작본부장은 담당 PD에게 자막 사과방송을 하자고 제안했고, 이를 담당 PD가 수용할 수 없다고 하자 본부장이 제작 PD 전체회의를 소집하였다. 여기서 본부장은 조계종의 입장이 완강하고 문공부의 요청도 있으니 사과방송을 받아들이자고 거듭 제의하였다. 담당 PD가 받아들이지 않자 본부장은 "그러면 KBS 간판을 떼자는 말이냐"고 역정을 내고, 담당 PD는 이에 맞서 "KBS 간판을 떼지 않기 위해 사과방송을 해선 안 된다는 것"이라고 물러서지 않았다. 이날 회의에서 합의가 되지 않았고 제작 PD들은 결의문을 내기에 이른다. 아래는 그 결의문 전문이다.

결 의 문

방송의 주인은 국민으로 표현의 자유와 알 권리는 인간다운 삶을 실현하는 기본권임을 확신하는 우리 드라마 프로듀서 일동은 최근 불교계 일각의 과민반응으로 노정된 제작 자유 침해 사례에 접하여 아래와 같이 결의한다.

1. 제작의 자유를 침해하는 어떠한 형태의 내외부적 간섭과 부당한 압력을 배격한다.

2. 드라마의 제작은 기본적으로 제작자의 양식과 객관적 양심의 기준에 따라 이뤄져야 한다.

3. 드라마의 내용은 국민 일반의 필요와 편의에 부응하여야 하며 이를 위하여 자유로운 제작 요건이 확보되어야 한다.

4. 최근 불교계 일각의 부당한 요구는 불교계 전체의 품위를 손상시키는 일부 인사의 무분별한 처사로써 편견과 독선에 기인한 횡포이며 이러한 비이성적인 압력은 마땅히 철회되어야 한다.

5. 이번 사태에 대처하는 일부 사내 고위층의 미온적이고 임기응변적인 처사로 인해 야기될지도 모를 불신 조장을 우리는 염려한다.

6. 향후 사태 발전의 추이를 우리는 예의주시할 것이며 제작 자유의 수호를 위해 제작 거부까지도 불사할 것임을 엄숙히 결의한다.

1987년 8월 27일 한국방송공사 TV 드라마 프로듀서 일동

이렇게 제작 PD들의 반발이 완강하자 사과 방송도 못 하고 제작 PD 징계 처벌도 못 하고 결국 PD를 제작국에서 편성국으로 전보 발령하는 것으로 파동은 마무리되었다. 이 조계종 사례가 방송 민주화의 구비길에 기록되는 공개적인 첫 파동으로 남게 된다.

두 갈래 옥동자(연합회/언노련)

KBS PD협회가 결성되고 나서 MBC도 1987년 9월 1일 PD협회를 창립하였고, 양 방송사와 EBS, CBS 등이 9월 5일 전국 PD 조직인 한국방송프로듀서연합회를 결성하였다. 이 각 방송사별 PD협회가 중심이 되어 각 방송사의 노조가 조직되기에 이른다. 이 각사별 노조가 연합하여 언론노조연맹을 결성하게 된다. 각 사 PD협회는 각사별로 아나운서협회, 카메라맨협회, 방송미술인협회, 방송경영인협회 등 직능단체 조직 결성을 이끌어낸다. 이렇게 해서 방송사의 민주화는 직능단체 트랙과 노조 트랙 두 갈래로 진전될 수 있는 기틀을 마련하게 되었다.

두 트랙이 확보되고 시간이 점차 지나면서 직능단체는 방송 전문인 단체로 자율적인 내부 방송문화의 향상과 발전을 도모하게 되었고 노조는 법적 보호를 받는 공적 조직으로서 구성원의 이익을 추구하는 단체로 자리 잡게 되었다. 그러면서도 각 방송사의 공정방송위원회는 노사 동수로 구성되어 노조 중심으로 노조의 입김 아래 운영되게 되었고, 이 공정방송 위원

회의 기능과 발언권이 강화됨으로써 점차 직능단체보다는 노조 중심으로 방송 민주화가 진행되는 형상을 보이게 되었다. 이제 방송 노조는 방송사의 명실상부한 압력단체로 자리매김하게 된 것이다.

초유의 제작 거부 사태(1990~)

1990년 1월 21일 노태우·김영삼·김종필의 3당 합당이 발표되고 나서 이틀 후 1월 23일 아침 느닷없이 KBS와 MBC의 연예 PD 7명이 검찰에 연행되었다. 이 사건은 당일 사회면에 톱기사로 떠올랐고 온통 세간에 흥미와 관심거리로 등장한다. 거기에다 검찰이 연행 PD들을 고문하여 강제 자백을 받아냈다는 사실이 알려짐으로써 방송 PD 집단과 검찰 간에는 끝모를 명분 전쟁, 대치가 벌어진다. 이 전쟁은 결국 검찰 측의 내밀한 사과와 협조 요청으로 몇 명 PD의 불명예 희생으로 애매하게 마무리되었다(이 비화는 불순한 정치적 동기와 목적이 확인되었지만 여기에 자세히 기록할 지면이 허락하지 않아 생략한다).

연이어 1990년 3월엔 정부가 KBS 사장으로 서울신문 사장을 지낸 소설가 서기원을 임명했다. 이에 KBS 노조와 PD협회를 비롯한 직능단체 연합은 서기원 KBS 사장 임명을 반대하며 이를 철회할 것을 강력히 요구하였다. 정부가 이를 받아들이지 않자 급기야 KBS PD들은 프로그램 제작 거부에 돌입하였고, 기자들도 연이어 취재 및 뉴스 제작 거부에 돌입하였다. KBS 전국네트워크 방송 직군이 대거 본사 1층에 집결, 항의 농성에 돌입하였다. 이로써 한국 방송 초유의 43일간의 제작 거부 사태가 벌어지게 된 것이다. 제작 거부 및 농성이 장기로 계속되자 정부는 결국 KBS 구내에 경찰 공권력을 대거 투입하여 KBS 본관 1층 민주광장에서 농성하고 있던 1,500여 명의 KBS 사원을 대거 연행, 시내 각 경찰서로 분산 수용하였다. 그간 노조가 중심이 되어 제작 거부 사태를 이끌었으나 경찰 투입으로 노조 집행부가 경찰서로 뿔뿔이 연행되자 PD협회를 비롯한 직능단체 연합이 비상대책위원회를 구성하게 된다. 이때 PD협회 회장이자 전국 PD연합회 회장이었던 필자는 비상대책위원회 위원장을 맡게 되고 당시 문화공보부 최병렬 장관과 담판을 벌이게 된다. 이때 '선 제작 복귀 후 임명 철회'냐 '선 철회 후 제작 복귀'냐를 놓고 옥신각신했고, 정부 측의 선 제작 복귀가 비대위 집행회의에서 수용되지 않자 정부는 다시 제2차 공권력 경찰 투입을 감행한다. 이로써 수많은 KBS 직원이 수배되고 구속되기에 이른다. 이 일로 다시 수배되어 도피에 나서게 된 필자는 1971년 10월 위수령으로 수배되어 갖게 된 도피생활 20여 년 만에 다시 KBS 직원 신분으로 수배, 도피 생활을 하게 되었다. 2차례 공권력 투입으로 결국 방송 민주화를 향한 정부의 일방적 KBS 사장 선임 저지는 무위로 끝나고, 상처만 남긴 채 방송 민주화를 향한 구비길은 또 한 고비 실패의 기록을 남기게 되고 만다.

플랫폼의 그늘

방송 민주화의 걸음이 어느덧 성숙기에 접어들 즈음 PD 저널리즘이 한 단계 진일보하는 모습을 보인다. KBS의 〈추적 60분〉, MBC의 〈PD 수첩〉 같은 PD 저널리즘이 방송 민주화의 발걸음을 재촉하기에 이른다. KBS에서는 〈피자의 아침〉이라고 피디와 기자가 함께 공동제작하는 뉴스 코멘터리 프로그램을 새로이 만들어 선보였지만 결국 뉴스나 사안을 보는 PD 관점과 기자의 관점 그리고 PD의 제작 메커니즘과 기자의 제작방식 차이로 인해서 프로그램이 정착되지 못하고 하나의 시도로 끝을 맺고 만다.

이러는 사이 통신기술의 눈부신 발전에 따라 방송 내용이 통신을 통해 송달됨으로써 거대한 통신산업은 방송이 통신의 일부라는 인식을 주장하게 된다. 방송은 콘텐츠 중심의 독자적인 산업으로 자리매김하기를 바라는 입장에서 방송은 통신과 보이지 않는 전선을 형성하게 된다. 그 사이에 케이블TV, 위성방송, IPTV 등 새로운 통신기술에 의한 플랫폼들이 생겨난다. 이제는 방송도 산업이 된 지 오래되었지만 플랫폼의 그늘 아래서 방송은 플랫폼의 한 가닥이 되어가고 있다. 이제는 Daum이나 Naver 같은 대형 포털이 언론이나 방송도 아우르는 플랫폼 시대가 되었다. 아마도 제4차 산업의 다른 새로운 문명과 기술이 실생활에 적용된다면 방송 민주화도 어쩌면 새로운 단계, 새로운 차원을 향해 줄달음칠 지도 모른다.

초기에 그토록 피땀 흘려 이루었던 PD협회나 방송 노조는 지금 이미 다른 옷을 입고 다른 형태, 다른 모습으로 크나큰 압력 단체로 기능하고 있다. 국가의 모든 분야에 직·간접적인 영향력을 행사하고 있는 것이다. 이럴수록 초기의 방송 민주화를 향한 초심을 잃지 않고 국가 사회의 건강한 발전을 위하여 더욱 낮게 겸손히 정직하고 균형감 있게 정진하는 한국방송 PD연합회와 언노련 그리고 민주노총이 되기를 기대해본다.

내 삶의 좌표는 방책선에서 정해졌다

이태복(전 보건복지부 장관, 매헌 윤봉길 월진회 회장)

국민대 법대 법학과 70학번
도서출판 광민사 대표
학림사건으로 8년 옥고 · 국제사면위 '세계의 양심수' 선정
청와대 복지노동 수석 · 보건복지부 장관
5대거품빼기운동본부 상임대표
(현)인간의 대지 이사장 · (현) 5.18 윤상원 기념사업회 이사장

지난 삶을 되돌아보니, 내 삶의 행로 출발점은 1971년 학사 제적 후 방책선에서 몸부림쳤던 내 '청춘의 무덤'에서 다시 탄생하여 새로운 길을 찾아 나선 것이었다. 71동지회 배기운 회장과 김국진 사무총장으로부터 71동지회 50년 기념문집으로 회원들의 간단한 회고록을 받아 한데 묶어 출판하려 하니 꼭 참여해달라는 간곡한 요청을 받고 '반승락'을 했었다. 그러나 이런저런 일에 쫓기다보니 원고 마감시간이 지나고 말았다. 도저히 새로 쓸 시간이 없어 고민하다가 지난해 6월, 우리 71동지회 회원이며 안타깝게도 일찍 세상을 뜬 채광석 동지에 대한 애틋한 정을 회고 글로 발표했던 것이 생각났다. 함께 군 생활을 하며 겪었던 온갖 희로애락과 그 후 제대해서 함께 연대해 비밀활동을 하던 내용이 담긴 글이라 내 회고록의 일부로 대체해도 좋겠다는 생각이 든다.

나는 공직을 떠난 뒤 이런저런 실천운동을 벌였다. '5대거품빼기운동'이 그중 하나다. 기름값, 핸드폰 요금, 금리, 약값, 카드 수수료 등 독과점 품목의 폭리가 지나친데도 정부 당국이 방치하고 있어서 이들 독과점 품목의 폭리를 제거하기 위한 것이었다. 이 '5대거품빼기운동'이 약간의 성과를 냈을 뿐 제도개혁에까지 이르지 못하자, 나는 침체와 갈등을 거듭하고 있는 한국사회의 난관 돌파책의 하나로, 대안을 만들어가기 위해 노력하는 전국 여러분의 '대안찾기' 노력을 책으로 펴냈다. 『대한민국의 활로찾기』(2009)가 그것이다. 대표적인 독과점 품목인 기름을 실제 우리가 직접 나서서 인하해보자는 뜻에서 벌인 운동이 '국민석유' 설립운동인데, 이 역시 독과점 체제의 벽에 부딪혀 많은 어려움을 겪으면서 성공하지는 못했다. 그 간단한 경과를 조정래 선생께서 『천년의 질문』에서 소설화해주셨다. 참으로 고마운 일이다.

이번에 71동지회 여러 동지의 글이 하나로 묶여 1971년 학생운동 이후의 삶을 되돌아볼 기회가 됐으면 좋겠다. 동지들 건투!

채광석, 안면도 소나무 숲에서

6월 초에 안면도의 소나무 숲에 아내와 함께 다녀왔다. 10여 년만의 일이다. 안면 숲에는 친구 채광석을 추모하는 기다림이라는 시비가 서 있다. 장관직을 그만두고 여러 번 이곳에 들러 그때마다 일찍 죽은 친구의 넋을 위로하고 다짐을 했다. 하지만 우리가 젊은 시절 함께 했던 꿈을 반드시 실현하겠다는 맹세는 어디로 갔는가. 올해의 나는 나이도 70줄에 들어서고 큰 꿈을 구체화하기에는 여건이 너무 나쁘다. 도대체 나는 무엇을 해왔는가? 숱한 동지들의 죽음을 헛되이 하지 않겠다고 해왔던 나의 맹세는 허사였던가?

기다림이라는 그의 추모시비 앞에서 나는 '광석아! 너의 간절한 기다림이 있는데 나의 맹세는 메아리 없는 다짐이었구나. 그렇다고 시간이 없다고 너무 초조해하다가는 우리의 다짐마저 초라해질 터이니 무겁게 한걸음씩 앞으로 나아가자. 죽는 순간까지 이 땅과 겨레를 위해 최선을 다하자' 새삼 마음을 다졌다.

A.S.P. 시절 이야기

친구 채광석은 나와 다짐을 함께했던 민주화운동의 동지였다. 그와 내가 처음 만난 곳은 논산훈련소였다. 학원병영화 반대, 박정희 장기집권 저지와 교련 반대운동으로 1971년 10월 15일 위수령 발동으로 전국 대학에서 180명의 주동자가 제적되어 신체검사도 없이 몇 차례로 나누어 강제 징집당했다. 그런 우리를 보안사는 아스피린Anti-government Student Power이라 부르는 A.S.P.라는 빨간 글씨를 인사기록 카드에 써 넣었다. 그 덕분에 훈련소에서는 향도로 훈련받고 최전방 부대에 배치되고 나서는 소총수 이외는 어떤 보직도 주지 않았다.

웃기는 것은 훈련소-군단-사단-연대-대대로 배치되어 내려가는 도중에 각 부대 참모들이 작전, 법무, 교육 등 편한 군 생활이 보장되는 부서로 선발했다가 갑자기 보안사가 와서 취소시키고 예하부대로 배치하는 것이었다. 그때 우리는 '박정희가 우리에게 철저하게 보복하는구나, 까막소나 마찬가지지 뭐. 고생할 각오를 단단히 해야겠다'고 마음을 추슬렀다. 광석과 나는 103보충대에 갔다가 '인제 가면 언제 오냐'는 인제원통 사단으로 발령 났다. 또 광석이 먼저 52연대, 나는 37연대로 발령이 나서 더블백을 메고 간성에 있는 해안가의 연대로 갔다. 연대 보충대 막사에서 듣는 동해안 바닷가의 파도 소리는 그동안의 피로와 긴장을 풀어버릴 정도의 말할 수 없는 낭만의 합창이었다. 그때 유행하기 시작했던 〈고래사냥〉을 소리높이 부르고 〈아침이슬〉도 목 놓아 불렀다. 이곳에서도 작전부 발령은 일장춘몽으로 진부령을 넘어 끝나고 전방 방책선 대대로 다시 갔다. 광석이 갔던 연대에도 유정인, 허신석 등 몇 친구가 가고, 우리 연대에도 정수용, 임경철, 김경두 등이 배치되었다. 동해안의 최북방 부대에는 학생운동 과정에서 정보부 해체, 박정권 퇴진 등을 주장한 강경파가 배치되고, 서부전선에는 비교적 온건파나 학생회 간부들을 배치했다는 소문이 돌았다.

어쨌거나 같은 대한민국의 젊은이 아닌가. 춥고 배고픈 출신들이 원통해서 못 산다는 우리 사단 가운데 더 전방에서 근무하는 소대원들은 대학 출신들이 거의 없었다. '춥고 배고픈 촌놈'들만 득실거렸다. 한 소대에서 편지를 못 쓰는 친구들도 있었다. 학력은 평균 중졸이었다. 고졸 학력을 갖고 있으면 중대 행정병으로 근무할 수 있었다.

나는 이런 조건에서 장신리 예비대대의 신참내기 졸병 생활을 했다. 그것도 아주 특별하게. 왜냐하면 전입 첫날 부대원 훈화시간에 중대장이 나를 호명해서 일어섰더니 중대원들에게 정신교육을 하라는 것이었다. 졸지에 벌어진 일이었다. 하지만 이건 중대장 나름의 계산이 있었다. '문제사병대처법'이었던 것이다. 상부로부터 문제가 생기지 않도록 하라는 지시를 받았는데 구타와 폭행 금지 지시만으로는 은밀히 벌어지는 졸병 세계를 자신과 인사계 등 간부들이 통제할 수 없는 일이 아닌가. 그래서 아예 신입 첫날 정훈교육을 시키면 이놈의 머리에 뭐가 들어 있는지 알 수 있고, 중대원들에게도 이놈의 신원을 확실히 각인하는 효과가 있다고 본 것이다.

그 첫날 부대의 맨 졸병이 군대의 문화에 대해 얘기하면서, 대한민국 군대의 문화, 즉 이승만 군대의 문화가 구타와 폭행, 상급자들의 노예처럼 식기 닦기, 팬티 빨래 등을 하면서 함께 고생하는 사람들의 단결과 연대 대신에 증오와 책임 회피에 급급한 것은 무엇 때문인가. 국민의 생명과 재산을 지키는 군대가 특정인의 호위 부대로 전락한 것은 일부 정치군인들 때문이다. 대한민국의 국군은 군 본연의 태도를 되찾으려면 무엇보다 이승만의 군대, 친일파 하사관 군대의 껍질을 벗어나야 한다. 우리 군대 문화는 일제 군대의 하사관 문화가 그대로 이식된 것이므로, 우리 부대부터 구타와 폭행을 없애고 고참들의 식기 닦기, 팬티 빨기 등 악습을 제거하여 상부상조하고 서로 돕는 가난한 형제들의 공동체를 회복해나가고자 주장했다. 〈광장〉이라는 소설에 나오는 이명준의 논리를 차용해서 주장한 것이다. 중대 전체의 분위기는 묘했다. 중대원 대다수는 '어, 이게 뭐지? 쟤는 누군데 신입 졸병이 겁대가리 없이 저런 소리를 하나' 하고 의아해했다. 고참들은 '어, 저놈 영 싸가지가 없네' 하고 기분 나쁜 인상을 썼다. 이때 중대장이 손뼉을 치면서, "참, 훌륭한 연설이었어, 정훈장교보다 훨씬 잘하네!" 하는 거였다. 일순 분위기가 바뀌자 나는 자리에 돌아가 앉았다.

그날 밤 중대장의 숙소에서는 각 소대와 중대의 고참병들이 모여서 나의 전입을 축하하는 술자리가 있었다. 안병찬 중대장은 간부후보생 출신 대위이고 정치에 관심이 많았다. 학생들이 데모하는 이유를 나에게 직접 듣기를 원했고 나는 솔직하게 얘기했다. 고참병들은 김신조 사건 이후로 특별타격대로 편성된 대졸 출신 고참병들이었다. 나는 이 고참병들의 후원과 충고 속에 신병 생활을 정신없이 체험했다. 엄동설한 추위에 장교들의 테니스장 건설을 위해 자갈 채취 작업에 동원돼 손가락 끝이 터져나가고 피곤에 지쳐 정신없이 곯아떨어지곤 했다. 하기만 각 지역에서 모인 소대원들, 중대원들의 사투리를 배우고 분간하면서 민중들의 언어와 삶을 배우기에 정신이 없었다. 학교의 학군단장이 만약 내가 교련 반대를 멈춘다면 위원장으로 임명하고 장군까지 진급을 보장해주겠다고 설득했다. 이에 대해 나는 대한민국의 젊은이로 군대 가서 고생하는 것은 당연한 일이라며 제안을 거절한 적이 있지 않았던가. 이 고난의 기회를 값지게 활용하자!

몇 개월 뒤에 부대는 방책선에 투입되고 문제 사병이 있는 우리 소대는 최전방 레이더 기지가 있는 101기지의 경계를 맡아 전방대대의 보급병 노릇도 겸했다. 등짝에 이면수 박스나 쌀부대를 지고 산비탈을 오르다 보면 우리의 '꼬라지'가 정말 패잔병 같아서 한숨을 토해 내곤 했다. 하지만 101 레이더 기지 앞의 바닷가에 널려 있는 해삼과 멍게를 잡아서 실컷 먹는 재미도 있었다. 그런데 이때 이상한 일이 벌어졌다. 아침에 중대장이 20여 명의 병력을 차출해 해안포대 뒤의 해안가로 가라는 것이었다. 나도 졸지에 차출돼 널찍한 돌을 주워 와서 둥그런 좌석을 만들었다. 중대장은 특별한 설명 없이 높은 분들이 점심때 이곳에서 회식을 할 거라는 것이었다. 시중들 여성들은 따로 오기로 돼 있으니 우리는 좌석 정돈만 하면 된다는 것이었다. 얼마 뒤에 별판을 단 지프차와 고급차들이 닥치더니 바로 뒤따라 미모의 여성들도 들어왔다. 아니 이게 뭐지? 이 의문이 그날 저녁 뉴스를 보고 풀렸다. 박정희가 국가비상사태를 선언했고, 군단의 고급장교들에게 별일 없으니 안심하라는 회식자리였던 것이다. 다시 우리 소대도 몇 개월 뒤에 전방 방책선에 배치받아 철야근무를 하게 됐다. 저녁 6시쯤에 투입되어 새벽 6시경에 철수하는 생활이 반복됐다. 철조망조차 눈보라에 뒤덮여 분간할 수 없는 방책선 참호에서 추위에 떨며 졸다가 다시 방책선 순찰길을 오르내리는 나와 우리의 청춘들이 너무나 한심했다. 저 방책 너머, 남강 너머 북쪽의 방책선에서 우리와 똑같이 유령처럼 오르내리는 북의 청춘들은 또 뭔가. 남과 북의 청춘들이 너무나 불쌍해서 미칠 지경이었다. 도대체 이게 무슨 짓이란 말인가. 이 아까운 젊음은 무엇을 위해 허비하고 있는가, 이만 볼트짜리 고압선까지 깔고 한 놈의 침입자도 찾을 수 없는 이 동북부 최전선의 칠흑 같은 어둠 속에서 우리는 무엇을 지키고 있는가. 군부독재를 위해 복무하는 것은 아닌가 하고 소리치고 싶었다. 이 더러운 자식들아! 껍데기들은 가라! 정치한다는 자들이 정말로 한심했다.

방책선 생활에서 유일한 낙은 각 초소를 순행하면서 라면 한 박스 내기 배구시합이었다. 우리 팀은 완도 출신 강스파이크가 있어서 다른 초소를 쉽게 제압했고, 풍성한 라면 잔치를 벌이곤 했다. 최민식인가 하는 친구였는데 지금은 무엇을 하고 있는지 모르겠다.

이렇게 정신없이 생활하고 있는데 갑자기 예비중대로 이동했다. 예비중대는 방책선 경계 근무가 없는 대신에 낮에는 화목작업을 하거나 군사훈련 등을 하는 비교적 여유 있는 생활을 하고 있었다.

그런데 이런 일상이 이어지던 어느 날 갑자기 작업에서 '열외'를 하라는 것이었다. 무슨 일이냐고 물었으나 인사계 상사 말이 자신도 모른다는 거였다. 아니 무슨 그런 지시가 있느냐고 했지만 묵묵부답이었다. 그때 중대장은 3군사관학교 1기 출신 대위가 맡고 있었다. 대학 진학이 어려운 친구들이 주로 3사로 진학을 했으니 나이도 우리와 비슷했는데 계급은 대위이니 사사건건 대위의 자존심을 내세워서 여간 피곤한 게 아니었다. 그런 그가 중대원들이 전부 도열해 있는데 나를 지목하며 열외하라는 지시를 못 들었냐고 물었다. 듣긴 했지만 영문을 몰라서 나왔다고 하자, 다짜고짜로 나한테 달려들어 "이 새끼가 중대장 지시를 우습게 안다"며 멱살을 잡으려 하였다. 그의 손을 뿌리치자 그가 고함을 치며 "이 새끼야, 너한테 작업을 안 시키고 연설 연습하라는 게 얼마나 큰 특혜인데 그걸 싫다고 해" 하는 거였다. 그래서 나는 '아, 저게 바로 군단 연설대회 나가는 거구나, 유신 정신 함양하는 거, 그거야 당연히 나갈 수 없지', 그래서 중대장에게 말했다. 나는 분명히 말하지만, 그런 명령은 잘못된 명령이므로 받아들일 수 없다. 군은 엄연히 정치적 중립을 지켜야 하는데 이런 행동은 헌법정신을 짓밟는 것이다. 나는 유신헌법을 헌법이라고 생각하지 않는다고 고함을 치자 그는 나의 작업 삽을 빼앗으려 달려들었고 나는 저항했다. 인사계도 뒤에서 중대장을 잡았으나 실랑이 과정에서 작업 삽이 반동으로 내 머리를 내리찍었다. 피가 튀었다. 인사계 상사와 소대장, 고참들이 달려들어 우리 둘을 떼어냈으나 내 머리에서 피가 계속 흘러나왔다. 중대장은 갑작스런 대형 사고에 당황했는지 뒤로 물러났다.

인사계, 나와 가까운 선임중사, 소대장이 서둘러 중대 차에 실어 대대 의무대로 이송했다. 의무대장이 그냥은 안 되겠다며 봉합수술을 했다. 인사계와 소대장한테 사건 경위를 들은 모양인지 편히 쉴 기회인데 친구들 만나 사단에 한번 다녀오지 그러냐며 웃으면서 얘기를 걸었다. 그래서 나는 "내가 군 복무를 하는 것은 제적되어 강제 입영되어서 이기도 하지만 대한민국의 젊은이들은 다하는 군 복무이므로 즐거운 마음으로 복무를 하고 있다. 그런데 군부는 나에게 어떤 보직을 주지도 않고, 보안대 감시도 끔찍하다. 물론 전임 중대장이나 대대장은 나의 이런 생활에 미안했는지 자신들의 독후감을 대필하게 한다든지 해서 쉴 수 있게 해 주었다. 하지만 나는 그런대로 잘 지내고 있었다. 그런데 유신 정신을 함양하자는 연설대회는 그 취지나 의도를 정확히 모르지만 유신헌법 투표 당시에도 나는 분명 반대에 투표했고, 100% 찬성표 지시 때문에 우리 소대 투표함을 전부 소각하고 100% 찬성표로 바꿔치기한 걸로 알고 있다. 이런 선거 부정으로 만들어진 유신헌법을 함양하자니, 참 어이가 없다. 군은 정치에 개입해서도 안 되고 그런 지시나 명령은 헌법정신을 모독하는 것이므로 수용할 수 없다"는 취지로 말했다. 의무대장은 "나는 의사 아니냐, 상부에 충분히 보고해서 당신의 의사가 전달되도록 하겠다"고 말했다.

얼마 되지 않아 대대장이 의무대에 나타나 "이태복 일병, 너 참, 연설대회 가기 싫으면 안 가도 좋아. 조리나 잘하고 밖에다 비둘기 날릴 생각은 하지마" 하는 거였다. '아하, 이들은 사건이 외부에 알려져 혹시 시끄러워지는 것을 두려워하는구나', 그래서 나도 흔쾌히 "저도 대대장님 곤란하게 할 생각은 없습니다"라고 했다. 대대장은 육사 16기 출신 용영일 중령으로 비교적 평판이 좋았다. 그러자 대대장은 의무중대장에게 잘 치료해주고 쉬게 하라고 하더니 가버렸다. 퇴원하려고 했더니 더 쉬었다 가라고 해서 실밥까지 뽑고 나서 중대에 갔더니 점호가 없는 바로 옆의 창고, 우리가 PX라고 부르는 임시 물품창고에서 쉬라는 거였다. 그 창고에는 내가 좋아하는 웨하스와 과자, 샴페인 등이 있었고, 부대원들이 푼돈을 들고 와서 물건을 사갔다. 대대 물품계에서 관리하니 내가 마시거나 먹는 물건만 정확하게 계산하면 되었다. 부대원들은 진짜 카투사가 됐다고 놀리기도 하고 부러워하기도 했다.

그때 옆 대대에서 복무하던 A.S.P 임경철이 찾아왔다. 그는 명지대 학생회장 출신이었다. 휴가 갔다 내 얘기를 듣고 상태를 살피러 왔다는 거였다. 오랜만에 만나는 A.S.P 동지인지라 너무나 반가웠다. 내가 출전을 거부해 야전삽에 머리를 찍혀 봉합수술을 받았다는 소식은 전방 각 부대의 A.S.P들에게 알려진 모양이다.

얼마 지나지 않아 우리 부대는 장신리에 있는 예비대대로 다시 내려와 교대되었다. 한 달쯤 지나서 갑자기 작업 중지 명령이 내려져 전 대대원이 연병장에 집결했는데 우리 부대에 군단에서 온 정훈조의 연설이 있으니 기대하라는 얘기였다. 잠시 뒤에 하사관 한 명에 상병 두 명이 연단에 섰고, 유신 정신 함양하자는 연설이 시작됐다. 하사관 한 명은 전형적인 프로

연설 솜씨를 뽐냈다. 우레와 같은 박수를 받았다. 다음에 올라온 친구는 뜻밖에도 채광석이 었다. 그가 "'인제 가면 언제 오나 원통해서 못살겠다'는 12대대의 춥고 배고픈 장병 여러분!" 하는 것이 아닌가. 이어서 어렵고 힘든 부대생활을 하나하나 짚어가며 콕콕 가슴을 후벼 파더니 그 떨어진 모포와 우리의 낡은 작업복이 전부 고향에 있는 부모님들의 피땀으로 만들어진 것이니 소중하고 감사하게 아껴 입자는 것이었다. 이번에는 더 큰 박수가 쏟아졌다. 전방소대원들의 심리상태를 너무나 정확하게 파고들면서 호소했으니 장병들이 눈물을 흘리는 것은 이상 현상이 아니었다. 뒤이어 등단한 이상완 연설도 비슷한 내용이었다. 이런 연설이라면 비록 유신 정신을 함양하자는 제목이라도 괜찮겠다 싶었다. 하지만 그게 미끼 아닌가. 달콤한 유혹. 연설할 기회를 충분히 갖는 건 좋은데 앞으로 그런 일은 많을 것이다. 구태여 자기부정의 유신 정신 함양 연설대회라니, 나는 내 삶에 이런 모욕적인 기록을 남기고 싶지 않았다. 연설대회가 끝났는데 대대 작전참모가 와서 대대장이 부르니 가자는 거였다. 대대장실에 가보니 채광석과 이상완이 있었다. 우리는 감격의 재회를 하고 연설 실력이 많이 늘었다며 축하해주었다. 광석이는 계면쩍은 웃음을 지었다. 대대장이 오랜만에 친구가 찾아왔니 이태복의 외박을 특별히 허가한다는 게 아닌가.

그래서 부대 앞의 여관으로 가서 숙소를 정하고 인근 식당에서 저녁을 먹었다. 그러고는 소주와 막걸리, 새우깡을 한 보따리 사들고 방에 죽치고 앉았다. 입대 이후, 10월 유신 선포, 유신체제, 학생운동의 앞날에 대해 거침없이 얘기하면서 '교련 반대 주동 학생운동지도부가 전부 군대에 잡혀와 있는데, 각 대학마다 사정은 달랐지만 정권이 이제 노골적인 기본권 부정의 체제를 구축했는데 어찌할 것인가. 또 학생운동 지도부의 나이브한 태도와 향후 진로에 대한 고민'을 이어가다가 이번 연설대회 문제가 화제가 되었다. 피할 수 없었다. 또 나는 그들이 너무 반갑고, 부대가 유신 정신을 함양하자는 구호를 내걸었지만 광석과 상완은 보급품을 아끼고 전우애를 확고히 하자는 것으로 피해간 것은 다행이라 말했다. 다른 부대에서는 사단 차원에서 학생운동 경력을 갖고 있는 A.S.P.를 모아놓고 부대 순회 연설이나 연극반을 만들어 운용하기 때문에 '거의 놓아먹이는 셈'이라고 말하면서 걱정을 나눴다. 내 사건 경위를 물어서 사실대로 말하고 내 소신을 피력했다.

의상과 원효를 봐라. 똑같이 당나라 유학길에 해골바가지 물을 마셨으나 의상은 유학을 마치고 국사가 되어 최고승의 자리에 올랐으나 그뿐이다. 원효는 탁발을 하고 전국 각지를 떠돌아다녔지만, 끝내 민중의 스승이 되고 사표가 되어 신라인들의 추앙을 받고 역사에 길이 남는 존재가 되었다.

학생운동을 그냥 일반 학생처럼 한 것이 아니라 주동적으로 또 앞으로도 이 땅의 민주화를 위해 일할 것이라면 군대 생활의 시련쯤은 이겨낼 수 있어야 하는데 너희의 미래가 걱정이라 하자, 광석이 울기 시작했다. 나도 눈물이 나와서 함께 부둥켜안고 울었다. 그렇게 불쌍한 청춘들은 울다가 잠이 들었다. 그때 비로소 채광석의 순수하고 치열한 정신이 내게 다가왔다. 그의 근황은 「전우신문」이라는 부대 신문에 가난한 청춘을 노래하고 분단의 비극을 탄식하는 그의 시를 통해서 만날 수 있었다.

광석이의 기다림 시비 앞에서

얼마 뒤에 박정희 정권은 별문제가 없다고 보았는지 복학 조치가 이루어져 제대하면 학교로 돌아갈 수 있게 되었다. 그러나 제대 직전에 긴급조치가 발동되고 대학은 꽁꽁 얼어붙었다. 나는 제대 이후 학교로 돌아갔으나 학생운동을 중심으로 생활하지 않고 노동운동에 관심을 쏟아 구로, 영등포, 부평 등지의 현장에서 1~2개월씩 현장노동을 하면서 학습 써클을 만들어 노동법 등을 가르쳤다.

그런 와중에 서울대 5.22시위로 채광석이 수배됐다는 소식이 들려왔다. 며칠 뒤에 채광석을 찾다가 이태복과 함께 찍은 사진이 발견되어 나도 찾는다는 거였다. 그때의 사회 분위기는 노동의 '노'자만 얘기해도 빨갱이로 모는 분위기인데 현장에 있다가 걸리면 대형사건으로 비화될 게 분명했다. 나는 서둘러서 아는 선배들을 찾아 취업을 부탁했는데 마침 무역회사의 일자리가 나왔다. 근무를 시작한 지 일주일도 안 되어서 수사관들이 찾아왔다. 그때 사장은 박만영 씨였고 고시 양과를 패스한 잘나가는 인물이었다. 회사의 실제 경영은 삼학소주의 외동딸이 부사장으로 일하고 있었다. 회사는 "이태복이는 아주 유능한 직원으로 일 잘하고 있으니 신원에 대해서는 사장인 내가 책임지겠다"고 해서 나를 만나지도 못하게 하고 그냥 돌려보냈다. 그 5.22시위 사건으로 채광석은 구속되어 공주교도소에 수감되었다.

나는 회사생활을 열심히 했으나 회사원 노릇을 계속할 이유가 없었다. 수공업적인 서클주의적 운동방식을 극복할 방법을 찾고 있었다. 출판사를 등록하여 『유한계급론』 출판과 노동문제입문서를 준비했다. 광석도 출소해서 신협중앙회의 교육 파트에서 일하고 있었다. 신촌의 대흥동에 있는 신협 사무실 근처나 청진동, 성대 정문 옆 출판사 광민사 사무실 근처의 명륜동 주점에서 민주화운동을 어떻게 전개할 것인가를 두고 치열한 토론을 하곤 했다. 광석이는 문예활동에 뜻을 두고 있었고 나도 대찬성이었다. 당시 문예판이 창작과비평파의 민족문학론이 장악하고 있어서, 노동자나 민중문학론이 설 자리가 없었다. 이런 현상은 비정상적이므로 민족적 과제와 민중적 과제를 잘 살려 나가야 한다. 또 당시 신협 중앙에 있었던 몇몇 인사의 동정과 논리 등을 검토하고 공동대응도 모색했다. 다 명석하고 좋은 분들인데 관념적 과격성을 벗어나지 못하고 있다고 보았다. 이런 동지적 관계는 그의 아버지와 나의 아버지가 시골에서 면장을 하다가 자식들의 반정부 활동 때문에 거의 동시에 쫓겨난 일과 무관하지 않았다.

채광석 집안은 태안에서 만석꾼으로 불릴 정도의 대농이었는데 가산이 급격히 줄고 그의 아버지마저 면장직에서 쫓겨나자 생활도 여유가 없어진 상태였다. 그건 나도 마찬가지였다. 광석이의 5.22사건의 배후 인물로 낙인찍힌 이태복의 부친이 공직자라는 것은 있을 수 없는 일이므로 채광석과 이태복의 부친을 의원면직해버린 것이다. 그런데 사실 나는 5.22시위와 직접 관련도 없었고, 그때 현장에 있었기 때문에 시위 계획을 논의할 기회도 없었다. 우리는 긴급조치를 철폐하고 박정희 정권을 타도하기 위해 학생들이 끊임없이 시위를 조직해야 한다는 점에서 일치했다. 일부에 특히 야학교사 그룹에서 장기투쟁론을 얘기하면서 학교를 무사히 졸업해서 공장에 전문기술직으로 취업해 노동운동을 해야 한다는 이상한 논리가 퍼져나가 싸우지 않는 그룹의 명분이 되고 있는 현실에 분개했다. 비겁한 놈들이 노동운동을 핑계 대고 당면한 투쟁을 기피하는 태도는 매우 옳지 않다는 점을 강조했다. 광석이의 동생 희석이도 야학교사여서 그의 동료들 김명인 등에게도 그런 태도는 옳지 않다고 강조했는데도 그들이 대부분 80년 봄의 서울역 철군을 결정하고 광주 5.18항쟁을 외면하려 한 무렵 지도부였다는 사실이 나중에 밝혀져 충격을 받았다. 등잔 밑이 어둡다더니!

광석과 나는 우리 주변의 청년 민주화운동가들을 비공개로 반합법 조직으로 묶기로 하고

10.26 이후의 정세에 대처하기로 했다. 채광석, 심지연, 박홍석 등으로 짜인 전국민주청년연맹은 1980년 2월경에 결성을 하고 내가 조직한 노동자연맹은 5월 1일 메이데이를 기념해 결성했다. 광석에게는 업턴 싱글레어의 〈정글〉이라는 소설을 번역 의뢰했다. 두고두고 후회되는 일은 노학연대를 기본 틀로 제시했으면서도 학교 쪽의 작업을 서두르지 않은 것이었다. 그 당시에 남민전 사건과 크리스찬아카데미 사건이 터져서 조직 작업의 어려움도 있었다.

학생운동 지도부, 즉 무림 측이 재야 정치꾼들의 조종으로 서울역 철군을 결정하고, 민주화대세론을 믿고 관망하는 사이에 전두환 신군부는 이 틈을 치고 들어와 전국에 걸친 민주인사들을 체포하고 감금해버렸다. 나와 함께 비밀활동을 이어가다 광주시민군 대변인으로 활약한 윤상원은 전남도청에서 사살당했다.

나는 신군부 세력과는 도저히 한 하늘 아래에서 살 수 없었다. 공장과 학교에서 지속적인 진상 폭로와 조직화를 강조했다. 그로부터 1년 만에 나도 구속되었고 모진 고문을 견뎌야 했다. 광석과 관련된 청년연맹 문제로 나는 몇 차례 물고문 끝에 졸도를 반복했다. 그들이 나의 친구 그룹으로 여러 사람을 찍었지만 조직과는 전혀 관련이 없었던 인물을 조직원으로 강요했다. 그러나 나는 끝까지 부인해서 결국 저들은 청년연맹을 모를 것이라고 확신해서 다행히 청년연맹은 피해를 입지 않았다. 채광석은 나의 긴 구속기간 동안 집에 찾아와 어머니와 가족을 위로하고, 여러 문건을 함께 만들고, 나 대신 자식 노릇을 톡톡히 해주고 있다는 소식을 가족을 통해서 들었다. 나도 출판사를 하고 있는 동생에게 광석이를 형편이 되는 대로 도와주라고 했다. 그의 가족이 광명 근처로 이사 왔다는 얘기도 들었다. 지루하고 기가 막힌 한 평 반의 까막소 생활이 거의 끝나갈 무렵에 청천벽력 같은 소식을 들었다. 그가 한밤중에 차에 치여 운명했다는 거였다. 아니 그런 일꾼이! 혹시 공작 살인이 아닌가 하고 의심했지만 모를 일이었다. 채광석은 민중문화운동에서 확고한 중심인물이 되어 있었지만, 광석이 사라진 마당에는 큰 그림은 사라지고, 자칭 옥소독스를 자처하는 인물들만 넘쳐났다.

참 이상한 생각이 들었다. 왜 나와 흉금을 털어놓고 얘기할 만한 동지들은 먼저 데려가거나 쓰러져서 함께 싸우지 못하게 하는가. 상원도 광석도…. 그래도 떨치고 일어나서 우리에게 주어진 책무를 완수해야 한다. 사라진 그들을 그리워만 할 게 아니라 더 튼튼한 기둥을 만들어 함께 가야 한다. 그것이 광석이의 기다림 시비 앞에서 다짐하는 나의 각오였다.

수유리 골짝에서 겪은 위수령 파동

: 인생의 변곡점은 예상하지 못한 순간에 온다

이해학(겨레살림공동체 이사장)

한국신학대학 신학과 66학번
전민련 조국통일위원장 · 범민족대회추진본부집행위원장(1990)
민족화해협력범국민협의회 공동대표(2000)
6월민주항쟁계승사업회대표이사장(2009)
겨레살림공동체 이사장(현)
성남주민교회 원로목사(현)

어린 시절 섬진강에서 곧잘 헤엄치며 놀았다. 큰 각시바위 밑은 아주 깊은 소沼여서 물가에서 수영을 하다 보면 어느새 소 가운데로 감겨 들어갔다. 순간 몸이 붕 뜨고 발이 바닥에 닿지 않아 강한 물살에 휩쓸려 빠져나오려고 허둥대곤 하였다. 그러고도 나는 다시 버릇처럼 그곳을 찾았다. 어린 나의 목숨을 삼킬 수 있었던 그 소는 나의 인생 여정에서 변곡점의 상징과 계시가 되었다.

제적처분 알림 / 한국신학대학장 / 1971년 10월 21일 신학대학 228호/

다음의 학생을 제적처분하였음. 김성일 추요한 황주석 이해학

이 결정을 하고서 농성하던 교무실 창문이 열리더니 교수들의 통곡이 터져 나왔다. 아무런 체면도 없이 비통한 통곡 속에는 권력에 대항하지 못한 부끄러움도 있는지 모르겠다. 그 모습 잊을 수 없다. 어쨌든 이 사건으로 교수들이 얼마나 학생들을 사랑하고 자기 책무를

다하려 노력하는지 확인되었다. 나는 이런 선생님들의 제자가 된 것에 자부심을 품게 되었고 선생님들에 대한 존경심을 평생 품게 되었다.

위수령과 대학

1971년 10월 21일. 지루한 결정이 내려졌다. 아침부터 여기저기에서 들리는 라디오에서 같은 '중계'를 하고 있다. 고려대를 점령한 군인들이 총장을 강제하여 항복을 받듯 제적학생 결정을 받아냈다. 그리고 쓰나미같이 연세대로 향하더니 또 학생징계를 받아냈다. 다시 아현동 고개를 넘어 마지막 고지인 한신대를 향하고 있다. 모두가 가슴을 조이고 있다. 그때 학교 서무과 총무가 나를 찾아와 하소연한다. 지금은 학생이 결단하여 학교를 도울 때다. 자퇴서를 써라. 교수들은 학생을 자기들 손으로 쫓아낼 수 없다. 만일에 이렇게 군인들이 학교로 진입해서 서류를 다 가져가고 학교 비리를 캔다면 안 걸릴 학교가 어디에 있겠나. 이 난국을 학생이 자퇴로 결단하여 교수도 풀어주고 학교도 살려야 하지 않느냐고 호소했다. 나는 자퇴서를 써주었다. 나중에 이병린 변호사가 부당한 제적에 대해 보상을 해주는 운동을 하였다. 나도 혹시나 해서 갔다가 왜 그걸 써주었느냐며 야단만 맞고 돌아왔다. 내 자퇴서가 교수들 결단에 촉매제가 된 것은 사실이지만 교수들은 제적으로 결정하였다.

그날 라디오 뉴스는 온통 위수령으로 제적 처분되는 과정을 상세히 보도하고 있었다. 문교부가 지시한 대로 전국 대학에서 학생 데모를 주도하는 177명을 학교에서 내쫓아야 사회가 안정된다고 믿고 있다기보다 봇물 터지듯 터져오는 항거를 궁여지책으로 막으려는 모습이었다. 체제에 대한 위기의식이 팽배하던 때이다. 군인들이 오기 전 한신대 교수들은 학생 징계를 발표해버렸다.

여기까지 오는데 한신대는 참으로 쉽지 않은 결정을 했다. 16일부터 문교부 지령으로 한신대 교수들은 총 비상이 되었다. 교수 전원이 처음으로 교무실에 매트리스를 깔고 항의성 투쟁을 일주일간 하였다. 그때 나는 성북경찰서에서 취조 형사와 실랑이를 하고 있었으며 그 기록은 교수들에게 고스란히 복사하여 전해지고 있었다. 교수들도 문교부의 억지 명령에 항거하는 지루한 논의와 토론을 통해 얻은 결론은 "이것은 교육에서 정의도 상식도 아니다"

였다. 엄연한 교권 침해로 규정하고 매일 문교부에 항의 서한을 보냈다.

당시 교수회의록이다.

때: 1971년 10월 16일, 오후 1시 / 곳: 식당(교수휴게실)

김정준 학장의 사회로 제433회 교수회를 아래와 같이 모이다.

출석 교수: 김정준, 안병무, 박봉랑, 안희국, 문동환, 정웅섭, 황성규, 장일조, 김경재

결석 교수: 오인수(선교사)

A. 결의사항

(1) 학원 질서 확립에 대한 지시사항(문교부)에 대해 다음과 같이 회답하기로 하다.

본 대학 학생들이 10월 13일 기독교인 국회의원 조찬기도회 장소에서 벌인 일에서는

학원 질서를 파괴한 사실이 없다고 판단, 학칙에 의한 제적 사항이 없음.

B. 회록 받고 폐회

회장 김정준 서기 정웅섭

교수들은 문교부 지령을 10월 13일 세종호텔에서 있었던 기독교인 국회의원 조찬기도회에서 소란을 피운 학생들에 대한 응징으로 판단한 것이다.

그러나 아니다. 이미 제적시켜야 할 명단은 만들어져 있었고, 거기에 대한 자료들도 확보되어 있었다. 당시 한신대는 교내 민주화 때문에 학장 퇴진을 요구하는 저항으로 학기를 거듭하며 학교가 소란스러웠다. 당시 전국 대학교는 교련 반대 시위가 들불처럼 번지고 있었다. 반민주 정부에 대한 항거를 교련을 통해 군사훈련을 제도화하고 전 국민을 군사문화에 감금시키려는 정치적 술수에 학생들은 거세게 반발한 것이다. 문교부 지시가 떨어지자 이미 지방대학들은 학생 제적을 단행하였고, 고려대(총장 김상협)와 연세대(총장 박대선), 한신대(총장 김정준)만 버티고 지시에 응하지 않고 있었다.

수유리에 있는 한신대는 작아도 북간도에서 독립운동하던 기질을 이어받은 교수들이 포진하고 있었고, 또 교단은 전라도의 항거 정신에 기반하고 있었기에 독재정부의 지시에 호락호락 응하는 분위기가 아니었다.

1971년 10월 16, 17, 18일 교수회의록은 문교부에 학생 제적 불가를 상신하고 그에 대한 회답은 재지시의 반복이었다. 19일 연속토론 후 결론은

(1) 문교부에서 반려되어온 학원 질서 확립에 대한 재지시에 대한 회답의 건.

장시간에 걸쳐 토의한 후, 해당 학생을 처벌할 수 없다고 결의, 별지와 같이 응신키로 하다.

수신　문교부장관

제목　학원 질서 확립에 대한 제 지시의 회답

(학사 1010_123과 관련)

본 대학은 학원 질서 확립에 대한 지시에 대해 수차례 걸쳐 지시 촉구를 하게 하여 송구하게 생각하면서 다음과 같이 응신합니다.

학원 질서 확립에 대한 특별지시 사항(학사 1010_421)에 관련한 학생으로 당국이 제적 요청한 본 대학 학생 추요한(4), 김성일(3), 이해학(3), 황주석(3)에 대해 당국이 제적 조치할 수 있다고 제시한 각 개인의 신상 자료를 검토한 결과 본 대학 학칙으로서는 다음과 같은 이유로서 제적 대상자가 되지 못한다고 보아, 보고합니다.

1. 1970년 및 1971년 1학기 상기 학생의 교내, 교외 활동은 대체로 학생 신분 한계 내의 활동이며, 위법행위에 대해서는 당국과 학교에 의해 이미 합당한 조치를 받은 자입니다.

상기 학생들의 이번 학기 학생 생활은 제적에 해당하는 학칙 위배 사항이 없다고 보며 앞으로 이 학생들의 생활은 학칙을 보강하여 (대학 학칙 보완지시 대학 1010_2756에 의거) 본 대학 교수단이 책임 선도하겠습니다.

한국신학대학장 김정준

즉, 교수 양심상 학생을 죄 없이 제적할 수는 없으며, 학교 당국은 앞으로 학칙에 근거하여 문제 학생에 대한 선도와 책임을 지겠다고 문교부에 보고를 하는 것으로 제적 문제를 결말지으려고 하였다.

시위, 구속 그리고 배신

일주일 전 학생회 임원들이 나를 찾아왔다. 나는 순복음신학교를 거쳐 오느라 학교도 늦게 들어왔을 뿐 아니라 군대를 제대한 복학 선배 격이었다. 또한 한신대 앞에서 가족들과 식품점을 하고 있었기에 바쁘기 짝이 없었다. 새벽 5시에 일어나 청량리 옆 경동시장에 가서 짐바리 자전거에 식품, 과일, 생선 등을 잔뜩 싣고 논스톱으로 달려와 짐을 내려놓고 학교에 가던 시절이었기에 학우들과 어울릴 시간이 없었다. 그런데 시대가 시급한 위기감을 안고 있기에 학생회 간부들은 나에게 '언론 화형식'을 하려는데 선배님이 성명서를 써주어야겠다는 것이다.

나는 사양할 수 없어서 쓰겠다고 하고 밤을 새워 썼다. 다음날 '언론 화형식'을 하는데 성명서를 읽기로 책임 맡은 사람이 안 왔다는 것이다. 간부가 찾아와서 "선배님이 썼으니 선배님이 읽으셔야지요" 한다. 거기서 거절 못 하는 것이 나의 성품이고 한계이다. 나는 가끔 이런 경우 사건의 중심으로 빨려들곤 한다. 활활 타는 불길 앞에서 나는 외쳐 부르짖었다. "언론이여 일어나라!!"

화형식은 그럴듯한 퍼포먼스가 되었다. 이런 걸 신문이 실어주어야 하는데, 기자 한 사람 없이 데모하는 변두리 대학의 한계에 아쉬움을 느꼈다.

화형식을 마치고 우리는 수유리 화개사 밑 한신대에서 출발하여 복숭아밭을 지나 신일고등학교 쪽으로 행진하고 있었다. 그런데 경찰들이 그 행진을 그냥 둘리 없었다. 방망이를 휘두르며 무작위로 체포할 때 대부분 학생은 복숭아밭 쪽으로 튀었다. 나는 우악스러운 경찰에게 체포되어 성북경찰서로 압송되었다. 처음에는 한 20여 명이 웅성거리며 장난들을 치면서 조사에 응하였다. 그러다 한 사람씩 석방되어 풀려나갔다. 나야말로 어린아이들을 기르며 부지런하게 일하며 공부하는 고학생이요 착한 모범 시민임을 자부하며 나도 곧 풀려나겠지 생각했다. 그런데 시간이 갈수록 이상한 느낌이 들었다. 모두 나갔다. 그러나 나만 달랑 남았다.

성북서에서 형사의 추궁에 나는 아무것도 하지 않았다고 버티다가 뺨을 맞으며 곤욕을 치른 뒤에 성명서만 써주었다고 말했다. 조인트를 한참 까이고도 불지 않았던 사실을 사진을 보고야 인정하였다. 거기에는 훨훨 타는 모닥불 앞에서 내가 목에 핏줄을 세우고 성명서를 읽고 있는 장면이 그대로 찍혀 있었다. 그것도 여러 장이나…. 화개사 입구 삼층 건물 옥상에서 망원렌즈 카메라로 찍었을 것이다. 빌어먹을 놈들 처음부터 보여주며 "이거 네 사진 맞지!" 하면 좋았을 것을. 내 다리 정강이가 시퍼렇게 까인 것보다 더 힘든 것은 그 많은 언어의 실랑이와 내가 거짓말을 하고 있다는 양심의 가책이다. 취조관은 입버릇처럼 "너는 구속감이야!"를 반복하였기에 나는 나를 합리화했다. 이대로 구속이 되면 새벽에 경동시장 먹거리는 누가 실어 오며 저녁에 가게 문은 누가 닫아야 하나? 걱정이 양심을 이기고 있었다. 순진한 시절의 내 모습이다.

그때 내가 쓰고 읽었던 성명서의 요지는 이렇다. "언론은 한 시대에 사회를 살리는 몸의 혈관 같은 것이다. 온몸을 살리기 위해서는 몸의 핏줄이 골고루 돌아야 한다. 그런데 독재 권력이 강제적 힘으로 머리에만 피를 못 돌게 한다면 그것은 그 시대의 죽음을 의미한다. 정권이 자기 권력을 위해 언론을 봉쇄하거나 잘못 통제하려 할 때 그 시대를 병들게 하고야 만다. 오늘날 언론은 '권력의 노리개'이다. 언론의 생명력은 언론인 스스로가 찾아야 한다. 언론인이여! 일어나라!" 열정적으로 읽었다.

그리고 취조관은 뜬금없이 사생활에 관해 질문하였다. "○월 ○일 부인과 함께 택시를 타고 어디를 갔는가?"라는 물음에 나는 억지로 헛웃음을 가장하였지만 범죄 용의자처럼 감시당하고 있다는 사실에 모골이 송연해지고 기분이 더러워졌다.

그러고 보니 어느 때부터인지 동네가 달라졌다. 후에 슈퍼마켓이라고들 하였지만 우리는 그저 '가나안'이라는 식품 가게였다. 아침 6시부터 문을 열고 밤 12시 어떤 때는 새벽 1시까지 열 때도 많다. 우리 집이 모서리 가게이고 우리 옆집이 약국이고 그 옆이 세탁소이다. 자연히 우리가 옆 공터와 골목에 물건도 진열하기 좋았다. 약국 약사를 나는 'J 형'이라 부르고 그는 나를 '이 형'이라고 불렀다. 가끔 박카스도 한 병씩 따주며 가깝게 지냈다. 어느 때부터인가 그분이 웃음이 사라지고 표정이 굳어 보였다. 그리고 말을 해도 시비조다. 우리 물건이 많아서 골목이 지저분하다느니 우리 집 햇빛 가리개 천막 때문에 자기네 간판이 멀리서 안 보인다느니 이런저런 시비를 걸어와 당황하였다.

우리 가게에 딸린 방은 하나다. 거기서 나와 아내와 한 살, 두 살로 연년생인 두 딸과 어머니와 일하는 일꾼이 함께 지내야 했다. 좁은 방에서 불편을 감수하며 말없이 살아주는 아내가 고맙기도 하였다. 겨울에는 난로까지 놓아야 했다. 그래서 늘 아내에게 미안한 마음과 감사하는 마음이 쌓여 결혼을 기념하는 의미로 택시를 불러 하루 여행을 다녀왔다. 그것도 신혼여행이랍시고 갔던 숙소에서 하루를 보내고 왔다. 그런데 그 일로 심문을 받게 되니 기가 탁 막혀버렸다. 온 동네 사람이 감시원같이 보였다. 실제 형사들은 자기들의 정보원을 몇 명씩 둘 수 있었다. 그 뒤에도 나는 가끔 약국에 들르곤 한다. 'J 형'은 송암교회 장로가 되어 있었고 부인은 권사로 열심히 살고 있었다.

나를 취조하는 형사는 질문하면서 밑에 깔아놓은 몇 장의 종이를 들추어보면서 묻는다. "어느 교수 시간에 무슨 질문 안 했느냐? 적도赤道라는 시화전은 누가 주도했느냐?"

나는 광주공고를 다니며 신문 배달을 하면서도 조송현이라는 상고 친구와 '청도靑島'라는 문학 동인을 운영한 경험이 있다. 광주일고, 광주여고, 전남여고, 광주상고, 숭일고에서 문학하는 학생들을 모아 문학수업 토론을 하였었다. 광주에 결핵 요양을 하시던 김현승, 뜨거운 열정을 가지신 박봉우 시인, 우체국 근무를 하면서도 소설을 쓰시는 오상원 선생들께 지도를 받으며 〈靑島문집〉까지 냈다.

그러기에 한신대에서도 당연히 고석희, 유원규, 윤옥균 등과 만든 문학동인회는 청도靑島 다음 적도赤道였다. 그런데 나도 나를 의심하게 된다. 왜 '島'를 '道'로 바꾸었지? 고석희의 의견이었던가? 아니면 우리에게 늘 와서 중국 정보를 알려주고 리영희 선생의 『8억 인과의 대화』를 소개하던 중앙대 최자웅(뒤에 성공회 신부가 됨)의 의견이었나?

취조관은 적도의 의미는 무엇인가? 심각한 질문을 쏟아놓았다. 나는 단순했다. 청도를 해보았으니 적도를 하는 것이 순서이지만 붉은 섬은 없으니 島가 道로 변한 것이라고 생각했다. 그러고 보니 적도 시화전을 알리는 팸플릿 밑에 누군가 빨간 펜으로 'Red line'이라고 표기해놓은 것이 생각난다. '아! 나는 지금 사상범으로 몰리고 있구나.' 등골이 오싹했다. 나는 세상은 다양할 뿐 아니라 복잡한 거미줄 같이 엉켜 있음을 알아가는 중이었다.

나는 형사가 가끔 밖에 나가서 지시받고 오는 사이에 밑에 깔아놓은 종이를 들추어보았다. 보아서는 안 될 판도라 상자였다. 이럴 수가! 거기에는 'SKK의 보고'라고 쓰여 있었다.

나는 SKK 형과 인연이 깊었다. 나는 군대 생활을 하던 전곡 8인치 포병대에서 경리사병으로 복무하다가 결핵에 걸려 의정부 101보충대를 거치며 마산요양원까지 이르는 동안 많은 젊은이가 죽어가는 것을 보았다. 결핵보다 쥐나 진드기에 감염된 유행성 열병에 더 많이 죽어갔다. 나는 운 좋게 마산 육군요양병원에서 '아이나', '파스' 약을 복용하고 스트렙토마이신 주사로 치료하며 의병 제대하였다.

나는 거기서 핸섬한 장교 환자인 그분을 만났다. 그는 지방대학 졸업 후 보수적인 신학대학에 진학하겠다는 의지가 있었다. 나는 어쭙잖은 설득을 늘어놓았다. 세계적 흐름이 진보로 가는 경향이다. 그리고 한신대에는 독일에서 돌아온 안병무 박사와 미국에서 돌아온 문동환 박사가 주석하며 현재 신학계의 흐름을 주도한다. 길이 아닐 때는 보수를 하고 진보로 오기는 어려워도 진보를 하고 보수로 갈 수도 있다고 하면서 한신으로 끌어들인 인연이 있다. 그런데 그가 나에 대하여 미주알고주알 보고서를 만들어 바쳤다니 상상할 수도 없는 일이었다. 배신감보다 더 깊은 슬픔이 심연에서 모락모락 피어올랐다.

권력은 쉽게 그리고 지속적으로 통치하기 위해 백성들에게 외통수 길을 만든다. 이 길에 걸려든 사람들은 갈등에 빠져 고민한다. 항복할 것인가 죽을 것인가? 우리 주변에 많은 친구가 변절도 하였지만 또한 죽어갔다. 그중에서도 내게 잊지 못할 친구는 황주석이다. 그는 나의 갈등과 고민을 알아준 친구다. 항상 땀내가 펄펄 나는 그는 우리 좁은 가게 뒷방에 와서 "형님, 너무 굳어 있어요. 유연하지 못하면 우리가 지는 겁니다." "형님은 너무 순진해서 한 가지에 집착하는 결벽증 습관이 있어요. 세상에는 여러 갈래의 길이 있어요. 한 길만을 가야 한다고 고집하지 마세요"라고 말해주었다.

지역사회운동

그 무렵 오재식 박사가 이화여대와 서울대 학생들을 풀어 1971년 8월 10일 광주단지 민중 생존권 투쟁 이후의 생활조사사업을 하였다. 설문조사 자료를 내게 가지고 와서 코딩을 하며 함께 분노하며 안타까워하였다. 내게 광주단지의 실상을 눈뜨게 해주었을 뿐 아니라 감상적 접근이 아니라 현실적 접근의 필요성을 가르쳐준 친구다. 코딩 결과 몇 가지로 정리되었다. 광주대단지 빈민들의 요구 사항은 첫째, 직장과 먹을 것이다. 둘째, 병이 나도 치료

할 병원이 없었다. 셋째, 아이들이 교육받을 기관이 없고 놀이 환경이 없다. 넷째, 놀이터와 문화시설이 전무하다. 이 또한 내가 광주대단지, 지금 성남에 관심을 갖게 된 계기이다.

그는 내게 와서 피곤에 지쳐 허덕이는 나를 최면으로 잠들게 해주곤 하였다. 황주석의 최면으로 잠들고 나면 머리가 시원하게 정리되는 기적을 맛보았다. 그는 위수령에 걸리자 바로 군대로 뛰어들었고 그 뒤는 나와 만나지 못한 채 부천 YMCA를 통해 생활협동조합을 성공적으로 하고 있다는 소식을 들은 지가 언제인데 그 젊은 나이에 하늘나라에 갔다는 소식을 들은 슬픔은 망연자실하였다.

어느 세대나 정치적 혼란은 반복된다. 천사와 동물이 공존하는 인간의 탐욕이 끝이 없기 때문이다. 하지만 어떤 방법으로든지 사람을 보호하고 인재를 키우는 사회는 발전하나 큰 나무 자르듯 인재를 잘라서 자기 과오를 합리화하려는 힘이나 권력은 반드시 역사의 평가를 받게 된다는 것이다.

그 시대에 우리는 신동엽 시인의 〈껍데기는 가라〉를 되뇌며 고난의 계절을 견뎠다. 권력자들은 강탈한 칼을 마음대로 휘둘러도 된다는 강박증에서 헤어나지 못한다. 그러나 우리는 숨 쉴 수 있는 공간만 있어도 생존의 몸부림을 한다. 한신대는 나를 선과로 옮겨서 학업을 계속하도록 배려하였다. 선과는 일종의 청강생이나 교단에서 인정하는 목사 양성 코스였다. 나는 머리를 배코로 밀고 학교를 다녔으나 형사들이 학교에 압력을 넣어 학교 출입을 못 하게 하였다. 한 교수님은 나를 어렵게 설득했다. 학교 출석은 안 해도 좋으니 리포트로 학점을 주겠다는 것이다. 나는 학업이 단절되고 말았다. 그렇게 메운 학점은 형식이었고, 1975년에 선과로 졸업장을 받았다.

나는 그동안 안희국 선생님이 용인농장을 데리고 다니며 장미 접목방식을 가르쳐주어서 농촌살리기 목회 훈련을 받고 있었다. 나도 덴마크의 그룬트비를 상상하며 하나님 사랑, 농촌 사랑, 사람 사랑의 푸른 꿈을 꾸었었다.

그러나 '위수령 사건'으로 운명이 바뀌어버렸다. 박형규, 권호경 목사의 사단인 도시빈민 신교회를 만든 수도권특수지역선교회KOREA METROPOLITAN ORGANIZATION에서 나를 실무자로 채 간 것이다. 영문 이름에서 뜻이 더 분명하다. 빈민을 조직하여 의식화하는 단체이다. 의식화란 빈민(민중)들이 사회의 주인이 되고 역사를 창조하는 주체가 되도록 섬기는 것이다. 오재식 선생이 미국에서 빈민조직을 한 알랜스키Allensky 조직론을, 문동환 교수가 『작은 것이 아름답다』와 브라질 민중교육가인 파울로 프리에리P. Freire의 *Pedagoge* 등으로 강의하며 훈련하였다. 의식화conscientization를 종교적 깨달음이나 우리 시대의 아나키즘으로 생각하였다. 나는 의식화를 하나의 신앙 운동, 하나님 나라운동(Missio Dei), 생명 운동(JPIC)에 필수과정으로 신념화하면서 온몸으로 새로운 동학을 기대한 것이다.

나는 광주대단지(1975년 성남시로 행정구역 명칭 변경)에 파송되어 지역사회의학Community Medicine에 의한 빈민병원 설립프로젝트에 참여하였다. 기업가와 의료사업자가 주도하는 돈벌이를 위한 병원이 아닌 주민들이 직접 운영하고 의사는 고용인이 되며 지역사회 전체를 예방하고 참여시키는 병원이다.

나중에 안 일이지만 당시에 제3세계 국가에서 붐을 일으켰으며 쿠바와 레바논, 중국 등에서 협동조합으로 성공적으로 운영하였다. 광주단지 주민 5천 명이 병원 설립 청원을 하여 병원설립위원회가 만들어졌다. 여기에는 연세대 예방의학과 김일순 교수를 필두로 부산복음병원 장기려 박사, 박형규 목사, 연대 두 개 지역에서 지역사회의학을 실험하고 있는 시빌리 선교사 전종희 박사, 신○○ 박사, 채규철 선생이 도움을 주었으며, 현장 주민조직은 권호경 목사가 하였다.

세계교회협의회(WCC) 주요 인사가 방문하여 병원에 필요한 의료기기를 지원키로 약속하였다. 병원 부지는 주민들이 책임지라는 것이었다. 주민 대표들과 시장 면담과 설명회를 하였지만 성남시 행정관들은 지역 의사들의 반대를 받아들여 의료부지 제공을 못 한다는 것이다. 더 큰 의도는 우리가 민중운동을 한다는 두려움 때문이었으리라. 결정적인 문제는 내가 수유리 한신대에서 광주단지로 갈 때 이미 위수령 수감자 딱지가 붙어 형사들이 미리 대기하고 있었으며, 경찰 감시자가 붙어 다니며 나를 빨갱이라고 선전하였기에 아무것도 할 수가 없었다. 그간 모금한 자금으로 금호동에 복음병원을 설립하였다.

나에게는 교회를 설립하고 목회를 할 통로만 열려 있었다. 외통수 길을 만났다. 결국 푸른 농촌보다 삭막한 빈민촌을 서성이며 안기부와 국정원 그리고 감옥을 들락거리며 담금질을 당하는 길을 걷고 말았다. 인생이란 우연히 만난 변곡점에서 원하지 않은 길을 자기결정으로 합리화하며 살아가는 것인가 보다.

그 길에서 나는 나에게 주어진 길을 사명으로 받아들였다. 그 길에서 만난 바닥 사람들과의 끈적이는 얽힘에서 그들과의 애환에 빠졌다. 그들을 위해서 사는 것이 아니라 더불어 사는 것이 보람으로 자리 잡았다. 생명의 소중함, 사람이 하늘을 담을 만큼 가치 있다는 것, 이를 실현하기 위해서는 더불어 살아야 한다는 것, 급변하는 세계에서 새로운 문명권을 만드는 과정에서는 우리는 남과 북이 하나가 되지 않고는 길이 없다는 것을 배우게 된다. 그리고 이 일에 생애를 걸고 쉬엄쉬엄 살아간다.

내 인생의 변곡점

박정희와 나를 비교하는 것은 메뚜기 같은 짓이겠지만, 그 지도자의 횡포 속에서 많은 변곡점을 경험한 나로서는 인간은 평등하다는 믿음으로 비교해보면, 그와 나는 결이 다르다.

1971년 4월 17일 김대중은 유세에서 박정희가 집권하면 선거도 없는 영구집권 시대가 온다고 피를 토하듯 부르짖었으나 모든 부정선거는 국민의 뜻을 꺾어버렸다. 남북의 지도자들은 분단을 팔아서 권력 강화를 시도하였다. 박정희는 1972년 10월 계엄령 선포, 국회 해산, 대통령 간선제 유신을 선포하며 북에 보낸 비밀문건에 "유신은 통일을 위한 비상조치"라고 통보하였는데 박정희 그가 중앙정보부장이던 김재규의 총에 살해당하지 않았다면 참으로 통일을 할 수 있었을까? 박정희는 통일 쇼를 하면서 분단을 고착화하고 자본주의를 심화시켜 생명 질서를 파괴하는 광기를 부렸다.

나는 위수령 경찰 조사에서 나도 모르게 기소가 되어 있어서 나중에 여권을 만드는 데 어려움이 많았다. 나는 박정희만큼 받은 별이나 훈장은 없지만 그로 인해서 긴급조치 1호에서 15년 형을 받고, 긴급조치 9호로 3년의 형을 받았으니 징역도 별이라 하면 나는 5개의 별을 달았다. 그는 자기 권력에 도전하는 나를 증오하였지만 나는 감옥에서 그를 위해 기도하였다. 그와 나와의 차이다.

박정희의 야욕의 결과로 백성들이 자유를 부르짖으며 개인주의적 소유 욕망만 증대시켰다. 놀이와 쉼이 없이 오랜 군부 문화 속에서 숨죽이며 폭력적 정서가 습관이 되어버렸다. 자본의 편리함에 익숙해지면서 경쟁사회가 틀을 잡았다. 집단적 강박관념에 중독된 증거가

OECD 국가 중에서 자살률이 가장 높은 사회를 만들었다. 출구 없는 사회가 만든 필연일 것이다.

1971년 위수령 파동은 내 인생에서 변곡점이다. 소渦에 휘말리지 않으려 발버둥을 쳐도 결국 나는 역사의 소용돌이 중심에서 물을 먹으며 죽을 뻔한 고비를 넘기곤 한다. 그때마다 내게 따뜻한 손길이 되어준 분들을 기억한다. 그들은 내게 하느님 같은 분들이었다. 고마움을 품고 산다.

인류 문명의 대전환 앞에서

이호웅(제16, 17대 국회의원)

서울대 문리대 정치학과 69학번
인천지역사회운동연합 의장
제16, 17대 국회의원
국회 건설교통위원회 위원장
민주당 상임집행위원

20년 전, 71동지회 30년 기념문집에 글을 쓰지 않은 이유는 게으른 탓도 있지만 격정의 우리 현대사 가운데 친목 모임으로 출발한 71동지회의 위상을 자리매김하는 데 선뜻 공감이 가지 않은 이유도 있었다.

72년을 살면서 1971년 위수령으로 인해 탄생한 71동지회가 운동사에서 어떤 위치에 있든 내 개인의 인생 전반에는 가장 중심적인 영향의 원천인 것을 느끼며 50년 기념문집에 기꺼이 졸필을 든다.

학생운동과 강제 입영 그리고 민주화운동

1971년, 박정희 군사정권이 영구집권을 위한 첫 시도로 청년 지성의 입에 재갈을 물리려고 시도한 대학 병영화에 반대하는 교련 반대 투쟁 당시 나는 서울 문리대 학생회장이었다. 군사독재정권의 수족인 중앙정보부에서 혹독한 심문을 당한 그해 4월, 난 22년 동안 삶의 정체성을 해체당하는 극한의 체험을 했다.

　그들이 요구하는 대로 앞으로 학교의 모든 동료와 만나지 않을 것이며, 나라가 안정될 때까지 칩거하며 그들의 보호 아래 살 것을 각서에 썼다. 집에 돌아와 일주일을 어머님이 다려주시는 한약을 먹고는 염소 한 마리를 데리고 수봉산에 올라 심신을 추스르던 중, 트랜지스터에서 전하는 문리대 학우들의 목소리 "이호웅을 석방하라, 교련 철폐!"의 목소리를 듣고는 제물포역에서 기차를 타고 동숭동 문리대 교정으로 순식간에 달려갔다. 마이크를 건네받자 눈물을 쏟으며 나온 절규는 "중앙정보부 해체하라"는 피울음이었다.

　그날 이후부터 낮에는 시위하고 밤에는 학교 강의실에서 투쟁 방침에 대한 논의를 하며 농성에 돌입했다. 대선 국면을 맞아 부정선거를 막기 위해 참관인 운동을 전개하며 선거에 의한 민주정부 수립에 한 가닥 희망을 걸고 전술을 변경해 봤지만 철권 군사독재의 상대가 될 수 없었다. 5월 부정선거 무효 투쟁에 돌입하자, 학교는 휴교령이 내리고, 나는 당시에 학생에겐 사형선고처럼 무거웠던 제명 처분을 받고 수배자가 된다.

　서울 근교에서 경찰이 예상할 수 없는 곳들에서 동가숙서가식하며 학교에 남아 있는 학생회 간부들과 연락하며 수배생활을 이어갔지만 시간이 갈수록 조여 오는 압박감에 7월 초 부산으로 향했다. 부산에서 수산업을 하는, 당시 공화당 부위원장을 맡고 있던 인사의 집을 소개받아 방학을 이용해 경남고 2학년생을 과외 지도하는 입주 가정교사로 여름을 지냈다. 가을에 다시 서울로 올라와 교련 반대 투쟁에서 군사독재정권의 부정부패 척결투쟁으로 운동 방향을 집중하는 중에 위기를 감지한 군사정권의 10.15 위수령 발동 사태를 맞았다.

　전국의 학생운동 지도자들이 거의 강제 입영된 후인 10월 말까지 피신을 계속하던 나는 촘촘한 경찰의 그물망을 벗어나지 못했다. 1계급 특진을 따낸 동대문경찰서 형사의 득의양양한 모습이 아직도 기억에 남는다. 지난 봄 5일 동안 참담한 공포의 남산에서 조사를 받는 동안 그간 살아온 행적을 수없이 되풀이 썼기에 이제는 지난 6개월간 도피 기간의 활동과 인적 관계를 심문할 테니 고통의 시간이 짧지 않겠나 싶었는데, 일주일이나 붙잡고 놓아주지 않는다. 심재권, 김근태, 장기표, 조영래, 이신범 등을 엮은 '서울대생 내란 음모사건'에 끼워 맞추려고 집요하게 거짓 진술을 강요했으나 알리바이가 분명하니 결국 최종적으로 강제 입영 열차를 태웠다. 잿빛 하늘의 황량한 논산훈련소에 도착하니 동지들은 훈련을 마치고 최전방 부대로 배치되었고, 서울대 교양과정부 학생회장이던 원혜영과 달랑 둘이서 훈련소에 들어갔다. 훈련을 마치고 배출대까지는 둘이 함께했다.

자발적인 의무 수행이 아니라 독재 권력의 징벌적인 군대 생활이었지만 그 34개월은 뜨거운 먹물 청년을 구체적인 실천가로 다가서게 하는 결정적 시간이었다.

중앙정보부의 가혹한 고문보다 더 무서운 건 '배고픔'이었다. 식사 시간이 끝난 뒤 짬밥통을 뒤져 건더기 하나라도 건지면 행운이었다. 훈련 중에 뱀이 기어가면 "어휴, 저 고깃덩이 너무 아까운데" 하며 군침을 흘리며 안타까워한다. 밥숟가락을 놓기가 무섭게 배고픔을 느끼던 때 고참들의 식기 세척과 총구 손질을 끝내고 PX로 달려가 상표도 없는 빵 두 개와 막걸리 한 되를 마셔야 겨우 허기를 면했던 기억이 선연하다.

굶주린 상태에선 먹는 것 외엔 아무것도 보이지 않는다. 체면, 교양, 자존심, 정의, 진리… 모든 것이 희미해진다. 시골에서 간신히 초등학교만 졸업하고 일터로 내팽개쳐져 살다가 입대한 사람들이 소대 내에 반 이상인데 그들의 의연한 모습을 보며 한없이 부끄러웠다. 민중들, 민초들이 역사의 동력임을 확인하고 내 체질을 변화시켜가는 중요한 계기를 만들어준 독재자에 대해 한편 고맙다는 생각도 해보았다.

1974년 9월 5일, 제대한 날이다. 긴급조치 4호의 광풍이 휩쓸고 간 고요한 동숭동 문리대 교정으로 돌아온 나는 무너뜨리거나 넘을 수 없는 벽은 없다는 확신을 갖고 관악으로 옮겨가는 대학 이후의 구상을 했다. 노쇠하신 아버지, 위암 말기인 어머니, 대학에 갓 입학한 여동생, 가난하지만 단란한 가정의 생계 책임에 취업을 고민하던 차에 김상진 열사의 분연한 할복사건으로 긴급조치 9호를 향해 몸을 던졌다.

복학생 선배라는 이유로 '김상진 열사 장례식' 현장에서는 보이지 않는 역할을 맡았기에 시위 다음날 태연히 등교했다가 관악서 형사들에게 체포되었다. 현장 지휘를 하던 후배들 뒤를 이어 선배 그룹에서 최초로 구속됐다. 남영동 대공분실에서 3일간 시달린 끝에 관악서로 다시 넘겨져 2일간을 유치장에서 있을 때였다. 서울대 사회계열 1학년으로 입학하여 장례식 시위에 단순 가담한 박원순을 그곳에서 만났다.

고등학교를 막 졸업하고 '대학물'을 3개월도 먹지 않은 신입생이 어두운 빛이 하나도 없이 끊임없이 내게 묻는다. 민주주의, 국가와 국민, 권력의 문제, 역사와 혁명의 과정, 인생의 문제 등등. 그는 열흘 동안 유치장에 있는 동안 잠자는 시간을 빼고는 나를 놓아주지 않았다. 시간이 있으면 「타임지」를 읽으면서 산전수전 다 겪은 나보다도 초연하게 있던 그에게 구치소로 이감될 때 마지막으로 내가 한 말은 "자넨, 선배 같은 후배로군"이었다. 그는 6개월여를 불법 구속된 후 기소유예로 석방되었으며 내가 구속되어 있는 동안에도 가끔씩 면회를 왔다. 내가 2년 옥고를 치르고 나온 뒤에는 줄곧 앞날에 대해 의논하고 결정하는 관계를 유지했다.

형식적인 재판이 진행되는 1년 가까운 시기는 법정 투쟁과 구치소 투쟁으로 어떻게든지 긴급조치를 무력화하고 독재정권의 포악함을 드러내기 위한 열정으로 시간 가는 줄 모르고 지낸 것 같다. 어머니, 아버지같이 착하게 사시는 대부분의 사람이 사람대접을 받는 세상을 위해 결혼하지 않고 세상을 바꾸는 일에 평생을 바치겠다는 결의를 벼리면서 단련하였다. 이념 서적은 접할 수 없었으나, 문화, 역사책을 많이 읽으며 민중이 가운데 있는 소설과 대서사들에 깊이 빠져들었다. 형이 확정되고 교도소로 이감되어 2년 후 출소할 때쯤엔 인간의 한계에 대한 깊은 성찰 끝에 본인은 신의 존재를 믿지 않더라도 타인에게 주장하지는 말아야 겠다는 생각을 갖게 되었다.

1977년 6월 출소했다. 먹고 사는 문제와 민주화운동, 사회변혁 활동을 함께할 수 있는 방편으로 당시에 의식 있는 사람들이 많이 선택했던 출판사업에 참여했다. 문리대 잡지였던 「형성形成」을 생각해 '형성사'라는 출판사를 경영하며 재야활동을 병행했다.

박정희의 죽음을 기해 결혼, 복학, 광주항쟁 후의 수배 생활. 전두환의 신군부 독재하에서 민통련, 인천지역사회운동연합, 전국민족민주운동협의회 조직 등 재야활동을 하던 끝에 1986년 5월 3일 인천 민주항쟁을 주도하고는 다시 현상 지명수배를 당한다. 7개월 동안 잠수하며 잘 버티다가 87년 1월 12일 목욕탕에서 벌거벗은 채 인천동부경찰서의 경찰 또 한명을 특진시키며 박종철, 김근태 등 숱한 민주투사들을 고문치사한 이근안 경기도 대공분실장에게 넘겨졌다. 체포된 다다음날이 박종철 군을 고문치사한 날이다. 그가 이근안인줄 몰랐던 나는 밤낮없이 나를 공포에 떨게 했던 옆방의 신음과 고통 소리가 들리는 듯하고, 특히 그가 황망히 분실에 들어서던 박종철 군 고문치사 직후의 모습이 지워지지 않는다. 훗날 근태 형님의 사투 끝에 폭로한 사진을 보고 한 손으로 내 어깨 관절을 뽑았다가 다시 맞추었던 그가 고문기술자인 것을 알고는 치를 떨었다.

도피 중에 우리는 이번에는 잡혀서 재판을 받게 될 경우 군사독재 정권의 하수인 역할을 하는 사법부에도 경종을 울리게끔 재판을 일체 거부하기로 결의했다.

1987년 6월 항쟁에 굴복하는 노태우의 6.29 선언이 있은 뒤 검찰은 재판에 응하고 반성문만 쓰면 석방해주겠다고 수차례 직접 회유하거나 지인을 통해 타진해왔지만, 나는 이를 거부했다. 6월 대투쟁 때는 거리의 함성을 인천소년교도소에서 들으며 감동을 억누르고 지냈다.

노태우 대통령 취임 특사로 1988년 2월 말 석방된 후 시민의식의 고양과 조직화가 당면 과제라고 생각해 인천 민주시민학교를 구성하고 4년여 동안 당국의 탄압과 방해 속에서도 꾸준히 시민 조직화를 시도했다. 그때도 박원순은 변호사로서 수배 중이거나, 교도소 생활을 하던 내게 또 가족들에게 든든한 버팀목이 되어주었다. 역사문제연구소도 함께 만들었고, 물적 토대는 전적으로 그가 부담했다. 지금까지 살면서 가장 슬프고 안타깝고 또 원통한 이별이 그의 죽음이다. 사람 사는 세상을 위하여 많은 의인, 활동가, 헌신한 분들이 있지만, 젊은 시절부터 자기 것을 늘 내놓는 실천적 삶을 살아온 그는 반드시 바르게 평가되리라 믿는다.

강요된 분단을 극복하고 자유롭고 평등한 세상을 만들기 위해 혁명을 꿈꾸던 나는 시공時空의 한계 속에서 점진적 개혁을 위해서는 현실 정치에 참여해야 한다는 생각으로 1992년 정치에 발을 들었다. 하지만 지금은 부와 권력의 격차가 극심해지는 현상을 어떻게 극복할 수 있는가가 제일의 관심사인 할아버지일 뿐이지만….

정치, 국회의원 그리고 노무현

2000년, 현실 정치에 입문한 지 8년 만에 고향인 인천에서 16대 국회의원이 되었다. 당시 야당에게 당선이 유리한 지역구인 서울에서도 공천을 받을 수 있었지만 마지막 선택은 고향에서 하겠다는 생각에 인천 남동구를 택해 두 번 낙선하고 나서 김대중 대통령 집권 중반기에 국회에 입성하였다. 당선증을 받은 그 순간부터 지금까지와는 전혀 다른 신분으로 대접받는 것에 대해 반대하고 특권을 내려놓으려는 노력을 했으나 시간이 흘러가면서 점차 기득권층으로 빠져들어가는 내 모습에서 젊은 시절의 꿈과 열정과 지향이 시들어가는 것을 망연히 보면서 2년을 지냈다.

강고한 기득권층의 카르텔에 갇혀 한계를 느끼면서도 개혁의 끈을 놓지는 않았다. 상임위도 환경노동위원회를 선택했고, 정당 개혁을 위한 노력 끝에 대통령 선거 시 당내에 국민경선제를 실시하는 성과도 얻는다. 그 제도가 없었다면 노무현 대통령 후보의 출현은 가능하지 않았을 것이라고 생각한다. 제주, 울산, 부산의 순회 경선이 끝나면서 김근태 후보가 포기를 하자 나는 광주 경선이 끝난 주말에 노무현 후보에게 전화를 해 다음 주 중 편하신 날에 뵙자고 했더니 바로 다음 날인 월요일에 아침식사를 하자고 한다.

"노 후보가 오랫동안 품어왔던 사람다운 삶의 세상과 지역주의 타파를 향한 불씨에 광주 시민들이 불을 지폈습니다. 세상을 밝혀 변화시킬 수 있는 큰 횃불이 되도록 제 작은 힘을 보태고자 뵙자고 했습니다." 그는 내 손을 굳게 잡으면서 "고맙습니다. 한번 해봅시다" 하며 한참 눈길을 떼지 않았다.

대세를 군히자 가장 강력한 후보였던 이인제 후보가 사퇴하고 변방의 비주류인 노무현 후보가 많은 평론가나 언론의 예상을 깨고 민주당의 대통령 후보가 된다. 며칠 후 그는 "김원기 고문님이 의원님을 후보 비서실장으로 추천을 하셨는데 제가 버겁군요. 허허. 그보다 당의 조직위원장도 맡고 계시니 조직총괄본부장을 맡아주시지요"라고 하여 흔쾌히 응했다.

한국에서 개최된 2002 월드컵의 열기 속에 당시 축구협회 회장이던 정몽준 의원은 인기가 높아지자 정당을 만들어 대선 출마를 선언한다. 2002년 9월 들어 우리 후보보다 여론조사 지지율이 높아지자 당내에서도 자신의 손으로 뽑은 대통령 후보를 배척하고 일탈하는 분위기가 주류인 동교동계를 중심으로 형성되었다. 정몽준 후보와의 단일화 논의가 진행되면서 갖은 진통 끝에 최종적으로 100% 여론조사로 후보를 결정하자는 제안에 우리 선대위의 핵심 본부장들 회의에서는 5:5로 찬반이 나뉘어 결정을 후보에게 일임했다. "이회창이 되는 것보다는 정몽준 대통령이 낫지 않겠습니까? 받읍시다." 긴 시간 동안의 열띤 공방을 단순 명쾌하게 정리한다.

우리 국민의 현명하고 높은 정치의식은 또한번 바보 노무현을 선택한다. 대통령 선거일을 한 달여 남겨놓은 시점이다. 진통 끝에 단일후보를 뽑아 놓고도 정몽준 진영은 공동 선거운동에 선뜻 함께하지 않고 계속 조건을 제시한다. 최종적으로 외교통상부 장관을 포함한 5개 부처 장관을 주는 조건을 포함한 안을 전해 받고 김원기 고문이나 나는 노 후보에게 받아들일 것을 강력히 제안했다. 정몽준의 적극적인 도움이 꼭 필요했다. 요지부동으로 거부하는 노 후보를 설득하기 위해 인천에 마지막 선거유세를 하러 가는 노 후보 차에 함께 타고 내려오면서 정몽준 후보의 제안을 받아들여야 하는 이유를 주장했다.

"후보님 개인의 원칙 고수와 순결을 위해 권력을 내준다면 국민들에 대한 책임은 어쩔 겁니까?" 그는 단호했다. "우리 국민은 현명합니다. 나도 장사도 해봤지만 한번 부도를 내면 믿음을 회복하지 못합니다. 밀실야합을 하지 않겠다고 국민에게 약속했습니다. 설령 정권을 내준다 해도 국민과의 약속을 지키는 것이 역사 발전에 도움이 될 겁니다." 그의 뜻을 바꿀 수 없다고 판단한 나는 마침 정몽준 캠프의 정책위 의장을 맡고 있던 협상의 주역 중 한 명이자 대학시절 정치학과 동기이며 절친이었던 전성철에게 전화를 했다. 정치노선은 다르지만 깊이 신뢰하는 사이인 그에게 노 후보는 절대 각서를 써주지는 않을 것이며 정 후보 쪽에서 진심으로 선거 승리를 위해 노력한다면 각서로 요구하는 것 이상으로 권력을 나눌 것을 확신한다고 강조했다. DJP 연합의 예를 들며 각서보다 원칙을 고수하고 신뢰를 주는 것이 훨씬 효과가 있다는 설명을 하며 결단해야 할 시점은 오늘이라고 전했다. 이회창 쪽의 많은 조건 제시와 회유, 협박을 받고 있던 정몽준 후보 쪽은 노 후보의 손을 잡았고, 선거일을 3일 앞두고 돌발 사건으로 마지막에는 돌아섰지만 운명의 신은 우리에게 미소를 지었다.

이제야 균열이 가기 시작한 우리 사회의 공고한 기득권 연합세력이 바보 노무현을 부엉이 바위에서 밀어 떨어뜨린 날의 애절하고 비통한 마음이 이 뜨거운 여름날에도 나를 전율하게 한다. 그는 치열하고 순결하며 사람을 사랑하는 바보 사람이었다.

최근에 논란이 일고 있는 민주화운동 유공자 법안에 대해 과거 운동권 출신 분들 중 몇 분의 언행에 대한 단상을 말씀드린다. 광주민주화운동으로 고생했던 한 분은 그 법안에 대한 반대의 뜻으로 광주민주화운동 인증서를 반납하는 퍼포먼스를 했다. 오랫동안 민주화운동에 깊이 헌신적으로 몸 바쳤던 한 분은 형사 보상금마저 신청하지 않고 있다고 밝힌다. 이미 목숨을 바친 열사들이 훗날 보상을 받을 것을 추호라도 상상했을까?

민주화운동 유공자 법안은 이미 정치, 사회, 대중적으로 충분히 보상받은 분들을 위한 법안이 아니다. 일제의 지배 아래서 독립운동에 모든 것을 바친 분들의 후손이 오늘에 처한 위상을 보며 정의와 역사 발전을 위해서 꼭 필요한 법안이라고 생각한다.

도전과 실패의 연속, 그래도 보람은 있었다

장기표(신문명정책연구원 대표)

서울대 법대 법학과 66학번
민주통일민중운동연합 정책연구실장
민중당 정책위원장
한국사회민주당 대표
재단법인 〈전태일〉 이사장 역임

성장 과정

나는 1945년 12월 27일 경남 밀양군 상남면 남산리에서 태어났다. 태백산맥의 남쪽 끝이라는 종남산終南山과 크나큰 산이라는 덕대산이 마주치는 산중턱 깊은 산골이었다. 6남매 중 막내인데다 생활이 너무나 어려웠다. 그래서 오히려 어려서부터 생각을 골똘히 하는 버릇이 있었다.

아버지(장두원張斗元)는 정규학교는 다니지 못했으나 한학을 공부해서 산골동네에서 접장을 하셨고 동네에서는 어른 행세를 단단히 했다. 그래서 어릴 때 아버지로부터 공자와 맹자, 또는 항우와 유방, 제갈공명, 서산대사, 사명당 등의 영웅담과 신통술을 많이 들어 승려가 되거나 도인이 되었으면 하고 바랐다. 어머니(신봉주辛奉珠)는 일자무식이었지만 회심곡, 사친가 등을 줄줄 외워 동네 모임에서 구성지게 읊어 좌중을 기쁘게 하곤 했다.

아버지는 1974년 내가 민청학련 사건으로 고생할 때 돌아가시고 어머니는 1979년 대구

교도소에 있을 때 돌아가셨는데, 하늘이 무너지는 듯했다. 우리 어머니는 매일 아침마다 세수를 하시고는 아침 해를 향해 막내아들이 잘 되기를 축원하셨다. 나도 아침마다 어머니의 아침 기도를 생각하면서 산을 오르내리는데, 건강을 위한 것이지만 어머니가 나의 건강한 모습을 보고 기뻐하시기를 바라는 마음 때문에 산에 갈 때도 많다. 부모님 살아 계실 때 부모님이 걱정하실 일만 너무 많이 해서 지금도 가슴이 멜 때가 많다.

나는 초등학교 4학년까지는 한 학년이 13명인 남산분교장에 다녔고, 5, 6학년은 상남초등학교에 다녔는데, 십리 길, 이십리 길인데다 우비도 없어 비가 많이 오는 날이면 학교를 가지 않을 때가 많았다.

국민학교 졸업 직전 집안 형편이 어려워 야반도주하듯 김해로 이사를 갔다. 김해에서는 아주 작은 방앗간을 운영했는데, 형님과 형수, 나 셋이서 운영했다. 벼의 경우 승강기가 없어 하꼬(상자)에 벼를 받아서 다시 올려다 부었는데, 먼지가 너무 많아 형님은 일찍 폐결핵으로 돌아가셨고, 나는 어른이 되어 신체검사를 할 때에서야 비로소 폐결핵에 걸렸다가 저절로 나았음을 알았다.

중학교를 졸업하고 고등학교에 진학해야 하는데, 내가 없으면 방앗간을 돌릴 수 없어 부산이나 마산으로 진학하지 못하고 진영에 있는 한얼고등학교에 진학했다. 그런데 한얼고등학교에 다녀서는 대학에 갈 수 없을 것 같아 마산공고로 전학을 하면 장학생이 될 수 있다는 말로 형님을 옥죄어 1학년 2학기 때 마산공고로 전학했다.

1학년 2학기 말에 친구 어머니가 입주 중2 가정교사 자리를 소개해줘 졸업할 때까지 학비 걱정을 하지 않았고, 용돈도 넉넉했다. 그 대신 내 공부는 뒷전이었다.

나는 어릴 때부터 세상을 바꾸어야 한다는 생각을 많이 했다. 가난과 질병에서 오는 고통도 문제지만, 인간 상호 간의 갈등과 인간의 탐욕 등을 보면서 이런 세상은 바뀌어야 한다고 생각하고는 내가 바꿀 수 있었으면 하고 간절히 바라곤 했다. 그리고 아버님으로부터 영웅담과 신통술을 많이 들어 내가 영웅이 되거나 신통술을 부리면 세상을 바꿀 수 있지 않겠나 하는 생각도 많이 했다.

그래서 어릴 때부터 친구들에게 '세상을 바꾸어야 한다'는 말을 많이 해서 중학교 때는 별명이 소크라테스였고, 고등학교 때는 허풍쟁이였다. 소크라테스가 어떤 사람인지 전혀 몰랐는데도 말이다.

세상을 바꾸려는 생각

세상을 바꾸기 위해서는 힘이 있어야 한다고 생각해 판사나 검사가 되기 위해 서울법대에 진학하려고 했으나, 수학을 제법 잘한데다 그 당시 서울공대 화공과가 인기가 있고 또 공고 출신에게는 특전도 있어 선생님들이 서울공대 화공과로 진학할 것을 권해서 그렇게 할 생각을 했다. 거기다가 관존민비사상을 버려야 한다는 말을 많이 들어 나부터 관존민비사상에서 벗어나야 한다고 생각해서도 서울공대 화공과로 진학할 마음을 먹고 있었다.

그런데 입학원서를 쓰기 직전 생물 선생님으로부터 대학은 자기가 평생 하고 싶은 일을 할 수 있는 학과로 가야 한다는 말을 듣고 서울공대 진학을 포기하고 서울법대로 진학하기로 결정했다. 세상을 바꾸기 위해서는 권력을 쥐어야 하겠기 때문이었다.

서울법대에 진학하려면 독일어와 불어 가운데 하나를 선택해야 하는데, 마산공고에서는 그런 과목을 가르치지 않아 입학시험 한 달을 앞두고 독일어 공부를 위해 서울로 왔다. 서울법대 입학시험에서 독일어 점수는 그런대로 받았으나 수학 점수가 나빠 낙방하고 말았다.

재수라는 것은 생각조차 못 하고 동국대학교 법대에 진학했다. 입학하자마자 가정교사를 자리를 구해서 학교에 다녔는데, 친구가 가정교사 전문 선생님으로 소개해줘 혜화초등학교에서 1, 2등 하는 학생들을 맡아 가르친 후, 나는 소위 일류 가정교사가 되어 굉장히 많은 보수를 받았다.

이제 시간제 가정교사로도 학비를 충분히 조달할 수 있게 되어 2학년 2학기 때 사법시험 공부를 하러 사설 독서실에 갔다. 거기서 나와 동년배들이 대학입시 재수를 하는 것을 보았고 그들이 공부하는 일본 수학에 호기심이 생겨 대학 입학시험 공부를 다시 해서 서울법대에 입학했다.

서울법대에 입학할 당시에는 사법시험 공부를 할 생각이었으나 세상을 좀 더 알게 되면서 판사나 검사가 되어서는 세상을 바꿀 수 없다는 생각이 들었다. 그러던 중 가나안농군학교의 김용기 장로께서 막사이사이상을 받아 화제가 되었을 때, 나의 사회변혁 의지에 많은 영향을 미친 전주고 출신의 재수생 소진방과 함께 농민운동을 할 요량으로 가나안농군학교에 가서 입학 등록을 했다. 그런데 김용기 장로의 강연을 들으니 근면과 검소나 강조할 뿐 세상을 바꿀 생각은 없는 것 같아 가나안농군학교에 가는 것을 단념했다.

이런저런 모임에 나가서 세상을 바꿀 동지를 찾으려 했으나 내 눈에는 뜨이지 않던 차에 사회법학회에서 조영래를 만났다. 조영래와 나는 곧바로 의기투합했는데, 세상을 바꾸려는 생각이 같았기 때문이었다. 내가 묵던 독서실이나 갈현동의 조영래 집에서 많은 이야기를 나누었다.

그러던 중 삼성 사카린밀수사건이 터져 조영래와 나는 이 사건을 규탄하는 집회를 주도하다시피 했다. 결국 나는 이 집회 때문에 무기정학을 받아 요시찰 학생이 되었고, 학생운동에 본격적으로 뛰어들게 되었다.

군 입대

2학년이 될 무렵 군대 징집영장이 나왔는데, 나는 연기하지 않고 입대했다. 6.25전쟁 후 군대에 가지 않으려고 온갖 술수를 쓰는 사람들을 보면서 나는 저러지 않겠다는 마음을 먹었던 것도 입대를 연기하지 않은 한 요인이었다.

군에 입대해서는 훈련소에서 '군대에서 하는 일은 말짱 헛일이다'는 말을 많이 듣고서 나는 그럴 수 없다고 생각해서 내 나름으로 '나는 나다', '하라, 그러면 된다'를 군 생활 좌우명으로 삼아 군 생활을 원리원칙대로 하려 했다. 제대 말년에도 유격훈련에 나갔고, 훈련을 끝내면서 '섣달이면 영광의 제대인데, 유혹의 길을 따를 수는 없다'는 어설픈 시를 남길 정도였다.

신병훈련소와 육군통신학교를 거쳐 부산 군수기지사령부에 배치되었는데, 얼마 되지 않아 월남 파병에 차출되었다. 파병 초기라 위험하다고 보아 많은 사람이 뇌물을 주고 빠졌다. 나는 한때 월남 파병을 반대하기도 했으나 국가정책으로 채택된 이상 응해야 한다는 생각으로 파병에 응하기로 했다. 월남에 가서는 제51포병대대에 배속되어 많은 작전에 참여하여 고엽제 환자가 되긴 했으나 운이 좋아 피부병을 앓을 뿐 다른 상기는 이상이 없었다.

귀국해서는 27사단 79연대에서 근무했는데 1969년 12월, 34개월 만에 제대했다.

민주화운동

1970년 봄에 복학하여 나는 세상을 바꾸기 위한 학생운동에 본격적으로 나섰다. 전국적인 조직을 건설하기 위해서는 학생운동 신문이 필요하다고 생각해 사회법학회 후배들과 함께「자유의 종」이란 학생운동 신문을 만들었다. 1970년 10월 10일자 제2호에 평화시장 관련 기사를 실은 것이 전태일사건에 신속하게 관여하는 계기가 되었다.

1971년 대통령 선거 때는 '71동지회' 회원들과 함께 '학생참관인단'을 조직해서 부정선거 감시운동을 전개하는 등 치열하게 투쟁했다. 그래서 그해 10월 위수령 발동과 함께 이른바 '서울대생 내란음모사건'으로 구속된 후부터 '김대중납치사건'(1973년), '민청학련사건'(1974년), '청계피복노조사건'(1976년), '김대중내란음모사건'(1980년), '5.3인천대회사건'(1985년), '이선실사건'(1992년) 등으로 약 9년 간의 투옥과 10여 년의 수배로 1970년대와 1980년대 그리고 1990년대 초반을 보냈다. 그런 가운데 연행과 구류, 가택연금 등은 셀 수조차 없이 많았다. 1973년 10.2시위 때는 치안본부 대공분실에서 너무 심한 고문을 받아 오랫동안 담에 걸리기도 했다.

내가 민주화운동에 열심이었던 것은 세상을 바꾸어 모든 사람이 서로 사랑하는 가운데 자아실현의 삶을 사는 인간 해방의 세상을 건설하기 위해서였다. 그러나 나는 마르크스 레닌주의로서의 사회주의(공산주의)로는 인간 해방의 세상을 건설할 수 없다고 판단하여, '교조적 해방 논리로부터 해방되어야 한다'는 논문과 '민주통일민중운동론'을 통해 마르크스 레닌주의와 주체사상에서 강조하는 노동자 계급주의를 배격하고 '민중주체 민주주의'를 주장했고, 그 뒤 이를 발전시켜 인간 해방의 이념으로서 '민주시장주의'를 정립해서 제시하기도 했다. 민주시장주의는 서유럽의 사회민주주의에 자아실현과 생태주의를 보완한 '새로운 사회민주주의'라고 할 수 있다.

내가 특별히 인간 해방의 세상이 건설될 수 있다고 확신한 것은 정보사회의 도래 때문이다. 나는 오늘의 세계적 대변화를 문명의 전환, 곧 정보 문명 시대의 도래로 볼 뿐만 아니라 정보 문명 시대야말로 산업의 정보화로 물질적 풍요를 달성할 수 있음과 아울러 대중의 사회 정치의식도 고양될 수 있어 인간 해방의 삶이 이루어질 수 있다고 생각했다. 그러나 이처럼 인간 해방의 삶이 이루어질 수 있는데도 이루지 못하면 거꾸로 대량 실업과 소득 양극화, 환경 파괴, 인간성 상실로 사회는 붕괴하고 인생은 파탄하는 대재앙을 맞게 되리라고 내다봤다. 그러니 인간 해방의 정치에 집착하지 않을 수 없었다.

1980년대 중반부터 '새로운 진보 이념'을 주창한 것이나 1996년에 '신문명정책연구원'을 설립하여 인간 해방의 이념과 정책을 개발해온 것은 이러한 '신문명사상'에 입각한 것이었다. 그리고 나의 '신문명사상' 형성에는 앨빈 토플러의 책『권력이동』이 많은 영향을 미쳤다.

이처럼 나는 사회주의(공산주의)와 주체사상 및 북한 정권을 배격해왔음에도 불구하고 구속될 때마다 '공산주의 사회를 건설하려 했다'든가 '북괴를 이롭게 하려 했다'는 이유로 처벌을 받았는데, 독재정권에 의한 좌경용공조작이 얼마나 심했는가를 말해준다.

대통령 선거

1987년 '6월 민주항쟁'으로 민주화가 이루어진 다음에는 운동권이 정치세력화해야 집권할 수 있다고 생각해 '민중의 정치세력화', 곧 합법 정당 건설을 주장했다. 그래서 노동자계급의 비합법 전위정당을 주장하는 사람들과 야당활용론(김대중 지지)을 주장하는 사람들의 반대에도 불구하고 민중당을 창당했으나, 나를 비롯한 민중당 사람들의 무능과 운동권의 분열 때문에 실패했다.

그 후 나는 '개혁신당', '민주국민당', '한국사회민주당', '녹색사민당', '새정치연대', '녹색통일당', '정통민주당' 등을 창당했다. 그리고 '미래통합당' 후보에 이르기까지 선거에 7번 출마했으나 번번이 실패했다. 그래서 '정당제조기'라든가 '안 되는 길로만 간다'는 비아냥거림을 듣기도 하고 또 경제적으로도 무척 어려웠으나, 인간 해방의 세상을 건설해야 한다는 나의 소명의식을 포기할 수는 없었다.

2007년과 2017년에도 대통령 선거에 출마하려 했으나 기탁금을 구하지 못해 출마하지 못한 일이 있다. 2022년의 대통령 선거에 나서려 한다. 내가 정립한 신문명정책을 강구해야 인공지능, 사물인터넷, 로봇, 3D프린팅, 빅 데이터, 메타버스 등 제4차 산업혁명의 성보분닝 시대를 맞아 모든 국민이 경제적 안정, 사회적 평화, 정치적 자유가 보장된 가운데 자기가 하는 일에서 자아실현의 보람과 기쁨을 누리며 행복하게 살 수 있기 때문이다.

　더욱이 이렇게 하지 못하면 대량 실업과 소득 양극화, 환경 파괴, 인간성 상실 등으로 사회는 붕괴하고 인생은 파탄하는 대재앙을 맞게 되어 있어 나 같은 사람이 집권해서 이런 대재앙을 맞지 않게 해야 하겠기 때문이다.

　여기에다가 설사 대통령이 되지 못한다 하더라도 나의 이런 뜻을 대중에게 설파하는 의미는 있다고 보아 대통령 선거에 나서려 한다. 특히 나는 '정치문화재'로 자부하는 터라 정치문화재로서의 삶을 살기 위해서도 대통령 선거에 나서려 한다. 정치문화재가 되려면 삶에 일관성이 있어야 하겠기 때문이다.

　나는 책다운 책은 못 되지만 이런 저런 이유로 많은 책을 썼다. 1988년에『우리, 사랑이란 이름으로 만날 때』를 쓴 데 이어『새벽노래』,『해방의 논리와 자주사상』,『사랑의 정치를 위한 나의 구상』(전8권),『지구촌시대 민족발전전략』,『문명의 전환』,『구국선언』,『신문명 국가비전』,『한국경제 이래야 산다』,『지못미 정치』,『지못미 경제』,『문명의 전환 새로운 비전』,『대통령 대 국민』,『올바른 대북정책』,『새로운 진보정치를 선언하며』,『통일 초코파이』,『장기표의 행복정치론』,『장기표의 정치혁명』등 30여 권의 책을 냈다.

평등사회와 진보정치를 위한 발걸음

장상환(경상대학교 경제학과 명예교수)

서울대 상대 경제학과 69학번
크리스찬아카데미 간사
경상대학교 경제학과 교수, 사회과학연구원장
민주노동당 정책위원장 역임

농업경제학회와 현장론

1969년에 서울대 경제학과에 들어가 1학년 때부터 학교 공부에 주력했다. 교수가 되려고
생각했다. 농촌에서 가난을 절감하며 자란 경험은 국가 경제정책을 바로잡아 농민의 빈곤문
제를 해결해야 한다는 생각으로 이어졌다. '라인강의 기적'에서 경제학자 출신 에르하르트
수상의 역할을 알고 의욕을 냈다. 1, 2학년 때는 우등상도 받고 각 대학 우등생들이 입사하는
기숙사인 정영사에 들어가기도 했다. 1학년 봄이었는데 하루는 교양과정부 같은 반 학생이
"수업 빼먹고 서울여대에 놀러가자"고 학생들을 부추겼다. 나는 "공부하려고 대학에 들어왔
다. 놀고 싶으면 혼자 놀지 왜 같이 놀자고 하느냐? 시골에서 어머니는 땡볕에서 밭 매고
계실 텐데 나는 놀 수 없다"고 항의해 분위기가 어색해진 적이 있었다. 너무나 고지식한 학생
이었다.

1학년 초에 학회 회원모집 때 농업경제학회에 가입했다. 1970년 2학년 여름방학 때 농촌

봉사활동에 참여했다가 큰 충격을 받았다. 동년배인 농촌 청년들의 힘든 생활을 접하면서 교수를 해야겠다는 생각만을 하고 있던 나 자신이 부끄러워졌다. 이때부터 농민운동을 해야겠다고 생각했다. 농업경제학회 외에 서울대학교 각 단과대학 농촌문제 연구서클 연합체인 '향토개척단'에도 나가고 흥사단 아카데미 활동도 했다. 당시 진보적 연구단체인 농업근대화연구회(한국농어촌사회연구소의 전신)에서 주최하는 금요특강도 들었다. 1970년 11월 전태일 열사가 분신했을 때는 서울 상대의 여러 학회가 연합해 실태조사를 나갔다. 1971년 여름 경기도 광주대단지(현재의 성남시) 빈민 폭동 때는 현장답사를 나갔다. 3학년 때 농업경제학회 회장을 맡았는데, 그때 학회에서는 이론적 학습보다는 실천과 투쟁을 강조하는 편이었다. 나도 졸업 후 농민운동에 투신할 것을 목표로 하고 있었다.

위수령과 강제 입대

1971년 10월 15일 위수령이 발령되고, 교련 반대 투쟁을 했던 학생들은 강제 징집을 당하였다. 나는 졸업 후 농민운동을 한다는 생각으로 직접적 정치투쟁에는 나서지 않으려 했다. 그러나 교련 반대 투쟁이 격화되고, 앞장섰던 동료 학생들이 학사징계나 형사처벌 등으로 움직이기 어렵게 돼 나도 앞장을 서야 했다. 이 때문에 결국 제적되고 강제 입대를 하게 되었다. 위수령은 유신 한 해 전에 발동된 것으로 대규모 제적은 이제까지 전례가 없던 일이라 복학 가능성은 전혀 기대하지 않았다. 나는 머리카락을 빡빡 밀어버리고 '학교를 제적당했으니 이제부터는 대학생이 아니다. 평범한 민중으로 살아가겠다'고 각오를 다졌다. 군 생활에서 '김 병장'으로 기억되는 인상적인 분을 만났다. 김 병장은 노동자 출신 중 좋은 품성과 지도력을 가진 분이었다. 이분을 보면서 나의 엘리트주의도 상당 부분 씻겨나갔고, 이후 내 인생에 큰 영향을 주었다("김 병장을 그리워하며," 71동지회 편, 『나의 청춘, 나의 조국』, 나남출판, 2001 참조).

크리스찬아카데미 농촌사회교육

1974년 군 제대 후 2학기에 복학하면서 농업경제학회 세미나에 참여했다. 1974년 10월경에 이우재 선생이 크리스찬아카데미에서 하는 농촌사회 지도자 교육을 도와달라고 하여 자원봉사자로 참여했다. 황한식(부산대 경제학과 명예교수)이 실무 간사를 했고, 황민영(식생활교육국민네트워크 대표), 권오승(서울법대 명예교수), 박진도(충남대 명예교수), 민인기(해남신문 대표), 권영근(전 한국농어촌사회연구소장) 등이 교육 위원이나 자원봉사자로 참여했다.

농촌사회교육에 간사나 자원봉사자로 참여한 우리는 대체로 농민운동 지향의 학생운동 출신으로 일본 마르크스주의의 이론적 성과들을 수용하고 있었다. 우리는 학생(지식인)운동 만으로는 사회변혁이 불가능하다는 현장론의 입장이었고, 대학 졸업 후 농촌에 투신한 선배들도 있었다. 크리스찬아카데미 측은 지식인들의 전문적 능력을 필요로 했고, 우리는 운동을 위한 장으로서 재정적, 인적 지원과 공개적 활동 공간이 필요했다. 나는 1976년 하반기부터는 아카데미 교육에 전념하였고, 졸업 후 1977년 1월부터 농촌사회 간사로 근무했다.

크리스찬아카데미 교육은 독일 노동조합의 민주적 교육 방법을 도입하여 참가자들이 분반토의, 5분 발언 등에서 능동적으로 발언하고 진행에까지 참여하도록 하였다. 획일적, 주입식 교육이 일반적이었던 당시로서는 획기적인 교육방식이었고, 교육 참가자들의 열렬한 호응을 불러 일으켰다. 이 교육에서 활용된 분반토의 등 교육방법은 그 후 여러 분야 대중운동 뿐만 아니라 새마을운동에도 도입되었다. 교육을 통하여 각성된 민중운동 지도자들이 민주적 노동조합운동, 농민운동을 출발시켰고 아카데미 교육은 민중운동 부재 시대를 종식시키고 1970년대 민주적 대중운동을 탄생시킨 역할을 했다고 할 수 있다. 그러나 아카데미 사회교육은 1979년 '크리스찬아카데미 사건'으로 중단되고 만다.

'크리스찬아카데미 사건'

크리스찬아카데미 사회교육 이수자들은 산업현장과 농촌 현장, 도시에서 민주적 노동운동, 농민운동, 여성운동을 주도했다. 유신독재체제와 충돌할 수밖에 없었고 자연히 공안기관의 주목을 받게 되었다. 공안당국은 간사들을 긴급조치가 아닌 반공법으로 탄압하기에 이르렀다. 1978년 말경부터 간사들끼리 사회교육에 필요한 지식을 위하여 다양한 사회과학 서적(사회주의 관련 서적 포함)을 읽고 토론하는 모임을 가져왔다. 공안당국은 1979년 3월 9일부터 간사들을 연행하여 '이적 행위를 목적으로 하는 6인 비밀서클을 구성하고, 사회주의 서적을 탐독하여 북한을 이롭게 하였다'는 혐의로 구속, 기소하였다. 간사들은 벌거벗기기, 잠 안 재우기, 무릎에 각목 끼우고 밟기 등의 고문을 당했다.

이 사건으로 농민 30여 명, 근로자 6명, 여성 4명 등 교육이수자들이 연행됐으며, 강원용 원장도 연행되어 5일간 조사받고 석방되었다. 정부의 탄압에 대하여 학계, 종교계, 정치권, 사회단체 인사들이 탄원서, 진정서 등을 통하여 부당성을 지적하였다. 국제적으로도 이 사건은 대표적인 인권 억압사례로 주목받아 세계교회협의회, 독일교회, 국제인권기구 엠네스티 등에서 항의했고, 독일 루터교회 샤프 주교도 직접 한국을 방문하여 정부 당국에 항의하였다.

1979년 9월 22일의 1심 판결에서는 검찰의 기소 사항을 거의 그대로 인정하여 7인 모두에게 1년 6월에서 7년이라는 무거운 형량을 선고하였다. 그러나 10월 26일 박정희 대통령 사망 이후 1980년 1월의 항소심은 '불법 비밀 용공 서클 조직' 혐의에 대해서는 고문에 의한 조작이라는 간사들의 항변이 받아들여져 무죄를 선고했다. 사회주의 서적을 읽은 것에 대해서는 일부는 무죄 일부는 유죄 판결을 받았고, 나는 2년 실형을 선고받았다. 이우재 전 의원, 한명숙 전 총리, 신인령 전 이화여대 총장, 황한식 부산대 명예교수, 김세균 서울대 명예교수 등 크리스찬아카데미 사건 관련자들은 5공화국 시대에 모두 사면·복권되어 우리 사회에서 지도적인 역할을 했다.

'농지개혁 연구' 논문과 한국농어촌사회연구소

나는 1981년 출옥 후 그동안 교제해왔던 김귀균과 5월에 결혼했다. 아내는 고 김진균 전 서울대 교수와 김세균 서울대 명예교수의 동생이다. 아내와는 1975년 농촌봉사활동에서 만나 교제해왔다. 내가 대학원 석박사 과정을 거치는 동안 아내가 가정경제를 책임졌으니 평생 갚아야 할 빚을 졌다.

나는 국제경제연구원(현 산업연구원)에 들어갔으나 신원조회에 걸려 1982년부터 한국산업경제연구원이라는 민간 연구소에서 일했다. 어려운 시기에 공부를 해두자는 생각으로 1982년 3월 연세대 대학원 경제학과 석사과정에 입학하였다.

대학원 재학 중에도 농민운동을 지원하는 일을 했다. 기독교 농촌개발원, YMCA 농촌사업부, 가톨릭농민회, 기독교농민회 등의 농민교육에서 강의하고 다른 연구자들과 함께 농민단체에서 정부에 건의하는 쌀 수매가 요구서를 만들기도 했다. 1984년에는 농민운동 교육용 교재로『농업경제학해설』(한국교회사회선교협의회 지음으로 돌베개에서 출판)을 집필하였다.

1985년 석사학위 논문으로「농지개혁 과정에 관한 실증적 연구 - 충남 서산군 근흥면의 사례를 중심으로」를 썼다. 1970년대 당시 학계에서 박현채 선생 등은 농지개혁이 실패했다고 했는데, 농민운동을 하면서 살펴본 농촌 현지에서는 지주계급을 찾아볼 수 없었다. 이러한 기존 인식과 현실의 괴리를 메우기 위해 충남 서산군 농촌마을에서 농지개혁 당시 농지매매 경험이 있는 촌로들을 발로 찾아다니며 논문자료를 수집했다. 이 논문은 농지개혁에 대한 기존 인식을 전환시키는 데 기여했다. 농지개혁이 반봉건적 토지소유 관계를 타파하고 농민적 토지소유를 확립했다는 것이다. 석사논문을 바탕으로 농림부 용역으로 한국농촌경제연구원이 편찬한『한국농지개혁사연구』의 한 장을 집필하게 되었다.

그 후 농지문제 연구를 계속해「현행 소작제의 실태와 성격」(『박기혁 교수 정년기념논문집』, 1987)과「현행 토지문제의 성격과 해결 방향」(『한국농업농민문제 연구 1』, 연구사, 1988) 등을 통해 당시 확대되고 있던 소작제가 반半봉건적인 것이 아니라 과도적인 임대차 관계임을 밝혔다. 전근대적 지주계급이 아니라 상속, 이농으로 농지를 보유하게 된 부재지주이며, 임차료도 농지 상황에 따라 차이가 났다. 이러한 농지개혁 연구와 소작제 연구를 통해 북한과 한국 민족해방파에서 주장한 반제반봉건민주주의혁명이 객관적 근거가 없음을 밝힌 셈이다.

1985년에는 이우재 선생이 중심이 되어, 박진도 교수, 권영근, 허헌중 씨 등과 함께 '농업근대화연구회'의 맥을 잇는 '한국농어촌사회연구소'를 설립하여 적정 추곡수매가 산정, 농지법안 작성과 국회 청원, 농협법 공청회 등으로 농민운동을 정책적으로 지원하였다. 연구소는『한국농업농민문제연구』1, 2(1988, 1989),『지역사회 지배구조와 농민』(1990) 등을 펴냈다. 나는 이우재 소장의 후임으로 1990~94년 소장을 맡아 일했고 2015년부터 연구소 이사장을 맡고 있다.

경상대학교 교수 부임과 〈한국사회의 이해〉 사건

1987년 6월 민주항쟁의 결과 군사독재정권이 후퇴했고, 운이 좋게도 나는 민주화 공간을 배경으로 1988년 2학기에 경상대학교의 교수로 부임하게 되었다. 부임 후 몇몇 동료 교수와 세미나 활동을 계속했다. 1990년에 사회대, 인문대, 법대, 사범대 등의 진보적 교수들과 함께 결성한 진주사회과학연구회는 매주 한 번 세미나를 해왔고, 670회 이상 지속된 이 세미나는 지금까지 이어지고 있다.

경상대 부임 후 참여한 민주화교수협의회 활동과 관련하여 1994년 '〈한국사회의 이해〉 사건'에 휘말리게 되었다. 이 사건의 배경은 지역의 지배세력과 민주화운동 세력 간의 갈등이다. 1992년 김영삼 정부가 들어선 후 1993년 하반기에 지역 토착 비리세력 척결이 추진되었다. 경상대학교 민교협과 전교조 진주지부도 비리 행위를 한 사립대학 족벌재단을 비판하는 성명을 연명으로 냈다. 처음 이런 비판을 당한 그들은 처음에는 우리를 명예훼손으로 고소하더니 나중에는 지역의 토착 지배세력들과 연합, 국가 공안기관을 동원해 국가보안법이라는 칼로 우리를 공격해왔다. 민교협 교수들과 진보학계의 노력으로 구속은 면했지만 결국 1994년 11월에 기소를 당하였다. 1995년에는 매달 한 번씩 재판을 다녔다. 현재 대통령인 문재인 대표 변호사로부터 충실한 변론으로 큰 도움을 받았다. 시대 흐름의 도움을 받아 6.15 남북정상회담 후 1심 판결(2000. 7. 24.)에서 무죄판결을 받았고, 부산고등법원 무죄판결(2002)을 거쳐 2005년 대법원에서 최종 무죄판결을 받았다. 사건의 와중에 박사논문을 써서 1995년 「한국 농지문제와 농지정책에 관한 연구」로 연세대에서 박사학위를 받았다.

진보정당 참여와 민주노동당 정책위원장

〈한국사회의 이해〉 사건을 계기로 민중의 정치적 힘이 약하면 국가보안법 문제도 해결되기 어렵다고 생각했다. 전공하는 농업 문제도 서구 각국의 사례로 봐서 진보정당의 힘이 커져 전반적 복지 수준이 높아지지 않으면 해결될 수 없을 것 같았다. 그래서 노동자 계급 중심의 진보정당을 만들어야 한다고 생각했다. 1996년 초부터 영남지역 노동조합 간부를 대상으로 경제위기 관련 교육 등을 하면서 진보정당 기반을 조성하기 위해 노력했다. 1997년 대선 때 국민승리21의 대통령 후보의 경제부분 공약을 작성하는 데 참여했다.

2000년 1월의 민주노동당 창당과정에서 경제분야 강령 작성에 참여하였고, 2000년 국회의원 총선 후 5월부터 2003년 6월까지 민주노동당 정책위원장을 맡았다. 2003년 여름부터 2004년 여름까지 1년간 미국 매사추세츠대학에서 방문연구원 안식년을 보내고 2004년 가을부터 2년여간 민주노동당 부설 진보정치연구소 소장으로 일했다. 정책위원장을 하면서 특히 기억에 남는 것은 2002년 대통령 선거에서 권영길 후보가 이야기한 구호 "당신은 행복하십니까. 살림살이 나아지셨습니까"와 2002년 대선과 2004년 총선 공약이다.

2000년 5월에 민주노동당 정책위원장이 되고 난 후 소설가인 친구 부인에게 민주노동당이 해야 할 일이 무엇인지 물었다. 친구 부인은 이제 사람들이 굶는 일은 없으니 민주노동당은 여성들을 행복하게 해줘야 한다고 말했다. 당시는 외환위기 직후 격렬한 구조조정이 진행되고 있었는데, 많은 맞벌이 여성이 여성이라는 이유만으로 먼저 해고당했다. 친구 부인은 억울하게 해직된 여성들이 정말 꼭지가 돌 정도로 절망하고 분노한다고 말했다. 이런 어이없는 여성 차별을 시정해야 한다는 것이다. 또한 한국 여성들은 아이를 키우고 학교에 보내는 부담을 안고, 병든 시부모와 친정부모 보살피기에 힘들고, 나쁜 공기와 물, 안전하지 못한 식품 때문에 불행하다고 호소했다. 이 이야기를 당시 민주노동당 주간지 〈진보정치〉 이광호 편집위원장에게 전하면서 "키워드는 행복"이라고 했다. 이 위원장은 "당신은 행복하십니까"라는 메인 카피를 뽑고 1년 가까이 기획특집을 이어갔다. 노동자뿐만 아니라 여성, 농민, 노인, 공무원, 은행원, 환경미화원, 장애인, 문화예술인 등 각계각층의 문제를 현장 인터뷰를 통해 파헤치고, 해당 부문에 대한 정부 정책, 민주노동당의 정책대안 등을 살펴보는 방식이었다. 당원들과 독자들의 호응이 아주 좋았다. 이렇게 1년여 동안 벼려온 슬로건을 대선후보 토론회 때 이야기하니 국민들의 커다란 호응을 얻었던 것이 아닐까.

민주노동당은 2002년 제16대 대통령 선거 공약에서 '차별 없는 평등사회', '평화롭고 자주적인 나라', '노동자 농민 서민이 살 맛나는 경제', '일하는 사람들의 정치'를 국가 운영 기조로 제시했다. 지도부는 '평등과 자주'를 기본가치로 내세웠지만 나는 '평등'을 주장했다. 민주노동당이 추구할 가치는 강령에 있듯이 '민주, 평등, 해방'이다. 그중 좌파의 핵심가치는 평등이다. 주요 공약으로 소득 재분배와 재산소유자의 권리남용 억제와 이용자 권익 옹호에 중점을 두었다. 공약 수행에 소요되는 대체예산을 제시했다. 보수정당과 보수언론에서 진보적 정책공약의 현실성 문제를 걸고 들어올 것을 예상했기 때문이다. 공약 수행에 약 34조 원이 소요될 것으로 추정하고, 이를 위한 추가 재정수입원으로 부유세 도입으로 11조 원, 종합소득세 탈루액 추가 징수로 6조 8천억 원, 국방비 절약으로 8조 8천억 원 등 34조 원의 재정수입 증대를 추정했다. 여기에 공약을 실현하는 데 필요한 법률 제·개정 사항까지 첨부했다. 이런 기조는 2004년 총선 공약까지 이어졌다. 총선연대에서는 여러 정당의 공약 가운데 민주노동당 공약을 가장 높게 평가했다. 가장 시급한 공약을 제시하고, 이를 위해 소요되는 재정 규모를 추정하고 조달 방안까지 제시했기 때문일 것이다. 민주노동당은 2004년 총선에서 13.1%의 지지를 얻어 10명의 국회의원을 내는 큰 성과를 거두었다.

그러나 그 후 진보정당은 위기에 빠졌다. 2004년 자주파가 민주노동당 당권을 장악하면서 반미 등 민족문제에 적극적인 반면 계급문제에는 소홀했다. 북한의 행태에 대해 명확한 비판의 자세를 보여주지 못했다. 2007년 자주파가 선택한 권영길 후보를 내세운 대선 실패 후 심상정 비대위가 출범했으나 당대회에서 일심회 사건 처리안 부결로 2008년 3월 진보신당과 분당되었다. 2012년 총선에 대비해 2011년 민주노동당, 국민참여당, 진보신당 탈당파가 결합하여 통합진보당을 결성하지만 2012년 총선 후 비례대표 후보 부정경선이 드러났고, 이석기 내란음모 사건으로 헌재에서 위헌 판결을 받아 해산당했다. 진보정당의 흐름은 현재 정의당이 계승하고 있지만 노동계층의 지지세력 약화와 민주당과 구별되는 정체성 부족, 2020년 총선에서 도입된 비례대표제의 한계 등으로 국회의원 당선자가 6명으로 정치적 영향력이 약화되었다. 1997년부터 20여 년간 진보정당 성장을 위해 많은 시간과 노력을 기울였는데 자본주의 모순이 격화되는 가운데서도 진보정당이 성장하지 못하는 것에 큰 아쉬움을 느낀다. 소수정당이 성장할 수 있도록 선거제도가 개혁되고 진보정당도 자체 혁신을 해야 할 것이다.

경상대 사회과학연구원 중점연구소 사업,
『마르크스주의연구』와 대학원 정치경제학과

한편 나는 〈한국사회의 이해〉 사건을 겪으면서 학술연구를 소홀히 하면 대학 내에서 생존하기 어렵다는 위기감을 느끼고 학술연구에 더 큰 노력을 기울였다. 연구주제도 농업 문제에서 한국경제 전반의 문제로 확장했다. 그 결과 1998년에는 경상대학교 학술상을 수상하기도 했다. 한국사회경제학회 회장(2001~2002년)과 한국산업노동학회 회장(2001~2003년)을 맡았다.

나는 한국연구재단이 지원하는 경상대 사회과학연구원 중점연구소 사업에 참여했다. 사회과학연구원은 2001년 한국연구재단이 지원하는 대학중점연구소로 선정되어 2001~2007년까지 신자유주의 구조조정과 노동문제, 한국자본주의 축적체제와 노동계급, 대안경제체제와 산별노조 등을 주제로 학제간 국제공동연구를 수행하면서, 연례 국제학술대회 개최, '사회과학연구총서' 간행, 2004년 계간지 〈마르크스주의연구〉 창간, 노동조합 실태조사 DB 구축 등을 수행했다. 2007년 사회과학연구원은 9년(2007~2016년) 지원 예정으로 '대안세계화운동과 대안사회 경제모델'을 연구하는 한국연구재단의 대학중점연구소로 다시 선정되었다. 사회과학연구원은 1단계(2007~2010년)에서 '대안세계화운동의 이념과 조직 전략'에 대한 연구와 함께 대안세계화운동 웹자료관을 구축하고, 2009년에는 대학원 정치경제학과 석·박사과정을 개설했다. 2단계(2010~2013년)에서는 '세계화와 축적체제 및 계급구조의 변화' 연구를 수행했고, 3단계(2014~2016년)에서는 '대안사회 경제모델'을 연구했다. 사회과학연구원은 진보적인 이론정책 연구단체 및 노동교육단체 등과 연대하여 교육과 연구를 공동으로 수행하고 '진주시민아카데미'라는 이름으로 지역사회의 발전에 동참했다. 나는 중점연구사업에 연구원으로 참여했고, 사회과학연구원장(2007~2010년), 대학원 정치경제학과장(2011~2014년), 『마르크스주의연구』 편집위원(2004~2015년)으로 활동했다.

지역 공익 활동

나는 2007년부터 현재까지 경남지방노동위원회 공익위원으로 활동하고 있다. 중소기업들이 근로기준법과 노사문제에 대한 경험과 지식이 부족해 부당해고나 부당노동행위를 하는 경우가 많아 안타까웠다. 노사 간 갈등을 줄이려면 노사 양쪽이 노동법을 잘 알아야 하고, 이를 위해서는 고등학교 때 정규수업으로 노동인권교육을 할 필요가 있다고 생각한다.

2010년에는 4대강 사업 반대활동을 했으며, 그 후 탈핵반대교수모임에 참여하고 있다. 2008~2011년간에는 수정만 매립지 조선기자재공장 건설 반대운동에 전문가로 참여하여 조선기자재공장 건설의 경제성이 부족하다고 주장했다. 2008년 세계금융위기 등으로 경영난에 빠진 STX는 결국 2011년 조선소 건설을 포기했다.

정년퇴직과 진주지역 사회운동

2016년 2월에 경상대학교에서 정년퇴직했다. 대구에서 고교 졸업할 때까지 20년을 보냈다. 서울에서 대학 다니고 크리스찬아카데미에서 일하고, 대학원에서 공부하며 20년을 서울에서 지냈다. 그리고 1988년에 진주로 온 이후 34년째다. 퇴직한 일부 교수들은 가족과 친구들이 있는 수도권으로 돌아가기도 한다. 그러나 나는 진주에서 노후를 보내기로 했다. 우선 수도권에서 집을 구할 수 없다. 진주로 올 때는 광명시의 집을 팔고 돈을 보태 진주의 아파트를 샀는데 지금은 5배나 비싸진 탓이다. 또 진주에서 오래 살면서 자녀를 키우면서 살았는데 퇴직 후 떠나면 진주는 더 낙후할 것이 아닌가라는 일종의 의무감도 들었다.

지방정치는 중앙정치에 너무나 좌우된다. 이를 바꾸기 위해 2013년 지역중심, 생활중심, 시민참여정치의 기치를 내걸고 생활정치시민네트워크 '진주같이'가 창립되었다. '진주같이'는 시민단체이면서 아직 법적으로 허용되지 않고 있는 지역정당을 지향한다. 나는 운영위원으로 참여하여 활동하고 있다. 2020년부터는 진주의 진보적 인터넷신문인 〈단디뉴스〉에 이사로 참여하고 있다.

중소도시 진주는 시내버스가 가장 중요한 대중교통 수단이다. 2017년 표준운송원가제도를 도입했지만 상응하는 조례와 세부규정이 정비되지 않아 시가 표준운송원가로 책정해 지원한 인건비를 제대로 지급하지 않는 등 문제가 이어지고 있다. 준공영제 조례제정 등을 목표로 2019년 출범한 '진주시 시내버스 개혁 범시민대책위원회'에서 나는 공동운영위원장으로 일하고 있다.

돌아보면 평등사회와 진보정치를 위한 길을 걸어온 것 같다. 그 꿈은 아직 요원하다. 1인당 국민소득 3만 달러의 선진국임에도 다수 국민은 행복을 느끼지 못한다. 그러나 우리 국민들의 저력으로 경제가 압축 성장했듯이 노동인권 보장과 복지 확충도 압축적으로 이루어질 것으로 믿는다.

꿈만 꾸다 가는가?

장성규(전 스타벅스코리아 대표)

서울대 법대 69학번
서울대 법대 학생회 부회장
종합상사 해외주재 10년
전 스타벅스코리아 대표

내가 살아온 길

나는 서해 5도 중 하나인 연평도에서 태어나 중학교까지 마치고 인천으로 나와서 제물포 고교에 진학, 서울대 법과대학에 다녔다.

법과대학에서 학생회 부회장을 맡아 전태열 열사의 추모식 등을 주관하고 박정희 독재 하에 신음하는 언론사들의 대오각성을 촉구, 독재정부의 학원병영화 계획을 저지하는 등 민주화운동에 헌신, 중앙정보부에 끌려가 고초를 겪고 급기야 학교에서 제적당해 강제 입대 되어 전방 휴전선에서 군 생활을 했다.

서울지하철 1호선이 개통하는 날 제대해 대학에 복학했다. 졸업 후에는 공직자의 진로는 포기하고 기업 전선에 뛰어들어 무역회사, 종합상사 등에서 근무, 3회에 걸쳐 10여 년간의 해외주재 경험도 쌓았다. 후에 내수內需 기업으로 이동, 대형 마트 프로젝트, 스타벅스 코리아의 대표직 등을 수행했다.

퇴임 후에는 평소 꿈꾸었던 통일문제에 천착하고자 했으나 실현해보지 못하고 꿈으로 남고 말았는데 이것이 노후의 恨이 되었다. 요약컨대 학생 때의 민주화운동, 졸업 후의 산업화의 역군 활동, 노후의 통일꾼 역할의 세 단계 삶을 그려왔던 것이다.

평소 노장老莊을 스승으로 공맹孔孟을 형제로 삼는다 하고 살아왔으며 노장老莊에 기운 인생철학을 가지고 있다. 현실과 사명使命의 갈등 속에서 살아온 70년 인생이므로 무엇을 잘했다고 회고할 것이 있겠는가? 김창수 동지의 말처럼 '지자무언知者無言이요 언자무지言者無知'인데, 또한 진지하고 처절하며 숭고한 삶은 산 동료 선후배가 얼마나 많은데 내가 할 말이 있겠는가. 그저 동지회 집행부의 고생을 덜어준다는 소박한 생각으로 어쭙잖은 회한悔恨의 단편들을 모아볼 뿐이다.

만~세

박정희 죽은 날: 파리에 살던 1979년 그날 저녁 밖에 있는데 K상사 친구가 전화를 했다. 박정희가 죽었다는 것이다. 중정부장이 저격했다고. '만~세, 만~세' 소리가 절로 나왔다. 이 기쁨. 진짜 하늘이 있구나. 이런 날이 오다니. 영원히 갈 줄 알았는데. 통일을 못 보고 죽을 것처럼 박정희가 없는 세상은 오지 않을 줄 알았는데. 18세기 말 루이16세가 기요틴으로 처형될 때 당시 콩코르드 광장에 모였던 파리 시민들의 환호의 심정이 이렇지 아니했을까.

쿠데타: 초등학교 때 고향 시골에서 4.19 나던 날 면사무소 앞 당산堂山나무 아래 마당에들 모여 만세 부르고 했던 기억이 또렷했는데. 쿠데타라니. 우리는 공산당이 나쁘다고 배웠다. 왜냐? 그들은 목적을 위해서는 수단과 방법을 가리지 않기 때문이란다. 민주주의는 과정이 중요하다고 하는데 그럼 쿠데타는?

부관참시剖棺斬屍: 대학생 때 나는 박정희는 훗날 부관참시되어야 한다고 생각하고 이야기하곤 했다. 왜냐? 우리 배달민족의 반만년의 정기正氣와 혼魂을 버려놓았기 때문이다. 잘 먹고 잘살게 해준다고, 결국 돈이 최고라고, 돈이면 다라고 가르친 셈이기 때문이다. 이승만 독재를 무너뜨린 시민들인데 이젠 쿠데타가 일어나다니. 세월이 흐른 지금 그는 측근에게 피살되어 생을 마감했고 그가 남긴 군사문화, 남북의 간극, 동서의 갈등, 부익부 빈익빈의 양극화는 지금도 언제 해결될지 모르는 채로 있지 않은가? 만약에 중앙정보부장이 그를 살해하지 않았다면 우리나라는 어떻게 되었을까? 죽을 때까지 대통령을 하고 자식에게도 넘겨주려 했을 것이고, 이 나라는 세계에 유례가 없는 장기 독재국가의 하나로 오늘날의 북한과 쌍벽을 이루는 최저最低의 평가를 받고 있을 것이다. 다행히 김재규의 결단으로 우리나라 현대 역사는 한 획을 그으며 한동안의 시련은 있었지만 명실상부한 정치적 민주주의 국가로 거듭날 수 있었던 것이 아닌가?

南이요, 北이요?

1. 파리에 도착해서 처음 현지인들과 인사할 때 코리아에서 왔다고 하면 남이냐, 북이냐고 묻는데 당황했던 기억이 난다. 파리지앵들에게 나폴레옹을 어찌 생각하느냐고 물었더니 그런 미치광이 독재자를 어찌 좋아할 수 있느냐는 대답이 돌아왔다. 200년 전에 절대군주를 단두대에 엎드려 놓고 목을 내리쳐 죽인 민족이라는 자부심이 묻어나는 순간이었다. 그때의 전율이란.

2. 만수대 예술단: 1978년 파리. 샹젤리제 거리를 걷다가 맞닥뜨린 지나던 자동차 안의 거무티티한 얼굴의 중년 남자, 틀림없는 북한 사람이었다. 우리 시골의 농사짓는 아저씨 같은 그 사람의 처다보던 눈빛이 나에게는 그렇게 오래 기억될 수가 없었다. 나중에 같은 거리에서 100여 명의 북한 젊은 남녀가 손을 서로 잡고 걸어가던 모습. 만수대 예술단원들이다. 나중에 그들의 공연을 보고 온 K은행의 우리 여성(현지인과 결혼한)에게 어땠느냐고 물었을 때 돌아온 말이 "아 피아노를 다 쳤어요, 북한 사람들이 글쎄." 그 말이 평생 귀에서 떠나지 않았다. 그래, 그들도 기타도 치고 달걀도 먹고 소주燒酒공장도 있을 것이야. 그런데 우리는 뭐라고 배웠냐….

3. 조총련 여학생: 집사람이 다니던 유명한 화실畵室에서 만난 조총련계 여학생이 있었는데 정곡을 찌르는 질문에 아무 대답을 할 수 없었단다. 남한에선 왜 일본 관광객을 상대로 기생관광을 시키느냐. 민족적 자존심도 없고 수치스럽지 않느냐?

4. 홍세화: 파리로 부임해온 날 공항으로 마중 나갔다. 악수하며 내놓은 첫마디. 장형 덕분

에 올 수 있었다고 고마움을 표했다. 그랬겠지. 정보기관들은 장 모^{某}를 보내놔도 조용히 살고 있으니 여권을 발급해줘도 괜찮을 것이라고 판단했을 터이다. 그 시절은 그랬으니까.

남산 6국

조사실 단상^{斷想}: 밖은 칠흑 같이 어두워 유리창 속에 내 얼굴이 보인다. 가족들은 자고 있을까? 책상 앞에 앉아 각목을 들고 있는 조사관의 주먹이 내 손의 두 배 크기다. 영화 〈007 골드핑거〉 속의 일본인 프로선수 사카다의 주먹이 생각났다. 박정희 이름만 나오면 몽둥이가 날아왔다. 일그러진 충성심. 그래 나도 그 자리에 있다면 너희 같은 부하들이 필요할지 모르지 하는 생각이 들었다. 그때는 혈기 찬 젊은이였으니. 고향이 황해도 바로 밑이라고 해주^{海州}에 몇 번 다녀왔는지 불라고 무조건 압박하던 사카다. 며칠 지났는지도 모르겠는데 눈을 뜨니 차가운 지하 바닥에 늘어져 있었다. 겨우 정신을 차리니 앞에 중학교 때의 목^{睦} 선생님이 서 계셨다. 중학교 때 제일 존경한 선생님이 누구냐고 묻던 게 기억났다. 결국 밤새 수원에서부터 영문도 모른 채 불려왔단다. 데리고 가서 책임지고 사람 만들라고. 그때의 그들에겐 어려운 일은 없었으니까. 취조관이 책상 전화로 바로 서해 5도 바다에 있는 군함을 호출해서 이동경로를 확인할 수도 있는 시스템이었으니. 쫓길 때 들렀던 양복점의 영수증도 찾아낼 정도의 정보력이었으니까.

1971년 4월 대통령 선거: 중앙정보부 경기지부 내^{內} 어느 날의 풍경. 경기도 내 각 지역별 담당자로부터 전화 보고를 받고 있다. 성명 누구는, 동그라미. 누구는, 아직 세모. 선거를 앞두고 확인하는 포섭 여부다. 박정희의 수원 유세 전날엔 모 방직회사에 전화를 해서 참가 인력을 얼마나 동원했는지, 버스는 준비되었는지 점검하면서 공설운동장으로 출발시키라고 독촉을 하고 있었다. 실로 중앙정보부의 중앙정보부에 의한 박정희를 위한 선거가 아니고 무엇인가? 어느 날은 인천 상공회의소 회장의 부인이 찾아와 간부 책상머리에 앉아서 간드러지게 인사를 한다. 그래야 남편의 공천문제가 해결되겠지. 결국 며칠 뒤엔 시골 고향에서 이머니가 경기분실에 나타나셨다. 아들을 책임지고 데려가라고 해서. 고향에서 공부 잘한다던 장 씨네 큰아들이 빨갱이가 되어 잡혀갔다고 소문이 났으니 얼마나 놀라셨을까?

옹진 군수는 그런 어머니가 효부孝婦라고 표창장을 주어가며 달래보기도 하고.

짜부라졌던 오디오테이프

1. 사우디 파견: 1981년인가 옥인동 허름한 미장원 터 2층 단칸방에서 우리 네 식구가 입에 풀칠하고 살 때. 그때도 종로경찰서의 담당 형사는 예고도 없이 방문을 열어젖히곤 했다. 무슨 꿍꿍이로 청와대 근처로 이사 왔는가 하고 따지는 것이다. 시골 아버지도 집에 와보시곤 이렇게 살려면 당장 때려치우고 시골로 내려오라고 답답해하시던 시절. 시골 출신 장남은 당시 많은 젊은이가 그랬던 것처럼 중동 파견을 지원했고, 사우디의 항구도시 제다로 떠났다. 중동이란 과연 어떨까 궁금하던 사막의 땅. 막상 가보니 내가 신神이라 해도 바로 이 땅에 석유를 주었겠다는 생각이 들었다. 아무것도 없는 열사熱沙의 땅. 이곳은 밤에는 기온이 크게 내려가서 역설적이게도 미군 항공 잠바와 담요가 제일 많이 팔리는 곳이기도 하다. 찬물로 샤워를 하고 싶구나. 옥상 탱크에서 내려 받던 따뜻한 물의 샤워. 원유 판돈으로 부富를 이루어 담수화 설비를 통해 무제한으로 물을 만들 수 있어서 이젠 물값이 석유값보다 훨씬 싼 곳이 되었다

2. 오일 달러: 담요를 팔러, 자기테이프를 팔러 뜨거운 시장바닥을 헤맨다. 높은 온도 탓에 걸음걸이가 엄청 빨라졌다. 속히 그늘 속으로, 에어컨이 되는 곳으로 들어가야 했으니까. 자동차 앞 유리 쪽에 놓아두었던 테이프가 더운 열기 때문에 짜부라들었다. 2년 동안 혼자 자취하며 사우디인들이 입는 흰색의 무명옷 로브를 입고 다녔다. 그러면 현지 상인들이 조금이라도 더 사주지 않을까 해서다. 허나 현지 대사관 간부는 회의석상에서 모某 상사의 주재원이 국가적 자존심도 없이 현지인처럼 옷을 입고 다닌다고 힐난했다. 내가 만난 사우디 바이어들은 이런 척박한 곳에 외국인들이 오로지 자기네 돈을 빼앗아가려고 밀려들어 온다고 비난했다. 당신네들이 찾아온 외국인들을 그렇게 백안시하고 푸대접한다면 그들이 귀국한 후 귀 국을 대하는 입장이 우호적일 수 있겠으며 당신네 나라의 국제적 위상은 좋아질 수 없을 것이다. 그러면 어떻게 유태인들을 이길 수 있겠는가? 나의 대답이었다.

3. 멕시코시티: 1980년 코트라 전시회 차 갔을 때다. 한국 식당은 아직 없었지만 일본인

식당은 이미 여러 곳에서 영업을 하고 있었다. 우리 한국은 당시 전시展示 차 가져온 대한민국 최고의 S상사의 공작기계가 현지 법규상 수입금지 규격이어서 판매가 불가능해 고생했던 기억이 있다. 그 수준이었다. 그 나라의 법규 조사도 없이 물건을 팔겠다고 할 정도로. 모 그룹이 정보화 시대가 온다고 그룹의 일간지 산하 관련 자회사를 준비한다면서 회사 이름을 불어로 SVP라고 정하고 괄호 안에 우리말로 '씰부쁠레' 대신 '실보우스플레이트'라고 적은 걸 본 적이 있다. 당시 우리나라의 수준이었다. 훗날 15년이 흐른 뒤에도 YS시절 세계화를 주장하면서 영어로 'SEGUEHWA'인가로 표기 선전한 것도 보았으니까.

4. K 브랜드: 그러나 1990년대 중반인가부턴 한국에 출장을 올 때마다 통신정보기술의 발전을 보고는 하루빨리 귀국해야지 아니면 도태되겠다는 생각이 들 정도였다. 그러면서 변해온 지금의 우리나라의 위상을 보자. 세계 경제규모 10위급의 선진국이 되어 있고 스포츠, 문화예술 어느 것 하나 이름을 떨치지 않는 부문이 있는가? 이는 오로지 우리 국민들의 타고난 교육열, 밤새 공장 직기織機 앞에서 라면으로 끼니를 때우며 고생을 하면서도 남동생 만은 대학을 보내야 한다고 몇 만 원 봉급도 안 쓰고 고향에 송금하던 우리 누이들의 희생에 힘입은 것이다. 이리하여 우리 국민들이 지난 100년에 해보지 않은 고생이 무엇이 있는가. 식민지 시절, 남북 간 전쟁, 4.19혁명, 군사쿠데타, 유신독재, 대통령 암살, 광주민주화운동, 87년 민주항쟁, IMF 사태. 이제 우리나라가 겪어야 될 고난은 없다. 오로지 국운의 상승과 우리 국민들의 편안함만 경험하게 될 것이다. 과거 독재가 남긴 양극화, 동서 간 불균형, 남북의 갈등만 해소할 수 있다면. 남북관계는 과거의 빨갱이, 중공 이런 관계는 벗어났다. 아직 고비가 남아 있지만….

朝東(조동)아리가 문제다

1. 나는 그들은 조동아리라고 비하해 부른다. 조선과 동아를 합쳐서. 집 앞에서 조선일보의 구독 유치誘致원을 만났다. 나는 조동아리는 안 본다 했더니 아주 의아하다는 듯 있을 수 없는 일이라는 듯 부라리던 그이 눈동자가 기억에 남는다. 대기업에 다니는 사람이 조선 동아를 안 보고 한겨레를 본다고 하며 이상하다는 표정을 짓던 기자 출신 우리 동지회원도 있

었으니.

2. 1971년 3월 26일 광화문 동아일보사 앞:

— 이날 서울 문리대 법대 상대생 30여 명이 모여 '언론화형선언문', '언론인에게 고한다' 등의 유인물을 행인들에게 나누어주었고 트럭 위에서 손 스피커로 이를 낭독하던 장성규 법대 부회장 등 4명이 연행되었다. 이 사건은 언론인들에게 큰 영향을 미쳤다. 이 집회 후 기자들의 '언론자유수호투쟁'이 전개되었기 때문이다. 그러나 동시에 이때부터 언론인들의 수난도 시작되었다(동아일보사 노동조합 1989. 22쪽. 장기표의 '나의 꿈' 나의 도전 15 언론이 문제다').

— 그해는 4월 27일인가 대통령 선거를 앞둔 시점이었다. 박정희가 불법 자행한 3선 개헌을 이용하여 이번이 마지막이라 호소하며 3선을 노리고 있었고 김대중 후보는 잘못하면 영구집권의 불행한 헌정사가 될 것이라며 그의 기세가 만만치 않았던 때. 각 신문에 난 유세 사진은 김 후보의 경우 박 후보보다 반 정도의 크기로 실렸다. 이러한 불공평과 언론의 편파성은 시정해야 한다고 하며 기획된 시위였다. 원래는 조선일보사도 갈 계획이었으나 연행되어 가는 바람에 중단되었지만 그때 창문으로 머리를 내밀고 내려다보던 선배기자들의 모습이 아련히 기억난다. 지금의 기자들은 어떠한가?

3. 정권이 바뀐다면 언론의 태도는?

— 그렇게 되었을 경우 지금의 야당지는 여당지가 되어야 할까 아니면 그대로 야당지의 자세를 지녀야 할까? 이것이 대학생 때 자문해보던 화두였다. 그때는 여당지가 되어 힘을 실어주어서 그간의 잘못된 점들을 개혁하도록 해야 하는 것 아닌가 하는 막연한 생각도 했었다. 지금 들어와 하는 판단은 항상 야당지로 남아서 정부에 경종을 울려야 한다는 쪽이다. 어느 진영의 손만 들어준다면 이는 보수언론이거나 진보언론일 뿐 정론正論의 자세는 아닐 것이다. 오늘날의 현실은 어떠한가. 이런 정론지를 찾을 수 있는가?

일본 점령

1. JAL 비행기: 1978년 1월 파리 주재 차 암스테르담으로 가기 위해 일본 하네다 공항에서 출발한 비행기 안. 중간 복도를 지나가던 검게 탄 얼굴의 소년 몇 명. 네덜란드로 입양되어

가는 한국 소년들이었다. 그들이 입은 파란 츄리닝 등짝에 새겨져 있던 다섯 글자, 'K O R E A'. 그들을 쳐다보던 옆자리의 일본인 촌로. 이 착잡한 마음. 그 일본인은 시골 농부 같았는데 영어를 모르는지 손에 들고 들여다보는 작은 수첩에는 영어 단어별로 일본어 번역이 되어 있었다. 복도 저 앞에선 몇 명의 유태인 소년이 와자지껄 떠들어대고 있었는데 그 안하무인의 태도에 대한 기억이 나로 하여금 잘난 척하는 유태인들을 좋아하지 않게 만들지 않았을까?

2. 도시락: 파리의 우리 회사 사무실에는 점심때만 되면 어김없이 일본 유학생이 도시락을 배달했다. 당시에는 신기하기도 하고 장사라면 한국인에게라도 배달을 한다는 그네들의 자세가 대단하게 느껴지곤 했다. 우리 한국 교민들은 왜 저런 비즈니스 생각하지 못할까? 그러나 지금은 우리 한국인들도 그들 못지않다. 일본을 이기고 있으니까.

3. 일본 정복?: 대학생 때 이런 생각을 한 적이 있다. 일본 젊은이들에게 "한국을 다시 침략하는 게 가능하겠는가"라고 물으면 대부분이 'Why not' 하고 답할 것 같다. 반면에 우리나라 학생들에게 우리도 한번 일본을 침략할 수 있을까 하고 물었다면 모두가 무슨 시츄에이션? 하고 얼떨떨한 표정들일 것 같았다. 50년이 넘게 지난 지금도 그네들은 독도獨島를 가지고 장난질하고 있지 않은가. 틀림없이 지금도 일본 어딘가에는 19세기 말 정한론征韓論을 시작했던 요시다 쇼인의 제자인 이토 히로부미나 아베 수상 나부랭이들이 득실댈 것이다.

4. 허나 일본은 이제 틀렸다: 일본은 맥아더 점령군의 아량과 한국전쟁의 덕으로 경제적으로 기회를 잡아 세계 2위의 경제 규모까지 이루었지만 그때도 그 규모에 어울리는 어른 대접은 받지 못했다. 자기네만 알고 통이 작은 섬나라 근성 탓에 강자에 약하고 약자에 강한 모습으로는 다른 나라들의 존경을 받을 수 없는 것이다. 세월이 흐른 지금 그들의 모습을 보라. 정치는 민주주의라 할 수 없고 기술 발전도 멈춰 있으며 사회는 활력을 찾을 수 없게 되었다. 다만 메이지유신 후 국내 문제를 대륙 진출에서 해결하려 했던 것처럼 오늘날의 답답한 현실을 해외에서 찾고자 할 속셈은 아닌지 항상 주시하고 대비해야 한다. 위안부 문제와 독도 문제를 대하는 그들의 자세가 시사하는 바를 잊지 말아야 할 것이다. 젊었을 때 본 기억으론 일본 기업들은 '조선'일보에만 광고를 주고 우리 교포 기업들은 '한국'일보에만 광고를 하고 있었다. 이것이 무슨 뜻이겠는가?

정승 황희

— 이도저도 다 옳다고 했다던 황 정승. 내가 어렸을 땐 무슨 사람이 쩨쩨하게 주관이 없냐고 한심하다 했고 사회생활을 하면서는 먹고 살기 위한 처세였는가 보다고 생각했는데 고희古稀를 넘긴 지금은 깊디깊은 인생철학이 담긴 진솔한 서술이 아닌가 하고 공감을 한다.

— '내 마음의 샘터'를 즐겨 읽고 '퀴즈열차'를 애청하며 '林間학교'를 그렸던 섬 소년은 고등학교 때부터 이 세상의 '모순'과 '갈등'에 안타까워했다. 옛 그리스 시대에도 춘추전국 시대에도 식자들이 답답해했다던, 나아지지 않는 이 사회의 그 '모순과 갈등'. 칠순을 넘긴 지금 생각을 정리해보면 이 세상은 모든 일/것이 둘로 나뉘어져 있고 같이 존재한다. 그중 어느 것이 절대적으로 옳고 절대로 그르다는 없다. 둘이 있어서 갈등하고 진보하는 것이다. 어느 하나가 이긴다면 그것은 '끝'이 있다는 말일 테니. 따라서 선善한 것이 이기고 살아남고 악惡한 것은 패하고 죽는 것이 아니며, 이는 하늘도 어쩌지 못하는 천리天理가 아닌가 하는 생각이 든다. 이렇게 보니 젊어서 고민하고 답답해했던 이 세상의 모순들이 이젠 이해가 가고 다 풀린다. 물론 우리 개개인은 각자 자기 선택에 의해 그 어느 한쪽에 서서 삶을 살아갈 것이다. 나도 그러했듯이. 그래 황희 정승 말이 맞다. 너도 옳고 그대도 옳다. 그러나 나는 다시 태어나도 같은 길을 걸을 것이다.

꿈만 꾸다 간다

연평도 남북 정상회담: 내 고향 연평도는 황해도 해주 바로 밑에 있는 서해 5도 섬 중 하나이다. 옛날에는 한자로 '延平'이라 쓰듯이 높은 곳이 없이 옆으로 길게 누운 모습의 평화로운 섬이다. 금세기 들어서 북측과 연평해전, 면사무소 폭격 같은 불행한 일이 일어난 곳인데 다음 남북정상회담이 열리게 된다면 이곳에서 했으면 하는 바람이다. 한자漢字 이름을 뒤집으면 '平延'이 되니(이는 내 雅號이기도 하다) 폭격의 현장을 평화를 연장시키는 곳으로 변모시킨다는 큰 역사적 의미가 있지 않겠는가. 두 정상頂上이 헬기를 타고 연평도 초등학교 운동장에 도착하는 장면은 20여 년 전 DJ가 평양공항에 도착하는 모습 그 이상일 것이다.

돌이켜보니 나는 이룬 것도 없이 생각만 하다 가는 것 같다. 무언가를 한 것 같아도. 결국 나의 인생 화두는 이 삶의 모순성과 사회의 갈등, 반독재 민주화, 한민족의 미래, 일본에 대한 깊은 恨 등을 어찌 해결하는가였는데.

나의 상사 시절과 M&A 경험담

정석곤(전 홍콩 삼화실업(주) 회장)

연세대학교 경영학과 69학번
연세대 상대 학생회 회장
삼성전관(주) 상무이사
홍콩 한국토요학교 학교장
홍콩 삼화실업(주) 회장

유학의 꿈을 접고 '종합상사맨'으로 방향 전환

"무역인으로 살아왔다."

한눈 팔지 않고 줄곧 외화벌이에 몰두했다. 부강한 나라, 풍족한 사회 만드는 첨병으로 한 길만 열심히 살아온 세월이 자랑스럽다. 1970년대 초 군사독재를 거부한 죄(?)로 중앙정보부에 구금, 고문당하고 제적. 강제 징집과 제대 후에도 감시와 제재는 계속 이어졌다. 자비로 가려던 해외유학도 중앙정보부 출국 허가를 받아야 가능했던 유신독재 시절이었다.

1975년 가을, 새로 생긴 종합상사 삼성물산에서 직장생활을 시작하였다. 참으로 고통스러운 변신이었다. 종합상사는 무역입국을 위한 대한민국 국제화의 핵심 거점으로 경제성장의 견인차 구실을 했다.

당시 우리나라는 외화만 부족한 게 아니고 능력을 갖춘 국제적인 인재가 귀한 달러만큼 부족했다. 국제 상거래 경험과 역량 부족은 빈곤과 경제적 예속을 가속하는 무서운 수렁이다. 무역의 기술, 국제 상관례, 국제 금융 지식, 계약협상 능력, 외국어 구사력으로 무장된 상사맨들은 1980년대 한국 경제의 압축 고속성장의 핵심축 역할을 해냈다.

초기 10여 년은 화약 냄새가 온몸에 배어들 정도로 매일매일 전투와 전투 속에서 지냈다. 나날이 설레고 가슴 두근거리는 시절이었다. 해외 주재원으로 시장을 개척하고, 지역 문화와 관습을 익히고, 본사에 귀임해서는 삼성그룹 전략 참모로서 기업 국제화전략을 수립하고 본격적인 해외투자 기반을 조성하였다.

지구촌 30여 개국의 오지를 누비며 시장을 개척하고, 식민지 경영에서 잔뼈가 굵은 선진 제국 기업들이 선점하고 있던 시장에서 대한민국의 일자리를 만들어내고, 수출 주문을 확보하여 춘궁기 경제에 찌든 우리나라 고용 증대와 외화 획득에 기여해왔다.

시멘트·비료·철강재 수출을 하고, 월남(베트남)에서 양질의 값싼 무연탄을 수입하여 19 공탄 제조 단가를 낮추고, 중공(차이나)에서는 유연탄과 화공 원료 수입을 시작하여 공산권 교역에 효시를 이뤘다. 우리나라 공산권 수교에 주요 역할을 담당했다.

중화지역(홍콩·북경·대만) 생활 35년

1995년에는 투자사업을 맡아 중국 심천深圳에서 미화 1억 불 규모의 M&A를 성공하고, 10억 불을 투자하는 사업을 만들었다. 망해가던 대형 국유기업을 인수하여 대규모 신규투자를 성사시킨 한국 기업 최대 투자 성공사례를 만들었다. 인수대상 기업은 당시 중국 최고위층이 장관 시절 착수했다가 실패한 사업이라 북경의 국가계획위원회, 대외경제무역부, 전자공업부 관련 실무국장들이 모두 동원된 힘겨운 프로젝트였다.

노회한 중국 사회주의 경제의 핵심 테크노크라트들과 3년에 걸친 마라톤협상을 통해 만들어낸 투자 성공사례라서 일한 보람이 더욱 크다. 그 후 1998년 홍콩에서 창업하여 기계·플랜트 수출을 전문으로 하는 무역회사를 2019년까지 경영했다.

디스플레이 생산설비와 공장자동화 시스템을 수출하는 한국계 최초의 기업이었다. 그간 현장에서 쌓아온 인맥과 경험을 바탕으로 중국 IT산업, 디스플레이 신입 발진에 기여하고 한국의 우수한 기계설비와 시스템을 공급하는 사업을 만들어 큰 보람으로 느끼고 있다.

요즈음 매일 아침에 1~2만 보를 걷고 있다. 1년 반이 된 새로운 재미다. 코로나 전염병이 가져다준 선물이다. 매일 새벽 숲길을 걷고 또 걸으며 생각에 잠긴다. 앞으로 어떤 생을 꾸려봐야 할지…. 좀 거창하고 막연해 보이지만 이제 '평화적 민족통일'이라는 우리 시대 핵심과제에 나름의 방법으로 접근해봐야 할 때가 아닐까 하는 생각을 하고 있다.

귀엽게 커가는 손주 녀석들과의 즐거운 시간, 아내와 둘이서 테마를 정해서 틈틈이 다니는 지구촌 여행, 벗들과 즐기는 취미생활의 재미…. 이런 평온한 일상에서 뭔가 허전하고 아쉬움이 남는 까닭이 뭘까? 반백 년을 좌고우면하지 않고 치열하게 한길만 걸어온 일중독의 후유증일까?

중국 국유기업 M&A 경험담

1980년대 중반 심천 경제특구 중심에 야심 찬 TV 생산 콤비나트^{kombinat}가 조성된다. 그 핵심인 '브라운관' 생산공장에 미국 대기업이 생산을 중단하고 있던 중고 설비를 인수하여 옮겨다 놓으며 이야기가 시작된다. 양산 표준이 확립되지 않은 생산라인을 옮겨와서 최고의 기술자를 투입하고 자금을 쏟아부어도 회사는 불량품만 쌓이고 적자만 키웠다.

자력 회생 불능 판정을 받은 회사는 매각하는 쪽으로 방향이 잡혔다. 수년간 전 세계 20여 인수 희망처와 매각 협상이 결렬되자 우리에게 인수제의가 왔다. 1년간 협상 끝에 양측의 매도·매수 담당 책임자들은 업무추진 부실의 책임을 지고 해임되고 내가 새로운 책임자로 부임했다.

월급쟁이 무덤으로 들어간 심정이었다. 오죽 급했으면 제조업 경험이 없는 종합상사 해외 법인장을 투자책임자로 기용했을까? 밤을 새워 그간 자료들을 연구 분석해보니 핵심 문제점이 손에 잡혔다. 문제만 제대로 파악하면 해결은 시간문제라는 자만심이 꽉 차 있던 시기였다.

그동안 쌍방이 기업 인수합병의 기본 원칙을 명확하게 하지 않고 정치적인 협상만 진행해왔던 것이 문제라는 생각이 들었다. 즉, 지분인수와 자산인수 원칙을 접어두고 쌍방이 애매하게 서로 편한 대로 해석하고 일을 진행해왔음을 파악했다.

새로이 1년이라는 시간을 들여 양측의 기득권자(?)들을 설득하여 자산인수 양도 방식으로 프로젝트 방향을 확정하고 본격적인 협상을 시작했다. 중국 측은 협상대표단으로 대주주인 대외경제무역부와 전자공업부 대표 외에 심천 경제특구 투자관리공사를 추가하고 중국 변호사까지 포함했다.

경험해보지 못한 사회주의 경제의 생산 콤비나트 속 내용을 뜯어보니 하나의 독립된 경제 단위였다. 소규모 단위별로 독립된 공장들(우리 기업의 부 단위가 한 개의 독립공장으로 운영되는 시스템이었다) 외에도 부품공장, 호텔, 유치원, 병원 등 산재하고 있는 1천여 채의 아파트 그리고 정체불명인 사람이 많은 3천 명에 육박하는 종업원 리스트!

이 모든 걸 실사하고 인수해야 하는 일이라 잠 못 이루는 날이 많았다. 프로젝트 성공을 위한 우리의 일정표를 만들고 그 시간표에 맞추는 추진계획을 수립했다. 조직은 협상팀과 실사팀(6개의 소조小組로 운영)으로 나누어 기업인수 돌관작업에 착수했다.

실사팀은 우수한 초임 과장급 인재로 구성했다. 모두 국내 명문 공업고와 상업고 출신이었다. 한국어만 완벽하게 구사하면 된다는 약속을 하여 외국어 공포증에서 해방시켰다. 중국 사업에 가장 정통하다는 미국계 로펌과 회계법인을 기용하여 협상팀에 소속시켰다.

변호사 3명(미국인 책임변호사, 한국·중국 보조변호사), 회계사 3명(홍콩계 책임회계사, 한국·중국 보조회계사) 그리고 30여 명의 중국 동포 대졸 통역 요원을 채용했다. 광주廣州, 북경北京, 천진天津, 연길延吉 등지에서 갑자기 동포 청년들이 모여드니 심천에 새로운 소집단이 형성되었다. 한국 대표기업에서 일해보고 싶은 청년들이 심천으로 모여들었다.

회사의 장부상 재산을 짚어보니 토지·건물은 등기서류가 미비하였고 심지어 무단점유 중이거나 당국자와 구두로 합의하고 사용 중인 것까지 포함되어 있었다. 준공검사를 받지 않고 사용 중인 건축물까지 있었다. 자산인수에 심각한 장애 요인은 회사의 책임 간부가 재산 서류의 미비와 각종 불법 사실을 인지하고 책임을 피하기 위해 외국인 실사단에게 조직적인 은폐를 시도하고 허위진술까지 하는, 손바닥으로 하늘을 가리려는 행태에 많은 기업의 인수 포기가 이어졌다는 생각이 들었다.

전력 사용 계약, 공업용수 공급 계약, 호텔 영업 허가, 70평 호화 아파트부터 5평 독신자 숙소까지 제대로 된 문서를 갖추고 있지 못했다. 회계장부는 논외로 하더라도…. 10개월에 걸친 우여곡절 끝에 회사 장부상 재산과 각종 인허가 관련 문서를 모두 정상으로 회복시켰다.

사회주의 국가 핵심 국영기업의 잘못된 힘을 이해하는 계기가 되었다. 난마같이 얽힌 인수재산 문제를 정리하고 나니 상대측에서 인수대상이 아닌 종업원 정리 문제 해결을 위한 도움을 요구해와 프로젝트가 깨질 위기에 봉착했다.

협상 결렬을 유도하는 상투적인 꼼수로 오해할 뻔했던 사건이었다. 상대편 대표들이 종업원 문제 해결에 고전하고 있다는 사실은 인지하고 있었으나 그들은 자존심까지 내던지고 안고 있던 핵심 난제를 우리 측에 넘기려고 했다. 사회주의 경제에서 종업원의 '철밥통'은 보장되어야 한다는 상대편의 처지가 참 딱했다.

우리 일이 아니라고 무시하면 프로젝트 시간표를 맞출 수 없는 심각한 상황에 봉착하겠고 고민 끝에 북경의 고위층이 우리 측의 협조를 간곡히 요청하여 문제 해결에 최대한 도움을 제공하기로 방침을 정했다. 실상 파악을 위해 불시에 종업원 명부를 점검했다.

부서별 인원파악을 해보니 절반 이상이 장기 무단결근이거나 소재불명 상태였다. 심지어 의사와 간호사 중에는 유령인까지 있었다. 당시 핵심 국유기업에 적을 두면 호구 문제(인구이동이 어려운 중국의 주민등록제도) 해결이 쉬워서 발생한 사태라는 변명도 들었다.

생산 현장에 산재한 중고 생산설비와 종업원 숙소, 엄청난 숫자의 중고 차량 등을 무상으로 나눠주며 종업원 문제 해결에 도움을 주고 총무과 직원과 경비 인력만 우리가 인수하기로 매듭을 지었다. 투자의 계획된 타이밍을 맞추기 위한 양보를 통해 우리 시간표를 맞춰나갔다.

해외투자 성공의 핵심 요인은 나의 일정표에 맞추는 투자전략이다. 기업은 투자 타이밍을 맞추기 위해 막대한 비용과 대규모 인력을 투입하기도 한다. 성공의 요체가 타이밍이니 프로젝트 마무리 돌관 작전은 엄청난 고통과 인내를 요구한다.

M&A 계약 마무리 협상은 한 달에 걸쳐 매일 10시간 이상씩 진행되었다. 우리 측은 협상 책임자인 나와 보조로 재무담당 동료 임원 1명, 보조변호사 2명, 회계사 1명, 중국어 통역 3명, 기록담당 서기 2명으로 구성했다.

협상장은 매일 전쟁터였다. 쌍방 이해 충돌로 정회와 개회, 협상 중단이 이어졌다. 통역요원 목에서 피가 난다고 하여 1시간마다 교대근무를 시켰다. 매일 협상이 마무리되면 영어·

한국어·중국어로 병기한 회의록을 만들어 쌍방이 서명해나갔다. 중국어로 된 회의록까지 우리 측 변호사가 작성하여 상대편에 제공하며 프로젝트 시간표를 맞추어나갔다.

속도전에 능한 자본주의 국가의 전사들이 사회주의 전사들의 문서까지 만들어주며 일정 시간을 지켜나갔다. 완성된 3개 국어로 된 계약서는 총 30조의 합자 계약서와 9개의 부속 계약까지 본문만 40여 쪽에 달하는 방대한 계약서였다.

특기할 일은 본 계약에 합자기업의 투자철수 조항을 넣은 것이다. 철수시 외자기업의 보호를 명기한, 당시 최초의 합자 계약이었다. 계약서는 중앙정부 부처의 비준을 거쳐 효력이 발생되는 데까지도 무려 2개월이 걸렸다.

3년이 걸린 다툼이 끝나고 합자 계약서 서명기념 만찬장에서 옆자리에 앉은 심천 시장이 "정형. 아직도 정리 안 된 등기문서가 남아 있나요?"라는 이야기로 좌중을 웃게 만든 기억이 생생하다. 그와는 아직도 좋은 친구로 지낸다.

어떻게 지나갔는가?

조문환(전 서울귀금속클러스터조합 이사장)

고려대학교 불문과 69학번
제일은행 본부장
태림포장공업(주) 상임감사
서울귀금속클러스터조합 이사장 역임

지나온 이야기를 쓰려다 보니 마음에 걸리는 게 많다. 알량한 것을 자랑하기에는 위선이 되고 온갖 치욕과 어리석음과 가슴 아픈 일만 열거하려니 고백을 넘어 수치가 된다. 그래도 자서전에는 자신의 수치가 드러나야 한다. 그래야만 진실한 나 자신을 회고할 수 있기 때문이다. 그래서 자서전이라기보다는 나 자신을 소개하며 살아온 인생관을 쓰고자 한다.

먼저 가문家門의 유훈遺訓을 들어보겠다. 조부祖父께서 '정로안댁正路安宅'이란 한문 문구를 크게 써 대문에 붙여놓으셨다. 대문을 들락거릴 때마다 읽고 마음속에 새겨두라는 말씀이셨다. 어쩌면 자손들이 바른길을 가지 못하고 집안을 편안하게 못 만들 것이 우려되어 써놓으신 글일지 모른다.

어떻든 이 글을 읽으며 '바른 길을 가고 집안을 편안하게 만들어야 한다'라는 사명감과 실천력이 생겨났다. 나는 아들 하나와 딸 하나를 두었다. 손자도 하나 있다. 자손들이 제 갈 길을 비교적 순탄하게 가고 있어 자랑스럽지만, 나도 할아버지처럼 가훈이나 유훈을 남겨주고 싶어 오랫동안 찾은 끝에 중국 황산黃山을 여행하면서 당월패방군當樾牌坊群 포鮑 씨 가문을 우연히 방문하였는데 그곳에서 마침내 내 마음속에 쏙 드는 글을 보았다.

'낙선호시樂善好施'이다. '선을 즐기고 베풀기를 좋아한다'라는 뜻으로 해석되었다. 나는 이 글을 읽고 무척 만족하여 나의 가문에 유훈으로 만들고 싶었다. 아내는 실천하기에 너무 어렵다고 반대했지만, 자손들에게 주고 싶은 글이 되었다.

경기대 평생교육원에 한문 서예반이 있다. 평소 한문 서예에 관심이 많았으나 왕 초보자로 엄두가 나지 않았지만 내가 직접 쓴 가훈을 자손들에게 주고 싶어 한문 서예를 배우게 되었다. 부지런히 몇 년 배워 출품하게 되었고 글은 당연히 가훈 위주의 작품을 출품했다.

공모전에 출품하려면 서체를 여러 가지 배워야 하고 서체, 즉 전서篆書·예서隸書·해서楷書·행서行書·초서草書가 다르게 또는 삼체三體를 한 번에 써서 내야 하기도 한다. 지도 선생님의 도움으로 한국예술문화센터의 한얼서화대전에서 소정의 점수를 획득하여 초대작가증은 받았지만 사실 자격이 없다.

왜냐하면, 선생님의 체본 없이는 글을 쓸 수가 없고, 5체五體를 어느 정도의 수준에 이르도록 훈련하지 못하였기 때문이다. 선생님께서는 초대작가증을 주는 이유는 앞으로 더욱 정진하여 초대작가다운 한문 서예가가 되라는 것이라고 하셨다. 그러나 내 실력으로는 10년이 넘어도 힘들 것 같다.

그리운 모습은 어머니이다. 무한한 사랑으로 감싸주기 때문이다. 국민학교 입학 후 담임 선생님의 가정방문시 수줍은 나머지 혼자서 흙장난만 하였다. 국민학교 수학여행을 못 갈 때 어머니의 위로가 컸다.

무수히 수치와 패배감에 쌓인 세월이었다. 상평통보常平通寶 돈 꾸러미를 엿장수에게 팔아먹었다. 재수할 때는 시골에서 평화봉사단 미국인에게 대학 다닌다고 거짓말을 하였다. 크리스마스 휴일 밤에는 갈 곳과 돈이 없어 사설학원에서 난로를 부둥켜안고 밤을 지새웠다. 호남선을 공짜로 타다가 차장에게 걸려 혼나기도 했다. 데모할 때는 창문으로 뛰어내리다 30바늘을 꿰매기도 했다. 강의실 책상 위에 두고 간 남의 사전을 헌책방에 가서 팔아먹기도 하고 가짜 화병을 비싸게 사기도 하였다.

그뿐인가. 외국병원에서 하의를 벗으라고 하여 팬티까지 벗기도 하였다. 술 먹고 취하여 길바닥에 쓰러져 자기도 하였다. 재수했는데도 대학에 떨어져 울기도 하였다. 그 많은 수치와 패배감을 느낄 때마다 어머니의 위로가 나에게 큰 위안이 되었다.

나는 1949년 7월 12일 전북 고창에서 태어났다. 고향인 고창에서 초중고를 졸업하고 2년 재수 끝에 고려대에 입학했다. 1975년 은행에 들어갔고 IMF 구제금융 여파로 자회사를 포함하여 2004년에 퇴직했다. 그 후 IT 회사, 제조업, 조합, 공사 등에서 많은 혜택을 받았다.

삶은 비교적 순탄했다. 2002년 『골드마켓(금 이야기)』 책을 출간했다. 금은 단순히 귀금속에 불과하지만, 보유 외환에 포함되어 화폐가치가 있다는 사실과 금본위제가 아직도 살아있다는 사실을 일깨워주었다. 금은 강한 투자 매력을 지니고 있다. 금은 아름다움, 독특한 가치, 불변하는 성질, 보관의 용이성 등의 매력 그 자체이다. 많은 국가가 흥망성쇠를 거듭하였을지라도 금은 국경 없는 통화로서 통용되어왔으며 국가나 개인에게나 중요하고 안전한 자산으로 투자되어왔다. 또한, 금은 파괴 불가능한 물질로 신뢰도가 높은 자산이며 장기적으로 수익성이 보장되는 상품이다.

어떻게 배울 것인가?

우리 선조들은 네 살이 되면 천자문을 배운다. 불가사의한 사언고시四言古詩이다. 여섯 살이 되면 동몽선습童蒙先習을 배운다. 유학의 핵심인 오륜을 배운다. 여덟 살이 되면 소학을 가르친다. 도덕규범을 배운다. 그리고 열두 살이 되면 대학을 가르친다.

대학은 지도자 양성 교육이다. 소학에서는 군자의 사귐을 이렇게 설명한다. "군자지교 담여수君子之交 淡如水, 소인지교 감여밀/례小人之交 甘如蜜/醴", 즉 "군자의 사귐은 맑은 물과 같고(세월이 가면 정이 더욱 진해진다) 소인의 사귐은 우선 꿀(단술/식혜)과 같지만(눈을 돌리면 원수와 같다)"라고 가르침을 주고 있다.

또한, 친구를 이렇게 설명한다. "손우경이원損友敬而遠, 익우의상친益友宜相親", 즉 나쁜 친구는 공경을 멀리하고, 좋은 친구는 마땅히 서로 친하니 '후문에 사귐에 있어 현철이 있으니 어찌 부자와 가난한 자를 가릴 것인가'라는 교훈을 준다. 빈부를 가리지 않고 동지 친구를 더욱 공경해야 한다.

자손들을 어떻게 교육해야 하느냐는 것은 곧 장래에 나라의 국민성을 만든다고 믿는다.

외국 명문학교와 국내 국제학교에는 디텐션Detention이라는 게 있다. 아무리 공부를 잘해도 디텐션이 많으면 상을 받을 수 없다. 즉 예의 규범을 잘 안 지키는 학생은 상을 줄 수 없다는 것이다.

우리의 현실은 그렇지 못하다. 천민자본주의 산물로 부자와 돈이 세상을 지배하고 교육도, 법도, 권력도 돈을 좇는다. 심지어 사회계급도 마찬가지다. 한국 상류계급의 대표적인 예가 최고 경영자 과정들이다. 사주, 경영인, 정치인, 언론인, 신흥부자들이 서로 사귀고 도움을 주고받는다.

이들의 자녀들을 위한 과정도 있다. 소위 계급의 세습이다. 이런 과정들이 대학에서 시작했지만, 언론사, 각종 단체, 지방에도 많이 퍼져 있다. 이런 면에서 볼 때 부자는 더 부자가 되고, 가난한 자는 더 가난해질 수밖에 없다. 어찌 보면 전교조는 천민자본주의를 배척했던 선구자이다.

"형제들의 눈 속에 있는 티는 보고 네 눈에 있는 들보는 깨닫지 못하느냐?" 하시는 말씀에도 불구하고 나 자신도 못 깨닫지만, 정치목적 종교인들에게 한마디 하고자 한다. 가난한 자, 주린 자, 우는 자를 외면하고 부의 배를 채우는 일부 대형교회들, 권력을 탐하는 정치목사들, 부자이거나 주로 기복祈福을 추구하는 목사들은 이미 변질하였다.

왜냐하면, 예수님의 계명 즉 "나를 따르라. 나처럼 살아라"라는 명령을 지키지 않고 외식外飾하는 자로 돈을 탐하고 사회적 지위를 좇았기 때문이다. 한마디로 성직자는 가난하게 살아야 한다. 교회가 부자이면 안 된다. 꼭 부자가 되고 싶으면 은퇴하고 좋은 차, 퍼스트 비즈니스 클래스 타고 선교여행 다녀라.

보라. 일생을 바치고 한국에서 죽거나 늙어 귀국하는 파란 눈의 선교사들과 한센병 치료사들, 불치환자 조력자로 자신도 병들어가면서 도움을 주는 우리 가난한 검정 머리 목사님들을…. 우리는 그들의 삶을 보고 구원과 신앙을 배운다.

어떻게 살 것인가?

한 부자 바리새인이 예수께 "어떻게 해야 구원을 받느냐?"라고 질문하였다. 십계명을 다

지켜라! 예. 다 지켰습니다. 네 가진 걸 다 팔고 날 따르라! 부자는 가진 것이 많아 뒤돌아섰다. 우리의 현실이다. 부잣집 앞에서 부스러기나 먹고 살던 거지 나사로는 천국에 가고 부자는 지옥에 갔다.

하나님이 부자를 부자로 만드는 것은 가난한 사람을 구제하라는 뜻이다. 그런데도 부자들은 깨닫지 못한다. 우리의 현실이다. 부잣집 청지기가 해고되었다. 청지기는 부자 채무자들의 빚을 탕감해주었다. 예수님은 이런 불의에도 불구하고 잘했다고 칭찬하셨다.

예수는 부자인 바리새인들이 불의하게 축재하였기 때문에 청지기를 칭찬하셨다 한다. 쉽게 이해 못 하는 것이 우리의 현실이다. 인생은 한 권의 책과 같다. 어리석은 이는 마구 넘겨버리지만 현명한 이는 열심히 읽는다. 단 한 번밖에 읽지 못한다는 것을 알고 있기 때문이다. 인생이 무조건 즐거워야 하는 것은 우리에게 두 번째 인생이란 없기 때문이다.

돈이 많든 적든, 명성이 높든 낮든, 누구나 공평하게 단 한 번의 인생만을 살 수 있기에, 지나버린 시간은 물릴 수도 없고 되돌릴 수도 없다. 그런데도 우리는 시간을 많이 낭비한다.

어떻게 살 것인가? — 나의 종교관

한국 기독교의 숭고한 독립운동은 독립선언문의 33인(천도교 15명, 기독교 16명[감리 9, 장로 7], 불교 2명)의 구성으로 볼 때 공헌이 컸다.

최근 일부 개신교 종교인의 정치목적 집회는 심각한 사회적 문제를 만들고 있다. 그들의 주요 선전은 이승만, 성조기, 박정희, 문재인 탄핵으로 정치목적 시위를 한다. 종교가 정치세력이 된다면 시민 갈등, 사회 가치 혼돈, 종교전쟁, 사이비 논란, 민족 분열을 초래할 수 있다.

특히 종교인 집회자들은 정치적 편견과 선입관으로 종미반북從美反北, 봉미반문奉美反文 하는 반정부 정치세력이 되었다. 선교 혜택으로 미국에 감사하는 것은 좋지만 속미반족屬美反族의 앞잡이가 되어서는 안 된다. 속미반족으로 민족 분열을 조장하면 안 된다.

또한 성경의 진리와 기독교 목적에도 어긋난다. 가난한 자, 주린 자, 우는 자를 외면하고 부의 배를 채우며 교회를 소유하는 일부 중대형교회들, 권력을 탐하는 정치목사들, 요람에서 무덤까지 기복祈福과 부를 추구하는 목사들은 이미 변질되었다. 왜냐하면, 예수님의 계명

즉 나를 따르라! 나처럼 살아라!라는 계명을 안 지키고 외식^{外飾}하는 자로 돈을 탐하고 사회적 지위를 쫓았기 때문이다.

개신교 재산총액은 얼마나 될까? 해외 예치 선교헌금은? 추정하건대 수백조 원에 이를 것이다.

어떻게 살아갈 것인가? ― 나의 역사관

나는 어떤 역사관, 민족관, 국가관을 갖고 있느냐에 따라 살아가는 방법이 다르다고 생각한다. 역사관은 정신이다. 애국을 함부로 말하면 안 된다.

도산 안창호 선생은 "진정한 애국이란 그 말보다 실천에 있다"라고 말했고, 마크 트웨인은 "자신이 무슨 소리 하는지 알지 못하면서 떠드는 게 애국자다"라고 말했으며, 오스카 와일드는 "애국심은 사악한 자의 미덕이다"라고 말하기도 했다. 우리의 애국심은 주관적이고 역사를 보는 잣대에 따라 다르기 때문이다.

우리나라 역사를 되돌아보자. 조선 반도의 역사적 특징은, 대륙의 강대국인 중국의 인접국으로 오랜 지배와 영향을 많이 받아왔다. 또한 일본의 신문명 발전으로 식민 지배를 당하였고 제2차 세계대전 후 초강대국이 된 미국과 소련에 의해 타력으로 해방되었다.

그리고 급성장한 중국과 미국의 세력 사이에서 피할 수 없는 영향을 받고 있다. 따라서 왕조와 강대국의 흥망성쇠에 따라 정치, 문화, 경제가 많은 영향을 받았고 특히 종교(유교, 불교, 기독교)가 국가이념에 큰 영향을 미쳤다. 강대국의 영향으로 성과 이름을 한문으로, 일본어로, 영어로 갈고 바꿀 뿐만 아니라 언어도, 모양새도, 각종 제도도 바뀌었다. 또한 강대국으로 유학하러 가고, 이민하고, 결혼도 하였다.

기원전 108년 위만조선이 멸망하고 한사군이 설치되었다. 중국 한^漢 왕조 무제의 40년간 영토 확장으로 위만조선은 강대국의 힘으로 멸망되었다. 역사의 주체는 강대국이기 때문에 순조롭게 항복하여 백성들을 구하는 것이 역사적 가치가 높다고 본다. 만약 항전하였다면 백성들만 희생되었을 것이다.

서기 660년 백제가 멸망하고 668년 고구려가 멸망하였다. 중국 수양제는 612년 300만

명을 동원하여 고구려 원정을 하였지만 대패하였다. 644년 당 태종이 고구려 원정을 하였지만 또 실패하였다. 중국 동진東晉 시대에 고구려의 광개토대왕(391~413년)은 위협적인 존재였다.

당은 고구려가 위협적인 강한 국가로 성장할수록 불안해할 수밖에 없었다. 당은 고구려를 치기 위해 신라와 동맹을 맺고 먼저 백제를 점령하였다. 백제의 계백장군은 처자식을 죽이며 임전하였으나 나당 연합군에게 패하자 땅 위에 있는 모든 것은 불태워지고 궁녀들마저 자살하였다.

너무 큰 비극이었다. 웅진도독부, 안동도호부가 설치되었다. 민족적 비극이 최소화되지 못한 것이 아쉽다. 강대국 당이 755년 안녹산의 난, 황소의 난, 5대 10국 할거(907~960년) 등으로 쇠퇴할 때, 918년 고구려의 정신을 이어받은 고려가 건국되었다. 신라는 935년 멸망하였다.

1231년 몽골제국(원)의 고려 정벌이 있기까지 고려는 호국불교의 영향으로 번영하였다. 1251년 팔만대장경을 완성하였지만, 1258~1356년 쌍성총관부, 동양총관부, 탐라총관부가 설치되었다. 이 당시 고려 민족은 분열되었다. 친원파 권문세족들의 권력세력들과 고려 민족 백성들 간에는 분열이 극에 달하였다.

1392년 조선이 건국되었다. 이성계는 국가이념을 성리학에 두고 고려 말기 유교의 신분계급인 양반 종교를 타파하려 하였다. 그러나 친원파 권문세족들은 조선 건국까지 162년 그리고 건국 이후 수십 년, 약 200년간 기득권을 중앙과 지방 호족들과 누리고 토지와 종과 사병들을 소유하고 있었다.

1443년 세종대왕은 훈민정음 즉 한글을 창제하였다. 주된 목적은 백성들을 깨우쳐 친원파의 신분계급을 타파하기 위한 개혁의 일환이라고 말할 수 있다. 1529~1598년 임진왜란은 권문세도가인 동인과 서인의 갈등과 분열이 만든 전쟁으로 백성 26만 명이 희생되었다.

1636~1637년 병자호란은 친명배금親明背金의 시대적 흐름을 간파하지 못한 주화론과 척화론의 희생물이다. 백성 20만 명이 환향녀와 노예로 끌려갔다. 1894년 동학혁명시 우금치 전투에서 희생자가 30만 명에 이르렀다. 1894~1895년 청일전쟁으로 일본은 랴오둥반도, 대마도를 차지했고 조선반도의 실질적 지배자가 되었다.

1884년 갑신정변에서 1945년 해방까지 62년간 일본은 조선을 실효적으로 식민 지배하였다. 1897~1910년 대한제국은 비극의 허수아비로 제국이 아닌 제국으로 일본의 웃음거리였다. 1905년 을사늑약, 1906년 통감부 설치, 1910년 일한합병으로 조선총독부가 설치되고 공식적 일본의 식민지가 되었다.

1943년 카이로 선언, 1945년 해방 그리고 미 군정청 설치, 1948년 남한 대한민국정부수립 그리고 북한 조선민주주의인민공화국 수립, 1950년 6.25전쟁, 1953년부터 현재까지휴전협정, 1957년부터 주한미군 주둔군 약 3만 명으로 주한미군지위협정(SOFA), 한미상호방위조약체결, 1961~1979, 5.16쿠데타와 박정희 대통령 19년 장기집권과 경제의 개발독재, 1972년 7.4남북공동성명서, 1998년 금강산관광, 2000년 6.15남북공동선언과 김대중대통령 평양 방문, 2010년 무역 1조 달러 돌파, 2012년 경제성장률 5년간 17% 달성, 우리의삶의 순간순간이 역사의 시간과 함께 흐를 때 나는 역사와 함께 있었기에 올바른 역사관을가져야 한다는 것을 깨달았다.

올바른 역사관은 민족과 백성을 사랑하는 것이다. 조선 백성이 많이 희생당한 전쟁은 다음과 같다. 고구려-수 전쟁은 당시 고구려군 50만 명, 수군 300만 명으로 고구려군 10만명 전사 추정. 고구려-당 전쟁은 고구려군 30만 명, 당군 50만 명으로 고구려군 5만 명 전사추정. 백제-나당 전쟁은 당시 백제 인구 약 83만 명, 신라군 5만 명, 백제군 5~6만 명, 당군18만 명으로 양측 전사 2.5만 명 포로 1.2만 명 합계 약 4만 명 추정. 고려-거란 전쟁은 약20만 명 사망. 임진왜란은 약 46만 명. 병자호란은 사망 3만 명, 노예 60만 명이 끌려감. 동학혁명은 30만 명. 일제강점기에는 징용 160만 명, 학살 100만 명, 2차 세계대전 희생자 54만명. 6.25전쟁은 한국군 19만 명, 유엔군 12만 명, 북한군 29만 명, 중공군 18만 명, 민간인, 행방불명자 포함 140만 명이다.

우리 역사를 연도별로 길게 설명하고 희생자 수를 언급한 것은 전쟁으로 얼마나 많은 우리 민족과 백성이 희생되었는지 강조하기 위해서이다. 우리 민족과 백성이 희생을 당하지않도록 그리고 나 또한 역사와 함께해야 했기 때문에 역사관이 올발라야 한다고 믿는다.

어떻게 말할 것인가? ― 나의 세상적 견해

대권은 한마디로 TK와 PK의 싸움이다. 호남사람은 당사자가 아니다. 최근세사로 볼 때 호남과 영남의 차이는 매우 크다. 부富의 측면에서 보면 호남인은 큰 부자가 별로 없다. 있다면 음식점업, 건설하청업, 제조업 2, 3차 영세하청업, 서비스업, 조폭업이다.

사회계급 측면에서 보면 최고경영자 과정을 들 수 있다. 한국 상류계급의 대표적인 출신들은 소유주 기업인, 경영인, 정치인, 언론인, 신흥부자들로서 서로 사귀고 도움을 주고받는다. 일본이나 동남아로 골프 여행을 가면 부산 대구 출도착에는 골프백을 실은 여객기가 즐비하지만, 광주 출도착 비행기는 거의 없다.

연말 최고급 호텔 아이비리그 대학 송년회에 호남인이 몇 명이나 참석하나 궁금하다. 다시 말하면 호남에는 부자 기업인이 없고, 외국 유학 마친 인재가 적으며, 네트워크가 없고, 돈이 없다. 그런데도 서울의 일부 호남인은 TK를 지지하며, 누가 호남인의 치즈를 옮겼는지 모르는 애족주의자가 많다.

성웅 이순신은 "若無湖南 是無國家 ― 만약 호남이 없으면 나라가 없을 것이다"라고 말씀하셨다.

어떻게 말할 것인가? ― 나의 통일관

1945년 8월 15일 이전, 친일 앞잡이는 빼고 조선 백성 모두가 해방만이 소망이었다. 천행으로 미국이 해방해줬지만, 민족은 반으로 나뉠 수밖에 없었다.

미국의 보호 아래 남한은 한강의 기적을 일궜다. 경제적으로 일등 국가가 되었다. 그러나 천민자본주의 시각에서 벗어나지 못하고 있다. 중요한 건 시각이다. 우리가 한반도를 볼 때 이 땅을 요리하는 강대국의 시각으로 보아야 한다. 당군, 몽골군, 명군, 청군, 일본군, 미군의 눈으로 보아야 한다. 그들은 당연히 존재하였고 존재하는 세력이기 때문이다.

친일파, 친미파, 친중파는 모두 강대국의 한반도 지배를 위한 앞잡이들이다. 이이제이以夷制夷, 이독제독以毒制毒의 작전 소모품이다. 친미반중親美反中도 안 되고, 친중반미親中反美도 안

되고 반일반북反日反北도 안 된다. 모두 친해야 한다. 이것이 한반도의 특성이다. 역사적으로 볼 때 중립외교가 희망적이었다. 한반도 분단은 강대국이 남북으로 나눈 것이지 우리 민족이 나눈 것이 아니다.

정치인, 경제인, 종교인 모두 통일을 말한다. "북한이 변화되어야 평화통일이 된다. 미국이 정밀타격으로 핵을 분쇄하면 된다." 무슨 애들 잠꼬대 같은 소린지 웃긴다. 모두 죽는 전쟁하자는 거냐? 통일을 위해서는 먼저 모든 것을 인정하고 서로 이해하여야 한다.

북한은 미국과 남한으로부터 공격이 두려워서 과거 70년간 미국의 경제제재, 무역제재-엠바고Embargo, 고사枯死 작전에도 불구하고 블랙마켓을 통하여 기적같이 핵미사일을 발전시킨 무서운 국가이다. 참고로 2020년 세계 군사력 1위 미국, 2위 러시아, 3위 중국, 4위 인도, 5위 일본, 6위 한국, 이어 프랑스와 영국 등이고 북한은 25위이다.

통일의 우선 과제는 미국의 승인이다. 미국은 세계 최강 패권제국이기 때문에 경쟁국의 발전을 저해하고 있다. 중동 석유 양산으로 러시아의 경제성장 기틀을 위축시켰고, 일본을 플라자 협정으로, 이제는 중국의 경제성장을 저지하기 위하여 수단과 방법을 가리지 않고 있다.

미국의 목표는 국익이다. 미국의 국익에 반하면 정전협정 파기도, 평화협정, 불가침조약 등이 불가능하다. 미국에 무엇인가 대가를 지급할 때만이 통일할 수 있다. 우리에게 미국은 너무도 중요한 나라이다. 통일도, 남북교류도, 시베리아 가스관과 철도도, 안보외교도 미국의 허락 없이는 아무것도 할 수 없다.

물론 75년간 미국의 우산 아래 경제 발전을 이룩한 것에 대하여 깊은 감사를 표한다. 그렇다고 현 상태로 언제까지 갈 것인가? 100년? 영구히? 바로 이 점이다. 민족의 염원은 빵으로만 채워지지 않는다. 이이제이以夷制夷는 역사적으로도 기한이 있다. 미국은 이독제독以毒制毒을 만들면 안 된다.

그러나 우리 내부적으로 장애가 있다. 통일을 외치면 종북 세력으로, 남북교류를 주장하면 친중친북親中親北 세력으로, 민족화합을 외치면 빨갱이로 그리고 미국을 비판하면 사회주의자로 편을 가른다. 특히 "미국의 우선주의 앞에 한국의 아메리칸 드림은 일부 1%에 지나지 않고 나머지 99%는 악몽으로 되어가고 있으므로 워싱턴보다는 베이징을 중시해야 한다"

라고 〈중국몽中國夢〉과 〈소프트 차이나〉는 주장한다.

구체적으로 이명박 정부와는 달리 박근혜 정부는 중국과 친밀도를 높여가는 듯하다가 미국의 한반도 사드 배치와 TPP(환태평양경제동반자협정) 참여와 한미군사협력 강화로 중국 내 한국에 대한 우려를 높이게 만드는 어리석은 결정을 하여 한중관계를 악화일로로 만들었다.

일부 극우단체들의 혐중嫌中 사고방식으로 미국이 북한을 제재하듯 이후 중국의 경제 발전 가속화 이후 중국이 남한을 제재할까 두렵다. 뜻을 모아 한반도 통일에 힘을 합쳐야 한다.

어떻게 말할 것인가? — 나의 민족관

통일은 언젠가 이루어진다. 왜냐면 민족의 염원이기 때문이다.

친외배족親外背族의 앞잡이들은 분신도 못 하고 할복도 못 하지만, 나라를 사랑하고 민족을 사랑하는 숭고한 안중근 의사 같이 몸 바칠 애국 열사들은 줄 서 있다. 이념 따지지 마라. 시대의 변화를 보라! AI 시대에 자유민주주의, 인민민주주의 구별이 무슨 소용이 있는가?

우리 개발세대보다 더 똑똑한 후손들을 믿지 못하는 우리가 문제다. 나중 일은 후손들에게 맡기면 된다. 반민족, 반통일, 매국노 앞잡이가 되지 마라. 심판은 역사에 물어보라! 나라 사랑! 애국! 내가 하면 애국이고 남이 하면 빨갱이고? 내가 하면 정의고 남이 하면 불의고? 나라가 망해도 우리가 망해 먹자!

들쥐 근성으로 파당 싸움에 극단적 이기주의자가 된 정권 탐욕주의자들이 힘 못 쓰는 정의 사회를 만들어야 한다. 앞잡이가 되지 마라. 역사적으로도 반통일 반민족 행위자들은 심판을 받아왔다. 도덕을 지키면 가정과 나라가 부하게 되고 평안하다! 역사는 길고 인생은 짧다! 10년 후, 30년 후, 100년 후를 보아야 한다.

어떻게 배웠는가?

사실 나는 학자가 아니다. 나는 직장인이었다. 은행, 자회사, 태림포장 등에서 근로소득을 1975년부터 2015년까지 41년간 신고해왔다. 또한 기타소득(고문 급여)도 2년간 신고하였다. 즉 만 27세부터 69세까지 직장인이었다. 좋은 직장인이 되기 위해서는 경력과 인맥이 필요하다.

그래서 대학을 졸업한 후 54세에 경기대에서 석사학위를, 직장인으로서 외국어대 어학생활관, 고대경영대학원, 서울대 세계경제 최고과정, E-비지니스 최고과정, 세계경제원 최고과정, 서울과학종합대 최고과정을 수료하였다. 그리고 삼성경제연구원의 SERI CEO를 열심히 들었다. 많은 도움이 되었다.

직장인으로 가장 흥미롭고 보람 있는 경력은 해외 근무이다. 프랑스 Banque Nationale de Paris에서 국제금융 연수, 미국 뉴욕 현지 법인은행, 베트남 합작은행 근무는 개인적으로나 가족들에게도 매우 뜻깊은 일이었다. 외국환 국제통으로 그 경험을 바탕으로 국제금융인으로 인정받으며 직장에서 활동할 수 있었다. 또한, 현지에서의 사회활동은 매우 유익한 경험과 좋은 추억이 되었다.

어떻게 죽을 것인가? — 마지막 꿈이다

우선 인간답게 죽고 싶다. 그러기 위해서는 사전 진료의향서의 합법적 작성과 약간의 재력이 필요하다. 최악을 대비해서이다.

최선을 다해 건강을 유지하고 자신의 능력으로 생활을 다한 후 죽음이 감지되면 절식 단식을 통하여 삶을 통제했으면 한다. 내 몸을 타인에게 전부를 맡길 수밖에 없다면 이때부터 비참해진다. 가능하다면 쾌적한 환경의 요양병원에서 죽음을 맞이하고 싶다. 죽음이란 다른 세상으로 여행을 가는 것이라고 생각하면 된다.

1971년 DJ와의 만남, 그 운명

조순용(한국TV홈쇼핑협회 회장)

서울대학교 문리대 동양사학과 71학번
TBC기자
KBS워싱턴특파원, 정치부장
청와대 정무수석
국립순천대 석좌교수
한국TV홈쇼핑협회 회장(현)

내 나이 70을 넘어섰다. 공자는 "七十而從心所欲不踰矩"(일흔 살에는 마음속으로 하고 싶은 대로 해도 법도에서 벗어나지 않았다)라고 했다. 나는 이에 선뜻 동의할 자신이 없으나 이제 그렇게 살도록 '노력해야겠다'는 생각이 든다. 그러다 보니 이런 질문이 내게 던져진다. 내가 지금까지 살아온 70년은 무엇인가? 어떤 삶이었다고 말할 수 있을까? 부모 슬하를 떠난 시점, 그러니까 대학에 입학하고 난 뒤부터 흔히들 立身이라는 스무 살부터 從心이 된 지금까지 지난 50년의 시간을 정리해볼 때가 온 것 같다. 71동지회 50년이라는 매듭이 그런 기회를 준 것. 고마운 일이다. 20세 청년이 70 노인이 되도록 나는 누구를 만나 무엇을 했고 어떻게 살았는가.

立身, 스무 살 시절

내 나이 스무 살 때. 1971년 10월 15일 낮. 나는 서울대학교 1학년 교양과정부대의원회

의장으로서 학생회 간부 등 동급생들과 함께 서울문리대 건너편에 있는 서울의대 함춘관 식당에 자리하고 있었다. 몇몇 중요한 선배를 만나 향후 학생운동에 대해 논의하기로 한 약속 때문이었다. 그런데 우리에게 다가온 사람들은 낯익은 얼굴들이 아니다. 10여 명의 사복 경찰. 두 명이 한 조가 된 형사들이 익숙한 솜씨로 우리를 한 명씩 앞뒤에서 허리띠를 붙잡아 번쩍 들어올렸다. 그렇게 들려 나와 닭장차에 실렸다. 머리를 바닥에 박고 있어야 했다. 얼마나 시간이 흘렀을까, 어디로 가는 걸까, 하는 순간 차 문이 열리고 우리는 줄줄이 붙잡혀 내렸다. 청량리경찰서였다. 바로 지하에 있는 유치장에 집어넣어졌다. 유치장에 들어가서야 바로 그날 위수령이 발동되었다는 것을 알게 됐다. 서울 동부지역 대학의 운동권 학생들이 속속 우리가 있는 유치장에 붙잡혀 들어왔다. 상황을 조금씩 파악할 수 있었다. "그래도 이것도 잠시. 곧 나가게 되겠지" 하며 애써 위안을 삼으려 해도 걱정이 사라지지 않는다. 부모님께서는 어떻게 생각하실까. 재수 끝에 입학한 서울대학교. 집안의 경사라고 부모님은 자랑하시지 않았던가.

1971년은 여러 가지로 내게 중요한 해였다. 스무 살. 서울대학교 문리과대학 동양사학과. 정원 10명의 학과에 입학했다. 당시 나는 젊은 혈기에 이 세상의 잘못을 바로잡아야 한다는 사명감(?)을 최우선 가치로 생각했다. 당시 국민들을 옥죄던 군사독재는 반드시 종식되어야 할 타도 대상이었다. 이를 위해 당시 내가, 우리가 할 수 있었던 것은 목소리를 내는 것. 나는 학생운동 지도부에 들어가게 된다. 그리고 교양과정부대의원회 의장이 되어 학생회장(원혜영)과 함께 반정부운동에 앞장선다. 그것은 운명이었다. 열심히 반정부 시위를 주도했다. 수업 듣는 일은 자연 멀어지게 되었다. 1971년 봄 대통령 선거의 열풍은 대학가를 덮쳤다. 10여 년 박정희 군사독재를 끝내자는 젊은 혈기들. 꿈에 부풀어 있었다. 4월 치러진 대통령 선거에서 박정희에 도전장을 낸 김대중 후보. 그는 나의 우상이었다. 무언가 일을 해야 했다. 이 지긋지긋한 군사독재를 종식시켜줄 유일한 대안인 그의 당선을 위해 우리는 대학생참관인단을 결성해 전국 투·개표장에 가기로 했다. 내가 간 곳은 최전방 강원도 양구. 밤새워 지켜본 개표 결과 그 지역에서는 김대중 후보가 박정희 후보를 눌렀다. 놀라운 일이 아니었다. 당연히 DJ가 당선되리라 생각하고 집으로 돌아오는 버스 안에서 들은 뉴스는 전국 개표 결과 박정희가 승리했다는 것이었다. 그때 우리의 실망감이란…

그로부터 DJ의 긴 수난사가 시작됐고. 우리는 더욱 가열 차게 군사독재 타도를 외치게 된다. 급기야 10월 15일 위수령이 발동되고 모든 대학이 군대에 접수되었고 우리는 이렇게 경찰서 유치장에 갇혀 있다. 심란하다. 유치장 안에서 우리는 서로를 알게 된다. 경희대 학생. 어깨가 떡 벌어진 둥글둥글한 인상. 이름은 김홍일. DJ의 장남. 우리는 처음 수인사를 나누었다. 그가 평소 학생운동을 하거나 데모를 주도했다는 얘기를 들은 바 없어서 왜 경찰서 유치장에 왔을까? 좀 의아한 일이었다. 기약 없는 유치장 생활이 며칠 지났을 무렵 DJ가 당시 구금돼 있는 학생운동 지도자들을 위로 차 유치장을 찾아왔다. 처음 DJ를 만나게 된 것. 좋은 장소, 시간은 아니었지만 나의 일생에 계속 영향을 준 역사적이고 운명적인 사건이었다. 10월 21일은 경찰의 날. 비록 유치장에 갇혀 있는 몸이지만 경찰의 날 특식을 맛있게 먹었던 기억이 난다.

그렇게 한 보름을 지낸 뒤 1971년 11월 3일 우리는 유치장에서 논산훈련소로 바로 입대하게 되었다. 사법처리 대신 강제 징집된 것이다. 내 의지와는 전혀 상관이 없는 일. 용산에서 열차를 타고 논산으로. 거기서 숨 가쁜 훈련을 마치고 다시 최전방을 향한 열차에 올라탔다.

20사단 62연대 11중대 3소대 이병 조순용. 자대에 배치되고 보니 우리 부대는 철책선을 설치하느라 정신이 없었다. 날카로운 날이 세워진 철책 꾸러미를 등에 지고 능선을 타는 일, 쉬운 일 아니다. 난생 처음 해보는 일이다. 나는 운 좋게도 곧 그 일에서 해방된다. 대대장 숙소 비공식 파견요원이 된 것. 임무는 가정교사. 대대장의 중학생 딸을 가르치라는 것이었다. 아마 그때 겨울방학 중이어서 대대장의 가족들 모두 서울에서 부대 관사로 와 있었던 것. 전혀 예상치 못한 황당한 임무. 짐작 컨데 아마 최전방 그 대대에 서울대생 신병은 흔치 않았을 터. 뒤에 들은 얘기로는 내가 처음이었다고 한다. 대대장 딸 가정교사가 분명 특과인데 문제는 몸은 편한데 마음이 편치 않다는 것. 취사병 한 명이 관사에 있었는데 그 친구는 나보다 훨씬 고참. 아마 상병쯤. 모두들 짐작할 것이다, 군 복무를 해본 사람은. 고참이 졸병을 모시는 형국. 새까만 졸병인 나의 식사까지 삼시 세 끼 챙겨주려니 얼마나 그랬을까. 게다가 대대장 사모님은 나를 선생님이라고 깍듯이 예우하면서 당번병에게 식사 잘 해드리라고 하니. 이거 영 아니다. 좌불안석 그 자체. 가시방석에 앉았다는 말 딱 그런 경우에 해당될 것이다. 그런데 그런 생활에서 해방되는 일이 얼마 안 돼 벌어진다. 하늘이 돕지 않고서는 상상도 못 할 일이었다.

1972년 1월 14일 오전 2시 서울 마포구 하수동 한 주택에서 총성이 울린다. 그 집에 숨어든 도둑이 총을 맞아 사망한다. 근데 그 집이 바로 당시 최고의 여배우 방성자의 자택. 방성자는 초등학교 교사생활을 하다가 1960년 영화 〈애수에 젖은 토요일〉로 데뷔했는데 엘리트 배우로 1971년 영화 〈서방님 따라서〉까지 모두 51편의 영화에 출연하며 관능적인 여배우로 인기를 끌었다. 그런 방성자가 살인혐의를 받게 되니 이 사건은 연일 일간지 사회면 톱을 장식했다. 그런데 재판 과정에서 충격적인 사실이 밝혀지게 되는데… 총을 쏜 진범은 방성자가 아니라 방 씨의 내연남 함기준이었던 것이다. 함 씨는 D산업 총수의 아들인 재벌 2세로 미국에서 결혼해 아이까지 낳은 유부남이었다. 더구나 함 씨는 현역 공군 사병으로 복무 중이었다. 방성자 매니저가 법정에서 "권총의 주인은 함 씨"라며 "함 씨가 총을 쐈다. 그리고 도둑이 죽자 방 씨와 입을 맞추고 급히 사라진 것"이라고 폭로하면서 사건의 진상이 드러났다. 모든 것이 드러나자 방 씨는 "그를 죽도록 사랑했기 때문에 내가 총을 쐈다고 거짓 진술을 했다"고 밝혔다. 그런데 이 사건이 나의 군 생활과 무슨 상관이 있느냐고? 함 씨가 바로 나와 같은 비공식 파견요원이었다는 것이다. 그 역시 군 막사가 아닌 곳에서 지냈던 것. 나는 가정교사라는 미션이 분명했지만 함 씨는 전혀 다른 임무 수행? 이 사건으로 국방부는 전국 모든 군부대에 비공식 파견요원 전원 원대복귀 명령을 내렸다. 이에 따라 나도 고참들이 득실대는 내무반으로 다시 돌아갔다. 소대원들의 따가운 시선이 쏟아진다. '졸병인 주제에 편하게 지내다가 참 고소하다.'

본격적인 최전방 군 복무. 고행이, 고생이 시작됐다. 당시 내가 있던 부대는 전기가 들어오지 않았다. 밤을 밝힐 호야등 유리를 번쩍거리게 닦아야 하는 일부터 당연 졸병인 내차지였다. 혹 그을음이 덜 닦였다가는 주먹이 날아오고 나는 복부를 움켜쥐고 굴러 떨어져야 했던 일…. 난방은 생나무를 켜다가 때는 페치카로 해결했는데, 불이 시원찮으면 또 혼이 나고…. 그런 전방의 겨울은 왜 그리 길고도 긴지. 군 생활에서 가장 잊지 못할 한 장면은 영하 20도까지 내려가는 겨울 밤 개울물 속에 중대원 전원이 물에 몸을 담가야 했던 일과 한 사병의 잘못으로 전 중대원이 벌을 받은 것이었다. 그 일로 연대책임이 무엇인지를 깨닫게 되었다. 그런데 이상한 것은 극한의 기합이 희열로 바뀌게 된 것이었다. 개울물에서 나와 팬티바람으로 부대 연병장을 열 바퀴 전속으로 돌고 내무반에 돌아왔을 때 우리는 큰 성취감을 느꼈다. 한 명도 감기에 들지 않았다. 모두 한바탕 크게 웃을 수 있었다. 기분 좋았던 그때의 희열은 내 젊은 날의 좋은 경험, 추억으로 남아 있다. 더불어 '아무리 큰 어려움이라도 결국 끝이 있다'는 교훈도 얻었다.

이런저런 일들이 가득한 최전방 군복무도 끝났다. 강제로 군에 징집돼 고생을 했지만 명예롭게 군복무를 완수하게 된 것 아닌가. 이런 기회를 만들어준 박정희 대통령에게 감사해야 하는 것 아닐까? 역설적이지만….

그런데 군복무 마지막 며칠 동안 나는 엄청난 스트레스를 받았다. 1974년 8월 15일, 광복절 공휴일. 군대 말로 말년을 즐기던 나는(제대 10여 일 남긴 전역 예정자들은 사실 모든 일에서 제외되는 열외의 신분, 일종의 특별대우) 부대 근처 마을로 외출 나가 있었다. 식당 TV를 통해 문세광 저격사건 발생을 실시간으로 목격했다. 영부인인 육영수 여사가 목숨을 잃는 대사건이 발생한 것이다. 당연 전군에 비상이 걸렸다. 제대를 코앞에 둔 나는 '혹시 전역 날짜가 미뤄지는 것은 아닐까' 가슴 조여야 했다. 1974년 8월 23일 나는 대한민국 육군 병장으로 만기 전역했다. 지극히 정상적으로, 건강하게 성공적으로.

역사는 진전한다

제대 후 나는 학업에 전념하겠다는 각서를 쓰고 복학했다. 강의에 열중하려 노력했다. 한편으로는 학생운동과 거리를 두게 된다. 사회를 변혁시키는 방법은 여러 가지. 학생운동만이 능사가 아니라는 결론에 이르게 되었다. 우선 실력을 쌓아야 한다. 전공인 동양사 수업에 열중했다. 사마천의 사기나 자치통감 등 역사서를 접하면서 사관史觀의 정립이 무엇보다도 중요하다는 것을 깨닫게 되었다. 우리가 살고 있는 이 시대를 후대 역사는 어떻게 기록할 것인가. 두려운 생각도 들었다. 4학년 1학기 교생실습을 마치고 진로를 정하지 못하고 있었다. 공부를 계속할 것인가, 직장을 택할 것인가, 어떤 직업을 가질 것인가. 교생실습을 했던 고등학교 측에서 '유학도 보내줄 수 있다. 우리에게 오라'고 유혹(?)도 했지만 교직은 아닌 것 같고. 사학도로서 가장 잘 맞을 직업은? 그래서 택한 직업이 기자였다.

중앙일보 동양방송 14기에 1977년 가을(대학 4학년 2학기)에 입사했다. 당시 지도교수이신 민두기 선생님께 양해를 구했다. 까다롭기로 유명한 민 교수님은 흔쾌하게 나중에 논문만 쓰는 것으로 하고 수업을 듣지 않아도 좋다고 허락하셨다. 당시 삼성 이병철 회장이 아마도 언론왕국을 꿈꾸었는지 모르겠지만 기자만 37명을 뽑았다. 그렇게 한 번에 많은 기자를 선발한 예는 전무후무한 기록으로 남아 있다. 많은 숫자를 뽑다보니 나 같은 부족한 사람도 뽑히지 않았을까. 운동권 전력을 가진 내가 삼성의 언론사에서 기자생활을 시작했다. 경찰서 기자, 사건 기자 생활로 정신없는 날을 보내야 했다.

　1980년 5월. 5.18광주민주화운동이 발발했다. 5월 19일 나는 광주로 급파됐다. 내가 고등학교까지 다니고 살았던, 연고가 있다는 연유로…. 당시 보도국장의 주문사항은 '현장을 취재하되 살아 돌아와야 한다'는 것. 5월 19일부터 25일까지 약 1주일간 광주 현장에 있었다. 1980년 5월 21일 낮 도청 앞 추어탕집(뽕뿌집으로 더 잘 알려진)에서 점심을 먹다 총성에 놀라 밖을 내다보다 총알이 내 코앞을 지나가는 것을 느꼈다. 다락방에 숨었다가 지붕에 올라 다른 집으로 피신했다. 총성이 잠잠해지자 거리에 나와 현장을 둘러보았다. 먼저 병원. 들것에 실려 오는 사람들, 시체들, 들것에서 피를 훑어내는 의료진 등. 소리는 지워지고 정지된 화면으로 지금도 뇌리에 남아 있다. 그러나 모든 통신망이 차단되어 있는 상황. 취재를 했으나 보도할 수 없는 기자. 너무나 답답하고 안타까운 일이었다. 더 이상 남아 있을 수 없는 때, 세 차례의 죽음의 고비를 넘기고 진압군이 들어오기 직전 무사히 광주를 벗어날 수 있었다. 빛고을 광주가 자랑스럽다. 시민들이 무장한 무정부 상태가 이어졌지만 단 한 건의 강력사건도 발생하지 않았다. 놀라운 일이었다. 광주시민들은 주먹밥을 만들어 학생과 시민군을 먹였다. 민주주의 수호를 위해, 군부독재에 결연히 목숨을 던져가며 항거했던 광주시민들. 그들의 고귀한 기록들은 역사에서 영원히 기록될 것이다.

　그해 12월 언론통폐합으로 TBC에서 KBS로 옮겨와 2002년 1월까지 21년 넘게 KBS에서 정치부·사회부·특집부 기자, 뉴스파노라마·사건25시 진행, 주말 9시뉴스 앵커 등을 경험했다. 광주민주화운동 이후 80년대 태반은 대한민국 암흑기였다. 기자생활도 마찬가지. 전두환 군부독재가 기승을 부리던 1986년 나는 교육부를 출입하던 때 과감히 미국 연수를 선택했다. 미 중부 미주리대학 저널리즘스쿨에서 1년 수학했다. 도피성 해외연수라고 해도 할 말이 없다. 국내 상황이 너무 답답한 나머지…. 그래도 국내 소식은 궁금해서 도서관을 찾아 신문을 읽었다. 1주일 이상 지난 신문이 아닌 구문을 꼼꼼히 챙겨 읽어보는 일도 주요 일과였다. 그런데 미주리 주립대학 도서관에 북한 신문도 함께 들어오고 있었던 것이다. 본의 아니게 남북한 신문을 비교해볼 수 있었다. 여기서 알게 된 것은 두 체제가 비슷하다는 사실이었다. 그리고 둘 다 견고해서 쉽게 무너질 것 같지 않다는 점이다. 나는 속으로 절망했다. 전두환 군부독재가 마냥 계속된다는 것은 상상조차 싫은 일이다. 그런데 1년 연수를 마치고 귀국한 1987년 여름 나는 대한민국의 역동성을 실감했다. 넥타이부대와 학생들의 민주화운동으로 군부독재 체제가 허물어지게 된다. '역사는 진전한다. 때로는, 일시적으로 후퇴하는 것처럼 보여도 전체의 큰 방향은 앞으로 정해져 있다는 것'을 깨닫게 되었다.

不惑, KBS 시절

1994년부터 1998년 봄까지 워싱턴 특파원을 지냈다. 40대 초중반 내 인생의 황금기에 특파원 경험을 하게 해준 나의 친정 KBS에 감사한다. 3년 반 동안 특파원으로서 나는 미국 본토는 물론 주변 중남미 여러 국가를 취재했다. 쿠바, 칠레, 페루, 멕시코 등등. 나라마다 처한 상황이 다르지만 오늘 그 나라 국민들은 왜 그렇게 살고 있는지, 그렇게 되기까지 다 합당한 이유가 있다는 것을 알게 되었다.

워싱턴 생활 마지막 무렵 1997년 가을. 그해 한국 대통령 선거에서 김대중 씨가 당선될 것이라는 예측을 워싱턴에서 취재하는 영광도 누렸다. IMF 위기가 막 시작됐을 때 국무부 등 취재원과 소식통들의 얘기를 종합해보면 한국의 다음 대통령은 김대중으로 귀결되어 있었다. 그러나 나는 이 내용을 보도하지 못했다. 함부로 말할 수도 없었다. 그러나 회사에 보고는 해야 한다는 사명감으로 출장을 득해 귀국해 사장에게 보고했다. 내가 취재한 대로, 예측대로 DJ는 대통령에 당선됐다.

DJ 대통령 취임 후 1998년 4월 나는 귀국했다. 귀국하자마자 청와대 출입기자가 되어 김대중 대통령의 일거수일투족을 취재하게 되었다. 미국과 러시아, 중국, 호주, 뉴질랜드, 말레이시아 등 대통령 순방때는 국내보다 훨씬 힘든 취재였다. 일정은 거의 살인적이었다. 수행기자단은 전용기에서 내리면 호텔 프레스룸으로 직행했다. 쉴 틈 없이 기사를 송고하고 TV와 라디오 생방송, 녹화, 녹음방송, 라면이나 도시락으로 끼니를 때우고, 다시 전용기를 타고 이동하는 강행군이 계속 되었다. 결코 해외여행이라고 할 수 없는 시간들이었지만 방문하는 나라마다 DJ를 존경하고 그의 말을 경청하는 현장을 목격하면서 뿌듯한 자부심을 느꼈다. DJ라는 훌륭한 지도자 대통령을 가진 대한민국이 그렇게 자랑스러울 수 없었다. 청와대 출입기자를 마치고 나는 KBS 사회부장과 정치부장을 거쳐 편집주간으로 승진했다. 그때 내 나이 50. 정말 숨 가쁜 시간들이었다.

從心所欲不踰矩

2002년 1월 나는 DJ의 부름을 받았다. 청와대 정무수석으로 들어오라는 것이었다. 1월 28일 저녁 때 통보를 받고 박권상 KBS 사장께 말씀드리니 극구 반대하셨다. 언론계 선배로서 당연한 후배 사랑의 말씀이었다. 모두들 가지 말라고 하는데 유일하게 나의 모친은 찬성했다. "얼마나 힘들면 오라고 요청을 했겠느냐. 선친과의 관계를 봐서라도 가라." 나의 선친과 DJ는 민주당 초기부터 정치를 함께했던 오랜 인연이 있다.

임명장 수여 자리에서 DJ는 "고맙다. 좋은 직장을 놔두고 와주어서" 몇 차례나 그런 말씀을 하셨다. "제가 더 영광입니다. 대통령님처럼 훌륭한 분을 가깝게 모실 수 있다는 것이." 사실이다. 누구나 청와대에서 근무할 수 있다. 그러나 어떤 대통령을 모셨는가가 중요하다. DJ처럼 훌륭한 지도자를 모셨다는 것은 영광이 아닌가. 나는 지금도 기자를 그만두고 청와대 간 것을 후회하지 않는다. 새롭고 다양한 경험을 하게 되는 시작과 기회였다고.

정권의 마지막 1년. 아시는 분은 잘 아시리라. 청와대가 얼마나 힘든 곳인가 하는 것을. 힘 빠진 권력을 완전히 요리하려는 야당의 공세가 이어졌고, DJ 대통령은 이미 탈당한 상태였다. 여당의 도움이나 방어도 시원찮은 시간들에 3弘의 문제 등으로 DJ는 몇 차례 대국민 사과를 해야 했다. 병원에 입원해 투석을 해야 하는 심각한 병환에도 DJ는 입원을 반대했다. 대통령이 환자의 모습으로 비쳐지는 것을 원치 않았다.

2002년 12월 대통령 선거가 치러졌다. 노무현 대통령의 당선으로 민주당 정권이 재창출되었다. 그러나 그 과정은 정말 힘들고 험난했다. 노무현으로 당의 후보가 정해졌음에도 지지율이 내려앉자 당이 파열음을 내기 시작했다. 후보를 흔들었다. 그 한복판에 위치해 있던 정무수석이라는 자리, 과정을 다 말할 수는 없지만 인생에서 가장 힘든 시간이었다. 나는 줄곧 노 후보 당선의 역사적 당위성을 설파했다. '50년 만에 수평적 정권교체를 이룬 민주정부가 5년 만에 막을 내린다면, 다시 군부독재 세력에게 정권을 내어준다면 그것은 역사의 후퇴다' 이렇게 확신하고 있었다. 먼저 사학도로서 역사의 진전을 믿었기 때문이었지만 디지털 시대가 가져다준 과학적인 근거가 있었다. 나는 당시 막 세상에 나온 인터넷 미디어에 달린 댓글을 주목했다. KBS에서부터 시작했던 일이었다. 여론의 씨앗을 찾아내 그 흐름을 계속 추적하고 누적하는 것, 새롭고 흥분되는 일이었다. 이런 내용을 거의 매일 보고받은 DJ는 매우 신기해했다. 여론 향방을 미리 알 수 있다는 것에 대해. 이를 근거로 나는 수석회의 등에서 "다음 대통령은 노무현이다"라고 주장했다. 많은 다른 수석은 오히려 나를 걱정했다. "정권이 바뀌면 어떡하려고 그러느냐. 충정은 이해하지만 현실을 받아들여라." 당시 이회창의 당선이 기정사실화되던 때인지라 나를 위한 충고였을 것이다. 정몽준 후보와 단일화를 거쳐 민주당은 정권을 재창출할 수 있었다.

2003년 2월 25일 김대중 대통령 퇴임과 함께 나는 청와대를 나왔다. 퇴임 후 동교동 사저에서 나는 DJ와 청와대 때보다 더 많은 시간을 보낼 수 있었다. DJ는 어떤 정치를 하고자 했는가를 좀 더 정확하게 정리할 수 있는 시간들이었다. DJ는 "정치지도자는 국민들보다 언제나 앞서서 이끌어야 한다. 그런데 반드시 반걸음만 앞서야 한다." 한 걸음이 아닌 반걸음을 강조했다. 국민들이 따라올 수 있어야 하니까. 이어서 "지도자가 되려면 정치를 해야 하고, 정치를 하려면 선거에서 국민들 선택을 받아야 한다"는 말씀을 하셨다. 그러나 나는 DJ의 기대에 부응하지 못했다. 두 번씩이나 총선에서 낙선했다. 나는 정치를 하면 안 된다는 것을 깨달았다. 김대중 대통령은 2008년 8월 18일 오후 돌아가셨다. 김대중 대통령이 돌아가신 날은 나의 양력 생일이다. DJ와는 뗄 수 없는 인연이 아닐까. DMB 방송국을 설립해 6년간 CEO 자리를 지켰다. 이 글을 쓰고 있는 지금 나는 TV홈쇼핑협회장을 맡아 일하고 있다. 생의 태반을 방송 속에서 살아온 나는 이제 70이 되었다. 從心이란 나이 70. 나는 내가 '하고 싶지 않은 말이나 일을 하지 않아도 된다'는 뜻으로 해석하고 싶다.

"요즘도 연극 보러 다니니?"

조원석(전 KBS 라디오 제작본부장)

고려대 국어국문학과 69학번
KBS 라디오 제작본부장(프로듀서)
한서대학교 연극영화학과 교수
한국문인협회 이사
희곡작가. 연극연출가

늦가을 청량리
할머니 둘, 버스를 기다리며 속삭인다
"꼭 신설동에서 청량리 온 것만 하지?"
_유자효 시인의 시 〈인생〉 전문

1.

하나의 과정에는 항상 그 끝이 있다. 그리고 그 과정이 끝나갈 때 우리는 실존 이상의 그 무엇을 느끼게 된다. 일모도원日暮途遠, 갈 길은 멀기만 한데 해는 벌써 지는구나. 오늘 내 처지가 그렇게 느껴지는 것은 단순한 감상인가.

한때 동아일보사의 월간지 「신동아」에서 "2000년대를 여는 한국의 예술가 '연극-극작 3인, 연출 5인'"을 선정할 때 8명 중의 한 명으로 선정된 적이 있다. 그 무렵 난 매년 2편 정도의 장막극을 발표하여 약간이라도 기대를 모았는지 모르겠다. 하여튼 나를 제외한 그때 뽑힌 7명은 예술의전당, 국립극단, 서울시극단 등의 예술감독 또 주목받는 최고의 극작가로 활발하게 활동하는데 나만 월급쟁이 길에서 안주하고 말았다. 기대를 저버린 것에 대해 뼈아프게 반성한다. 그리고 늦게나마 기대에 대한 보답으로 극작에 전념할 생각이다. 성과에 개의치 않고 기대에 대한 빚을 조금이라도 갚고 싶다. 돌이켜보면 실력은 전혀 없는 내가 운은 참 좋았던 것 같다.

2.

1969년 임영웅 연출의 연극 〈고도를 기다리며〉의 입장권을 사느라 그렇게 아끼던 도스토예프스키 전집을 청계천 헌책방에 팔아 이제 고인이 된 연극 친구이자 동료 PD 이규상과 가슴 두근거리면서 공연장을 갔었다. 그리고 그날의 감동이 내 인생의 목표, 연극이 되었다. 그 후 학생운동으로 대학에서 제적당하고 노는 동안 여기저기 극단을 찾아가 심부름도 하면서 곁눈질로 연극을 훔쳐보며 지냈다. 그런데 연극만 해서는 굶어죽기 딱 좋을 것 같아 연극과 연관된 직업을 찾은 것이다. 그 길이 방송 PD였고 운 좋게도 입사시험에 합격이 되었다.

세월 저편으로 흘러간 청춘은 그 젊음만으로 충분히 아름답다. 돌아보면 내 청춘은 서늘한 아름다움이었다. 그러나 어디 나 혼자만 아팠던 세월이었던가? 1960, 70년대에 청춘을 건너온 이들 모두가 겪은 아픔인지라 굳이 상처라고 말하고 싶지는 않다. 언제나 깜깜 절벽이었던 시대. 그 절벽을 뚫고자 했던 청춘. 그 시리고 아름다운 삶의 무늬들….

그러면서 시작된 내 34년간의 방송생활. 방송을 생각하면 늘 첫 번째로 떠오르는 단어가 바로 '신원특이자'였다. 신원특이자, 무엇이 특이한지 몰라도 항상 그 단어 때문에 난 주눅 들어야 했고 또 나 자신을 속여야만 했다. 그리고 그 단어 때문에 하고 싶은 프로그램도 스스로 포기했고, 남모를 피해의식에 젖어 살아야만 했다. 지금도 신원조회에 따른 '신원특이자'란 말이 있는지 궁금하다. 또 이런 제도나 이런 단어가 어느 나라에 존재할까 원고를 쓰면서 생각해본다. 참 지겹게도 따라다니던 단어 '신원특이자'.

대학시절 좋아하던 연극부에서 활동하면서 또 소위 이념서클에도 가입하여 밤새워 책을 읽었고 선배들, 동료들과 밤샘 토론을 하며 내 이념(?)인지 지성인지를 기른 것이다. 아 이런 것이었구나, 이런 세상이 있었는데 나만 모르고 살았구나. 좋은 책이 이렇게 많은데 난 그깟 문학서적 몇 권 읽고 여학생 앞에서 폼이나 잡고 잘난 척하고 살았구나. 그러나 이 각성의 결과는 1971년 위수령 발동과 함께 제적으로 결말이 났다. 제적 학생은 타 학교의 입학은 물론 전학 등도 완전 금지한 학칙개정으로 몇 년간 긴 방황을 하였다. 제적과 추방의 시련 속에서 살아갈 수 있는 존재의 버팀목은 내 꿈의 동산, 연극이었다. 기성극단을 기웃거리며 심부름도 하면서 시간은 흘렀고 몇 년 후, 정치적 상황의 변동으로 제적 학생들의 복학이 허용되었다. 복학을 한 나는 연극의 꿈을 이룰 수 있는 길로 드라마 연출의 길과 가장 가까울 것 같은 방송국 프로듀서의 길을 지망했다. 다행히 합격이 되었다.

더구나 입사 당시 내가 만난 특별한 행운은 최종합격자 발표 후에 신원조회가 있었다는 것이다. 만약 합격자 발표에 앞서, 신원조회를 먼저 했다면 합격은 꿈도 꿀 수 없는 엄중한 시기였다. 학생운동으로 실형선고는 받지 않았기 때문에 합격을 취소할 수 있는 명분이 없었던 것이다. 그러나 회사에서는 무언의 압력이 계속 뒤따랐다. 아무 이유 없이 인사부에서 호출하여 회사가 다닐 만하냐며 히죽거리던 인사부 간부와의 만남은 정말 지옥이었다. 그때는 그런 시절이었다.

입사 후 얼마 안 되어 PD로서 내가 맡은 첫 프로그램은 중계방송이었다. 당시 중계요원은 반드시 미리 신원조회를 해야 했다. 내가 아무리 중계담당자라 해도 신원조회를 하게 되면 출입 비표는 나올 것 같지 않았다. 그러니 무슨 수를 써서라도 현장에 들어가야만 했던 나는 나름대로 편법을 쓸 수밖에 없었다. 중요 중계방송이 있을 때는 무슨 이유를 써서라도 회사에 나오지 않을 이유를 만들었고, 별로 중요하지 않은 중계방송은 신원조회 명단에 중계차 운전기사 이름까지 넣으면서 내 이름은 일부러 아예 빼버린 다음 현장에 가서 사무 착오인 것처럼 적당히 얼버무려 들어가곤 했다. 그러나 그런 편법이 모든 행사장에 통용될 수는 없었다.

대개 중요한 행사중계는 선배들이 나가고 난 국민교육헌장 선언 몇 주년 기념식이나 자연보호헌장 선포 몇 주년 기념식 같은 별볼일(?) 없는 중계에 나가곤 했다. 사실 신원특이자란 딱지가 항상 따라붙던 나는 그런 배려 아닌 배려가 정말 고마웠다. 함께 담당하던 선배 프로듀서도 내가 신원특이자라는 것을 모르고 있었으니….

그런 어느 날 어린이회관에서 작은(?) 행사가 있었다. 당연히 이런 중계방송은 내 차지였다. 그런데 여기에서는 처음부터 신원조회 명단을 까다롭게 요구하는 것이었다. 결국 피디 아나운서 중계 스텝의 이름 등을 통보하였다. 당일 현장에 도착한 나는 봉변을 당하였다. 중계담당 피디를 찾는다는 것이었다. 가보니 기관원인 듯한 사람이 나를 찾았다.

"KBS 조원석 프로듀서 맞습니까?"

"네, 그런데요."

"이상하네. 이런 사람이 어떻게 KBS에 다니지?"

얘기인즉슨 나 같은 신원이상자가 어떻게 KBS에 다니느냐는 것이다. 국영방송에서 한국방송공사로 전환된 지 2년이 되던 때, 난 공채 2기 입사시험에서 프로듀서로 합격했고, 또 금고 이상의 실형선고를 받은 전과가 없고 군필에 신체 건강하니 당연히 입사하는 것 아닌가. 기관원의 그 묘한 웃음을 뒤로 하고, 난 중계현장에 들어가지도 못한 것이다.

그날 난 현장에 접근조차 하지 못하고 근처 다방에 앉아 당시 유행하던 위스키를 잔뜩 넣은 홍차를 몇 잔이나 홀짝거렸다. 총리나 장관이 나오는 중계방송은 적당히 통과되었지만 그날은 영부인(?)이나 다름없는 영애께서 오는 날이라 신원조회도 다른 경우와 달랐던 것이다. 그러나 그 무렵 나는 정말 신나게 일했다. 선배 피디들이 그렇게 싫어한 구성프로그램에 열을 올렸고 새벽 방송에 신이 났었다. 아 방송이란 신나는 것이구나!

1976년, KBS 여의도 신청사 준공식 날은 어제 일처럼 잊히지 않는다. 바로 그날, 여의도 방송센터 준공 테이프를 끊을 주빈主賓은 박정희 대통령이었다. 그런데 준공식이 있던 바로 전날, 당시 라디오국장이던 신정휴 국장(후에 MBC 전무를 거쳐 방송위원회 상임위원 역임)이 나를 불렀다. 국장은 "지난번 특집프로그램 아주 잘 만들었던데 이번에 하는 특집은 잘되어가나?" "요즘 어려운 일은 없어?" 등 전혀 종잡을 수 없는 말들을 한참 하더니 "지난번 특집 잘 만든 포상휴가다 생각하고 내일 하루 푹 쉬지. 요즘 날도 좋은데 등산을 다녀오지" 하면서 돈을 주는 것이었다. 난 손사래를 치며 특집 때문에 너무 바빠 쉴 틈이 없다면서 다음 주쯤 쉬겠다고 고집을 피웠다. 그러자 국장은 한숨을 푹 쉬면서, "야 인마! 내일 박통이 청사 준공식에 오잖아. 너 출근시키지 말라는 지시가 내려왔어! 원 몰라도 이렇게 몰라서야!"라는 말을 내뱉었다. 다음날 혼자 북한산을 올라갔다. 그리고 아무도 없는 북한산에서 내가 생각해 낸 것이 있었다. 그동안 시사, 교양, 예능 등 모든 프로그램에 조금씩 발을 담그긴 했다. 그러나 신원특이자가 안주할 곳은 없었다.

신원조회가 필요 없고 내가 꿈꾸어온 일을 할 부서는 과연 어디인가? 궁리에 궁리를 해보아도 라디오 드라마 외엔 없었다. 그런데 이게 웬 홍복. KBS 라디오에 연극 〈고도를 기다리며〉 연출가 임영웅 선생님(극단 산울림 대표, 예술원 회원)이 근무하는 것이 아닌가. 난 무조건 라디오 드라마를 지망하여 임영웅 선생의 제자가 되리라 생각했다. 그렇게 되면 평생 꿈 연극과 먹고 사는 문제가 동시에 해결될 것이 아닌가.

임영웅 선생님. 그는 1967년 30대 초반의 젊은 나이로 한국 최초의 창작뮤지컬 극단 예그린의 〈살짜기 옵서예〉를 연출하였고, 또 1969년 연극이 무엇인지도 모르던 나를 연극의 세계에 매료되게 해준 사무엘 베케트 작 〈고도를 기다리며〉를 연출하신 분이 아니던가. 그분이 있는 부서에 간다는 것만 해도 가슴 뛰는 일이 아닐 수 없었다. 나는 국장을 찾아갔다. "부탁입니다. 라디오 드라마를 하고 싶습니다." 정말 간곡히 청했다 그때 국장은 "그런데 드라마를 하려면 텔레비전 드라마를 하도록 해라. 그쪽으로 보내주겠다." "아닙니다. 전 무조건 라디오 드라마입니다." "TV 시대야. 라디오를 하려면 음악이나 시사프로를 해야지 라디오 드라마는 사양길이라구." "아닙니다. 독일 같은 경우 지금도 라디오 드라마는 문학의 한 장르로 크게 평가받고 또 그 역할을 다하고 있습니다. 노벨문학상 수상작가도 많습니다. 사무엘 베케트, 하인리히 뵐 이분들이 모두 라디오 드라마 작가입니다." 당시 국장이던 장병칠 씨는 30대 초반에 조선일보 사회부장을 거쳐 중앙일보에서 근무하다가 무슨 일인지 KBS에 와서 국장으로 근무하던 분이었다. 끝내 라디오 드라마 부서로 자리를 옮겨 라디오 드라마는 물론 연극에서도 임영웅 선생의 조연출을 하면서 라디오 드라마 외길 인생을 걸게 된 것이다. 해외에 갈 일 없고 국가행사 등 외부행사와 전혀 무관한 업무 그것이 라디오 드라마라고 생각한 것이다.

그러나 그곳 역시 숨을 곳(?)은 못 되었다. 한국방송상을 타면 수상자들은 청와대에 초청되어 대통령과 청와대에서 오찬을 하는 게 당시의 관례였다 지금처럼 수상자가 많지도 않고 작품상 개인상 수상자를 다해서 열댓 명 정도였다. 난 운이 좋아서이기도 했겠지만 최우수작품상 등 한국방송대상을 5회나 받으면서 단 한 번도 청와대 수상자 오찬에 초대받지 못했다. "왜 청와대에 안 갔느냐?"고 묻는 게 싫어 난 그날 항상 결근을 했다. '신원특이자'가 행패나 불손한 말이라도 할까봐 사전에 봉쇄한 것인가?

88올림픽. 워낙 큰 행사라서 스포츠와는 전혀 무관한 부서에 근무하던 나도 올림픽방송 요원으로 차출되었다. 올림픽 주경기장 담당 방송팀장이었다. 올림픽 주경기장의 현장방송을 주관하는 막중한 임무를 안고 있었다. 당시 중계팀은 당연히 ID 카드가 나왔고, ID 카드만 목에 걸면 입장권 없이 어느 경기장이든 활보하며 드나들 수 있었다. 그런데 내 ID 카드에만 문제가 생긴 것이다. 개막식 날, 주경기장 방송팀장인 내가 경기장에 들어가려 하자 경비요원이 입장불가를 통고하는 것이 아닌가? 나는 경비요원에게 강하게 항의를 했다. 그랬더니 출입카드가 다른 사람들 것과 달라 입장할 수가 없다는 것이다. 깜짝 놀라 유심히 살펴보니 내 ID 카드에는 영문자 RT라는 글씨가 없는 것이었다. 자원봉사자 카드에도 있는 그 글자가 주경기장 담당 방송팀장인 내 카드에는 없었다. 집안에 좌익이 있었느냐고 묻는 경비요원을 멍하니 바라보았다.

올림픽 주경기장 담당 팀장으로 유일하게 덕본 게 있다. 바로 그리피스 조이너스의 100미터 달리기와 벤 존슨과 칼 루이스의 100미터 경기는 보았다. 정말 보고 싶은 경기였다. 그날 난 내가 KBS의 주경기장 담당인데 ID 카드를 가져오지 않았다고 하고, 방송국 신분증을 보이고 임시출입증을 발부받아 주경기장으로 들어간 것이다. 올림픽 주경기장에 들어갔을 때의 벅찬 감동, 더구나 그리피스 조이너스와 벤 존슨의 경기는 '신원특이자'이기에 겪은 분노를 삭이기에 충분했다. 그러나 역시 대통령이 나오는 개회식은 물론 폐회식에도 들어갈 수 없었다.

세월이 흘렀다. 어느 날, 당시 우리 부서 국장이 방으로 날 불렀다. 들어가니 뜬금없이 악수를 청하는 것이 아닌가? 국장은 내게 두꺼운 서류를 보여주며 읽어보라는 것이었다. 그런데 이게 웬일인가? 입사 후 줄곧 내 직속 상사였던 부장들, 국장들의 친필이 그 서류에 있었다. 내용은 〈조원석 動態 보고서〉. 그동안 내 직속 상사들은 내가 누구를 만나나, 무슨 일에 관심을 보이나 등등 세세한 동태를 파악, 매주 보고서를 작성했던 것이다. 서류를 보는 내 얼굴은 굳어 있었고, 내 얼굴을 보는 국장은 어색한 웃음을 지어 보였다. 국장은 맨 마지막

장만 보라는 말을 덧붙였다. 그 서류의 마지막 문장은 "한국방송공사 프로듀서 조원석. 위의 자는 신원특이자特異者에서 정상으로 환원된 자임을 증명함"이었다. 그리고 그 아래에는 "위의 사실을 인정함"이라는 글씨와 유관기관장의 직인이 한번 더 찍혀 있었다.

그러나 이런 속에서도 내 라디오 드라마 인생은 행복했다. 방송에서도 〈세계의 라디오 드라마〉라 하여 매년 영국, 독일, 이탈리아 등의 작품을 입수해 드라마 제작을 하고 또 유럽 최고의 방송 콘테스트인 '이탈리아상'의 심사위원을 하고 독일 IFC(International Feature conference) 등에 참가하여 피쳐 프로그램과 라디오 드라마에 대한 열띤 토론도 하였다.

그리고 한국방송공사 대상만이 아니라 아시아태평양 지역 방송연맹(ABU) 대상과 특별상 등을 두 차례나 받기도 했으니 운은 정말 좋았던 것 같다. 학창시절 우등상은커녕 개근상 한번 탄 적도 없었는데….

민주화의 열풍 속에서 나는 기대하지 않았던 국장 승진이 되었다. 대북방송인 사회교육방송과 12개 언어로 방송되는 국제방송 그리고 장애인 전문채널 사랑의 소리 방송을 담당하는 라디오3국장이 되었다. 입사 전부터 북한 문제에 관심이 많던 나는 사회교육방송(대북방송)의 자료실이 궁금했다. 그러나 나는 자료실 근처에도 다가설 수 없는 인물이었다. 어느 날 미친 척하고 사회교육 방송 자료실에 들어갔다. 내가 들어서자 담당 선배 한 사람이 아주 난처한 표정을 짓더니 문을 닫아야 할 시간이 됐으니 나가달라는 것이었다. 돌아 나오는데 뒷머리가 부끄러웠다. 눈물 겨운 그날의 퇴장 이후로 25년이라는 세월이 흐르는 동안 단 한 번도 그 근처에 가지도 않았다.

라디오3국장이 되자 비밀취급인가증이 나왔다. 그리고 사회교육 방송 자료실에 들어가 보았다. 김일성 전집, 노동신문, 노동당사는 물론 북한의 도서, 신문과 영상자료와 음향자료가 산더미 같았다. 며칠 동안 그곳에 들러 자료를 보면서 깊은 회한에 사로잡혔다. 그동안의 통일 등에 대한 나의 지식이나 고뇌가 얼마나 공허하고 구체성 없는 사변이었나 하는 생각을 떨칠 수가 없었던 것이다. 내가 근무하던 사무실의 한층 아래에 귀한 자료가 이렇게 많은데 난 밖으로만 헤맸구나. 지나간 세월이 안타까웠다. 정말 공부한 게 없구나, 고뇌한 게 없구나, 세월만 보내고 말았구나. 신원특이자란 멍에만 걸머지고 정말 헛되게 살았구나. 그 단어가 나에게 준 영향력이 그렇게 컸단 말인가.

3.

2006년 라디오제작본부장을 그만두고 다시 운 좋게 한서대학교 연극영화학과 부교수로 자리를 옮겼다. 열심히 희곡도 쓰고 학생들과 1년에 4편 이상의 연극을 만들며 지냈다. 매일 학생들과 작품 분석을 하고 외국 공연 영상물들을 분석하며 토론도 하고, 또 공연할 작품을 선정하며 보낸 가장 행복한 시간이었었다. 8년의 전임교수 생활 그리고 이어진 6년의 대우교수 생활을 마감하고 2021년 3월 연구실 문을 나섰다. 류자효 시인의 시처럼 "꼭 신설동에서 청량리 온 것만 같은데…" 햇수로 15년이 된 것이다.

연구실을 떠나던 날 학생들에게 이런 말을 했다.

"전 4학년 마지막 강의 시간에 꼭 이 말을 해왔습니다. 페르시아(지금의 이란)의 국민시인 사디는 '난 다리가 없는 사람을 보기 전엔 신발이 나쁘다고 투정했었다'고 슬퍼했다고 말입니다. 절대 환경을 탓하고 현실에 좌절해서는 안 됩니다. 평발인 박지성의 축구화에 빨강색 물감을 묻힌다면 전후반 경기가 끝나면 축구장이 온통 새빨갛게 물들 것이라고 쓴 기사를 읽은 적이 있습니다. 다른 사람보다 세 배는 더 그라운드를 달렸다는 박지성의 자기 극복. 여건과 환경이 나쁘면 남보다 조금만 더 노력하면 됩니다. 환경과 조건을 탓하고 좌절해서는 안 됩니다. 우리 졸업생들이 축복 속에 다양한 미래를 맞길 바랄 뿐입니다. 저 사람은 복 받은 사람이구나. 저 사람을 위해 종이 울리는구나. 하지만 그 행운은 자신이 만드는 것입니다. 움베르토 에코는 '종은 누구를 위해 울리나 묻지 마라. 종은 당신을 위해 울린다'고 했습니다. 사랑하는 우리 제자들이 의심 없이 종은 나를 위해 울린다고 생각하게 되기를 소원합니다."

그리고 난 한서대학교를 떠났다.

4.

　요즘도 연극 보러 다니니? 지금 나는 대학로 연극인 거리를 헤맨다. 참 마음 편하고 고향에 온 듯한 대학로 연극인 거리.

　직장 생활을 하며 시간을 쪼개 연극 연출을 하기는 정말 어려웠다. 그래서 생각한 것이 극작가의 길이었고 행운은 또 나를 버리지 않았다. 1986년 난생 처음 쓴 단막극 〈유토피아에서 생긴 일〉이 문예지 「소설문학」의 신인작가 발굴작으로 선정되었고, 두 번째 작품이 고려대 극회 선배인 제작극회 안평선 대표가 아무 경력도 없는 나에게 억지 청탁을 하여 쓰게 된 〈어느 족보가 그 빛을 더하랴〉였는데, 그 작품이 서울연극제 공식 참가작으로 뽑혀 연극계에 폼(?)나게 입성한 것이다. 그해 선정된 여덟 작품의 작가는 우리나라의 대표적 작가인 차범석·노경식·김상열·이강백·이현화·오태석·정복근·윤정선과 나였다. 그야말로 교과서에서나 이름을 보던 대작가와 어깨를 나란히 하게 된 것이다. 그리고 세 번째 쓴 작품 〈술래잡기〉가 또 서울국제연극제 창작극 모집에 당선된 것이다. 그리고 〈박사를 찾아서〉, 〈아버지가 사라졌다〉, 〈사람을 찾습니다〉, 〈꿈꾸는 어부〉 등의 창작극을 매년 발표하면서 이 작품들이 서울연극제 공식 참가작 4회 선정, 문화예술위원회 우수창작 지원금 수상작, 경기도 문화진흥 창작지원금 수상작으로 계속 선정되는 행운도 얻었다. 그러나 이 모두가 실력보다는 운이었다는 것을 내가 가장 잘 안다.

　친구들이 말한다. 그 나이에 연극 구경 재미있니? 젊은 애들 틈에 끼어 있기 쪽 팔리지 않니? 또 누구는 그런다. 누구 마음속에 짝사랑하는 여배우라도 있어 먼발치에서라도 훔쳐보려고 극장에 가는 거 아니니? 에이, 연극 핑계 대고 술 한 잔 때리러 가는 거겠지. 심지어는 우리 애들까지 연극 보러 가는 날 수상(?)한 눈으로 바라보기도 한다.

　연극계 주변에 어슬렁거린 지 벌써 50년이다. 긴 세월을 연극판을 헤매며 10여 편의 작품을 써서 공연도 해보았고, 작가랍시고 무대인사도 해보고, 견딜 수 없는 고통의 심한 위염에, 알코올성 황달에 걸릴 정도로 술타령에 주접도 참 많이 떨었다.

　술 때문인지 연극인으로서 느끼는 울분 때문인지 천수는커녕 젊은 나이에 세상을 떠난 선후배도 한둘이 아니다. 대학로 연극인 거리에 가면 3분이면 한 사람씩 만나던 아는 연극인도 이제는 반시간 빠른 걸음으로 걸어도 한 사람 만나기 어렵다. 그런데 참 이상하다. 수십 년 동안 똑같은 사람과 똑같은 얘기를 반복해도 조금도 지루하지 않은 곳이 대학로니 말이다. 이곳에서는 변하는 계절도, 만나는 사람들도, 술자리도 모두 연극이란 생각이다.

짜장면을 유난히 좋아하던 작가 최인호는 그의 소설『바보들의 행진』에서 참으로 묘한 표현을 했다. 영자가 영화보다 연극을 좋아하는 이유는 단 한 가지, 연극이 영화보다 뭐가 뭔지 모르게 어렵고 재미없기 때문이다. 거기에 값도 더럽게 비싸다. 그런데도 영자는 토요일이면 빼놓지 않고 연극을 보며 연극 대신 생맥주를 마시고 싶어 하는 병태를 구박한다. 재미는 거지같이 없지만 연극쯤은 봐야만 대학생이라고 할 것 같다는 것이다. 어금니를 깨물고 하품을 삼키고 무거운 눈꺼풀을 들어 올리는 고문을 참으면서 영자는 객석을 지킨다. 영자는 왜 극장에 갈까? 이유는 간단하다. 분위기가 좋고 뭔가 있을 것 같으면서 우리가 범접할 수 없는 저 높은 곳에 연극이 있는 것은 아니기 때문이다.

연극 얘기를 하고 싶다. 사실 연극은 절대 불편하고 어렵고 답답하지 않다. 연극은 참여하는 모든 사람이 작가이다. 작가, 연출가, 배우, 스텝은 물론 관객까지 모두가 각자의 영역에서 독특한 상상력과 창의력으로 하나의 작품을 만들어가는 작가가 되는 것이다. 포도가 포도즙이 되는 물리적 변화에서, 다시 포도즙이 발효되어 포도주가 되는 화학적 변화까지는 드라마나 영화일 것이다. 그러나 연극은 다르다. 함께하는 것이다. 그 포도주가 다시 사랑이 되고 성혈聖血이 되는 메토이소노Metoisono(성화聖化) 과정까지 함께하는 것이다. 인공지능이 입사시험 면접을 하고 자율주행차가 다니는 세상이 되었지만 원시적(?) 요소들이 무대 위에서 자연스럽게 서로 어울려 메토이소노 과정을 거쳐 사랑이 되고 성혈이 되는 것이 연극이다. 사랑하는 사람들에게 연극을 권한다.

'황혼병'이란 말이 있다. 멀쩡히 있다가 해질녘이 되면 술 생각이 나 안절부절 못하는 증상을 황혼병이라고 한다. 그러나 연극판에서의 술은 단순한 황혼병이 아닌 것 같다. 술이 술이 아니고, 술잔이 연극이고, 주접이 연극이고, 방금 본 연극 욕하는 게 연극이고, 배우 욕하고, 작가 씹고, 연출가 자근자근 밟는 것도 또 한편의 연극인 것을…. 오늘은 대학로에 나가 돼지 껍데기라도 구우면서 또 한편의 희곡을 쓰고 공연을 해야겠다. 오늘은 누구와 한잔 하지…. 그러나 오늘은 적당히 마시고 내일부터 노트북을 열고 나 자신과 약속한 대로 희곡을 쓰는 새 과정을 시작할 것이다. 난 이 길을 간다.

그런데 71동지회의 회원들의 작은 자서전을 생각하니 왠지 슬프다. 그리고 젊은 날 그 음습했던 시절의 그 해맑은 동료들이 떠오르는데 그런데… 그런데… "아침에 나갔던 청춘이, 저녁에 청춘을 잃고 돌아올 줄 정말 몰랐다."

내 인생 여정 오디세이

최상택 (전 택인터내셔날 대표이사)

성균관대학교 경영학과 69학번
삼성물산 섬유수출부장
순천대학교 교수(산학협력단)
한국국제협력재단(KOICA) 중장기 자문단
한국무역협회 전문위원
전 택인터내셔날 대표이사

회고록 작성에 들어가며

내가 살아온 과거를 회고하려면 "나는 누구인가?" 하는 존재론적인 회의懷疑와 조우遭遇하게 된다. 대승불교大乘佛敎의 대표 경전인 「반야심경般若心經」에는 이러한 물음에 대해 "나라고 하는 고정된 실체는 없다"라고 말한다.

우주의 음양이 순환하는 이치에 바탕을 두고 있는 동양철학에서는 그런 대로 수용할 수 있는 주장이기도 하다. 그러나 구조주의構造主義와 해체철학을 중심으로 한 서양철학에서조차도 이와 비슷한 얘기를 하고 있다. 그뿐만 아니라 첨단과학인 양자역학量子力學 분야에서조차도 양자 얽힘Quantum Entanglement 이론을 통하여 이러한 주장을 하고 있다는 점에 주목할 필요가 있다.

사정이 이러한데 무엇을 회고하고 무엇을 기록으로 남겨야 할지, 딜레마가 아닐 수 없다. 최근 많은 단체와 개인들이 나름대로의 명분을 걸고 회고록을 발간하고 있지만, 그 내용을 들여다보면 광고성 자기자랑에 지나지 않음을 알 수 있다.

필자는 50대 초반에 큰 시련기試鍊期를 겪으면서부터 "나는 누구이며, 어디서 와서 어디로 가고 있는가?" 하는 '존재 실상Being's Reality' 문제와 씨름해오고 있다. 이어지는 '내 인생 50년 회고록'은 이러한 인생 탐구 오디세이Odysseia를 갈무리하는 마음으로 써 내려가고자 한다.

의성 촌놈 서울에 유학하다

필자는 6.25가 일어나기 몇 개월 전 고추, 마늘 농사로 유명한 경북 의성의 한 농가의 장남으로 태어났다. 그 당시의 시대 상황과 가정 형편을 생각하면 필자와 같은 시골 촌놈이 서울로 유학 와서 대학을 다녔다는 사실 자체가 기적에 가까운 일이었다. 이러한 기적을 실현시켜주신 분은 오래전 타계하신 어머님이시다. 세상에는 하고많은 장한 어머니들이 계시지만 필자는 사랑하는 내 어머니야말로 참으로 대단하신 분이라고 생각한다.

필자는 낭만이 넘치는 대학 초년 시절을 보내면서도 흔한 미팅 한번 하지 않고 오로지 학교 공부에만 열중했다. 어렵게 학비를 보내주는 가족들을 생각하는 마음 때문이었다. 그러나 2학년이 되면서부터 사회문제, 농촌문제와 관련된 교내·외 서클활동에 활발하게 참여하게 되었고, 학교 공부는 뒷전으로 밀려났다.

감수성이 예민한 시기인지라 이러한 서클활동과 교우관계는 필자의 가치관과 인생관을 바꿔놓기에 충분했다. 이러한 과정을 거치면서 필자는 운동권 대학생으로 변모되어갔다. 3학년이 되자 학기 초부터 전국적으로 불붙기 시작한 학원 병영화 반대와 민주화를 촉구하는 학생 대모 대열에 앞장서는 열혈투사熱血鬪士로 탈바꿈해 있었다. 당시 필자는 단과대학 회장이라는 어쭙잖은 감투도 쓰고 있었다.

이러한 이유로 1971년 10월 19일 필자는 전국 24개 대학 172명의 동지와 함께 대학으로부터 제적 처분을 당하였다. 위수령 발령과 함께 강원도 산골마을 친척 집으로 몸을 피하여, 낮에는 근처에 있는 태백산을 오르내리며 2주가량을 보냈다. 그리고 경찰 수사망을 피해 충청도와 전라도 지역을 돌며 한 달가량 숨어 지냈다.

소요사태가 잠잠해지고 몸도 지쳐 있을 무렵 동생과 함께하고 있던 서울의 자취집으로 되돌아왔다. 그리고 다음날 새벽 들이닥친 형사들에 의해 동대문경찰서로 연행되었다. 경찰서 유치장에서 하룻밤을 보낸 필자는 다음날 남산에 있는 정보부 분실로 이송되었다. 수사가 마무리 단계에 있었기 때문인지는 몰라도 필자에 대한 취조는 어렵사리 끝이 났다. 그리고 몇 주 후 징집영장이 발부되어 필자로 하여금 국방의 의무를 완수하게 하였다.

종합상사 1기로 첫 출발하다

필자는 정부의 제적학생 복학 조치와 함께 1973년 가을 학기에 대학으로 되돌아왔다. 낯선·후배들과 함께하는 학교생활이 생각보다 만만치 않았다. 그러나 시골에서 고생하는 가족들을 생각하며 이를 악물고 공부에 열중했다. 그 결과 1975년 봄 삼성그룹 공채 시험에 합격하여, 삼성그룹의 모기업인 삼성물산에 배치를 받았다. 여담이지만, 당시 삼성그룹 최종 면담에는 이병철 회장이 장안의 유명한 관상쟁이 B씨와 함께 배석하였는데, 그때의 엄숙한 분위기와 문답 내용은 지금도 생생히 기억난다.

삼성물산은 그 당시 정부에 의해 종합상사 1호로 지정받아 조직을 대대적으로 확충하고 있었다. 한국의 종합상사 제도는 박정희 대통령이 이도츄상사伊藤忠商社 회장 세지마 류조瀨島龍三의 자문을 받아 한국 실정에 맞게 도입한 중소기업 수출 창구였던 셈이다. 세지마 류조는 당시 서점가에서 베스트셀러가 된 대하소설 『불모지대不毛地帶』의 주인공으로 맹활약한 실존 인물로서 박정희 대통령의 관동군關東軍 시절 직속상관이었다.

그 당시에는 우리나라의 국가적 역량은 오로지 수출입국輸出立國이라는 깃발 아래 모여 있었다. 자원이 부족한 대한민국이 절대빈곤에서 탈출할 수 있는 길은 수출밖에 없다는 국민적 공감대가 형성되어 있었기 때문이다. 매월 초순에는 청와대에서 대통령이 주재하는 수출확대회의가 열렸고, 이 자리에서 박 대통령은 10대 종합상사 대표들과 머리를 맞대고 현안 문재를 토의하고, 대책을 강구했던 것이다.

이렇게 하여 1977년 말에는 사상 초유의 100억 불 수출 목표를 달성하여, 온 나라가 축제 분위기에 휩싸여서 모두가 기뻐했다. 2020년 대한민국 총 수출액이 미화 5,129억 불로 세계 7위의 수출 대국이 된 것을 생각하면 격세지감隔世之感을 느끼게 된다.

"라면에서 미사일까지"라는 거창한 구호를 내걸고 출범한 종합상사였지만, 1975년 출범 당시 삼성물산 수출 실적의 90% 이상이 섬유제품과 잡화제품으로 구성되어 있었다. 이러한 노동집약적인 제품들은 주로 시골에서 일자리를 찾아 상경한 소년·소녀 기능공들에 의해 생산되었다. 흔히 한강의 기적으로 회자膾炙되는 눈부신 경제성장의 이면에는 이러한 소년·소녀들의 눈물겨운 노력과 희생이 있었음을 우리는 기억해야 할 것이다.

필자는 학창시절 수학이나 과학 과목보다는 외국어 공부에 취미가 있었다. 이러한 까닭으로 삼성물산 입사 2년차에 아랍어연수원 입학 1기생으로 공개경쟁을 통해 선발되었다. 아랍어연수원 입학은 이후 필자의 삶을 결정지은 첫 단추가 된 셈이었다.

아랍어연수원은 당시 국무총리였던 김종필 총리가 중동지역 순방 중에 내린 특별지시에 따라 총리실 주도로 추진된 프로젝트였다. 당시 우리나라는 월남전 특수에 이어 불어 닥친 중동특수中東特需를 잡기 위해 국가적 역량을 총동원하고 있었다. 아랍어연수원 1기생 면면을 보면 외교부, 건설부, 상공부 등 중앙부처와 10대 종합상사에서 선발된 60명의 패기만만한 청장년들이었다.

아침 6시 기상과 함께 운동장에 집합하여, 국기게양식과 함께 "나는 자랑스러운 태극기 앞에 조국과 민족을…"로 시작되는 조국에 대한 충성맹서忠誠盟誓를 하였다. 이어서 맨손 체조로 몸을 풀고 아침 식사를 하였다. 그리고 밤 10시까지 쉴 새 없이 이어지는 강행군이었다. 연수원 내에서의 모든 대화는 아랍어와 영어로만 허용되었다. 그나마 3개월이 지난 중반 이후부터는 아랍어 사용만 허용되었다. 매월 말에는 개인별 학습성과를 평가하고 그 결과를 소속 직장에 통보하였다. 연수생들에 대한 노골적인 채찍이었던 셈이다.

필자는 경쟁에 뒤지지 않으려고 동료들이 잠든 시간에도 이불속에 누워 자는 척하면서 귀에 리시버를 꽂고 당일 배운 단어들과 구문들을 외우고 또 외웠다. 이렇게 6개월 과정이 끝나자 다소 서툴기는 하지만 아랍어로 일상대화를 할 수 있게 되었다.

입사 3년차인 1978년 초에 해외주재원으로 발령을 받았다. 현업 경력이 부족한 신입사원이 해외주재원으로 선택된 배경에는 아랍어연수원에서 보여준 우수한 학업성취도 때문이었을 것으로 생각하고 있다. 필자는 5년간의 카이로 주재 기간을 통하여 아랍어를 무기로 우수한 영업성과를 거두어 회사로부터 특진과 함께 보상도 받았다.

창업에 도전하다

필자는 입사 초기 때부터 하루속히 기회를 잡아 독립을 하겠다는 구상을 하고 있었다. 회사에서 주는 월급만으로는 그동안 애쓰신 가족과 친지들에게 보은^{報恩}의 도리를 다할 수 없다는 생각 때문이었다. 1983년 귀국하고 기획실 근무를 거쳐 섬유제품 수출부장으로 승진발령을 받은 이후 구체적인 실천계획을 행동으로 옮기고 있었다. 이러한 와중에 1987년 11월 그룹 창업주 이병철 회장이 타계하시게 되었다. 삼성 본관에 차려진 빈소를 찾아 이제 곧 새로운 삶을 개척하고자 삼성을 떠나려 한다는 하직인사와 함께, 그간의 은혜에 깊이 감사드리고 고인의 명복을 빌었다

그러나 한치 앞을 못 보는 인간이라는 옛말이 실감 나는 사건이 필자에게 일어났다. 불과 며칠 후 교통사고를 당하여 오른쪽 다리 전체를 기브스하고 1년 가까이 병원 신세를 지는 처지가 되었기 때문이다. 그동안 은밀하게 추진해온 섬유수출 창업 준비는 뒷전으로 밀려나게 되었다. 필자는 뭔가 때가 아니라는 판단으로 창업시기를 뒤로 미루기로 결심하였다. 지금 회고해보면 그 당시 교통사고는 필자에게 전화위복의 계기를 마련해준 것이었다.

그 당시 한국 섬유봉재산업의 대외경쟁력은 1979년 YH 사건을 계기로 치솟기 시작한 인건비 때문에, 중국 등 후발개도국에 서서히 밀려나고 있었다. 더욱이 1980년 5월 광주항쟁, 87년 6.10항쟁과 6.29선언으로 이어지는 정치적 격변 속에서도, 우리 경제는 88올림픽의 성공적 개최와 함께 지속적인 성장을 구가하고 있었기 때문에, 이러한 섬유산업 경쟁력 퇴조 현상은 한층 더 빠르게 진행되고 있었다.

이러한 상황에서 대안으로 떠오른 창업 아이템이 지식산업 분야였다. 예나 지금이나 국내에는 수많은 세계적 다국적 기업이 한국 시장을 공략하기 위해 진출해 있다. 특히 88년을 전후해서 한국 경제는 단군 이래 사상 최대의 호황을 구가하고 있었고, 김영삼 정부에 들어와서는 OECD 가입과 함께 해외여행 자유화 조치를 강행함으로써 이러한 현상은 한층 더 심화되고 있었다.

88올림픽이 열리던 해, 필자는 해외출장 비행기에서 옆에 앉은 외국인과 이런저런 얘기를 나누게 되었는데, 그가 바로 후일 필자의 사업파트너가 된 것이다. 그는 런던에 본사를 두고 전 세계 30여 개 나라에 비즈니스 파트너를 통해 코카콜라, DHL 등 다국적 기업들을 대상으로 세일즈, 마케팅 분야의 경영 자문과 교육 훈련을 수행하는 세계적 컨설팅회사인 택인터내셔날사의 대표이사였다. 돌다리도 두들기며 건너는 성격 탓으로, 필자는 약 3년간의 밀고 당기는 협상을 통해, 1991년 4월 (주)택인터내셔날코리아를 설립하여 사업가의 길로 들어서게 되었다.

택인터내셔날코리아사는 창업 초기부터 영국 본사의 지원을 통해 한국에 진출한 다국적 기업들을 고객사로 유치하여 10년 이상 호황을 누렸다. 하지만 산이 높으면 골도 깊은 것이 세상사의 이치라고 할까, 한때 승승장구하던 택인터내셔날코리아사도 1997년 IMF 불황으로 이어지는 터널 속에서 누적 적자를 견디지 못하고 막을 내리게 되었다.

58세 만학도가 되다

사업을 정리하고 집에서 칩거생활을 이어가던 중 필자는 2001년 연말 어머니께서 갑자기 세상을 뜨시는 아픔을 겪게 되었다. 엎친 데 덮친 격이어서 극심한 실의와 좌절감에 빠져 틈만 나면 전국에 있는 산과 사찰을 찾아 나서게 되었다. 이러한 시기를 보내면서 앞으로 여생을 어떻게 살 것인가 하는 문제에 대하여 깊이 고민하게 되었다.

필자는 1975년 대학 졸업과 함께 대학원에 등록하여 잠시동안 수학한 적이 있었으나, 곧이어 삼성물산 취업이 확정되어 휴학계를 내고 학업을 중단하고 있었다. 이것이 계기가 되어 무려 27년이 경과한 2002년 봄학기에 복학을 할 수 있게 된 것이다. 2002년 복학 당시에는 두 아들이 모두 대학을 졸업하고 각자의 길을 가고 있어서, 비교적 홀가분한 마음이었다. 그러나 이러한 과감한 결정을 할 수 있게 된 배경에는 무엇보다 필자의 평생 동지인 아내의 이해와 협조가 있었기에 가능한 일이었다.

복학을 하고 보니 클래스메이트들과는 30년 가까운 나이 차이가 있었다. 하지만 학교수업과 학점취득에 필요한 시험공부에 시달리면서 이러한 문제들은 서서히 극복되어갔다. 2

년 동안 졸업에 필요한 학점취득과 학위논문 작성에 필요한 자격시험을 거쳐, 2007년 나이 58세에 서울대 대학원 석사학위를 받았다. 당시 내가 제출한 학위 논문은 우수논문으로 인정되어, 국내 경영학 학회지에 실려 있다. 나는 이 시기『협상의 1그램』(매경출판),『당신의 세일즈를 페이백에 담아라』(김앤김북스),『고객만족과 인본주의』(삼성인쇄) 등 몇 권의 전문 서적을 출간하여 독자들에게 좋은 반응을 받았다

한국국제협력단 중장기자문단에 위촉되다

2009년 말 무렵 국내 한 일간지를 통해 한국국제협력KOICA, 중장기자문단中長期諮問團 공개 모집 광고를 접하게 되었다. 당시 신문에 게재된 광고를 보면, 직장에서 은퇴를 하였거나 은퇴를 앞두고 있는 전문가를 대상으로 아프리카, 동남아 등 개발원조 수요국에 일정 기간 파견되어 봉사활동을 펼칠 지원자를 공개모집하는 내용이었다. 공개모집 신청서에 지원동기를 묻는 질문란에 "내가 살아오면서 받은 혜택을 되돌려드리고자, 국제협력단의 해외원조 프로젝트 수행에 참여하고자 한다"라고 답하였다

2010년 초, 총 14명을 뽑는 한국국제협력단 중장기자문위원으로 선발되었다. 함께 위촉된 14명 자문단의 면면을 보면 지렁이, 농업, 원예작물, IT, 수처리, 환경, 직업교육 등 다양한 분야에서 오랜 실무 경험을 한 전문가 그룹으로서 구성되어 있었다. 함께 위촉된 중장기 자문단은 이명박 대통령 부부가 주관하는 청와대 가든파티에 초청되어 기념촬영을 하기도 하였다.

이렇게 출범한 한국국제협력단 중장기자문단은 각자 파견된 국가에서 맡은 소임을 완수하고 다음해인 2011년 9월 "세계를 하나로 국제협력의 현장"이라는 제목으로 활동 수기를 발간하였다. 이때 활동 수기를 편집하는 책임을 맡아 분주했던 기억이 새롭게 떠오른다.

아프리카 봉사활동을 떠나다

2010년 7월부터 2011년 7월까지 1년간 한국국제협력단 중장기자문단 일원으로, 서부

아프리카 가나공화국에서 교육부 산하 기술직업교육위원회에 소속되어 가나 청소년들을 위한 기술교육과 직업능력 개발을 위한 자문 봉사활동을 수행하게 되었다.

가나는 자원이 빈곤한 우리나라와는 달리 금과 다이아몬드, 보크사이트, 코코아 등 천연 자원이 풍부한 나라이다. 가나는 1960년대 초만 하더라도 국민소득 측면에서 대한민국을 앞지르고 있었다. 그러나 반세기가 지난 지금 두 나라의 국제적 위상과 지위는 완전히 역전되어 있다. 현재 대한민국은 OECD 내에서 후진국 경제개발 원조를 주관하는 개발원조위원회의 회원국 지위를 가지고 있지만, 아직도 가나는 지구상에서 가장 못 사는 나라라는 꼬리표와 함께, OECD의 공적개발원조(ODA) 지원대상국으로 남아 있다.

가나의 수도 아크라에서 자동차로 한 시간 거리에 있는 한 농촌 마을에는 한국 수산업체가 운영하는 대규모 벼농사 단지가 있다. 이곳은 한국국제협력단을 통해 한국에서 벼농사 기술을 도입하여 성공적으로 농사를 짓고 있는 곳이기도 하다. 가나는 사시사철 내리쬐는 태양, 비옥한 토지, 풍부한 물 등 모든 조건을 다 갖추고 있음에도, 이곳 사람들은 어렵고 힘든 논농사를 기피하고 있었고, 필요한 대부분의 쌀을 수입에 의존하고 있었다. 사정이 이렇게 된 배경은 자국 산업 육성과 보호를 위한 보호관세 제도의 미비 때문이었다. 원주민들이 애써 농사를 지어도 판로가 보장되지 않기 때문에 산야에 널려 있는 나무 열매와 풀뿌리를 먹고사는 원시생활에 안주하고 있었다.

후진국이 자국 산업 육성과 보호를 위해 수입금지 분야와 품목을 설정하고 보호관세 제도를 실시하는 것은 암묵적인 권리이기도 하다. 그러나 일찍부터 이 나라에 진출해 있는 카길Cargill, 컨티넨탈Continental 등 국제 곡물 메이저들의 로비에 막혀 입법이 성사되지 못하고 있었던 것이다. 이러한 문제는 비단 쌀농사 분야뿐만 아니라 거의 모든 산업에 걸쳐 있었다. 아크라 시내에 있는 유명 쇼핑몰에 가보면 계란이나 과일, 채소, 일용 잡화 등 거의 모든 생필품이 수입품으로 채워져 있었다. 이같은 사례에서 보듯이 아프리카의 빈곤 문제는 나라별로 복잡한 구조적 문제로 얽혀 있어서 경제적 지원만으로는 한계가 있는 것이다. 후진국 빈곤 문제 전문가인 미국의 제프리 삭스Jeffery Sachs 교수가 주창하는 "국제 사회의 공조와 전략적인 접근"이 요구되는 이유이기도 하다.

가나에서 1년간의 자문 봉사활동은 필자에게 정말 보람 있는 체험이었다. 그러나 열악한 생활환경과 부실한 영양섭취로 인한 건강 문제가 뒤따랐다. 필자는 젊은 시절 폭음과 과로 탓으로 간 기능이 좋지 않았는데, 귀국 후 검사 결과 극히 위험하다는 신호를 보내온 것이다. 그리하여 다음 근무지로 결정된 중남미 과테말라행 출국을 포기하고, 국내에서 할 수 있는 일을 찾아보기로 진로를 변경하게 되었다.

산학협력 중점 교수가 되다

2012년 중반 지인을 통해 순천대학교에서 6명의 산학협력 교수를 공개 채용한다는 정보를 접하게 되었다. 당시 순천대학교는 이명박 정부의 국책사업인 LINC 사업을 유치하는 데 성공하여 프로젝트 수행에 필요한 전문 교수진을 공개모집하고 있었다. LINC 사업은 대학과 기업, 지역사회를 연계하는 정부 주도의 산학협력 프로젝트였다. 필자는 순천여고 출신의 아내와 상의한 후 지원서를 제출하였고, 2013년 1학기에 국립 순천대학교 산학협력 중점 교수로 채용되었다. 산학협력 중점 교수에게 주어진 핵심 과제는 창업교육과 재학생 취업이었다.

당시 필자가 개설한 '벤처창업과 기업가 정신'은 수강생이 넘쳐 2개 반으로 분반을 해야할 정도로 인기가 있었다. 시간을 내어 인근 공단에 소재한 업체들을 대상으로 국립순천대학 졸업생들을 채용해달라는 세일즈 활동을 펼치기도 했다. 이러한 경험을 통해 학생들이 지방대를 나와 일자리를 구한다는 것이 얼마나 어려운 현실인가를 절감하게 되었다.

더욱 안타까운 것은 이러한 어려운 과정을 통하여 지방 중소기업에 취업이 확정된 학생도 상당 부분 취업을 포기하고 있다는 사실이었다. 속사정을 들어보니 자녀들의 장래를 염려하는 부모들이 전망 없는 지방 소기업에 가지 말고, 서울에 있는 9급 공무원 입시학원에 가라고 부추기고 있었기 때문이었다.

이웃 나라 일본의 사례이긴 하지만, 연매출 16조 원 종업원 7만 명인 세계적 기업 교세라를 창업한 이나모리 가즈오稲森和夫 회장도 대학 졸업 후 부도 직전의 지방 중소기업에서부터 출발하여 오늘에 이르고 있다. 그는 중요한 것은 지금 내가 어디서 어떤 일을 하느냐가 아니라 그 일을 하는 내가 이 일을 왜 하는가에 대한 문제의식問題意識과 도전정신이다"라고 역설한다.

현재 우리나라 대학 진학률 70%는 세계적으로도 단연 금메달감이다. 우리 속담에 "남이 장에 가면 썩 거름 지고 장에 간다"라는 말이 있다. 남들이 대학을 가니까 너도나도 대학을 가는 웃지 못할 일이 벌어지고 있는 것이다. 지금이라도 정부는 과감한 경쟁체제를 도입하여 대학 정원을 획기적으로 줄이는 조치를 취해야 한다. 그리하여 무사안일과 관료주의에 빠져 있는 교수 사회와 학교 행정을 과감하게 혁신해야 할 것이다. 학령인구學齡人口의 급격한 감소와 다가올 4차 산업혁명 시대를 효과적으로 대비하기 위해서도 더욱 그러하다.

1년간 순천에 살면서 주말이면 가까이 있는 지리산과 조계산 등반을 자주 다녔다. 특히 선암사를 지나 조계산 천자암을 거쳐 송광사로 내려가는 길은 지금도 눈에 선할 정도로 자주 오르내렸다. 이러한 노력으로 몸 컨디션도 정상적인 상태로 회복되었다.

그 시절 산행 길에서 필자가 자주 친견한 천자암 조실 활안活眼 스님은 오랜 기간 조계종 원로위원으로 계셨던 당대의 선지식善知識이다. 또 한 분 잊을 수 없는 분은 송광사 주지와 회주를 지내셨던 법흥 스님이다. 한국 문단의 거목인 청록파 시인 조지훈을 은사로 고려대 국문과에서 수학하셨다. 스님께서는 법을 묻는 필자에게 당신께서 소장하고 있던 불교 서적과 자료들을 아낌없이 내주셨다. 가끔씩 파안대소하며 소탈하게 웃으시던 스님의 모습이 지금도 눈에 선하다.

한국무역협회 전문위원이 되다

2014년 말 한국무역협회 무역 현장 자문위원 공채과정을 거쳐, 지금까지 7년 동안 수출 현장 자문위원으로 활동하고 있다. 2007년부터 2년간 한국무역협회 외국어 통번역센터 전문위원으로도 활동한 적이 있기 때문에 양쪽을 합하면 10년 가까운 세월을 함께하고 있는 셈이다.

한국무역협회는 무역 진흥을 위하여 1946년 7월 31일 창립되어 70년 이상의 역사를 가지고 있다. 한국무역협회가 지금과 같은 위상을 갖추게 된 것은 박정희 대통령의 각별한 관심과 지원이 있었기 때문이다. 당시 정부는 한국무역협회 운영기금 마련을 위해 모든 수입

품에 협회 수출진흥 기부금을 징수할 수 있도록 조치하였다. 이렇게 하여 조성된 기금으로 봉은사 소유의 8만 평 농지를 구입할 수 있도록 필요한 모든 지원을 아끼지 않았다고 한다. 이렇게 하여 조성된 재정적 기반을 토대로 현재와 같은 영향력과 인프라를 갖출 수 있게 된 것이다.

한국무역협회는 수출 지원, 수출시장 다변화, 신산업 지원, 변화하는 무역환경에 선제적 대응, 무역 전문인력 양성, 미래 무역 인프라 확충 등 6대 추진전략을 가지고 국내·외 주요 거점에 24개 지역본부를 운영하고 있다. 각 지역본부에는 오랜 기간 수출현장에서 잔뼈가 굵은 70여 명의 무역현장 자문위들이 배치되어 전국에 산재한 수출중소기업들을 대상으로 당면 과제와 애로사항을 해결해주는 역할을 담당하고 있다.

우리나라 중소기업들 중에는 해외시장에서 선진국 제품과 얼마든지 겨뤄볼 수 있는 우수한 제품들이 많이 있다. 그러나 이를 해외시장에 내다팔 수는 있는 세일즈 역량과 마케팅 역량이 부족해서 협소한 국내시장에서 악전고투惡戰苦鬪하고 있는 것이다. 무역 현장 자문위원의 주요업무는 이러한 유망 중소기업을 발굴하여 수출기업으로 육성하는 일이다.

현재 무역협회에서 활동하는 자문위들 중에는 필자와 동년배인 70대 노익장들이 약 20명에 달하고 있다. 이들은 모두 비정규직 신분으로 일하고 있는 셈이다. 그러나 국가와 사회에 대한 마지막 봉사라는 생각으로 일하고 있어서 모두가 재미있고 즐겁게 활동한다.

인생 여정 오디세이를 마무리하며

대한민국이 한강의 기적을 넘어 세계가 부러워하는 선진국 반열班列에 오를 때까지 필자 세대 모두는 각자 맡은 분야에서 불철주야로 열심히 일했다. 그리하여 가슴 벅찬 성취와 환희도 맛보았고 때로는 쓸쓸한 좌절도 맛보았다.

그러나 이제 우리는 이 모든 걸 뒤로하고 물러나야 할 때가 되었다. 대하소설『토지』의 작가 박경리朴景利는 "버리고 갈 것만 남아서 참 홀가분하다"는 오도송悟道頌을 남겼다. 우리 속담에 시작보다 끝이 좋아야 한다 는 말이 있다. 이 말은 마지막 순간까지 잘 먹고 잘 살아야 한다는 의미가 아니라 이 세상을 하직하는 순간에도 웃으면서 떠날 수 있는 마음 준비를 해

마쳐야 한다는 뜻이다 .

오죽했으면 2,500년 전 공자님도 "아침에 도를 들으면 저녁에 죽어도 좋다(朝聞道 夕可死也)"라는 구구절절한 염원을 남겼을까.

인도의 성자로 칭송받는 라마나 마하리쉬는 16세의 어린 나이에 이러한 준비를 해 마친 사람으로 잘 알려져 있다. 고대 인도철학 베단타Vedanta 학파에 뿌리를 두고 있는 그의 자아탐구(Atma Vichara) 명상법은 내 안에 있는 영원불변한(不生不滅 不坫不淨) 존재 실상Being's Reality을 알아차리는 명상수련법이다. 그의 실천 체험을 토대로 만들어진 자아탐구 명상수련법은 그의 책 *Be as you*에 자상하게 소개되어 있다. 초심자인 필자로서 그 내용을 소상히 알 수는 없지만 완전한 비움과 참된 고요(치허극 수정독致虛極 守靜篤)에 이르면 천지만물이 하나로 돌아가게 된다는 노자 『도덕경道德經』16章의 이치와 흡사하지 않을까 생각해본다.

이제 필자의 인생 여정도 서서히 종착역을 향해 달려가고 있다. 지금까지 불초不肖한 자식에게 한없는 자비와 사랑을 베풀어주신 부모님, 무능한 가장에게 언제나 무한한 신뢰와 사랑을 보내준 처자식들에게 감사 인사를 드린다. 그리고 훌륭한 가르침을 베풀어주신 강호제현江湖諸賢들, 중단 없이 누군가를 위해 봉사할 수 있는 기회를 마련해준 국가와 사회에 대하여도 감사를 드린다. 아울러 조국의 민주화를 위해 젊은 시절 고락을 함께한 71동지회 여러분은 일생일대의 자부심이었음을 말씀드리고자 한다.

"아디오스 아미고Adios Amigo!"

73년 외길 인생, 오직 환경!

최열(환경재단 이사장)

강원대 농대 농화학과 68학번
1982년 한국공해문제연구소 창립. 연구실장
1993년 환경운동연합 창립 사무총장. 이후 공동대표
2002년 환경재단 대표
2018년~현재 환경재단 이사장
유엔 글로벌500 환경상(1994), 미국 골드만 환경상(1995),
미국 시에라클럽 치코멘데스상(2013)

암울한 시대

할아버지께서 장손인 나에게 맑게 살라고 해서 맑을 열(洌), 최열이라는 이름을 지어주셨다. 돌이켜보면 공해로, 환경 파괴로 치닫는 세상을 맑게 만들라고 지은 이름이라고 생각한다. 내 생일은 1949년 1월 19일이다. 119. 지구가 더워져 호주 대륙이 산불로 7개월 동안 불타고 캥거루, 코알라 등 수많은 야생동물이 생명을 잃었다. 미국 캘리포니아의 대형 산불, 러시아와 유럽, 아시아의 폭염과 산불 등등 불타는 지구의 소방수 역할을 타고난 것 같다.

나의 고향은 대구다. 어릴 때부터 동아일보와 경향신문을 보시는 할아버지의 영향을 받아 신문을 읽고 정치·사회 문제에 관심이 많았다. 초등학교 6학년 때는 3.15부정선거 데모를 하는 대학생과 고등학생을 따라다녔다. 아버님 직장을 따라 춘천으로 이주하여 춘천고등학교 다닐 때는 한일회담 반대 데모에 참가, 강원도청까지 시위를 한 적도 있었다. 대학에 입학해서는 3선 개헌 반대 시위는 물론 학원의 자유를 제한하고 병영화하는 교련 반대에 앞장선

탓에 ROTC였음에도 일반 병사로 강제 입영, 전방 소총수로 34개월간 근무했다. 근무 첫날 밤, 철책선에서 들리는 대남방송을 들으면서 분단국임을 절감했다. 제대한 날이 1974년 8월 15일. 서울에 지하철 1호선이 개통되었고, 8·15경축식 때 박정희 대통령 영부인 육영수 여사가 총탄에 맞아 생명을 잃었다. 휴가를 나와 만났던 유인태, 유홍준은 그 후 민청학련사 건으로 사형과 20년형을 선고받았고, 지학순 주교, 박형규 목사, 김지하 선배를 비롯한 많은 민주 인사와 동료가 투옥되는 암울한 시절이었다.

교도소 생활

나는 1975년 6월 대통령 긴급조치 9호 위반, 명동성당 가톨릭 학생사건으로 구속되었고, 상당수 동료가 재판을 거부했다. 나도 재판을 거부했고, 판사실에서 6년형을 선고받았다. 1976년 7월 안양교도소로 이감 갔더니 긴급조치로 형이 확정된 선배와 동료가 45명 정도 있었다. 0.7평 좁은 방에 3명씩 있었는데 너무 좁아서 옆으로 누워 칼잠을 잤다. 겨울에는 너무 추워 계란과 사과도 얼었고, 손과 발이 동상에 걸린 동료도 많았다. 동료들과 함께 앞으로 출소해서 무엇을 할 것인가에 대한 토론도 활발했다. 대부분은 너무나 열악한 노동현실에 노동운동을 하겠다고 했다. 나는 '내 전공 화학을 살려 우리 사회에 기여할 수 있는 게 무엇일까' 고민을 하다가 환경, 공해문제를 선택했다.

1976년 가을부터 책을 넣어달라고 했지만 국내 서적이 없어 일본 엠네스티에서 일본어로 된 공해 책이 들어왔다. 옥중에서 일본어 공부를 시작, 책을 읽기 시작했다. 이듬해 3월 대구 교도소 독방에서 출소할 때까지 2년 3개월간 환경공해에 대한 200여 권의 책을 읽게 되었다. 현장 체험을 중시하는 자연과학자나 공학자의 책부터 경제학자가 쓴 자본주의 이윤추구에서 환경공해문제가 심해졌다는 내용, 법학자가 쓴 환경문제의 개연성 이론, 일본 미나마타병을 규명하는 데 앞장선 의학자들의 글 등을 읽었다. 나는 꿈에 공해 피해현장에서 시위도 하고, 연설을 했고, 토론회에 참석하기도 했다.

4년간 옥중생활을 하고 현집행정지로 출소했지만 여전히 긴급조치가 발동 중이고 많은 사람이 구속된 상태였다. 내가 환경과 공해문제에 대해 공부한 것을 바탕으로 공해문제연구소를 만들어 활동하겠다고 했더니 주변 동료들이 공해는 무슨, 민주화하고 난 다음에 하라고 요구해 결국 석방 한 달도 안 되어 민주청년협의회 부회장으로 활동하게 되었다. 활동 5개월째인 1979년 10월 26일 박정희 대통령이 김재규 중앙정보부장의 총에 맞아 죽었고, 안개 정국이 시작되었다. 당시 최규하 대통령 권한대행은 통일주체국민회의에서 대통령을 뽑겠다고 발표했고, 민주인사와 민주청년들은 이를 저지하기 위해 계엄하에서 집회 허가 없이 집회할 수 있는 위장결혼식을 준비하게 되었다. 소위 '명동 YWCA 위장결혼식 사건'이다. 나는 YWCA에 장소 예약을 한 터라 이 사건의 주동자로 몰려 서빙고 보안사에 끌려가 엄청난 고문을 당했다. 백기완 선생은 고문으로 손톱이 빠지고 몸무게가 78Kg에서 46Kg으로 줄었다. 나중에 국회의장을 지낸 임채정 선배는 귀가 찢어졌다. 나는 계엄포고령 위반으로 군법에 넘겨져 2년형을 받았다. 1년 4개월간 또 환경과 공해 공부를 한 뒤 전두환 대통령 취임식 날 특사로 석방되었다. 출소해서 환경운동을 하겠다고 생각해서 만든 게 우리나라 최초의 환경운동단체인 '한국공해문제연구소'다.

공해문제연구소의 시작

1982년 5월 3일 혜화동로터리 6평짜리 사무실에서 환경운동을 시작했다. 그날부터 중앙정보부와 경찰의 감시가 가동되었다. 옥중에서 나의 결심은 환경운동을 하게 되면 공해문제가 가장 심각한 현장을 찾아가 그 현실을 국민에게 알리고, 지역주민들이 공해문제를 자기 문제로 생각하게 해 주민운동으로 발전시키는 것이었다. 그래서 서울 구로공단 지역, 안양천과 중랑천의 오염 현황, 대구 금호강과 울산, 온산공단과 여천공단 등의 공해 실태조사를 했다. 당시엔 4, 5월만 되어도 대구 금호강이나 안양천이 오염 물질로 단팥죽 끓듯이 부글부글 끓었다. 고속버스를 타고 울산에 내려서 석유화학공단을 가면 악취로 속이 느글거리고 머리가 아프고 토할 정도였다.

온산병과 싸우다

당시 우리나라에서 공해가 가장 심각했던 곳은 온산이었다. 울산 바로 아래에 있는 조그 마한 어촌이었는데 이곳에 세계적으로 문제가 되는 공해 공장이 마을과 마을 사이에 들어섰 다. 1980년대 초부터 대학생들이 공단지역에 현장조사를 하고 있었고, 나는 1984년부터 현 장조사를 시작했다. 마을과 마을 사이에 13개의 공장이 들어섰고 온산초등학교와 길 하나 사이로 공장이 들어섰다. 공장에서 내뿜는 매연으로 학교 교정에는 풀 하나 없었다. 아름드 리나무도 죽었다. 그런 곳에서 고무줄놀이를 하는 여학생을 보자니 분노가 치솟았다. 교장 선생을 찾아가 오염 현황을 물었더니 "견딜 만합니다"라는 답변을 들었다. 6학년, 1학년 교 실에 들어가 담임선생의 동의를 받아 아이들에게 질문했다. 뼈마디가 아픈 학생, 심한 피부 병이 있는 학생, 눈병이 있는 학생, 한 가지라도 해당되는 학생은 손들어보라고 했다. 52명 중 26명이 손을 들었다. 눈물이 핑 돌았다. 국민의 건강과 생명을 지켜줘야 할 정부의 직무유 기가 아닌가?

조사단이 이 지역 주민 1만여 명을 대상으로 뼈마디가 아픈 사람이 몇 명인가 파악했더니 700여 명이나 되었다. 그래서 1985년 1월 7일 기자회견을 갖고 "우리나라도 일본의 이따이 이따이병처럼 중금속으로 인한 공해병인 온산병이 발생했다"고 발표했다. 그 다음날 언론에 크게 보도되었고, 환경청은 "공해병이 아니다"라고 반박을 하며 온산병 논쟁에 불이 붙었다. 나는 일본의 미나마타병을 규명한 하라다 박사를 초청해 온산마을로 갔다. 박사의 첫 마디 가 "온산은 죽음의 마을이다"였다 이 문제로 나와 동료인 정문화 연구원은 종로경찰서에 연 행되어 조사를 받았다. 나는 경찰관에게 나를 구속해달라고 호소했다. 내가 구속되어야 국 민들이 공해문제에 관심을 갖는다고 했지만 결국 3일 만에 훈방되었다. 결과적으로 온산병 은 규명되지 못하고 울산, 온산지역 주민 8,800가구 3만 8천 명이 온산 부근 2Km 근처로 집단 이주하게 되었다. 이 온산병은 세계적으로 큰 뉴스가 되었고, 나는 온산병 강연 때마다 집에 연금되는 신세가 되었다.

공해문제와 함께 또 한편으로는 생활상의 환경문제를 다루기 시작했다. 농약 공해, 샴푸, 주방용 세제로 인한 건강 피해와 수질 오염, 인스턴트 가공식품의 식품첨가물 문제, 1회용

컵이나 비닐문제 등을 다루었다. 예를 들면, 내가 자주 가는 종로 2가 태극당이 장충동으로 옮기고 그 자리에 맥도날드가 들어서면서 빵집 문화가 완전히 바뀌었다. 태극당 시절에는 우유와 빵을 시키면 목장 우유병과 접시에 담긴 빵이 나왔지만 맥도날드가 들어선 이후 콜라는 1회용 컵으로, 감자튀김은 종이봉지에, 햄버거는 비닐 코팅한 종이에 싸여 나왔다. 간단한 식사를 해도 쓰레기 천지로 바뀌었고, 이후 1회용품이 급격하게 늘어나게 되었다.

또한 국내 환경운동에 치중했지만 해외 환경단체와의 교류와 연대는 거의 없었다. 노태우 정부가 들어서면서 해외여행이 풀려 1988년 일본에서 열린 세계 반핵대회에 참석했다. 도쿄 서점에 갔는데 서점 한 코너 전체가 지구환경 코너였다. 책들을 보면서 환경문제는 국경이 없고, 환경운동도 국경을 초월해서 연대해야 할 필요성이 있음을 절실히 느꼈다. 반핵 행사에 참석한 인도네시아 대표가 나에게 젓가락을 하나 사라고 권해 내가 젓가락을 왜 사야 하는지 물었더니 "당신네 나라가 세계에서 우리나라 나무를 두 번째로 많이 잘라가는데 나무를 심지 않아 사막화되었다. 당신네 나라는 젓가락을 한번 쓰고 버리니까 이 젓가락을 사 가지고 가서 계속 써라. 그러면 우리나라 나무가 그만큼 덜 잘린다"라고 해서 젓가락을 구입했다. 그래서 1988년 가을부터는 젓가락을 가방에 넣고 다녔다. 당시만 해도 모두가 1회용 나무젓가락이었다. 1회용 젓가락의 문제점을 꾸준히 제기해 결국은 지금처럼 식당에서 스테인리스 젓가락으로 바꾸게 되었다.

세계 환경단체와의 연대

지금부터 꼭 31년 전 하버드 대학생 헤이즈와 미 상원의원 그리고 미국 환경운동가의 제안으로 전 세계가 동시에 1990년 4월 22일 지구의 날 기념행사를 준비했다. 그때 김지하 시인, 임진택, 김민기 등이 함께했고, 그 당시 만든 포스터 제목이 "이 땅, 이 하늘, 우리 모두의 생명을 위하여"였다. 그 행사에서 지구 온난화와 오존층 파괴라는 용어를 썼고 산성비 등 노래를 만든 것도 그때다. 세계 반핵대회와 독일 녹색당 초청으로 환경문제에 대한 시야를 넓혔고 지구의 날 행사를 통해 국제연대에 대한 관심을 갖게 되었다.

1992년 리우환경회의는 인류 최대의 행사였다. 전 세계 정상들이 모두 모이고, 정부와

NGO 대표 등 3만 명이 참석했다. 나는 환경운동을 하는 데 가장 중요한 것은 현장 체험이라 생각하고 리우환경회의에 환경운동가와 김정욱, 고철환 교수, 최병모, 이석태 변호사, 임진택, 최병수 등 문화예술 쪽 운동가를 포함 50여 명과 함께 참석했다. 나는 민간 대표단장으로 참가한 동료들과 함께 행사장 큰 아름드리나무에다 쓰레기로 덮인 지구를 표현한 대형 걸개를 걸었다. 큰 걸개 앞에서 임진택의 판소리와 풍물패들이 사물놀이를 했을 때 전 세계 언론이 취재, 크게 보도되어 모두들 큰 힘을 얻었다. 당시 리우환경회의에서 나온 안건 두 가지가 '기후변화협약'과 '생물종다양성보전협약'이었는데 미국 부시 대통령이 서명을 거부해 한국의 사물놀이패가 꽹과리를 때리면서 가두시위에 앞장서 결국 서명을 받아내었다.

환경운동을 하다 보니 자연히 전 국토를 누비고 다녔고 우리 국토가 '세계의 공해 실험장'인 것을 확인할 수 있었다. 서울 상봉동 삼표 연탄공장에서 배출되는 탄가루로 인근에 있는 주부가 광부들이 걸리는 진폐증에 걸렸다. 환경운동가들은 가두시위를 했고, 조영래 변호사는 진폐증 소송을 맡게 되었다. 양길승 의사와 민의협 의사들의 참여로 14차례 법정 공방을 벌였다. 재판정에 참석하고 나오는데 서정우 재판장을 만났다. 나는 "이 재판은 역사적으로 굉장히 중요한 재판이다. 100% 진폐증을 인정하기 힘들다면 일부라도 진폐증 인정을 해주시기 바란다"라고 간절히 호소했다. 그 결과 주부 박길례 씨가 대기오염으로 인한 국내 최초의 진폐증 환자로 인정받는 판결을 얻어냈다. 당시 판결을 맡았던 서정우 판사를 변호사가 된 후 만났는데, 당시 무척 고민해서 결단을 내렸다고 한다. 1991년 두산전자의 낙동강 페놀 누출사건, 1995년 시프린스 사파이어 유조선 기름 유출사고는 기업이 환경문제에 소홀히 대처하면 기업 자체가 존립할 수 없을 정도로 큰 타격을 입는다는 것을 인식시켜주었다.

환경운동연합 출범

1992년 리우회의에 참석한 환경운동가들은 우선 국내 환경단체라도 통합해야겠다는 의지가 강했다. 그래서 공해추방운동연합과 공해추방청년협의회 등 전국 8개 단체를 하나로 합쳐 1993년 4월 2일 프레스센터 20층 국제회의장에서 환경운동연합으로 출범했다. 나는 환경운동도 전문성과 대중성이라는 2개의 날개를 달고 범국민적 참여를 이끌어내기 위해서는 국민이 인정하고 존경할 만한 인사를 대표로 추대해야 한다고 제안했다. 작가 박경리 선생, 대한변호사협회장 이세중 변호사, 성균관대 장을병 총장을 대표단으로 모시기 위해 끈질기게 설득했다. 박경리 선생은 평생동안 단체 활동을 한 적이 없었다. 박 선생께 지구환경과 생명을 살리는 운동이니까 꼭 참여해달라고 요청, 허락을 받았다. 이세중 회장은 YWCA 위장결혼식 사건 때 내 변호인이었다. 간곡한 요청에 변협회장은 다른 단체 대표를 안 맡는 게 관례지만 좋은 일하는 데 동참하겠다며 수락했다. 장을병 총장은 흔쾌히 참여했다. 나는 실무책임자로 사무총장을 맡았다. 그래서 "환경은 생명이다"라는 구호를 걸고 힘차게 출범하였다.

1994년에는 4월 22일 지구의 날 기념행사로 각계 인사와 학생, 유치원 어린이까지 참여하는 남산껴안기 행사를 개최하여 3만 명이 모여 큰 성황을 이루었다. 나는 그간의 성과로 1994년 6월에는 유엔이 주는 글로벌 500 수상자가 되었고, 1995년에는 세계 최고 권위의 환경상인 골드만 환경상을 받았다. 이 상을 받은 뒤 국내에서는 71동지회가 주관하여 축하 잔치를 열었다. 지금도 그 당시 사진을 보면 큰 감동이 온다.

1995년부터 2000년까지는 환경운동연합과 한국일보가 6년간 "가자 녹색생명 시대로" 구호로 시민참여 환경운동을 전개했다. 운영위원으로 동료 유홍준 교수를 비롯해 서울대 고철환, 김상종 교수 등 아이디어가 넘치는 동료들이 참석, 활발한 조사활동과 캠페인을 벌였다. 1995년에는 김수환 추기경을 비롯해 각계 인사와 전국의 시민학생 1만 명이 똑같은 시간에 가로수에 캡슐을 부착하여 대기오염 측정을 하고, 대기오염 지도를 만들었다. 광화문 이순신 동상에 기습적으로 올라가 이순신 장군 동상에 방독면을 씌우는 퍼포먼스를 연출하기도 했다. '숨 막혀 못 살겠다'는 걸개를 걸고 시위를 했을 때는 국민들에게 격려 전화가 빗발쳤다. 회원 가입도 폭발적으로 늘었다.

1997년에는 대만의 핵폐기물 20만 배럴을 북한에 수출한다는 대만전력공사의 발표를 듣고, 전국 40여 개 지역조직과 함께 대만 핵폐기물 수송선 저지를 위한 해상시위를 벌였다. 나를 비롯한 환경운동가는 직접 대만에서 기자회견과 항의시위를 벌였다. 국제 사회에 호소하기 위해 유엔도 방문했고, 유엔 북한대표부를 찾아가 항의 메시지도 전달했다. 국제 여론에 몰린 대만 정부는 핵폐기물의 북한 수출을 포기했다. 당시 북한은 극심한 굶주림에 시달리고 경제적으로 어려워 대만의 핵폐기물을 옮기는 조건으로 2억 달러를 받기로 한 것이다. 환경운동연합은 회원 모금을 통해 3만 불을 지원했다.

1998년에는 우리나라에서 가장 아름다운 경관을 가진 영월 동강에 대규모 댐을 건설하겠다는 김대중 정부의 발표에 맞서 동강댐 백지화 운동을 전개했다. 가톨릭, 불교계, 개신교도 적극 참여했고, 환경운동 마당에서 동강댐 백지화를 위한 33인 선언과 33일 밤샘 농성을 시작, 텐트 속에서 33일간 농성을 했다. 백지화 음악회를 열었고, 사진전과 지역주민 참여를 위한 홍보활동, 한강에 뗏목을 띄우고 동강댐 반대 수상시위를 벌였다. 이 문제가 사회적 이슈를 뛰어넘어 정치적 이슈가 되었고, 나는 두 차례 김대중 대통령과의 면담을 통해 동강의 아름다운 절경을 지켜달라고 호소했다. 결국은 2000년 6월 5일 세계 환경의 날에 김대중 대통령은 동강댐 백지화 발표를 하게 된다. 사전에 환경 파괴를 막은 훌륭한 사례로 꼽혔다.

총선시민연대

2000년, 새로운 천년이 시작되는 해에 부패한 정치인, 무능한 정치인, 지역주의를 이용해 당선되려는 국회의원 후보를 심판하는 총선연대가 결성되었다. 전국 1천여 개의 시민단체가 참여했고 나는 상임공동대표로, 박원순 변호사는 상임집행위원장으로 100일 동안 낙천, 낙선운동을 전개하였다. 국회의원 선거운동 기간에는 나도 마이크를 잡고 낙선운동 연설을 하였다. 유권자들은 박수로 환호했고 기호가 몇 번이냐고 묻는 시민도 있었다. 결국 낙천대상자 101명 중 69명이 낙선되어 큰 파장을 일으켰고, 나와 지은희, 박원순 등은 재판을 받았고 벌금형 50만 원을 선고받았다.

환경재단을 창립하다

환경운동 20년, 상당히 활성화되었고 국민들의 관심도 높아졌다. 하지만 젊은 환경운동가가 환경운동을 3년 정도 하면 현장 활동에 매몰되어 파김치가 되고, 5년이 되면 머리에 든 것이 없어지고 7년이 되면 가슴이 뚫리고 그만두는 일을 많이 보게 되었다. 그래서 공익적인 활동을 하는 사람이 더욱 전망을 가지고 활동할 수 있는 기구가 필요하다고 생각해 2002년 환경재단을 만들게 되었다. 나는 공해문제연구소, 공해추방운동연합을 창립했다. 전국적인 환경단체인 환경운동연합 사무총장을 10년 하면 후배들에게 물려주겠다고 결심했다. 그 결심은 이루어졌고 환경재단을 창립하게 되었다.

환경재단은 환경문제가 우리 시대의 가장 시급한 문제임을 널리 알리고 정부, 기업, 시민사회가 함께 협력하여 기후환경문제를 해결하자는 공익기관이다. 우리나라 최초의 환경전문 공익재단으로, 기업과 함께 환경 분야에 기부하는 '만분클럽'을 만들었고, 당시 우리나라가 142개국 가운데 세계 지속가능지수 136위라는 사실을 알리고, 그 수준을 높이기 위해 '136 환경포럼'을 만들었다. 그뿐만 아니라 환경문제는 이제 문화적인 방식으로 전달하고자 서울환경영화제, 환경사진전, 친환경상품을 보급하는 친환경상품 전시, 에코숍, 환경콘서트 등을 열었다. 시민사회 운동가들의 역량을 높이기 위해 국내·외 석박사 과정 장학생 지원 사업을 통해 석사 65명 박사 41명을 배출하였다. 가장 중요한 일이고 누군가는 꼭 해야 할 일이다.

환경운동 초창기에 독일의 민간재단으로부터 아무 조건 없이 매년 3만 달러를 5년간 지원받은 적이 있었다. 이것이 우리 환경운동의 기초를 세우는 데 큰 힘이 되었다. 받은 만큼 우리도 역할을 하자는 뜻에서 아시아 환경문제에 눈을 돌렸다. 당시 아시아 각국엔 법률도 미비하고 정치가 부패하여 각종 공해산업이 물밀 듯이 들어가고 있었다. 시민사회가 채 형성되지 못한 아시아 각 지역은 우리가 겪은 산업화의 부작용을 겪고 있었고, 아무도 그 사실을 알지 못했다. 이를 위해 환경재단에서는 아시아 지역의 환경 현황 조사팀을 구성하고 지원했다. 환경운동가, 시민, 대학생 등이 참여하여 매년 10개 팀을 선발하여 아시아 각국의 환경 현장으로 파견하였다. 그 결과 아시아 지역의 절실한 환경문제를 알게 되었고, 이를 바탕으로 캄보디아, 라오스, 몽골에 생명의 우물을 지원할 수 있었다. 그리고 아시아 10여 개 국가, 전기 없는 마을에 태양광 보급사업도 하여 1만 개의 전등을 설치하였다. 그 경험을 바탕으로 아시아 지역에서 에코빌리지, 환경친화적 마을 만들기 사업을 했다. 아시아에서 가장 인구밀도가 높은 방글라데시 농어촌 마을을 선정, 태양광을 달아주고 식수를 개발해 보급하고 어린이 환경교육과 유기농 농산물 재배와 일자리 창출사업 그리고 뱅골만 지역에

맹그로브 숲 조성 등 하나의 공동체가 친환경적인 터전에서 일자리도 얻고, 쾌적하게 살 수 있는 생태계를 조성하였다.

2000년대에 들어서 가장 중요한 환경 이슈는 기후변화로 인한 잇따른 재난이다. 2008년 2월 22일 환경재단 부설 기후변화센터를 만들어 2008년부터 각계 오피니언 인사를 교육생으로 5년간 기후변화 리더십 과정을 개최하였다. 고건 전 총리를 비롯한 장관, 서울시장, 도지사, 대학 총장, 언론계 대표 등 560명의 그린 리더를 배출했다.

문제는 사람이다. 환경문제를 사람이 초래했듯이 해결도 결국 사람이 해야 한다. 그래서 환경재단은 "그린 리더가 세상을 바꾼다"라는 슬로건으로 다양한 교육연수 프로그램을 운영했다. 그 가운데 압도적인 대자연 속에서 호연지기를 기를 수 있는 그린 보트를 빼놓을 수 없다. 2005년 광복 60주년 기념 국민 공모사업으로 당선되어 '동아시아의 환경과 평화를 위한 피스앤그린 보트'가 출항하였다. 선상에서 활발한 토론회와 리더십 과정을 진행하였고, 지금까지 14차례에 걸쳐 항해했다. 우리 71동지회 회원도 첫 항해 때 유인태, 임진택, 전용호, 손호철 등이 승선했고, 그 이후에도 많은 동료가 선상에서, 기항지에서 재미있고 의미 있는 체험을 했다.

나는 이명박 대통령 후보로부터 대운하 사업을 도와달라는 부탁을 받고 흐르는 물을 막아 물이 맑아진 역사가 없다며 거절했다. 그 후 4대강 토목사업을 추진하는 데 내가 가장 장애가 된다고 생각해 검찰 특수부에서 환경재단 압수수색을 비롯해서 전방위 조사를 벌였다. 참고인만 100명이 넘고, 피해자도 없고, 피해 사실이 없는 이 모호하고 이상한 검찰조사에서 2번이나 구속영장이 신청됐지만 모두 기각되었다. 체면을 구긴 검찰은 애초의 의심과 상관없는 별건수사로 나를 기소하였고 당연히 1심에서 무죄를 받았다. 그런데 별건수사로 특수부에서 무리하게 끼워 넣은 알선수재 혐의에 대해 항소심에서 새로운 증거도 없이, 변론도 못 하게 막으면서 1년 실형을 선고하였다. MB 퇴임 이틀 전에 대법 확정을 통해 1년간 수형생활을 했다. 명동성당 가톨릭 학생사건으로 4년, 명동 YWCA 위장결혼 사건으로 1년 4개월 그리고 이명박 4대강 토목 사업반대로 1년을 살았다. 남부교도소에서 출소하는 날 방송국 기자가 찾아왔다. 나는 자신 있게 말했다. 정권은 유한하지만 환경운동은 영원하다. 언젠가 나를 집어넣은 사람과 임무 교대할 날이 올 것이라고. 그 말대로 4대강의 범죄자는 투옥 중이다. 나를 기소한 검사는 차명계좌로 9억 원을 받은 혐의로 9년형을 선고받았다. 권력의 썩은 잣대로 환경운동가를 함부로 다룬 대가다.

나는 좌절하지 않았다. 마지막 1년 옥중 생활은 하늘이 준 휴가라 생각하고 차분히 공부하였다. 급변하는 세계에서 4차 산업혁명에 대한 공부를 했고, 기후위기를 해결하기 위해 인터넷 기반의 신기술을 어떻게 융복합할 것인가 생각하였다. 그 결과 출소 후 '4차 산업혁명 리더십 과정'을 개설해 9기에 걸쳐 460명의 그린 리더를 배출했다.

지금 우리는 지구 환경용량의 1.5배를 쓰고 있다. 이대로 가면 확실히 파멸이다. 앞으로 우리의 과제는 기후위기를 극복하고 선진국과 개도국, 부자와 빈자의 양극화를 해결하는 것 그리고 분단된 조국을 평화체제로 만드는 일이라고 생각한다. 돌이켜보면 나와 71동지회 회원은 신석기 시대부터 4차 혁명 시대까지 살아본 지구상 유일한 세대이다. 6·25전쟁 전후에 태어나 완전히 폐허화된 시대를 살았다. 산업화와 민주화를 이루었고 이젠 당장 코로나를 극복하고 가속도가 붙은 기후 재난을 막지 않으면 우리와 우리 자식과 손자, 손녀 생존 자체가 불가능한 상황에 처해 있다. 가속도가 붙은 기후 재난을 막으려면 정부, 기업, 시민사회가 힘을 합쳐 브레이크를 밟아야 한다. 지난 40여 년 환경 현장을 수없이 다녔고 강연도 5천 번 이상했으며, 방송도 1천 번 이상 했다. 그러나 결과적으로 지구환경은 점점 악화되고 있다. 앞으로 남은 삶은 에코캠퍼스를 세워 우리 환경운동이 안정적으로 뿌리내리고, 기후 대응이 시민사회의 가장 중요한 과제로 자리매김할 수 있는 허브가 되도록 거름이 되고자 한다. 지금 핫이슈가 된 ESG(기후, 환경, 사회책임, 투명경영)가 유행으로 그치지 않고 '2050 탄소제로사회'를 이루는 데 작은 역할을 하고 싶다. 환경운동을 일으킨 사람으로서 죽을 때까지 환경운동, 명사가 아니라 동사로 살아가련다. 오직 한길!

사건의 궤적을 돌아보며

함상근(전 한국폴리텍대학 청주캠퍼스 학장)

고려대학교 법과대학 법학과 68학번
고려대학교 교우회 · (재)고려대 교우 장학회 조직부장
한빛노동상담소 소장
환경관리공단 관리이사, 국립공원관리공단 운영이사
한국폴리텍대학 청주캠퍼스 학장

사법고시를 포기하고 각종 서클 활동에 주력

1) 1968년도 고려대학교 법학과에 입학하여 자유 · 정의 · 진리 추구의 대학생활을 충실히 하면서, 한편 사법시험 준비에 골몰하였다. 그러나 대학 내 각종 서클 활동과 독서에 주력하고, 인간의 내면적인 문제뿐만 아니라 정치, 경제, 사회, 문화 등 제반 문제를 접하다 보니 판 · 검사를 한다는 것, 그것을 해서 사회정의를 구현한다는 것 자체에 회의가 생겼다. 날이 갈수록 사법시험 준비는 소홀해지고, 마침내 부모님께 부모님이 바라던 사법고시를 포기하겠다고 선언하였다. 기대가 컸던 아버님께는 청천벽력이었다. 술을 많이 드시는 날이 잦아졌다.

2) 대학 1학년 때 서클로는 문학서적을 읽고 토론하는 '호박회'를 들어 회장까지 하였고, 도산 안창호 선생의 무실역행 등 도산사상을 연구 실천하는 도산아카데미 조직부장으로도

활동하였으며, 2학년 때인 1969년 3월 '한맥회'에 가입하였다. '한맥회'는 66학번들의 '한모임', 67학번들의 '민맥회'가 69년 3월에 통합된 서클이다. '한맥회'는 '내셔널리즘과 휴머니즘'에 입각하여 정치, 경제, 사회, 문화 등 제반 문제를 학술적으로 연구, 토론하는 것을 목적으로 했다. 지도교수는 김윤환 경제학과 교수(당시 고대 노동문제연구소 소장)였다. '한맥회'에 가입하여 열성적으로 서클 활동을 해나간 것이 차후 여러 사건에 관계하게 되었다.

3선 개헌 반대투쟁에 뛰어들면서 학생운동 시작

1) 당시 사회 상황은 박정희 군사정권의 대외의존적 수출드라이브 정책으로 계층 간, 산업 간, 지역 간 불균형과 소외가 심화되고 집권연장 음모가 노골화되던 때였다. 특히 1968년 하반기에 접어들면서 박일경, 갈봉근 등 어용학자가 대만에서 총통제 연구 등을 통해 종신 집권 전 단계인 3선 개헌의 법적 타당성을 주장하고, 일부 여당 정치인들이 3선 개헌지지 발언을 하는가 하면, 김종필은 개헌 지지 설득을 위한 전국 순회강연을 다니면서 "개헌안이 국회에서 부결될 경우 또 한 번 군의 정치참여를 초래할 우려가 있다"고 친위 쿠데타설을 퍼뜨리며 박 정권의 계속 집권, 영구통치 논리를 전개하였다.

2) 1969년 3월부터 '한맥회'에 가입하여 적극 활동하면서 4월 26일 고려대 총학생회가 주최하고 한맥회가 주관하는 전국 남녀대학 학술토론대회에 참여하였다. 토론대회 2부는 주로 수유리 다락원에서 밤을 지새우며 진행되었다. 2부 주제는 주로 학생운동의 방향 및 연대성 강화 문제였다. 서울대, 고려대, 연세대, 이화여대, 숙명여대, 경북대 등 전국 주요 대학 60여 명의 이념서클 간부들은 "3선 개헌은 단순한 집권연장이 아니라 박 정권의 영구집권 획책"이라고 규정하고 이를 분쇄키 위한 투쟁에 적극 연대하여 싸울 것을 결의하였다. 이렇게 그 후 몇 차례 토론대회를 통한 대학 이념서클 간 만남은 이후 모든 투쟁에서 전국 주요 대학이 투쟁의 연대성을 지속적으로 표시해나가는 중요한 계기가 되었다.

3) 고려대에서는 6월 19일 대강당에서 첫 성토대회를 시발로 연일 성토가 계속되고 26일에는 법대생 400여 명이 철야농성, 28일에는 약 1000여 명이 대강당에 집결해 '3선 개헌 예비음모 교사 및 국헌 간음죄'로 박정희를 모의재판에 회부하였다. 성토대회와 가두데모가

격화되자 경찰과 심하게 충돌하는 사태가 벌어지고 30일부터 7월 3일까지 임시 휴교조치가 단행되었다. 그러나 오히려 휴교했기 때문에 데모 가담 학생 수는 더욱 늘어났고 교문 밖 시위가 잦았다. 이때 등장한 것이 '페퍼포그'이다. 최루탄과 유황가스통을 투척하는 것이 효과가 없자, 진압차에서 최루가스 및 유황가스를 대량 살포해대는 이른바 '후추탄'이란 '페퍼 포그'를 퍼부어댄 것이었다. 시간이 가면 갈수록 전국 대학의 3선 개헌 반대투쟁은 격화되었고, 결국 고려대에서는 7월 5일 총장 명의로 휴교령이 공고되고, 23일 주동학생 16명이 징계 조치 되기에 이르렀다(나는 6개월 유기정학).

군사교련 전면 철폐 투쟁, 학원자유 수호 및 민주 수호 투쟁

1) 이렇게 단기간에 치열하게 벌어진 3선 개헌 반대투쟁은 그 후 내가 계속해서 교련 철폐 투쟁, 학원자유 수호 및 민주 수호 투쟁 등 각종 학생운동에 뛰어드는 계기가 되었다. 사회 전반적 문제를 심도 있게 파헤쳤고 다량의 독서와 왕성한 서클 활동을 통해 한맥회의 이념인 '민족주의와 휴머니즘'의 가치관을 확립해나가면서 실천 투쟁에 임했다.

2) 1971년 3월 들어 교련 수강을 강제하여 학원을 병영화하고 군사화하려는 것이 드러나 우선 수강신청 동안 교련과목 수강거부 캠페인을 벌여나갔다. 3월 23일 '한맥회', '한사회' 등 이념서클을 주축으로 비상학생총회를 꾸리고 약 800여 명이 모인 가운데 군사교육 전면철폐를 위한 성토대회를 열었다. 4월 6일 고대생 1,500여 명이 모여 학원 자유 수호, 민주 수호 투쟁위원회를 결성하고 성토대회 후 교련 반대 데모를 벌이는 데 앞장섰다. 수시로 교련 철폐 철야농성을 벌였고, 9월 30일에는 군사교련 반대투쟁 일환으로 교련복 화형식을 하였다.

전태일 분신 투쟁, 광주대단지 항쟁 정신을 학생운동에 반영, 「한맥」지 창간

1) 69년 7월 휴교령으로 교문 출입이 통제된 채 장기 소강상태가 지속, 박 정권은 이 시기를 틈타 결국 9월에 3선 개헌안을 변칙 처리하였다. 날이 갈수록 박 정권은 장기집권을 위한 민주 탄압에 매달리는 만큼 온갖 저항에 부닥쳤다. 학원을 병영화하는 군사 교련의 반대 데

모, 학원 자유 수호 및 민주 수호 투쟁, 전태일 노동자 분신사태와 이를 계기로 한 노학연대활동, 광주대단지 도시빈민 항쟁 지원, 부정부패원흉 고발 투쟁 등이 1970~71년에 폭발적으로 일어나게 되었다.

2) 1970년 11월 13일 전태일 분신 사건이 터지면서 한국사회의 노동 현실의 참상을 알게 되었고, 노학연대의 절실성을 절감했다. 분신 당일 명동 성모병원에 일부 '한맥회' 회원과 함께 갔고, 타 대학과 연계 속에서 11월 20일 교내에서 전태일 분신 경과를 알리고 '모순된 경제질서, 극단화된 계층화, 현 정권의 대외의존적 개발독재'를 전 민중에게 고발하는 등 노동자의 권리 신장을 비롯한 국민 권리 보장·확대에 관한 국민권리선언문을 낭독, 항의집회를 열었다. 이 사건을 계기로 '한맥회' 회원들은 노동현장부터 아는 것이 중요하다고 생각하고 노동문제 자료 수집 및 연구, 노동현장 실태조사(대한모방 등), 방학 중 노동현장 체험을 계획, 실행(흥국탄광, 구로공단 등)에 옮겼다.

3) 1971년 3월 새학기 들어 '한맥회' 회보인 「한맥」지를 창간하여 전태일 분신사태 등 노동문제를 다뤘고, 학생운동이 대중성을 획득해나가야 한다는 기사들을 실었다. 1971년 8월에는 광주대단지 도시빈민 항쟁이 폭발하여, 직접 광주대단지에 실태조사를 해 참상을 목격했다. 심지어는 만난 주민 및 제일교회 목사로부터 '산모가 가족의 아사를 면하기 위해 분만한 아이를 삶아 먹었다'는 충격적인 사실을 전해 들었다. 역시 학생운동이 노동문제는 물론 도시 빈민문제와도 결합해나가야 한다는 것을 인식하는 계기가 되었다. 특히 제6호(71. 9. 13일자)에는 노동 현실의 참상은 물론 '광주대단지는 살아 있다'는 기사를 직접 내가 기고한 것이 문제가 되었다. "임산부가 분만한 아기를 삶아 가족의 아사를 면할 수밖에 없었다는 놀라운 실상이 바로 다른 곳인 아닌 광주대단지에서 일어났다"는 부분이었다. 이는 박정희가 피살되기 직전까지 학생들이 조작한 것이라고 극구 변명할 정도로 박 정권의 심기를 찔렀다. 이 건으로 한맥회 회장(장신구, 사회 3)은 수배, 체포되었고, 한맥회 회원 30여 명은 10월 4일 고려대 서관 3층에서 바리게이트를 치고 회장 석방을 요구하며 농성을 하던 중 당일 20시경 석방되어 해산하고 나를 포함한 5명의 회원이 학생회관에 머무르고 있었다.

수도경비사령부 제5 헌병대대 무장군인 고려대 난입 사건으로 수경사에 연행

1) 1971년 10월 4일 고려대 정문 기둥에 "부정부패 3대 원흉 이후락, 윤필용, 박종규를 처단하라"는 대자보가 붙었다. 그동안 한맥회 회원들이 작성한 대자보는 'R, Y, B'라든지 '3 원흉' 등 익명으로 씌었으나 이날 처음으로 실명이 거론되었다. 교내 곳곳에 게시되었던 것이 교문 바깥쪽으로 나붙었다.

2) 학생회관에 머무르고 있던 학생 5명 중에 주동자가 있다고 단정해서인지, 1971년 10월 5일 새벽 2시경 수도경비사령부(사령관 윤필용) 제5 헌병대대 소속 무장군인들 20여 명이 고려대 교정에 들이닥쳤다. 화장실 등으로 피하기도 했으나 그들은 우리의 숫자를 정확히 아는 듯 건물을 샅샅이 뒤져 나를 포함 5명 모두를 찾아내 체포했다. 우리는 학생회관 앞으로 끌려 나왔다. 주변 화단 등에 또 다른 20여 명의 무장한 군인이 잠복해 대기하고 있었다. 그들은 우리를 트럭에 싣더니 검은 천으로 눈을 가렸다. 중정으로 가는 줄 알았는데 도착해 나중에 알고 보니 중구 필동 수경사 제5 헌병대대였다. 우리는 1명씩 분리돼 각 방으로 끌려 갔다. 작업복 차림의 군인들이 들어왔다. 그들은 "우리 사령관님이 얼마나 청렴, 결백하신데 너희가 부정부패자로 모느냐"며 무릎을 꿇어앉히고 정강이를 밟기도 하였다. 심하게 구타당하고 고문당하였으나, 당시 김상협 고려대 총장의 항의와 노력으로 당일 아침 6시경 지성한 수경사 대대장이 총장 혜화동 자택으로 해당 학생들이 자숙하는 조건을 달아 신병 인계하였다.

3) 자숙은 커녕 총장 댁에서 풀려나온 날부터 전국에 고려대 무장군인 난입을 알리고 이를 규탄하는 데모를 벌이기로 하고 청계천에서 마이크를 사다가 10월 8일 처음으로 고려대 대강당에서 무장군인 난입 규탄 성토대회를 열고 교문 밖 시위를 벌였다. "국방 위한 군인이냐, 학생 잡는 군인이냐!"는 등의 플래카드를 내걸고 연일 가두 진출을 시도하며 경찰과 격렬한 투석전을 벌이기도 하였다. 타 대학도 즉각 연대투쟁을 벌였다. 이 사건은 대학가는 물론 정치권에까지 큰 파문을 던졌다. 국방위원회가 소집되고 국방장관이 문교장관에게 사과문을 전달, 야당은 자체 진상조사단을 구성, 박 대통령에게 군의 학원난입에 관한 의견을 묻는 질의서를 국회에 제출하기도 했다. 이 투쟁은 7일 후 위수령 발동의 서곡이었다.

위수령으로 제적, 수배, 도피생활 시작

1) 박 정권은 무장군인 난입사태 10일 후인 1971년 10월 15일 위수령을 발동하였다. 당일 오전 10시경 고려대 정문으로 여러 대의 탱크가 들이닥쳤고 학생들을 무조건 강제 연행하는 사태가 벌어졌다. 당시 나는 고려대 구교문 학생회관에서 대의원 총회에 참석 중이었는데 한맥회 지도교수의 급한 연락을 받고 고려대 서관으로 이동, 서관에서 지도교수를 뵈었더니 한맥회 서클이 강제 해체되었다고 하셨다. 더 이상 있다가는 군인들한테 잡힐 것 같아 그 말씀만 듣고 한맥회 회원(김영일, 독문 4)과 같이 서관 뒤에 있는 인촌 묘소를 거쳐 산을 타고 미아리 고개로 도망쳐 나왔다. 재빨리 피신하지 못한 학생들은 거의 붙잡혀 가고 도서관에 있던 학생들까지 운동장으로 끌려나와 무릎 꿇리고 손을 머리에 올리고 일일이 신원을 확인당했다. 교내에서 머무르면서 피하려고 했던 학생은 캐비닛, 차 트렁크 속에서 고생했다고 한다.

2) 1971월 10월 15일 위수령 발동으로 대학에서 제적당하고 다른 학생과 달리 수경사 무장군인 난입건 데모 주동으로 수배까지 된 신분으로 도피생활에 들어갔다. 한편 인천 주안동 집에는 몰래 가끔 갔는데, 아버님이 징집영장이 나왔다며 '무운장구'란 띠를 주시면서 군대를 가라고 하셔서 알겠다고 하고 나왔는데, 특히 수경사 무장군인 난입 사건 관련 수배가 되어 있어 군대 가면 엄청나게 당할 생각을 하니 군대 가는 것을 포기하기로 하였다. 계속되는 도피생활 속에서 생활상 어려움도 있어 아르바이트도 했다. 여기저기 피신처를 옮겨다니면서도 한맥회가 강제 해체되어 제대로 서클 활동을 해보지도 못한 71학번 후배를 계속 만났다.

10월 유신 후 최초로 유신 반대 투쟁의 횃불을 들다

1) 71학번 중 해체된 한맥회 중심 멤버를 보안상 1명만 정기적으로 만났다. 극히 필요시 여러 명도 만났다. 72년 새학기에는 해체된 한맥회를 다시 등록하도록 노력해나갔다. 그런데 1971년 12월 27일 10월 유신의 전주곡인 「국가보위에 관한 특별조치법」이 공포되었다.

감히 서클 등록을 생각할 수 없었고, 가능하지도 않았다. 위수령 1년 후 1972년 10월 17일 10월 유신이 단행되었다. 3선 개헌 때부터 우려했던 영구집권 음모, 정체가 드디어 현실화 되었다. 3선 개헌 때부터 장기집권 음모를 분쇄하기 위해 데모를 주동했던 입장이라, 그 연장선상에서 유신 반대투쟁을 적극적으로 벌여나가야 한다고 생각했다. 71학번 후배들에게 도 10월 유신은 대만처럼 총통제로 영구집권하려는 것이라고 주지시키면서 반유신 투쟁에 적극 나서도록 하였다.

2) 또한 투쟁의 전위성을 갖는 학생운동과 노동운동과의 구체적 결합을 시도했다. 1972 년 11월경부터 구로동 구로1공단 부근에서 노동현장에 다니며 자취하는 한맥회 회원(김영곤, 경제 4) 집에 같이 거주하게 되면서, 공단 실태파악도 하고 노동야학에도 참여하며 거기에 서 알게 된 크라운전자 노동자 등 여러 현장의 노동자와의 교류 폭을 넓히면서 '노성勞星회', '근맥勤脈회' 모임을 결성하여 이 서클들을 지도해나갔다. 주요 활동상황은 함께 아침 일찍 구로공단 길을 달리기를 하고 전태일 분신사건을 알리며 노동법 등 노동관계 서적을 읽어와 같이 소감을 나누면서 노동자의 권익신장을 위해 노조결성 및 노조의 민주화, 활성화가 필 요하다는 의견들을 교환하였다.

3) 한편 후배들에게는 노동문제의 중요성을 인식토록 하고 방학 동안에도 노동현장에 들 어가 노동자의 아픔과 문제를 같이 하도록 권유했다. 이로 인해 후배들이 노동문제를 접하 기 위해 찾은 곳이 한맥회 지도교수였던 김윤환 교수가 만드신 고려대 노동문제연구소였다. 여기서 연구소 김낙중 사무국장, 노중선 간사를 접촉하게 된 것이다. 또한 방학 동안에 강원 도 도계 흥국탄광에 가서 손정박을 알게 되었다. 나중에 박정희 정권은 이들을 주축으로 학 생들을 엮어 '김낙중 고려대 학원간첩단' 사건을 용공조작하게 된다.

4) 1972년 12월 2일에는 고려대 정문에 "한국적 민주주의 우리 땅에 뿌리박자"라는 플래 카드가 걸렸는데 이걸 한맥회 후배들 3명이 불태우는 사건이 터졌다. 중정, 검·경 등을 발칵 뒤집어 놨다. 10월 유신 후 2달도 안 된 상황에서 유신의 하나의 상징을 짓부수는 최초의 반유신 투쟁 사건이 터져 혹시 북한 간첩의 소행이 아닌가 하는 소문이 떠돌 정도였다.

5) 또한 나는 1973년 새학기에는 반유신 투쟁의 선전, 홍보지를 발간하기로 작정하고 후 배(최기영, 금속 3)와 논의, 「민중의 벗(民友)」이라는 이름으로 3월 12일에 창간호를 제작, 학

내는 물론 전국에 배포했다. 4월 15일에는 제2호를 제작, 배포했다. 「民友」지의 주요 내용은 ① 진정한 민족, 나라의 유신은 유신체제 모순의 부정으로부터 출발한다. ② 10월 유신은 조국의 망국적 첫 출발로 반민족적·반민주적·반인간적 제2의 군사쿠데타다. ③ 자유와 정의를 사랑하는 고대인은 주저 없이 일어나서 독재 타도와 민주주의 실현을 위해 앞장서자. ④ 반민족적·반민주적·반인간적 요소들을 민우의 기치 아래 척결하자. ⑤ 학생운동은 대중성을 획득하고 새롭게 태어나야 한다. ⑥ 현정권은 국민의 의식을 강압적으로 획일화하고 야당을 어용화하고 있으며 금년 UN총회에서 고립을 면치 못할 것이다. ⑦ 민우는 8천 고대인의 대변지로 자유를 쟁취하고 반인간적 요소인 현정권에 과감히 대항할 것이다 등이었다. 1972년 10월 유신 후 또 하나의 첫 반유신 투쟁사건이 터진 것이다. 박정권과 중앙정보부를 위시한 각급 공안기관이 이 주동자들을 체포하기 위해 혈안이 되었다.

남산 대공분실에 불법 체포·감금·고문

1) 박 정권은 위 두 사건이 터진 후 주모자를 색출하기 위해 엄청나게 감시망을 쳐 놓았다. 1973년 3월 30일 구로공단 인근 자취집에서 점심 도시락을 싸들고 오전 10시경 국립중앙도서관(지금 롯데백화점 자리)으로 향했다. 점심을 먹고 오후 1시경 3층 자리에 입실하여 책을 보고 있는데, 누군가 어깨를 툭 치면서 "함상근 씨죠" 하면서 다짜고짜 양어깨를 두 사람이 잡아 쥐고 끌고 나왔다. 순간 3층에서 뛰어내리고 싶은 충동이 격렬히 일어났다. 그러나 꽉 잡힌 채로 1층으로 내려가 대기하던 지프차에 태워졌고 그 순간부터 차 안에서 손가락에 볼펜을 끼워놓고 틀어대는 고문을 하고 발로 차면서 "너 간첩이지?", "여태 어디 있다 나타났냐?", "현재 사는 데로 가자"고 했다. 나는 현재 사는 데를 밝힐 수 없다고 생각하고 아르바이트도 했고 집에도 왔다갔다 했다는 등 횡설수설하니 더 고문과 폭행을 가하면서 "안 되겠다, 인천 집부터 가자"라고 하면서 인천 남구 소재 집으로 향했다. 집에 가서는 어머님한테 "자식이 빨갱이다"라고 떠들면서 집안을 뒤졌다. 서울로 올라오면서는 아르바이트한 데가 어디냐고 묻기에 성북동이라고 하니, 성북동 아르바이트 집을 가자고 했다. 허리띠를 풀게 하고 두 명의 형사가 양팔을 끼고 성북동으로 향했다. 그런데 성북동 소하천 가까이 와서는 형사

한 명이 인근 파출소에 좀 갔다 오겠다면서 간 후, 나를 잡고 있는 형사 한 명을 소하천에 밀어 넣고 도망쳤다. 성북동 산등성이 주택가를 향해 뛰다가 택시가 마침 지나가서 택시를 잡으려는데, 이상하게 보였는지 택시가 서지 않아 타지 못했다. 허겁지겁 주택 담을 넘다가 떨어져 잡히고 말았다. 살아서 고문에 시달리고 동지들의 이름과 은신처를 불기보다는 차라리 죽는 것도 괜찮다는 생각에서 축 늘어졌다. 묻는 말에 대꾸도 하지 않고 죽은 듯이 엎어져 있었다. 찬물을 갖다 퍼붓기도 하였다.

2) 정신이 좀 들었다고 생각하고 데려간 곳이 현재 리라초등학교 아래 대공분실(당시 서울 시경 소속, 일명 '신한무역')이었다. 가자마자 고문과 폭행을 하면서 "팬티만 남기고 무조건 다 벗어"라고 하면서 이리저리 살폈다. 나중에 알았지만 북한에 갔다 왔으면 동상자국이 있을 것이라는 생각하에 그랬다는 것이다. 동상자국이 전혀 없으니까 그 다음에는 현재 사는 곳 과 지하조직을 불라는 것이었다. 그때부터 식음을 전폐하고 일체 심문과 수사에 응하지 않 았다. 약 10일 이상 단식을 하니 집 부모님한테 연락하여 특별면회를 하게 했다. 회유 작전이 었다. 부모님 말도 듣지 않고 계속 단식을 하니 국립경찰병원(당시 마장동 소재)으로 이송하여 입원, 가료토록 하였다. 4월 19일 퇴원하여 다시 후배들과의 관계 등을 실토하라고 고문과 폭행이 시작되었다. 4월 22경 고문, 폭행한 자들로부터 내가 만나던 후배 이름이 나왔다. 분명히 후배가 중정에 체포된 것 같았다. 그러나 나는 그들을 끝까지 모른다고 하였다. 4월 25일 중앙정보부로 신병이 인계되었다.

'NH회' 김낙중 학원간첩단 사건으로 용공조작

1) 내가 4월 25일 중앙정보부에 끌려가자마자 지하실로 직행, 물고문을 하면서 후배들과 의 관계를 실토하라고 했다. 해체된 한맥회를 다시 등록시키려고 만나왔다고 했다. 거짓말 한다고 하며 미리 확보한 후배들 진술 내용을 들이대면서 고문하고 폭행했다. 4월 30일부터 는 '김낙중'과의 관계를 불어라 하면서 모른다고 하니 전기고문실로 끌고가 전기고문도 자행 했다. 일면식도 없는 사람을 어떻게 안다고 하느냐 하면서 죽음으로 버텼다. 그러더니 그 다음부터는 "사회주의 국가 어디를 신봉하느냐", "모택동 사상 책을 읽었으니 중국사회주의

를 구현하려 하느냐" 등등으로 유신체제에 항거했던 사람한테 사회주의, 공산주의 멍에를 씌우려고 하였다. 핵심인물들이 모두 체포된지라 수사는 급물살을 탔는데 문제는 우리와 주요하게 관계없는 인사들(김낙중, 손정박, 노중선)을 결부시켜 사건조작을 시도하는 것이었다. 반유신 투쟁을 반국가 사회주의 투쟁으로 몰고 김낙중 학원간첩단 사건으로 변질, 조작했다. 계속된 폭행, 물고문, 전기고문 등이 너무 심하여 끝까지 버티지 못하고 그들이 불러주는 대로 조서를 작성할 수밖에 없었고, 무인은 수사관들이 손을 잡아 쥐고 강제로 날인하였다. 5월 5일 서대문구치소에 구속되었다. 검찰 송치 후 구치소에서 검찰 조사를 받았는데 검찰은 한두 번 형식적인 심문만 하고 갔다. '10월 유신이 뭐가 문제냐'는 등의 엉뚱한 질문만 하였다. 검찰은 중정의 꼭두각시로 중앙정보부가 작성한 조서대로 피의자 신문조서를 작성했다. 그 조서가 조작이라 하면 다시 중정으로 끌려가 고문, 폭행당했다(재판 중에도 사실이 아니라고 하면 다시 중정으로 끌려가 고문, 폭행을 하며 당초 중정 조서대로 진술하라고 강압 당하였다).

2) 1973년 6월 21일 일간지에 '김낙중 고려대 침투 학원간첩단' 사건으로 대서특필되었다. 김낙중 등 11명은 'NH회'라는 지하조직을 결성, 이를 중심으로 노동자, 농민, 도시빈민 등 광범위한 세력을 흡수해 반정부 세력을 확대·강화했다가 유사시 민중봉기를 일으켜 정부를 타도하고 새로운 사회주의 국가 건설을 꾀했다는 것이다. 강제 해체된 한맥회 회원들은 있었지만 'NH회' 자체가 없었다. 내가 NH회 고문을 맡은 적도 없었다. NH회란 용공사건 기획상 반국가단체가 필요했던 중앙정보부가 한맥회의 이념인 민족주의Nationalism과 인본주의Humanism에서 N자, H자를 인용해서 조작한 것이다. '민우지' 사건은 본인을 위시해 해체된 한맥회 후배들이 새학기에 서클을 다시 등록하려고 했고, 반유신 투쟁을 지속적으로 해나갔던 반유신 투쟁 사건이지, 그 무슨 국가를 전복하고 사회주의 국가를 건설하려는 학원간첩단 사건이 아니었다. 학생들의 정당한 반유신, 반박정희 투쟁을 학원간첩단 사건으로 공안 조작한 것은 1972년 10월 17일 유신 쿠데타 후 이에 맞서는 최초의 투쟁을 압살하고 한맥회의 뿌리를 소탕하며 대중으로 확산되는 반유신 투쟁을 급히 조기에 차단하려는 정치 공작이었다. 전형적인 공안 조작의 결과로 너무나 혹독한 형벌과 고통을 안겨다 주었다.

중앙정보부 하수인 검찰 및 판사, 재판 놀음으로 징역 5년 복역, 만기 출소

1) 불법체포되어 35여 일 동안 구금되었고, 1973년 5월 5일 구속된 후 기소되어 가족 면회와 변호사 접견까지 불허된 채 6개월 이상 재판받아 1심에서 징역 5년이라는 중형을 선고 받았다. 법원 판사도 검찰처럼 중앙정보부 꼭두각시에 지나지 않는다는 생각을 하였다. 그래서 항소도 하지 않으려고 했는데 그래도 고법 판사는 조금 다를 수 있다고 생각해서 항소했으나 항소 기각을 당했다. 역시 고법 판사도 중앙정보부 하수인으로서 중앙정보부 각본에 의한 재판 놀음을 한 것이었다. 대법에 가봐야 뻔하다는 생각에서 공범 중 나 혼자만 상고를 포기하였다. 1974년 대전교도소에 이감되어 미전향 사상범들이 있는 특별사 독방에 있다가 전향하라고 하여, 내가 무슨 사상범인데 전향하라고 하느냐 하며 전향을 거부하자 출역하려면 거치는 과정이라고 하였다. 독방에 내내 있어도 좋다고 생각했으나, 출소 후 영구집권할 박정희 정권하에서 호구지책이라고 할 생각으로 기술을 배워야 하겠다고 하여 출역을 마음먹고 그 대신 나는 전향할 것이 없으나 대신 성경 말씀대로 중생한다는 것을 다짐한다는 것으로 하여 인쇄공장에서 징역하게 되었다. 인쇄공장 문선부에 배치되어 6개월 정도 문선 인쇄공으로 지내다가 활판부로 배치되어 약 4년 동안 활판인쇄공으로 일했고, 1978년 5월 16일 징역 5년 만기 출소했다.

2) 1978년 5월 16일 대전교도소에서 만기 출소한 후 인천 집에 거주하면서 보니 집안 형편은 여러 가지로 어려웠다. 사회안전법상 보호관찰처분자라 형사들이 늘 감시하고 있는 상황이었다. 3개월 정도 있으면서 집안 형편상 내가 빨리 돈을 벌어야겠다는 생각에서 평화당 등 여러 군데 인쇄공장을 알아봤다. 활판인쇄가 사양 산업이라 활판인쇄공을 뽑는 데가 없었다. 선배 소개로 9월경 구로구 독산동에 있는 동아출판사에 취직해 윤전공으로 일당 1,250원을 받고 2부제로 일을 하게 되었다. 신분을 숨기고 열심히 일하며 노동자들과 대화하고 친형제처럼 지내면서 '인우회'란 친목서클을 결성하여, 과거 구로공단에서 하듯이 노동문제의 현실 알기, 노동법 알기 등에 함께하고 노동자들의 주체적 자각, 인식에 도움이 되는 노력을 게을리 하지 않았다. '인우회'를 운영하다 보니 조직의 장·단점이 실제로 나타나 쪽을 줄여서 모임을 해나갈 필요가 있어 '정우회'란 조직을 새로 탄생시켜 지금까지 그 인맥을

유지하고 있다. '정우회' 조직 중심으로 활발히 노동자 관계를 확대해나가는 과정에서 1979년 10월 26일 사태가 벌어져 1980월 3월 대학 복학 관계로 노동현장을 떠나게 되었다. 서울의 봄, 1980월 3월 4학년으로 복학하여 여전한 난국 속에서도 무사히 1년을 마치고 대학 입학한 지 13년, 위수령으로 제적된 후 약 10년 만에 1981년 2월 대학을 졸업했다.

3) 대학 졸업 후에도 소위 '빨간딱지'(반공법, 국보법 수형자)가 대학교수들도 색안경을 끼게 만들어 취업에 상당한 어려움을 느꼈다. 자격정지 5년 병과, 사회안전법 보호관찰 처분대상자였기 때문에 정상적인 생활을 할 수 없었다. 예컨대 1982년 5월 2일 결혼한 처(김숙연)가 1991년부터 주안역 은성쇼핑센터에서 조그만 가게를 하는데 쇼핑센터 활성화 문제로 분쟁이 생기자, 쇼핑센터 사장이 몇십 명의 임차인 모임에서 "수사·정보기관에서 김숙연 남편이 국보법, 반공법 등으로 징역 5년을 산 빨갱이라 하더라" 하면서 이 빨갱이가 쇼핑센터에 침투해서 분쟁을 일으켰다고 사장 자신이 경영상 잘못한 분쟁의 책임을 뒤집어씌웠다. 그래서 결국 몇천만 원 보증금도 다 못 받고 가게를 그만두어야 하는 경제적 손실을 입기도 했다. 이처럼 수사·정보기관의 사찰은 1989년 사회안전법이 폐지될 때까지 심하게 계속되었다.

4) 2003년 6월에는 민주화운동관련자명예회복및보상심의위원회로부터 민주화운동 관련자 인정 통지서를 받았다. ① 3선 개헌 반대 투쟁, 교련 철폐 투쟁, 학원자유 수호 및 민주 수호 투쟁, 무장군인 난입 규탄 투쟁 등 주동자로 위수령으로 학사 제적된 사실, ② 유신체제에 항거하다가 'NH회' 간첩단 사건 관련 국보법, 반공법 등으로 징역 5년을 복역한 사실은 민주화운동으로 한 것으로 인정하는 내용이었다.

40년 만에 재심 청구

1) 학원간첩단 사건('NH회' 사건, '민우'지 사건) 관련 2013년 8월 서울지검에 중앙정보부 제6국 수사관과 서울시경 소속 대공분실(소위 '신한무역') 수사관을 형법 제124조 불법체포, 불법감금죄와 형법 제125조 폭행, 가혹행위죄로 고소하였다. 하지만 '공소권 없음'이란 통보를 받았다.

2) 2013년 12월 23일 서울중앙지방법원에 재심개시를 구한다는 재심 청구를 하였다. 재

심을 청구한 지 약 2년이 지나 2016년 2월 29일 서울중앙지방법원 제23형사부는 재심개시를 결정하였다. 검찰은 즉시 항고(2016. 3. 7.)했고, 이에 서울고등법원 제5형사부는 2016년 12월 28일 검찰 항고를 기각했다. 서울 고검은 대법에 재항고(2017. 1. 2.)했다. 검찰의 시간끌기 식 항고권 남용의 반민주적·반인간적 천인공노할 작태에 분개하여 검찰 규탄문을 법원에 제출했다. 대법에서 검찰의 재항고를 기각(2017. 2.)하여 약 3년 2개월 만에 재심개시 결정이 확정되었다.

43년 만에 무죄 판결·확정

1) 서울중앙지방법원 제23형사부는 2017년 4월 27일 재심개시된 재심 판결에 있어 무죄를 선고했다. 그리고 재판장은 선고 말미에서 "권위주의 통치시대에 나라의 미래를 생각하며 토론하고 질곡의 역사를 개선해보려던 젊은 지성인들이었던 피고인들은 위법, 부당한 공권력의 행사로 반국가단체를 구성하고 내란을 음모, 선동한 범법자로 심대한 고통을 입고 또 그 고통 속에서 지금껏 살아왔고 피고인들 중에는 그 한을 가슴에 담은 채 유명을 달리한 사람도 있는바, 이러한 피고인들에게 국가가 범한 과오에 대하여 진정으로 용서를 구한다"라며 사과했다.

2) 이러한 상황에서도 검찰은 재판부가 선고하자마자 즉시 항소(2017. 5. 2.)했다. 그러나 서울고등법원 제4형사부는 검찰의 항소를 기각하고, 2017년 9월 30일 무죄를 확정했다.

3부

작고 회원 약식 연보

* 작고한 동지 가운데 김수호(서울대 상대 경제학과 69), 김성택(강원대 행정학과 70), 김형관(서울대 문리대 정치학과 68), 문상우(연세대 철학과 69), 허신석(전남대) 동지와 생사가 분명치 않은 김준년(서울대 법대 69) 동지 등은 아쉽지만 자료가 충분하지 못해 이번에 소개 글을 수록하지 못했습니다.

* 작고 회원들의 약식 연보는 박부권, 배기운, 이광택, 임춘식 편집위원이 분담하여 집필했음을 밝힙니다.

* 삼가 작고 회원들의 명복을 빕니다.

민주화운동의 선구자 김근태

고 김근태(金槿泰) 동지는 1947년 2월 14일 부천시 오정구 출생으로 경기고(62회), 서울 상대 경제학과를 졸업하고, 고려대 언론대학원을 수료했으며, 2011년 2월 14일 향년 65세로 모란공원에 안장되었다. 유족으로는 인재근 여사와 1남 1녀가 있다.

그는 일찌기 고교 때부터 한일회담 반대와 삼성 사카린밀수 규탄대회 등 학생시위를 주도했던 민주화운동의 선구자이다.

대학에서도 복학생으로서 1971년 박정희 군사독재에 저항하다가 10.15 위수령으로 제적되었다. 그 후 1974년에 민청학련 사건과 긴급조치 9호 위반으로 구속되었고, 1983년에 민청련 초대의장을 지내는 등 투쟁적 삶의 연속이었다.

1985년 서울대 민추위사건으로 남영동 대공분실로 잡혀가 이근안 등에게 전기, 물, 잠 안재우기 등 혹독한 고문을 당했다. 그는 고문의 후유증으로 파킨슨병과 뇌정맥혈전증으로 평생 고통을 겪어야 했다. 그는 DJ의 정계복귀 선언('95) 후 새정치국민회의에 재야인사 케이스로 합류하여 서울 도봉(갑)에서 제15대 국회의원에 당선된 후 내리 3선을 했다. 국회와 운동권에서 많은 후배들로부터 "근태형"이라고 불렸고, 친화력이 좋았다. 2003년 노무현 정부 출범 후 제43대 보건복지부 장관을 지냈고, 2006년에는 열린우리당 최고의원을 지냈으나, 제18대 총선에서 근소한 표차로 낙선했다. 그러나 19대 국회 이후 인재근 여사가 내리 3선을 하여 '도봉구 부부 6선'으로 불린다.

김근태 동지는 어렸을 때부터 새끼줄 공이나 돼지방광 공으로 축구놀이를 즐길만큼 축구광이었다고 한다. 그의 수상경력으로는 로버트 케네디 인권상('87)과 제2회 진실의힘 인권상('12)이 있다. 서거 후 함세웅 신부 등이 인권의학연구소와 김근태기념치유센터를 설립하였고, 고인의 뜻을 기리기 위한 '김근태재단'이 설립, 운영 중에 있다.

_ 글: 배기운(제16, 19대 국회의원)

박학다식한 사람 선경식

고 선경식(宣炅植) 동지는 1949년 2월 10일 순천 출생으로 진해구 서중, 광주일고, 외국어대 행정학과, 고려대 언론대학원 졸업(신문방송학 석사), 중앙일보 기자, 노동일보 편집국장, 창조한국당 최고위원, 고문을 역임하고 제18대 국회의원으로 창조한국당 원내대표직을 지냈다.

그는 18대 총선에서 창조한국당 비례대표 4번으로 출마했다. 2012년 1월 25일 유원일 의원이 당을 탈당하면서 비례대표 의원직을 승계했다. 의원직을 승계한 직후 19대 총선을 치르면서 과중한 업무로 인해 4월 18일 뇌출혈로 쓰러졌다. 이후 병원으로 옮겨졌으나 4월 27일 별세했다. 향년 64세였으며 장례는 국회장으로 치러졌다.

선 동지는 1975년 유신헌법에 반대하는 7인 위원회 위원으로 독재정권에 맞서다 재학시절 유신헌법에 반대하는 학생운동을 한 혐의로 긴급조치 9호 위반에 따라 1975년 징역 7년을 선고받았던 적이 있다. 그러나 사후 2013년 긴급조치 위반 재심에서 무죄 판결을 받았다.

당시, 그는 박정희 대통령이 죽고 유신이 끝난 다음에야 풀려났다. 그러나 자유도 잠시, 80년 5월 광주민중항쟁의 비극적 결말은 그에게 엄청난 정신적 고통과 시대에 대한 분노를 남겨 주었다. 그는 광주란 시대적, 역사적 트라우마를 평생 가슴에 안고 살았다.

그러나 고통과 분노를 넘어 그는 언론인으로 열심히 살았고, 나라의 민주화를 위한 열정을 정치인으로 넘어서려고 몸부림쳤다. 그 막바지에 창조한국당 대표로서 4개월의 짧은 의정 생활을 하다가 눈을 감았다. 혹독한 고문과 수형 생활의 후유증으로 건강을 잃고 평생을 고생하다가, 19대 국회를 꼭 한 달 남겨 놓고 눈을 감았다. 제대로 된 의정 생활도 못 하고 마석 모란공원에서 영면하고 있다.

_ 글: 임춘식(한남대 명예교수)

억울한 죽음, 대구의 아들 여정남

고 여정남(呂正男) 동지는 1945년 5월 7일 대구 중구 남일
동에서 태어나 경북고를 거쳐 경북대 정치외교학과 재학 중
경북대 총학생회장으로 활동하면서 3번 제적당했다

1971년 정진회 필화사건과 1972년 유신반대 포고령 위반
으로 구속되었고, 출소 이후 민주와 민족통일을 위해 투쟁하
다 1975년 4월 9일 유신 독재권력의 조작으로 만들어진 '인민
혁명당 재건 단체사건'으로 사법 살해되었다.

1974년 중앙정보부가 조작한 민청학련사건에서 서도원, 도
예종 등이 인혁당사건 후 당을 재건하고, 여정남 등이 학생들의 데모를 조종했다고 발표했다.

이들은 비상계엄령에 따라 군법 재판(대통령 긴급조치 위반, 국가보안법 위반, 내란예비음모, 반
공법 위반)을 받아야 했고, 각본에 의한 재판에서 고문 등을 폭로했지만 아무 소용이 없었다.
재판은 3심까지 10개월밖에 걸리지 않을 만큼 초고속으로 진행됐다. 8명에 대한 사형이 확
정된 뒤 18시간 만에 형이 집행됐다. 야만의 극치, 그것이 바로 인혁당재건위사건이었다.

다행히 노무현 정부 시절 중앙정보부의 후신인 국가정보원이 과거사 진상조사를 통해 이
사건이 조작됐다는 사실을 밝혀냈다. 이 조사 결과 등에 기초해 '국가 상대 손해배상 청구소
송'을 제기하여 사법부는 2006년 재심에서 이 사건에 대해 무죄판결을 내렸다. 억울한 죽음
뒤 32년 만에 '대구의 아들들'이 명예를 회복한 것이다.

당시 사건이 사건인 만큼 인혁당 추모는 고난을 겪은 과제였다. 경북대와 영남대 학생들
은 희생된 선배들을 추모하기 위해 1995년 추모비를 설치했지만, 정부가 비석들을 강제철
거하고 추모비 설치를 국가보안법 위반으로 조사하며 10여 명이 구속됐다. 그러나 우여곡절
끝에 2007년 무죄판결이 나면서 경북대에는 '여정남 공원'이 생겼다. 고인은 현재 대구 칠곡
현대공원에 안장되어 있다.

_ 글: 임춘식(한남대 명예교수)

민주교육 실천 운동가 유상덕

고 유상덕 동지는 1949년 경남 함양군 안의면에서 태어나 거창 고등학교를 거쳐 1969년 서울사대 지리학과에 입학했다.

1971년 4월 14일 시위를 하는 사대생들이 던진 돌이 지나가던 박정희 대통령 경호원 차에 맞자, 경찰이 들이닥쳐 학생들을 무자비하게 연행해 간 사건이 터져, 여기에 항의하는 시험거부 등을 주도하였다. 1975년 5월 13일 대통령긴급조치 제9호를 선포한 지 열흘도 지나지 않은 5월 22일 서울농대 김상진 열사 할복 소식에 그의 추모제(이른바 '오둘둘 사건')를 일으켜 사대 책임자 중 한 명으로 긴급조치 제9호 위반으로 6개월의 수배생활 끝에 구속, 1년 6개월의 실형을 살고, 대학에서는 다시 제적된다.

1980년 9월 서울 신일고등학교를 시작으로 교단에 서게 되는데, 1985년 '민중교육지' 사건으로 해직되고 1986년 '민주교육실천협의회' 결성을 주도하셨으나 그해 7월 안기부에 의해 온갖 고문 끝에 2년의 실형을 선고받는다. 1989년 '한국교육연구소' 설립을 주도하고, 전국교직원노동조합 결성 후 대외사업국장을 지내며 2년간의 수배생활을 하였는데, 1991년 전교조 정책실장으로 '강경대 열사 치사사건 범국민대책회의' 정책실장에 파견되어 또다시 구속되었다. 1993년부터 1996년까지 전교조 수석부위원장과 부위원장을 역임하고, '민중교육지' 사건으로 해직된지 15년 만인 2000년 3월 서울 면목고로 복직하였다.

2003년부터 2005년까지 대통령 자문 교육혁신위원회 수석전문위원을 지내고, 2011년 서울 경일고 교사로, 동국대학교 겸임교수로, 한국교육연구소 이사장으로 왕성하게 활동하던 중, 암으로 2011년 7월 12일 영면하였다. 장례는 전교조 장으로 거행되어 모란공원에 안치되었다.

_ 글: 이광택(국민대 명예교수)

빈민운동의 대부(代父) 제정구

고 제정구(諸廷丘) 동지는 1944년 3월 1일 경남 고성 출생으로 진주고를 졸업하고 서울대 문리대 정치학과 복학생으로 학생운동을 주도하다가 1971년 위수령으로 제적당한 후 서울 청계천 판자촌에서 생존권과 인권보호 운동을 시작으로 평생을 도시빈민운동으로 일관했다. 1999년 2월 9일 향년 56세에 폐암으로 서거했다. 유족으로는 배우자 신명자 여사(복음자리 이사장)와 3녀가 있다.

그는 1973년 서울대에서 2차로 제적당하고 이듬해 민청학련 사건으로 구속, 15년 형을 선고받았다. 감옥생활 중에 독실한 천주교 신자(바오로)가 되었고, 1975년에 형집행정지로 출소했다. 그 후에도 시흥군 소래면에 사회복지법인 복음자리마을과 빈민공동체인 한독마을 건립 등 도시빈민운동을 줄기차게 전개했다. 그러면서도 서강대 대학원 신학과 석사과정을 수료했다. 또 그는 도시빈민운동 대표로서 민통련 중앙위원으로 참여했고, 한국교회 사회선교협의회 도시주민 분과위원장과 천주교 도시빈민 사목협의회 의장을 지냈으며, 필리핀 정부로부터 '막사이사이상'을 수상하기도 했다. 1987년 6.10 항쟁 때는 민주헌법쟁취 국민운동본부 공동대표를 맡았고, 양김단일화 실패 후 한겨레민주당 공동대표로서 제13대 총선에서 서울 종로구에 출마했으나 낙선했다. 그 후 아시아 도시빈민 서울대회를 개최했고, 천주교정의구현전국연합 사무총장을 역임했다.

국회의원으로서는 제14대 총선에서 민주당으로 시흥군포에서 당선된 후, 제15대 총선에서 통합민주당으로 재선되었다. DJ의 정계복귀를 전후하여 그는 통추(국민통합추진회의)를 결성하고 김부겸 등과 함께 한나라당으로 합류하여 제1 정책조정실장을 맡기도 했다. 1999년 그의 민주화투쟁과 도시빈민운동 공적이 인정되어 DJ 정부로부터 국민훈장 모란장이 서훈되었다.

_ 글: 배기운(제16, 19대 국회의원)

진정한 인권변호사 조영래

　　고 조영래(趙英來) 동지는 1947년 3월 26일 대구 출생으로 서울 수송초등과 경기중·고, 서울대 법대를 졸업하고 사법고시를 합격한 수재형의 민권운동가였다. 1990년 9월 폐암 진단을 받고 그해 12월 12일 향년 44세로 서거했다.

　　유족으로는 배우자 이옥경 여사(전 방문진 이사장)와 2남이 있다.

　　그는 경기고 재학중에 한일회담 반대, 삼성재벌 밀수규탄 등 시위를 주도하여 정학처분을 받았지만, 서울대 전체 수석 입학했다. 대학에서는 김근태, 손학규 등과 함께 '서울대 3총사'로 불리면서 교련 반대, 유신헌법 반대, 3선개헌 반대 등 온갖 시위를 주도했다. 당시 문리대 중심의 서울대 학생운동의 축을 법대와 함께 양대 축으로 형성했다는 평을 받는다. 대학 졸업 후에는 서울대 대학원에서 민법을 전공(공해환경소송에서의 인과관계)했고, 사법고시에 합격하여 연수원 재학중 '서울대생 내란음모사건'으로 구속수감(1년 6월)되었다. 출소후 연수원에 복귀했으나 민청학련 사건으로 재수배되었고, 6년간의 수배기간 중 공해관리기사 자격증을 취득했고, 『전태일 평전』을 집필했다.

　　그 후 수배해제 및 복권되어 사법연수원을 수료하고 1982년 변호사 자격을 취득하여 남대문합동법률사무소에서 인권변호사로서 업무를 개시했다. 그는 1990년 서거 전까지 망원동 수해사건('84), 부천서 성고문사건('86), 박종철 고문치사사건('87), 보도지침사건('87) 등 수많은 굵직한 시국사건들을 변론했다(『조영래 변호사 변론선집』, 1992년 발간 참조).

　　고 조영래 동지는 법률가로서 현실정치와는 무관했지만, 1987년 6.29 선언 직후 군부통치의 종식을 위해 양김의 대선후보 단일화를 위한 단식투쟁을 한 바 있다. 많은 사람들이 그의 천재성과 정의감 이외에도 정감 있는 인간애人間愛를 지닌 따듯한 인권변호사로 평한다.

　　　　　　　　　　　　　　　　　　　　_ 글: 배기운(제16, 19대 국회의원)

80년대 실천문학운동 이끈 거목 채광석

고 채광석 동지는 1948년 7월 11일 충남 태안군 안면도에서 태어나 서울대 사범대 영어교육학과를 졸업했다. 그리고 1987년 7월 12일 불의의 교통사고를 당해 서른아홉의 나이로 생을 마감했다. 그는 '민족문학 독전관'이라는 별칭을 얻으며 1980년대 민족문학을 말할 때 그 첫 페이지에 이름이 새겨질 정도로 한국 민족문학의 맥통을 계승했고, 그 재창조 작업에 헌신한 민족·민중 운동권의 대표적인 활동가였다.

채 동지는 1975년 5월 22일 민주화를 외치며 할복자살한 서울대 김상진 열사 장례식 사건(오둘둘 사건)을 주도, 2년 1개월간 공주교도소에서 수형생활을 했다.

채 동지는 〈민통련〉 중앙위원과 〈민문협〉 실행위원, 〈자유실천문인협의회〉(자실, 현 한국작가회의 전신) 총무간사, 실행위원 그리고 〈풀빛출판사〉의 편집주간으로 활동하면서 전두환 5공 정권의 폭압적 군사독재와 온몸으로 맞서 싸운 반체제 저항문학 운동의 투사였다.

그는 출판문화 운동 영역에서도 혁혁한 공적을 남겼다. 광주 5월 민중항쟁에 대한 최초의 기록인 '죽음을 넘어 시대의 어둠을 넘어' 등과 1980년대 민중시 운동을 주도한 '풀빛 판화시선' 발간을 주도했다. 김지하의 첫 시집 '황토'가 그의 손을 통해 세상에 나올 수 있었으며, 박노해의 첫 시집 '노동의 새벽'도 빛을 볼 수 있었다.

그의 문단 활동은 5년 남짓에 불과했지만 '운동으로서의 문학'에 적극 매진하면서 한국 현대문학사에서 '민중문학' 혹은 '민중적 민족문학'을 1980년대 문학의 주류로 형성하는 데 기여했다.

80년대 실천문학 운동의 최전선에서 치열한 삶을 살다 불의의 사고로 요절한 고 채 동지의 유해는 경기도 양평 '자하연팔당공원묘원'에서 이장하여 33년만인 2020년 8월 6일 광주 국립 5·18 민주묘지에서 영면하고 있다.

_ 글: 박부권(동국대 명예교수)

사회복지로 이 땅의 민주화를 견인한 최명의

고 최명의(崔明義) 동지는 1948년 11월 6일 전북 김제시 봉산 출생으로 만경중 전주고 서울대 법학과 졸업 후 대한 투자금융(주) 상무(1996), SK 토지신탁 운용 대표이사(1999~2002), 미래에셋 투신 운용 부회장, 고문(2004~2009) 등을 지내면서 국내·외 제2금융권의 CEO를 수행했다.

고인은 서울대 법대 대의원회 의장 그리고 1971년 전국학생연맹 공동의장을 지냈다. 이 무렵부터 1971년 10월 위수령 시기까지 법대의 반독재 민주화 투쟁은 학생회, 대의원회, 학회평의회(법대 학회 대표들의 협의기구)라는 공식기구의 구성원들은 물론 사회법학회, 농촌 법학회 중심으로 하는 이념적 동아리의 회원들이 주동하고 뒷받침했다.

특히 고인은 1960년대부터 농민, 농업, 농촌문제가 민주주의 발전과정의 주요 과제로 등장하게 되자 61년에 법대 선배들이 조직한 농촌법학회에서 주로 활동을 했으며, 최회원(1971년 서울대총학생회장), 최규성(전 국회의원), 권오승(전 공정거래 위원장), 박원철(국제변호사) 등과 반독재 투쟁의 전면에 섰다가 제적을 당해 강제 입영 되었다. 그러나 1971년 위수령 때 농촌법학회 회원들은 제적을 당했지만, 학회는 강제해산 조치를 당하지 않았다. 그리고 1976년 서울법대 유신철폐 시위를 주동한 이범영(전 한국민주청년단체협의회 의장)처럼 농촌 법학회 회원 상당수가 반독재 투쟁에 나섰는데 언제나 최 동지는 맨 앞에서 견인 역할을 했다.

어쨌든 그는 고통과 분노를 넘어 한평생을 줄곧 금융인으로 열심히 살았으며, 인생 말년에 여러 사회복지 분야에 남다른 열정을 가졌다. 사회복지사 자격증(2급)을 취득하였으며, 특히 노인복지사업에 동참하는 것이 결국 나라의 민주화를 위한 근본이라며 몸부림쳤지만 갑작스러운 지병으로 2020년 5월 16일 소천, 경기도 용인 추모공원에서 영면하고 있다.

_ 글: 임춘식(한남대 명예교수)

생태 철학을 몸소 실천한 학자 최재현

고 최재현(崔載賢) 동지는 1948년 6월 5일 경기도 포천군 가산면 마산리에서 태어나 1991년 10월 24일에 지병으로 별세(향년 44세)하였다. 유족으로는 부인 구명숙(숙대 국문과 교수)과의 사이에 2녀를 두었다.

그는 서울고, 서울대 사회학과를 졸업하고, 서울대 대학원 사회학과 재학 중인 1971년 10월 15일 위수령 발동으로 제적되었다. 군 복무를 마치고 독일 빌레펠트대에서 사회학박사 학위를 취득하고, 1984년부터 서강대 사회학과 교수로 재직하던 중 세상을 떠났다.

최 동지는 나라의 민주화를 실현하고 사회정의를 구현하였으며, 환경을 살리기 위해 그리고 민족통일을 추진하기 위해 학문을 연마하고 직접 실천에 옮긴 우리 시대의 거목이었다.

주요 약력은 NGO 환경운동연합 정책위원장(1988~1991), 민주주의와 민족통일을 위한 사회운동 공동대표(1988~1991), 한국노총 자문위원(1989~1991), 주간 「시사저널」 편집위원, 월간 「다리」 자문위원, 독일 빌레펠트대 객원교수 등을 역임하였다.

특히 왕성한 저술 활동으로 한국사회학회의 중추적인 활동을 해 왔으며, 저서로는 『한국 노동자 의식 연구』, 『현대 독일 사회학의 흐름』, 『열린 사회학의 과제』, 『유럽의 봉건제도』, 『한국사회와 시민 권력』, 『자연을 위한 항거』(역서) 등이 있다. 일찍이 산업사회의 그림자를 분석하고 생태 철학적인 면에서 그 파격적인 속성을 고발하는 데 앞장서 왔다.

최 동지는 경기도 포천 마산리 선영에서 영면하고 있다.

_ 글: 임춘식(한남대 명예교수)

주민 중심의 풀뿌리 사회교육 활동을 전개한 황주석

고 황주석 동지는 1950년 3월 18일 태어났다. 한국신학대학에 입학하여 2학년 1학기에 명륜동 산동네에서 야학운동을 하다가 한국기독교학생총연맹(KSCF)에서 하는 빈민운동에 참여했다. KSCF는 농촌보다 도시빈민 문제가 더 심각하다고 보았다.

1971년 10월 15일 위수령이 떨어져 KSCF 부회장이던 황주석도 제적을 당했다. 군대 생활을 하면서 노동운동에 평생을 걸기로 결심하였다. 현장으로 가기 위해 전기용접 2급 자격증을 따기도 했다. 1976년 한국기독교청년협의회(EYCK) 회장직을 맡아 크리스찬아카데미에서 진행하는 노조 간부 교육에도 참여하였는데 함께 교육에 참가했던 최순영 YH 무역 노동조합 위원장과 결혼하게 된다. 1979년 YH 사건으로 수감생활을 겪고 현장 밖에서 노동운동을 지원하기 위해 YMCA를 택하였다. 1980년 4월 마산 YMCA에서 '사랑의 Y형제단' 활동을 시도한다.

1984년 부천 YMCA 총무로 등대운동(생협운동)과 담배자판기추방운동을 전개했다. 1991년 '참여와 자치를 위한 시민연대' 결성에 참여하여 주민자치운동을 벌였고, 1994년 부천에서 광명 YMCA에서 등대생협 운동의 씨앗을 뿌리고, 1996년부터 한국 YMCA 전국연맹 협력사업국장에 취임하여 가치변혁을 위한 공동체 운동의 모델을 만들고자 다양한 노력을 기울였다.

2000년 초부터는 병마와 싸우면서도 가정이 대중조직 운동을 위한 소중한 기초단위라고 인식하고 선헌식(先獻式), 선분식(先分式) 등 가정을 바로 세우기 위한 모델을 연구, 직접 실천하는 모범을 보였다. 1999년 비인강암에 걸려 고통받다 2007년 2월 14일 쉰여덟 살을 일기로 영면하였다.

부인 최순영(崔順永) 전 국회의원, 아들 민재. 황주석 지음, 『마을이 보인다 사람이 보인다』(그물코, 2007); 최순영 지음, 『당신이라는 선물: 고 황주석 선생에게 바치는 글』(해피스토리, 2007).

_ 글: 이광택(국민대 명예교수)

1971년의 대학생들,
미래로 가는 대한민국의 선로를 바꾼 회전반(回轉盤)
— '71동지회'에 대한 역사적 평가*

홍윤기

동국대학교 철학과 교수

제27조 ④ 교육의 자주성과 정치적 중립성은 보장되어야 한다.

— 「대한민국헌법(제6호)」(제3공화국)

제27조 ④ 교육의 자주성과 정치적 중립성은 보장되어야 한다.

— 「대한민국헌법(제8호)」(유신헌법/제4공화국)

제29조 ④ 교육의 자주성·전문성 및 정치적 중립성은 법률이 정하는 바에 의하여 보장된다.

— 「대한민국헌법(제9호)」(5공헌법/제5공화국)

제31조 ④ 교육의 자주성·전문성·정치적 중립성 및 대학의 자율성은 법률이 정하는 바에 의하여 보장된다.

— 「대한민국헌법(제10호)」(현행 헌법)

---

* 본 기고문은 "대한민국헌법 규범력에 상응하는 헌법현실의 창출을 담보하는 헌법교육/민주시민교육의 철학적 근거 정립"에 대한 한국연구재단(NRF)의 2018년도 중견연구자지원사업의 지원(과제번호 2018S1A5A2A01039624)을 받아 수행중인 연구의 결과물 중 하나로 작성된 것임.

1. '1971년의 대학생들'의 요구: 유신에 가려 잘 보이지 않던, 그러나 이제는 헌법 조문으로 승화된 "대학의 자율성" 그리고 그 이상의 것들

필자에게 대학 학번으로 4년 선배 세대인 '71동지회'를 무엇으로 기억할 수 있고 또 무엇 때문에 기억해야 하는가? 이런 질문에 대한 대답을 처음 요청받았을 때 필자는 곧바로 응답하지 못했다. 그러다가 필자는 "격동의 1971년"[1] 바로 그해 들어 국민 생활영역 전반에서 수많은 항의와 요구가 폭발적으로 제기되었다는 사실을 떠올렸다.

그런데 이렇게 1971년을 그럭저럭 기억할 수 있었던 것은 '그해가 바로 1971년이라서'가 아니라 '1971년이 1972년 바로 전 해'였기 때문이었다. 1971년 7월 1일 대한민국 제7대 대통령으로 취임해서 잔여임기가 아직 반 이상 남았으면서도 대한민국 국군을 '1인 지배'의 선봉대로 출동시켜 "격동의 1971년"을 1972년까지 광폭으로 끌고 가 '전체주의적 유신독재체제'를 구축해 드디어 대한민국의 단독 권력자로 우뚝 선 '문제적 인물 대통령 박정희'에게 모든 시선이 쏠리는 한, 1971년이 아무리 격동기라고 '절정의 72년의 전사前史'라는 규정 이상을 부여하기란 어려울 것이다.

그러나 여기까지의 사건으로 역사가 끝난 것이 아니라 그 뒤에도 역사는 계속 흘러 딱 반세기가 경과한 2021년 현재의 시점 볼 때, '절정의 1972년'을 보내면서 구축되었던 박정희 1인 지배를 위한 '전체주의적 유신독재체제'는 (현실생활에서 그 사회적 궤적은 여전히 잔존하면서 각종 사회권력을 발휘하지만) 2021년 현재를 지나 앞으로도 계속 존속해야 할 국가적 실존체로서 대한민국의 역사적 목표점을 규정한 현행 대한민국 헌법에서 그 이념적 흔적은 놀랍도록 깨끗이 지워져 있다. 반면에 동숭동 문리대 어느 강의실 아니면 명륜동 어느 하숙집 골방에서 가리방으로 긁어내던 "대학의 자율성"은 이제 대한민국 헌법에서 헌법적으로 조문화되어 국민의 권리로 보편화되었다. 직접 철필로 삐뚤빼뚤 긁어서 등사판에 잉크를 부어 롤러로 밀어 찍어냈던—당시 '지하신문'으로 불온시되었던— 학생자율신문「의단議壇」에서 제창했던 "대학개혁은 우리의 손으로"라는 제안은[2] 제대로 배포되지도 못한 채, 10월 7일 겨우 2호

---

[1] 서중석·김덕련, 『뿌리는 일본 군국주의』 서중석의 현대사 이야기 11 - 유신 쿠데타 3(오월의봄, 2017).
[2] 당시 「의단」의 발행인이었던 김재홍 선생이 2021년 6월 22일 필자에게 택배로 전달한 당시 발행본의 복사본 1쪽.

를 내고나서 발행인이었던 당시 정치학과 3학년 김재홍 학생이 10월 26일 강제 징집되어 캠퍼스에서 퇴학당하면서 발간 중단됐다.

그런데 1971년에 대학의 교수들과 학생들에 의해 요구되었던 "대학의 자율성"은 그 요구가 누가 언제 제기했는지 의식되지도 않은 채 병영화된 대학 캠퍼스 안에서 계속 저항구호로 이어지다가 그로부터 16년이 지나 1987년 6월 항쟁에서 대한민국 국민 전체의 함성이 되었다. 그리고 그 성과인 1987년 10월의 제9차 개헌, 즉 이른바 '직선제 개헌'을 통해 현행「대한민국헌법 제10호」제31조 제④항의 어엿한 헌법 조항으로 조문화되어 대한민국 헌법사상 최초로 헌법 문안에 들어왔다. 그런데 이런 헌법화의 연원을 소급하면 바로 그 "격동의 1971년" 10월 15일에 전국 10개 대학에 내려진 위수령衛戍令에 닿는다. 바로 여기에서 "대학의 자율성"은 박정희가 끄는 권력 기관차가 막 폭주하고 가려던 유신 쪽의 철로와 정반대되는 민주화 쪽의 선로를 받치는 침목 중의 하나였다. 그리고 이 요구를 떠받치다가 무장군인들에 끌려나와 입영열차를 타고서야 비로소 하나로 집결당하여 의도하지 않게 인간적 연대를 이루게 되었던 장차 '71동지회'의 멤버들은 폭주하는 독재자의 기관차를 일단 막아 세워 민주·민족·민중의 선로로 돌리려던 역사의 회전반回轉盤 또는 전차대轉車臺—전문 연구자들이 철학사적 비유로 곧잘 사용하는 독일어로— 드레-샤이베Drehscheibe(turn-table)의 역할을 한다. 더 명확하게 말하자면, '1971년의 대학생'들은 포로처럼 집결당하여 강제로 끌려갈 때 이미 50년 뒤에 올 '21세기 대한민국'을 선취하고 있었다.

그러나 '71년의 대학생들'이 선취한 것은 "대학의 자율성"뿐만이 아니었다. 이들은 당시 자신들이 대면하고 있던 '박정희와 그 군부세력'이 5.16 이래 대한민국을 통치하는 기간 동안 자기들이 의식적으로 계획하여 의도에 따라 성취했다고 주장하는 성과를 디딤돌로 하여 국민들을 어떻게 지배하려고 들지 그 실상을 과학적으로 파악하고, 그 문제 요인들에 대해 대학을 배경으로 실천적으로 대응하려던 '실천적으로 참여하는 지식인 집단practically engaged groups of intellectuals'이다. 자신을 이렇게 이해하면서, 그들은 노골적으로 독재화되어가는 군부세력의 무력적 강압에 대해 당시 '민중民衆'이라는 개념으로 파악되었던 소외된 국가시민들의 민주주의적 연대만이 민주공화국의 국체와 정체 안에서 국가 차원의 문제들에 대처하는 실천적 동력이라는 자의식을 분단체제하 대한민국에서 최초로 집단적으로 구현하였다. 그렇다면 이들이 자기 시대가 극복해야 한다고 설정한—그리고 나중 '전체주의적 유신독재체제'로 실제 현출한— '박정희 군부세력'을 어떻게 파악하고 무엇으로 대응하려고 했던가?

2. '박정희 군부세력'의 핵심 지향과 권력기회주의적 변용의 과정: '군정' →'제3공화국' → '유신독재체제'를 경과하면서도 변치 않았던 '1인 영구지배체제' 구축의 목표

3.1민족혁명으로 건립된 대한민국 100년의 정치사에서 단연 한 시대를 차지하는 대통령 박정희의 통치 기간은 일관되게 '박정희 1인 지배'를 핵심으로 하면서도 그 통치 조건과 구조의 변화에 따라 세 시기로 구분된다.

우선 박정희는 임시정부 이래 최초로 국민이 직접 주권을 행사한 1960년 4.19민주혁명의 여진이 여전히 남아 있던 상황에서 그 1년이 조금 넘은 시점인 1961년, 이른바 '은인자중하던 군부'의 이름으로 5.16쿠데타를 일으켜 합헌 정부를 축출하고 제5대 국회를 해산하면서 사법부까지 점거하는 데 단 하루가 소요된 군사정변으로 제2공화국을 전복하고 이른바 혁명위원회를 통해 2년 7개월의 '군정軍政'을 실시한다. 그다음 이들은 자신의 약속과 점증하는 국내·외 압력에 밀려 제2공화국 때 잠시 폐기되었던 대통령 중심제를 복원한 제5차 개헌에 따라 성립한 제3공화국 기간 중 대통령 연임 조항만 개정하여 삼선을 허용하는 제6차 개헌까지 해가면서 상당히 아슬아슬하게 유지되었던 민주정체民主政體의 틀 안에서 대통령을 세 차례 역임한다.

그러나 박정희 통치 행적에서 그의 통치 기반과 정치적 개성을 가장 두드러지게 드러낸 것은 이렇게 무리하게 추진한 삼선개헌에 따라 세 번째로 대통령에 당선되고 나서도 임기의 반도 채우지 않고 5.16 당시 그가 동원하여 국권을 찬탈하였던 '군부軍部'를 재차 가동하여, 자신이 대통령 직위를 독점했던 제3공화국마저 궁정 쿠데타로 전복시켜 그나마 명맥을 유지하던 민주정체를 완전히 압살한 뒤, 그가 그토록 갈망했던 '종신 대통령'의 직위를 가능하게 했던 '전체주의적 유신독재체제'의 구축에 성공한다는 것이었다. 이른바 '유신헌법'이라고 불리는 대한민국 제4공화국의 「대한민국 헌법 제8호」의 통치구도는 '통령' 박정희의 통치

행위에 대해 정당 간의 상호작용으로 작동되는 제도정치권과 국민 생활권에서 제기되는 일체의 저항 요인들을 일상적 차원까지 일일이 선제적으로 제압하고 분쇄하는 것에 통치역량을 집중하도록 하는 데 핵심이 있었다.

그렇다면 여기에서, 유신독재체제 성립 당시 그 엄청난 폭압으로 국가와 사회 전반에 걸쳐 모든 국민 역량이 완전히 제압된 것처럼 보이는 가운데, 어느 면에서 당연시되었지만, 왜 당시 강고하고도 폭력적이고 또 포악하기도 한 유신독재체제에 대항하여, 유독 대학에서 반독재 민주화 학생운동이 그렇게 즉각, 그리고 줄여 잡아도 5공까지 지난 20세기 말까지, 지속적이고도 조직적으로 전개될 수 있었느냐를 살펴보아야 한다. 왜냐하면 20세기 제2차 세계대전 이후 전 세계 제3세계의 탈식민지 국가들에서 유행하던 민간독재와 군부독재에 맞서―1960년 4.19민주혁명 이래― 40년간이나 지속되면서 독재세력에 대해 국가적 규모의 시민 승리까지 성취함에 있어서 학생운동이 주도한 민주화 투쟁의 사례는 대한민국 학생운동뿐이기 때문이다.

이렇게 보면 "격동의 1971년"에는, 유신독재체제로 가는 선로가 확연히 뻗치면서 그쪽으로만 내달릴 것 같은 권력의 기관차에 일단 제동을 걸고, 그 행선지를 반유신 민주화의 선로로 돌릴 수 있을 정도로 정치적 제동능력을 갖춤과 동시에 국가적 차원의 미래 비전을 정립할 수 있는 역사적 구상력을 갖춘 실천세력이 결집함으로써, 일방적으로 치달을 것 같았던 역사의 선로를 바꾸는 일종의 회전반回轉盤 또는 전차대轉車臺, 즉 드레-샤이베Drehscheibe의 역할을 한 것으로 보인다. 즉, 당시 폭주하는 독재의 기관차를 타고 치달리는 '전체주의적 유신독재노선'의 '박정희 군부세력' 그리고 이 기관차의 기관사를 끌어내리고 대한민국 열차를 '민주·민중·민족의 노선'으로 끄는 '민주화세력' 등 두 세력이 박정희 위수령의 일차 타격점인 대학 캠퍼스 안에서 뜻하지 않게 일차 조우한다. 어쨌든 1971년 10월의 위수령 안에서 그것을 주도한 군부세력은 전혀 의도하지 않게도, 2021년 현재까지, 지속적으로 때마다 민주화를 제기하는 국가적 요청들에 부응하여 행동하는 주권자 시민들의 정치적 준거점과 세력 형성의 실천적 전형을 보여줄 인적 자원들을 부지불식간에 결집시켰다. 즉, 차후 유신독재체제를 이룰 독재자와 그 수하 세력이 1년을 두고 온통 휘저은 "격동激動의 1971년"은 바로 그들에 저항하여 새로운 헌정질서를 이룰 선도세력이 결집되는 '태동胎動의 1971년'이었다. 그렇다면 군부의 폭력지배를 바탕으로 한 반민주 유신군부세력을 최종적으로 타도한 1987년의 6월 국민항쟁 뒤 한 세대 이상 지나 2021년 현재까지 지속되어온 대한민국 민주공화국 헌정질서의 전망은 어떤 형태와 내용으로 1971년에 선취되었는가?

3. 1971년까지 '박정희 군부세력' 또는 '박정희 레짐'의 성과와 그 내재적 문제요인들: 국제적 냉전체제의 안에서 추구된 반공·안보지상주의와 저임금·장시간 노동을 고정 조건으로 한 경제성장지상주의에 따라 구축된 발전국가체제에서 성취된 생산력의 비약적 발전 또는 한국형 산업혁명

어쨌든 3.1민족혁명에서 광복, 전쟁 그리고 분단을 관통하면서 4.19민주혁명을 거쳐 제2공화국이 성립되는 1961년까지 42년을 흐른 한국 현대사에서 '박정희 군부세력'은 그때까지 국가적으로 형성된 그 어떤 현실 정치적 맥락과도 부합하는 측면이 전혀 없었던 일종의 돌출체였다. 그런데 반란 당일 이들의 무력시위 앞에서 군사반란을 제압할 헌법적 의무와 권한이 있던 민주당 정부는 내각 각료, 총리 그리고 대통령에 이르기까지 진압 명령권을 발동할 엄두도 내지 못한 채 자체 붕괴하고, 반란의 실체를 파악하지 못했던 미국이 성명서를 내는 것 이외에 그 어떤 실력 행사에도 나서지 않는 동안 '중앙방송국'(현재의 KBS) 라디오를 통한 '혁명공약'을 방송하여 국민의 의식을 일시에 사로잡고 일단 5월 16일 당일 각료 전원을 체포하여 중앙청에 구금한 뒤 저녁에는 민의원과 지방의회 등 입법부를 해산함으로써 하루 만에 국가 통치권을 전면 접수하는 데 성공하였다.

당시 군대는 4.19 때의 경우 계엄령을 집행하면서도 송요찬 계엄사령관이 발포 금지 명령을 내려 오히려 시위대를 보호하는 결과를 가져와 4.19민주혁명의 성공에 간접적으로 기여하기도 하였다. 따라서 대한민국 국군이 '군부軍部'를 자처하고 나섰을 때 기존 정치인들이나 민간 정치폭력배 그리고 이들을 비호하고 이승만 독재에 앞장섰던 경찰에 비해 상대적으로 깨끗한, 아니 어느 면에서는 미지의 상태에서 오는 참신한 이미지를 갖고 있었다. 그리고 이들이 내걸었던 '혁명공약'은 전쟁과 압제에서 오는 위협에 대한 국민의 생존지상주의와 탈빈곤에의 욕망을 포괄하는 내용을 담았는데 그 요체는 다음 세 가지로 요약된다.

- 혁명공약 요체 1. [생존지상주의의 실현을 무력에 의한 반공안보의 강화로 해석]
- 혁명공약 요체 2. [당장에 해결해야 하는 국가의 긴급한 문제로서 탈빈곤의 욕구에 대한 경제적 대응]
- 혁명공약 요체 3. [정치적 민주주의를 국민주권의 발현이 아니라 대중 개개인의 도덕성과 정치인의 품성에 국한시켜 이해]

그런데 이런 공약이 어떤 방식과 형태로 실현될지 극히 미지수였던 당시 상황에서, 무력武力을 동원하기는 했지만 무혈無血인 쿠데타에 대한 국민의 일반적 정서는 조심스러운 관찰의 눈길이었고, 4.19 당시 발포 책임자나 이승만 독재의 주구였던 정치폭력배들에 대한 군대식 즉결처분의 방식은 이들을 제대로 처벌하지 못했던 직전 민주당 정부의 유약함과 비교되면서 쿠데타에 대한 대중적 저항감을 상당히 누그러뜨렸다.

이런 와중에서 1963년 12월 17일 군복만 벗고 민간인인 된 박정희가 대한민국 제5대 대통령으로 선출되어 취임하기까지 실시된 군정軍政 기간 동안 '박정희 군부세력'은, 1979년 10월 26일 박정희가 격살되고 난 이후에도 1987년까지 8년을 더 가는, '박정희 군부독재체제'(역사적으로는 "박정희 유신독재체제"로 집약되었다)로 귀결되는 권력구조의 핵심 단서들을 구축하기 시작하였다. 군정 다음 제3공화국 시기 중 1971년 10월까지 구축된 이런 핵심 단서들의 면모는 다음과 같다.

[박정희 군부독재체제 권력구조 핵심 단서 1._ 4.19민주혁명을 빌미로 5.16쿠데타의 헌법적 지위 참칭]

현재 헌법안에서 너무나 당연시되고 있는 "4.19의거"가 헌법 전문前文에 들어간 것은 이승만 독재를 타도하고 성립한 제2공화국에서 제정된 '헌법 제4호'와 '헌법 제5호'가 아니라, 5.16쿠데타 세력이 합헌 정부인 장면 내각을 전복하고 창출한 '국가재건최고회의'에서 발의, 공고하여 대한민국 헌법사상 최초로 국민투표로 확정한 헌법 제6호였다. 여기에서 '박정희 군부세력'은 4.19를 "의거義擧"로 규정하여 그것을 국민 개개인의 정의감이 도덕적 분노로 표출된 돌발사건 정도로 협애화시켰음에 반해 5.16은 "혁명革命"으로 규정하여 자신들이 도덕품성적 차원에서 일어난 4.19사건을 국가적 차원에서 완성시킨다는 듯한 관념적 표상을 창출함으로써 5.16쿠데타에 헌법적 위상을 부여하였다.

[박정희 군부독재체제 권력구조 핵심 단서 2._ '국민주권적 민주주의'에 대한 지속적 왜곡과 전체주의적 독재체제를 정당화하는 대체 이데올로기의 개발]

'박정희 군부세력'은 이미 그 혁명공약이라는 것에서 민주주의를 정치인이나 피통치자로서의 국민이 지녀야 할 그 어떤 도덕적 품성 정도로 이해하고 있었다. 다시 말해서 국민 개개인 그리고 특히 정치인 개개인의 인품이나 행위가 고결하지 않으면 민주주의가 성립하지 않고, 이런 점에서 많이 부족한 한국의 국민이나 정치인에게는 "서구식 민주주의"는 맞지 않다고 기회 있을 때마다 강조하였는데, 박정희 어법에서 민주주의라는 용어는 현대 민주주의의 기본원리 중 하나인 '자유민주주의'와는 점차 철저하게 선을 긋기 위해 "행정적 민주주의", "민족적 민주주의", "한국적 민주주의", "반공 민주주의", "국적 있는 민주주의" 등등 민주주의 앞에 다양한 형용사를 덧붙여 이른바 "서양에서 수입된" 자유민주주의의 의미에 근본적 제약을 가하면서 사용되었던 것만은 분명했다.

[박정희 군부독재체제 권력구조 핵심 단서 3._ '반공을 핵심으로 한 안보지상주의'를 구실로 국민생활영역 전반에 걸친 감시·탄압을 가동하는 전체주의적 동원체제와 시민사회의 병영사회로의 총체적 전형]

'박정희 군부체제'가 무엇이라고 분석하든, 그 체제를 이념적으로 뒷받침했던 두 축 가운데 하나로 '남북한 분단체제'를 불변의 전제로 상정하는 가운데, 대한민국 국민들에 대해서는 '반공을 핵심으로 한 안보지상주의'를 강압했다. 박정희 군부세력은 이 점에 기반하여 '중앙정보부'를 창설하여 '보안사'와 발맞추도록 하여 군부와 민간 전체에 대해 광범한 정보를 수집하여 사태를 선제적으로 통제하는 총체적 감시기구를 점차적으로 구축하고 야당, 언론사 그리고 4.19 이후 정치적으로 활성화된 대학가 등에 정보원과 경찰력을 투입하여 실시간

제압이 가능하도록 하고, 경찰력을 넘어서는 저항이 발행할 경우 최후 수단으로 군대를 투입하는 전체주의적 폭력통치체제를 구축하였다.

[박정희 군부독재체제 권력구조 핵심 단서 4._ 발전국가체제를 통한 '한국 산업혁명의 달성'과 그 성과를 바탕으로 한 개발독재의 지향]

'박정희 군부세력'은 군정을 시작하자마자 바로 경제개발계획을 세워 집행하고자 하였는데, 대한민국 정부의 경제개발계획은 이미 이승만 정부 시절 당시 정부 사이트에 집결되어 있던 경제 관료들 사이에서 여러 시안이 제출되기 시작하여 제2공화국에 와서 '부흥부'의 역할이 강화되면서 통계와 계수 기법이 활용된 계획이 성안되어 국회에서 논의되었고, 특히 '국토건설계획'은 집행에 들어가 있었다. 어쨌든 박정희 군부세력이 성안한 '제1차 경제개발 5개년계획'은 소비재 내수 진작을 핵심으로 한 내부시장을 부양하여 고용을 창출하고 소득을 증대시킨다는 이른바 '내포적 균형성장'을 지향하는 것이었다. 그런데 이 구상은 민주당 정부 것과 근본적으로 동일하였지만 당시의 권력 상황에서 탈빈곤과 부의 축적에 대한 국민적 열망의 충족을 권력 정당성의 최우선 과제로 부각시켜 국가권력을 집중한 것이 국민 사이에 큰 인상을 준 것은 분명했다. 즉, '박정희 군부세력'은 대한민국 국가의 역사에서 '국가의 힘으로 모든 국민이 가난으로부터 벗어나야 하고 또 벗어날 수 있어야 한다'는 발전국가 원칙을 본격적으로 실현하는 것에 권력 확보의 명운을 걸었다.

어쨌든 쿠데타가 성공하자마자 이른바 '군사혁명위원회'는 이전의 역대 정부에서 양성되어 있던 경제 관료들을 집결시켜 일단은 이전 정부들에서 작성한 거의 그대로, 우선 국내자본(內資)을 동원하여 먼저 식량자급과 1차 산품의 수출을 안정적으로 추진하기 위해 비료공장 설립 등 수입대체산업화와 산업 간 균형성장에 중점을 두면서도 경제성장률만은 이전 정부들보다 훨씬 높은 7.1%로 잡은 '제1차 경제개발 5개년계획'을 수립하여 쿠데타 다음해인 1962년 1월에 발표하였다.

그런데 한국전쟁 이후 대한민국의 역대 정권이 계획경제를 도입하는 데 관심을 가진 일차적 계기는 당연히 전후 복구와 아울러 국민의 생존을 보장해주어야 하는 국가적 책임에 있었지만 그에 못지않게, 어느 면에서는 이런 내재적 관심을 넘어 실질적 영향력까지 갖춘 동기는 미국으로부터 왔다. 즉, 당시 국제정치의 기본축이었던 동서 냉전의 조건 아래서 전후 복구에 먼저 성공하고 경제성장에서도 괄목할 만한 성과를 올리고 있었던 1950년대 전후 북한에 대한민국이 흡수되지 않으려면 대한민국의 경제 발전이 필수적이라고 보았고, 이런 관점에서 볼 때 이승만 정부는 부패했고, 장면 내각은 무기력했는데, 돌출적으로 등장한 군사정부의 실세들로 보이는 소장파 장교집단은 그 수장인 박정희를 비롯하여 모두 그 이데올로기적 정향이 좌익인 것처럼 보인다는 의혹을 상당 기간 털어내지 못한 상태였다. 그런데 북한과의 체제경쟁에서 발전국가 모델을 들고 나오는 당시 박정희 군부세력이, 비록 민주당 정부가 작성한 계획을 거의 그대로 본땄지만 내자 동원을 위해 화폐개혁, 금융 장악 등의 조치를 취하자 당시 미국에게 그런 시도는 거의 유사類似사회주의로 보였다.

그런 가운데 군사정부가 단기간에 수립한 '제1차 경제개발 5개년계획'은 그 실행 첫해인 1962년에는 참담한 실패로 끝났다. 이같은 성장을 달성하기 위해 3,200억이라는 자금이 필요하여 자금을 마련하기 위해 민간에 숨어 있는 여유 자금을 찾아내 산업자금으로 돌리기 위해 1962년 6월 화폐단위를 '환圜'에서 '원'으로 전환하는 화폐개혁을 단행했지만 시장에 혼란만 야기한 채 실패하였다. 화폐개혁과 나란히 부정축재자 처리를 통해 은행을 장악하기도 하였지만 시중 자금이 경색된 상태에서 은행에 유치되어 있던 자금은 생각보다 그리 많지 않았다. 투자 자본의 국내 조달이 계속 난항을 겪자 1962년 7월에는 어떤 민간기업이라도 해외로부터 자금을 빌려오면 중앙은행이 보증하는 유례없는 조처를 단행하였지만 5,000만 달러의 외자도입 계획 중 도입된 것은 600만 달러에 그쳤다. 10년 전 전쟁을 치르고 여전히 원조에 기대어 나라 살림을 꾸리는 그런 처지의 국가가 아무리 채무를 보증해도 거액을 빌려줄 해외 금융기관은 없었다. 설상가상으로 이 해에는 유난히 심한 가뭄으로 흉년이 들어 "쌀 위기"가 조성되고 전력 공급도 차질을 빚었다. 결국 1962년의 경제성장률은 전년도인 1961년의 3.5%에도 미치지 못하는 2.8%에 그쳤다. 반면에 의욕적 투자에 따른 역작용으로 물가는 오름세를 지속했으며, 외환보유고는 1억 달러를 밑도는 등 경제 전반에 어려움이 가중됐다.[3] 이제 내자 동원을 통한 경제성장은 불가능한 것으로 보였다.[4]

상황이 어려워지자 경제기획원은 결국 불가피하게 제1차 경제개발계획 2차 년도인 1963

---

[3] 위의 글, 같은 사이트.

[4] 박태균, 『원형과 변용. 한국경제개발계획의 기원』 (서울대학교출판문화원, 2016), 324-327쪽.

년의 경제계획을 수정할 수밖에 없었다. 당시 계획 수정을 가장 심하게 일차적으로 직접 압박 아니 강박하다시피 한 것은― 2021년 현재의 관점에서 보면 참으로 의아한 광경이지만 ― 미국의 케네디 행정부였다. 미국은 1950년대 이래 미국의 원조물자에 대한 역대 한국 정부의 처리과정에 심각한 의혹을 갖고 있었고, 더구나 아직 정치적으로 신뢰하지 못했던 군사정부에 대해서도 마찬가지였다. 이에 따라 미국은 다른 후진국에 대해서는 주로 공기업의 역할을 인정하는 방향을 잡았던 것과는 달리 한국의 군사정부에 대해서는 민간기업의 역할을 강조하고 나섰다.[5] 그와 동시에 미국은 한국의 군사정부가 미국과 "사전협의 없이" 경제에 관한 결정이나 계획을 수립하고 집행하는 것에 대해 정치적으로 깊은 불신과 불안을 갖고 있었기 때문에 군사정부를 미국 쪽에 의존시키기 위해 '한미합동경제위원회'나 그것을 대체하는 '한미합동경제협조위원회'를 설치하여 운영하였다. 그리고 이런 미국의 뜻에 한국 측 군부 인사나 경제관료들이 부정적이거나 소극적일 경우 당시 한국 경제 유지에 필수적이었던 원조물자 제공을 양적으로 감경하겠다거나 그 공여시기를 보류하는 방식으로 압력을 가하였다.[6] 그러면서 미국은 한국의 경제가 내수지향적 자립경제보다 수출주도형 구조를 갖추어 세계시장에 의존하도록 하는 것이 국제적 냉전 조건하에서 이루어진 대(對)후진국 원조 정책의 국제정치적 관심 방향과 부합한다고 판단하고 있었다. 결국 1962년 말 박정희 군사 정부는 경제정책에 대한 책임 추궁과 원조를 수단으로 한 미국의 압력을 수용할 수밖에 없었는데,[7] 이것은 2021년 현재까지 한국사회에서 통용되는 믿음 즉, "박정희와 그 주변 세력이 수출주도형으로 한국 경제개발을 시작하였다"는 신화가 사실이 아니라는 것을 말해준다.[8]

그러면서 경제개발계획의 방향이 수정된 첫해인 1963년, 장래가 막막하게만 보였던 가운데 전혀 예상치 못한 곳에서 그야말로―21세기 한국 대중의 용어로 말하자면― '뜻하지 않는 대박'이 터졌다. 당시까지 한국 경제는 쌀, 김, 텅스텐(重石), 석탄 등 1차산업 산품을 수출하여 석유 및 농산물을 포함한 생활필수품을 수입하는 구조였다. 1963년에도 역시, 수

---

[5] 위의 책, 330쪽.

[6] 위의 책, 332쪽.

[7] 이종석 기자, 「[한국경제 반세기] 경제개발계획 시동②」; 〈이데일리〉(기사입력 및 최종수정 2005.05.05. 오후 12:41. http://news.naver.com/main/read.naver?mode=LSD&mid=sec&sid1=001&oid=018&aid=0000274517).

[8] 박태균(2016), 앞의 책, 336쪽 및 379쪽.

출 계획 7,100만 달러 가운데 농수산물이 2,300만 달러, 광산물이 3,000만 달러로 계획되어 이 둘이 총수출의 73%로 대부분을 차지하게 되어 있었다. 공산품의 수출 계획은 고작 640만 달러였다. 그런데 1963년 그해의 공산품 수출은 당초 계획치보다 4.4배나 많은 2,800만 달러나 되었던 반면 크게 기대했던 농수산물과 광산물의 수출액은 각기 1,800만 달러, 2,600만 달러로 계획치를 밑돌았다. 공산품이 일거에 한국 경제의 수출 주력품으로 떠오른 것이다.[9] 이 기세를 그대로 밀어붙여 "1960년대 대한민국은 세계 경제의 호황기를 타고 10년 동안 연평균 41%의 놀라운 수출 신장을 기록, 저개발국가에서 개발도상국으로 진입하게 되었다."

여기에서 분명히 지적해야 할 것은 1963년의 대박을 터뜨린 공산품들의 수출 급증은 거의 예외 없이 1950년대 농촌에서 축적되어 차후 발전자원으로 전용되는 '고품질 인적 자원'에서 나온 '저임금 장시간 노동'의 전 국민적 투입이 없었다면 전적으로 불가능했을 것이라는 점이다. 농촌 인력의 대규모 도시 유입과 주로 대도시 영세민촌의 대량 주거로 생활비가 대폭 저렴한 상태가 아니었다면 당시 아직 기술 수준과 품질 수준이 높지 않았던 한국산 수출품이 세계시장에서 1990년대 초반까지 거의 한 세대에 걸쳐 가격경쟁력을 갖기는 어려웠을 것이다.

어쨌든 대한민국 역대 정부의 경제계획 수립을 연구하는 전문연구자들 사이에 박정희 군사정부의 첫 경제계획안은 장면 내각의 계획을 베껴서 시행했다는 것은 상식에 속하는데, 미국의 압박 아래 경제 발전의 방향을 '자립적 내부 안정'에서 '수출주도'로 바꾸어 '수출진흥위원회'를 설치한 때부터 기대하지 않았던 대박이 터지면서 박정희 군사정권에게 그 정치적 책임성이나 헌법적 정당성에 대한 응답을 면제받도록 해줄 만큼 엄청난 경제성장이 달성되었으며, 군정에서 제3공화국으로 이어지는 이 시기에 대한민국 역사에서 그야말로 "한강의 기적" 또는 '한국형 산업혁명'이라고 불려도 전혀 과장이 아닌, 생산력의 비약적 발전을 이룩했다.

---

[9] 이 단락의 서술 〈나무위키〉, 「한강의 기적」(최근 수정 시각: 2021. 08. 01. 03:18:30. https://namu.wiki/w/%ED%95%9C%EA%B0%95%EC%9D%98%20%EA%B8%B0%EC%A0%81) 참조.

4. "격동의 1971년": 박정희형(形) 발전국가체제의 문제요인들의 집중적 표출 — 데탕트로 인한 안보 전제의 급변, 개발독재 안에서 국부(國富)와 민부(民富)의 상치 그리고 국가통치체제와 국민권리체계의 충돌

이렇게 5.16쿠데타 이래 군정에서 성공적으로 제3공화국 수립에 성공하는 등 1971년까지 '성공의 십년'을 지나면서 1971년 대통령 선거에서 3선까지 성공한 박정희 정권은, 본래는 계획적으로 의도하지는 않았지만, 크게 기대하지 못했던 와중에 터진 성공의 계기를 일관되게 관철하여 당시까지 누구도 성취하지 못한 산업화의 구조적 기틀을 마련하였다. 하지만 1971년에 벌어진 수많은 사건을 보면 박정희 정권 10년 동안 추진되어 상당한 성공을 거둔 '성장지상주의'가 아직 국민 대다수에게 성장의 성과에 부응하는 탈빈곤의 체감을 안겨주지 못했다는 것이 분명해진다. 군정과 제3공화국 기간에 이룩한 이른바 '한강의 기적'을 추동한 공산품 수출의 폭발적 신장은 봉제공장 등의 영세작업장들에서 만들어지는 섬유제품을 필두로 '장시간 저임금 노동'이 가능했던 (당시 주로 농촌에서 갓 올라와 영세민촌에 거주하던) 어린 여공들의 노동력을 대량으로 투입한 덕분에 나온 성과였다. 그런데 바로 이 부분에서 1970년 11월 13일 청계천 평화상가에서 "나라의 아버지이신 박정희 대통령에게 근로기준법 준수를 간청"하면서 "우리는 기계가 아니다!"라고 외치고는 자기 몸에 불을 시른 전태일 분신 의거가 일어났다. 목전에 보이는 '부의 축적'의 거대한 풍요로 해소되지 않은 '전형적인 자본주의형 빈곤의 만성적 대량 발생'이 대한민국 사회에 본격적으로 현출되기 시작하였던 것이다. 전태일 분신은 '국민을 굶기지 않고 제대로 먹였다'는 것을 자기 정당성의 기반으로 삼았던 박정희식 통치, 다시 말해 성장지상주의에 입각한 국민경제 운영의 타당성에 심각한 타격을 가하였다.

나아가 근본적으로 아직 월남전이 채 종료되지도 않은 상황에서, 박정희 군부세력의 안보지상주의의 전제가 되는 국제적 냉전의 조건이 급격하게 변하기 시작했다.[10] 1969년 7월 25

---

[10] 이영희, 『전환시대의 논리』 (서울: 창작과비평사, 1974)에 수록된 「베트남 전쟁」 시리즈 3편은 동서 양진영의 이분법으로 볼 수 없을 정도로 당시 사회주의 진영 내부의 중소대결 맥락과 월남전에 대한 미국의 자기기만을 충격적으로 분석하였다.

일 괌에서 닉슨 대통령이 백악관 수행기자단과 가진 기자회견을 통하여 동아시아 동맹국들의 자주국방 능력 강화와 미국의 부담 감축 방침을 천명한 이른바 "괌 선언" 이후[11] 1970년 2월 18일 닉슨 행정부의 대아시아 외교의 공식 원칙으로서 '닉슨독트린'이 표명되면서 한반도 분단체제의 전제 조건이었던 국제적 냉전의 해소와 긴장 완화, 즉 데탕트Détente가 거스를 수 없는 대세가 되는 것은 분명해졌다.

그런데 제3공화국 헌정체제 안에서 3선을 달성했음에도 불구하고 대통령 박정희는 자신의 집권기간 동안 성취한 경제성장의 성과를 국민에게 대폭 나눈다든가 국제적 냉전의 해소를 한반도 평화정착과 그에 기반한 평화통일에의 조건을 활용하는 쪽으로 권력을 운용할 의도는 추호도 없었다. 오히려 그는 3선을 달성하는 때까지 지속된 장기집권에 따라 거의 고착화된 통치기구들을 정보정치, 공작정치, 고문정치의 도구로 편성하여 전체주의적 통제체제를 구축하였고, 경제성장의 경제적 성과를 자기 집권의 재정적 원천으로 조달해주는 경제세력과 정경유착 관계를 결성하여 2021년 현재까지 거의 상시적으로 사회권력을 발휘하는 '재벌財閥(chae-bol)'이라는 기득권 세력을 고착시켰다. 그러면서 드디어 이런 체제편제에서 창출된 국가폭력을 동원하여 주권자 시민들의 생명과 신체에 직접 손대어 체제존립 한계선까지 치닫는 막장조치들을 서슴없이 단행하기에 이르렀다.

5. '1971년'의 그 청년들: '개발독재'로 폭주하는 국가폭력의 기관차를 돌려 발전국가의 성취물들을 민주·민족·민중의 열차로 옮겨 실으려는 '드레-샤이베(轉車臺)' — 박정희가 있었기 때문이 아니라 박정희가 없어서 이루어져온 인권·평화·복지의 통일민주공화국

1971년에 일어난 사건들에서 우리는 발전국가의 성과를 개발독재의 기반으로 결집시키면서 1년 뒤 '유신독재체제'로 체계적으로 구조화된 '국가폭력의 권력기관차'가 정보정치의

---

11 이 회견에서 닉슨은 "길지 않은 기간 동안 미국은 세 번이나 태평양을 건너 아시아에서 싸워야 했다. 일본과의 태평양전쟁, 한국전쟁 그리고 아직도 끝이 나지 않은 베트남 전쟁이 그것이다. 2차 대전 이후 아시아처럼 미국의 국가적 자원을 소모시킨 지역은 일찍이 없었다. 아시아에서 미국의 직접적인 출혈은 더 이상 계속되어서는 안 된다"고 선언하였다.

감시와 공작정치 그리고 폭력통치의 마각을 드러내면서 우선 의회민주주의를 압살시키고 (10.2 항명 파동), 그다음 10월 15일 당시로서는 제도권 정당을 제외하고는 시민사회권에서 대중적 규모의 인원을 동원할 수 있었던 유일한 세력이었던 대학생들의 저항을 선제적으로 제압하기 위해 10개 대학에 무장군인을 진주시켜 전국 대학의 학생운동 지도부 약 200명을 한꺼번에 제적, 강제 징집하여 10월 26일 용산역에 집결시켜 강제 입영시키는 일련의 과정을 목격한다. 여기에서 우리는 1971년 10월 15일 각 대학 정문 앞에 서 있던 군인들이 열하루 지난 10월 26일 캠퍼스를 뒤져 잡아내어 강제 징집한 대학생들을 용산역에서 입영열차에 태우는 광경으로 바뀐 것을 목격한다. 그런데 당시 '박정희 군부세력'은 이렇게 집단적으로 실시된 강제 징집을 통해 각 학교에 흩어져 있던 학생들을 한군데로 집결시켜 학생들 자력으로는 온전하게 이루기 힘들었던 조직적 결속을 형성시켜 차후 학내에서 의도치 않게 '학생운동권'이라는 활동권역을 준準제도화하는 결과를 낳았다.

그런데 10.15위수령 이전 1971년 캠퍼스의 학생들은 자신들이 상대하던 세력이 어떤 상태에 있었는지 그 윤곽을 거의 정확하게 파악하고 있었다. 일단 중요한 것은 1970~71년의 기간 동안 일어난 세계적 차원의 대변혁과 한국사회의 모순구조 그리고 그 생명과 신체를 손상해가는 대규모 인간군人間群이 우리 사회 안에서 대중적으로 발생하고 있다는 사실을 당시 대한민국 국민들에게 정확하게 알려줄 언론 기능이 거의 압살당하는 상태에 빠져들었다는 것이다. 1971년 3월 25일 '언론규탄대회준비위원회' 명의로 발표된 「언론인에게 보내는 경고장」은 그 '결의문'에서, "우리는 불굴의 의지로 투쟁할 것이며, 언론도 공동의 투사로 나설 것은 재삼 촉구"하고 "모든 언론인이 편집권 독립을 위해 '노조'를 결성할 것을 촉구"했다. 나아가 이 경고장은 "우리는 당면한 선거에 있어서 부정불법을 필지로 예상하는바, 언론이 이를 방관한다면 공법자의 단죄를 불면할 것"이라고 단정하고, "언론은 권력으로부터 독립하라"고 요구하면서 "특히 자주적인 편집을 방해하는 중앙정보부원을 신문사에서 축출하라"고 요구했다. 이 문안으로 보면 당시 언론사 편집국 안에—2021년 현재의 상식으로는 도저히 납득할 수 없지만—정보부원이 아예 상주하고 있었음을 명확하게 투시할 수 있다.[12]

---

[12] 언론규탄대회준비위원회, 「언론인에게 보내는 경고장(1971년 3월 35일)」; 71동지회 편, 『나의 청춘 나의 조국. 71동지회 30년 기념 문집』(2001), 앞의 책, 603쪽.

그럼에도 1971년의 사건들은 시민에게 충분히 전달되지 않았다고 판단했던 당시 대학생들 가운데 '서울대학교 문리과대학대의원회'는 단기 4304년(서기1971년) 9월 22일자로 과거 발행했던 학생자율신문「議壇」을 복간하면서 당시 문리대대의원회 김재홍 의장의 명으로 집필한 '발간사'에서 "민주대중사회에서 원활한 의사소통을 통하여 분산되어 있는 의사를 집약하고 반영하는" "언론의 목적과 역할"을 서두에 내세우는 가운데, "국내 지식인이 일방적으로 그려진 테두리에 갇힘으로 인하여 객관적 상황에 대한 판단의 불가능 속에서" "현금 국제정세가 급격히 변하고 있다"고 당시 정세 인식의 악조건을 요약하고 있다. 이런 조건 안에서 "민족 이익 내지 국가 이익이 모든 가치관을 좌우하는 국제정치의 현실 속에서 민족분단의 불행으로 말미암아 유독 우리만이 민족의 이익을 도모할 수 없어" "이는 민족사에 커다란 침체를 초래할 것"으로 예견하고 있다.

당시 선진적인 정치의식과 역사의식을 가진 대학생들의 생각을 요약적으로 보여주는「議壇」의 논고와 기사들이 서울대 문리대 차원의 소수 학생의 방향성만 대변하지 않는다는 것은 10월 15일 위수령 바로 전날인 10월 14일 발표된 '전국학생연맹총대회 선언문'이 전해준다.[13] 이 선언문은 당시 대학생들이 1년 뒤 유신독재체제로 귀결될 제3공화국의 박정희 정권을 어떻게 규정하는지 분명히 부각시킨다. 즉 이 선언문은 "동학혁명 삼일운동 사월혁명"이라는 대한민국 건국과 헌법의 정초 사건들의 맥락 위에서 자신들의 정치적 입지를 확인하면서 박 정권의 성격을,

① 분단의 영구고착화를 추구하는 반통일세력,
② 정보통치와 군부폭력을 동원하여 국민의 인권을 탄압하는 반민주세력,
③ 저곡가·저임·중과세로 농민, 노동자, 중소기업인의 생활을 영원히 빈곤성에 고착시키고 부패와 특권을 부당하게 치부하는 반민중세력

으로 규정하면서 "자주정치, 자주경제, 자주문화"를 건설하기 위해서 그것을 억압하고 봉쇄하는 박정희 개발독재세력을 척결하기를 요구하였다. 공교롭게 이 선언문이 나온 바로 다음

---

13 71동지회 편, 『나의 청춘 나의 조국: 71동지회 30년 기념 문집』(2001), 앞의 책, 596-600쪽.

날인 10월 15일 위수령이 발포되었는데 그럼으로써 "박정희 정권은 이들을 학원에서 격리시키는 데는 성공했지만 각 대학의 연대를 더욱 공고히 해주는 데 일조한 꼴이 됐다."[14] 나중 민청학련 조직 나아가 1980년대까지 이어지는 시민사회에서의 민주화운동의 활동가로 활동할 이들은 이 무렵 구축된 대학 간 네트워크에서 그 인적 자원이 충원되었고, 박정희 세력은 온갖 탄압을 통해 이들을 모아서 하나의 시대 경험 안에 묶어줌으로써 자신들이 질주하고자 하는 철길과는 또 다른 철길 쪽으로 박정희 독재 대신 국민을 이 기관차에 태우고 그 방향을 바꾸는 역사적 회전반 즉 드레-샤이베로 만들어주었다.

6. 반세기 뒤 다시 돌아보기: 박정희가 없었기에 가능했던 대한민국의 발전

2021년 8월 2일 아침 뉴스에서 우리 대한민국은 바로 전달인 2021년 7월에, 1956년 이승만 정부에서 처음 성안한 경제개발계획 이래 기산하기 시작한 65년의 수출 역사에서 월수출액으로는 역대 최대로 554억 4천만 달러, 일 단위로는 하루 22억 6천만 달러를 벌어들였다는 뉴스를 접한다. 65년 전에는 3천만 겨레가 1년을 벌어도 못 벌었던 외화를 이제는 한나절다 가기도 전에 벌어들인다. 박정희가 있었으면 이런 성과는 가능했을까? 그리고 그것은 박정희가 있었기 때문에 이룩한 성과일까?

우리는 박정희 시대 때 대한민국보다 좀 앞서 있었던 다른 발전국가들, 후진국들을 본다. 그러면서 확인되는 한 가지 분명한 사실은 아직도 여전히 독재국가이거나 '민주주의가 불충분한 국가들'은 여전히 1970년대까지 컸던 선에 머물러 있다는 것이다. 이런 사실에서 한 가지 분명한 것은 발전국가의 발전 저력인 시민 역량을 개발독재로 묶어두지 않고, 스스로 활력을 발휘하도록 만든 지속적 민주화의 동력이 발전국가의 성과를 전 국민의 생활력으로 전화轉化시키는 데 결정적으로 기여하였다는 것이다. 만약 이런 민주화의 동력이 국가발전에 충분히 공급되지 않았더라면 박정희 체제는 생활력으로 쓰였을 국민의 저항력을 탄압하

---

14 신동호 편집장, "[긴조 9호세대 비사](13) 천혜의 아지트 명동성당(1) 전대련 사건," 「뉴스메이커」 567호(http://weekly.khan.co.kr/art_print.html?artid=6858).

는 데 엄청난 국력을 낭비하고 있었을 것이다. 1971년의 대학생들은 바로 이렇게, '결코 박정희 덕분이 아니라, 박정희가 없어서 가능했던 국가발전'의 철길 쪽으로 대한민국의 기관차를 진정한 현대화 쪽으로 돌려세웠던 회전반 또는 전차대轉車臺였다. 그리고 이 전차대에서 민주·민족·민중의 철길 쪽으로 방향을 바꾼 대한민국 민주공화국의 주권자 열차는 계속 더 높은 인권, 더 강고한 평화 속에서 국민과 민족 누구나 "균등하게" 누릴 수 있는 복지의 민주통일국가를 향해 아직도 달리고 있다.

민주화운동 기록물

1. 위수령

박정희 대통령 10.15 특별명령(전문)

신생 조국의 근대화를 위해서는 무엇보다도 젊은 세대의 발랄한 의기와 진취적 기상에 크게 기대되기 때문에 그동안 정부는 일부 대학가에서 벌어진 탈선 행동을 관용과 아량으로 다루어 왔고 학원과 학생들 스스로의 자성과 자중을 촉구해왔던 것이다.

그러나 이러한 정부의 관대한 조치를 오히려 역이용한 일부 불순 학생들 때문에 이제와서는 학원 사회에 데모사태가 연중행사처럼 되어버렸고 고질화되어 버린 것을 개탄하지 않을 수 없다.

작금 또다시 대학가에서 술렁거리는 일부 불순 학생들의 불학기풍에 대하여 이를 염려하는 많은 학생, 교수 및 학부형들은 학원이 진정 공부할 수 있는 환경과 질서를 되찾도록 해 달라는 탄원을 정부에 매일같이 보내오고 있다.

학원의 질서를 바로잡고 학원에 교수나 학생들이 안심하고 학구에 전념할 수 있는 환경을 조성하는 것은 어디까지나 일차적으로는 학원 자체가 해야 할 일이고 학교 당국의 책임에 속하는 것이다.

따라서 정부는 이이상 더 학원의 무질서를 방치할 수 없으며 일부 불순 학생들의 횡포에 강점되고 있는 학원을 그들로부터 되찾아 공부하겠다는 대다수의 선량한 학생들에게 되돌려 주어야 하겠다는 책임을 새삼 통감하게 되었다.

국가의 안전과 공공의 안녕질서를 수호하는 것은 정부로서 모든 것에 앞서 제일의적으로 수행해야 할 의무이며 또한 권한이다.

따라서 학원의 질서를 회복하고 대다수의 선량한 학생들로 하여금 마음놓고 공부할 수 있게 하는 환경과 분위기를 만들어주는 것도 정부가 해야 할 고유의 직무의 하나이다. 그렇기 때문에 다음과 같이 학원의 질서확립을 위한 조치를 특명하니 관계부터는 상호협조하여 그 실천에 만유루(萬遺漏)없기를 기하라.

특명사항

1. 학원질서를 파양하는 모든 주모학생을 학원에서 추방하라.
2. 앞으로 학생들의 여하한 불법적 데모·성토농성·등교거부 및 수강 방해 등 난동행위는 일절 용납할 수 없다. 이러한 행동을 주도한 학생은 전원 학적에서 제적케 하라.
3. 제적된 자에 대하여는 즉일(卽日)부터 학생 신분상의 모든 특권을 불인하라.
4. 학술 목적을 제외한 각 대학 내의 모든 서클은 곧 해산케 할 것이며 학술 서클도 주임교수가 그 지도와 결과에 대하여 책임을 지도록 하라.
5. 대학에서 정당히 인가한 이외의 여하한 신문잡지 기타 간행물도 이를 발간할 수 없다.
6. 학원의 자유. 자주. 자치는 이를 향유하기에 앞서 응분의 책임이 강조되어야 한다. 불법적 데모·성토·농성·등교거부 및 수강 방해 등으로 학원 질서가 파괴된 대학에 대하여는 학원의 자유. 자주. 자치 등을 인정할 수 없다.
7. 따라서 이들 학교에 대하여는 가) 모든 학생 단체를 해산케하고 학교 당국이 직접 지도, 감독케 하라. 나) 경찰은 그 학원 내에 들어가서라도 주도 학생을 색출하여 치안유지에 만전을 기하라. 군은 필요할 때에는 절차에 따라 문교부, 내무부 및 지방장관의 요청에 협조하라.
8. 군사교련은 중단될 수 없으며 교관단은 긍지와 사명감을 갖고 충실한 교련 강의에 임하라.
9. 각 학교의 학칙을 더욱 엄격히 보강케하여 학교 자체의 질서 확립과 교권 확립을 기하게 하라.

문교부 학칙보강지시 17개항

1. 학생단체조직을 제한하고, (총학생회, 체육단체, 종교단체, 학술연구단체) 목적의 활동 시 총학장이 해산권을 갖는다.
2. 학생 과외 활동은 총학장의 지도 감독을 받는다.
3. 학생회 간부는 B학점 이상이어야 하고 징계를 받은 자에게는 자격을 인정 않는다. 임기 중에 징계되면 자격을 상실한다.
4. 간부에 선임된 자는 총·학장의 인준을 받아야 한다.
5. 총·학장은 학생회 전부 또는 일부의 개선권을 갖는다.
6. 간부 선거에 일체의 금전 사용을 불허한다.
7. 과외활동의 단체조직은 지도교수의 취임 승인을 첨부해서 총·학장의 승인을 받아야 한다.
8. 다음 행위 시엔 총·학장의 승인을 받아야 한다.
    ① 교내·외 10인 이상의 집회(일시, 장소, 참가 예정인원) 광고 인쇄물의 첨부 및 배포
    ② 학생활동의 후원 시상의 외부인사의 학내 초청
9. 학생의 간행물은 지도교수 총·학장의 승인 후 발행한다.
10. 간행물 발행인은 총·학장의 승인 후 배부한다.
11. 교수 등 편집 지도교수를 위촉, 편집 일체를 지도한다.
12. 지도교수의 지도 후 인쇄하고 총·학장의 승인 후 배포한다.
13. 학생은 정당, 정치 목적 단체에 가입, 활동할 수 없고 학내·외 정치활동을 금지하고 집단행위, 성토, 시위, 농성, 등교 거부 및 확성기 사용 등 학업에 지장을 초래하는 행위를 불허한다.
14. 학생 자율적 경비는 타회계에 준하여 집행한다.
15. 총·학장은 교원에게 학생지도를 분담시키고 지도교수의 지도 문제학생 특별지도, 개별상담 등에 노력한다.
16. 위의 각항을 위반할 때에는 총·학장이 직접 징계한다.
17. 징계 제적자에게는 재입학할 자격을 불허한다.

― 진실과화해위원회 2009년 상반기 조사보고서 "1965년. 1971년 위수령 발동 중 인권침해 사건"

위수령 관련 종합 일지
: '10.15 위수령' 발동과 대학생 무더기 제적사태 일지

(년도: 1971년)

월	일	내 용
2	23	대학 교련과목을 필수(7학점, 4년간 711시간)로 하는 교육법 시행령 개정안 의결. 3월부터 실시 결정.
	24	문교부 교육법 시행령 개정안 확정(대학교련 필수, 주3시간씩 년 711시간)
4	6	각 대학생들의 군사교련 전면철폐 및 언론자유 위한 집회(서울대 상대·고대·성대)
	13	- 서울대학교 문리대·법대, 교련 반대 데모로 인한 휴강 - 박정희 대통령, 과학기술원 기공식 참석 길에 서울대 사대에 들러 학원 정상화 당부
	22	- 문교부, 학생의 투개표 참관 무관하다고 공식 결론
	30	- 선거 투개표 참관 학생(서울대·고대 등)들의 평가보고회 개최, 관권을 이용한 부정선거로 주장
5	17	총선보이콧 요구하는 서울 법대·문리대·상대생 35명이 신민당사에서 3시간 동안 농성
	18	부정선거 항의 학생 구속과 관련하여 고대생 천여 명 규탄 대회 및 일부 무기한 단식농성
6	2	서울 공대, 교양과정부 학생 2천여 명, 구속 학생 징계 취소 및 홍종철 장관 사퇴 요구
	29	서울형사지법, 손호철 등 신민당사에서 농성 벌인 서울대생 10명에게 무죄 선고
8	23	- 서울대 교수 9백여 명, 대학의 자율보장 등을 담은 대정부 건의문 채택 - 대학 자율화운동 지방대에 파급 경북대·전남대. 부산대 교수들도 궐기
10	5	수도경비사 5대대 헌병 30여 명, 한밤중 고대에 난입, 학생 5명 연행
	12	국방부와 문교부, 교련 거부 학생 전원 징집 담화 발표
	13	문교부, 대학가 지하신문 서클 폐간·해체를 총학장에게 지시
	15	- 박정희 대통령, 학원 질서 확립 특명 9개 항 발표. 서울 일원에 위수령 발동, 학원에 무장군인 진주, 수업 중인 학생 1,889명을 연행 - 문교부, 서울대(문리대·법대·상대) 고대, 연대. 서강대. 성균관대, 경희대, 외대, 전남대에 무기 휴업령
	18	각 대학, 데모 주동 학생 174명 제적, 교련기부 학생 6,322명 신고 문교부, 제적학생 재·편입학 막으려 각 대학에 학칙 보강 지시
	22	전국 84개 대학 학칙 개정 완료

	23	병무청, 데모 주동 학생 47명, 26일 입영 영장 발부
	26	데모 주동 제적 학생 30명, 첫 입영
	28	박정희 대통령, 문교·국방장관에게 선의의 교련 미수 학생 징집 연기 지시
11	9	위수령 발동 해제, 여의도 주둔 군병력 전원 원대 복귀
12	6	박정희 대통령, 국가비상사태 선언, 정부 시책, 안보를 최우선 시행 지시
	27	'국가보위에 관한 특별조치법' 국회 전격 통과, 신민당 '보위법' 무효화 투쟁 선언

제적생 명단
(총 173명)

서울대학교 (66명)

- 문리대 (20명. 1학기 제적 1명 포함)

이호웅(정치3) 이석규(지질3) 이원섭(외교3) 손예철(중문3) 심지연(정치4) 제정구(정치3) 강우영(국문3) 장성효(사회3) 백운선(정치4) 이상완(언어3) 손호철(정치2) 김형관(정치4) 김경두(정치4) 변용식(정치4) 김재홍(정치3) 박홍석(국사3) 유인태(사회4) 이광호(철학4) 유영표(인류4) 임진택(외교3)

- 법대 (15명. 1학기 제적 1명 포함)

최회원(법학3) 장성규(행정3) 이신범(법학4) 박원철(행정3) 김준연(행정3) 이상덕(행정3) 양재호(행정2) 최명의(법학3) 최혁배(법학2) 최태식(행정3) 박원표(행정2) 최형무(법학3) 장기표(법학3) 원정연(법학3) 이광택(행정4)

- 상대 (16명. 1학기 제적 1명 포함)

김상곤(경영3) 김대환(경제4) 심재권(무역3) 정인승(경제3) 김문수(경영2) 김무홍(경제3) 김승호(경영4) 정수용(경제3) 배진한(경제3) 장상환(경제3) 김수호(경제3) 이영훈(경제2) 이채언(경제2) 김재훈(경제2) 김인상(경제3) 이대용(경제3)

- 사대 (4명)

이달봉(사회교육4) 채광석(영어교육4) 박부권(교육3) 유상덕(지리3)

- 공대 (1명)

어재홍(응수3)

- 교양과정부 (7명)

김천홍(사대 불어교육1) 조순용(문리대 동양사1) 황호선(문리대 철학1) 양관수(문리대 사회복지1) 배기운(법대 행정1) 원혜영(사대 역사교육1) 이석현(법대 행정1)

- 대학원 (3명)

박찬동(정치1) 김세균(정치2) 최재현(사회1)

고려대학교 (22명)

김병수(심리4) 장신구(사회3) 김국진(정치2) 윤재근(국문4) 김영일(독문4) 조연상(경제4) 함상근(법학3) 유정인(철학3) 곽순봉(행정4) 정승옥(불문3) 김동규(축산3) 조상호(법학2) 이정의(화학3) 조문환(불문3) 조원석(국문3) 최태열(농3) 이종연(법학3) 김정수(행정3) 서정규(경영4) 오홍진(정외3) 함병수(철학4) 이종대(심리1)

연세대학교 (15명)

문상우(철학3/총학생회장) 목정래(법학3/총학생회 부회장) 지성일(행정4) 김건만(정외3/한국문제연구회장) 김영철(행정4) 이시우(교육4) 곽하섭(정외2) 김용석(정외2) 김판수(정외2) 김유식(정외4) 홍정유(대학원 정외1) 정석곤(경영3) 고재정(국문4) 이철영(기3) 양국주(철학3)

중앙대학교 (4명)

이인근(정외3/총학생회 부회장) 남철희(정외3/총무부장) 송교일(정외3) 김문규(법3/법대학생회장)

국민대학교 (1명)

이태복(법학2)

성균관대학교 (11명)

이준형(사학3) 전용호(행정2) 송균태(법학2) 이명용(정외3) 허도학(유학2) 최순길(정외2) 서철용(금속3) 김윤재(도서3) 김창대(정외4) 최상택(경영3) 조현상(건축3)

건국대학교 (4명)

이풍우(법학2) 이일호(정외2) 오성한(축산3) 주덕규(정외3)

우석대학교 (2명)

유진규(경4) 이상철(법학4)

외국어대학교 (9명)

심명준(중어3) 오해진(중어3) 선경식(행정4) 강서원(행정3) 김동석(행정3) 이성수(행정3) 박태환(정외3) 신동준(말레이인도네시아어3) 최숙(서3)

서강대학교 (7명)

한성훈(경3) 김진원(신방4) 김낙회(철학2) 성기철(전자공학2) 이윤선(신방3) 이원형(신방3) 권오석(무역3)

명지대학교 (1명)

임경철(행정3)

전북대학교 (2명)

백남운(임학4) 이동명(농화3)

동아대학교 (2명)

오윤표(도시계3) 김한종(공경4)

충남대학교 (2명)

홍민선(화공3) 송인창(철학3)

경북대학교 (4명)

허태웅(지질3) 정만기(정외3) 여전남(정외4) 김만목(성3)

영남대학교 (1명)

김창수(경영3)

강원대학교 (2명)

최열(농학4) 김성택(행정2)

부산대학교 (1명)

김정길(법학4)

전남대학교 (9명)

김혜준(공대2) 고재득(법학4) 홍유섭(경영3) 이태희(수의2) 김진(법학3) 이휴신(법학2)
유척(경제3) 나병수(생물3) 송정민(영문4)

동국대학교 (1명)

정민식(정외3)

경희대학교 (5명)

김충우(전기3) 임춘식(국문3) 박종호(경제3) 박은호(신문3) 신종진(화학1)

한신대학교 (2명)

이해학(신학3) 황주석

문교부 통고 폐간 간행물(12) · 해체 서클(8)

폐간 간행물(괄호 안은 발행자)

• 자유의 종(서울대 법대) • 전야(서울대 문리대 언론협의회) • 의단(서울대 문리대대의원회) • 한맥(고려대 한맥회) • 산 지성(고려대 한사회) • 내나라(연세대 학생회) • 활로(연세대 목하회) • 새얼(이화여대 새얼모임) • 필맥(건국대 언론인협회) • 새벽(서울대 교양과정부 사회법학회) • 향토개척(서울대 향토개척단) • 햇불(서울대 교양과정부 사회과학연구회)

해체 서클(괄호 안은 소속대학)

• 후진국사회연구회(서울대) • 문우회(서울대 문리대) • 사회법학회(서울대 법대) • 한국문제연구회(연세대) • 통일문제연구회(연세대) • 한맥회(고려대) • 한국사상연구회(고려대) • 정진회(경북대 미등록)

2. 선언문

언론인에게 보내는 경고장

우리는 더 이상 좌시할 수 없어, 이 쓰러져가는 민주의 파수대 앞에 모였다.

나오라. 사이비 언론인들이여 나오라. 이 민주의 광장으로 나와 국민과 선배에게 속죄하라. 선배 후사의 한 서린 해골 위에 눌러앉아 대중을 우민화하고 오도하여 얻은 그 허울좋은 대가로 안일과 축재를 일삼는 자들이여!

나오라. 사이비 언론 뒤에 도사린 너 정보원이라는 이름의 제6적 나오라. 민주 정신의 혈맥을 빨아먹는 흡혈귀여!

안타깝다. 그 자리 그 건물이건만 민주투사는 간 곳 없고 잡귀만 들끓는가 사자의 위용은 어데 가고 도적 앞에 꼬리 흔드는 강아지 꼴이 되었는가. 이것이 일컬어 제7적이런가.

정치문제는 폭력이 무서워서 못 쓰고 사회문제는 돈 먹었으니 눈감아주고 문화기사는 판매부수 때문에 저질로 치닫는다면 더 이상 무엇을 쓰겠다는 것인가. 결코 대중을 선동하라는 것이 아니다.

적어도 현실의 반영만은 올바르게 해주어야 하지 않겠는가! 대중은 귀먹고 눈 멀어가고 있다. 교련 거부가 단순한 학내문제가 아니요 엄연한 국민적 관심사임에도 불구하고 일언반구 없이 외면함에 이르러 우리는 언론 부재의 극한을 보는 느낌이다.

신문이 신문을 위해 있는 것이 아니요 대중을 위해 있는 것일진대, 폭력이 무서웠다고, 돈맛이 좋았다고, 그렇게 나자빠져 버리면 그만인가. 도둑 지키라는 파수꾼이 망보기꾼으로 둔갑한 꼴이 아니고 무엇인가!

듣건대 일선기자의 고생스런 취재는 겁먹고 배부른 부차장선에서 잘리기 일쑤요. 힘들게 부차장 손을 벗어나면 편집국장 옆에서 중앙정보부원이 지면을 난도질하고 있다니 이것이 무슨 해괴한 굿꺼리인가.

통탄할 언론의 무기력과 타락은 이미 인내의 한계를 넘어서고 있다. 객관적인 상황의 요구가 그렇기 때문만이 아니라 언론의 주체적 상황을 볼때 더욱 그렇다.

스스로 움츠리고 스스로 썩고 있는 것이다. 홍두깨에 맞은 놈 젓가락만 보고도 도망하는 꼴 아닌가. 엄밀한 의미에서 강간이란 있을 수 없다는 말이 옳았다.

동아야. 너는 보는가. 히늘 무서운 줄 모르고 올라만 가는 조선의 저 추한 껍데기를. 너마저 저처럼 전락하려는가. 동아야. 너도 알맹이는 사라지고 껍데기만 남았는가.

우리는 신문경영자가 이미 정상배로 전락했음을 단정하고 또한 신문을 출세의 발판으로 이용하려는 가짜들이 적지 않음을 알고 있다. 여기서 우리는 한 가닥 양심을 지니고 고민하고 있는 언론인이 어디엔가 있으리라 믿으며 그들께 호소한다. 신문은 이미 인적으로 동일체성을 상실하고 있으며, 거기에는 엄연한 대립관계가 존재함을 직시하고 과감한 편집권 독립투쟁에 나서라. 그것은 결코 반항도 아니 요 자신의 존재이유의 확인에 불과한 것이 아닌가.

아직은 기억할 것이다. 신문과 학생의 공동투쟁이 안겨주었던 저 사월의 벅찬 환회를. 완전범죄란 없는 법. 용기를 잃지 말고 일어서자.

이제 이 봄이 헛되이 지나가 버리면 영영 봄을 잃을지도 모른다. 사월의 공동투시여. 다시 손잡고 일어나 투쟁하자. 그날이 오기까지.

결의문

一. 우리는 불굴의 의지로 투쟁할 것이며, 언론도 공동의 투사로 나설 것을 재삼 촉구한다.

一. 우리는 모든 언론인이 편집권 독립을 위해 "노조"를 결성할 것을 촉구한다.

一. 우리는 당면한 선거에 있어서 부정불법을 필지로 예상하는 바, 언론이 이를 방관한다면 공범자의 단죄를 불면할 것이다.

一. 언론은 권력으로부터 독립하라. 특히 자주적인 편집을 방해하는 중앙정보부원을 신문사에서 축출하라.

一. 이같은 우리의 주장이 외면당하는 경우 우리는 불매운동을 비롯한 그 이상의 극한적 방법도 불사할 것이다.

1971년 3월 25일

언론규탄대회 준비위원회

민주수호 전국청년학생연맹 결성대회 선언문

군국주의의 대두는 민주주의를 본질적으로 위협하고 있다. 국민주권을 부정하고 군부주권을 정당화하는 저들은 이미 전 국민을 군대 조직화하고 학원을 병영화하고 모든 민주 양심세력을 억압하며 정권 안보에 혈안이 되고 있다.

대외 의존에 의한 숫자상의 경제건설은 전시효과만을 노린 채 국민경제의 총체적 파탄을 야기시키고 있으며 이미 중소기업의 몰락과 지역 간, 계층 간에 소득격차 및 부의 편중에서 온 빈부의 극심한 차이로부터 나타나고 있다. '구악일소'란 구호에서부터 시작된 '신악'의 '중단 없는 전진'은 역사상 유례없는 부정부패를 가져오고 있으며 이것은 민족의 분열과 국력의 손실을 가져오고 있다.

내적 모순의 무마책으로 외적 모순을 유발시키려는 독재권력 필연의 수법은 국민에게 위기위식을 고취시키고 있고 퇴폐적인 에로문화 소비문화로 국민의 눈과 귀를 멀게 하고 입을 봉하고 있으며 초헌법 기관인 중앙정보부를 통해 정보정치와 폭력지배로 모든 민주세력을 탄압하고 있다.

민중의 대변자이어야 할 언론은 이미 권력의 편에서 민중을 오도하고 있으며 각계의 지식인은 압제에 굴복하여 용기를 잃은 채 나약한 자기변명에 급급하고 있어 민주주의와 민권은 일대 시련에 봉착하고 있다.

특히 우리나라 민주주의 존폐를 좌우할 이번 선거가 이미 관권의 개입, 매스컴의 어용화, 공포분위기의 조성에 의해 원천적인 부정선거로 치닫고 있다.

이에 전국의 청년학생은 단합된 역량으로써 눈앞에 닥쳐온 군국주의의 체제화를 저지하고 부패와 특권에 반대하여 정보·폭력통치를 종결시킴으로써 우리나라의 민주주의적 제질서를 회복하고 민권을 확대 발전시키며 민중의 복지를 증진하기 위해 '민주수호 전국 청년학생 연맹'을 결성함을 선언한다.

결의문

1. 조국의 민주주의의 분수령을 이룰 4.27 선거에 있어 타락선거 부정선거를 저지하고 민주
   선거를 전취하기 위하여 모든 역량을 집중한다.
2. 학생군사훈련의 완전철폐 및 학원대민주화 투쟁을 강력히 전개한다.
3. 언론의 자유화를 촉구하고 언론인의 자유화 투쟁을 적극 격려 지원하며 양심적인 지식인
   의 궐기를 촉구한다.
4. 정보 · 폭력통치의 종결을 위해 과감히 투쟁한다.
5. 민주주의의 수호와 민권의 쟁취를 위해 전 국민이 궐기하여 싸울 것과 각계각층의 민주적
   세력이 연합하여 투쟁할 것을 호소한다.

1971. 4. 13

선언문

조국의 민주주의의 토착화와 학원자유수호를 위하여 그동안 심신의 세력을 경주했던 우리 전 서울대인은 4.27이라는 장기집권을 위한 조작극에 또 한번 뼈아픈 좌절감을 금할 수 없었다. 이제 또다시 저들 독재집단은 5.25라는 또 다른 요식행위에 불과한 타락선거를 기획하여 총선제를 획책하고 있음을 우리는 명확한 증거를 가지고 목격하는 바이다. 이에 전 서울대인은 선거가 이제 진정한 민의를 반영하는 민주적 절차가 될 수 없다는 판단하에 독재집단의 들러리 역할에 불과한 5.25 총선을 거부하고 모든 민주세력이 힘을 합하여 민주수호를 위한 투쟁에 참여할 것을 호소하여 왔다. 그러나 민족의 장래보다도 개인의 영달에 혈안이 된 일부 정상배들은 소아적 욕심에 사로잡혀 우리의 애정을 외면하고 독재집단의 시녀역할을 하려 하고 있다. 야당을 분열시키고 언론을 완전장악하는 데 성공한 정보정치의 마수는 우리 민족최후의 보루인 대학에까지 뻗쳐 평화적 시위를 잔인하고 비인도적인 방법으로 탄압하며 심지어 학내의 자유로운 의사표시의 기회마저 완전말살하려는 등 독재정치의 단말마적인 증상을 나타내고 있다. 한편 정의에 불타고 용기있는 학내 30여 명이 제일야당에 전 서울대인의 의사를 전달한 것을 기화로 그중 8명을 구속 전격 기소하였고 나머지 22명에 대한 체포령을 내려 사실상 전 학원을 초토화하려고 획책하는 극한상황에까지 몰고옴에 이르러서는 더 이상 좌시할 수 없게 되었다.

독재집단은 우리 학우 30여 명이 4.27선거를 원천적 부정으로 규정하고 5.25 총선을 거부하라 한 것을 선거 자유 분위기를 흐리게 했다 하나 4.27의 원천적인 부정선거, 5.25 총선의 거부란 말은 이미 민주적 지성인의 호소인 것이다. 그러나 저들 독재집단은 우리 학내 8명을 구속 즉시 전격 기소하여 적부심을 신청할 적법 절차마저 주지 않음으로써 스스로 불법임을 증명하였다. 이 시점에서 학우를 사랑하는 만삼천 서울대인이 무엇을 주저하겠는가? 우리의 학우 여덟 명이 불법 감금된 채 분노로 떨고 있다. 우리 학우 스물두 명이 불의집단의 거머리들에 의하여 방황하고 있다. 이에 전 서울대인은 일치단결하여 반민주적 독재음모 분쇄와 학원수호, 민주수호의 역사적 사명에 투신할 것을 선언한다.

결의문

1. 구속학생을 24일 12시까지 석방하라.
2. 학우들에 대한 체포령 및 불법적 보복행위를 즉각 중지하라.
3. 학원당국과 교수단은 학원민주수호를 위한 투쟁에 함께 참여하라.

이러한 우리의 요구가 관철되지 않을 때는 최후의 1인까지 과감히 투쟁할 것을 결의한다.

1971년 5월 22일

서울대학교총학생회 · 서울대학교총대의원회 · 서울대학교총여학생회

전국학생연맹총대회 선언문

어둡고 지루하였던 지난 십 년간 억압된 민중의 편에 서서 불굴의 투지로 폭압과 부패에 항거하여 싸워 온 우리들 전국 남녀 각급 학교의 학우들은 오늘 민주질서의 폐기냐, 정보통치의 철폐냐, 사회정의와 민권이냐, 부패와 특권이냐, 대일 예속이냐, 민족의 자주적 발전이냐, 분단의 영구화냐, 평화적 통일이냐를 판가름하는 민족사의 일대 결전장을 앞에 두고, "민중과 함께, 민중 속으로", "민주·민족통일의 깃발을 높이 들자!"는 2대 구호를 내세우며 전국학생연맹의 깃발아래 집결하였다.

이 대회를 통하여 우리는 민주·민족통일을 향한 우리의 불타는 열망을 시위하고 이를 반대하는 반민주·반민족·반통일 세력의 모든 책동과 한 치도 물러서지 않고 더욱 힘차게 이 투쟁에서의 우리의 공동운명체적인 연대감을 재확인하고자 하며, 이성과 양심의 질서를 갈구하는 모든 민주세력에게, 설움받고 착취당하여 온 모든 민중에게 절망 대신 희망을 주고, 자학과 굴종 대신에 용기와 투지를 호소하고자 한다.

우리는 정보·폭력 통치를 종결짓고 부패와 특권을 박멸하여 민중의 생존번영과 자유로운 인격적, 발전을 위한 조건을 확보하고자 한다. 삼권분립과 법치주의를 근본적으로 부정하기에 이르른 중앙정보부의 단호한 철폐와 천하에 소연한 죄상을 지니면서도 여전히 혁혁한 세도를 떨치고 있는 초거물급 부패분자들의 처단이 우리의 당면한 투쟁목표이다.

우리는 우리 민족의 자주적 발전의 길을 오랫동안 봉쇄해왔던 굴레를 벗어 던지고, 민족이익에 엄정히 입각하여 자주정치, 자주경제, 자주문화를 건설하려고 한다. 일본의 신식민지주의, 신군국주의 및 그와 결탁한 국내의 반민족세력과 철저히 투쟁하는 것이 우리의 당면한 과제이다.

우리는 우리 민족의 정신적, 물질적 모든 자원을 결정적으로 소모·파괴시켜 왔던 외세에 의해 강요된 분단의 영구화를 거부하고 민족의 자주적·평화적 통일에의 길을 개척하고자 한다. 반공법, 국가보안법을 폐기하여 모든 민중의 자유로이 발표된 의사와 열망을 집약하여 反통일세력의 간장격화책동을 막아내는 것이 우리의 당면한 과제이다.

우리의 적은 누구인가? 바로 한 줌의 부패·특권세력이다. 이들이야말로 반민주적 철권통치의 꼭대기에 있는 당대의 세도가들이며, 반대중적 특권경제의 이익을 독점하는 특권층이며, 반민족적 대일 예속화의 수혜층이며, 따라서 지금의 기존 권익을 유지하기 위해서 긴장완화와 민족통일을 가장 기피하는 반통일세력이다. 이들을 제외한 모든 민중은 우리의 벗이다.

이 한 줌의 무리를 치부(致富)시키기 위하여 십년여일(十年如一)하게 저곡가, 저노임의 형틀에 묶여 허덕여 온 모든 근로자, 농민들, 중과세에 시달려온 중소기업을 포함한 모든 국민은 우리의 벗이다. 또한 이들의 부패와 특권을 유지하기 위한 가열한 정보통치의 폭압 아래 신음해 온 언론, 학원, 교회, 사법부 기타의 모든 민주세력은 우리의 벗이다.

보라! 군을 사리사욕의 도구로 삼는 일부 부패군 장성으로 인하여 무인격(無人格), 무사리(無私利)의 학대 속에서 신음하고 있는 절대다수의 병사들도 우리의 형제며 우리의 벗이다. 기름진 자들의 부패와 특권을 엄호하기 위하여 민중운동을 탄압하는 돌격대도 내몰리우면서도, 자신들은 변함없는 생활고와 사회적 질서 속에서 시달리고 있는 기동경찰들도 다름 아닌 우리의 벗이다. "어두운 사회의 뒷골목에서 자조와 자학을 되씹는" 실의의 무리들도 우리의 벗이다.

우리의 투쟁이 진지하게, 줄기차게 , 철저하게 발전해 나아가는 한, 우리의 벗인 모든 민중들은 ―비록 사세 부득이하여 일시적으로 불의의 대열에 가담하고 있는 자들이라 할지라도― 속속 우리의 대열에 가담하여 올 것이다.

오늘의 꿈이 내일의 현실이 될 것을 믿는 현실주의자인 우리는, 오늘 억압받고 있는 민중 속에서, 내일의 민족사를 개척할 위대한 중력을 발견하고 있다. 민중 속에서 민중과 함께 싸우는 가운데서, 우리는 이 위대한 동력을 동원하여 적을 굴복시키고야 말 것이다.

보라! 이미 승리의 새벽이 밝아오고 있다.

불의의 권력은 이제 역사의 심판대 위에 올랐다. 각계의 인사가 소리를 높여 민주적 내정 개혁을 요구하여 나서고 각층(各層)의 민중이 억압과 착취의 굴레를 벗어 던지고, 스스로의 생존과 자유를 확보하기 위한 위대한 민권투쟁에 속속 궐기하기 시작하고 우리의 학우들은 전국 각지에서 중앙정보부의 철폐와 부패와 특권분자의 처단을 요구하며 결연히 싸우고 있다.

동학혁명과 삼일운동과 사월혁명을 지나며, 내 아버지 내 형님의 손을 거쳐 우리의 손에 넘겨진 민족, 민권의 봉화는 얼음과 같은 10여 년의 정보통치의 폭압을 뚫고 더욱 세차게 타오르기 시작하였다.

무엇이 있어 이 진리의 불길을 끌 수 있을 것인가? 무엇이 생존과 번영을 위한 이 민중의 불가역적 의지를 꺾을 수 있을 것이며, 우리의 변함없는 전투적 인간애와 민주·민족통일에의 열망을 억누를 수 있을 것인가? 무엇이 민족사적 요청에 입각한 전국 학생의 철통같은 단결과 학생과 민중간의 공고한 유대를 파괴할 수 있을 것인가?

민주·민족통일을 위한

전국학생의 항구조직, 전국학생연맹 만세!

민권의 승리 만세!

1971. 10. 14. 전국학생연맹

결의문

1) '중앙정보부 철폐, 초거물 부패분자 처단, 민중의 생존권 보장'을 요구하는 우리의 투쟁을 한 치도 물러설 수 없는 투쟁이다. 이 요구가 관철되지 않는 한, 우리는 투쟁을 전국 각지로 더욱 확대 강화할 것을 결의한다.

2) 무장군인 고대난입 사태에 관해서는 윤필용 수도경비사령관이 처단되어야 한다. 이 조건이 관철되지 않는 한 제2, 제3의 무장군인 학원난입 사태가 예방될 수 없다고 보며, 우리는 항의를 멈출 수 없을 것이다.

3) 교련수강거부 학생 전원을 징집하겠다는 국방당국 광고 담화는 이제 정권이 신성한 국방의무까지도 학생들의 반부패, 반특권, 반정보통치 투쟁을 탄압하는 도구로 사용하게 되었다는 움직일 수 없는 증거이다. 교련을 수강하건 안하건을 불문하고 전대학인은, 대학의 자율과 자유를 근본적으로 압살하려 드는 이 반대학적 무단통치의 책동에 대항하여 배수의 결전을 벌일 것을 호소한다.

각계 각층의 민주세력은 국방당국의 광고담화에 관한 비판의 목소리를 높여주기를 호소한다.

4) 야당과 언론은 부정부패와 정보통치의 죄상에 관해 가지고 있는 모든 자료를 국민 앞에 공개하라.

1971. 10. 14.

3. 당시 언론 보도

"학원무질서 방치 않겠다" — 박 대통령, 정상화 특별명령
(「경향신문」 1971. 10. 15.)

"학원무질서방치않겠다" — 박 대통령, 정상화 특별명령
(「경향신문」 1971. 10. 15.)

"학원 무질서 방치 않겠다"

박대통령, 정상화 특별명령

주모학생은 단호히 추방

경찰투입 – 군도 필요하면 협조

　박정희 대통령은 15일 학원 질서확립을 위한 대통령특별명령을 발표했다. 최근 잇달아 일어난 학생 데모에 대해 "이를 일체 용인할 수 없다"는 강경한 정부 방침을 밝힌 이 특별명령에서 박대통령은 불법적 데모 등으로 학원 질서가 파괴된 대학에 대해서는 학원의 자유 자주 자치를 인정할 수 없다고 전제, ① 경찰은 학원 내에 들어가서라도 주도학생을 색출하고 ② 군은 필요할때 절차에 따라 문교부 내무부 및 지방장관의 요청에 협조하라고 지시했다. 이날 상오 9시 40분 김학렬 기획 유재흥 국방 신직수 법무 민관식 문교 김현옥 내무 윤주영 문공장관 등 6개 관계 장관을 청와대로 불러 특별명령을 시달한 박대통령은 이 명령에서 정부는 이 이상 더 학원의 무질서를 방치할 수 없으며 일부 불순학생들의 횡포에 강점되고 있는 학원을 그들로부터 되찾아 공부하겠다는 대다수 선량한 학생들에게 되돌려주어야 하겠다는 책임을 새삼 통감했다고 밝히고 이를 위해 ① 학원 질서를 파괴하는 모든 주모 학생을 학원에서 추방하고 ② 앞으로 여하한 불법적 데모 성토 농성 등교 거부 및 수강 방해를 주도한 학생도 제적하여 그들에게 학생 신분상의 모든 특권을 부인하라 ③ 학술 목적 외의 모든 서클을 해산하고 대학에서 인가한 이외의 여하한 신문 잡지 기타간행물도 발간할 수 없다 ④ 불법적 데모 성토 농성 등교 거부 및 수강 방해 등으로 학원 질서가 파괴된 대학에 대해서는 학원의 자유 자주 자치 등을 인정할 수 없다 ⑤ 군사교련은 중단될 수 없으며 각 학교는 학칙을 더욱 엄격히 보강하라고 특별 지시했다. 특별명령 전문은 별항과 같다.

　① 주모 학생 색출 ② 성토·농성 학생 제적 ③ 제적하면 즉각 특권 부인 ④ 비학술 서클은

모두 해산 ⑤ 불법간행물 폐간 ⑥ 경찰이 학원 들어가서라도 ⑦ 절차에 의해 軍도 ⑧ 교련은 그대로 ⑨ 학칙 엄격히 보강, 교권 확립

"착잡한 대학가"
(「조선일보」 1971. 10. 16. 7면)

휴업령 내리던 날 - 불 꺼진 도서관 · 연구실, 군인들 운동장서 야영

서울대 문리대-법대, 고대, 연세대, 성균관대 등 휴업령이 내린 각 대학 정문에는 밤새 집총한 군인들이 삼엄한 경비를 펴고 있었다. 평소 밤늦도록 불이 켜져 있던 서울대 문리대 교수 연구실과 밤 11시까지 개관하던 법대 도서관도 불이 꺼져 있었다.

대학 본부에는 이영기(李英基) 학생처장 등이 밤늦도록 남아 문교부에 보고할 교련 수강 신청 거부 학생 명단을 작성하고 있었고 한심석(韓沈錫) 총장이 밤 10시쯤 퇴근하자 비서관 강기홍(姜基弘) 씨만이 넓은 사무실에 앉아 자정이 가깝도록 잇달아 걸려오는 학생들과 학부모들의 문의 전화를 받고 있었다.

각 대학에 주둔한 군인들은 운동장에서 텐트를 치고 야영하고 있었으며 숙직직원들만이 학교를 지키고 있었다.

강의실에 최루탄 — 고대

오전 11시 50분쯤 수도경비사 병력 약 1개 중대가 2대의 장갑차와 함께 진주했다. 등교 학생 중 여학생과 ROTC 후보생을 제외한 전원이 트럭과 반트럭 59대에 실려 연행됐다. 학생들은 약 2천 5백 명이 등교, 오전 9시부터 정상수업을 받고 있었다.

군인들이 들어설 때 20여 명의 학생이 군인들에게 돌을 던지며 도망가기도 하여 군인들이 최루탄을 쏘며 뒤쫓아 학생회관과 교양학부에 쫓겨 들어가 있던 학생들을 밖으로 몰아냈다. 12시쯤 경찰기동대 약 1백 명이 들어갔다. 교양학부에 있던 일부 학생은 뒷담을 넘어 도망했고 대부분은 손을 머리 위에 얹고 학생회관 앞으로 끌려 나와 트럭에 실렸다. 오후 3시까지 50여 대의 트럭이 학생을 밖으로 실어 날랐다.

12시 45분쯤 장갑차 9대가 다시 교내에 들어가 배치되었다. 도서관에서 공부하던 학생 약 4백 명도 12시 30분쯤 밖으로 끌려 나와 연행됐다. 학교 안을 뒤지던 군인들이 오후 1시쯤 서관 문을 부수고 들어서며 강의실마다 최루탄을 던졌다.

가스에 못 이겨 3층에 있던 학생 10여 명이 유리창에 매달려 "살려달라"고 애원했다. 교직원 10여 명이 사다리를 들고 달려갔으나 미치지 못했다. 그중 2명이 10m 아래로 뛰어내려 부상했다. 3층 생활관 연구소에 있던 사학과 2년 여학생 20여 명은 가스에 질식, 여학생 회관에서 1시간 동안 쉰 후 귀가했다.

학교 안은 군인, 학교 밖은 경찰이 경비를 맡았다. 소동이 벌어지는 동안 밖에서 경과를 지켜보던 2백여 학생들은 "이게 어찌된 일이냐"며 넋을 잃었다. 학교 주위에는 일반시민 1천여 명이 서성거리며 걱정했다.

12시 55분 소방차 9대가 출동, 나무와 건물 등에 물을 뿌려 가스를 제거했다. 증원된 장갑차 9대와 기동경찰 1백여 명은 오후 3시 10분쯤 철수했다.

고대 정문은 10여 명의 군인들이 장갑차 2대를 세워놓고 밤새워 경비했다.

공수단 6백명 주둔 ― 연대

공수단 6백여 명은 연세대 캠퍼스에 주둔했다.

정오쯤 공수단장 정병주(鄭炳宙) 준장은 이근식(李根植) 학생처장을 찾아 "상부 지시로 당분간 학교에 주둔하겠다"고 통고했다. 15분 후 무장병력을 실은 군 트럭 27대가 교문을 통과, 백양로로 들어설 때 학생회관 앞에 있던 약 5백 명의 학생들은 침통한 표정으로 이를 지켜봤다.

낮 12시 20분쯤 기동경찰 1백여 명이 학생회관에 들어가 단식투쟁하던 총학생회장 문상우(文尙友. 22·철학과 3년) 군 등 13명을 연행해 갔다. 30분이 지나 이 학생처장이 학생회관 앞의 학생들에게 "당분간 등교가 금지됐다"고 말하고 공수단장이 통고 내용을 일틴 뒤 "비통한 일이다. 통곡해도 해결할 길이 없다. 모두 집으로 돌아가 열심히 공부하라. 하루도 쉴 수 없다"고 울면서 말했다. 학생들도 울음을 터트렸다.

군 측은 연세대교육방송국(YBS)을 통해 "군이 학원에 들어온 것을 심히 유감스럽게 생각한다. 학생들은 즉시 학원을 나가 집으로 돌아가라"고 방송했다.

경찰은 이날 교문 앞에서 데모 때 찍은 사진과 대조, 집으로 돌아가는 학생 20여 명을 연행했다. 오후 2시쯤 대부분의 학생들은 학교 밖으로 나갔다. 텅빈 캠퍼스의 교련단 본부, 학생회관, 운동장, 백양로 등엔 공수단이 삼엄한 경계를 폈다. 학교 안으로는 교직원만 출입이 허용됐다

군 트럭 20여 대 진주 ― 서울대

서울대 문리대, 법대에 낮 12시 30분부터 무장군인들이 주둔했다. 문리대는 헌병백차의 에스코트를 받으며 한 트럭에 20명씩의 무장군인이 탄 트럭 13대가, 법대에는 9대가 들어와 야영준비를 했다. 집총한 군인들이 교문에 배치되어 교직원 이외에는 학생 및 외부인사들의 접근을 막았으며 캠퍼스 곳곳에는 무장군인과 경찰들이 지키고 있었다.

문리대 주둔군 책임자인 김복동 대령은 낮 12시 30분쯤 한심석(韓沈錫) 총장실에 들러 군인들이 진주했음을 통고하고 "이 시간 이후부터 학생들이 교내로 들어오는 것을 막겠다"고 통보했다.

이보다 앞서 사복형사들은 문리대, 법대 등에서 학생들을 연행해 갔다. 교정 곳곳에는 데모 주동 학생들을 잡으려는 사복형사들과 달아나는 학생들의 모습이 보였다. 개교기념일이라 휴교했지만 등교한 학생들은 오전, 대통령 특별담화가 발표되자 "대학은 이제 끝났다"면서 침통한 표정이었고 연구실에 나와 있는 교수들도 어이없는 표정을 지었다.

한편 대학본부는 대통령 담화가 발표되자 교무처장 등 간부들이 총장실로 모여들었고 긴급학장 회의를 열었다.

이날 오전 10시 대강당에서는 창립 25주년 기념식이 거행되어 유공 교수, 표창 등 행사가 있었다.

데모 175명 연행 ― 경희대

경희대에도 오후 3시 30분쯤 25대의 트럭에 나누어 탄 군인 약 7백 명이 학교에 들어와 요소요소에 무장한 입초를 세우고 대운동장에 주둔했다. 대령 계급의 인솔자가 총장실에 들러 주둔 의사를 전달했다. 이에 앞서 낮 12시 50분쯤 3백여 학생이 교문 밖을 나가 데모하다가 175명이 경찰에 연행됐다.

등교학생 백명 정도 ― 성균관대

낮 12시 30분쯤 약 5백 명의 군인들이 학교 담을 따라 학교 운동장에 주둔했다.
이날 공자 탄일이라 학생들은 1백 명밖에 등교하지 않았는데 군인이 들어오자 학생들은 집으로 돌아갔다.

112명을 연행 ― 외대

한국외국어대학엔 오후 4시쯤 약 4백 명의 무장군인들이 주둔, 데모 중이던 7백여 명의 학생 중 1백 12명을 연행해 갔다. 나머지 학생들은 군인들을 피해 집으로 돌아갔다.

어리둥절한 학생들 ― 서강대

오후 3시 30분쯤 서강대에 무장공수단 2백여 명이 진주했다.
공수단장 정병주(鄭炳宙) 준장은 이에 앞서 오후 2시 30분쯤 서강대 총장인 존 P. 데일리 신부에게 "당분간 군이 교내에 주둔한다"고 통고했다.

간행물 12 · 서클 8개 ─ 문교부 발간 · 해체 등 대상 명단 발표

문교부는 14일 폐간, 해체 등 단속대상으로 잡고 있는 대학 내의 간행물이 12개, 주요 문제 서클이 8개라고 밝히고 그 명단을 공개했다.

■ 간행물(괄호 안은 발행자)
 · 자유의 종(서울대) · 전야(서울 문리대 언론협의회) · 의단(서울 문리대대의원회) · 한맥(고려대 한맥회) · 산 지성(고려대한사회) · 내나라(연세대 학생회) · 활로(연세대 목하회) · 새얼(이화여대 새얼모임) · 필맥(건국대학 언론인협회) · 새벽(서울대 교양과정부 사회법학회) · 향토개척(서울대 향토개척단) · 횃불(서울대 교양과정부 사회과학연구회)
■ 문제 서클(괄호 안은 소속 대학)
 · 후진사회연구회(서울대) · 문우회(서울대 문리대) · 사회법학회(서울대 법대) · 한국문제연구회(연세대) · 통일문제연구회(연세대) · 한맥회(고려대) · 한국사상연구회(고려대) · 정진회(경북대 미등록)

처벌 학생 17일까지 보고 ─ 문교부, 전국 대학에 지시

문교부는 15일 학원 질서 확립을 위한 대통령의 특별명령에 따라 '학원 질서 확립에 대한 특별 지시'를 전국 국 · 공 · 사립대학에 시달하고 주동학생 처벌 등 조처 결과를 오는 17일 낮 12시까지 문교부에 보고토록 지시했다.

문교부는 그동안 학원 질서 확립을 위한 자율적 조처를 계속 촉구해 왔으나 대학의 혼란은 지속, 학생들이 공부할 수 있는 환경과 질서를 확립하기 위해 박 대통령의 특별명령을 철저히 준수할 것을 강조하고 총 · 학장은 학원 질서가 문란해질 때는 질서가 회복될 때까지 학생 자치단체를 해산하도록 아울러 지시했다.

문교부가 보충 지시한 처벌 대상 학생은 다음과 같다.

① 데모 성토, 농성, 등교 거부, 수업 방해 등을 선동하거나 주동한 학생 ② 학술목적을 벗어나 학원 질서를 문란케 하는 서클의 주동학생 ③ 총-학장의 승인없이 간행물(정기, 부

정기 포함)을 발간, 배포하여 학원의 질서를 문란케 하는데 주동한 학생 ④ 교련 수강 거부를 주동한 학생.

한편 민관식 문교부 장관은 이날 오전 11시 데모, 농성, 또는 성토를 벌이고 있는 서울대, 연세대, 고려대를 비롯한 서울시내 각 대학의 총-학장들을 불러 대통령 명령을 직접 전달했다.

문교부 직원 파견 ─ 지시이행 확인 위해 각 대학에

문교부는 15일 시한인 교련 수강 거부 학생에 대한 병역신고 여부를 확인하기 위해 16일 각 대학에 직원을 보낸다. 당국자는 15일 각 대학이 앞서 문교부가 지시한 내용을 이행했는지를 직접 확인키로 했으며 이행하지 않은 대학에 대해 현장에서 즉각 신고토록 독려하겠다고 말했다.

신고 대상자는 2천명 안팎인 것으로 알려졌으며 대부분이 서울대, 연세대, 고려대, 서강대 등 4개 대학생이다.

연행 고대생 석방 ─ 주동자 제외… 귀갓길 교가 합창

15일 오후 수도경비사에 연행됐던 1천 3백여 고대생들은 데모에 관련된 총학생회 간부, 학맥회, 한국민족사상연구회 멤버, 정치외교학과 4년생 일부를 제외하고 오후 4시쯤 거의 석방됐다.

오후 5시 40분쯤 풀려나오던 약 2백 명은 인도를 따라 종로 쪽으로 가면서 교가와 응원가 등을 부르다가 종로 3가 세기극장 앞에서 경찰기동대의 저지를 받고 14명이 중서부(*중부서?)로 연행되었다.

학생 31명 경찰 이첩

수도경비사령부는 15일 밤 박재호(朴在浩. 26·경제학과 4년) 군 등 31명의 고대생들을 성북경찰서에 이첩했다.

주동자만 입건 지시

15일 오후 김현옥(金玄玉) 내무부장관은 위수령 발동이후 연행된 학생 중 ① 상습 데모를 한 근거가 뚜렷한 학생 ② 투석 및 방화자 ③ 지하서클 학생 및 배후 조종자는 모두 형사입건하고 나머지 학생은 선도원칙으로 훈방하라고 치안국장 및 서울시경 국장에 지시했다.

특히 이 지시에서 연행 학생들의 명단을 작성, 가족들에게 즉각 통보해주고 취조 경찰관이 학생들을 구타하거나 불손한 말을 쓰는 일이 없도록 하라고 당부했다.

김 장관은 문교부에서 통고받은 서울 시내 17개 대학 1백 19명의 데모 주동 학생에 대해서도 주동 증거가 뚜렷한 학생만 입건하고 죄질이 가벼운 학생은 훈방하겠다고 말했다.

문교부가 내무부에 통고한 학생은 서울대 41명, 고대 20, 연대 13, 성대 9, 국민대 1, 외대 7, 서강대 7, 경희 대 5, 건국대 4, 중앙대 4, 동국대 2, 서울농업대 3, 우석대 2, 명지대 1 등이다.

서울대의 경우 문리대 16명, 법대 12, 상대 10, 사대 3명이다.

"침통… 교가 합창하며 「입영열차」에"
(「동아일보」 1971. 10. 27. 7면)

除籍生 첫 入所하던 날

"침통… 교가 합창하며 「입영열차」에"
(「동아일보」 1971. 10. 27. 7면)

10.15 조치에 따라 데모 주동학생으로 제적된 후 1차로 입영하게 된 金在煥(*金在洪의 오기이므로 바로잡습니다) 군(22. 서울대 문리대 정치과 3년) 등 30명은 예정대로 26일 오후 5시 용산역에 집결, 7시 40분발 285 군용열차로 논산훈련소에 입소했다. 이날 용산역 광장에는 오후 4시경부터 학우들과 가족, 교수 등 오백여 명이 나왔으며 각 대학별로 학우들은 교가, 응원가 등을 부르며 침통한 분위기를 빚기도 했다.

오후 4시반 경에는 박대선 연세대 총장이 배근식 학생처장 등 십여 명의 교직원과 함께 나와 "몸조심 하라"고 당부했고 함석훈 옹도 한복차림으로 모습을 나타냈다. 또한 성대 여학생회장 진영은 양(22. 영문과 3년) 등 5명의 여학생 간부들은 "무운장구성대건아"라 쓴 플래카드를 들고 나와 3명의 입영 학우들을 위로했다.

거의 작업복 차림을 한 입영 제적생들은 배웅나온 학우들에게 일일이 악수를 나누고 헌병의 안내를 받아 오후 5시 정각 군열차 수송대 장병휴게소에 들어가 대기하다 오후 7시 40분 출발했는데 그들을 보내고 난 학우들은 역 구내에서 울음을 터뜨리기도 했다.

"위수령 해제·구속학생 석방하라"
(신민당 기관지「민주전선」1971. 10. 30.)

"제대후 복학한 네 대학생 복무단축무효로 재입영"
(「동아일보」 1974. 10. 31. 7면)

"제대후 복학한 네 대학생 복무 단축 무효로 재입영"
— 71年 교련반대데모때 제적 징집돼
(「동아일보」 1974. 10. 31. 7면)

병역법상의 「교련이수자 현역복무단축」 규정에 따라 제대, 2학기에 복학한 대학생들에게 병무당국이 복무단축무효조치를 취해 제대한 학생들이 31일 다시 입영했다. 31일 다시 입영한 학생은 서울대문리대 정치학과 4년 김경두(25) 외교학과 3년 이원섭(25) 서울대상대 경영학과 4년 김승호(25) 한국외국어대학 4년 심명준 군(25) 등 4명이다. 이들 학생은 지난 71년 10월 교련반대운동을 벌여 학교에서 제적돼 징집되었다가 박대통령의 특별지시로 복적된 학생들이다.

김경두군의 경우 교련이 실시된 지난 69년과 70년 2년동안 교련을 받고 71년 10월 26일 입영 교련을 2년동안 받았기 때문에 2개월 복무단축원을 본적지인 충남병무청에 제출 단축혜택을 받고 지난 6월 20일 32개월만에 제대했으며 이원섭군 역시 1, 2학년때 교련을 이수 2개월의 복무단축혜택을 받고 지난 6월 27일 제대했었다.

김군의 경우 지난 26일 오후 6시경 모사단 부관부에 근무하는 이모준위가 집으로 찾아와 『71년 10월 사태로 입영한 학생 가운데 교련이수의 단축혜택을 받은 학생은 무효』라고 말하고 돌아간뒤 30일 26일자 발송인이 찍힌 입영통지서가 집으로 배달됐다는 것이다.

이 통지서에는 중앙병무청징병930-340 및 3군부인전역무효(지시)에 의거 귀대를 지시 「31일까지 귀대치 않으면 의법처리 하겠다」는 내용이 적혀있었다.

또한 이군에게는 지난 22일자로『전역무효 모사단부관부로 나올것』이라는 전보가 왔었다.

이밖에 다른 학생들에게도 金군과 같은 통지가 왔다는 것이다.

김군은 30일 오후 당초 단축혜택을 주지 않았으면 2개월을 더 복무헤도 지난 8월말경 제대 학업에 아무런 지장이 없었을텐데 뒤늦게 이같은 조치가 내려진 것은『이해할 수 없다』고 말하고 학교와 병무청당국에 시정을 호소했으나 결국 입영할 수밖에 없다고 말했다.

병역법엔 단축규정

병역법 제72조 2항은 "군사교육을 받은 자에 대하여는 대통령령이 정하는 바에 의하여 재영기간을 단축하거나…"라고 규정하고 있으며 학생군사교육실시령 제9조 3항은 "… 소정의 일반군사교육과정을 이수한 자가 현역병으로 입영한 때는 그 재영기간을 3월 단축한다. 다만 제2학년까지의 과정을 이수한 자는 2월을, 제1학년의 과정을 이수한 자는 1월을 각각 단축한다"라고 규정하고 있다.

◇ 불법적 재입영 조치 이후 상황

동아일보를 비롯한 각 신문에 교련을 반대했던 대학생들에 대한 강제 재입영 조치를 비판하는 기사가 일제히 실리고 여론이 극도로 악화하자 정부는 이튿날 재입영 방침을 전면 백지화했다.

백지화 조치로 이미 각 지역 예비사단에 입영해 '억지 군 생활'을 하던 학생들은 즉시 귀가조치 되었고, 신문에 보도된 학생들은 입대 당일 정문 위병소에 잠시 대기하다 입영이 취소되었으며, 재입영 날짜를 통보받고 고민하던 학생들은 족쇄에서 풀려났다.

교련 반대 대학생들에게 병역법 규정을 무시해가며 '괘씸죄'를 적용해 끝까지 해코지하려던 국방부의 졸렬하고 황당한 조치는 조롱거리로 전락하며 해프닝으로 마감되었다.

4. 사단법인 71동지회

역대 임원 명단

대수	기간	회장	부회장	총무/사무총장
제1대	1990~1991	김건만	손예철	최열
제2대	1992~1993	오흥진	최명의	최열
제3대	1994~1995	최열	최태식	조상호
제4대	1996~1997	이대용	김영철, 이종연	임춘식
제5대	1998~1999	이준형	손예철, 김수호	성기철
제6대	2000~2001	이윤선	장성규, 조문환	전용호
제7대	2002~2003	유영표	손예철, 임춘식	전용호
제8대	2004~2005	조문환	손예철, 임춘식, 전용호	남철희
제9대	2006~2007	손예철	김용석, 임춘식, 최명의, 최상택	김국진
제10대	2008~2009	임춘식	김영철, 남철희, 전용호	전용호
제11대	2010~2011	남철희	김대곤, 이종대, 손호철, 장성규	무
제12대	2012~2013	이광택	김국진, 송인창, 이해학	신종진
제13대	2014~2015	박부권	이원섭, 조원석, 송인창	신종진
제14대	2016~2018	김대곤	김국진, 신종진	신종진
제15대	2019~2020	김재홍	김영일, 김용석, 배기운	남철희
제16대	2021~현재	배기운	김국진	김국진

71동지회 활동 이모저모

▌ 자유, 너 영원한 활화산이여!(1991. 10)

71동지회의 첫 문집. 1991년 10월 15일 발간됐다.
동아일보, 한겨레 등이 특집기사로 다루고 "학
계, 정계, 언론계, 사회운동계에서 진보적 소장
그룹의 맏형 역할"을 한다며 주목했다(한겨레,
1991.10.19, 동아, 1991.10.16).

▌ 나의 청춘 나의 조국(2001. 10. 나남출판)

'10.15 위수령' 발동 30주년을 맞아 1971년 교련
반대 투쟁의 의미를 짚는 세미나를 개최하고 각
종 자료 및 71동지회 회원들의 글 등을 묶어서
30년 기념 대형문집으로 간행했다.

▌ 우리가 꿈꾸었던 세상(2008. 10. 도요새)

위수령 발동 37주년을 맞아 각계에서 왕성하게
활동 중인 회원 29명의 글을 묶어 아담한 문집으
로 펴냈다.

▌ 71동지회 40년기념 초청음악회 팜플렛(2011. 10. 25. 연세대 백주년기념관 콘서트홀)

▌ 71동지회원들 무대에 서다

71동지회 회원들이 '10.15 위수령 발동 40주년'을 맞아 2011년 10월 25일 연세대 백주년기념관에서 소리꾼 장사익, 가수 안치환·이미배·최백호, 노래패 우리나라 등이 출연한 무료 초청음악회를 열었다. 가수들의 무대가 끝난 뒤 마지막 순서로 71동지회원들이 무대에 올랐다.

▌ 71동지회 '청춘합창단'의 열창

40년 기념 초청음악회 마지막 순서로 무대에 오른 71동지회 '청춘합창단'(단장 바리톤 이광택 동지) 단원들이 위수령이 발동된 1971년 당시 못 다 부른 노래, 〈늙은 군인의 노래〉, 〈작은 연못〉, 〈고래사냥〉, 〈그건 너〉 등을 열창, 큰 박수를 받았다.

▮ 민주개혁과 21세기 기념세미나

위수령 발동 22주년을 맞아 1993년 10월 15일 '민주개혁과 21세기'란 주제 아래 차세대의 위상과 역할(정치), 국제화 시대의 위상과 역할(경제) 세미나를 개최했다. 작고한 제정구 동지가 좌장으로 사회를 보았다.

▮ 71동지회 22년 기념세미나 후 단체 사진

71동지회 22년을 기념하는 세미나를 끝낸 후 단체사진을 찍었다. 정치 · 경제 · 사회 각 분야에서 왕성하게 활동하던 40대 중후반의 회원들 모습이나.

▌ 71동지회 30년 기념 심포지엄 후 단체사진(2001. 10. 15)

50대 초반의 회원들이 정관계, 학계 등 사회 각 분야에 진출해 중추적인 역할을 하던 시절. 표정에서 중후함과 패기가 느껴진다. 작고한 김근태, 선경식, 최명의 동지 등의 얼굴이 보인다

▌ 최열 동지, 환경상 수상 축하모임

71동지회원인 최열 당시 환경운동연합 사무총장이 1994년 6월 5일 유엔이 제정한 '글로벌 500' 환경상을 수상했다. 7월 초순 71동지회가 프레스센터 20층 국제회의장에서 주최한 수상 기념 축하모임에 각계 인사 250여 명이 참석했다.

어리버리 여행단
71 동지회 & 문우회
중국 후베이성 삼국지 유적지
2015.6.30~2015.7.5.

▍ 71동지회 · 문우회 동반 삼국지 역사기행

71동지회원들과 1971년 당시 서울대 문리대 학생운동권 모임인 '문우회' 회원들이 중국 삼국지 기행에 동행했다. 2015년 6월 30일부터 7월 5일까지 중국 후베이성의 장판파, 백제성, 형주고성, 적벽강 등 귀에 익은 역사적 장소들을 탐방하며 그 옛날 삼국지의 흥취에 흠뻑 취했다.

▍ 삼국지 역사기행 일정표

유비가 숨진 백제성, 위 · 오 · 촉 3국이 쟁투한 적벽강 등 삼국지 역사현장을 답사했다. 한국의 답사기 문화를 개척한 유홍준 교수의 고급스런 해설과 안병욱, 이광호, 손예철 교수와 장성규 동시 등 중국문화 신문가늘이 언니어 등 장해 여행 내내 마이크는 꺼질 틈이 없었고 답사객들의 귀는 줄곧 즐거웠다.

▌ 중국 태항산을 찾은 71동지회원들

71동지회원들이 2014년 박부권 회장과 손예철 단장 인솔하에 웅장한 자연과 선조들의 항일투쟁 역사가 새겨진 태항산을 찾았다.

▌ 크루즈 그린보트 타고 대만 행

환경재단 최열 이사장이 매년 운항하는 크루즈 선박 '그린보트'는 71동지들의 자연스런 집합장소가 됐다. 쿠바기행을 강연한 손호철 교수가 쿠바식 칵테일을 선보이고 있다. 2019년 12월 대만 행 그린보트에는 김국진 배기운 손호철 유영표 이원섭 임진택 임춘식 동지와 문우회의 박종렬, 서상섭, 유홍준 동지 등이 함께했다. 타이페이 시내 길잡이는 청년 시절 유학생활을 한 임춘식 교수의 몫

▌ 제정구 동지 20주기 추도 식장에서

'빈민운동의 대부' 제정구 동지 20주기 추도식이 2019년 2월 6일 고향인 경남 고성군 고인 묘역에서 거행되었다. 김재홍, 손예철, 유영표, 유인태, 이광택, 이광호, 임진택, 임춘식 등 많은 71동지회원들이 참석했다.

▌ 아, 옛날이여! 코로나19 직전의 즐거운 한때

코로나19가 기승을 부리기 직전. 이름도 멋들어진 인사동 맛집 '풍류사랑'에서 제대로 풍류를 즐기는 71동지 회원들

▌ 임진택 동지의 '안중근' 판소리 공연

창작판소리 명창인 임진택 회원(왼쪽 끝)이 "안중근, 제국 일본의 심장을 쏘다" 공연에서 열창하고 있다. 2021년 6월 5~6일, 서울 구로아트밸리 예술극장. 코로나 와중에도 71동지회원들이 시간을 내 단체 관람했다.

71동지회 회칙

제1장 총칙

제1조 (명칭)
이 회는 "71동지회"라 칭한다.

제2조 (목적)
이 회는 민주주의와 민족통일실현을 위해 1971년도에 학생운동에 앞장섰던 정신을 살려, 사회 각 분야에서 그 정신을 구현하고, 당시에 뜻을 같이했던 회원 상호 간의 친목을 도모함을 목적으로 한다.

제3조 (소재지)
1. 이 회는 본부를 서울특별시에 둔다.
2. 지방에는 필요에 따라 지부 또는 연락사무소를 둘 수 있다.

제2장 회원

제4조 (회원의 자격)
1. 회원은 정회원과 특별회원으로 한다.
2. 정회원은 대학에 재학 중 1971년 학생운동과 관련되어 제적을 당했거나, 10·15 위수령 사태로 인해 군에 강제징집된 자중 본 회의 취지에 찬동하는 자로 한다.
3. 특별회원은 나라의 민주화와 통일을 위해 학생운동에 침여했던 자로서 본회의 취지에 적극 동참하고자 하는 자로 한다.
4. 특별회원이 되고자 하는 자는 정회원 5인 이상의 추천을 받아 이사회의 과반수 출석과 출석자 2/3의 찬성을 얻어야 한다.

제5조 (회원의 권리와 의무)
1. 회원은 아래와 같은 권리를 갖는다.
   1) 회장 및 임원의 선출권

2) 총회 부의 안건에 대한 의결권

3) 특별회원의 추천권

4) 회칙개정의 발의권

5) 임원의 피선거권

6) 기타 회의 운영 및 제반 사업에 관한 제언 및 의결권

7) 회원은 회비를 납부해야 하며, 본회의 취지에 따라 추진되는 각종 모임과 사업에 적극 참여해야 한다.

제3장 임원

제6조 (임원)

이 회의 임원으로서 회장 1인, 부회장 2인, 사무총장 1인, 감사 2인과 15인 이내의 이사를 둔다.

제7조 (임원의 직무)

1. 회장은 이 회를 대표하며, 총회 및 이사회의 의장으로서, 회의를 주재하고 제반 사무를 총괄한다.

2. 부회장은 회장을 보좌하며, 회장 유고시 회장의 직무를 대행한다.

3. 사무총장은 각종 회의의 소집 및 행사를 관장하며, 회장의 명을 받아 기타 사무를 집행한다.

4. 감사는 사업 및 회계를 감사하며, 매년 정기총회에서 감사보고를 하도록 한다.

5. 이사는 이사회의 구성원으로서 주요 안건을 심의·의결한다.

제8조 (임원의 선출)

1. 회장은 정회원의 추천을 받아 총회의 무기명투표에서 최고 득표자로 하고, 동수일 경우 결선투표로 결정한다.

2. 부회장과 감사는 정회원의 추천을 받아 총회의 무기명투표에서 최고 득표를 한 자와 차점자로 한다.

3. 사무총장은 회장이 임명한다.

4. 이사는 회장이 임명하되, 총회의 인준을 받도록 한다.

제9조 (임원의 임기)

1. 회장, 사무총장의 임기는 1년으로 하며, 1차에 한해 연임을 할 수 있다.

2. 감사, 이사의 임기는 1년으로 하며, 연임할 수 있다.

제4장 총회

제10조 (총회의 구성)
이 회는 총회로서 정기총회와 임시총회를 둔다.

제11조 (총회의 개최)
1. 정기총회는 년 1회로 하며 매년 10월 15일에 개최한다. 단 특별한 사정이 있는 경우에는 이사회의 의결로 개최 일자를 변경할 수 있다.
2. 임시총회는 필요한 경우 수시로 소집하며, 소집 시는 회장 또는 임원 1/3 이상의 요청이 있어야 한다.
3. 총회의 개최는 회의소집일로부터 1주일 이전까지 회원들에게 서면 통지해야 한다.

제12조 (총회의 의결사항)
다음 각호의 사항은 총회의 의결로 한다.
1. 회장, 부회장, 감사의 선출
2. 이사 임명에 대한 인준
3. 회원의 징계
4. 회칙의 개정
5. 회계 및 감사의 결과 보고에 대한 추인
6. 기타 총회에 부의된 안건

제13조 (총회의 의결)
총회의 일반 안건은 회원 과반수의 출석과 출석회원 과반수의 찬성으로 의결한다. 단, 가부동수일 때는 회장이 결정한다.

제5장 이사회

제14조 (이사회의 구성)
이사회는 당연 이사직인 회장, 부회장, 사무총장 및 일반 이사들로 구성한다.

제15조 (이사회의 소집)
이사회는 회장 또는 임원 1/3이상의 요청으로 소집한다.

제16조 (이사회의 의결사항)

다음 각호의 사항은 이사회의 의결로 한다.

1. 특별회원의 선임에 관한 사항

2. 회원의 징계 및 포상에 관한 사항

3. 특별회비의 징수 및 지출에 관한 사항

4. 임시총회의 소집에 관한사 항

5. 기타 이사회에 부의된 사항

제17조 (이사회의 의결)

이사회의 일반안건은 임원 과반수출석과 출석 임원 과반수의 찬성으로 한다.
단, 가부동수일 때에는 회장이 결정한다.

제6장 사업 및 회계

제18조 (사업)

1. 이 회는 다음 각 호의 사업을 한다.

  1) 회원의 길·흉사 발생 시 경조 사업

2. 이 회는 목적달성을 위한 사업

  1) 제1항 제1호의 경조 사업에 관한 것은 이사회에서 결정토록 한다.

    ① 자녀의 결혼

    ② 부모 사망

    ③ 회원 사망

3. 제1항 제2호의 사업은 분기에 1회 이상 행한다.

4. 기타 이사회의 의결에 따라 특별사업을 시행할 수 있다.

제19조 (회비)

1. 회원들의 연회비는 이사회에서 정하기로 한다. 단, 총회의 의결로 연회비는 조정할 수 있다.

2. 사업의 원활한 추진을 위해 이사회의 의결로 특별회비를 부과할 수 있다.

제20조 (회계)

회계는 회비의 납입 및 지출사항을 기록하고, 회계 전반에 걸쳐 이사회의 승인을 받은 후 총회에
보고하여야 한다.

제7장 회칙의 개정 및 상벌

제21조 (회칙의 개정)

1. 회칙의 개정은 정회원 10인 이상의 발의가 있어야 하며, 총회에서 의결한다.
2. 회칙 개정의 의결은 회원의 과반수출석에 출석회원 2/3의 동의가 있어야 한다.

제22조 (회원의 징계)

1. 다음 각 호의 1에 해당하는 회원은 징계할 수 있다.
    1) 이 회의 취지에 어긋나는 행위를 하거나, 회원으로서의 품위를 현저히 훼손하는 자.
    2) 회비를 2년 이상 납부하지 않은 자.
    3) 2년 연속 총회 및 이 회의 모임에 불참한 자.
2. 임원으로서 이사회에 3회 이상 연속불참할 경우에는 징계할 수 있다.

제23조 (징계의 종류 및 의결)

1. 징계의 종류는 경중에 따라 사과 권고, 자격정지, 사임 권고, 제명으로 한다.
2. 징계의 의결은 임원회에서 재직 2/3의 찬성과 총회에서 회원 과반수의 출석 및 출석회원 2/3의 찬성이 있어야 한다.

제24조 (포상)

다음 각 호에 1에 해당하는 자는 이사회의 의결을 거쳐 포상할 수 있다.

1. 이 회의 발전에 현저한 공적이 있는 자.
2. 이 회의 목적과 부합되는 일로 사회에 큰 업적을 남긴 자.
3. 기타 포상을 받을 만하다고 인정되는 자.

부칙

제1조 이 회칙온 창립총회에서 인준을 받은 즉시 그 효력을 발생한다.
제2조 이 회칙에 규정되지 아니한 사항은 이사회의 의결에 따른다.
제3조 창립총회는 창립준비위원장 및 창립준비위원이 주관하며, 창립총회 의장은 창립준비위원장이 맡는다.
제4조 이 회의 창립전 창립준비위원장의 행위는 이 회칙에 의한 것으로 본다.

회원 주소록

이름	직책	휴대전화 (010)	주소	대학명
강우영	전 매크로상사㈜ 대표이사	4789-5166	고양시 덕양구 호국로 860, 222-501(래미안@)	서울대 국문학과 69
고재득	전 성동구청장	3716-7303	서울시 성동구 고산자로 160, 105-303(대림강변@)	전남대 법학과 67
고재정	개인사업		서울시 은평구 불광로 146, 5-202(삼익빌라)	연세대 국문학과 67
김 진	전 성동정보문화센터 관장	3728-7828	서울시 성동구 고산자로 269, 1608(신한넥스텔)	전남대 법학과 69
김건만	전 ㈜칠원공조산업 사장	5222-4622	전남 진도군 고군면 진도대로 1551	연세대 정외과 69
김경두	개인사업		서울시 서초구 서초동 7-206(우성@)	서울대 정치학과 68
김국진	전 전국사무금융노련 위원장	6341-3529	서울시 강남구 선릉로 221, 408-1103(도곡렉슬@)	고려대 정외과 70
김낙회	전 제일기획 대표이사 사장	3099-3322	서울시 강남구 압구정동로 151, 107-805(현대@)	서강대 철학과 70
김대곤	전 청와대 비서관	8958-1522	서울시 강남구 논현로 218, 1-803(도곡삼익@)	성균관대 법학과 70
김대환	전 노동부장관	6351-5421	안양시 동안구 흥안대로 223번길 19, 112-1101(샘마을@)	서울대 경제학과 67
김동석	전 ㈜한아공영 대표이사	7742-4679	서울시 서대문구 통일로 107-39, 사조빌딩 310호	외국어대 행정학과 69
김무홍	방송대 경제학과 명예교수	5570-1626	용인시 수지구 고기로67번길 50, 101-303(삼성쉐르빌@)	서울대 경제학과 69
김문수	전 경기도지사	4496-3001	서울시 관악구 인헌12길46-1 206-302(봉천동, 은천2차@)	서울대 경영학과 70
김상곤	전 교육부장관, 부총리	3254-6752	성남시 분당구 내정로 165번길 35, 518-1302(양지마을 한양@)	서울대 경영학과 69
김세균	서울대 정치학과 명예교수	3731-3153	남양주시 화도읍 묵현로 76번길 10-32, 3-402(해마루빌@)	서울대 대학원 정치학
김승호	전 사이버노동대학 대표	3303-2231	서울시 용산구 한강대로76번길 21-15, 청송빌딩 2층 전태일노동대학	서울대 경영학과 68
김영곤	고려대 명예교수	9100-1824	당진시 고대면 고대면 왁새길 87	고려대 경제학과 68
김영일	전 불교방송 사상	0726-1943	김포시 전원로 28, 109동 304호 (운양동 전원마을@)	고려대 독문학과 68

이름	직책	휴대전화 (010)	주소	대학명
김영철	전 Whole Tech 사장	5227-7016	서울시 서초구 효령로46길 21, 102-205(오데움@)	연세대 행정학과 67
김용석	전 청와대 인사 비서관	4308-9730	제주시 신광로1길 32(12/4), 703호 (연동, 인트로빌@)	연세대 정외과 70
김인상	전 ㈜KHE 사장	8701-5846	진주시 사들로 35, 806-1404	서울대 경제학과 69
김재규	전 국립공원관리공단 이사 장	8938-1456	부산시 사하구 낙동대로 549-29, 1404 (청목미르피아@)	부산대 상과대
김재홍	전 국회의원	8518-6740	서울시 서초구 신반포로 32, 79-202(반포@)	서울대 정치학과 69
김정길	전 행정자치부 장관	3131-7579	서울시 마포구 양화로 45, 101-1101(메세나폴리스@)	부산대 법학과 67
김 진		2902-6061	광주시 북구 금호로86번길 20 201-906(중흥@)	전남대 법학과 69
김진원	전 SBS 홀딩스 대표이사	3720-7772	서울시 강남구 밤고개로 23길 14-17	서강대 신방과 67
김창수	전 이디오피아 대사	3100-3505	용인시 수지구 만현로 125, 802-803(두산위브@)	영남대 경영학과 69
김천홍	전 한국자원공사 이사	3949-5691	강원도 평창군 평창읍 매화길 176	서울대 불어교육과
김판수	개인사업			연세대 정외과 70
김혜준	전 롯데케미칼 과장	2638-1644	순천시 별량면 덕정길 28	전남대 화공과 70
나병수	전 조은법무사사무소 대표	2939-6256	용인시 성복2로 86, 109-704(LG 1차@)	전남대 생물학과 69
남철희	국제산타클로스협회 한국 지부회장	3721-0014	서울시 은평구 통일로68길 11-11, 202호(제일파크빌라)	중앙대 정외과 69
목정래	전 SK 주식회사 고문	3137-7012		연세대 법학과 69
박부권	동국대 교육학과 명예교수	3267-7399	서울시 강남구 언주로 203, 1103호(매봉삼성@)	서울대 교육학과 69
박원철	김&장법률사무소 국제변 호사		서울시 송파구 올림픽로 212, C-2205(갤러리아팰리스)	서울대 행정학과 69
박원표	전 GS칼텍스 부사장		서울시 서초구 반포대로 275, 121-902(래미안퍼스티지@)	서울대 법학과 70
박종호	전 기아자동차 전무	5383-3086	성남시 분당구 판교로 421, 208-403(탑마을 대우@)	경희대 경제학과 69
박태환	개인사업		서울시 강동구 고덕로 210, 507-706(삼익@)	외국어대 정외과 69
박홍석	금단재(金丹齋) 대표	8617-2289	충북 괴산군 괴산로상신5길 29-1	서울대 국사학과 69
배기운	전 국회의원	8929-6880	서울시 강동구 상암로 3길 77, 103-802(삼성광나루@)	서울대 행정학과 71

이름	직책	휴대전화 (010)	주소	대학명
배진한	충남대 경제학과 명예교수	3993-3658	대전시 유성구 상대남로 26, 920-702(트리풀시티@)	서울대 경제학과 69
백운선	호남대 행정학과 명예교수	4614-3311	광주시 북구 첨단연신로 166, 119-1504	서울대 정치학과 67
변용식	전 조선일보 발행인	8385-0300	성남시 분당구 분당로263번길 24, 109-701(건영@)	서울대 정치학과 67
서정규	전 대한전선 STS사업부 본부장	5479-8685	서울시 은평구 은평터널로 65, 108-305(대림@)	고려대 경영학과 68
서철용	전 노량진수산시장 사장	5323-3771	성남시 분당구 판교로 393, 214-701	성균관대 금속공학과 69
선경식	전 국회의원	5305-8043	서울시 강남구 개포로 516, 604-1502(주공@)	외국어대 행정학과 67
성기철	전 시스풀㈜ 대표이사	8614-3071	광주시 오포읍 새말길 93, 102-1302(현대모닝사이드2차@)	서강대 전자공학과 70
손예철	한양대 중문과 명예교수	5475-3666	서울시 서초구 서초대로 385, 5-1501(진흥@)	서울대 중문학과 69
손호철	서강대 정외과 명예교수	5280-8396	성남시 분당구 야탑로 20, 103-1502(선경@)	서울대 정치학과 70
송인창	대전대 철학과 명예교수	8842-3050	대전시 서구 둔산로 201, 505-1007(둔산동 국화우성@)	충남대 철학과 69
송정민	전남대 정치학과 명예교수	9614-4475	전북 순창군 구림면 유사길 28-21	전남대 영문과 69
신동준	Lawfirm HANIN/Jakarta	5625-5961	인도네시아 거주	외국어대 말레이인도네시아어과 69
신종진	전 WILS 외국어학원 원장	8933-2884	부천시 부천로264번길 46	경희대 화공학과 71
심명준		2138203994	미국 거주	외국어대 중국어과 69
심재권	전 국회의원	3715-3257	서울시 강동구 천호대로 1077, 103-902(래미안 강동펠리스@)	서울대 무역학과 69
심지연	경남대 정치외교학과 명예교수	8688-6370	서울시 용산구 장문로 141, 101-901(한남힐스테이트@)	서울대 정치학과 67
양관수	일본 오사카경법대 교수	81-90-4280-5565	일본 오사카시 이쿠노구 나카가와니시 1-19-1, Japan Osaka city Ikuno-gu Nakagawa-nishi 1-19-1 〈우〉544-0032	서울대 사회복지학과 71
양국주	국제선교사	7627-8519	Kuk Yang / 8451 Hilltop Rd. Suite J. Fairfax, VA 22031	연세대 철학과 69
양길승	재)녹색병원 원장	3247-7285	서울시 강남구 남부순환로 355길 33, B-302(도곡동 일광하이츠@)	서울대 의학과
양재호	전 양천구청장	5418-4901	서울시 양천구 1409-1201(목동@)	서울대 법학과 70

이름	직책	휴대전화 (010)	주소	대학명
오흥진	전 삼성물산 상무	5401-6089	성남시 수정구 위례순환로 150, 3403-104(래미안위례@)	고려대 정외과 69
원정연	전 한국노총 사무총장		서울시 강남구 압구정로 321, 5-1201(한양@)	서울대 법학과 69
원혜영	전 국회의원	9277-3000	부천시 원미구 부천로264번길 62	서울대 교육학과 71
유영표	민주화운동 공제회 이사장	3360-3798	경기도 양평군 양평읍 충신로 179번1길 5	서울대 인류학과 68
유인태	전 국회의원	3261-9067	서울시 동작구 흑석한강로 27, 113-1104(흑석한강푸르지오@)	서울대 사회학과 68
유정인	전 은성산업개발㈜ 고문	9133-2239	서울시 강북구 인수봉로56길 24-10	고려대 철학과 69
유 척			미국 거주	전남대 경제과 69
윤재근	전 21세기 청청포럼 대표	5286-5087	성남시 분당구 탄천로 35, 503-1404(아름마을 풍림@)	고려대 국문학과 68
이광택	국민대 법과대학 명예교수	4618-4491	서울시 마포구 대흥로 175, 106-104(신촌그랑자이@)	서울대 행정학과 68
이광호	연세대 철학과 명예교수	8763-5808	서울시 관악구 신림로 11길 119-9, 삼층	서울대 철학과 68
이대용	전 삼화회계법인 공인회계사	5338-0847	서울시 송파구 오금로35길 17, 33-1302(현대@)	서울대 경제학과 69
이명용	전 한국에너지신문 사장	9977-9479	원주시 흥업면 북원로 1600, 108-303(두산@)	성균관대 정외과 69
이상덕	계명대 법학부 명예교수	8912-6335	서울시 은평구 진관2로 57-37, 227-301(은평뉴타운@ 우물골)	서울대 행정학과 69
이석현	전 국회의원, 국회부의장	3734-6788	서울시 마포구 동교로 126, 202호(광남벨라스@)	서울대 법학과 71
이신범	전 국회의원	9349-2301	서울시 강서구 강서로 68길 108, 102-203(동성@)	서울대 법학과 67
이영훈	서울대 경제학부 명예교수		서울시 관악구 관악로 599	서울대 경제학과 70
이원섭	전 한겨레신문 논설위원실장	9145-0143	용인시 수지구 죽전로 238번길 22, 103-1001(죽전자이@)	서울대 외교학과 69
이원형	호남대 정치학과 명예교수		광주시 서구 금부로 100, 105-802(라인@)	서강대 신문방송학과 69
이윤선	전 한국방송pd연합회 회장	5297-6820	서울시 양천구 목동동로401, B-2403(부영2차@)	서강대 신문방송학과 69
이종대	전 ㈜동화E&C 전무이사	3720-2175	성남시 수정구 고등공원로 19, 102-1501(제일풍경채@)	고려대 심리학과 71
이종연	전 대한건설협회 홍보실장	5321-4986	서울시 서초구 서초중앙로 15, D-1305(서초동 현대슈퍼빌)	고려대 법학과 69

이름	직책	휴대전화 (010)	주소	대학명
이준형	전 민주당 상임위원	5225-8638	화성시 동탄순환대로 10길 88, 3636-802(유보라10차@)	성균관대 사학과 69
이채언	전남대 경제학부 명예교수	5384-3251	성남시 중원구 둔촌대로 300, 1013-1002(아튼빌@)	서울대 경제학과 70
이태복	전 보건복지부 장관	5203-2323	서울시 구로구 신도림로 87, 105-1701(동아1차@)	국민대 법학과 70
이태희	전 광주광역시의회 전문위원	2627-0542	광주시 임방울대로 258번지 21, 208-1702(수완동대방2차@)	전남대 수의학과 70
이해학	겨레살림공동체 이사장	3311-1313	수원시 영통구 센트럴타운로 85, 201-1110(호반메트로큐브@)	한신대 신학과 66
이호웅	전 국회의원	3185-1323	인천시 남동구 장아산로 175, 206-207(태평2차@)	서울대 정치학과 69
이휴신	전 대구고등검찰청 총무과장	3280-1294	대전시 유성구 지족로190번길 39, 705-501(노은에코힐@)	전남대 법학과 70
임경철	전 삼중자동차손해사정㈜ 대표이사	3620-8403	서울시 용인시 수지구 상현로 142, 1002-401(아이파크@)	명지대 행정학과 69
임진택	한국판소리연구원 원장, 판소리 명창	6206-1518	서울시 성북구 솔샘로 24길 15, 109-902(정릉e편한세상@)	서울대 외교학과 69
임춘식	한남대 사회복지학과 명예교수	5397-1900	서울시 성북구 동소문로34길73, 103-704(금호어울림센터힐@)	경희대 국문학과 69
장기표	전한국사회민주당 대표	2967-7545	서울시 관악구 낙성대로 15길 66, 101-502(인헌@)	서울대 경제학과 66
장상환	경상대 경제학과 명예교수	9955-5749	진주시 금산면 중장로 154번길 49, 112-802(금산두산위브@)	서울대 경제학과 69
장성규	전 스타벅스 코리아 대표이사 사장	5297-1601	서울시 서대문구 성산로9길 32	서울대 법학과 69
장성효	전 중앙일보 논설위원	5214-2406	서울시 은평구 진관3로 15-45, 1012-401(은평뉴타운, 구파발@)	서울대 사회학과 69
전용호	전 ㈜빠팡 에스프아 대표이사		중국 거주	성균관대 행정학과 70
정석곤	전 SAMHWA Global Ltd. 회장	9187-6406	서울시 강남구 일원로 120, 106-801(샘터마을@)	연세대 경영학과 69
정수용	전 빙그레(주) 대표이사	5451-1115	서울시 서초구 효룡로26길 22, 1-503(중앙하이츠)	서울대 경제학과 69
조문환	전 MIS Asia 대표고문	6429-2511	용인시 수지구 신봉3로 12번길 9, 408-2202(4단지동일하이빌@)	고려대 불문학과 69
조상호	나남출판사 사장	5222-6589	파주시 문발리 출판문화정보산업단지 518-4	고려대 법학과 70

이름	직책	휴대전화 (010)	주소	대학명
조순용	전 청와대 정무수석	9983-8000	서울시 서초구 고무래로 89, 101-1903(반포써밋@)	서울대 동양사학과 71
조연상	목원대 디지털경제과 명예 교수	8826-7753	대전시 서구 신갈마로209번길 105	고려대 경제학과 68
조원석	전 KBS 라디오센터장	3708-3610	서울시 구로구 신도림로 56-13, 803-1602(대림7차e편한세상@)	고려대 국문학과 69
조현상	전 붕우건설(주) 대표이사	3745-4007	서울시 동대문구 장안벛꽃로 1길 7, 1004-1003(힐스테이트@)	성균관대 건축공학 과 69
주덕규	전 (주)세계일보 사업부장		안양시 동안구 흥안대로223번길 19, 109-304(샘마을대우@)	건국대 정외과 69
최 열	환경재단 대표이사	5473-6678	서울시 용산구 새창로 70, 102-1802(삼성래미안@)	강원대 농화학과 68
최상택	택인터내셔날㈜ 대표컨설 턴트	9263-7038	성남시 분당구 구미로 143, 705- 802	성균관대 경영학과 69
최태식	전 삼부토건 대표이사	5437-3901	서울시 관악구 남현길 141, 301-905(예성그린캐슬@)	서울대 법학과 69
최태열	개인사업	3713-1848	용인시 수지구 푸른솔로 76, 403-801(한양수자인@)	고려대 농학과 69
최혁배	변호사 (미국 NY)	5399-0025	서울시 중구 소파로4길 33	서울대 법학과 70
최형무	변호사 (미국 NY)	5399-0025	36-09 Main Street Suite 208 Flushing, NY 11354	서울대 법학과 69
최회원	전 소전재단 대표이사	4282-1221	서울시 동작구 상도로53길 8, 321-302(래미안3차@)	서울대 법학과 69
함상근	전 한국폴리텍대학 청주캠 퍼스 학장	6246-3927	서울시 강남구 헌릉로 590길 63, 506-302(강남데시앙파크@)	고려대 법학과 68
허도학	전 경남신문사 논설위원	5291-9100	서울시 목동동로10길 16-6 1503-1805(경남아너스빌@)	성균관대 유학과 69
홍유석	전 수창물산(주) 사장	5401-9918	대전시 유성구 은구비남로 34, 811-202(열매마을@)	전남대 경영학과 69

〈편집 후기〉

　묵직한 책 한 권이 나온다. 판형도 크고 660여 쪽에 달하는 대형 문집이기도 하지만 담긴 내용들이 결코 가볍지 않다. 문집을 기획하고 최종 인쇄단계에까지 이른 과정이 스스로도 대견하다는 생각이 든다.

　70 넘은 사람들이 무슨 정력으로 새로 문집을 낼 수 있겠느냐는 일부 '현실론'도 있었다. 그러나 1971년 대학생 시절 순수한 열정으로 사회 부조리에 저항했던 71동지회원들이 반세기가 흐른 시점에서 사실상 마지막 충정의 목소리를 내야 하지 않겠느냐는 '이상론'에 따라 문집 발간은 추동력을 얻었다. 더구나 코로나19가 기승을 부리며 여타 행사 개최가 불투명해지면서 문집 발간에 대한 기대감과 중압감은 더 커졌다.

　50년 기념행사와 문집을 기획할 때부터 두 가지 숙제가 가로놓여 있었다. 첫째, 얼마나 우리 사회에 도움이 되고 울림을 주는 목소리를 낼 수 있겠느냐 하는 점과 둘째, 어느새 연로해진 회원들의 자발적 참여를 얼마나 이끌어낼 수 있겠느냐 하는 점이었다.

　다행히 잘 해결됐다.

　첫 번째 고민은 "1971~2021 한국사회 50년의 변화 ― 언론을 통해 본 시차적 비교고찰과 미래조망"이라는 대형 심포지엄을 열어 정치, 한반도 평화·통일, 경제, 사회 복지, 노동·고용, 환경·기후, 문화·예술·언론 7개 분야를 두루 점검하는 것으로 어느 정도 달성하리라 본다. 평소 그 분야 전문가로 꾸준히 활동해온 주제 발표자와 토론자들의 통찰력 있는 분석을 통해 한국사회의 문제점들이 두루 짚어질 것으로 믿는다. 주제발표뿐 아니라 토론까지 모두 71동지 회원들이 맡았다는 점이 자랑스럽다. 출판 일정상 주제 발표문만 문집 1부에 실었다.

　회원들의 자발적 참여에 대한 고민은 '작은 회고록'이라는 형식을 빌려 각자의 인생 기록을 모아보자는 뜻에 공감한 동지들의 협조로 37명의 글이 한 문집에 실리게 되었다. 동시대를 살아오면서 각자 경험하고 고뇌한 내용들을 한 데 엮자는 아이디어를 내고 회원들을 독려해 많은 참여를 이끌어낸 배기운 71동지회장과 김국진 사무총장의 노고가 컸다. 문집 편집에 따르는 갖가지 궂은일을 마다하지 않고 헌신한 김재홍, 이광택, 임춘식 동지의 자발적 봉사가 큰 힘이 됐다.

대부분의 회고록이 단순 개인사를 펼친 게 아니라 우리 현대사의 고비 고비를 넘기며 자신이 겪은 정치·사회적 의미를 함축한 무게 실린 기록들이어서 미리 검토한 편집위원으로서 큰 자부심을 느낄 수 있었다. 개인적으로 회고록을 낸 사람은 많지만 종심從心에 이른 원숙한 인사들이 사실상 자신의 인생을 정리하는 약식 회고록을 써 한 두름으로 엮은 것은 유례를 찾기 어렵다. 안타깝게 이미 세상을 떠난 작고 회원들은 그들이 살아온 길을 따로 간략히 소개했다. 이 모두가 문집 2부, 3부에 실려 있다.

71동지회를 탄생시킨 '10.15 위수령' 발동과 대학생 제적, 강제 징집 사태를 다룬 당시 언론 보도 등 각종 자료를 4부에서 묶었다. '주모 학생'들을 학원에서 추방하라는 박정희 대통령의 서슬 퍼런 특별담화, 대학가 표정, 강제 징집 모습들을 확인할 수 있다. 당시 대학생들이 발표한 선언문과 제적학생 명단, 위수령 사태 관련 일지 그리고 50년 동안 71동지회가 활동한 모습들을 두루 소개했다.

이 문집이 한국사회 50년 변화의 뒤안길을 되짚어보는 거울이 되고 앞길을 제시하는 방향타가 되기를 소망한다.

71동지회 50년 기념문집 편집위원회

위원장: 이원섭

위원: 김국진, 김재홍, 남철희, 배기운, 이광택, 임진택, 임춘식, 조문환, 최열

71동지회 50년 기념문집

변혁의 시대 1971~2021
― 한국사회 50년과 더불어

2021년 10월 4일 초판 1쇄 인쇄
2021년 10월 14일 초판 1쇄 발행

엮은이 | (사)71동지회 50년위원회
펴낸이 | (사)71동지회
펴낸곳 | 도서출판 동연
등 록 | 제1-1383호(1992. 6. 12)
주 소 | 서울시 마포구 월드컵로 163-3
전 화 | (02)335-2630
전 송 | (02)335-2640
이메일 | h-4321@daum.net, yh4321@gmail.com

ISBN 978-89-6447-696-3 03300

이 책은 한국언론진흥재단의 지원을 받아 출간되었습니다.